高等学校文科教材

第三版

现代社会心理学

主　编　时蓉华

副主编　李　凌

华东师范大学出版社
·上海·

图书在版编目(CIP)数据

现代社会心理学/时蓉华主编. —上海:华东师范大学
出版社
ISBN 978 - 7 - 5617 - 0379 - 3

Ⅰ.现... Ⅱ.时... Ⅲ.社会心理学-高等学校-教
材 Ⅳ.C912.69

中国版本图书馆 CIP 数据核字(2001)第 44886 号

现代社会心理学(第三版)

主　　编　时蓉华
策划组稿　朱建宝
项目编辑　蒋　将
责任校对　时东明
装帧设计　卢晓红

出版发行　华东师范大学出版社
社　　址　上海市中山北路 3663 号　邮编 200062
网　　址　www.ecnupress.com.cn
电　　话　021 - 60821666　行政传真 021 - 62572105
客服电话　021 - 62865537　门市(邮购)电话 021 - 62869887
地　　址　上海市中山北路 3663 号华东师范大学校内先锋路口
网　　店　http://hdsdcbs.tmall.com

印 刷 者　昆山市亭林印刷有限责任公司
开　　本　787×1092　16 开
印　　张　29.25
字　　数　649 千字
版　　次　2013 年 8 月第三版
印　　次　2022 年 8 月第九次
书　　号　ISBN 978 - 7 - 5617 - 0379 - 3/G·174
定　　价　49.80 元

出 版 人　王　焰

(如发现本版图书有印订质量问题,请寄回本社客服中心调换或电话 021 - 62865537 联系)

目录

第一编 总 论

第二编 社 会 化

目
录

序　言

《现代社会心理学》自面世以来深受读者的欢迎,第二版修订到现在四年有余,也被广泛选用。不过,鉴于读者阅读视野的开阔和阅读习惯的变化,对于教材的风格也有了新的要求;而另一方面,社会的急剧变化推动了社会心理学的高速发展,不仅在理论上有重大的进展,在研究方法、研究领域等等方面都有了重大的突破,其应有的现实关照需求也日益迫切。正是在这种情况下,再次修订教材的意义便凸显出来,而华东师范大学出版社也本着保护经典教材并与时俱进的理念积极促成此事,为我们提供机会,开展了这次修订工作。

我们在沿用第二版的理论框架的基础上,做了以下修订工作:

首先,在整体的结构框架上进行了较大的调整。第二版教材主要由五编组成,这也是目前社会心理学较为通用的结构:第一编介绍社会心理学的学科性质、研究对象、发展历史、研究方法等等;第二编介绍社会化、自我意识等方面的内容;第三编介绍个体社会心理学方面的内容;第四编介绍群体社会心理学方面的知识;第五编介绍应用社会心理学方面的内容。鉴于近年来应用社会心理学的各主要学科自身都有长足发展,自成一体而且大多已经成为单列的课程,所以为避免重复,本次修订将原来的第五编"应用社会心理学"整合为一节内容放于开篇一章介绍,旨在为读者提供思路引导,了解社会心理学作为应用社会心理学的基础学科地位及广泛应用领域,有兴趣的读者可以循此路径去进一步探究相关学科。

其次,在每一章的结构上也作了一些改变:在开头都加入导入部分,使读者能够从一个具体、形象的问题开始每章内容的探索;在结尾增加每章小结,便于读者提纲挈领地回忆、复习;还补充了一些思考题目,以帮助读者自测知识的掌握程度并开拓思路,尝试对所学社会心理学的理论方法进行现实应用,认识自己、理解社会;最后,每章还开列了一些主要的文献清单作为读者拓展阅读的引导,便于读者开阔眼界,深化理解。

再次,在内容的编排上,我们一方面更正了原先的一些疏漏和错误,并在行文上有所调整以使逻辑更加清晰合理,删除了上一版中一些论述过详的内容,点到为止,使感兴趣的读者可以寻其线索另作探索;另一方面加入了比较新且有很大影响力的研究,力求传递时代的信息。新增加的内容主要有:第二章的社会心理学的理论;第四章社会化理论中增加了社会认同理论；第五章关于自我的理论增加了马库斯（Markus）和北山（Kitayama）自我建构理论；第六章加入了性别角色态度研究；第七章改动较大，每一节都有增减，第一节增加了社会认知的特点、过程与机制、影响因素，第二节增加了印象形成基本模式、社会认知偏差以及印象管理的意义，第三节增加了琼斯和戴维斯（Jones & Davis）的归因理论、基本归因偏向，第四节增加了社会认知文化差异；第八章增加了第四节偏见；第九章第三节增加了女性的成就动机和中国人的成就动机两点，第四节增加了动机理论中的麦独孤（Mc Dougall）的本能论、弗洛伊德（S. Freud）的性欲力学说、赫尔（C. L. Hull）的趋力降低说、马斯洛（A. H. Maslow）的需要层次理论；第十章第四节增加了顺从、从众、众从、服从之比较；第十一章第二节中加入了网络符号系统和强关系弱关系理论两点，第四节中加入了人际关系的本土化研究；第十二章增加了旁观者对紧急事件的注意以及影响侵犯行为的因素中增加情境因素；第十三章在群体规范一节中增加群体压力，群体凝聚力一节中加入群体绩效、群体凝聚力对群体绩效的影响，以及在群体领导中删除领导人的品质，增加群体决策；第十四章没有做太大变动，主要增加专栏。

　　教材的风格与原版相比也有较大的改变：原版教材主要以纯文本阐述为主，知识丰富，思维缜密，但略显古板。为了增加教材的可读性，此次修订增加专栏，有经典研究代表人物及观点的介绍，也有时事新闻社会现象的评点，并插入大量图片，使形式更加多样跃动，以提高读者兴趣并丰富读者思路。

　　最后，本次修订的另外一个努力就是尝试反映社会心理学本土研究的理念和成果，唤起社会心理学学习者和研究者的文化自觉，所以在很多章节的理论介绍、研究例证及现实关照中都有所体现。虽然力度和范围尚有欠缺，但希望能让读者窥斑见豹，学习西方的同时不忘思考自己根植的社会和文化的独特性。

　　本书此次的成功修订，是集体智慧的结晶。主要分工是：子华明修订第一至三章；李凌修订第四至六章；刘昊修订第七至九章，郑欣欣修订第十章、第十四章以及第八章的"偏见"一节，蒋祎娜修订第十一至十三章，同时参加资料收集和批判性阅读的还有左艳、林雪君、温彦泽和黄丽珍。最后由李凌、子华明统稿并定稿。时蓉华教授也始终关心整个修订工作，并且为整体修订思路把关。

　　这本书从接手修订到交稿，每一位参与修订的人都勤勤恳恳、踏踏实实地做好自己的工作，尽量力求完美和周全，无奈水平有限，时间仓促，存在纰漏是难免的，还恳请各位同行、读者指正。

第一编
总　论

第一章　社会心理学的性质、对象和任务

　　人类一出现，就以一种群体的方式生存、繁衍。所以我们无时无刻不在和他人进行交往活动，我们在不断发展完善自己的同时也在影响着他人的思维、情感和行为，但同时也受着他人的影响，直接间接地完成了一次次的交流。而每一次的交流都会不一样，造成这种差异是由于外部因素还是我们自身在影响着外部的变化？正是对这些问题的不断探索，社会心理学才逐渐发展成一门具有应用性、综合性、独立性的学科。

　　社会心理学是现代心理学的支柱之一，它与人格心理学、实验心理学和认知心理学一起构成了心理学的基本框架。研究社会心理学不仅有重要的理论意义，也有重要的实践意义。

第一节　社会心理学的学科性质

一、社会心理学是一门边缘学科

　　社会心理学是介于心理学与社会学之间的一门边缘性学科，这是由社会心理学的研究对象本身的特点所决定的。社会心理学的研究既受研究对象自身心理因素的制约，又受研究对象身处的社会环境的影响。因此，社会心理学除了用心理学的观点与理论阐明社会与个人之间的相互作用，揭示其心理机制外，还广泛吸收了社会学的研究成果。社会心理学是由心理学知识和社会学知识共同积累而建立起来的，是心理学和社会学的交叉学科。尽管社会心理学的发展，今后还要继续从社会学与心理学的发展中汲取养料，但是现代社会心理学已经从社会学、心理学两门学科的孕育中脱胎而出，成为一门具有独特观点及体系的独立的新学科，并且将在今后的社会生活中发挥出更大的作用。

　　今天，社会心理学的研究已经广泛地渗透并扩展到社会学与心理学的各个领域中，越来越受到心理学界和社会学界的重视，在心理学和社会学的教科书中，都有专章介绍社会心理学，即使是一些教育心理学教科书也不例外。这种现象在 20 世纪五六十年代是很少见的。

　　可以认为，这种情况的产生是社会心理学兴旺发达的象征，也表明了社会学、心理学从各自的角度加强了社会心理学方面的研究，这将有利于社会心理学的进一步发展。

　　关于社会心理学学科体系的归属问题，多数社会心理学者认为，社会心理学应作为心理学的一个分支，而不是社会学的一个分支；一些社会学者则持不同观点，认为社会心理学应该是社会学的一个分支。这些看法正反映了社会心理学的边缘学科性质。在心理学分类中，不仅普遍地把社会心理学作为心理学的分支学科，而且还作为理论心理学之一。

社会心理学的奠基人谢利夫(M. Sherif)

社会心理学的奠基人谢利夫一生为科研勤奋不已,在多个领域均有建树,其中为了把心理学和社会心理学融合在一起做了很多努力。谢利夫最早期的一系列研究是关于社会规范的创造,重点是研究在个体水平以及群体水平上社会规范是如何被创造出来的。在谢利夫用实验法研究态度的锚定之前,美国的心理学界都是在用描述性和记录性的方法研究态度。正是基于方法的突破上,谢利夫和坎特里尔(Hadley Cantril)构造了一个模型,后来谢利夫又和霍夫兰德(Carl Hovland)合作,进一步精细化这个模型,并将这个模型应用于群体尤其是成人群体的研究,从而将态度包含的内容丰富化。在群际关系的解释上,谢利夫相继驳斥了本能论的观点、挫折与侵犯可能存在联系的观点、侵犯转移的替罪羊的观点以及越轨或者病理行为的观点。当然也正是谢利夫这种和主流观点相去甚远的观点,在社会心理学批评家的眼里,他并不是心理学界一流的大腕。

二、社会心理学与心理学的关系

许多社会心理学家认为,社会心理学与心理学的关系是局部与整体的关系。正如美国心理学家 G·W·奥尔波特(Gordon W. Allport)所指出的那样:心理学的所有分支都是研究个体的科学,作为社会心理学当然是心理学的一个部分。

在强调社会心理学是心理学的一个分支这一前提下,关于社会心理学在心理学学科中的位置,目前有以下三种不同的观点。

(一) 传统的观点

许多心理学家认为,心理学是包罗万象的,由它生发出各个分支,如教育心理学、管理心理学、医学心理学等,社会心理学亦是其中的一个分支。

按照这一观点,社会心理学与心理学的其他分支是并列关系。

(二) 社会心理学是心理学的一条主干

系统论把人的心理看成一个由各种不同成分所构成的多水平、多层次的系统。从这一观点出发,可以把心理学比作科学之林中的一棵大树,这棵大树的树身最下面的一段是心理学史,上面是普通心理学,然后分成两条主干,一条是社会心理学,一条是个体心理学。在社会心理学的主干上又有许多分支,如民族心理学、犯罪心理学、宣传心理学、管理心理学、教育心理学等;在个体心理学的主干上,分出了诸如神经心理学、动物心理学、缺陷心理学、生理心理学等学科。分支与分支之间还有许多交叉,彼此相互联系、相互渗透。这棵大树的树根分成两条,一条主根是哲学(反映论),一条主根是生理学(反射论)。心理学这棵大树与其他学科又有联系,例如与生理学、社会学、教育学、医学等学科都有密切联系,由此构成学科之林。

(三) 社会心理学和生理心理学是心理学的两大支柱

我国著名社会心理学家吴江霖认为,心理学以社会心理学和生理心理学为其两大支柱。

他指出:心理的实质乃是人脑对外界事物的反映,因此心理学必须研究人的心理活动的神经生理基础,研究大脑活动的生理机制,这是生理心理学的任务。生理心理学就是研究个体心理活动的发生、发展及其变化的规律,研究个体与客体的关系,揭示外部刺激作用于主体后是怎样转化为人的主观映象的。社会心理学也研究个体的心理活动,其特点在于它所研究的个体是在社会中的个体,既研究个体的心理如何在社会影响下发生、发展与变化,也研究个体的心理活动如何对社会团体及其他人发生影响。

生理心理学与社会心理学两者研究的具体对象是不同的。生理心理学重视个体心理活动的生理结构方面的研究,而社会心理学不必对人体的生理结构、生理变化以及生理结构、生理变化对其心理活动的影响发生特殊浓厚的兴趣。社会心理学最关心的乃是个体所处的社会环境,特别是重视个体与社会文化环境之间的关系。

吴江霖认为,把心理学中研究人的心理活动的社会基础这一侧面独立出来,加以更详细、深入的研究是十分必要的,把社会心理学作为心理学的一大"支柱"是十分合理的。

三、社会心理学与社会学的关系

社会心理学的形成与发展和社会学的关系十分密切。社会学倾向的社会心理学家从社会学的角度出发,从社会组织、社会结构、社会规范、社会群体入手,试图以群体内部的互动等来解释人类的社会行为和社会心理。这一研究倾向的代表主要有乔治·米德(G. H. Mead)及其"符号互动理论",萨宾(T. Sarbin)及其"社会角色理论",戈夫曼(E. Goffman)及其"社会戏剧理论"等,这些学者都是从社会互动过程来理解人类行为的。

(一)社会学家对社会心理学的贡献

在社会心理学形成与早期发展的过程中,许多社会学家起了重要作用,他们对社会心理学的理论与实验的发展作出了很大贡献。1894年,法国社会学家史摩尔(D. H. Small)和温辛特(Vicent)合编了第一本《社会学》教科书,其中第五章专门论述有关社会心理学的内容。在早期社会心理学发展中有重要影响的人物是法国社会学家涂尔干(E. Durkheim),她认为相互作用的情境能产生自然出现的规范(用她自己的话来说,就是"集体表象"),这些规范具有"外化特性和强制力",从而制约着以后的行为。法国另外几位社会学家塔尔德(G. Tarde)、黎朋(G. LeBon)等人主要研究人类面对面相互作用所调节的过程,注重暗示、模仿和同情等概念。1908年,美国社会学家罗斯(E. A. Ross)出版了《社会心理学》教科书,从社会学角度集诸学者之大成,对社会心理学作了系统的阐述。

社会学家的这些研究成果,对社会心理学的形成与发展产生过重要的推动作用,他们的理论与观点还形成了社会学发展中的心理学派。

(二)社会心理学与社会学在理论与方法论上彼此相通

社会心理学与社会学在理论方面有许多内在的相通之处,两者都非常重视从社会环境与个人相互作用的关系上来分析其研究对象;都非常注重对人的社会关系和社会行为的研究;都互相倚重对方的研究成果,比如,社会学借助社会心理学的研究成果,完成了人—社会系统中的心理分析,而社会心理学则借助于社会学的研究成果,成功地把人的心理活动置于社会分析的基础之上。鲍德温(J. M. Baldwin)指出,只有通过心理学分析,社会和社会过程的真正特点才能得到理解。

在研究方法方面,两者也有共同之处,即双方都采用实验、测验、问卷、访谈等方法。但社会心理学更多地运用前两种方法,而社会学则更多地采用后两种方法。

(三) 社会心理学与社会学有共同的研究课题,但各有侧重

社会心理学与社会学在分析某些社会事件的原因和情况方面,有不同的角度与出发点。比如,个人的价值、动机、需要等都是社会心理学和社会学很感兴趣的研究课题,研究方法也十分接近,但各有侧重,社会学比社会心理学研究得更加宏观、更加概括。例如,对于犯罪现象,社会学家更注重研究种族差别、教育程度、社会经济地位、居住地区等社会因素与犯罪率高低的关系。他们要研究的问题并不是一个人为什么会犯罪,而是要研究具有何种特别社会属性的人有更多犯罪的可能性。相比之下,社会心理学家则主要研究犯罪的动机,研究为什么要犯罪,其犯罪动机是如何形成的,是通过怎样的社会交往、受到怎样的因素影响而发生的,等等。

总之,整个社会制度对人们的心理活动发生的作用,是对直接社会交往的折射。如果我们在各种社会心理现象中,只看到社会制度及其各个方面的反映,这是站在社会学的立场上;如果把它们看作人们直接交往的结果,就是站在社会心理学的立场上。换句话说,如果我们看到宏观环境或微观环境和某些社会心理现象(社会行为特征)的关系,这是站在社会学立场上;如果我们在这个基础上,还能进一步了解从宏观环境到微观环境的折射,以及个人经验的折射,最后使宏观环境的影响内化于个人身上,并表现在其思想、情感和行动中,就是站在社会心理学的立场上。所以说,社会心理学是社会学的深入与补充,因为透过直接交往的三棱镜,不仅可以反映出社会结构,而且还反映了人们的心理特点、年龄和性别差异。

四、社会心理学与行为科学的关系

所谓行为科学,是研究人们行为规律的一门学科,综合了心理学、社会学、社会心理学、文化人类学等各个学科的知识,用来解释和预测人们的行为,以达到控制人们行为的目的。可见,行为科学也是一门多学科性质的边缘科学。

行为科学只有 70 年左右的历史。20 世纪的前阶段,欧洲有一些社会科学家、哲学家发起了一场科学统一运动,试图把心理学、社会学、社会心理学、文化人类学等许多门类的学科统一起来,为着一个共同目标而进行大协作。他们的这种设想是受当时开创的控制论的影响。40 年代美国麻省理工学院维纳(N. Wiener)教授综合运用了数学、物理学、心理学、化学、生理学、生物学等知识,把人和社会因素联结起来,对信息加以整体的控制。他的研究启发了同时代的社会科学家也做出同样的尝试。1949 年,在美国芝加哥召开的跨学科会议共同讨论了有无可能利用现有的学科知识寻找出人们行为规律的问题。与会者一致认为,联合有关学科创造出一门综合性的新学科是可行的。后来,它被定名为"行为科学"。

行为科学是社会心理学的一个重要组成部分,主要应用于企业管理领域内,研究关于协调企业内部人际关系方面的问题,在这个领域内从事研究工作的社会心理学家也被称之为行为科学家。

霍桑实验

霍桑实验指从1924年到1932年,美国西方电气公司在芝加哥附近的霍桑工厂进行的一系列试验。霍桑实验分四个阶段进行:车间照明变化对生产效率影响的各种实验;工作时间和其他条件对生产效率的影响和各种实验;了解职工工作态度的会见与交谈实验;影响职工积极性的群体实验。实验最初的目的是根据科学管理原理,探讨工作环境对劳动生产率的影响。后来埃尔顿·梅奥(Elton Mayo)参加该项实验,研究心理和社会因素对工人劳动过程的影响。1933年出版了《工业文明的人类问题》,提出著名的"人际关系学说",开辟了行为科学研究的道路。

埃尔顿·梅奥

(资料来源:百度百科)

五、社会心理学与文化人类学的关系

文化人类学十分重视社会文化这一因素对人们行为的调节作用,即重视不同的社会文化对于人们的心理与行为的影响作用。文化人类学家在自然情境中,深入实地对不同民族、不同文化下人们的心理和行为进行系统观察与比较研究,得到了许多有价值的材料,补充完善了社会心理学的研究。他们的研究方法统称为跨文化研究,或称为"比较文化"研究,意指各种文化的比较。马林诺夫斯基(B. K. Malinowski)通过这种方法的研究批驳了弗洛伊德(S. Freud)的"恋母情结"在人类心理发展中具有普遍性的观点。20世纪20年代,文化人类学家米德(M. Mead)前往新几内亚作实地研究,她系统地观察了当地三个原始部落的男性与女性的心理特征,并进行了比较,1928年她发表了成名作《萨摩亚群岛上成年的到来》。文化人类学家的研究扩充了社会心理学研究的范围,但文化人类学家所采用的"描述性调查"也被许多人批评为有较大的主观性。

社会心理学和文化人类学的关系,主要表现在:首先,文化人类学家通过实地考察所收集到的丰富而生动的研究素材,对于社会心理学的一些问题的阐明具有重大价值。例如,社会化是社会心理学的重要研究课题,文化人类学家所积累起来的研究成果是社会化研究中最有说服力的。其次,文化人类学在进行比较文化研究时,需要引进社会心理学的方法与技术。如实验法、测验法等研究方法在比较文化的研究中十分需要,并且需用统计方法对研究结果加以处理,进行定量分析。此外,对于文化人类学研究中面临的一些问题,更适合用社会心理学的基本知识与理论予以解释。例如,用暗示、感染的知识来解释原始宗教的作用,更有说服力。

总之,研究社会心理学既不能仅从微观出发,只研究个体层面的心理现象,也不能仅从宏观层面出发,只研究群体、组织层面的现象,否则都失之偏颇,不能全面揭示社会心理学的研究对象。社会心理学研究应该用系统的观点,同时从个体和群体层面出发,研究个体、群体、社会相互之间错综复杂的关系,才能揭示人们的社会心理现象。

第二节　社会心理学的定义及其分析

社会心理学的定义涉及社会心理学的研究对象和学科性质,同时还反映了该学科的研究现状。从社会心理学开始独立成为一门学科之后,社会心理学家就开始对其定义进行孜孜不倦的探索。从国外社会心理学家到国内社会心理学家,都对社会心理学的定义进行了独特的阐述,但是要真正对社会心理学进行完整的定义是不容易的,因此,只有在熟悉和了解了前人给出的定义之后,才可能有个大体的轮廓,从而帮助我们学习社会心理学。

一、西方社会心理学界定义

在西方社会心理学历史上,尽管大家对定义的问题各持己见,但仍可划分为"心理学的社会心理学"和"社会学的社会心理学"这两大门派,前者是从心理学出发,主要是受行为主义的影响,认为社会心理学应该研究人的社会行为;后者是从社会学出发,强调社会心理学应该把人与人之间的关系或人与人之间的相互影响作为研究对象。

1. 心理学倾向的社会心理学定义

在西方社会,被心理学界广泛采用的心理学倾向的社会心理学定义是美国社会心理学家F·H·奥尔波特提出的:社会心理学是对个体的社会行为和社会意识的研究,社会心理学试图理解和解释个体的思想、感情和行为怎样受到他人的实际的、想象的或隐含存在的影响。

专栏 1-3

F·H·奥尔波特

F·H·奥尔波特(Floyd Henry Allport),美国心理学家,实验社会心理学的创始人之一。1890 年 8 月 22 日生于威斯康星州的密尔沃基市,1978 年 10 月 15 日卒于纽约州的锡拉丘兹。他的弟弟 G·W·奥尔波特也是美国著名的心理学家,主要研究人格心理学。

1919 年,他在哈佛大学获得哲学博士学位,随后执教于北卡罗来纳大学和锡拉丘兹大学,直到 1957 年退休。他获得过美国心理学会杰出科学贡献奖和美国心理学基金会金质奖章。

F·H·奥尔波特的社会心理学受行为主义的影响。他重视实验室研究法,与麦独孤的本能说形成鲜明的对比。他的社会心理学研究课题所涉及的范围很广泛,包括群体实验、人格评估以及心理学在宗教、工业、政治和社区等方面的应用。他提出的著名理论有社会促进论和从众行为的 J 曲线假说,也即认为传统制度规范与个人人格规范不一定相吻合。他的实验社会心理学方向对美国社会心理学研究的影响长达数十年之久,并为社会心理学从实验室研究走向现场研究开拓了道路。他在知觉方面也做了一些研究,提出"指向状态说",认为知觉经验的方向受心向、态度、价值观、需要等机体因素的影响。

F·H·奥尔波特的主要著作有:《社会心理学》(1924)、《知觉理论和结构的概念》(1955)。

社会是由无数个体组成的,任何社会心理现象都是通过每一个具体的个体心理活动表现出来的,社会中的每一个个体一方面受该社会的影响,另一方面,个体又对这个社会发生着作用。社会心理学研究个体在特定的社会生活条件下受其他人或团体的影响,同时也研究个体自身的内在过程对个体行为的影响,以及个体心理活动对生活中其他人或团体的影响。因此,社会心理学最终研究的是个体心理活动发生、发展及其变化的规律。

心理学家比较一致地认为,个性是社会心理学的研究对象。他们一方面以很大的注意力去研究个性的心理特征、个性在集体中的地位、个性的类型;另一方面,他们突出了个人在集体中的地位、人际关系和整个交往体系。他们为了维护这种观点,强调这种观点更加富有"心理性",只有这样,社会心理学才是心理学的组成部分,才是心理学知识的一种。这种社会心理学要用心理学方法进行研究。有的心理学者写的社会心理学专著都冠以"心理学的"字样,称《心理学的社会心理学》。

2. 社会学倾向的社会心理学定义

美国社会学家斯特克(Stech)认为,社会心理学"是由社会和个体的相互关系来界定的",任务是"解释社会互动"。倾向社会学的定义中,具有代表性的是艾尔乌德(C. A. Ellwood),他指出,"社会心理学是关于社会互动的研究,以群体生活的心理为基础"。

"社会互动"的社会学倾向的社会心理学定义包含了个体之间的相互影响和个体与集体之间的相互作用的思想,把个体放在人际关系和集体中,乃至整个社会的各种关系中去考察。而"社会与个体相互作用"是进行社会心理学研究的一大前提。

许多社会学家普遍认为,社会心理学应该从社会组织、社会规范、文化、人与人之间的联系等方面来研究人的心理。他们认为社会心理学是关于"群众的心理现象"的科学,他们更多地注意各阶层和其他大型社会团体的心理,特别注意研究社会团体心理的一些因素和方面,如传统、风俗、习惯等;也很注意研究社会舆论的形成以及像流行之类的特殊群体现象;主张研究各种群体。大多数的社会学家都明确表示,社会心理学的研究对象是社会的心理。他们认为,社会心理学要用社会学的方法进行研究。

其实,上述两种倾向的社会心理学的区别主要是着重点的不同。同样都是研究人们的行为,社会学的社会心理学偏重于阐明政治、经济、社会条件等如何影响人的行为,而心理学的社会心理学则首先要分析心理的变化与过程,找出影响个人行为的社会条件,还要揭示制约个人行为的动机、自我意识等心理机制是如何对个人行为发生作用的。也有一些学者把两种倾向的社会心理学综合起来,认为社会心理学是研究群众心理和个性在团体中地位的科学。

二、我国学者的定义

随着社会心理学在我国的发展,国内的很多社会心理学者也发表了自己的观点。我国早期的社会心理学研究者,被誉为是我国社会心理学第一人的孙本文认为(1946 年):社会心理学应以个人行为与社会的相互影响为研究对象,从个人的立场说,社会心理学研究个人在社会中的行为,从社会的立场说,社会心理学研究社会中个人的行为。

在 1982 年 4 月中国社会心理学研究会成立大会的报告中,吴江霖在分析国外社会心理学的发展现状和建立我国社会心理学的理论、方法、课题等时指出,社会心理学是研究个体或若干个体在特定社会生活条件下心理活动的发展和变化的规律的科学。为什么是研究个体或若干个体在特定社会生活条件下的心理活动呢? 吴江霖解释说,这是因为社会心理学固然要研究个体在特定生活条件下的心理活动,但人生活在社会中,并不是孤立的个人,个人的社会行为总是与其他若干个体相联系的,这若干个体,既包括比较松散的、不是很有组织的若干个体,也包括严密的有组织的若干个体。所谓特定社会生活条件,包括物质资料生产方式、在一定的物质资料生产方式中所处的经济地位和经济状况、政治法律制度、社会规范、社会价值体系(对事物或现象的社会意义的评价、判断、观点的体系)、信仰体系、风俗和民俗、种族和民族、职业、宗教、农村或城市、家庭和学校、友伴、社会团体等。以上列举的这些社会生活条件,都可以调节并影响人的心理。

专栏 1-4

我国著名社会心理学家吴江霖

吴江霖(1914—1995),中国著名社会心理学家,福建晋江人。1936 年从厦门大学毕业后曾赴国立中央大学(南京)师从萧孝嵘读研究生一年,1939 年获中山大学硕士学位。1945 年赴美留学,在雪城大学师从实验社会心理学创始人 F·H·奥尔波特(G·W·奥尔波特之兄)学习社会心理学,1948 年获哲学博士学位。归国后,在厦门大学任心理学教授。广州解放后,曾任中山大学教育系主任,图书馆馆长,副教务长。1952 年后任中国科学院心理研究所研究员,第一研究室主任兼《心理学译报》主编,《心理学报》首届五位编委之一。1959 年后任广东师范学院、广东教育学院、广州师范学院教授兼教育科学研究所所长。1984 年创立了我国第一个社会心理学专业硕士点。社会兼职有中国心理学会常务理事,中国社会心理学会常务副会长、顾问,广东省社会心理学会会长,广东省第二、三、四、五届政协委员。

而胡寄南(1991)对社会心理学的定义是:社会心理学是从社会与个体相互作用的观点出发,研究特定社会生活条件下个体心理活动发生、发展及其变化的规律的一门学科。

社会是由单个的个体所组成的,社会中的每个个体一方面受该社会的影响,另一方面,个体又对这个社会发生着作用。社会心理学既研究个体心理活动如何在特定的社会生活条件下受其他人或团体的影响,同时也研究个体心理活动如何影响社会中的其他人或团体。

而人类社会又是一种有组织的社会,这种有组织的社会从结构上看,可以分为宏观结构与微观结构。宏观结构的社会,是指国家、民族、阶级等;微观结构的社会,是指家庭、学校、里弄、工厂等单位。宏观结构的社会与个体的相互作用是间接的,微观结构的社会与个体的相互作用则是直接的。一般认为,宏观结构的社会通过微观结构的社会对个体发生作用,个体也通过微观结构的社会对宏观结构的社会发生作用。作为个体的人一旦降临于人世间,必然落入到一个具体的家庭内,随后进入某一个学校、工厂等单位,而任何一个家庭、学校、工厂等单位总是处于由特定的政治、经济、文化等许多因素交织起来的社会关系的网络之中。于是,社会的宏观世界就透过微观世界对个体施予一定的影响。

一个人从婴儿、幼儿,一直到青少年,被其家庭与学校施以一定的道德规范的影响,从而变成一个社会人。家庭中的父母与学校中的教师对孩子所提出的行为规范与要求,反映了他所处的国家、民族的要求与标准。例如,要求孩子爱劳动、守纪律、诚实、公正等,正是我们社会主义国家所一贯提倡的。同样,个体也是通过自己的具体社会实践与变革对宏观结构的社会产生作用,从而使自己的心理面貌也随之发生巨大变化。例如,在社会经济体制改革的热潮中,某工厂厂长提出了一项先进的改革方案,带动了其他企业的革新,从而对我国现代化建设作出了贡献,而在推广和普及其改革经验的过程中,这位厂长的心理面貌也发生了新的变化,增强了个体的成就效能感,自信心得到提升,追求成功的动机也更加强烈。由此,社会心理学的定义就具有三方面特征:

1. 社会心理学强调社会与个体之间的相互作用

研究社会心理学必须从社会与个体的相互作用观点出发,这是考虑问题的指导思想。作为个体的人总是处于与社会团体或他人的交往之中,通过相互交往建立一定的人际关系,形成某种个性特征,产生形形色色的社会心理现象,这就是社会心理学所要研究的对象,也是正确理解与把握社会心理实质的出发点。

2. 社会心理学重视关于社会情境的探讨

社会心理学最关心的乃是个体所处的具体的社会环境,即社会情境。社会情境是社会心理学中的一个重要概念,它确定了一种基本的研究立场。所谓社会情境,乃是与个体直接相关联的社会环境,它包含着个体与社会环境的相互作用,是与个体心理相关的全部社会事实的组织状态。社会情境与社会环境的主要区别是:社会环境包括了整个社会存在与社会意识,而社会情境则是社会环境中的某些特定部分;社会环境对个体而言是纯客观的,不同个体可以处于同样的社会环境之中,而社会情境则是主观和客观的统一,不同个体总是处于不同的社会情境之中;社会情境是被个体所意识到并直接影响个体心理的,而社会情境以外的社会环境则是在未被个体所意识到的情况下,间接地对个体心理发生影响的,其作用犹如社会情境的背景。

社会心理学十分重视个体与社会环境之间的关系。以小孩不慎跌倒为例,同样是跌倒,同样是感到疼痛,但在不同的场合、不同的社会背景下,孩子会发生不同反应。孩子如在家里摔倒了,看到、听到或想象到妈妈来安慰自己,多半会哭叫起来;孩子如在学校里摔倒了,看到、听到或想象到老师或同伴来鼓励自己,多半会坚强地爬起来且不哭,以显示自己的勇敢。同样是跌倒,在不同的社会情境下其疼痛感觉的程度也是不同的,因为他所受到的暗示方向不同,疼痛反应也不同,前者被暗示为疼得厉害,后者被暗示为不怕痛。这不同的社会心理反应,是受当时的社会情境所制约的。所以说,人们的思想感情以及行为,往往受社会上他人的思想、感情与行动的影响;同时,人们也对社会上的其他人发生影响。社会心理学,就是研究社会生活中人与人之间的相互关系及其相互影响的。

3. 社会心理学也重视个体的内在心理因素

社会心理学虽然强调情境的影响,但在相同的情境下,由于人们的内在心理因素不同,必然会发生不同的反应。个人内在的心理因素,主要是指个人的各种心理特征,如性格、气质、能力、兴趣、需要等,这些心理特征都能对其心理活动发生一定的影响,而个性的倾向性——信念、理想、世界观对一个人的社会心理活动发生着最深刻的影响。

第三节　社会心理学的研究范围与分类

个体并不是作为孤立的个人而单独地行动,往往是作为群体的一个成员(或者是作为社会团体的成员,或者是作为大众的一员)而行动。由于人们的遗传素质的先天特点随着社会分工而扩大,人与人之间发生了差异,有自己的观点、独特的思想方法与行为方式,但各种群体的成员又彼此保持着相互依存的关系,发生相互影响,从而产生出形形色色的社会心理现象。社会心理学家把这些社会心理现象的规模与水平采用分析的观点,划分为以下几个层次来研究。

一、社会心理学的研究范围

专栏 1-5

威廉·杜瓦斯的《社会心理学的解释水平》

威廉·杜瓦斯(Willem Doise)在《社会心理学的解释水平》这本名著中将社会心理学的解释分为 4 个水平,每一种研究水平有对应着的相应的研究主题:水平 1 就是个体内的水平,主要关注个体在社会情境中其社会认知、社会情感和社会经验的机制,涵括的基本研究主题有:具身性(embodiment)、自我、社会知觉和归因、社会认知和文化认知、社会情感、社会态度等。在这个解释的水平上,代表性理论有费斯廷格(Leon Festinger)的认知失调论和希金斯(E. T. Higgins)的知识启动和激活模型等。水平 2 是人际和情景水平,主要关注在给定的情景中所发生的人际过程,包含的主题有:亲社会行为、攻击行为、亲和与亲密关系、竞争与合作等。典型的理论有费斯廷格的社会比较论。水平 3 则是社会位置水平或群体内水平,关注社会行动者在社会位置中的跨情景差异,包含的主题有:大众心理、群体形成、多数人的影响和少数人的影响、权威服从、群体绩效、领导——部属关系等。主要典型理论模型有莫斯科维奇(Ivan Moscovich)的多数人和少数人影响的双过程模型和社会表征论。水平 4 是意识形态水平或群际水平,主要是在实验等其他研究情景中,关注或考虑研究参与者所携带的信念、表征、评价和规范系统,研究主题包含群际认知如刻板印象、群际情感如偏见、群际行为如歧视及其应付等。主宰性的理论范式有泰弗尔(Henri Tajfel)社会认同论所启动,并深化到文化认同的文化动态建构论和偏差地图模型。

(一) 个体水平的研究

这一水平的研究是以组合某种能发挥个体功能特征的结构和过程作为其主要的对象。社会心理学是研究特定社会情境中的个体,这就要研究个体的社会动机、社会认知、社会态度、社会学习以及人的行为等问题。

1. 个体的社会化和自我意识

社会化研究个体一生的全部心理的发展变化及其一般的表现,以及与所受社会环境影响的关系,揭示个体从自然人走向社会人的发展过程。

自我意识研究个体如何把自己从混沌的世界中区分出来,最终形成关于"我"、"我的"概念,并使自身得以更充分的发展。

2. 社会动机

研究人在本质上是什么?人的行为是怎样产生的?人们为什么要做他们所做的事?人们为什么需要他所欲求的东西?如此等等。亲和动机、成就动机、攻击与利他动机等,都是社会心理学感兴趣的研究课题。

3. 社会认知

社会心理是从社会认知开始的,社会认知一般指社会主体对社会客体的外在特征和内在属性进行感知和认识的过程。研究包括三个方面:一是对他人的认知,即人际认知;二是对自己的认知,即自我认知;三是研究人是怎样寻找自己或他人的行为的原因,即归因研究。

4. 社会态度和态度改变

社会态度研究的兴起,使人们找到了透视社会心理现象的重要途径。因此,美国社会心理学家法利斯(R. E. L. Faris)认为,社会态度研究是社会心理学领域的一次"小革命"。

5. 社会交往心理和行为

这一内容研究的是在社会情境中一个个体与另一个个体或多个个体的关系,探讨人与人之间如何产生吸引,有什么样的影响因素,人际关系发展的过程是怎样的。这些研究对于日常生活中人们如何与他人发展人际关系具有重要的指导作用。

(二) 群体水平的研究

这一水平的研究对象主要是指群体成员、群体与个体之间、群体与群体之间的相互作用。每一个个体只不过是作为群体成员的角色而被研究。对社会群体进行社会心理学分析、揭示群体的静态结构与群体动力学原理,乃是社会心理学研究的最有价值的成果,也是最有吸引力的一个研究领域。

关于群体水平研究的主要课题有:探讨人际互动、群体凝聚力、群体行为问题,尤其是人际交往与人际关系的模式与结构；探讨合作群体的结构要素、合作机制以及群体之间的相互关系等；在群体心理气氛方面，研究群体内各个成员之间在认识、情感、行为和道德规范方面如何相互影响而形成一定的社会风气。

（三）大众水平的研究

这一水平以人数众多的人们的心理和行为反应特征及其形成过程为研究对象。当前的社会是一个信息化的社会，通过大众传播工具能在短时间内把信息十分广泛地传递给人们，于是缩小了个人之间的差别、团体之间的差别以及地区之间的差别。在某些问题上，由于人们的匿名或互相影响而容易发生所谓大众社会心理现象，如流行、流言、舆论、经济恐慌、大众骚扰等。于是，大众交流机构、社会宣传机构在现代社会中承担了解决新问题的任务。社会心理学要研究产生上述社会现象的客观原因、人们的心理机制以及采取什么措施进行社会控制与引导。

专栏 1－6

勒纳关于"无辜受害者"的研究

对大众水平的研究要数勒纳（Uilton Lerner）在1971年做了一系列"无辜受害者"的实验最为有名。他觉得，每个社会都有一套自己的意识形态、信念和表征体系、价值观和规范，正是这些才使社会正常地运行。这其中的一个信念就是认为奖赏和惩罚、积极支持和消极制裁并不是偶然发生的，勒纳的研究正是假设在一个公正社会的普遍信仰的前提下进行的，他的调查研究主要是操作情境变量。在试验的过程中，先让被试观看这样一个情境，就是犯错误的学生都会受到电击，同时告知被试参加实验可能会有报酬也可能没有报酬，这样就有两对操作变量，一个是有无报酬，一个是有无电击的痛苦。一般情况下，被试就会对那些没有任何报酬或者仍在不断承受痛苦的受害者产生轻视态度。被试产生这种态度的原因来源于这样一个信念：在公正的社会里，受苦的人都是品行恶劣、罪有应得的。近年来，关于侵害的文献都是基于类似这样的一个假设。

二、社会心理学的分类

根据社会心理学研究的具体对象和方法的特点，可以作许多不同的分类。

（一）以实验研究为基础的实验社会心理学

实验社会心理学这一名称纯粹是从方法学角度提出来的，其指导思想是使社会心理现象的研究成为可以客观验证的科学过程，即把个体社会心理的基本过程，如社会认知、社会态度、社会动机、社会学习、人与人之间相互作用的过程以及群体行为等原理采用实验的方法加以解释与分析。

最早的实验社会心理学研究都是在实验室内进行的，曾受到一些学者的批评。近几年来，实验社会心理学在研究方法上发生了变革，已经从过去那种过分依赖实验室的框框中摆脱出

现代社会心理学（第三版）

来,积极从事现场实验,并且还广泛地采用调查研究、档案研究、个案研究等方法,和实验研究结果加以对照,相互印证。与此同时,它还重视对研究结果作统计处理,采取定量分析与定性分析相结合的方法,使所获得的结论更加接近社会实际生活。

(二)应用社会心理学

应用社会心理学以社会心理学的观点和研究手段来研究关于人际关系、社会行为等实际问题,并提出对策。它主要是在教育、企业、司法、临床医疗、军事等各个领域内开展研究,建立各个分支,故亦可称为分支社会心理学。每一种分支社会心理学都有自己特定的研究对象、特殊的研究方法以及完整的体系结构。按其研究领域的不同,分为教育社会心理学、人事管理社会心理学、军事社会心理学、医疗社会心理学、工业社会心理学、宣传社会心理学等。

应用社会心理学既可以运用于对具体问题的微观分析,也可以运用于对整个社会及其进程的宏观分析,所以它是阐明、解释和解决社会现实问题的一门实用的科学。有学者认为,在某种意义上讲,应用社会心理学就是社会心理学,因为社会心理学本身就是一门应用科学。社会心理学理论既然称为理论,当然是反映了规律性的东西,就可以用于指导实践。例如,社会动机理论应用到实际生活中,就可以充分调动人们的积极性。

(三)比较社会心理学

比较社会心理学从比较研究的观点分析社会行为。西方学者认为,比较社会心理学包含差异悬殊的两个研究领域,一为异种动物的社会行为的比较,另一为异种文化影响下人们行为的比较。前者称为动物社会心理学,后者称为比较文化的社会心理学。其实,动物有无社会,有无社会行为,这在学术界尚未有一致看法,但无论如何,将前者称为动物社会心理学恐怕是不妥的。

近几年来,由于比较行为学和比较文化心理学的发展,社会心理学对这个领域也日益关注。

第四节 应用社会心理学

一、应用心理学的产生

在社会心理学诞生的初期,社会心理学家的目光都只是集中在实验室研究的范围内。当然,这和社会心理学萌芽的土壤是不无关系的。1908 年麦独孤(W. McDugall)的《社会心理学导论》和罗斯(L. Ross)的《社会心理学:大纲与资料集》这两本教材出版发行之后,社会心理学就以独立的身份登上了历史的舞台。但是,这个时期的社会心理学直到以后很长一段时间内都只是由描述研究转向了实证的实验室研究。这段时期的代表人物就是美国的社会心理学家 F·H·奥尔波特在哈佛大学完成的一系列关于社会促进作用的实验室实验,用来说明群体对个体运动的影响。1924 年,F·H·奥尔波特出版了社会心理学历史上首次依据实验材料写成的《社会心理学》一书。

(一)社会心理学应用研究的开始

社会心理学的应用研究要追溯到 20 世纪 20 年代末期,哈佛大学心理学家埃尔顿·梅奥为首的研究小组在对芝加哥的西方电气公司霍桑工厂的研究中,发现社会心理因素对提高生产效率和员工满意度具有很大的影响作用,揭开了社会心理学应用研究的序幕。同时,这个研究也促成了社会心理学的一个新领域——工业社会心理学的诞生。

20世纪三四十年代,西方社会心理学家的研究视野大部分仍然集中在实验室研究上,但是由于霍桑试验的出现,有些研究者开始把目光转向现实世界中的各种问题。由于世界性经济危机和第二次世界大战爆发的刺激,更多社会心理学家的研究视野放在那个复杂背景下的特殊问题的研究,促成了这个时期大量应用研究成果的涌现。

战争、经济危机等构成的复杂背景为社会科学的研究提供了更为广阔、贴合实际的实验背景,社会心理学家也由原来的"实验者"转向"社会工程师",而这正是体现了社会心理学这门学科的实用性和发展性。这一时期,政府为了解决战争中带来的问题,召集了一大批的社会心理学家和其他能够解决现实问题的学者,同时为研究解决一系列社会问题提供丰厚条件,涉及的领域有人员管理和士兵的招聘、敌方和己方的士气及其调查、宣传战和心理战、德国和日本的民族性格、战略轰炸对敌方的影响等等。比较有代表性的人物是社会心理学大师勒温(Kurt Lewin)。

(二)勒温——应用心理学奠基人

勒温(1890—1947)是德裔美国心理学家,拓扑心理学的创始人,实验社会心理学的先驱,格式塔心理学的后期代表人,传播学的奠基人之一。勒温对现代心理学,特别是社会心理学,在理论与实践上都有巨大的贡献。这表现在:他在意志动机方面进行了大量的研究,弥补了格式塔心理学在情绪与意志方面研究的不足。他对志愿水平问题进行了深入的实验研究,这些研究证明人们在活动中成功或失败的体验在很大程度上取决于人的志愿水平。他很重视社会心理学的研究。他的实验证明,在民主领导作风下工作效果比在专制或放任的作风上都要好。勒温曾提出心理学的许多理论。他认为应该用"拓扑学"和"向量分析"的概念来阐明心理的现象。

在众多的社会研究中,最为著名的是他领导的关于"食物习惯改变的研究"以及他提倡的行动研究的思想,对于后来的社会心理学以及其他学科的发展都有深远的影响。

1. 食物习惯改变的研究

第二次世界大战时期,由于战争的需要,好的肉食都要供应到前线,美国国内普通百姓的肉食变得极其短缺,因此如何解决用动物的内脏来代替肉食变得迫在眉睫。美国人对于动物内脏非常反感,因此要他们接受食用动物内脏这一习惯是非常困难的,勒温和著名人类文化学家米德等人受政府之邀一起解决这个难题。

在研究的过程中,应用了自己的场论,依照这个理论的解释,人们生活当中的很多习惯改变起来都是相当困难,原因就是这些习惯都是在社会背景下形成的,并且得到了很好的巩固。因此假如要改变这种行为习惯,最重要的是要改变社会背景。

勒温觉得要改变老百姓的饮食习惯,最重要的是要让他们参与到作出使用内脏的决策当中去,从而获得群体的社会支持。为了验证这个假设,勒温把家庭主妇放在两种不同的社会环境中进行研究。第一种条件下是家庭主妇听一次关于食用内脏大有益处的演讲,同时还提供了如何烹调动物内脏和内脏营养价值的资料。在这个前提下进行的实验家庭主妇是以被动接受的角色来进行;而另一种条件则是有一名担当领导者角色的人在与家庭主妇们进行集体讨论的情况下向她们提供了与第一种条件实质相同的资料。领导者再要求她们以说出或者举手表示是否准备在家里尝试食用动物内脏来结束讨论。勒温预言,第二种条件下家庭主妇会更乐于接受食用动物内脏。随后收到资料显示,第一种条件下只有 3% 的家庭主妇在家里食用了第一块内脏,而第二种条件下有 32% 的主妇在家里至少食用了一块内脏。

2. 行动研究

勒温一生致力于科学研究,他是界内公认的理论家和实验家,但是他研究的重点却是社会现实,致力于理论和实践的结合,致力于研究和行动的统一,从而真正地发挥社会心理学的实用功能。这些思想在他提倡的行动研究中得以体现。

勒温认为,心理学不仅仅是停留在对于行为的解释上,更应该改变人们不好的行为,从而使人们生活得更加美好。正是基于这样的出发点,他在自己所著的《解决社会冲突》一书中明确了这一思想,他的很多研究都是基于这样的思想开展的。

行动研究是一种指导思想,同时还是一种研究的技术手段,它有着自己的一套研究程序:从社会实践中收集到所需的信息,通过理论研究和实验分析后,将得到的结果反馈到社会实践当中去,从而有效地促进实践过程的发展和变化。正是运用了行动研究的技术和观点,社会心理学家们在态度改变、社会风气、种族歧视、人际交往等等实际问题上有了非凡的突破和成效。

在勒温这种行动研究的影响下,由他本人发起创建的一个叫"社区关系研究会"的研究组织,从 1945 年到 1955 年的 10 年间,共推出了 71 项与行动研究相关的成果。但是在他 1947 年逝世以后,由于当时的社会获得了一个相对安定、平稳的社会环境,社会心理学家对于现实问题的关注兴趣越来越低,为了验证和发展理论和原理,更多地把目光转向了实验室的实验,转向基础性的研究。

到了 20 世纪 60 年代后期和 70 年代早期,经过 20 年的以实验室研究为标志的基础研究之后,由于社会危机产生了相应的学术危机。60 年代晚期,西方社会产生了社会动荡,在冷战背景下激发的激烈的社会冲突与问题急需社会心理学家拿出解决方案来,但是长期致力于实验室研究的他们对此束手无策,这样的情景迫使社会心理学家反思,从而再次转向应用研究,行动研究再次得到复兴。

(三) 20 世纪 70 年代以后的社会心理学应用研究

由于西方社会危机带动了学术危机,促使社会心理学家走出实验室,更多地关注社会现实。随着这种趋势的发展,社会心理学家关注到人类的方方面面,和其他学科交叉结合不断产生新的研究成果。

奥斯坎普(S. Oskamp)所著的第一本专门论述应用心理学的《应用社会心理学》的第三篇里论述了应用的各个领域,从第 8 章到第 13 章分别是:教育情景——学校取消种族隔离、组织情景——职业满意、环境问题——能源保持、健康与环境保护——吸烟、法律问题——关于陪审团和审判员的研究、大众传播——传播的内容与效果。在这之后，韦耶恩特(J. M. Weyant)出版了另一本《应用社会心理学》，涉及的领域从第 2 章到第 8 章分别是：心理健康、身体健康、资源保护和其他环境问题、教育、组织、消费者行为、法律。

（四）中国社会心理学的机构设置

中国社会心理学会(CASP)成立于 1982 年 4 月，现有理论与教学专业委员会、民族心理学专业委员会、军事心理学专业委员会、应用社会心理学专业委员会、传播心理专业委员会和青年社会心理学工作者委员会等六个分支机构；有北京、天津、上海、广东、广西、湖南、湖北、浙江、江西、安徽、黑龙江、河北、江苏、内蒙古、山东和山西等省市自治区级团体会员 16 个，2200余名个人会员，主要分布于高等院校和科研机构。按照学会章程规定，中国社会心理学会每五年召开一次全国会员代表大会，选举产生相应的理事会、常务理事会和负责人。第一、二届理事会会长为陈元晖，第三、四届理事会会长为沈德灿，第五届理事会理事长为冯伯麟，第六届理事会理事长是乐国安，第七届理事会理事长是杨宜音。学会秘书处及会刊《社会心理研究》(季刊)编辑部均设在中国社会科学院社会学研究所社会心理学研究室。

二、应用社会心理学的具体领域

社会心理学的应用已经广泛延伸到生活中的各个方面(如表 1-1)，由于篇幅所限，在这一部分我们主要介绍社会心理学在管理、心理健康、犯罪研究等方面的进展。

表 1-1　社会心理学的交叉和应用学科

相关学科	社会心理学的交叉和应用学科	研究领域举例
政治学	政治心理学	政治观念、民意、政治运动、投票、政治参与
国际关系	国际关系心理学	国家观念、国际关系
经济学	经济心理学	消费心理学、广告心理学、推销心理学、就业心理学、投资心理学、储蓄心理学、税收心理学
法学	法律社会心理学	犯罪心理学、罪犯心理学、庭审心理学、法官心理学
教育学	教育社会心理学	师生关系、亲子关系、校园文化、班级文化
管理科学	管理心理学、组织行为学	领导行为、心理契约、激励机制、工作价值、组织公民行为
环境科学	环境社会心理学	拥挤、城市交通、建筑设计、环境意识
大众传媒	大众传媒社会心理学	社会价值观、社会流行语、网络心理学、沟通与传播心理、手机
医学与健康	医学与健康心理学	心理咨询和辅导、健康与生命观、医患关系、对艾滋病人的歧视与污名
体育	体育社会心理学	体育价值观、竞争、成就归因、公平意识

（一）社会心理学在组织管理方面的应用

随着社会的发展，分工的不断细化，管理在人们的生活、工作中已经变得越来越重要，当然这都脱离不了社会心理知识的应用,也正是由于在这方面的实用性,才不断促进了管理学的发展。

总体而言,社会心理学在组织管理方面的应用主要包括三个方面:首先是社会心理学在激励方面的应用;其次是社会心理学在领导过程中的应用;再次是社会心理学在组织文化中的应用。

在组织管理的过程中,激励是提高成员工作兴趣、提高组织合作效率,更好地达成组织目标的手段。关于激励的理论主要有两大类:一类是内容型的激励理论,该类型的理论主要是揭示激发动机的因素,从人们的内在需要作为出发点,分析引起工作满意感与否的原因。代表性理论主要包括马斯洛(A. H. Maslow)的需要层次理论,奥尔德弗(C. P. Alderfer)的ERG理论,麦克利兰(David C. McClelland)的成就需要理论和赫茨伯格(F. Herzberg)的双因素理论。这四种理论都是围绕着需要展开研究的,但又有所区别。需要层次理论概括出人类有五种基本需要并加以结构化,使需要的层次很清晰;生存、相互关系、成长理论将五种需要简化成三种,概括起来就是人的需要是遵循"愿望——加强"、"满足——前进"、"受挫——倒退"的规律发展的;成就需要理论则是强调工作本身的挑战性、责任感以及工作绩效的及时反馈都将有利于激发员工的积极性,从而促进成就动机的实现,并论证了成就动机的可塑性及其意义和作用;双因素理论认为应该区分内在激励和外在激励,从而确定影响人们工作满意感的因素,提高影响效果。

另一类激励理论是过程激励理论,这一类型的理论主要强调从动机产生到采取具体行动的心理过程,主要研究人们对于付出与回报也就是外在诱因的认识。主要包括弗鲁姆(Victor H. Vroom)的期望理论、洛克(E. A. Locke)的目标设置理论、亚当斯(J. S. Adams)的公平理论以及凯利(H. E. Kelly)的归因理论等。过程型激励理论主张激励在人的心理上是个相当长的过程,而只有激励对象接受激励内容才算是开始,它主要研究的是人们所作选择时的行为过程,如何才能转化人的行为以达到预期的目的。

社会心理学在领导过程中的应用,主要是从领导者的角度研究影响领导的因素,并且形成系统的理论,同时还探讨了怎样提高领导者的技巧以及提高自身的影响力。

一个组织要有特定的目标,就要有领导者,而领导者的作用就是指引和影响个人和组织,实现预期的目标,从领导者的角度来说,他有自身的需求,如权力需求、个人的影响力等,根据研究发现,权力需求只有在适宜的时候领导才能做成较好的绩效,同时也要注重发挥领导的影响力。

关于领导的研究理论是丰富多样的,很多社会心理学家都试图寻求一种最佳的理论模式,但是由于每个人的研究角度不一样,得出的结论也是多样的,不管内容怎样丰富,总结起来有这样三种理论:领导品质理论、领导行为理论和领导权变(情境)理论。领导品质理论的核心是有效的领导者本身要有一定数量的品质和特征,直接有效地影响下属从而实施有效的领导;领导行为理论主要集中在考核领导人做了些什么以及如何行动的;领导权变理论则是认为任何一种领导方式都不可能在所有情况下得到运用,只有把环境的因素和组织人员的个体因素考虑进去,才能形成合适的领导方式。

领导主要通过人际关系去影响组织中其他成员,因而,领导的决策和技巧是领导能否实现预期目标的关键。领导者能否做出正确的决策,主要受到其自身的素质、经验、教育程度、胆略和远见卓识等的制约;而领导者的技巧则是体现在领导过程中对时间的管理、聆听、谈话和提高自身的影响力等。

一个组织在长期的发展过程中就会形成自己的组织文化,组织文化对于社会心理学同样也是重要的研究课题。组织要形成自己的规范体系、价值观念和文化象征符号,从而促使组织具有明确的发展目标。

组织文化的形成是有一个过程的,同时在形成的过程中还要进行积极有效的维护,而维护过程中最重要的就是面临文化冲突,当然,在组织文化形成的过程中,主要受到组织成员的竞争行为、人际信任、心理契约等等的影响,因此解决和研究这些领域的课题也是社会心理学的当务之急。

总而言之,社会心理学在组织管理方面的应用,一方面是自身不断深化发展,另一方面是推动了管理学、行为科学等其他学科的发展,对于提高生产效率、促进管理的科学化等等都有着重要的实践意义。

(二) 社会心理学在健康与临床中的应用

提起身体健康,人们首先想到的是它属于生物医学。伴随着社会的不断发展,人们认识到不仅是生物因素能致病,心理因素和社会文化因素都在疾病产生的过程中起到非常重要的作用,因此,社会心理学在健康与临床中越来越受到重视。

提到健康,首先要说到刺激,因为刺激是影响健康的主要因素。社会心理学上对于刺激的研究主要分为这样的几类:第一种是将刺激作为自变量或者刺激物来研究,其中以布劳恩斯坦(Braunstein)的分法最为典型,将常见的刺激分为躯体性应激源、社会性应激源、文化性应激源、心理性应激源。第二种将刺激作为因变量来研究,把应激看成紧张性刺激作用于人的结果,从而产生生理反应和心理、行为反应,其中的心理反应分为这样三类:情绪反应、自我防御反应和行为反应。还有一种将应激看作介于刺激物对它的适应行为,将刺激的前因和后果联系起来进行探讨。

健康有个评价标准,就是什么是健康行为? 它有狭义和广义之分,狭义的健康行为是指对个体的健康起到直接促进作用的行为,而广义的健康行为除了包括狭义的健康行为之外,还包括对已有的不良行为习惯的控制或戒除,从而降低危害健康的可能性的行为。影响健康行为的因素有:自觉症状、情绪因素、认知因素、社会文化因素、医疗因素以及大众传播因素等等。

对于健康行为有深入研究的代表性理论主要有这样两类:第一类是 20 世纪 60 年代有研究者提出的"健康观念模式",该模式认为要了解一个人是否实行某些特定的健康行为,可以通过该人感受到健康威胁的程度和他对于某些特定健康行为能否减少上述威胁的认知水平来得到答案;第二类就是费希本(M. Fishbein)和阿杰恩(I. Ajzen)的理性活动理论(Theory of Reasoned Action, TRA),该理论主张健康行为是个体是否倾向于实行某种健康行为的直接结果,而行为倾向主要由对特定活动的态度和关于活动的恰当性的主观准则构成。

随着医学的不断发展,人类来自生物性威胁的疾病已经越来越少,而由于心理因素导致的疾病却显著上升,因而提倡积极健康的生活观念越来越得到人们的认可。如何改正不良习惯成为人们关注的重点,目前对于不良行为的研究主要有这样几类:吸烟的危害、原因以及如何矫正;酗酒行为及其矫正;与饮食有关的肥胖症、神经性厌食症、神经性贪食症的原因及其治疗等。

社会心理学不仅在身体健康的研究中发挥着重要的作用,同时在临床医疗中也起着重要的作用,对于医患关系、病人的心理问题、求医行为等等都有着较深入的研究,以下作简要介绍。

求医行为是患者和医生直接建立关系的一种体现,从求医动机强烈程度来划分可以分为:主动求医行为、被动求医行为和强制求医行为。影响求医行为的因素主要有个体对症状的认识与评价、个人的能力资源和社会医疗保健服务的易获得性和质量。

有社会心理学家认为,病人同样是一种社会角色。帕森斯(T. Parsons)认为可以从四个方面来反映病人角色:第一是病人和其常态时的社会角色不同;第二是病人陷入疾病状态是非意志的产物;第三是病人都应该有恢复健康的义务;第四病人应该寻求技术上的可靠帮助。

病人在生病的过程中会呈现这样的心理特点:主观感觉异常、孤独感加重、自尊心过于敏感、依赖性增强、强烈的期待心理、情绪不稳定等,同时还伴随着恐惧情绪、焦虑情绪、抑郁情绪、愤怒情绪等,这些情绪都会影响到医患关系,而要改善医患关系,一方面是对病人进行积极地干预,另一方面要加强医生和病人之间的沟通了解。

其实,在人们的生活中,总会碰到很多困难或者问题,霍尔姆斯(T. H. Holmes)和雷赫(R. H. Rahe)在对美国的 5000 多人调查后将常见的 43 项事件分等级以此评定带来的压力,因此人们在解决这些问题时都会向社会进行心理求助,而最为常见的就是进行心理咨询。心理咨询关系的建立受到很多因素的影响,最核心的是来访者对咨询者的信任和亲近,才能创造良好的咨询关系。

社会心理学在健康领域的应用已经得到了越来越多人的重视,当然也正是这种观念的推动,社会心理学在健康领域取得了丰硕的研究成果。

(三)社会心理学在法律活动中的应用

社会心理学在法律活动中的应用首先就是关于犯罪原因的分析,由于心理学流派众多,因而对于犯罪原因的分析也有很多种,最主要的就是精神分析论、挫折侵犯理论、社会学习理论、遗传论、变态心理论、脑功能障碍论、经验性多因素分析和聚合作用论等。

精神分析论从这样几个方面进行了解释:首先是基于弗洛伊德的自我结构理论,从本我、自我、超我三部分的活动性和功能来解释犯罪,认为促使一个人犯罪的是本我,所以防止犯罪的关键就是如何发展自我和超我。还有一类从人格发展理论来解释犯罪,认为犯罪是一种退化,它使儿童时期原始的、暴力的、非道德的冲动得以复活,是幼稚性本我冲动与超我之间不平衡的表现。还有一类从本能、焦虑和神经症理论解释犯罪,认为原始的冲动是反社会的,它由性欲、攻击和破坏的本能所构成,但是这种冲动和团体的动机是相冲突的,因此,个人就要在社会化的过程中接受社会规范,从而适应社会团体的要求。

挫折侵犯论认为个体一旦遇到挫折就会表现出侵犯行为,影响挫折是否会引起侵犯行为的因素有:挫折的强度、个体对挫折的认识和理解、社会习得的抑制和诱发侵犯行为的刺激信息等。随着对侵犯理论的研究深入,有学者提出了很多以挫折为主的多因素综合模式,其中包括瑞文鲁宾模式和沃森模式。

社会学习理论是美国心理学家班杜拉(Albert Bandura)提出来的,核心是通过社会学习掌握社会知识、经验和行为规范以及技能的过程,并将社会学习分为直接学习和观察学习两个形式,直接学习是通过个体对刺激作出反应受到强化而完成学习的过程,观察学习是指个体通过观察榜样刺激时的反应极其受到强化而完成的学习过程。因此攻击行为的出现是习得的。

遗传论认为犯罪与生物的遗传有关联,很多心理学家通过研究家族史和双生子,得出了较为可信的数据,近年来有关染色体的研究使得人们得到了更加科学具体的证据,同时还有学者从激素方面提出了探讨。变态心理论形成了六大解析模式:生物学模式、心理学模式、心理动力学模式、行为主义学习模式、社会学模式、生物—社会—心理模式。此外,还有从情意志、感知觉等方面解释的。也有从脑功能障碍方面作出解释的,认为有些犯罪是由于癫痫、控制不良、多动症、酒精中毒、药物依赖、精神发育迟滞、脑损伤等原因引起的。经验性多因素分析和聚合作用论则认为应该将犯罪的原因放在动态的系统中去研究,经验性多因素分析的影响因素有社会因素和自然因素,主体因素则包括生理因素、心理因素;聚合作用论认为犯罪行为也是个体所处的社会环境(也可能是自然环境)与他所具备的心理、生理条件相互作用的结果,犯罪行为一旦表现出来,反过来对于社会的个体又会发生作用,从而影响到下一步又可能出现犯罪行为。

社会心理学不仅是从理论上对犯罪行为进行了解释,同时在司法工作领域有具体的应用,这方面的应用主要包括在侦查中的应用,以及预审、审判中的应用。社会心理学在侦查中的应用主要是研究侦查人员的感知觉、注意、记忆、思维、情绪等等;社会心理学在预审中的应用主要是研究各个角色心理活动的特异性及预审人员的能力,同时在预审的过程中还会涉及很多心理学的方法和技巧,例如,联想反应讯问法、复述讯问法、自由交谈讯问法、填词删词讯问法等等,当然应用比较广的还是测谎技术;社会心理学在审判中的应用,主要研究审判过程中不同角色的心理,包括法官心理、陪审团的行为、律师心理、被告心理、证人心理等等。

社会心理学在法律活动中的应用,具有较强的实用价值,对于维护社会稳定、促进社会发展都有不可替代的作用。

本章小结

社会心理学是一门边缘性学科,这是由它本身的研究对象的特点所决定的,一方面受对象自身心理因素的制约,另一方面受所处的社会环境的影响,因此和很多学科都有关系。和心理学的关系有这样的三种:第一种认为社会心理学是心理学的分支;第二种认为社会心理学是心理学的主干;第三种则认为社会心理学是和生理心理学并列的两大主要分支。与社会学的关系同样也是千丝万缕的,一方面是和社会学的研究方法相通,另一方面是有共同课题但是各有侧重。同样,和行为科学、文化人类学也有着密切的关系。

社会心理学的研究对象可以从社会心理学的定义上进行分析,西方对于社会心理学的定义大体可以分为这样几种：一种是心理学倾向的定义，认为社会心理学试图理解和解释个体的思想、感情以及行为怎样受到他人实际的、想象的或者隐含的存在的影响。而社会学倾向的定义则认为社会心理学是关于社会互动的研究，是以群体生活的心理为基础的。我国对于社会心理学的定义也有独特见解，认为一方面社会心理学要强调个体和社会之间的关系，同时还要重视社会情绪的探讨，另外还要重视个体的内在心理因素。

社会心理学的研究范围大体分为三个水平，包括个体水平、群体水平和大众水平的研究，其中个体水平的研究包括个体的社会化和自我意识、社会动机、社会认知、社会态度及其改变、社会交往行为和心理等；群体水平的研究包括人际互动、群体凝聚力、群体行为问题等；大众水平的研究有流行、流言、舆论、大众骚扰等。社会心理学分为实验社会心理学、应用社会心理学以及比较社会心理学等。

应用社会心理学随着社会的发展越来越受到人们的重视，它主要是在教育、企业、司法、临床医疗、军事等各个领域之内开展研究，建立各个分支，故亦可称为分支社会心理学。

思 考 题

1. 根据社会心理学的定义，试结合生活中的实例加以阐述。
2. 社会心理学在生活中有哪些应用？结合例子加以说明。

拓展阅读

1. 杜瓦斯.社会心理学的解释水平.赵蜜、刘保中译.北京：中国人民大学出版社,2011.
2. 乐国安、汪新建、李强.应用社会心理学.天津：南开大学出版社,2003.
3. 乐国安.社会心理学.北京：中国人民大学出版社,2009.
4. 乐国安.社会心理学.广州：广东高等教育出版社,2006.
5. 李伟民、戴健林.应用社会心理学新论.北京：人民出版社,2006.
6. 刘华.社会心理学.杭州：浙江教育出版社,2009.
7. 俞国良.社会心理学.北京：北京师范大学出版社,2006.

第二章　社会心理学的基本理论和研究方法

社会心理学从一开始就是关注社会个体的心理和行为的科学,它的研究目的就是为了解决人们在生活中碰到的问题。但是由于人们的心理千差万别,所观察到的社会心理现象也就有假像,而有些我们习以为常的现象背后却是隐藏着深奥的心理学原理。心理学家正是在对这些问题的不断探索中,建立了一个又一个的理论体系,为社会心理学的发展提供了丰厚的土壤;同时也是在对这些问题的探索中,形成了严谨的研究范式,并且不断有新的研究方法涌现出来。

第一节　社会心理学的理论

一、社会学习理论

社会学习理论在社会心理学的发展过程中一直起着很重要的作用,社会学习理论的根源可以追溯到行为主义。行为主义认为,学习是刺激与反应的联结,有机体接受外界的刺激,然后作出与此对应的反应,这种刺激与反应之间的联接(S—R)就是所谓的学习。早期的行为主义完全否认内部心理活动的作用,而且认为心理活动是无法进行研究的,因此被称为"暗箱"。社会学习理论的代表人物是:桑代克(E. L. Thordike)和华生(J. B. Watson)(早期行为主义),斯金纳 (B. F. Skinner,新行为主义),米勒(N. E. Miller)和多拉德(J. Dollard)(模仿理论),班杜拉(A. Bandura,社会学习理论)等。

社会学习理论的研究对象主要是各种社会行为,包括攻击、利他、模仿、说服、态度、人际关系、社会促进、合作竞争等等。由于时代背景以及每个人的研究兴趣不同,每一个理论的代表人物的研究领域各有侧重,但是核心的理论观点是一致的,他们都认为一个个体的社会行为是由他们过去的经历所决定的,因此他们强调这几个核心概念:认知因素、学习、自我调节等。他们认为,一个人的行为之所以能够逐渐的成为一种习惯,也就是面对相同的情境人们会做出同样的反应,这是社会学习的结果。也正是社会学习的这种思想,他们认为导致行为的原因更多是外部环境,并不重视主观因素对行为的影响。社会学习理论认为个体的学习一方面是研究刺激—反应是如何发生的,另一方面是个体学习有哪些类型。

(一) 刺激—反应发生的机制:联结

关于联结,最早是来源于巴甫洛夫(I. P. Pavlov)的经典条件反射学说。而最终对理论系统化的则是桑代克。桑代克是美国的心理学家,他受达尔文进化论的影响,认为人类是由动物进化来的,动物和人一样进行学习,只是复杂程度不同而已。因此他通过动物实验来研究学

現代社会心理学(第三版)

习,提出了联结主义的刺激—反应学习理论。在这之前,人们普遍认为,人的学习是一种理智的过程,它涉及观念的联想、经验的鉴赏,以及对逻辑关系的觉察等,这些心理活动与理智和智慧是同义词。与此相反,动物的学习则是具有本能的行为模式,这些行为模式是固定的。桑代克抛弃了这种两分法,消除了动物与人类之间在学习上的这种差异。在他看来,猫是在有理智地行事,即学会了逃出迷笼。作为经验的结果,猫在不断地修正自己的行为。这种行为改进是通过各种机械过程自动地完成的,不需要观念或顿悟。

桑代克认为,动物的基本学习方式是试误学习,人类的学习方式可能要复杂一些,但本质是一致的。他从动物学习研究中,试图揭示普遍适用于动物和人类学习的规律。根据实验的结果,桑代克提出了众多的学习律,其中主要有准备律(law of readiness)、效果律(law of effect)和练习律(law of exercise)。除了上述三个主要学习律(其中最主要的是效果律)之外,桑代克还指出了一些其他的规律,或称为学习原则。其中有多重反应(multiple responses)律、定势(set)律、选择性反应(selective response)律、同化(assimilation)律、联想性转换(associative shifting)律,等。

而在社会心理学中,人们通常会用联结来解释社会态度、人际吸引、社会规范等现象。比如人们往往会喜欢那些和美好经验联结在一起的人,而讨厌那些和不愉快经验联接在一起的人。

专栏 2-1

桑代克的"猫开门"实验

桑代克把饿得发慌的猫关进被称为迷笼的笼子里,笼外放着食物,笼门用活动的门闩关着。被放进笼时的猫在笼子里躁动不安,在乱碰乱抓的过程中,偶然碰到那个活动的门闩,门被打开了,猫吃到了食物。如此反复,猫从笼中出来吃到食物的时间会越来越少。实验表明,所有的猫的操作水平都是相对缓慢地、逐渐地和连续不断地改进的。由此,桑代克得出了一个非常重要的结论:猫的学习是经过多次的试误,由刺激情境与正确反应之间形成的联结所构成的。

桑代克迷笼实验装置之一

(二)强化

强化是大多数的行为主义者提出的重要概念,不过最为系统的要数斯金纳。在他看来,行为的实验分析所关注的是环境事件(刺激)与有机体行动(反应)之间的关系,即要考察实验操作是如何引起行为变化的。斯金纳认为,可以用三种基本的实验操作来控制环境:呈现刺激、安排结果、信号刺激。

斯金纳用"操作性反应(operant)"来解释箱子里动物的行为,以区别其他行为主义者的观点。他认为，巴甫洛夫等的实验对象的行为是刺激引起的反应，称为"应答性反应（respondents）"；而他的实验对象的行为是有机体自主发出（emitted）的，称为"操作性反应（operant）"。前者往往是种不随意的行为；后者大多是随意的或有目的的行为。斯金纳认为，人类从事的绝大多数有意义的行为都是操作性的。

操作条件作用的模式认为，不管有没有刺激存在，如果一种反应之后伴随一种强化，那么在类似环境里发生这种反应的概率就增加。人们由此把斯金纳的理论称为强化理论。斯金纳区别了两种强化类型：正强化（positive reinforcement，又称积极强化）和负强化（negative reinforcement，又称消极强化）。当在环境中增加某种刺激时，有机体反应概率增加，这种刺激就是正强化。当某种刺激在有机体环境中消失时，反应概率增加，这种刺激便是负强化，是有机体力图避开的那种刺激。

除了对正强化与负强化作出区分外，斯金纳还区分了强化的两个来源：一级强化物和二级强化物。一级强化物包括所有在没有任何学习发生的情况下也起强化作用的刺激。二级强化物包括那些在开始时不起强化作用，但后来作为与一级强化或其他强化物配对的结果而起强化作用的刺激。斯金纳认为，对于人类来说，二级强化物包括对大量行为起强化作用的许多刺激，诸如特权、社会地位、权力、财富、名声等，这些大多是由社会文化所决定的，它们构成了决定人类行为的极有力的二级强化物。

在各种社会行为中，如攻击行为、人际吸引、态度改变、利他行为等等，都可以用强化理论来解释。

专栏 2-2

斯金纳的《沃尔登第二》

斯金纳（1904－1990）是行为主义学派最负盛名的代表人物，也是世界心理学史上最为著名的心理学家之一，直到今天，他的思想在心理学研究、教育和心理治疗中仍然被广为应用。斯金纳主要著作：《有机体的行为》（1938）、《科学和人类行为》（1953）、《言语行为》（1957）、《强化程序》（1957）、《教学技术》（1968）、《关于行为主义》（1974）、《超越自由和尊严》（1971），而斯金纳在1948年出版了《沃尔登第二》，描绘了一个按照操作性条件反射原理设计的理想化的文化。

"沃尔登第二"是一个由一千户人家组成的理想化公社。这个公社具有这些特点：没有私有制家庭，相反，居民住在联合公寓里；儿童实行的是个别化教育，不与他们的父母住在一起，他们最初住在托儿所，而后住进集体宿舍，13岁左右搬进他们自己的公寓；生活设施内不设炊具设备；一切用餐都在公社餐厅，在那里保证健康的饮食，并使个人从做饭这种简单的工作中解放出来；"沃尔登第二"的妇女没有做饭、打扫、或带孩子的负担，因此能同男人一样充分实现她们的潜能；鼓励十六七岁的青年人结婚生育；由于夫妇是根据志趣结合的，因而婚姻关系比较稳固，不存在金钱问题，不存在抚养儿童的负担；由于一般父母不具备抚养儿童的知识和设备，儿童不与父母居住在一起，而是由专家抚养。

目的是"使'沃尔登第二'的成年人都把一切儿童当成自己的孩子,而每个儿童都把每一个成年人看作他的父母"(斯金纳,1948,第142页)。

《沃尔登第二》并没有重塑美国社会。不过,它无疑对成百上千万读者的思想和社会概念产生过影响。有人的确是想按照《沃尔登第二》实际地创建一个乌托邦:这就是弗吉尼亚路易斯萨市的"双橡公社",由8个人在1967年建立的一个社区。经过许多年风雨之后,它的人口已经增长到81个。虽然仍然是按《沃尔登第二》中描述的模式进行管理,可公社的社员们早些年以前就已经放弃了定义理想行为的努力,他们不再通过斯金纳强化法来给彼此的行为定型。

（三）行为的获得——观察学习

其实学习理论形成系统是从米勒、多拉德开始的,1941年两人合作写出了代表他们核心思想的著作《社会学习和模仿》,同时这部著作宣布了对社会学习理论的研究开始,在对于行为学习的问题上,相对于传统的行为主义来说,在机制产生的问题上,并没有本质性的变化。米勒和多拉德仍然认为人类的一切行为都是习得的,而且在这种习得行为的过程中仍然需要强化。但是他们和传统的行为主义不同的是,他们不仅仅只是强调习得的机制和过程,而是把社会文化对于社会行为的习得影响也纳入了研究范畴,他们认为,这些社会的、文化的背景,构成了外在于学习过程本身而与学习的内容和结果相关的强化偶联机制。

当然对社会学习理论进行系统化的还是班杜拉。在他之前,关于人性及其表现方式的因果决定模式,最早的理论是一元单向决定论,但是随着理论的不断发展,这种理论无法解决很多难题,因而出现了环境和个体相互作用决定个体行为的理论,班杜拉则提出环境、行为、个体内部因素三者交互决定的理论,他认为:主体因素和行为之间具有交互作用的关系,个体内部因素诸如期待、信念、动机、人生观等影响并决定着行为的方式和方向,同样行为结果又反过来作用于人的思维方式、情绪反应等,从而使之发生变化;环境中的各种社会化因素决定着个体人格发展结果的主体能力和性格,但个体同样可以通过各自的主体能力和特征引起或激活现实生活环境中的不同环境反应;环境则制约着个体行为,使之实现生存的目的,但是人的行为同样也在改造环境,使之符合人们的需要,因而环境和个体是相互适应的过程。

从班杜拉提出的三元理论中可以看出来,他的理论已经基本上摆脱了行为主义的窠臼,提出了人类学习的主观能动性,即其内在的个体因素和认知功能对行为具有重要的作用,这种观点贯穿了他研究的始终。然而更具有开创性的是他提出了观察学习的理论,他认为观察学习具有这样的特点:不一定发生明显的外显行为;不需要强化;具有认知性;并一定是模仿可能会创造出新的行为。同时,他还将观察学习分为直接的、抽象性和创造性的观察学习三类,他在解释观察学习的过程上借鉴了现代信息加工心理学的模式将学习的过程分为注意、保持、动作复现,以及动机或者激励四个关联的过程。在他看来,注意就是指对榜样的知觉;保持则是把获得示范经验储存在记忆中;动作复现则是记忆向行为的转变;动机过程则是指观察者表现获得的示范行为的过程。

社会学习理论从行为主义的基础之上发展起来,描述了学习的过程,确定了与学习情境变量有关的许多规律和原则,然而这些规律和原则并没有像预期那样解释人类的社会行为;另外社会学习理论及研究了个体社会行为发展的内在机制,又研究了人与人之间相互产生影响的行为模式,但是对于更高层次的比如社会角色对于行为的影响等等都很少涉及。

专栏 2-3

波波玩偶实验

艾伯特·班杜拉(1925—   ),美国著名的心理学家,在他所从事的一系列实验研究中,"波波玩偶实验"最为有名。班杜拉认为攻击行为必须从以下三个方面进行解释:行为的攻击模式如何形成?是什么促使人们的行为具有攻击性?是什么决定人们未来是否继续诉诸攻击性的行为模式?正是基于这样的假设,他设计了该实验。在该实验中,他让儿童们目睹一位模特殴打一个名叫波波玩偶的塑料小丑。儿童们在那里观看一部录像:一位模特攻击性地殴打一个玩偶,用棒槌敲他的头部,把它朝下猛摔,坐在它上面,反复地打它的鼻子,把它抛到空中,用球击打它……看完录像后,儿童们被安排在一间

艾伯特·班杜拉

有好玩玩具的房间里,但他们不能动玩具。记忆过程开始了,儿童们变得愤怒和沮丧。然后,把这些儿童领到一间放着和录像中同样玩具的房间。动机状态产生了:班杜拉和许多其他研究人员发现88%的儿童模仿录像中的攻击行为。8个月后,40%的儿童重演波波玩偶实验中观察到的暴力行为。

二、社会认知理论

认知心理学(cognitive psychology)是西方现代心理学的一个新流派,和学习理论不同的是,它从人的认知过程来解释人类的行为。这个理论指出人们在面对现实世界时,会把自己的知觉、思想和信念组织成简单的、有意义的形式。即使是在情境非常混乱的情况下,人们仍然会应用一些程序,将对象进行归类或者分组;同时为了利于将物体识别,往往将一些事物知觉为背景,而另一些则识别为图形。在这样的情况下,人们对社会情境和人的知觉往往会形成一个认知结构,这个认知结构又会反过来影响人们对于事物的知觉和认识,从而影响人们在社会情境的行为方式。由此可以看出,社会认知理论更加强调的是人的主观能动性;同时他们还强调当前的知觉。

从理论根源上来说,社会认知理论是从韦特海默(M. Wertheimer)、苛勒(W. Kohler)、考夫卡(K. Koffka)等提出的格式塔学派理论上发展起来的。格式塔理论强调从整体和关系的角度研究心理与行为的理论。格式塔理论最初侧重于研究知觉现象(如似动现象、对象与背景、恒常性、定势等),接着又考察动物的顿悟学习与人的创造性思维,后来又提出"心理物理场"的概念去研究社会行为和人格问题。他们认为,个人的行为是对外界刺激的一种孤立的、简单的反应,不是许多反射弧机械的总和,它是通过心理物理场特别是认知活动的整合而作出的。

而勒温则把格式塔的思想应用到社会心理学研究并系统地提出了心理场论。勒温在研究个人行为所产生的心理事实时发现,人是一个复杂的能量系统,它在外部环境的包围与影响下存在着一个由 E(environment,由准物理、准社会和准概念的事实组成的心理环境)和 P(person,由需要、欲望与意图等内部个人区域和知觉运动区域组成的人)构成的心理生活空间(life space of person,简称 LSP),这个空间是一个心理动力场(pychodynamics field)。为说明这一现象,勒温采取一个公式:B＝f(P・E)＝f(LSP),即行为是环境与人相互作用的函数,勒温还采用了拓扑学的方法对某些纯例的心理动力场的内部关系以图式加以陈述。他把 P 看成许多人,把 E 理解为准社会的心理环境,这样就构成了群体的生活空间。由于群体内人与人之间存在着相互影响、相互渗透的交互作用,群体为满足共同的需要也在寻求与确定各种准社会的目标,于是便会出现各种能量的汇聚、冲突、平衡与失衡,以及群体行为的趋向和拒斥等现象,即群体的心理动力场。个人在群体中生活,其行为不仅取决于个人的生活空间,而且也受集体心理动力场(如人际关系、群体决策、舆论、气氛等)的影响。从 1939 年起,勒温先后对群体中的动力现象,如领导与群体生活、社会风气与侵犯行为等现象开展实验研究,并把它称之为"群体动力学"(group dynamic)。

由于二战时期美国社会的形式发展,出现了众多社会认知理论的研究,包括阿希(S. E. Asch)的从众研究、多伊奇(M. Deutsch)的合作与竞争理论、认知相符理论、人际知觉理论以及社会认知的归因理论等等。这些研究都对社会认知理论的发展做出了重要的贡献。

由于研究方法的不断发展和对于研究领域的深入,社会认知理论的研究者认为,从社会信息的加工意识和无意识角度可以把社会认知分为外显和内隐两类,而研究者的目光更多的是关注社会认知的内隐研究,同时在研究方法上引用了认知心理学的研究方法。而 1998年格林沃尔德(A. G. Greenwald)提出的内隐联想测验,为社会认知的研究提供了新的范本,从而推动了社会知觉、内隐态度、内隐自尊、刻板印象、印象形成和其他相关领域的研究进展。

另外,社会心理学中的认知学派理论主要是一种探讨认知活动或过程及其在社会心理与社会行为中的作用的学说,它极少涉及其他心理因素(如情感、意向和动机),而"认知-感情相符理论"超越了上述界限,并采取巧妙的实验设计来获得证据,不能不说是一种突破和进展。

专栏 2-4

拓扑心理学的奠基人勒温

勒温(1890—1947)德裔美国心理学家,拓扑心理学的创始人,实验社会心理学的先驱,格式塔心理学的后期代表人,传播学的奠基人之一。1947年2月12日,他因心脏衰竭于马萨诸塞州纽顿维尔突然逝世,终年56岁。勒温对现代心理学,特别是社会心理学,在理论与实践上都有巨大的贡献。

1890年勒温生于普鲁士的波森省莫吉尔诺乡村(今在波兰)的一个中产阶级犹太家庭。兄弟姐妹四人,他排行第二。父亲拥有并经营一家百货店。1905年,全家迁往柏林,不久就进入当地中学并接触到希腊哲学。1909年进入弗赖堡大学学习医学,那时他打算成为一名医生。不久后即转入慕尼黑大学学习生物学,后又转到柏林大学。1910年开始攻读心理学哲学博士,成为C·斯图姆夫的关门弟子,当时格式塔心理学派的三位创始人韦特海默、考夫卡和苛勒也都是斯图姆夫的学生。在柏林大学期间,除学习心理学外,他也学习数学和物理学,他完成了许多关于联想和动机的重要研究,并开始创建他的场论。1932年赴美在斯坦福大学任客座教授,次年移居美国。由于他在社会心理学中努力研究的优良成果,1944年到麻省理工学院任群体动力学研究中心主任,兼任加利福尼亚大学柏克莱分校和哈佛大学客座教授。

勒温一生著作颇丰,主要有《人格的动力理论》(1935)、《拓扑心理学原理》(1936)、《对心理学理论的贡献》(1938)、《解决社会冲突》(1948)、《社会科学中的场论》(1951)等。

勒温

三、精神分析理论

精神分析理论是现代心理学和社会心理学的主要理论之一。该理论是在治疗精神障碍的实践中产生的,后来成为一种强调无意识过程的心理学理论,有时也称为"深层心理学"。创立者是奥地利心理学家弗洛伊德。精神分析理论的产生有其深刻的历史人文背景,其观点方法经过近一个世纪以来众多心理学家的努力而得到不断发展,并形成众多派别,不仅在西方心理学中占有重要地位,而且成为一种影响当代西方文化的重要社会思潮。其对于社会心理学的影响更是入木三分,以致于"不考虑精神分析的影响,就不可能理解现代西方社会心理学的整个面貌及其某些基本特征和方向"。精神分析学说主要包括人格结构以及个体社会化、群体心理两个方面,他们理论的影响主要表现在动机、人格、社会化、态度、群体动力学等领域。当代心理学界一般认为精神分析理论的代表人物是弗洛伊德和荣格(C. G. Jung)。

（一）人格结构以及个体社会化

弗洛伊德认为人被压抑的欲望以性欲为主,性的背后有一种潜在的力量促使人去寻求一种不受约束的快乐或快感,他称之为"力比多"。"力比多"是人的本能能量,是人作出一切行为和人格发展的源动力。自我本能和性本能都是指向生命的生长和增进,可以合成为生的本能;与之相对的是死的本能,即个体可能存在的某种侵略、破坏或自我毁灭的本能。弗洛伊德的核心思想是以性刺激部位的发展变化来刻画、描述一个人是怎样实现社会化并成长为一个社会人的。为了明确这个问题,弗洛伊德将人的性心理发展划分为五个阶段:①口唇期;②肛门期;③性器期;④潜伏期;⑤生殖期。他认为人的意识有意识和无意识之分。意识就是与直接感知有关的心理部分,是人能体验到的部分。无意识包括个人的原始冲动、各种本能及与本能有关的欲望部分。这些欲望和冲动因受到禁忌和法律等的控制而压抑至意识之下,虽然不被意识但未被泯灭,仍在不断活动,且随时有可能被召回到意识之中,这可召回的部分就是处于意识和无意识之间的前意识。

弗洛伊德把人格分为本我、自我和超我。本我是最原始的、无意识的结构部分,由本能和欲望组成,"力比多"在人格结构中与本我联为一体;超我则按社会的道德准则行动,按至善的原则活动,遵循伦理原则;自我是人格的意识部分,既要满足本我的即刻要求,又要按超我的客观要求行事,自我遵循"现实原则",依现实可以允许的尺度来控制和压抑本我的冲动,是我们经历到的真实存在。弗洛伊德认为人格的发展亦即本我、自我和超我在个体身上的平衡过程。

而另一位精神分析学派的代表人物荣格则用心灵或者精神一词来指代全部人格。心灵包括了一个人所有的思想、情感、行为,无论是意识的还是潜意识的。荣格在分析个体的人格时把个体结构看作是意识、个体无意识和集体无意识的统一体。正是在这种探索中,荣格将弗洛伊德提出的无意识概念发展为集体无意识,其主要内容是"原型",即遗传的先天倾向。他认为人们的科学和艺术创造活动都是原型在起作用。荣格还阐述了人格动力观,通过等量原则与熵原则、前行与退行来进一步阐述他的人格动力学理论。等量原则是热动力学的第一原理,具体指的是一个系统内的能量是固定不变的;熵原则指一个系统存在着平衡的趋势;前行和退行则指人适应环境的能力,前行是适应环境,退行是满足人的内在要求。荣格认为人格的最终目的就是自我实现或者个性化,在这个过程中,他觉得会受到三个方面的影响:一方面是遗传因素;另一方面是父母的影响;还有就是学校的教育。同时他还将人格的发展过程分为这样的四个时期:童年、青年、中年和老年期。荣格在1921年发表了《心理类型说》一书,系统地论述了内倾和外倾两种态度类型,划分了感觉、直觉、思维、情感四种功能类型,进而描述了态度类型与功能类型有机结合而成的八种性格类型。

专栏 2 - 5

精神分析学派的创始人弗洛伊德

弗洛伊德(1856—1939),奥地利医生、心理学家,精神分析学派的创始人。1856 年 5 月 6 日出生于摩拉维亚,4 岁时举家迁居维也纳。他在中学时代就显示出非凡的智力,成绩一直名列前茅,17岁考入维也纳大学医学院。弗洛伊德于1886年春以神经病学家的身份私人开业行医,并在同年9月与马莎·伯莱斯结婚,育有三男三女。女儿安妮(Annie Freud)后来也成为著名的心理学家。1938年因遭纳粹迫害迁居伦敦,于1939年12月23日因口腔癌在伦敦逝世。

他一生中对心理学的最大贡献是对人类无意识过程的揭示,提出了人格结构理论、人类的性本能理论以及心理防御机制理论。主要作品有:《梦的解析》、《日常生活的心理病理学》、《性欲理论三讲》、《精神分析引论》、《超越愉快原则》、《文明与不满》、《群众心理学和自我的分析》、《自我和本我》、《图腾和禁忌》、《摩西一神教》。

弗洛伊德

(二)群体心理

群体心理问题是蕴涵于精神分析理论中的最基本的社会心理学论题。在精神分析的范围内,首先对群体心理问题给予集中关注的是弗洛伊德。他将群体心理分析应用于诠释宗教以及民族。他认为宗教、伦理甚至艺术和社会本身都是从俄狄浦斯情结发展起来的,为了说明这个情况,他举了原始人对宗教首领的感觉就像是男孩憎恨父亲而爱自己的母亲一样,也就是说原始人在宗教仪式中所表达的对同一个事物的矛盾心理。弗洛伊德认为之所以产生道德和宗教原则是由于俄狄浦斯情结导致了历史上曾经出现过"儿子"谋杀首领的事件,而后"儿子"们后悔了,才促成了道德和宗教原则的产生。

涉及群体心理比较多的是后来出现的新弗洛伊德主义,又叫精神分析的文化学派,产生于20世纪30至40年代的美国,一方面传承了精神分析的古典精华,另一方面也吸收了20世纪新兴起的社会科学的新范式,对弗洛伊德理论进行了修正。主要代表人物:霍妮(K. Horney)在其1937年出版的《我们时代的神经症人格》一书中强调了社会文化因素在神经症形成中的作用,并对弗洛伊德的许多观点进行了修正,标志着精神分析社会文化学派的形成;苏利文(H. S. Sullivan)于1938年创办《精神医学》杂志,传播他的人际关系理论;卡迪纳(A. Kardiner)则于1939年出版了《个人及社会》一书,将他通过人类学研究得到的不同于弗洛伊德的结论公诸于世;埃里希·弗洛姆(Erich Fromm)在20世纪30年代发表了一系列的论文,试图用马克思主义修正弗洛伊德的精神分析学,并于1941年出版了《逃避自由》一书,进而从人本主义角度修改弗洛伊德的理论。到了40年代初,完成了弗洛伊德古典精神分析的修正,而1941年霍妮被纽约精神分析研究所开除后创办了美国精神分析研究所,从而标志着社会文化学派正式独立。

相对于古典的精神分析学,新精神分析学派形成了这样的特点:首先他们尽管各自观点不一样,但是源流都是古典精神分析学,所以都用潜意识和动力学观来解释人格,只不过新精神分析学加入了社会因素对人格的核心作用;其次都强调了社会文化在"致病"过程中的作用,在心理学起到了历史变革的作用；同时他们都重视早期的童年经验，强调了早期童年经验和家庭环境的影响，摒弃了弗洛伊德的本能及婴儿性欲论；在研究方法上引入了发生学方法、人类学方法、调查法等；对于人性的观点上，和古典精神主张性恶论不同，社会文化派主张人性善和乐观主义的精神。

总之，新精神分析学派的产生一方面是源于古典的精华，另一方面也是受当代思潮的冲击，同时也是在现实生活需求基础上产生的，正因为这样，精神分析理论才会有蓬勃的生命力。

四、符号互动论

符号互动论是一种通过分析日常环境中人们的互动来研究人类群体生活的社会学理论派别，它主要研究的是人们相互作用发生的方式、机制和规律。

该理论源于美国实用主义哲学家詹姆斯(W. James)和米德的著作，但最早使用符号互动这一术语的是美国社会学家布鲁姆(H. G. Bloom)。1937 年，布鲁姆用这一术语指称美国许多学者诸如库利、米德、杜威、托马斯、詹姆斯、帕克、兹纳尼茨基等人的著作中所隐含的"社会心理状态"。西方学术界曾有人把符号互动分为两派，一是以布鲁姆为代表的芝加哥学派，一是以库恩(M. Kuhn)为首的艾奥瓦学派。1930—1950 年间出版的一系列布鲁姆及其同事、学生们的著作中确定了该理论的主要观点。

从哲学上看，符号互动论与美国的实用主义、德国和法国的现象学联系最为密切，与逻辑实证主义、结构功能主义、文化决定论、生物决定论、刺激—反应行为主义、交换理论以及均衡理论的各种形式相对立，而与心理分析理论、现象学社会学、民俗学方法论、角色理论、戏剧理论,以及人本主义和存在主义的心理学、哲学,具有某些相容性。戈夫曼是符号互动论在当代的主要代表人物之一。

符号互动论有这样几个的基本假定:①人对事物所采取的行动是以这些事物对人的意义为基础的;②这些事物的意义来源于个体与其同伴的互动,而不存于这些事物本身之中;③当个体在应付他所遇到的事物时,他通过自己的解释去运用和修改这些意义。

符号互动论的观点概括起来有以下几个方面:

(1) 心灵、自我和社会不是分离的结构,而是人际符号互动的过程。心灵、自我和社会的形成和发展,都以符号使用为先决条件。如果人不具备使用符号的能力,那么心灵、自我和社会就处于一片混乱之中,或者说失去了存在的根据。

(2) 语言是心灵和自我形成的主要机制。人与动物的区别就在于人能使用语言这种符号系统。人际符号互动主要通过自然语言进行。人通过语言认识自我、他人和社会。

(3) 心灵是社会过程的内化,事实上内化的过程就是人的"自我互动"过程,人通过人际互动学到了有意义的符号,然后用这种符号来进行内向互动并发展自我。社会的内化过程,伴随着个体的外化过程。

(4) 行为是个体在行动过程中自己"设计"的,并不是对外界刺激的机械反应。个体在符号互动中逐渐学会在社会允许的限度内行动,但在这个限度内,个体可以按照自己的目的处世行事。

(5) 个体的行为受他自身对情境的定义的影响。人对情境的定义,表现在他不停地解释所见所闻,赋各种意义于各种事件和物体中,这个解释过程,或者说定义过程,也是一种符号互动。

(6) 在个体面对面的互动中有待于协商的中心对象是身份和身份的意义,个人和他人并不存在于人自身之中,而是存在于互动本身之中。

符号互动论者倾向于自然主义的、描述性的和解释性的方法论,偏爱参与观察、生活史研究、人种史、不透明的被脉络化了的互动片断或行为标本等方法,强调研究过程,而不是研究固定的、静止的、结构的属性;必须研究真实的社会情境,而不是通过运用实验设计或调查研究来构成人造情境。符号互动论者不运用正式的数据搜集法和数据分析法,而代之以概括性的和一般的方法论的指令,这些指令要求对被调查的对象采取"尊重"态度。

应用符号互动论有助于对许多问题的理解,如对社会越轨、精神疾病、集体行为、儿童社会化、死亡和挣扎、老年、疾病与痛苦和艺术社会学(见文艺社会学)的理解等等。

专栏 2-7

乔治·赫伯特·米德简介

乔治·赫伯特·米德(George Herbert Mead, 1863—1931),美国社会学家、社会心理学家及哲学家,符号互动论的奠基人。1863 出生于美国马萨诸塞州的南哈德利(South Hadley)的一个新教牧师家庭。1879 年,16 岁的米德考入其父所在的奥伯林神学院,并于1883 年获文学士学位。1883—1887 年夏,做铁路勘探工和家庭教师以糊口。1887 年,考入哈佛大学攻读哲学,师从帕尔默(George H. Palmer,1842—1933)和罗伊斯(Josiah Royce,1855—1916)。他也学习心理学、希腊语、拉丁语、德语及法语。1888年,米德获哈佛大学文学硕士学位。1888年,米德赴德国莱比锡大学攻读哲学和生理心理学博士学位,在这里,他受到冯特和霍尔的影响,尤其是冯特的"姿势"(gesture)概念后来成了支撑符号互动论的中心概念。在霍尔的推荐下,1889年春米德又转到柏林大学继续学习生理心理学。1891年10月,他和朋友的妹妹海伦(Helen Castles)在柏林结婚。1891年,密歇根大学邀请他任哲学和心理学副教授,以代替因到德国弗莱堡攻读博士而离开的塔夫斯(james hayden tufts,1862—1942)。此后,米德没有继续自己的博士学位。从1891年秋到1894年春,米德一直在密歇根大学执教,在这里,他结识了库利(C. Cooley)和杜威,并和后者成为好友。1894年,杜威经塔夫斯推荐出任新成立的芝加哥大学哲学系主任。受杜威的邀请,米德也来到芝加哥大学任哲学系助理教授。1902年升任副教授,1907年任教授直至去世。

五、后现代主义心理学思潮

后现代主义心理学是20世纪90年代在西方兴起的一种新的思潮,是后现代主义时代精神的产物。后现代主义心理学目前只是一种思潮。像人本主义心理学一样,后现代主义心理学不是一种体系严谨的学派,而只是某些持相近观点的心理学家或其他社会科学的学者汇集起来的一种思潮。后现代主义研究的主题也和人本主义心理学相似,主要是探讨个人与社会的关系,人如何更好地适应正在迅速变化的高科技、信息化和商品化的社会。这种思潮的出现决不是偶然的,在很大程度上反映了西方资本主义发展的后期物质文明和精神文明的反差,人被物役化、商品化、程序化的社会心态。后现代社会的失业、犯罪、吸毒、精神病、道德堕落等现象十分严重,这些都说明单凭财富的繁荣与科学的进步是不足以解决人类的根本问题。后现代主义心理学家认为心理学应该根据时代的特点来调整、规划本学科的发展方向,不能回避这些问题,使心理学更好地为社会服务,促进人类的进步和发展。

后现代主义心理学迄今为止尚未形成明晰的、系统的观点,但从一些倡导者的言论来看,其主要的思想可归纳为以下几点:

(1)反对机械论和实证主义,提倡经验论和相对主义。后现代主义心理学家反对决定论,倡导相对论,主张采用自我参照的现实性来代替客观的现实性。后现代主义心理学还引用新物理学派的观点来否定因果律。它认为世界的秩序并不是完全建立在因果律之上的。由于人们观察的方式往往会不同程度地影响到观察的结果,因此,提出有必要重新考虑因果决定论的普遍性、客观性和预测性。

(2)轻视低级心理的研究,重视高级心理的研究,强调心理学应尽快与伦理学、艺术、社会学接轨。后现代主义心理学家认为,心理学应着重研究人的思维、创造性、人际关系、共存意识等高级心理,心理学应尽快与伦理学、艺术学、社会学、教育学接轨,使心理学能成为用于解决复杂的社会问题,指导人的发展的活生生的科学,与人类日常生活的情景有更为密切的联系。

(3) 反对还原论、简约论和拟畜性,提倡整体论和从文化历史的角度来研究人的心理。后现代主义心理学对一些比较心理学尤其是动物实验的结果表示怀疑,认为这类简约性、拟畜性的研究结果只是保留一些局部的非固有的合理性,若用来推测人的心理则带有很大的冒险性。他们甚至认为借用自然科学的方法,运用实证、归纳、推理来探讨心理的普遍规律是徒劳的。他们指责科学心理学割裂了人与社会文化的关系。为了使心理学与活生生的社会生活相结合,提倡用历史文化学的研究方法来研究人的心理。

后现代主义心理学家把心理学研究的重心放在以下几个方面:

(1) 探讨人性,主要是社会性。确切一点说,是指后现代社会中被商品化的人性。

(2) 注重语言研究,强调语言的发展本身是一种时代的标志,在人的社会发展、人际交往和思想沟通等方面起着十分重要的作用。他们认为,一切文化悠久的国家,原都存在着不同层次的语言。

(3) 注意心理投射现象的研究,尤其是建筑风格、艺术观念在人们心灵深处的投射及影响。

(4) 提倡超个人主义的研究。

概括起来讲,后现代主义心理学从时代的变迁、历史文化的角度对主流心理学、实验心理学进行了比较彻底的否定,对唯物史观和科学的方法论也表示怀疑,提出了后现代主义时代心理学所面对的问题,期望心理学为解决后现代时期人的适应和发展做出更多的贡献。

第二节　社会心理学的专门方法论与原则

社会心理学的专门方法论主要是指三种倾向的社会心理学的方法论原则以及伦理学原则。

专栏 2-8

乌列多夫的《社会心理学的方法论》

关于科学研究的方法,乌列多夫(Александр Улелов)在其《社会心理学的方法论》一书中,认为有三个层次,即一般方法论、专门方法论以及具体方法和技术。

一般方法论是研究的总原则,主要包括客观性原则、验证性原则、系统性原则等。任何科学,不管是自然科学还是社会科学,从研究假设、研究设计、研究过程、研究数据收集到分析、研究结论等,每一步都要遵守科学研究的一般方法论原则。

专门方法论是一般方法论原则在具体学科研究领域中的体现。在社会心理学研究领域中主要体现为三种不同倾向的社会心理学方法论原则,即心理学方法论原则、社会学方法论原则、比较文化方法论原则。

研究工作将在上述两种方法论原则的指导下开展,而且,还应采用多种多样的具体方法和技术。

一、社会心理学方法论原则

(一) 心理学方法论原则

心理学方法论原则采用分析的方法进行研究,把社会群体所表现出来的情感、情绪、意向、态度看作为群体中各个个体的心理状态。因此研究者要把注意力放在个体的心理状态,要根据个体的心理状态来判断群体的心理状态,并根据个体的心理特征和性质来确定群体的特点与性质。可以认为,这种方法比较适用于研究人与人之间的关系,尤其是处于直接相互影响着的小群体内部活动范围时人们的关系。

总之,心理学方法论原则重视把研究个人和群体相互关系的社会心理方面看成社会心理学的基本研究任务。

另外,在研究个体水平的社会心理现象如动机、认知、态度等问题时,心理学方法是十分必要的。

(二) 社会学方法论原则

社会学方法论原则把社会结构作为根本的着眼点,而把社会心理现象看作超个体的构成体,这些社会心理现象不能归结为各个个体的心理状态。当然,如果在使用社会学方法时,不把群体心理与个体心理辩证地统一起来,那么判断社会群体心理,特别是判断大群体(如阶级的、国家的、民族的)心理时,就无法深刻地解释和揭示出构成群体心理现象的机制。

乌列多夫认为,社会学方法是十分重要的。使用这种方法,首先应该研究社会各阶层的心理素质,一定历史时期的民族心理素质,社会情感和情绪在各种社会共同体心理中对社会环境的反映,以及各种社会变动(革命、战争、危机等)和社会意识形态的社会心理成分,并且要研究这些成分的机制。

总之,社会学方法研究的对象是群众性的心理现象,它的任务是揭示社会心理现象的起源,确定它们对社会主体的从属关系,为分析作为社会的一种特殊规律——社会心理规律提供可能性。

乌列多夫还认为,上述两种方法偏重于任何一种都会导致研究的片面性,将会限制社会心理学的发展。在现今的社会心理学研究中,心理学方法比社会学方法占优势。他认为两种方法结合起来进行研究是最理想的,可以相互补充。

心理学方法要求分析心理过程,但是对心理过程的研究主要局限于人与人之间关系的层次上;而社会学方法是研究人们的大群体的心理,着眼点是在心理的社会决定性方面,而不是去揭示人们行为和活动的心理机制。将社会学方法和心理学方法结合在一起,用以揭示人们大群体特有的心理过程和心理机制,可以克服两者的局限性。运用这种特殊的研究方法有三方面的优越性:①可以更为严格地确定作为一门科学的社会心理学的对象;②可以把社会心理学看作是处于心理学与社会学结合点上的一门独立的社会学——心理学学科;③可以使心理学家和社会学家加强协作,共同研究社会心理学。

(三) 比较文化的方法论原则

比较文化方法论原则强调对社会心理现象进行比较文化的研究,以揭示各种文化因素对社会心理的制约关系和社会心理差异的文化根源。

由于比较文化研究是比较不同文化背景下,个体或群体心理的共同点与差异,因此它的结果具有更大的普遍意义。

比较文化研究可以采用许多具体的研究方法和技术。它不是社会心理学研究的某一个具体方法,而是一种研究途径或专门的原则。目前,比较文化研究成为国内外社会心理学者十分热衷的问题。我国是一个多民族的国家,各个地区的发展很不平衡。比较文化的研究,无疑能为我国社会心理学的发展提供更多的信息,更好地为我国各民族的社会发展服务。但在进行比较文化研究时应注意以下几个问题:

1. 比较文化研究要有利于促进民族团结

西方学者进行的比较文化研究,由于他们的出发点的缘故,往往得出加深民族偏见的结论。这些学者通常的做法是:用在自己文化中发展起来的研究工具,探测不同文化背景下人们的心理特点。他们用这些工具先在自己的西方文化中建立常模,并且认定它是人类进化过程中的最高标准,然后用同样的工具去测量生活在其他文化背景下的人们。当他们发现与西方常模有差异时,他们就认为这些文化还处于低级阶段。美国心理学家柯尔伯格(Kohlberg)的道德发展研究就是属于这种类型。他的道德发展的最高阶段就是把自己的行为准则放在群体的契约之外,忽略公众所建立的标准。有些学者批评这些假设带有强烈的西方个人主义的色彩,从这样的角度研究问题,不但肯定了个人主义价值观,同时也显示了它的"优越性"。

如果我们的研究也像西方学者这样,势必会表现出大汉族主义的倾向。这一方面不利于民族团结,另一方面也决不会有什么实际意义。少数民族由于长期所处的历史地位,他们的文化当然尚未得到充分的开发,生活在那样文化背景下的人们,其心理发展水平不可能与汉族完全相等,这是不言自明的。如果研究者的视野开阔些,不要专门盯在水平的高低上,而是悉心研究比较各民族的性格类型(如开朗、含蓄)或思维特点(如抽象、形象)等方面,则将促进对各族人民心理特征的理解,从而相互取长补短,相互学习。

2. 比较文化研究要确定客观、公正的研究工具

如上所述,比较文化研究往往会导致错误的结论,这除了研究者持有的偏见之外,也与他们的研究工具不够公正有关。以比较文化研究中进行心理测验为例,文化偏向往往从下列三个方面产生:一是测验的内容和性质。如果测验是用汉族语言文字表达的,就不利于其他民族。二是测验实施的方式。如果测验时的指导语都用大城市居民熟悉而农村人民陌生的词语,那么也显然不利于生活在偏僻山区的少数民族。三是测验结果的解释方式。如果测验的结果就事论事,不加分析,那显然会得出片面的结论。因此有学者主张"文化公平测验",这是指不偏于任何特定文化阶层成员的测验,这种测验基本上排除了文化背景对测验结果的影响。大多数文化公平测验都是非文字测验,如 TAT(即看图说话)测验等。

3. 比较文化研究要有明确的有实用意义的目的

我国幅员辽阔,民族众多,地区差异很大,进行比较文化研究,要注意其目的性与实用性。首先,我们根据实际情况,应该注意到研究工具的适用性;其次,我们研究的目的并不在于比较几种文化背景下人们行为或心理水平的高低、优劣,而是寻找彼此之间不同于其他群体的特点,为有关方面提供信息,使我们的工作做得更加符合人们的心理规律,更为有效。例如,了解了不同文化背景下(城市与农村,沿海与内地,不同民族)人们兴趣爱好的差异,将有助于设计并生产出适合各种人兴趣爱好的产品,以便满足他们各自的需要。又如,在教育领域内,了解了不同文化背景下,人们的气质与性格类型特点,将有助于教育工作者更加有的放矢地进行教育,等等。

比较文化研究在社会心理学研究中曾存在不同的看法与评价。有的学者认为比较文化研究将有可能成为社会心理学未来的思想宝库,从中繁衍出优秀的心理学理论。而另有学者则认为比较文化研究在社会心理学的发展中只能起到有限的作用,因为理论的建构是极其复杂的,很难在真实世界的背景中作出特别的预测。

二、社会心理学研究的伦理学原则

专栏 2 - 9

所罗门·阿希线段实验——实验性欺骗的运用

所罗门·阿希(S. E. Asch)关于个体对群体压力的屈从研究,采用了"实验性欺骗"的策略。他请来 5 位学生,告诉他们这是一项关于知觉的实验,实验的任务是让他们判断线段的长度。每次呈现两张卡片,一张卡片有三条线段,长度不等,另一张卡片上只有一条线段。要求学生在三条线段中找出一条与另一张卡片上线段长度相等的线段。这任务其实不难。因为卡片上呈现的线段有一条很明显与标准线段长度是相同的,而另两条则是明显和标准线段的长度不同。然而,进行到第三次的时候,前四名都一致地做出了错误的回答。其实最后一名学生才是真正的被试,其他 4 名被试则是安排好的实验助手,而这些情况真正的被试则一概不知。如果被试事先知道真相,实验就无法进行。

在进行社会心理学研究时,还应遵循以下伦理学原则:

(一) 研究必须无损于被研究者的身心健康

社会心理学的研究不管采用任何一种方法,最重要的一条原则,就是不能影响被研究者的生理与心理健康。在研究过程中,不应该给以任何恐怖、担心以及情绪冲击等不良刺激,并且应该避免产生不愉快、疲劳感等研究程序。

被研究者参加实验或接受调查时,应该根据自愿原则,而不能采取强迫命令的手段。在研究过程中,被研究者具有中途提出中止活动的权利。那么,为了尊重被研究者意志,研究者能否采取公开征求志愿者的形式呢？这种办法固然不违反伦理原则，能出自被研究者的志愿，并能很好地配合研究工作的顺利进行，但亦有不妥之处，一是志愿者可能产生"迎合"或"逆反"心理；二是志愿者充当研究对象，缺乏代表性，不符合研究取样随机化的要求，故其研究结果的普遍意义不大。

（二）研究结果中涉及被研究者个人的材料必须保密

研究者在研究过程中所收集到的有关被研究者个人的任何材料都不可任意公开。社会心理学经常要研究人们的动机、态度等问题，如个人对宗教信仰、对他人的看法、对现实生活中所发生的事件的看法，以及私人的一些生活逸事等；另外诸如智慧、才能、诚实、勇气等个性心理特征，在未取得本人同意之前，一概不得外传，即使要作为素材反映在研究报告中，也应作化名处理，并应将那些从个人那里获得的具体材料加以分解。

（三）谨慎选择研究策略

社会心理学研究中，为了排除一些不必要的干扰，获得客观的结果，常常要请工作人员充当被研究者或扮演其他角色。这是出自研究工作的需要，而不是欺骗行为。研究者为了获得可靠的数据，不得不请其"同伙"参与研究情境之中，一般是允许的。例如，研究助人行为时，研究者"同伙"扮演了不同的求助者角色，就是为了能更好地控制条件，避免其他偶然因素的干扰。

另外，社会心理学研究通常对被研究者出示假目的，这不能看作不尊重被研究者的人格，更不是欺骗行为。研究时，为了排除被研究者隐蔽其真实行为的可能性，不论是实验室实验还是现场研究，都往往要隐瞒研究的真实目的与意图，这是一种研究策略，是正当行为。可以认为，研究者出示假目的的动机纯粹是为了获得可靠的结果，并无他意，也不会危害被研究者的身心健康。例如，研究暗示对人们疼痛的影响时就不能向被研究者讲清目的，否则就无法顺利地进行暗示。

第三节　社会心理学研究的具体方法和技术

在社会心理学专门方法论原则和伦理学原则指导下，社会心理学研究有许多具体方法和技术，如实验研究法、调查研究法、档案研究法、心理测验法以及相关研究法等。

一、实验研究法

实验研究法指在可控制的情境之下，实验者有系统地操纵自变量，使之发生改变，然后观察因变量随自变量的改变而受到的影响，也就是探究自变量与因变量之间的因果关系。例如，要研究"某种香水对女性内分泌周期的影响"，香水是自变量，女性内分泌变化就是因变量。实验法信度和效度是通过实验中的三个设计实现的，即实验组与对照组、事前测验与事后测验、随机化。

实验组与对照组

实验的结果如何，需要通过实验组与对照组的比较进行判断。实验前，进行对照组与实验组的分组时,要保证两组被试来自同一群体,即对照组被试的条件与实验组被试完全相同或尽量相仿。实验过程中,只对实验组进行特殊的实验措施,而对照组不接受特殊的实验措施。实验后,如果两组之间发生了差别,就可以归结为是因为实验组接受了特殊的实验的影响所致。例如,要查明表扬对人们行为的影响,可以设立一表扬组(实验组),对被试工作加以表扬;再设立一对照组,即不对该组成员的工作加以表扬。一段时间之后,比较两组后继工作的成绩,若表扬组优于对照组,其原因就可视为是表扬所致。

事前测验与事后测验

在实验前后,要尽可能精确地测量被试的某种心理与行为特点,即对因变量进行精确的实验前后测量,如果因变量在实验前后发生了变化,则可认为是由于自变量的控制引起。比如,研究尖锐的噪音引发的环境压力对工人工作效率的影响,噪音是自变量,工人的工作效率是因变量,首先要精确测量工人们在正常情况下的工作效率,即事前测量,然后再测量被试在尖锐的噪音环境下的工作效率,即事后测量,对工人的两次工作效率进行比较,从而判断工人工作效率是否因为噪音而发生变化。如果对工人的工作效率不进行事前测量与事后测量,就不能说明工人的工作效率有无变化。

随机化

在实验被试的抽取过程中,实验者不能主观地任意挑选被试,而是应该使研究范围里的所有个体都有同等的机会被抽取到,这就是所谓的实验取样的随机化,以减少实验结果的特殊性和偶然性。

专栏 2‑10

实验设计的步骤

一般来说一个完整的实验步骤主要有这样几个步骤:①建立与研究假设有关的统计假设;②确定实验处理和必须控制的无关条件;③确定实验需要的样本数量及抽样总体;④确定将被试分配到各种实验中的方法;⑤确定因变量的测量方法和统计分析方法。

为了研究受内隐认知的启发,证明动态的归因过程也是一个双重的结构——内隐认知和外显认知。研究者采用内隐联想(IAT)的方法,并提出了相关的研究假设:假设1,除了外显归因外,还存在内隐归因,归因是个双重过程;假设2,被试在完成内隐联想测验中兼容任务的反应时少于完成不兼容任务的任务时;等等。然后,研究者设计了IAT的实验材料和外显归因的测量材料,同时随机抽取一定数量的被试。采用被试间的完成随机设计,把被试随机分配到各个实验处理中,对其进行实验任务的测量,随后对数据进行统计和分析。最后确定相容和不相容任务反应时的差异,进而验证实验假设。

实验研究法可分为实验室实验、自然实验以及模拟实验三种。

(一) 实验室实验

这是作为一门科学的社会心理学早期研究时所采用的方法,也是当前西方社会心理学研究的一种主要方法,其特点是在实验室条件下进行研究工作。

实验室实验方法的优点是控制条件严格,可以避免许多其他因素的干扰,所以实验结果的说服力较强。

但是,实验室实验是关在实验室内进行的,脱离了活生生的社会生活,增添了人为因素,故其真实性较差。因此,对于实验室实验的结果不能迷信,对其实验结果的推广与应用,必须持慎重态度。

(二)自然实验

又称现场实验。这是利用现存的团体,企图验证某项假设或检验某项改革管理办法所产生的效果而采用的方法。这一方法主要是在自然情况下控制条件进行实验,对于由此发生的相应的心理变化进行分析研究,作出结论。例如,工厂比较计时工资与计件工资对工人生产积极性的影响,可以把条件相仿的两组工人施以两种不同的工资制,然后比较双方劳动的热情与生产率,以判断两种工资制孰优孰劣。

这种方法在很大程度上可以推断出因果关系,但运用这种研究方法必须与有关方面建立协作关系。它与实验室实验法比较起来,控制条件与施加实验措施可能不如实验室实验法那样方便,但更接近于生活的真实情况,故其实验结果较易于推广。

(三)模拟实验

模拟实验是研究者设计一种人为情境对真实社会情境的模拟,以期探求人们在特定社会情境下心理活动的发生与变化。例如,研究人们在什么样的社会情境下容易发生助人行为,研究者可设计不同情境,请工作人员扮演醉汉、病人或残障者,在公共场合下故意摔倒,观察周围的过路人是否进行帮助,对哪些困难者帮助得最多。许多社会心理学的研究课题都能采用模拟研究。

这种方法虽然是人为地设计情境以模拟社会,但对被研究者来说,如果人为因素未被觉察,则其反应是真实的,也是可信的,所以模拟生活情境必须逼真,不被人识破。

二、调查研究法

调查研究是研究者根据所研究的问题的性质进行实地调查、收集材料,然后作统计分析,最后作出结论。这种调查研究的问题早已存在于社会生活之中,并不是研究者事先安排好的,只是研究者认为这些问题值得加以深入地探讨。

调查研究可分为问卷调查与现场观察等方式。

(一)问卷调查

问卷调查是结合社会生活中发生的问题而进行的调查研究方法。调查者可以针对人们的情绪、动机、需要等心理状态,运用问卷、访谈等方式,进行广泛的调查,以收集材料并加以分析归纳。如可以通过大量问卷进行民意测验,以测定人们对于物价的看法、对于住房分配的意见等。

这种研究方法比较简便而切实可行,调查所得的情况可提交有关部门参考。调查前必须精心设计调查表,调查问卷可以采用无记名方式。面对面访谈必须在融洽的气氛中,使人们的心理状态能无拘束地反映出来。

问卷调查是社会心理学研究运用最为广泛的研究方法之一，也是最节省人力、物力和时间的研究方法。其调查对象可以十分广泛，方式也可以十分简便，可以在很短的时间内获得丰富的第一手资料。当然，问卷调查也有不足之处，主要是被调查者的填写可能会发生某种偏差，而且，人们在回答问题时，常常会发生"社会期许偏差"，即个体有获得赞赏和接受的需要，并且相信采取文化上可接受和赞许的行为能够满足这种需要，从而，使研究的结果和可靠性都大打折扣。另外，由于问卷调查涉及面广、人多，常常使问题分析不够深入，所以，选择典型进行重点访谈，可以加强问卷调查的深度。

(二) 现场观察

现场观察是围绕着团体生活的正常活动进行的系统观察，以获得数据作出结论。现场观察与一般观察的最大区别是，观察者混同在活动中的被试中间隐藏自己的身份。由于现场观察完全是在自然的状态下进行，被试不会受到暗示，因此，研究结果更可信。

运用现场观察进行研究前，必须明确"观察什么"、"怎样观察"和"怎样做记录"等问题。此外，应注意以下几点：

1. 进行连续性观察

对同一对象的同一问题要作多次观察，如果只作个别一两次的观察，则观察所得免不了有很大的偶然性。多次观察可以发现研究对象的心理活动的稳定性，只有观察到稳定的心理活动，才能获得具有重要价值的材料。

2. 进行轮换性观察

对同一课题变换几次对象进行重复观察，以验证同一类研究对象的心理活动是否有同样的变化，如果变换了的研究对象对同一课题有基本相同的心理变化，这样获得的资料也是很有价值的。

3. 进行隐蔽性观察

研究者的观察活动力求不使被研究者觉察到，这样才能使被研究者的心理活动自然流露出真实的变化。否则，容易出现种种假象——"迎合"心理或"逆反"心理。所谓"迎合"心理，就是被研究者出于"好心"而主动配合研究者的意图，故意表现出符合研究者主观愿望的心理变化；所谓"逆反"心理，就是被研究者出于"好奇"或反暗示，而故意反常地表现出自己的心理活动。不管是"迎合"心理或"逆反"心理，它们都是假象，都不能反映其真实的心理状态，从而使研究资料失去意义。

隐蔽性观察如果在室内进行，可装置里明外暗的观察室，研究者通过"观察窗"可以任意地对研究对象的一言一行作详细观察而不被本人觉察。如果研究对象在室外活动，研究者可扮演该团体中的一个普通成员，以掩盖其真实身份，从而获得可靠资料。

现场观察的最大优点在于：对于所研究的团体既没有施以任何外来的影响，又能够掌握研究对象许多生动活泼的实际材料，所以它有很大的现实意义，资料的可靠性也较强。这种研究方法也有一定的缺点，研究者对于被研究者的情况即使了解得很清楚，但因为任何团体都有其特殊性，因此很难把研究成果运用于其他团体中；尤其是研究者即使对团体成员心理活动的变化看得很清楚,但要作出一般的推论几乎是不可能的。不过,不管怎么说,现场观察研究毕竟不失为一种十分重要的研究手段。

专栏 2－11

马克·培弗利和约翰·霍尔维茨对调查研究法的运用

马克·培弗利和约翰·霍尔维茨(M. Peffly & J. Hurwitz)采用了调查研究法来研究种族定型对犯罪判断的影响。他们假定虽然一些美国人对黑人持消极定型,但这些消极定型只影响对犯罪行为或与有关犯罪的公共政策的判断,并且发生在犯罪特征和这些消极定型相一致的情况下。

实验操纵中,研究者告知被调查者(横断调查取样)某人被控犯罪,要求其回答这个人实际犯罪和将来犯同种罪的可能性。被调查者被随机的告知犯罪者是黑人且是暴力犯罪时,对黑人持有极端消极定型的被调查者比其他的被调查者更多地回答犯罪者确实实施了犯罪且将来还会再次犯罪;但当犯罪行为是非暴力的或犯罪者是白人时,消极定型对犯罪及重犯可能性的判断没有太大的影响。在另一次的实验操纵中,对黑人持极端消极定型的被调查者更多地反对给予暴力犯罪的黑人"模范"囚徒休假,但并未特别地反对给予白人或非暴力犯罪的黑人休假。由此可以看出,对待反定型的黑人犯罪者,种族定型对有关犯罪公共策略的制定没有太大的影响。

三、档案研究法

所谓档案研究乃是研究者收集历史上所记载的某个团体或个人的心理活动的资料,加以分析,从中寻找社会心理活动的规律。对历史上的杰出人物的研究应采用此分析法,收集该人的传记、自传、日记、信件、讲演等材料,以总结他的心理活动发生、发展及其变化的规律。例如,有人收集了各国学龄前儿童读物中的男女主人公的故事以及插图进行分析,以研究男女性别角色的社会化问题。

其实,档案研究也是一种广义的调查研究,所不同的是:调查研究往往局限于当前活生生的情境下进行现场调查或现场观察,以收集第一手资料,是一种动态性的研究;档案研究多半是收集档案记载的历史材料,如文件、记录、电影、录像、录音、图片等现成的资料。这些经过有关人员收集整理并加工的资料,对社会心理学研究者来说虽已不是第一手资料,但仍可为研究所利用。档案研究主要是利用现存资料进行分析,是一种静态性的研究。

四、心理测验法

社会心理学研究经常采用心理测验的方法来揭示某些变量。心理测验是一种引起行为的工具。如果被试在测验中所表现出来的行为很恰当地反映了该测验所要测量的东西,那么这个测验就能给研究者提供可靠的信息。这就是说,如要进行心理测验,获得被研究者的有关智力、态度等心理特点的数据,必须制定一个客观的工具。而且,进行测验还有一系列的技术要求,不宜忽视,否则会产生各种误差,从而影响测验结果的科学性与可靠性。

社会心理学研究中通常使用的心理测验主要是关于人格方面的,如自我评定、投射技术、他人评定、语义分析、情境测验等。

进行心理测验需制定测验用的材料,称为"量表"。因为国情不同,国外量表中的内容或表述形式可能不为我国所接受,故不宜照搬使用。最好由研究者自己根据研究课题的要求自行制定量表,或修订他人的量表。

五、相关研究法

相关研究法是研究者试图确定两个或两个以上的变量之间是否有关。更确切地说,就是寻找两个或两个以上变量之间有无必然的内在联系。如果有内在联系,那么就要弄清楚这种内在联系是正的关系还是负的关系。

严格地说,相关研究并不是一种研究方法,而是对上述各种研究结果的处理。相关研究可以根据调查研究或其他研究方法所获结果进行相关分析。例如,时蓉华曾调查了老年人的生活满意感、孤独感等心理感受,发现老年人的有些心理感受与其年龄呈正相关,即越是年龄大的老人,越是感到孤独;而另一些心理感受则与其年龄呈负相关,即年龄越大,对现实生活的满意感越差。

相关研究法最主要的优点是,有可能在较少人力和时间条件下,有效地收集到所研究问题的大量资料,使研究者在较短时间内发现变量间的联系和关系。其不足之处在,它所提供的材料说明因果关系时往往模糊不清。就以上述的研究为例,研究者所发现的喜欢宣扬暴力的电视节目与攻击性行为之间的正相关的说服力不大,也说不清楚,既可以说明接触宣扬暴力的电视节目造成儿童攻击性行为增多,也可以说明一个人攻击性越大就越喜欢观看宣扬暴力的电视节目。其次,相关法观察到的变量间的关系也可能根本不存在,而事实上是由某个另外的未知因素造成的。例如,曾有报告指出,在气温与群体暴行(骚乱)的发生之间存在着正相关,天气越热,群体暴行的发生就越频繁。虽然这一发现认为炎热的气候将会促使人们发生侵犯性行为,但最近的研究结果发现,气温与群体暴行之间的关系事实上可能出自其他因素(如炎热的夜晚,上街头的人们比凉快时多)。所以,不能根据相关法得出的证据作轻易的肯定或否定。

专栏 2 - 12

艾伦的暴力研究——对相关研究法的运用

美国社会心理学家艾伦(L. Ellen)通过调查研究,进行了一项相关分析。他要了解儿童接触宣扬暴力的电视节目与其对同伴的攻击性水平之间是否存在着必然的内在联系。为此,他收集了857名小学生的暴力行为,以及他们观看电视习惯的材料。关于暴力行为的材料是从同班同学的评价中得出的,关于观看电影习惯的材料是从面晤家长得出的。艾伦把这两个变量作出相关统计之后发现,它们之间存在着一定的联系,即越是喜欢看暴力电视的男生,他们在课堂里的暴力行为也越多。有趣的是,十年以后再次从他们的同班同学那里收集那些研究对象的攻击性行为的材料时,这个正相关仍然存在。也就是说,小学三年级时越是喜欢宣扬暴力的电视节目的人,青少年时期的攻击性行为就越多。这些发现有力地证明电视对于人们某种社会行为有十分重要的影响。

第四节 社会心理学研究的过程

社会心理学的研究和其他学科的研究一样,都要经历一系列复杂的过程。整个过程又可以分为几个阶段:首先是选择研究课题;其次是制订研究计划;再次是进行具体的研究,收集资料;最后是整理与分析研究结果,撰写研究报告。每个阶段都很重要,忽视其中任何一个阶段,都会严重影响研究的科学性。

一、充分重视研究过程中的每一个阶段

专栏 2-13

理论的作用

理论在科学研究中有重要的作用,理论主要是一个概念和变量组成的系统。理论的作用主要有这样几种:第一,组织经验。理论是组织经验的方便方法,在有关事实的资料积累到一定程度后,整合有关的研究发现,形成一定的次序和组织框架,这就是初步理论。第二,解释事实。理论可以让我们更好地理解客观事实,也就是说根据理论的一组可信的原则推演出事实的真相和他们之间的关系,使我们能够通过实际资料,看到其含义和关系。第三,预测未来。根据理论可以推出有待观察的事实和关系。在应用领域与之相联系的则是控制。第四,指导研究。理论可以指引我们预测和探索还没有观察到的事件。

研究工作当然要确定研究课题。这绝不是一个小问题,问题提得好,可以影响研究工作的其他阶段的进程。英国科学家J·D·贝尔纳曾指出:"课题的形成与选择,无论作为外部的经济技术要求,抑或作为科学本身的要求,都是研究工作中最复杂的一个阶段。一般来说,提出课题比解决课题更困难……所以评价和选择课题,便成了研究战略的起点。"科学研究实践经验也充分证明了这一点。

制订研究计划这个阶段非常重要。它是整个研究工作的关键性阶段和决定性环节。计划订得周密合理,就能保证研究结果的可靠性,增强说服力。它的重要性犹如建筑工程师的蓝图。蓝图决定了建筑物的形式与内容;若蓝图清晰细致,施工就能有条不紊,工作进展顺利;蓝图合理而周密,建筑物就牢固而美观,否则就会窝工、返工,事倍功半。科学研究亦然,研究计划若订得周密合理,正确的结论便可能合乎逻辑地从研究结果中体现出来,揭露出事物之间

的内在联系,否则就难以获得预期的结果。总之,一个研究计划订得好,可以加强研究结果的目的性,节省人力与时间,使研究结果精确,增强科学性。

进行具体研究,收集资料是执行研究计划的问题,这个阶段需花费一定数量的人力与时间,目的是获得大量的数据与典型材料,为解决研究课题提供确凿的依据。

整理与分析研究结果,撰写研究报告是研究工作的最后阶段,它反映了研究工作的全过程,即研究课题的目的意义、研究的方法、研究的结果以及理论分析等等。研究报告表明研究者对所研究的课题的基本观点和方法论立场,反映研究者所采用的技术,反映出研究者的专业水平和创造力。撰写研究报告一方面要有说服力,另一方面要有吸引力。可见,重视研究报告的撰写,提高其质量是十分重要的。

二、慎重选择研究课题

专栏 2－14

选题方法

选题方法是指选取研究课题的办法和途径。一般有同步选题法、阶段分析法、"边界"选择法、机遇线索法等四种。

1. 同步选题法

就是科研选题要顺应科学技术发展的趋势,要和科技发展的主流相同步。它是对选题的一种宏观控制,它主要是针对科研领导部门和管理人员所作的一种规范准则。采用同步选题法,要注意层次性、相关性、当采性、前沿性、适应当时科学技术发展的主流。

2. 阶段分析法

根据文献统计,确定某一学科所处的发展阶段,然后依据学科的成熟情况来选题。阶段分析法则更多地适用于选择具体的研究课题。一门学科的发展一般要经历四个阶段:①学科诞生阶段,②学科发展阶段;③学科成熟阶段;④学科相对饱和阶段。我们选题首先要了解该学科或专业的发展历史,分析它现在处于什么样的发展阶段,然后,根据各个阶段的不同特点,选择研究课题。

3. "边界"选择法

就是在不同学科交叉点的边缘地区选题。正如一位日本科学家指出的:"在各学科领域都向尖端发展的时代、学科与学科之间的空隙当然就变得越来越明显了,恰恰在这种空隙之中堆积着重大课题。"苏联科学家哈拉持尼科夫认为,"重大的发现通常都发生在多个科学领域交会的历史时期"。

4. 机遇线索法

及时抓住实验中的偶然发现、奇异现象、思想上的火花。在探索纷繁复杂的未知世界时,许多科学发明、发现寓于意外现象的探索之中,科研者要不失时机地抓住这些意外现象,进行深入的研究。

以上介绍了多种选题方法,关键在于挑选符合自己实际的选题,或者是挑选自己感兴趣的为好。

社会心理学是一门新的学科,它涉及社会生活的各个领域。许多社会心理现象都急需社会心理学工作者加以探索以揭示其规律。作为一个研究者,不可能对所有的社会心理问题都进行研究,必须对课题加以选择。

首先要选择那些时代感强的、现实意义大的研究课题,同时还要考虑到所研究的课题有助于建立社会心理学理论体系。这就意味着选择研究课题既要有现实意义,能够对社会实践起指导作用,又要有理论意义,能够进一步丰富、充实社会心理学的学科内容,促进其发展。

选择的研究课题要具体明确,不宜过大。若课题太笼统或是过于庞大,则不易着手研究。例如,研究一个人的世界观对其工作的影响,该课题固然重要,但"世界观"这一概念十分复杂,指标很难确立,研究时,往往不易着手。通常,可以把这类大问题加以分解,化为一系列具体课题,逐一研究。如改为工作目的性对工作效率的影响、工作兴趣对工作效率的影响、影响工作积极性的心理因素等等。这些问题比较具体、明确,既有理论意义,又有实践价值。

有些问题在实际生活中迫切需要解决,范围虽然很广泛,也不宜回避,可以有计划地分段解决。例如,性别差异问题,涉及人力资源的合理安排、职业指导、因材施教等方面,很重要,但其范围太宽泛。我们可以从不同角度将这个问题分解成一系列的小课题:既可以从不同年龄阶段的男子与女子的心理特点加以比较,又可以单从能力或性格方面对某一个年龄阶段男子与女子作比较,还可以采用不同的方法进行研究。最后,可以把许多小课题的研究成果贯串起来,建立一个小范围的理论体系。

此外,选择课题还要根据目前现有的条件,要选择研究者自己熟悉而又感兴趣的课题,这样才能进一步激发积极性,有利于发挥创造性。在人力、物力不足而时间又紧迫的情况下,更不宜选择那些广泛性的课题。

为了选择最合适的课题,使问题的研究具有针对性,在确定课题阶段需要作最一般的调查研究,调查包括对实际生活的考察,以及阅读有关文献,以了解动态,从中得到启发。

三、详细制订研究计划

专栏 2 - 15

研究设计的类型

研究者为了达到研究目的,就要进行研究设计,也就是在选好课题之后,就如何控制各种变异来源进行说明,形成一种简明扼要的计划、架构和策略。研究设计按照是否需要操作变量可以分为这样几个类型:

1. 实验设计

这种设计研究者至少要操作一个自变量，并把被试随机分配到各种实验处理中，也就是对各种变量水平进行处理。在试验的过程中对环境进行系统控制，控制或消除无关变量的影响，观察这种操控对行为的效应，从而找到自变量和因变量之间的关系。

2. 准实验设计

这种设计不需要操作自变量，在试验过程中没有运用随机化程序进行被试选择和实验处理，主要有这样几个类型：单组前后测设计；单组时间序列设计；固定组比较设计；不相等实验设计等。这种设计对于提高研究效度和结果的普遍性有一定的意义。

3. 非实验设计或被动观测设计

这种设计没有操控自变量也没有随机化处理，一般这种设计主要运用在研究问题不涉及因果关系的情境中，另外研究自变量不能人为操控，还有研究问题和变量过于复杂。非实验设计数据的分析一般采用因素分析、多元回归和多层线性模型等。

这是在确定研究课题之后，考虑采用什么方法，通过什么途径来进行研究的阶段，是一个经过充分酝酿之后逐步明朗化的过程。

（一）设定控制条件

所谓控制条件，是指除了研究因素之外，务使其他条件相对稳定，不让它们对研究结果发生干扰作用，以防止它们影响研究结果的准确性。在实验研究条件下，设立对照组是为了防止无关因素对实验结果的干扰；调查研究也同样需要注意控制条件。控制哪些条件，取决于研究课题的性质。例如，调查男女性格特点与其工作效率之间的关系，就应使研究对象在年龄、受教育程度以及社会文化背景等方面大体相近，唯一不同的是性别差异。这样做，就能使研究对象显出性格上的男女差别，如果其他条件没有加以控制，由此所产生的对工效的影响就会掩盖性别差异对其工效的影响。控制条件还包括研究者的指示语、研究程序、被研究者操作时间的统一等，以尽量减少误差。

（二）确定研究对象的范围与人数

研究对象的范围，要根据研究课题来确定，这其中有一个研究对象的代表性问题。如果是研究社会上一个带有普遍性的课题，就不能去研究非常特殊的对象，不能限于一个地区、一个部门或某个非常特殊的人，而应注意各个地区、各个部门、各个阶层以及不同年龄与性别的人，以便求得结论的普遍性。例如，在时蓉华的指导下，上海《新民晚报》编辑部潘新华等于1986年作了一项调查研究，课题是《关于上海市民对对外开放的心理承受力的分析与对策》，其调查对象是包括行政领导干部（处级与局级干部）、科研工作者、中学教师、企业工人、个体户、退休离休人员等不同层次的上海市民。

研究人数也要根据研究课题的要求、研究方法的特点以及研究者的现有条件来决定。多的可以达几万人、几千人，少的可以是几百人、几十人、十几人，甚至一两人。从研究的数量上说，人越多可能越有代表性，但如果工作量太大而人力与物力不够，势必导致工作粗糙，科学价值不大。一般讲,用实验的方法进行研究,人数可以少些,二三十个即可分组实验;用调查的方法进行研究,则人数应该多些,几百人或几千人都可以;若是进行个案研究,则十几人、几人甚至一两个人都可以。研究对象的范围与人数确定后,须用一定的方式进行抽样,具体方式有三种:

1. 有意抽样

根据研究者主观要求,有意识地挑选一些认为有代表性的人作为研究对象,称为有意抽样。有意抽样比较主观,但若只需研究一两个人,或三五个人,研究者需要对研究对象进行长期观察与分析,可用有意抽样。例如,研究性格特殊的人或有特殊天资的人,可以有意识地挑选几个人进行追踪研究。

2. 随机抽样

随机抽样是相对于有意抽样而言,它不是根据研究者的主观愿望挑选对象,而是以客观的态度使某一范围内的每个人都有被选中的机会。在一般情况下,任何群体的某种水平或特征都有个别差异,并呈现常态分布,即特别好与特别差的都很少,中等水平的占大多数。进行科学研究时,其对象应包括各种水平的人,而随机抽样,可以使抽出来的样本也呈常态分布,能代表总体。凭研究者主观挑选,可能偏差大。随机抽样可以用抽签或按号码如逢五、逢十等抽取。

3. 分层抽样

又称联合抽样,是有意抽样与随机抽样的结合。先是有意识地把对象大体上分成几种水平或等级,然后从每种水平或等级中随机抽取若干对象,抽出的每一水平或等级的人数比例最好也呈常态分布状态。

专栏 2-16

滚雪球抽样

滚雪球抽样是指先随机选择一些被访者并对其实施访问,再请他们提供另外一些属于所研究目标总体的调查对象,根据所形成的线索选择此后的调查对象。在滚雪球抽样中,先选择一组调查对象,通常是随机选取的。访问这些被调查者之后,再请他们提供另外一些属于所研究的目标总体的调查对象,根据所提供的线索,选择此后的调查对象。这一过程会继续下去,形成滚雪球的效果。尽管最初选择调查对象时采用的是随机抽样,但是最后的样本都是非概率样本,被推荐或安排的被调查者比随机抽取的被调查者将在人物和心理特征方面更类似于推荐他们的那些人。

滚雪球抽样主要是用于估计十分稀有的人物特征,例如名字不能公开的,可利用政府或社会服务的人员;特别的群体,如私家车的车主等。滚雪球抽样的主要优点是可以大大地增加接触总体中所需群体的可能性。例如,要研究退休老人的生活,可以清晨到公园去结识几位散步老人,再通过他们结识其朋友,不用很久,你就可以交上一大批老年朋友。但是这种方法偏误也很大,那些不好活动、不爱去公园、不爱和别人交往、喜欢一个人在家里活动的老人,你就很难把雪球滚到他们那里去,而他们却代表着另外一种退休后的生活方式。

（三）确定研究步骤

制订计划时，应对每个研究步骤加以具体规定。若是实验研究，必须详细规定实验的全过程；若是调查研究，须列出调查提纲与调查程序，写出调查指导语等。研究步骤要划一，不能因人、因时、因地不同，以保证研究结果不受无关因素的影响，也便于重复研究，经得起他人的检验。

制订研究计划时，还要把收集材料的要求与步骤加以具体规定，最好能绘制好表格，以便在执行研究计划过程中，及时将收集的材料逐一填入而不致遗漏。

（四）明确收集材料的指标

指标必须同所研究的课题有密切的关系，有一定的针对性与特异性。这正如医学研究那样，治疗高血压病的研究，应以降低病人血压为指标；发明一种治心脏病的新药，应以促使病人心率正常为指标。社会心理学研究要解决某一个特殊问题，其指标必须与该问题有直接关系。比如，研究市民有关对外开放的心理承受力，应以人们对于对外开放的认识、理解、情感倾向等心理状态为指标。

必须确立多种指标，从多方面来收集资料，使研究结果丰富，呈立体状，增强说服力。确定研究指标是一项创造性的工作，只有科学地分析所研究的问题，深刻地抓住研究课题的实质，才能找出相应的指标；只有指标客观、明确、与研究课题有密切关系，才能顺利地收集材料，分析问题并解决问题。

第五节　撰写研究报告

研究过程的最后一个阶段就是撰写研究报告。撰写研究报告是整个研究工作的总结，稍有疏忽就会前功尽弃。当然，研究报告的质量首先取决于研究工作本身：研究课题有无理论意义和现实意义，是否为人们关心或感兴趣；研究计划订得是否完善、周密；研究条件控制是否严格；指标是否合理；资料、数据是否丰富、可信等等。其次还取决于研究者的分析综合能力，逻辑推理能力，专业知识的深度与广度，以及研究者的写作能力。研究报告对于所收集的材料必须进行统计处理，有所取舍，去伪存真、去粗取精，挑选最能说明问题的材料，进行由表及里、由此及彼的推理活动，对事实从理论上加以剖析，以便在学术上达到一定的深度。

一、撰写研究报告的方法

撰写研究报告并无统一规定的格式，但一般都要包括以下几个部分：

（一）题目

题目体现了研究报告的主题，一般在题目中点明题意，也可以不点明，有的还可以加副标题，有的研究报告还会采用提问的方式，比如"她为何两次自杀"、"男性一定比女性聪明吗"等这样的标题，可以引起人们一连串的思考，具有吸引力。

题目不管采用什么方式标出，要尽量简短，使人一目了然。拖泥带水的题目，会影响人们阅读论文的兴趣。若认为题目过分简短、过分概括而无法较好地表达原意的话，可添加副标题。比如，"她为何两次自杀——自杀行为的心理分析"。

（二）研究的目的、意义

要讲清楚研究的理论意义与现实意义，揭示出研究该课题的背景，即介绍过去有关类似的研究课题的研究方法、研究结果或意见分歧等情况。例如王伟1985年写作的《学生道德品质自我评价的倾向性研究》论文，开篇就阐明自我评价会直接影响个人的社会适应，对于其心理健康与个人行为有重大关系，对于协调人际关系亦是不可缺少的一个主观因素。然后，再简要地介绍国外一些心理学家的有关研究的方式及其研究结果。在此背景上，研究者提出要研究我国学生的自我评价问题，从而使报告具有较强的目的性与针对性，具有一定的吸引力。

（三）研究方法

无论是调查研究报告，还是实验研究报告，都要把研究对象的条件、数量、取样方式、采用的具体研究方法、研究时间、条件控制等问题讲清楚。有些研究报告还应把一些重要的术语、专门名词的外延与内涵规定下来。例如，研究"代沟"问题，就必须把"代沟"这一名词的含义加以限定。另外，整个研究过程中的指导语以及所用研究工具（如仪器、量表）也要反映到研究方法这部分中去。如果指导语、研究工具太多，可以作为附录，在研究方法这部分加以注明。

（四）研究结果与分析

研究结果最重要的是数据和素材，数据可以用图或表形象地描绘出来。报告中以图表形式把数据展示出来之后，须结合典型事例作些简要的分析与说明，既有定量分析又有定性分析，并使二者融为一体。这样的研究报告就变成了多维度、多层次的叙述，使内容更有深度、更丰富而充实，并有助于人们对研究报告的理解。

凡是与研究有关的问题都可以在报告中进行讨论与分析，但是，一篇研究报告也不能没有重点地对任何问题都同等地进行讨论与分析。就一篇研究报告来说，以哪些问题为重点，进行更为深入的探讨与分析，由研究者自行决定。讨论与分析，可以先从研究方法的科学性开始，对研究所采用的具体研究方法和具体研究程序进行回顾与检查，指出哪些方面符合了科学研究的要求，哪些还有待完善。还可以对研究结果进行理论上的剖析，尤其应该从社会心理学角度加以论证。同时，还应该将研究所获得的结果与前人研究结果进行比较，并对其中的差异进行分析评价。

（五）结论建议

研究报告的结论部分，是对整个研究工作的小结。它应简要地总结研究课题的意义、研究方法及其结果，从研究结果中表明研究者的观点。研究者还可以根据自己的观点，在结论中提出一些建设性的意见，以供实际工作者参考。另外，结论部分还可以根据该课题的研究结果，提出研究者今后进一步深入研究的课题，使社会心理学的研究具有连贯性与系统性。

（六）参考文献

研究报告的最后，研究者应介绍自己在研究过程中曾阅读过的参考文献。研究报告中列出的参考资料既能反映研究者的功底与水平，也能给他人扩展视野，提供信息。列出的参考资料应该包括作者、文章题目或书名、杂志名称和出版单位、出版日期，并注明页码，以便他人查阅。作为规范化的研究报告，尤其是那些有价值并有重大发现的研究报告，参考文献应完整地

现代社会心理学（第三版）

列出,作为研究报告的一个组成部分。

上述几个部分,有时也可适当合并。一般地讲,题目较窄,篇幅较小,方法简单的研究报告可以灵活处理,不必面面俱到。

二、撰写要点

撰写研究报告是一项艰苦的脑力劳动,为使研究报告更能指导人们的实践活动,有以下几点要特别注意:

(一)科学性与可读性相结合

研究报告与一般理论文章不同。理论文章不一定要有具体材料,而研究报告重事实,必须有具体材料,从对事实的分析中提炼出观点。而且,研究报告应在保证科学性的前提下,注意深入浅出,尽量写得生动活泼,通俗易懂。

(二)应着重介绍研究方法和研究结果

研究报告的价值是以方法的科学性与结果的可靠性为条件的,而这两者又有内在的联系。只有研究方法是科学的,才能保证研究结果是可靠的。人们阅读或审查研究报告,主要是审查方法与结果。研究者作学术报告,亦主要介绍这两部分。因此,研究者务必把研究方法写清楚,使人们感到该项研究在方法上无懈可击,从而承认其结果的可靠性,增强可信性。研究方法要交代得明确、具体;结果部分要形象、生动,图文并茂,并附有说明,以引起人们的阅读兴趣。

(三)讨论与分析客观实在

例如,对于研究结果的原因分析,不宜讲得太绝对,因为任何一种社会心理现象,总是由许多主客观因素所决定,而其中可能由某种因素起主导作用,但在不同的情境下,发生主导作用的因素不是固定不变的,可能会发生转化,讲得太肯定,不符合辩证法,反而影响说服力。分析讨论要实事求是,敢于坚持真理,不为社会舆论所左右。研究的结果,不管它是否符合研究者原来所持的观点,都应持客观的科学态度予以承认,只要该研究在方法论上站得住脚,都应该说是成功的。科学研究成功与失败的标志乃是是否以科学的方法去研究它。科学研究的目的在于揭示事物的规律,指导人们的实践,所以研究结果与研究者的主观愿望或社会潮流发生分歧时,不能轻易地否定或怀疑它。

最后,值得一提的是,当研究报告一旦在某个报刊上发表以后,不能以为此项研究就可以到此为止,并将研究成果束之高阁了。科学研究的目的是为了揭示事物发展的内在联系,并通过实践加以检验、推广,以此来指导实际工作,社会心理学研究也不例外。

本章小结

社会心理学的基本理论主要有社会学习理论、社会认知理论、精神分析理论、符号互动论等,它们的产生和发展都经历了一个复杂和漫长的过程,对社会心理学的发展起到了至关重要的作用。

社会学习理论发源于行为主义,因此他们认为外部环境比内在心理机制更能影响人的行为,人类的行为主要是通过社会学习习得和改变,而强化是社会学习的必要因素,同时它也是行为获得重要促进因素。行为主义理论早期的代表人物有爱德华、桑代克、华生，新行为主义的代表人物是斯金纳，学习理论的代表人物有米勒和多拉德（模仿理论），以及班杜拉（社会学习理论）等。

认知心理学派重视人的内在心里活动与结构，重点研究个体的认知结构，认为人类社会受其内在认知过程的支配。精神分析学说的创始人弗洛伊德提出了与社会心理学有关的"本能"、"超我"、"人格发展"等核心概念以及群体心理学说。随后在这个基础之上发展起来的社会文化学派将社会情境纳入研究范围，其中有代表性的是阿德勒（A. Adler）的社会兴趣学说、霍妮的基本焦虑说、弗洛姆的社会潜意识学说等。

符号互动论则是注重人的主体性与能动性，并从复杂群体活动的社会整体出发分析个体的行为，在方法论上纠正了还原论，代表人物是米德。后现代社会心理学思潮，则是以批判和质疑实证和还原的科学主义范式，主张探讨人的社会性，重视人的语言研究，强调多元化的研究方法。

社会心理学的方法论原则主要包括心理学方法论原则和社会学方法论原则以及比较文化方法论原则，在研究的过程中则应该注意伦理学的原则，做到无损被试的身心健康、涉及个人的材料严格保密和谨慎选择研究的策略。

社会心理学的具体方法和技术主要是收集资料的方法，一般来说包括实验研究法、调查研究法、档案研究法、心理学测验法以及相关研究法等等。具体应用要根据具体的研究对象、内容和目的选取适合的方法。

社会心理学的研究过程包括以下几个步骤：首先选取研究的课题；其次制定研究计划；再次是进行具体的研究，收集资料；最后是整理与分析研究结果，撰写研究报告。其中撰写研究报告是比较重要的一步，要有严格的成文格式和行文风格。

思 考 题

1. 简述社会心理学习理论关于学习行为的基本机制，并结合实例加以阐述。

2. 试从生活中选取一个自己感兴趣的课题，运用相关的方法进行实验设计。

拓展阅读

1. 车文博.西方心理学史.杭州：浙江教育出版社，1998.

2. 高宣扬.当代社会理论.北京：中国人民大学出版社，2005.

3. 郭本禹.潜意识的意义——精神分析心理学（上下全）.济南：山东教育出版社，2009.

4. 乐国安、王新建等.社会心理学理论新编.天津：天津人民出版社，2009.

5. 乐国安.社会心理学.北京：中国人民大学出版社，2009.

6. 乐国安.社会心理学.广州：广东高等教育出版社，2006.

7. 刘华.社会心理学.杭州：浙江教育出版社，2009.

8. 俞国良.社会心理学.北京：北京师范大学出版社，2006.

9. 郑全全、赵立、谢天.社会心理学研究方法.北京：北京师范大学出版社，2010.

第三章 社会心理学的历史与展望

社会心理学是从社会学和心理学两门学科中分化出来的一门新的学科。社会学和心理学都只有一百多年的历史,而作为这两门学科的交叉学科——社会心理学的历史更为短暂。不过,人类对社会心理现象的关注却由来已久。

关于社会心理学的历史,很多学者都同意美国当代社会心理学家霍兰德(E. P. Hollander)的"三阶段"理论。1976年,霍兰德在他的《社会心理学的原则与方法》一书中提出,可将社会心理学的发展历史划分为社会哲学、社会经验论和社会分析学三大阶段。进入20世纪80年代,我国社会心理学界与之对应,提出了将社会心理学的发展历史划分为孕育阶段、初创阶段和确立发展阶段的观点。

第一节 社会心理学的早期孕育

这是社会心理学形成前的准备阶段,基本特征是根据权威的思辨和社会准则来阐明人们的社会行为。

这一阶段时间跨度很长,而且在此期间,"社会心理学思想同一般的心理学思想的见解紧密相连,因此很难把'纯'社会心理学观点划分出来"。有关社会心理学的思想,都是通过心理学史而与哲学紧密联系的。

社会心理学的很多问题,最早主要是由哲学家提出来的。例如,"人的本性是什么? 它与社会的关系如何?"历代哲人对此争论万千,但究其要义,不外乎如下两种基本的立场:

其一是以古希腊苏格拉底(Socrates)和柏拉图(Plato)为代表的。他们认为人性虽然不能完全摆脱生物性遗传的控制,但却深受社会环境的影响,通过教育与社会制度可以改变人性。这一观点后来被18世纪德国的康德(Immanuel Kant)和法国的卢梭(Jean-Jacques Rousseau)等人所发展。他们相信人有潜在的善性,只因为有缺陷的社会使人们趋向于邪恶,故应改变社会之后才能改变人。例如,柏拉图据此提出完善的社会模型——"理想国",在其中,人们各司其职,安守本分,相互制约,和谐相处,这样,一个国家就可以节制、勇敢、智慧,各种社会问题和人际冲突也就可以从根本上得到解决。卢梭则致力于探究人类不平等的起源以及克服这种不平等的办法。认为在原始社会的自然状态下,人们漂泊森林,"没有记忆、没有语言、没有战争",人人都自由平等。由于人类有不断"完善化的能力",后来产生了私有制,出现贫富的对立,这是社会不平等的一切罪恶、祸害的根源。卢梭在其《爱弥儿》(1762)一书中提出"回到自然"的口号,主张顺应儿童的本性,让他们的身心自由发展。其中的主人公爱弥儿就是理想社会教育出来的理想少年。时至今日，在新行为主义代表人物斯金纳的《超越自由与尊严》、《沃尔登第二》等著作中，我们仍能够感受到同样的思想基础和社会理想。

另一种观点以亚里士多德（Aristotle）为代表，认为人性主要是由生物的或本能的力量所决定的，出生后，其本性不会有太大的改变。亚里士多德关于人本质的论述有三个重要的命题："求知是所有人的本性"、"人是理性的动物"以及"人是政治动物"。前两个着眼于人的理性认知，后一个——也是其最为人们所熟知的一个——则强调人的社会性。这里的"政治"主要是指城邦国家和社会共同体。他认为，城邦是自然的产物，人天生是一种政治动物，社会生活是人类生存的最终目的。一个人如果脱离了国家、城邦，就不成其为人，他不是一只禽兽，就是一个神灵。个人只有在国家之中，作为国家的一部分，才能发展他的能力，实现自己。这就好比人的一只手，只有当它与活的身体结合在一起的时候，才能起到它的作用，作出诸如抓、提、拉、推、拽等动作。因此，亚里士多德得出结论："人是政治动物，天生要过共同的生活。这也正是一个幸福的人所不可缺少的。"但是，从根本上来讲，亚里士多德还是主张"人性恶"的。他认为，人在达到完美境界时，是最优秀的动物，然而一旦离开了法律和正义，他就是最恶劣的动物。常人既不能完全消除兽欲，即使最好的人们（贤良）也未免有热诚，这就往往在执政时引起偏向。据此，他提出了法律至上的主张，认为正确制定的法律应该是最高的权威。他的这一观点后来被 16 世纪意大利的马基雅维里（Niccolò Machiavelli）和 17 世纪的霍布斯（Thomas Hobbes）所发展。他们认为人生来就是邪恶的，故必须施以法律的强制，引导人们以文明方式去行为，才能使社会得以存在下去。霍布斯在其名著《利维坦》（1651）一书中指出：人的本性是自私的，支配人们行动的基本动力是"自我保存"，而人与人之间在体力和智力方面又是大致相

等的,因此人们都要争取平等权利,从而产生彼此之间的利害冲突,使双方成为仇敌,处于战争状态。他还认为,人们要寻找快乐,则必须要有权力,它可以让人从别人那里得到赞美和恭维。所以,人最基本的动机是对"更大的权力的追求"。

虽然在这些先贤的论述中,可以发现现代社会心理学一些重要命题和研究领域的历史渊源,且其中不乏真知灼见和深刻的洞察,但毕竟是零散的和缺少思辨的。

第二节　社会心理学的初创

社会心理学作为一门独立的学科,诞生在19世纪下半叶到20世纪初。作为社会心理学的初创阶段,该阶段强调根据经验来描述社会行为,所以被称为"社会经验论阶段"。

19世纪下半叶到20世纪初,是人类社会发生重大历史变化的时期,伴随着工业文明的进步和由此带来的整个资本主义世界的相对稳定的发展,许多学科都取得了很大的发展和进步,其中包括那些同社会生活的各个过程有直接关系的学科。在这个时期,与阐述人及人类社会本质有关的社会学、心理学、文化人类学都逐步建立起来了,这也为作为其交叉学科的社会心理学的形成提供了合适的土壤。

一、社会心理学的形成标志

学术界一般认为,以1859年德国的拉扎鲁斯(M. Lazarus)和施坦塔尔(H. Steinthal)两人合作创办的《民族心理学和语言学》杂志为社会心理学的经验描述阶段的前奏。在这些杂志上,刊登了社会群体中人们的语言、风俗、习惯等体现民众精神的有关论述。

1875年,德国学者舍夫勒(A. E. Schaffle)在其著作《社会躯体的结构及其生活》一书中,以社会心理、社会形态与社会生理的排列,来解释社会的性质,首先在现代意义上使用了"社会心理学"一词。其后,美国的斯莫尔(A. W. Small)等人于1894年合著《社会学概论》一书,第一次以"社会心理学"为该书第五编的编名。1897年,鲍德温用"一种社会心理学的研究"为副标题发表专著。1898年,法国塔尔德出版了《社会心理学的研究》一书。虽然这些著作都较早沿用了"社会心理学"的提法,但由于都不是系统的专著,所以不能作为社会心理学独立的标志。

对于社会心理学形成与发展有更大影响的还是那些经常探讨社会心理问题的社会学家和心理学家所作的贡献。当时存在着两种传统,即从社会学角度进行研究的传统和从心理学角度进行研究的传统。

从社会学角度来进行研究的传统是由塔尔德、黎朋和罗斯等社会学家发展起来的。他们主要研究人们面对面地相互作用对其行为的调节过程,这一传统中注重模仿、暗示、同情等概念。法国社会学家塔尔德以"模仿律"来解释人们的社会行为,认为模仿是产生一切社会现象的原因。法国的另一位社会学家黎朋则强调"暗示",认为在社会情境中,若人们的无意识冲动占了上风,就会发生暗示作用,容易导致"群众"的盲动。美国社会学家罗斯主要强调了各种社会控制形式的作用,认为这是巩固社会和团体生活所必需的。罗斯于1908年发表了以《社会心理学》命名的教科书。

从心理学角度进行研究的传统以英国的心理学家麦独孤为代表。麦独孤在1908年发表了《社会心理学导论》一书,书中以本能为中心建立社会心理学体系,认为个体行为和群体行为都来源于本能,而人的本能是先天遗传而来的,是人们一切思想和行为的基本源泉与动力;个人人格在最初只是一些先天的本能,靠社会加以培养和发展;个体的本能有逃避、好奇、生殖等十多种。麦独孤的观点遭到后来一些心理学者的反对,遂以"行为倾向"替代了本能的概念。

由于罗斯侧重于社会学角度的《社会心理学》和麦独孤侧重于心理学的《社会心理学导论》这两本教科书的出版,在社会心理学史上,1908年成为了一个标志性的起点,作为一门独立学科的社会心理学诞生了。而且,社会学和心理学作为社会心理学的"双亲"的地位,也得到充分体现并一直延续至今。

二、社会心理学的三大直接理论来源

如果不以上述个别人物和事件为线索来考察社会心理学的形成,那么,可以说,社会心理学有三大直接的理论来源,即德国的民族心理学、法国的群众心理学和英国的本能心理学,它们构成了社会心理学的最初形态。

(一) 德国的民族心理学

社会心理学的发展史中,最早以社会心理现象作为讨论的中心课题的,是德国的民族心理学派。其代表人物是德国哲学家拉扎鲁斯和语言学家施坦塔尔。1859年,他们创办了《民族心理学和语言学》杂志,并发表了《民族心理学序言》一文,成为民族心理学的创始人。他们特别注重民族的风俗习惯,企图通过研究民族精神所产生的语言、风俗、宗教、神话、艺术、法律等社会现象来研究人们的社会心理活动,揭示民族精神活动的规律。他们认为,民族乃是存在于一定时代和历史的社会,是绝对的本质的社会;他们指出,民族心理学如果不把"文化和社会"的心理学总体贯穿在其中,就无法建立体系。

上述观点对后来的实验心理学之父冯特(Wilhelm Wundt)有很大的影响。冯特自1879年在德国莱比锡建立第一个心理学的实验室之后,曾经对人的高级心理活动——意识——进行尝试性的实验研究,认为实验可以探索灵魂。但他感觉到只能对感觉、知觉或者感情——即意识的基本材料——以及它们之间的联系等比较简单的心理活动,用实验的方法进行探索。而较高级的过程,包括复杂思想,其特性都是"太过变化不定,因而不适合做客观观察的主体"。所以对其的研究应该由民族心理学来担当。冯特指出,社会生活中最基本的是民族精神,社会与文化的心理学应该称为民族心理学。他把研究民族心理学作为研究社会心理现象的一条根本途径,提出民族心理学应当采用不同于作为实验科学的生理心理学的方法,即应该通过分析文化产品——语言、神话、风俗习惯、艺术等来研究民族心理问题;研究人类复杂的精神生活必须接触人类历史,深入人的社会生活环境,通过民族形式来了解社会生活是最基本的途径。从1900年至1920年,集前辈之大成并加以自己的进一步发展,冯特完成了10卷本的《民族心理学》。虽然在20世纪初,其他一些学者已经明确地用"社会心理学"的名称发表了许多文章,但冯特仍然一贯强调民族精神的优越性,主张不要采用民族心理学以外的其他名称。不过,冯特的论述实际上只偏重于形式的探讨,其基本问题是分析由众人心理上相互作用而产生的社会现象。当时的民族心理学虽然偏重民族文化的研究,但与后来的社会心理学研究的范围与内容很不相同。

专栏 3 - 2

冯特

　　冯特(1832—1920),德国心理学家,哲学家,第一个心理学实验室的创立者,构造主义心理学的代表人物。他的《生理心理学原理》是近代心理学史上第一部最重要的著作。

　　1836 年冯特获得医学博士学位,1855 年获海德堡大学医学博士学位,其博士论文题为《炎症引起的变性器官之神经变化》。1855—1874 年,冯特一直在海德堡大学从事教学和研究工作。1858 年,受聘担任 H·赫尔姆霍茨的助手。1873—1874 年,冯特刊登其重要的心理学著作《生理心理学》,该书被视作新心理学进展的记录。1875 年,冯特应聘出任莱比锡大学哲学教授,开始了其漫长但也是最重要的学术时期,他在那里工作了 45 年。1879 年,冯特在莱比锡大学建立了世界上第一个心理学实验室。该实验室的出现,可以说是心理学史上的一个里程碑,标志着新心理科学的诞生。1920 年,冯特写成自传《经历与认识》一书,回忆了他在心理学领域中艰苦奋斗的一生。这本书出版后不久,他便于 1920 年 8 月 31 日在莱比锡去世,享年 88 岁。

冯特

　　冯特对于心理学这门学科的影响是极其深远的:

　　首先,是他将心理学确定为一门新的科学,并为之划定了研究的领域,确定了一个宏观的框架;

　　其次,是他将实验方法引入这门新兴学科,甚至他的实验室成为半个世纪里心理学实验室的典范;

　　第三,他的大部头教科书,在整整两代人的时期内,其影响力具有无可比拟的权威性。

　　我国学者孙本文(1946)认为,民族心理学对于以后的社会心理学的发展产生一定的影响,表现为三个方面:

　　(1)民族心理学开始从社会的角度来研究人类的心理现象,从而冲击了当时脱离社会孤立地研究人的心理的传统心理学;

　　(2)民族心理学开始从社会心理学的立场来研究民族文化,把个人的心理发展和客观的文化因素紧密地联系起来;

　　(3)民族心理学把研究重心集中在对社会心理现象的分析,而不是仅仅孤立地分析人的心理因素。

民族心理学从 19 世纪下半叶开始,到 20 世纪开始走向衰落和分化。其主要原因在于民族心理学自身理论结构十分脆弱。例如,虽然他们笼统地解释构成民族精神的民族成员是通过相互作用才发生社会心理现象的,但分析这一社会相互作用的过程却十分空泛、贫乏。这样,民族心理学研究中本来致力于从历史的角度来探讨文化与社会的关系等问题的愿望也就无从实现了。后来,民族心理学逐渐分解为民族性格学和发展心理学两个方面,朝着各自的方向发展了。

民族心理学的另外一个发展趋向,是在 20 世纪初,在文化人类学的带动下,开辟了实地研究的方向,逐步发展演变为比较文化社会心理学。许多文化人类学家开展了对各民族文化的比较研究,主要是实地调查,研究对象是各个不同发展水平的民族,特别是处于尚未开化阶段的原始部落。例如,1913 年,R·C·图恩瓦尔德在南太平洋地区进行实地调查与考察时,侧重调查了当地民族的特征,其中有关智能特点的报告引起了研究者极大的兴趣;1929 年,D·帕邱斯对澳大利亚少数民族进行智力测定,为了获得客观材料,他除了采用普通量表外,还结合当地居民文化背景的特点、生活习惯、风俗传统等制订了专门的调查计划。调查结果表明,这些民族并非一无所知,但对于文化环境的适应却很困难,在心理反应的速度方面,亦较迟缓;1925 年至 1926 年,米德对南太平洋上的玻利尼西亚群岛萨摩亚人的青春期进行研究,写出力作《萨摩亚人青春期的到来》(1928),该书的副标题是"为西方文明所作的原始人类的青年心理研究",在这本著作中,她力图说明"人类(野蛮而未经教化的原始人类)所赖以生存的丰富多彩的文化环境是如何塑造人格的";1929 年,她对新几内亚三个原始部落的研究以及在此基础上写成的《三个原始部落的性别与气质》(1935),被人们公认为是由人类学家对社会心理学所作的又一次严峻的挑战;美国人类学家本尼迪克特(Ruth Benedict)于第二次世界大战末期,对居住在美国的日本人的性格进行研究,分析并探索日本人的外部行为及深藏于行为中的思考方法,写成深刻揭示日本人矛盾性格及双重文化的《菊与刀》(1945)一书;此外,中国社会学家费孝通也曾对中国各民族的生育制度进行过比较研究。如今,比较文化社会心理学的研究趋势是:从特殊性的探索逐渐转向一般性研究,而且研究者采用了统计方法,对研究结果作定量分析。

(二) 法国的群众心理学

群众心理学派的代表人物是法国社会学家塔尔德、黎朋等人。他们以群众的心理作为研究对象,对群众和公众的时尚、风俗、舆论、传说等社会现象所表现出来的共同行为进行研究。他们认为,社会生活中人们共同的心理现象是由于暗示与模仿的结果。他们企图用暗示与模仿来解释人们一切社会行为和心理特征。因此,这派理论又称为暗示和模仿理论,这个学派也被称为"暗示和模仿学派"。

塔尔德于 1890 年提出了"社会就是模仿"的命题,认为模仿是作为个人行为的基础的社会过程。因为他看见一切自然现象都有反复性,所以他在观察社会现象时认为,人们行为的一致是基本的社会现象;要使行为一致,必须通过模仿,故模仿传播于整个社会之中。塔尔德认为,模仿造成犯罪是一条根本规律,可以用之说明一切社会现象。一个人创造,九十九人学样。风俗,就是对过去事情的模仿;流行,则是对现在事物的模仿。人们彼此模仿的普遍倾向是促进行为风行的原因,不论是小的群体,还是大的稳定的社会机构,都不例外。他说,下级对于上级,也有一种模仿的行为。塔尔德没有说明人们为什么能模仿,怎样产生模仿,仅是强调其作用。他认为,对社会现象的解释不能从人脑中去追溯,而应在人与人相互交往中得出结论。所谓群众心理,在他看来只不过是人与人之间的模仿而已。

专栏 3-3

塔尔德

塔尔德(1843—1904):法国社会学家、西方社会知名的心理学家、统计学家和犯罪学家。

塔尔德于 1843 年 3 月 12 日出生于法国南部多尔多涅县的萨拉,受教育于萨拉学院的一个天主教学校,接受地方耶稣会学校传统的正规教育,在那里他表现出对哲学和古典文学研究的兴趣,后来在巴黎学习法律。1869 年他在家乡开始了其地方法官生涯——在萨拉地方法院工作,直到 1894 年被召到巴黎,担任司法部统计局局长。到巴黎以后,1900 年受聘法兰西学院,成为了一名政治学教授,同一年被选为道德和政治学学会会员。1904 年 5 月 13 日在巴黎逝世。

塔尔德

塔尔德社会学理论的核心是"社会模拟论"。他认为,不存在任何超越个人心理体验的实体,一切社会过程无非是个人之间的互动。每一种人的行动都在重复某种东西,是一种模拟。模拟是最基本的社会关系,社会就是由互相模拟的个人组成的群体。社会事实是由模拟而传播、交流的个人情感与观念。由于存在着许多可模拟的模式,作出不同选择的个人不可避免地发生对立和冲突。冲突的结果是双方调节以适应对方,从而实现社会均衡。这样,塔尔德便把社会规律还原为支配模拟的规律,社会互动还原为个人间的心理联系,认为社会学即是研究这种心理联系的"精神间的心理学"。

主要著作有:《比较犯罪学》(1886)、《模拟的定律》(1890)、《社会逻辑》(1895)、《社会规律》(1898)。

塔尔德的观点被其同时代的另一位法国社会学家黎朋所接受,并且作了进一步的发展。1895 年,黎朋写了《民族和群众心理学》一书,提出了关于群众心理学的一系列观点。他认为,只要有许多人聚集在一起,就可以称为"群众",而"群众"具有一系列共同的心理特点,即许多人在一起就会丧失理智、情感冲动、缺乏责任感,表现为冲动性、盲目性、破坏性、匿名性、易感染性与易暗示性;群众的行动总是带有群众的神经质的感染因素,群众中每个人的行为都会受到群众的心理气氛的感染,从而构成群众的共同意志与共同精神。这种共同意志与共同精神使个人在群众活动中失去独立思考能力和判断能力,使个人的情绪不受个人意志的控制而

接受周围环境的诱惑与暗示,并且深信不疑。黎朋由此指出,掀起了的群众运动有巨大的能量,十分危险。黎朋是贵族出身,他把许多人集合在一起就称为群众,而又给群众冠以无知识、无道德、无秩序且混乱不堪的帽子,因此需要"优秀分子"来领导。可见,黎朋的观点表现出了鲜明的阶级色彩,也反映了在1871年法国大革命的阶级斗争革命风暴中的群众情绪。

群众心理学派中的"暗示和模仿理论",曾对当时和以后的一些学者发生了很大的影响。

与塔尔德同时期的美国心理学家鲍德温也曾接受并强调模仿,他把模仿作为儿童心理发展的中心概念,认为模仿既可以是有意识地进行,也可以是无意识地不知不觉地完成,人们经常对他人以及文化中所反映出来的行为方式加以模仿,作为自己的心理内容。

角色理论的创始人米德认为,社会角色和行为的形成,是由模仿他人角色和行为而获得的,在模仿过程中言语占有重要地位,而且模仿活动必须有动机力量来支持。

塔尔德的主张曾影响了一些后来的心理学家,但把模仿作为人们行为的唯一原因,已经不被人们所接受了,因为人们的行为以及心理活动只有其中一部分是由模仿所产生的。的确,特别是儿童,模仿行为占有很大的比重。但人类是具有思维活动能力、能够进行创造性活动的,如果人们的行为仅仅停留在模仿阶段,那么社会就永远无法前进。

有许多社会心理学家接受黎朋的观点,其中最典型的是美国社会学家罗斯。罗斯进一步发展了黎朋的观点,认为群众接受暗示之后,会发生相互影响,这种相互影响就是群众的力量,因此群众经过相互影响之后,一些荒唐的暗示就更加能吸引群众,遂引起骚动,经过骚动之后,群众也就更加相信他们所受到的暗示,因此越来越狂热。这一观点导致群众行为研究的深入,并向两个方向发展,一是开辟了群体动力学的研究,另一是将群众行为的研究转入了对社会帮派和不良团体的研究。

可以认为,受暗示或受感染这一社会心理现象是存在的,但并不是普遍的,它是在特定的社会情境下发生的。

群众心理学派曾在1890—1910年的20年间影响甚大,第一次世界大战以后,群众心理学派的理论又被人们重视起来了。这是因为:资本主义国家的大城市随着时间的推移而越来越发达,人口也越来越集中,黎朋所讲的群众运动现象确实经常可以见到,于是研究城市社会的社会学家需要了解群众行为;资本主义工商业日趋发达,工人的管理已摆到议事日程上来了,劳资双方的纠纷亦更加频繁,因此企业家也需要了解群众行为;在资本主义国家民主的口号下,公众的态度与意见、社会的舆论等对于当时的政治局势确有一定的推动作用,因此政府官员和宣传部门也很需要了解群众行为。

(三)英国的本能心理学

这派理论的代表人物是英国心理学家麦独孤(1920年移居美国)。本能一向是心理学研究的重要内容,但是,用本能来解释社会心理现象则是从麦独孤开始的。

沿着其同胞达尔文的进化论路线,麦独孤探讨了个体行为的动力问题。麦独孤把他的社会心理学体系完全建立在本能的假设上,他认为人的本能会影响个人对社会的认识、兴趣、情操、行为等,本能可以组成一连串的社会心理特征,例如,个人宗教信仰是混合了好奇的本能、恐怖的本能等。他还认为人的本能是其行为和思想的动力,而人的本能是与生俱来、不学而会、不学而能的一种先天动力。人的本能都是根据一定的心理物理法则产生的,人类天生具有固定的神经系统,神经系统中先天通路包括传入部分(感受)、中枢部分(情感)、传出部分(运动),因此意识中所发生的一切都直接依赖于这些先天的本能。本能的内部表现主要是情感,也就是说,本能与情感之间的联系是固定的,每一种本能活动必然联系着相应的情感。

麦独孤指出,人们的社会行为是由一连串的本能所组成的,而本能又会影响个人对社会的认识、兴趣、情操等行为。具体而言,每种本能都有与之相对应的情感,由情感结合而发展起来的是情操,当情操加上后天以一定对象为中心而形成理想观念,便产生能控制行为的意志力。如他说,国家的危亡引起惧怕;国家的耻辱引起愤怒;国家的光荣引起自豪;国家的亲切引起爱护。而这些惧怕、愤怒、自豪、爱护等情感都是跟避害本能、争斗本能、自夸本能及亲爱本能等密切关联的。正是这些本能及相应的多种情绪,跟国家这个对象的观念联合在一起,就形成了爱国的情操和态度,成为驱策我们产生爱国行为的动机。总之,麦独孤认为,人的本能可以产生出人类社会的全部生活和全部行为,个人生下来只是具有许多本能,后来这些本能在社会影响下得以发展,因此他认为要了解人格的发展与变化,必须先了解其本能。

麦独孤的《社会心理学导论》一书出版后,一时名声大噪,一些社会科学家和社会心理学家都以他的本能心理学理论作为阐述人类行为的根据,后来的心理学家桑代克、杜威(J. Dewey)等都曾支持过麦独孤的本能论,认为社会心理学与本能有密切关系。麦独孤的本能论在20世纪20年代对社会心理学的影响虽大,但其生物还原主义观点也遭到另一些心理学家的反对。他们认为,本能在社会生活中并不占重要地位。他们指出,决定行为目的并为行为提供动力的乃是社会环境;他们还认为麦独孤的本能论不全面、不完整,甚至含糊不清。

专栏 3 - 4

麦独孤

麦独孤(1871—1938)是苏格兰人,受医学教育于英国剑桥大学和伦敦圣托马斯医院,并留学于哥廷根大学,与穆勒合作共事,回国后任剑桥圣约翰学院研究员(1898—1904),伦敦大学精神哲学讲读(1904—1920)。世界大战时,从事于心理医学的工作。因闵斯德伯格死于1916年,使哈佛大学心理学教授出缺,故1920年邀请麦独孤充任。他于1927年改任杜克大学教授,1938年去世。

奠定了麦独孤学术地位的是他写于1908年的《社会心理学导论》一书。全书从头至尾都以本能为原理并加以发挥,他的社会心理学体系完全是建立在他的本能概念的假设上的。书中一共列出了12种本能,每种本能都联系着先天的情感:

麦独孤

1. 避害本能——惧怕情感；　2. 争斗本能——愤怒情感；

3. 拒绝本能——厌恶情感；　4. 哺育本能——母爱情感；

5. 求偶本能——嫉妒情感；　6. 求新本能——好奇情感；

7. 服从本能——自卑情感；　8. 支配本能——自负情感；

9. 群居本能——怕孤独情感；　10. 求食本能——食欲情感；

11. 收集本能——占有欲情感；　12. 构造本能——创造欲情感。

麦独孤反对正统的实验心理学，认为心理学应该研究人类的行为；但他又反对华生的行为主义，肯定"心灵"的假说，认为人和动物的行为都是有目的的，并提出了行为的七个标志以区分他所说的目的行为和华生的机械反射。同时，他又将人的行为归于本能。麦独孤的思想影响了新行为主义思想的发展，他的目的心理学思想就是为托尔曼（E. C. Tolman）所倡导的目的行为主义思想张本。

我国著名的心理学家郭任远就是麦独孤本能论的竭力反对者之一。麦独孤于 1920 年应邀前往美国哈佛大学讲学，宣扬其本能学说，影响很大。郭任远却公然提出反对本能的主张，当时哲学和心理学界为之震撼，由此开创了就本能问题展开论战的局面。郭任远写了《本能与习惯的雷同》、《本能与欲望》、《废去本能心理学》等几篇论文，认为麦独孤的本能心理学是从"安乐椅"中玄想出来的产物。麦独孤于 1921—1922 年在《变态与社会心理学杂志》上进行了答辩（胡寄南，1985）。

1932 年，麦独孤放弃了"本能"这一名词，改头换面，采用"行为倾向"这一新的词汇来代替它，并进一步提出了人有 18 种行为倾向，其内容与他提出的 12 种本能基本雷同。

虽然如此，麦独孤对社会心理学应研究在社会情境下个体的社会心理与社会行为的主张以及其他的一些论述，对社会心理学还是有所影响的。现在虽然不用"本能"一词，也不用"行为倾向"一词，但社会心理学领域中如愿望、需要、动机等概念，仍然是十分重要的，这些概念与本能概念的关系非常密切，从麦独孤的观点看，也可以说它们都是由本能引起的。但用不学而能的本能来解释人们的全部行为，显然是站不住脚的。

第三节　现代社会心理学的确立

虽然在社会经验论阶段，社会心理学就已经作为一门独立的学科宣布了它的诞生，但它还带有明显的思辨和抽象性质，是一门描述性较强的学科。从 20 世纪 20 年代开始，伴随着各种实证手段的运用，社会心理学完成了其在整个发展历史上最具革命意义的伟大转折，大踏步地走向科学。这是社会心理学的确立阶段，也是实验社会心理学的建立阶段，即所谓的"社会分析阶段"，其具体特征为：由描述转变为实证，从定性转变为定量，从理论转变为应用，从大群体分析转变为小群体和个体研究，并从普遍论转变为特殊论。从此，社会心理学进入了一个崭新的阶段，获得空前稳步的发展。

一、社会心理学的早期实验与实验社会心理学的创立

自 19 世纪末到 20 世纪 20—30 年代,许多社会心理学家致力于团体对个人行为影响的研究。最早进行这方面研究的是特里普利特(N. Triolett)。1897 年,他在《美国心理学杂志》上首次发表了一份社会心理学的实验报告,对骑自行车人的单独行驶、陪伴行驶以及竞赛的速度进行了测量和对比研究,发现个人单独骑自行车的速度要比一群人一起骑自行车慢 20%。后来,他又以一群 10 至 12 岁的儿童为实验对象,内容是卷线,发现团体卷线比单独工作的效率要高 10%。他根据这两个实验结果得出结论:团体工作效率远比个人工作效率高。他第一次表明社会现象可以通过实验方法进行研究。然而,他只是肯定了这一社会心理现象,并未分析其心理原因,忽视了人们行为的情绪因素和动机因素。

心理学家梅奥(Elton Mayo)在学校教育领域内进行有关研究,他观察学生在家庭内做作业和学校内做作业有无差别。结果表明,学校内群体作业,学生对背诵诗歌、作文、数学等方面的学习,远比在家中单独做作业有效。

德国人莫德(W. Moede)于 1920 年在德国莱比锡出版《实验群体心理学》小册子,发表了他早在 1913 年进行的群体实验的结果。实验内容是测定耐痛阈、辨别声音的能力、注意的稳定性、计算能力、用手紧握测力机的强度等多项内容。每项内容都先后测定多次,第一次是一个被试单独接受测定,第二次增加一个被试,第三次又增加一个被试,一直增加到 8 个被试同时接受测定,结果测定成绩都表现出明显的差异。他在实验中还发现,被试对群体的态度表现出不同的类型——积极的、消极的、中间的;群体对个人在认识方面的影响要小于情绪、动作、意志等方面的影响。也就是说,人们的认识受群体影响不大,而情绪、动作、意志受团体影响很大。他还发现,由于人们对于群体的态度不同,因此在心理方面也有不同的变化。如他在 1914 年所作的竞赛中的群体效应实验:17 个儿童被试,先测得其个人拍球速度与成绩,然后置于团体比赛的情境中,发现其中 9 个成绩差者出现增量,原来成绩优者出现减量。研究者认为,前者是由于团体中受他人速度加快的影响而产生的社会助长作用,后者是由于缺乏对手和态度松弛所致。为了证明这一设想,他把成绩优者抽出来另组团体进行比赛,结果出现了明显的社会增量,于是他认为态度是影响社会助长作用的一个重要变量。

受前述研究者的影响,美国心理学家 F·H·奥尔波特在 1916—1919 年间进行了一系列有关"社会促进"的实验,通过系列实验他得出:合作群体中存在的社会刺激,会使个人工作在速度和数量方面有所增加。这一增进在涉及外部物理运动的工作中要比纯智力工作中表现得更为突出。当涉及较为复杂的推理过程时,群体中一般虽也可增量,但却会减质。他还指出,社会促进还受个体差异的影响,与年龄、能力、性格等特征有关。而更有意义的是,F·H·奥尔波特总结了自己的研究成果,于 1924 年发表了《社会心理学》一书。该书使这些实验方法及其成果第一次可以普遍地为人利用,并迅速统治了美国社会心理学。从此,学者们把社会心理学看成为一门实验的科学,F·H·奥尔波特的《社会心理学》亦成为实验社会心理学的经典著作。到 1937 年,G·墨菲(G. Murphy)和

L·B·墨菲又把当时通过实验室实验法与有控制的观察法等对社会心理学所作的许多研究汇集起来,出版了《实验社会心理学》,从而大大推动社会心理学向更科学化的方向前进。

二、实验社会心理学的发展

F·H·奥尔波特所引进的实验方法和某种程度上由他对社会心理学研究对象的界定(社会心理学是关于个体的社会行为和社会意识的研究)所激起的小群体和个体研究的热潮,在20世纪二三十年代构成了社会心理学发展的主导趋势。而且,这一时期,世界经济的萧条和社会的动荡不安,引起了社会心理学家对领导、舆论、谣言、种族关系和价值冲突等问题的重视,并加以研究,使得社会心理学的研究也进一步涉及社会问题。

这时期的代表人物是美国心理学家谢利夫和德国心理学家勒温。谢利夫于1935年开始,在实验室中用似动错觉的内容研究社会规范的形成。通过实验他发现,人们的认识受到以往的学习和现在的态度的影响,但在群体中却主要受制于群体认识的影响。这一实验是以后阿希的从众行为研究和米尔格拉姆的服从行为研究的先导。

一般认为,对社会心理学贡献更大的,是20世纪30年代后期从德国移居美国的犹太学者勒温在群体动力学方面所作的研究。勒温从自己所受的种族歧视中产生了强烈的改造社会的愿望,他对群体的形成、群体中的人际关系、群体内聚力、领导方式、领导决策等方面进行了系统的研究。勒温认为,群体是一个整体,具有自己的特点,只有根据群体所处的环境和当时的时代精神,才能理解群体的动力。研究表明,群体的内聚力受领导方式的影响较大,而民主气氛可促使群体更富有内聚力和创造力。在此基础上形成的群体动力学理论至今仍对现代社会心理学产生着重要的影响。

在 20 世纪 40 年代,社会心理学受到第二次世界大战的影响,研究的课题都倾向于信仰、偏见、劝导和宣传问题。例如,研究为什么会把一个先进的现代化的德国变成黑暗的地狱;为什么只是宗教与种族的原因就使几百万犹太人惨遭屠杀;也有人研究个体具有哪些人格特征容易接受法西斯主义或类似的思想。

20 世纪 50 年代,社会心理学研究的范围扩展到人们社会交际的形式以及各种人格特征对社会行为的影响,其中最有代表性的是美国的费斯廷格(L. Festinger)创立并以实验证明的认知失调理论,认为人们的认知因素之间失调后就会使人不安,因此就要设法使失调变为协调,从而解除不安。这种理论对于态度改变具有重要意义,成为后来的社会心理学研究的重要课题。

至 20 世纪 60 年代以后,社会心理学得到了充分的发展,其研究范围又进一步扩大了,几乎涉及人们社会行为的各个方面,形成了比较完整的科学体系和众多的分支学科,在社会生活中起着越来越大的作用。由于社会心理学研究资料的积累已飞速增长,理论体系也不断地建立与发展,学科对象也逐渐明确,终于在学术界占有一定的地位。

实验社会心理学的建立和发展,使社会心理学对于它的研究对象从哲学的思辨和经验的描述一跃而为科学的分析,使之摆脱了空谈和臆想,有可能借鉴某些自然科学的严谨方法,以获得有关实际社会问题的可靠知识,所以确实具有划时代的作用。但是,随着现代社会心理学的迅猛发展,当作为社会心理学"现代性"重要标志的实证主义和与之密切相连的实验主义被推崇之至,成为这一学科占主导地位的甚至是唯一的研究取向的时候,危机也就潜伏其中了。

实证主义在现代社会心理学中的盛行,直接造成了两大相互联系的恶果:一是对研究方法与技术手段的过分崇拜;另一个是对理论研究和理论综合的极端轻视。G·W·奥尔波特在其为《社会心理学手册》所撰写的卷首论文《现代社会心理学的历史背景》中就曾指出:"由孔德(August Comte)倡导的实证主义的出现,已经导致了一种本质上的非理论化的倾向,结果,在报纸、杂志和教科书中塞满了特殊的和个别的调查研究,而理论的兴趣却被降到最低程度。"这就不可避免地造成"目前的一些研究似乎停滞在对琐屑工作的悉心修饰上——经验主义的零敲碎打,除此之外没有任何再多的东西"。虽其如此,这种倾向还是愈演愈烈,整个文献中都充满了除了能证明研究者技术高超外,什么都不能证明的研究,甚至"谁要是仍然对理论感兴趣,谁就要甘冒风险,引起别人对自己专业知识的怀疑"。这种"对方法的刻意追求不仅对每个研究者的工作会造成不良影响,而且对这门学科的整个体系也有消极影响。社会心理学已经变成了根据方法界限而不是实质问题来划分的学科"(Cartwright,1979)。这种偏颇自然使得整个社会心理学缺乏理论综合,也就无法对涉及人类社会发展和人的行为本质的一般性问题作出较为合理的解释。

实证主义

实证主义(positivism)是强调感觉经验、排斥形而上学传统的西方哲学派别。又称实证哲学。它产生于 19 世纪 30—40 年代的法国和英国，由法国哲学家、社会学鼻祖孔德等提出。1830 年开始陆续出版的孔德的 6 卷本《实证哲学教程》是实证主义形成的标志。以孔德为代表的实证主义称为老实证主义，20 世纪盛极一时的逻辑实证主义称为新实证主义。

实证主义的基本特征：将哲学的任务归结为现象研究，以现象论观点为出发点，拒绝通过理性把握感觉材料，认为通过对现象的归纳就可以得到科学定律。它把处理哲学与科学的关系作为其理论的中心问题，并力图将哲学溶解于科学之中。

实证主义的影响：实证主义不仅对哲学而且对整个社会科学均产生了深刻影响，孔德所创立的实证主义社会学，在其后的一个半世纪是西方社会学的主流。

而实验法及由其而衍生的"唯实验才科学"的实验主义某种程度上是实证主义在现代社会心理学中的具体体现，比较典型的如肖和康斯坦佐(1982)认为：只有在控制条件下进行的实验室中的社会心理学研究，才是"科学的"社会心理学。但实验法，特别是实验室实验，具有天然的局限，特别是难以对丰富而复杂的社会历史过程加以再现或是模拟，这就割裂了社会心理学研究同现实社会的联系，使得社会心理学的研究结果与社会现实极端脱离，无法解释更不用说去预防诸多社会问题的出现，就像 G·墨菲(1972)曾一针见血地指出的那样："从实验室中的'社会助长'问题研究到理解校园内的动乱或国际间的仇恨还有很长一段距离。"实验法带来的另一弊端是造成了"价值中立"或"文化中立"的假象，许多研究者认为通过价值无涉的实证方法可以逐渐地加深对人类心理和行为的认识，最终完全可以形成一套在价值上保持中立的、可靠的、超越时间、超越历史、超越文化，可以应用于所有的人类群体和社会的普遍真理，以致学者们极易忽视意识形态、价值观、文化背景及个人爱好对研究工作的影响，反倒使许多研究离科学性和客观性更远。

另外，罗森塔尔(Mark Moiseevich Rozentali)所主持的一系列研究表明，实验中存在着实验者(包括教师)的期望效应；而奥恩则发现了社会心理学实验中存在"需求特征"，或者说"成为好被试的角色扮演"。他们的研究从社会心理学内部对实验的有效性提出质疑。还有普遍增长的对伦理问题的关注，也引发有关社会心理研究尤其是实验研究的伦理争论。而当时广泛的西方社会动乱(如巴黎五月风暴、越南战争、种族冲突)的背景下兴起的学生激进运动，更暴露出社会心理学家面对社会现实时的手足无措和无能为力，"社会工程师"的自信心及公众的期望降到了最低点，使得以美国为代表的现代社会心理学在 20 世纪 60 年代末陷入前所未有的危机，而由此引发的怀疑、批判、反省和争辩，也可以说是现代社会心理学发展的一副清醒剂，促使社会心理学自我完善，愈趋成熟。

第四节　社会心理学的发展

社会心理学确立之后,在世界范围内得到进一步的发展。但不同国家和地域,由于其历史、社会等方面的原因,分别表现出不同的特点,也为社会心理学的发展作出了不同的贡献。

一、美国社会心理学

卡特莱特(Cartwright,1979年)曾经指出,在社会心理学的发展史中,如要列出影响最大的一个人物,那肯定是希特勒。希特勒的上台以及他所导致的国际社会动乱,对美国社会心理学有两大直接影响。第一,纳粹的排犹政策,导致大批天才学者群体的跨国转移。因为勒温、海德尔等杰出学者的加盟,美国社会心理学中行为主义的霸主地位开始瓦解,一种认知主义的研究框架和路径开始产生革命性的影响,由此形成了当代社会心理学的主流形态;第二,战争环境,为社会心理学者和其他社会科学学者提供了独一无二的社会实验室和研究场景,社会心理学者开始获得"社会工程师"的社会角色。

现代社会心理学的思想经过20世纪初和20世纪三四十年代两次迁徙(后一次是包括思想和产生这些思想的思想家的一次彻底的迁徙),在美国扎根下来并得到迅猛的发展,而且形成了与美国精神相契合的鲜明特色。美国由此成了主流社会心理学的发展基地,其影响绵延至今。

在美国,许多大学的心理学系和相关系科都开设社会心理学课程。根据近期一项对美国排名前五位的心理学系所的专业分布分析来看,社会心理学与认知心理学、发展心理学是每个单位都设立的专业,显然是当今心理学的主干学科(张侃,2002)。美国社会心理学的专业队伍也十分庞大,根据美国心理学学会(APA)官方网站公布的最新信息,作为其第8分支,人格与社会心理学专业委员会(SPSP)已经拥有4500多会员,是世界上最大的社会和人格心理学家的组织(Brenda N. Major,2006)。美国还拥有一批享有盛誉的社会心理学家,出版了许多社会心理学专著。比如,《社会心理学手册》于1954年初版后,又于1968年、1985年、1998年和2010年分别二版、三版、四版、五版,它涵盖特定时期社会心理学在学科历史认同、理论建构、方法体系、研究主题和未来趋势方面的最新进展,已经成为主流社会心理学发展的最为权威的晴雨表。美国的许多社会心理学家同学校、精神病院、工矿企业和家庭都建立了密切的联系,开展了大量的研究工作,并取得了不少成果。

美国社会心理学不仅在国内有很大影响,而且在国外的影响也很广泛,特别是第二次世界大战以后,随着美国政治、经济、文化的扩展,社会心理学的理论和方法也向英、法、日、中等许多国家输出。

美国社会心理学的主要取向是心理学的社会心理学,在研究方法上主要有以下特点:

（一）实证主义和实用主义的哲学基础

专栏 3 - 7

实用主义

实用主义（Pragmatism）是从希腊词 πραγμα（行动）派生出来的。产生于 19 世纪 70 年代的现代哲学派别，在 20 世纪的美国成为一种主流思潮。对法律、政治、教育、社会、宗教和艺术的研究产生了很大的影响。实用主义认为，当代哲学产生两种主要分歧，一种是理性主义者，是唯心的、柔性重感情的、理智的、乐观的、有宗教信仰和相信意志自由的；另一种是经验主义者，是唯物的、刚性不动感情的、凭感觉的、悲观的、无宗教信仰和相信因果关系的。实用主义则是要在上述两者之间找出一条中间道路来，是"经验主义思想方法与人类的比较具有宗教性需要的适当的调和者"。实用主义的思想来源可以追溯到古典西方哲学中柏克莱、休谟和康德的主观唯心主义。对实用主义发生直接影响的是孔德的实证主义，马赫的经验批判主义，叔本华的意志主义和柏格森的生命哲学。实用主义方法论有两个重要特点：一是功利主义；二是唯名主义。代表人物有詹姆斯和杜威。

美国是实验社会心理学的发源地。1897 年，特里普利特在《美国心理学杂志》上首次发表题为"设标和竞争中的动力发生因素"的社会心理学实验报告，由此，这一年被称为美国社会心理学的诞生之年。1924 年 F·H·奥尔波特出版的著作，更是整个现代社会心理学确立的标志。从中不难看出实证主义的思想根基。但实证主义的方法论原则要求尊重精确的材料，对材料的数据进行统计处理，以严格建立并检验所提出的假设，这就必然会导致重视实验室实验的研究方法而忽视在自然条件下研究人的社会行为、重视研究人们行为的形式而不重视研究人们行为本质的倾向。而美国本土所流行的是实用主义哲学，它最大的特点就是讲求实际效用，不喜欢高度抽象和思辨的概念，强调"效用"是衡量理论、价值、真假的标准，推崇有用即真理，真理即有用的真理观。极端的实用主义倾向，使美国社会心理学研究明确地指向实际的社会需要，社会心理学家担负着"社会工程师"的光荣使命和神圣职责，也曾推动学科的繁荣发展。如二战期间和战后几年，为了适应战争的需要，一大批美国社会心理学家，和其他学者一起被政府招募，受军方资助，投入到一系列与战争有关的社会问题的研究中。研究项目涉及人员管理和士兵招募、敌方和己方士兵的士气和调控、宣传战和心理战、德国和日本的民族性格、战略轰炸对敌方的影响等（Herman，1996）。其中，具代表性的有斯托弗（Stouffer）的美国士兵研究（1949—1950），霍夫兰（Hovland）的劝说和沟通研究（1949）和阿多诺（Adorno）的权威人格研究（1950）等。不过，基于实验室研究得出的成果在面对纷繁复杂的社会现实的时候，往往还是显得力不从心。而且，过分注重实用，也限制了美国社会心理学家在基础理论方面的研究和贡献。

（二）采用现代最新技术

美国社会心理学的基本研究方法是实验室实验，在实验过程中往往会采用最新科技成就记录、搜集并加工资料。他们善于把科学成果及时、有效地应用于实际工作中,故美国的研究方法在其他国家中享有很高声望。苏联的社会心理学虽然始终坚持批判美国的社会心理学理论和方法论,但并不否认它所取得的成就,而且主张在自己的研究中要采用和借鉴美国某些具体的研究方法和技术。

(三)心理学化的研究倾向

近年来,美国社会心理学越来越"心理学化"。"心理学化"亦称"非社会化"。有人统计,美国社会心理学所取得的资料有 97% 是通过实验室的研究获得的,而且大多数被试是大学生,这就使得人们怀疑所获得的实验资料的科学性与普遍性,所以遭到国内外学者的批评。如罗森塔尔(Rosenthal, 1969)注意到:人类的行为科学仍局限于以二年级大学生作为被试,他们/她们一方面在心理学课程中注册,另一方面作为志愿者参与实验研究。很显然大学生被试作为一个样组并不能指征整个人类群体,或者说他们/她们并不具有代表性。因此,以之为对象的实验发现及结果的社会心理学理论也没有多少代表性。瑞特纳(Riterner, 1991)指出,社会心理学有把社会问题摒弃于心理学门外而趋向于非社会化的倾向,包括名称形式的先天论和生物简化论、机械认知模式、人际互动和群体过程的抽象描述等,从而把心理现象和具体社会生活割裂开来。巴-塔尔(Bar-Tal, 1988)等认为,用实验室方法研究社会心理现象是有缺陷的,它无法形成社会行为的普遍规律,因为社会行为与文化有广泛的联系,而实验室无法完全建立真实生活的复杂结构,无法完全控制被试的因素。贾斯珀斯(Jaspers, 1988)指出,"我们看到社会心理学有一个广泛的研究领域和一系列的研究课题,但是,我们却在使用实验室的方法把社会心理学的任务限制在很窄的范围内,企图获得科学的结论","现在,通过重新考虑真实社会问题,社会心理学有可能作为一门社会科学而获得研究成果"。一些社会心理学家(Pepitone, 1986; Steiner, 1974; Cartwright, 1979)观察到社会心理学自身越来越非社会化。他们发现在 20 世纪二三十年代社会心理学主要研究小群体、组织化过程、态度的社会影响等,而现在却趋向于研究一些特有的认知模式(如归因、吸引)以及囚犯困境游戏等。

专栏 3 - 8

美国 20 世纪 30 到 50 年代的研究

美国在 20 世纪 30 到 50 年代集中关注的是态度和态度测量的研究,认为态度是构成行为基础的一个复杂结构,这种结构导致了人们的趋避行为。第二次世界大战前,人们关注态度的测量,战后关注态度的改变。20 世纪 20 年代中期,博格达斯的社会距离量表率先亮相,而后各种态度测量有关的技术、理论和方法纷纷出现,在持续发展的 30 年中,出现了许多很有代表性和影响的测量理论和技术。主要有瑟斯顿量表、李凯尔特量表、博格达斯社会距离量表、古特门的渐增累加测量技术、语义差异量表等。

(四)忽略普遍理论的研究

美国一般的社会学科都不太重视理论研究,否定"大"理论。早在 20 世纪 40 年代,美国社会学家莫顿提出所谓"中等效力范围理论"(middle range theory)，认为在社会学中去探索人们的一般行为及共同规律是徒劳的，而在理论上描写个别方面和某一领域倒是较为有用的。根据他的建议，美国在50年代制定了一系列具体的社会学理论，如"家庭社会学"、"城市社会学"、"农村社会学"、"青年社会学"、"教育社会学"等等。

对中等效力范围论，美国社会心理学界十分欣赏并颇感兴趣。他们在中等效力范围内也提出了一些理论，如"认知失调理论"、"竞争和合作理论"、"归因理论"等等。

近年来，美国社会心理学界要求重视理论研究的呼声日益高涨，认为建立理论是社会心理学最重要的任务。因此，自20世纪六七十年代开始，就有一批学者专门探讨社会心理学的理论问题。例如，阿希研究从众理论、费斯廷格研究认知失调理论、拉坦内研究社会影响理论等。

总的说来，美国社会心理学处于世界各国的领先地位。美国社会心理学家斯奈德(1983)在其所著《社会心理学》一书中肯定了它的积极方面，认为它有助于人们了解社会生活中一系列重要的社会现象，为实际应用提供条件。美国社会心理学的一些研究方法与技术有助于直接应用于社会生活之中；美国社会心理学的各个分支对他们的具体领域都有实际的应用价值。第二次世界大战后，美国社会心理学研究有四种浪潮(Festinger,1980)：①个人态度调查(Campbell，1947)；②社会影响——社会说服、社会沟通(Hovland，1949)；③权威人格(Adorno，1950)；④群体动力学(Lippitt，1949)，这些研究都有实际意义。

但在美国，人们对于社会心理学的作用期望太高，一些社会心理学者对社会心理学作用的估计也偏高。例如，20世纪60年代末至70年代中期，美国社会心理学曾发生过一场危机。由于60年代的美国社会动荡不安，学生运动、妇女解放运动风起云涌，在这种形势下，社会心理学显得无能为力，无法解决上述矛盾，因而引起社会各界人士的不满。对这些，社会心理学家纷纷著文发表各种意见，开展了一场大辩论，有的指出，美国社会心理学应用性不强，必须加强应用研究；有的指出，社会心理学太偏重于实验室实验，不易解决实际问题；有的指出，社会心理学忽视作为社会一员的个人和社会的统一，而以个人为中心的社会心理学是无法解决日常的社会心理学问题的，等等。危机给了美国社会心理学家深刻的教训，他们认识到"要建立真正的社会心理学，就必须改弦更张，把当前这种抽象社会活动的研究改变成为对社会关系的具体研究"。其实，社会问题是复杂的，其中既有心理因素，又有政治因素、思想因素，也有经济因素、文化因素，还有民族因素等，想要依靠社会心理学单枪匹马来解决社会问题是根本不可能的。

二、欧洲社会心理学

欧洲是现代社会心理学的策源地，德国、英国、法国和意大利的学者为现代社会心理学的早期理论的形成都作出过巨大贡献。但第二次世界大战之后，世界社会心理学由美国占据霸主地位。欧洲的社会心理学也变成"美国殖民化"的社会心理学。

20世纪60年代中期，这种状况开始有所变化。一批欧洲社会心理学家提出了建立欧洲社会心理学的主张。1963年，欧洲各国在美国社会心理学家费斯廷格的倡议以及美国社会研究委员会的支持与资助下,成立了欧洲社会心理学协会。参加协会的有英国、法国、前联邦德国、瑞典、丹麦、挪威、瑞士以及波兰等国的社会心理学家。协会的成立对于推动欧洲社会心理学的研究,形成欧洲社会心理学纲领,起着积极作用。

欧洲社会心理学家充分认识到美国社会心理学对他们的影响太深,长期以来都是模仿美国的。他们力图使自己从这一影响中摆脱出来,20 世纪 60 年代末,重建与欧洲现实相对应且与美国不同的欧洲社会心理学本土化运动开始了。其最初实践上的成果是于 1969 年成立了"欧洲实验社会心理学协会";1971 年创办了《欧洲社会心理学杂志》,并于同年开始发行《欧洲社会心理学专著》;随后不久又创立了"欧洲社会心理学实验室"。

自从欧洲实验社会心理学协会成立以后,欧洲社会心理学家主张重新考虑社会心理学的理论和方法论的基础问题,对美国社会心理学持批判态度,对其理论与方法提出了挑战。英国、法国的一些社会心理学家指出:在追随美国实验科学的传统和探索新的理论与新的原则之间,他们选择后者。他们的研究与美国有差别:美国社会心理学首先注意研究社会一致的过程;欧洲学者力图表现出不同于美国的研究风格与倾向,他们对于社会的变化问题更感兴趣;在方法上虽然模仿美国,但在理论上要求作新的探索,反对美国以实验为主的社会心理学,主张理论要多些,实验要少些。

经过 40 多年的不懈努力,欧洲的社会心理学在研究视角、研究方法以及理论创新方面都有了自己的特点。以 2001 年出版的欧洲《社会心理学手册》为标志,欧洲社会心理学已成功地解构美国社会心理学的霸权地位,并和美国社会心理学一起成为当今世界社会心理学的主流。欧洲社会心理学家的主要论点如下:

(一) 以解决社会问题为目标

他们认为,美国社会心理学的成就不在于它的方法和理论的精巧,而是因为它能面对美国的社会问题,因此,欧洲社会心理学也应当面对自己的社会问题。例如,主张应从社会学角度来研究社会心理学问题,不应把社会心理学看成为心理学的一个分支,否则就会阻碍它去接近社会问题。社会心理学需要更新,以便使自己成为研究社会活动的本质过程的科学。又如,认为社会心理学应该主要研究"社会的各种变化"问题,分析社会变化的心理历程、分析个体意识对这一变化的反映、分析在社会变化基础上个体行为的变化等等。总之,对于社会行为,社会心理学应该具有其本身的观点。这就是说,欧洲社会心理学家更注重社会行为以及社会联系,如研究偏见、从众(Moscovici, 1986; Hewstone, 1988)等问题。特季夫(Tajfel, 1981)指出,社会心理学可以而且必须在它预定的理论和研究模式里,直接注意人类心理功能和客观社会过程之间的关系。

相对来说,欧洲社会心理学家对社会心理学的作用估计比较高。他们认为,美国社会心理学的缺点和弱点是无助于回答社会发展中提出来的一些尖锐问题。其中突出的例子是,面对美国社会在 20 世纪 60 年代末掀起的左派激进学生运动,社会心理学显得一筹莫展,欧洲社会心理学家认为,这恰是美国社会心理学所要解决的问题。

(二) 重视理论研究

他们认为,传统的社会心理学的实验方法不是不适用,而是仅在实验研究的平面上看不到所研究的问题和社会各个方面有什么联系,所以应该重视理论研究。但是这种理论不应该是实证主义的认识论,它把"材料"绝对化,把实验看作是"科学的最高标准",如按照实证论的框框来解释事实,将导致对理论知识的严重估计不足。只要实证论的认识方法占统治地位,那么社会心理学的理论发展就不能前进。这就是说,他们认为理论研究不能以实验室研究为基础,而应在研究社会问题的过程中建立起自己的理论。然而,正如豪斯顿(Houston, 1988)所指出的:欧洲的社会心理学研究受美国的影响太深,上述特征不能很明显地引起人们的注意。

正是在对美国主流社会心理学研究定向的批评和反省中,欧洲社会心理学开始逐步构建自己独特的研究方法和技术,即修辞学和语句分析的方法。1971 年到 1980 年间,欧洲社会心理学研究者关注社会影响和群人际关系。和美国的研究者不同的是,欧洲的研究者更加注重社会背景,追求理论和云理论的构建。其代表人物是莫斯科维奇(S. Moscovici)等人,他们所开创的社会影响研究,关注群体创新和社会变迁,以及少数人的影响力,所以人们称其为群体创新理论。而特季夫(H. Tajfel)则致力于群际过程和群体过程现象的研究,如偏见、歧视、刻板印象、群体成员资格和群体凝聚力,并建构了社会认同论。

20 世纪 80 年代后的欧洲社会心理学的研究,更加关注认知和行为的社会、文化决定因素,更加关注在群体基础上研究群际关系、社会认同和社会影响。90 年代以后,欧洲社会心理学独特的社会关怀,诸如社会认同论、群体创新论等社会心理学理论,已经融入到美国当代社会心理学的研究中,社会表征论也开始对美国心理学产生了重要的影响。

尽管这样,欧洲社会心理学家致力于社会问题的研究,注重学科理论的研究,这些主张无疑是有益的,但社会心理学通过上述研究来有效地解决重大的社会问题,恐怕还有许多困难。

专栏 3－9

苏联社会心理学

苏联社会心理学在欧洲社会心理学中有重要的地位,早在十月革命之前,俄国学者就已经进行社会心理学的研究。十月革命之后不久,别赫捷列夫发表了一本带有明显的机械主义和生物学化倾向的社会心理学专著《集体反射学》。但在 20 世纪 30 年代,由于被指是"资产阶级的伪科学",是"为反动派服务的",社会心理学作为一个独立的学科在苏联销声匿迹了近 30 年。直到 1959 年 7 月举办的苏联心理学第一届代表大会上,还没有专门的研究社会心理学的文章以及有关问题的讨论。

20 世纪 60 年代初,苏联科学院、医学科学院、教育科学院和高等教育部等单位,联合召开"讨论高级神经活动生理学和心理学的哲学问题"会议,会议总结了 50 年代以来的工作经验与问题,指出了研究社会心理学的必要性。从此,苏联心理学界对社会心理学的态度发生了急剧的转变:在 1963 年苏联心理学第二届代表大会上,学者对社会心理学的一些基本问题进行了讨论;1968 年,列宁格勒大学成立了全苏第一个社会心理学教研室;1972 年,莫斯科大学也建立了社会心理学教研室;1977 年莫斯科召开的苏联第五届心理学大会期间,举行了有关社会心理学的专题讨论会,会议材料汇编成册,收录了近二百五十篇报告、论文和实验研究材料。其他各种社会心理学著作、论文集、研究报告也大批出版。与此同时，苏联的研究者还活跃在国际有关社会心理学的许多专题研讨会上，积极参与并提交了大量的有关社会心理学的研究报告。进入 80 年代，随着苏联政治与社会生活的进一步开放和民主化，社会心理学的理论与应用研究都获得了新的推进与发展，主要特点如下：

1. 与政治的关系非常密切

苏联的所有社会学科与政治的关系都很密切，社会心理学同样如此。苏联心理学机关刊物《心理学问题》社论曾指出：社会心理学必须"解决重大的生产任务和社会任务"。所以，苏联社会心理学的研究方向、研究的具体课题都必须为当时的社会政治服务。

2. 重视理论建设

由于本国的社会心理学形成较晚而西方社会心理学的传统在国际上影响较深，苏联社会心理学者从本国实际出发，努力进行理论建设。

20 世纪 60 年代以后，他们讨论了一系列基本理论问题：关于社会心理学的对象问题，即社会心理学应该研究哪些问题，研究哪些社会心理现象；关于社会心理学与其他学科的关系问题，即与社会学、与普通心理学等学科的关系以及在研究对象上的差别；关于社会心理学的方法论问题等。另外，他们极为重视关于"交往"问题的讨论，即交往在社会心理学中的作用与地位问题。苏联社会心理学界一些有影响的学者，像洛莫夫、肖洛霍娃、彼得罗夫斯基、安德列耶娃等，都从事于社会心理学的理论建设。

3. 重视解决社会现实问题

社会中存在的各种矛盾，也促进了社会心理学的发展。例如，领导作风问题、群众情绪问题、婚姻与家庭问题、犯罪问题、男女关系问题、邻里纠纷问题等，都对社会心理学提出要求，从而促使其发展。

4. 在群体心理研究方面颇有成就

苏联社会心理学家非常重视群体的研究，并以自己独特的视角和方法丰富了这方面的研究成果。他们既注重宏观环境（大群体）的社会心理现象，如阶级心理、群众心理、民族心理等问题；也注重微观环境（小群体），如家庭、学校以及社会团体的社会心理现象；他们还关注人的个性的社会心理现象，即从其与群体的相互关系这一角度来研究个性特点。其中，特别是对群体发展的最高阶段——"集体"的心理特点问题的研究，尤具自己的特色。Н·К·克鲁普斯卡娅、А·С·马卡连柯、К·К·普拉托诺夫、Е·С·库兹明、Л.И.乌曼斯基、Е·В·肖洛霍娃、А·В·彼德罗夫斯基等人都是在这方面有突出贡献的学者。

总体来讲，由于社会制度的差异，苏联在吸收西方尤其是美国社会心理学研究成果的同时，始终对后者抱着严肃的批判态度。早期的批判有较多教条，而近期的批判应该说较为公允。历史进入 20 世纪 90 年代，随着苏联的解体，俄国及独联体内其他国家的社会心理学家能否坚持自己的批判立场，发展出具有自己特色的社会心理学，成为了一个非常严峻的问题，甚至也会直接影响到之后世界范围内社会心理学的整体格局与发展。

三、中国社会心理学

由于历史的原因,中国大陆和港台有较长时间的隔绝,特别是在中国大陆社会心理学停顿的30年中,港台社会心理学却开始了自己的发展历程;而由于共同的文化渊源,两岸三地社会心理学研究者也必然拥有更多共同的研究旨趣与愿景。因此,要想全面了解中国社会心理学的状况,就要关注这几条有分别又有融合的研究脉络。

(一) 中国大陆的社会心理学

社会心理学思想在中国源远流长,从先秦诸子起,历代学者就相继提出了许多有关社会心理学的思想和观点。但作为一门学科,它是随着西方社会心理学的传入而在中国逐步发展起来的。与苏联相似,现代社会心理学在中国也走过一段曲折的道路。

作为一门学科,中国社会心理学是从20世纪20年代开始的。起初以介绍西方社会心理学为主,出版了一批译著,如黎朋的《群众心理学》、麦独孤的《社会心理学导论》以及F·H·奥尔波特的《社会心理学》等重要著作。随后,中国学者依据中国实际也相继开展了有关社会心理学问题的探讨。如张耀翔进行过民意测验、情绪测验、国人之迷信以及广告等项研究,陈鹤琴研究了婚姻问题,萧孝嵘等人研究了战时心理建设问题,等等。20世纪40—50年代,吴江霖、林传鼎、曾性初等分别对习俗中的J曲线分布、中国人的表情模式、奖惩的相对效果律等曾作专门研究,在国际上也产生了一定影响。这一时期,中国学者自己也编写了一些社会心理学著作,如陆志韦于1924年出版了中国第一本社会心理学专著《社会心理学新论》,此外还有陈东原的《群众心理ABC》(1929)、潘菽的《社会心理学基础》(1931)、高觉敷的《群众心理学》(1934)、张九如的《群众心理与群众领导》(1934)等。特别是1929年开始在中央大学教授社会心理学课程的社会学家孙本文,于1946年出版了大学教科书《社会心理学》。该书综合了世界社会心理学各种派别的学说,且兼及我国的优良传统,在某种程度上形成了自己系统一贯的体系。虽然因受美国社会学中心理主义的影响而过分强调人的心理因素的作用,但该著作是我国学者在20世纪上半叶的理论研究中取得的最高成就。

但从20世纪50年代起,在苏联否定社会心理学的思想影响下,中国大陆也否定了社会心理学,且停顿的时间更长。直到1979年5月31日,《光明日报》发表了王极盛的《建议开展社会心理学研究》的短文,预示着这门经历了30年不公正对待的学科即将获得新生。

1981年夏,北京心理学会首次举办了"社会心理学学术座谈会",来自全国各地的学者就社会心理学的对象、性质、方法等基本问题进行了初步探讨,强调要以辩证唯物主义为方法论原则,建设有中国特色的社会心理学。这是大陆社会心理学重建的重要标志。

1982年4月,"中国社会心理学研究会"在北京成立(1983年底在上海华东师范大学召开的学术讨论会上正式易名为"中国社会心理学会"),推举陈元晖为首届会长,并于第二年不定期发行《社会心理学简讯》,这标志着中国大陆社会心理学正式确立。

1982年12月10日,第五届全国人民代表大会第五次会议在其批准的《中华人民共和国国民经济和社会发展第六个五年计划(1981—1985)》中指出:"……社会心理学等,也要加强研究。"这一决定标志着中国政府对社会心理学学科的正式肯定,从而有力地推动了大陆社会心理学的重建与振兴。

20 世纪 80 年代起中国大陆社会心理学的发展大体经历了一个理论移植、组织建构和改造发展的过程。

1. 理论移植

中国社会心理学重建的第一步是有选择地引进西方的社会心理学基本概念和理论体系，主要方式是理论培训和内化。一方面邀请国内外的专家讲授社会心理学课程，举办社会心理学进修班和研讨班，进行社会心理学基础理论的普及。如 1982 年春，北京大学邀请广州师范学院教授吴江霖讲授社会心理学，这是自 1949 年之后社会心理学首次步入大学讲台；再比如 1983 年 9 月，为了更快地培养社会心理学的教学与科研人员，南开大学社会学系在孔令智教授主持下举办了首届社会心理学教师进修班，来自全国高校科研部门的 40 余人参加了学习；1984 年 9 月，社会学家费孝通教授与南开大学社会学系孔令智教授等人、社会心理学家吴江霖教授，分别于南开大学和广州师范学院招收全国首届社会心理学硕士研究生；1988 年，陈元晖教授又于中国社会科学院招收了首届博士研究生。另一方面，翻译、编译了一批社会心理学著作。如巴克（K. W. Back）的《社会心理学》（1984）、弗里德曼（J. F. Freedman）的《社会心理学》（1984）、安德列耶娃（Andeleawa）的《社会心理学》（1984）和《西方现代社会心理学》（1987）、古畑和孝的《人际关系的社会心理学》（1986）等。国内学者也相继撰写了一些社会心理学教科书，如林秉贤的《社会心理学》（1985）、时蓉华的《社会心理学》（1986）、孔令智等人的《社会心理学新编》（1987）和沙莲香的《社会心理学》（1987）等。

2. 组织建构

自 1982 年成立了中国社会心理研究会后，北京、上海、广东、江苏、天津等省市相继建立了地区性的社会心理学学会，迄今为止，中国社会心理学学会已经拥有 10 多个省市自治区级的团体会员，2000 多名个人会员，下设理论与教学专业委员会、民族心理学专业委员会、军事心理学专业委员会、应用社会心理学专业委员会和青年社会心理学工作者委员会等五个分支机构，并于 1990 年创办专业学术刊物《社会心理研究》。此外，自 20 世纪 80 年代后期，中国社会科学院社会学研究所、广州师范学院、中国人民大学社会学系、南开大学社会学系等一些研究单位相继成立了社会心理学研究室或教研室。

3. 改造发展

随着理论体系的移植和机构的建立，中国社会心理学研究进入了改造发展期。这时期的研究可以分为两大部分，其一是对社会心理学基本理论和假设的比较验证性研究。如华东师范大学心理系师生 1983 年参照美国、日本、苏联等国的研究，以中学生为样本所做的关于自我评价的研究。这项研究一方面验证了美国学者得出的自我评价高于客观评价的结果；另一方面又发现了中国学生的自我评价在性别及积极评价和消极评价等方面的独特差异。其二是改革开放环境中大群体社会心理的调查与研究。这是中国社会心理学重建以来的主要研究领域。中国社会心理学工作者围绕社会需要、社会动机、社会态度，及理想、价值观、民族性等问题，以社会各职业阶层、各年龄分组的人们为对象，用问卷调查的方式，进行了状况性调查和分析。这些调查和研究一方面为中国社会心理学的发展积累了丰富的资料；另一方面也构成了中国社会心理学研究实际问题的主要成果。影响较大的如1986年，人民大学社会学研究所沙莲香所主持的国家"七五"重点社会科学基金项目"中国人民族性格和中国社会改革"，对大陆13个省市的2000个样本进行问卷调查，并在获得大量经验数据的基础上进行总结、分析，得出了富有意义的成果：从自我意识、行为取向和性格结构三方面证实，中国人民族性格具有双重和多元的特点。这项研究不仅是大陆社会心理学重建以来规模最大的一项实证研究，而且也为社会心理学的本土化作出了贡献。

进入20世纪90年代后至今，中国大陆社会心理学得到更为迅速的发展，学科队伍不断壮大，学科力量显著提升，学术研究也成果丰硕。

首先，更多大专院校的社会学系、心理学系、管理学系等都开设了社会心理学课程，南开大学、吉林大学等更是成立了专门的社会心理学系。在人才培养——特别是学科人才质量的提高方面，还有一个功不可没的形式就是学科培训。与80年代的培训多属普及型、启蒙型不同，90年代出现了对社会心理学者的再培训，培养专门的、高水平的教学与研究人才。

> **专栏 3－10**
>
> ## "杨国枢模式"的高级研讨班
>
> 在当时众多的学科培训班中，中国社会科学院社会学研究所与台湾大学心理学系杨国枢教授以及其他香港、台湾地区的学者联合举办的社会心理学高级研讨班最为典型。该研讨班从1992年至1997年共计开办6期，每年（每期）6周，在全国招考学员共计139人次。在这个研讨班中，除了系统开设与西方高等学校社会心理学博士课程安排相同的十几门专业课程之外，还专门开设了"本土心理学"。在"高级社会心理学"课程中也有许多近年来关于研究中国人的成果。该研讨班力图通过相当于博士课程的严格训练，实现社会心理学研究的学科规范化，培养出具有高水平的社会心理学教学与科研骨干队伍，推动大陆社会心理学的发展。研讨班学员几乎都来自高等院校和科研机构，其中60%左右具有中级职称，其余为正在攻读社会心理学硕士学位的研究生。这一被称为"杨国枢模式"的高级研讨班，为大陆社会心理学高级人才的成长提供了很好的条件。

同时，更多专业研究机构也相继成立，如天津市社会科学院、南京大学、华中师范大学、北京师范大学心理学系等都先后成立了社会心理学研究中心或研究室等。特别值得一提的，是2002年获批准2003年11月正式成立的"北京大学人格与社会心理学研究中心"。这是一个跨学科研究中心，委员分别来自北京大学心理学系、北京师范大学心理学系、北京大学光华管理学院以及北京大学社会学系等单位。中心倡导充分考虑中国社会的独特性，在吸收西方社会科学理论的同时，要继承并发扬中国优秀文化的精髓，致力于从跨学科的角度对中国人进行深入的分析和研究，以建立适合中国文化和中国社会的社会科学体系和理论。同样，中国社会心理学会的活动也比较活跃。除了历届会员代表大会和学术年会外，1992、1994、1998年，还分别于湖北省神农架林区、内蒙古呼和浩特市和北京，举办了三届"中国人社会心理学术研讨会"，就心理学的"中国化"、"本土化"、"全球化"等问题展开了集中而激烈的讨论和探究，并出版论文集，这都标志着中国大陆社会心理学的研究达到了较高的层次。

另外，在积极翻译介绍国外重要的理论和应用方面的著作的同时，更多国内学者撰写的以"社会心理学"命名的教材和著作纷纷出版，相关学术论文更是层出不穷，或理论探讨，或应用研究，共同推动中国社会心理学的建设和发展。特别是基于自身深入思考和系统研究的相关著述的增长，更是体现了大陆学者的研究能力和水平。

专栏 3－11

社会心理学本土化、中国化

在社会心理学本土化、中国化的过程中，比较有代表性的学者如王登峰、方富熹、葛鲁嘉、周晓虹、翟学伟等，分别就心理控制源方面的问题、个体认知（社会认识）的发展问题、中西心理学的文化背景和文化蕴涵问题、社会心理学的研究对象和发展道路问题及中国社会中的人际关系问题等进行了集中探讨，并提出自己的真知灼见。比如翟学伟在其《关于"脸"与"面子"的研究》(1990)、《内聚抑或内耗：中国人群体意识新论》(1991)、《中国人际关系的特质——本土的概念及其模式》(1992)、《面子、人情、关系网》(1994)等一系列论述中，对中国文化中所特有的心理与行为现象作了独到的分析，提出：西方人的取向是个体主义的、苏联人的取向是集体主义的，而中国人的取向则是家族主义的；与此相应，我们也应该将研究重点从个体（西方）或群体（苏联）转向人们之间的关系。此外，在其所著《中国人行动的逻辑》(2001)一书中，在反思社会心理学本土化研究的得失基础上，翟学伟还通过深入挖掘中国文化的内涵，创造性地建构了一套用以分析中国人的理论框架和研究手法。

但在肯定 20 多年来中国大陆社会心理学发展成就的同时，一些冷静的研究者也指出其中的问题与不足（如杨中芳，1987；石秀印等，1989，1998）。例如石秀印在细致分析不同时期（20世纪80年代和90年代前5年）中国社会心理学的大量文献和资料的基础上，一针见血地指出普遍存在于中国社会心理学研究中的若干诟病：务虚多，务实少；论证意义多，具体操作少；讨论、提倡多，切实研究具体课题少；感悟性研究多，规范性研究少；浮光掠影、泛泛而谈者多，兴趣持久、深入扎实的少；孤立、个别的研究多，讨论、批判、争鸣少；另外，缺乏理论，较少概念的创新和修正，较少模型、结构图或"流程图"，即对社会心理现象的内在机制探讨不足等问题，都将阻碍中国社会心理学健康长足的发展。当然，在这种总结和反省中，也往往蕴含着有志者的自觉追求和努力方向。

（二）中国台湾的社会心理学

台湾地区的心理学和社会心理学研究大致有 50 多年的历史，其间经历了草创(1949—1960年)、奠基(1961—1970年)、成长(1971—1980年)和反省(1981年以后)四个时期。在前两个时期，社会心理学研究大多与人格心理学联系在一起。从 20 世纪 70 年代以后，社会心理学方面的理论尤其是实证研究迅猛增加,研究焦点也逐渐从人格(早期大多研究以特质论为基础)偏向社会心理和行为(后期受互动论启发,从社会情境和人格特质的互动理解人的行为),并且由于计算机的普及,研究和分析的手段也由早期的单变量分析转变为多变量分析。研究重点和手段的转变,使台湾社会心理学范围扩展,应用性增强,并且出现了与其他行为科学和社会科学的科际合作趋势。但这一时期的研究大多具有"学术移植"的性质:即研究者往往从西方社会心理学的理论中导衍问题之所在,然后搬用西方学者创用的理论体系、概念框架和研究工具。这样的研究范式省力方便,于是研究论文大量产生,整个 20 世纪 70 年代呈现出一片"繁荣"景象。

转折出现在 20 世纪 80 年代。1982 年,台湾地区的中央研究院民族学研究所召开了"社会及行为科学研究的中国化"讨论会,这一会议宛如石破天惊,不仅揭开了行为科学研究本土化的序幕,而且推动了包括社会心理学在内的行为科学研究一连串的自我批判和反省。杨国枢、叶启政、瞿海源、黄光国等学者纷纷就以前"移植式"研究的实质、缺陷及恶果发表看法,并以实际行动开展了一系列具有本土定向的社会心理学研究,且形成一定的理论脉络。

专栏 3-12

台湾社会心理学的本土化

在台湾一系列本土化的研究中,其中影响较大的主要有:①杨国枢领导完成的"中国人的性格及其变迁"的研究,提出中国人是"社会取向"的——即具有顺从他人、不得罪他人、符合社会期望并受他人意见左右的行为倾向,以区别于西方人的"个人取向"。这一概念不仅整合了众多相关的实证研究之结果,而且也能恰当地描述与分析中国人的行为;②杨国枢领导完成的"中国人的现代性"研究,从早期将传统性与现代性对立到后期对其各自心理成分和内容范畴的澄清以及全新的多元态度量表的设计,经历了一次自我的否定与超越,不仅欲赋予传统性和现代性更丰硕的面貌,而且欲借以考察社会变迁过程中"中体"和"西用"之间的消长现象;③有关中国人的社会行动结构的研究,其中最有代表性的是黄光国关于人情与面子的理论模式。该模式不但较为成功地说明了中国人如何以三种不同的交易法则与三种不同的人交往,同时整合了社会心理学中的差序性关系、交换理论、心理困境、印象整饰理论、正义理论和符号互动论的重要概念,引发了一系列相关研究。

虽未建立完整的理论框架但同样有价值的研究还有如瞿海源 1989 年基于"1985 年台湾地区社会变迁基本调查"的资料,整理出一套内容涵盖面极广的"社会学式的社会心理学",以期人们对家庭、职业、宗教、大众传播乃至社会运动、社会变迁等众多世纪问题的社会心理过程能有深入贴切的了解;此外,中国或东方社会中特有的心理与行为现象,如面子、孝道、报、缘、忍、禅公案、差序格局、家族主义等也都有学者从社会心理学的角度加以分析和探讨。

同时,台湾学者(后来扩大到更多的中国学者)还以其他方式积极推进社会心理学的本土化研究。如1990年,台湾大学正式成立了"本土心理学研究室";1993年创办《本土心理学研究》杂志;1997年、2000年分别在台北和高雄开办两届"本土心理研究工作坊";1989年到2004年先后召开七届"中国人/华人的心理及行为科际学术研讨会"(一次在香港,其余都在台北);1995年到2005年先后召开五届"中国/华人心理学家大会"(分别在台北、香港、北京、台北和苏州);以及前述的1992年至1997年连续6年与大陆合作开办的社会心理学高级研讨班等。在此过程中,两岸交流也日益频繁,这对中国社会心理学的发展具有深远意义。

(三)中国香港的社会心理学

同台湾地区相比,香港社会心理学的起步稍晚,大约始于20世纪60年代中期。主要有三条线索。

其一属早期研究,当时心理学在香港尚未独立成系,研究者主要是在港生活的外国人。他们的主要兴趣是将自己在西方发展出来的理论用于香港社会,以期验证其理论的普遍性。代表人物之一是最早在香港教授社会心理学并于1968年创办香港大学心理学系的道森教授。他延续自己博士论文中有关社会变迁对心理及社会行为的影响的思路,考察现代化对香港人的相关影响;他还曾以船民为对象考察亚文化对社会化方式的影响。代表人物之二是来港定居的英国社会心理学家迈克·彭。他以"中国人较具集体主义倾向"为基本假设,完成了一连串对比中国人与西方人的基本心理历程及社会心理的研究。1986年,他集台湾学者和自己实证研究之大成,写成《中国人的心理》一书。同时,他一直关注的是有关价值观的跨文化研究,并致力于寻找人类价值观差异背后的普同性。

第二条线索始于20世纪80年代初,是随着香港本地学者从欧美留学返港而开始的。代表人物有香港中文大学心理学系的张妙清、梁觉、马庆强等,以及香港大学心理学系的许志超。他们的研究基本上继承了在欧美攻读博士学位时形成的兴趣与课题,用国外的理论研究香港社会。如张妙清继续进行"明尼苏达多项人格量表(MMPI)"的修订;梁觉和许志超都是著名跨文化社会心理学家H·特里安迪斯的学生,返港后也都继续从事有关个人主义和集体主义的跨文化研究;留学英国的马庆强则继续道德发展的研究。

以上两条线索都具有明显的跨文化研究特征,且都是以西方理论来解释中国人的心理和行为,区别只在于研究者身份有所不同。出于对上述研究的不满,也是在20世纪80年代初,香港社会心理学研究出现了第三条线索,即倡导从中国文化入手探讨中国人的社会心理的社会心理学的本土化运动,与台湾学界形成呼应。这个方面的始作俑者是香港大学的何友晖。他在教授临床心理学相关课程的过程中,深切感受到完全依靠西方临床心理学理论并不能有效解决中国人的适应问题,由此开始倡导心理学的本土化。从20世纪70年代起,何友晖就围绕孝道(1974)、面子(1976)等问题进行了一系列本土化的社会心理学研究,并对社会心理学中有关中国人的社会化研究进行了系统的整理(1986)。近年来,何友晖曾担任国际心理学会会长,并提出了关于"亚洲心理学"的概念和系统设想。

香港中文大学社会科学院是本土化运动的另一个主阵地。1979年,该校聘请台湾大学杨国枢教授来港任教一年。杨国枢在港期间,联合香港知名社会学家、人类学家和哲学家发起并举办了一系列有关"社会科学中国化"的讨论会,正式拉开了香港地区行为与社会科学本土化运动的大幕。

自 1975 年起接掌香港大学心理学系的高尚仁教授,是香港社会心理学本土化运动的另一位积极的倡导者。他于 1984 年春聘请在芝加哥大学获社会心理学博士学位的杨中芳回港执教,并联合何友晖共同推动本土化运动。1989 年年底,香港大学邀请大陆、台湾和香港三地的学者,举办了一次名为"迈进中国本土心理学的新纪元:认同与肯定"的研讨会,旨在肯定 10 年来本土化运动的成果,并策划未来的方向。会议文章后收入 1991 年由台湾远流出版公司出版的由杨中芳、高尚仁主编的三卷本《中国人·中国心》。

专栏 3-13

杨中芳

杨中芳在推动香港地区的本土化特别是大陆社会心理学重建及大陆和台湾学者的交流与合作方面建有殊功:她致力于研究中国人的自我及人际关系,至今已出版多部相关专著,包括《如何研究中国人》(1996 年初版 2001 年修订改版)、《如何理解中国人》(2001)、《中国人的人际关系、情感与信任》(2001)等代表性著作和论文数十篇;近年,她潜心探索中国传统文化的核心部分,即中庸的思想对中国人心理与行为的影响;她还曾多次到内地参加学术会议并讲学,1988 年、1992 年在大陆举办社会心理学研究方法培训班;1992 年到 1997 年她组织两地学者翻译出版了《性格与社会心理测量总览》(上、下册),以期两岸三地研究者在移植西方社会心理学所发展的量表的时候,能够有权威而统一的版本,以便研究成果可以跨地区比较,促成华人社会研究的沟通,并能从西方学者编制量表的认真态度及严谨过程中学习去编制适用于华人的本土研究工具……这些工作,从理念、方法等不同侧面,对中国社会心理学的发展具有积极的促进作用。

第五节 社会心理学发展的新趋势

在社会心理学发展的百年进程中,有让人耳目一新、充满信心与期望的辉煌;也有捉襟见肘、难孚众望、遭受质疑的痛苦和沮丧;当然,更有反躬自省、兼容并蓄、自我完善的探索和努力。这既是一个学科自身成长的必经历程,也是整个社会政治、经济及人类知识文化发展变迁的一个缩影。

前面已经提到,从 20 世纪 60 年代末开始,"内外交困"使社会心理学危机之声四起,由此展开的批判、反省、争辩、讨论也不绝于耳。特别是进入 20 世纪 80 年代后,一些规模较大的学术思潮和运动,如"现代与后现代"、"全球化与本土化"、"分化与整合"等方面的探讨,对社会心理学的发展产生了较大的影响,且其作用一直持续至今,而其中的一些真知灼见,也将引导世界范围内有使命感和责任感的社会心理学工作者孜孜以求地思考和实践。

一、对实证主义的反叛，后现代社会心理学的兴起

正如包括社会心理学在内的诸学科的现代特性是现代社会和文化的一个体现和侧面一样，学术和理论的后现代反叛也是由于"后现代社会现象"的出现。具体地说，后现代主义思潮是信息时代的产物：随着人类知识的空前膨胀，电脑和数据库的广泛运用，科技的高视阔步导致了合法化危机，这一状况反过来深刻地规范、影响着人类的心理机制和行为模式，从而为包括社会心理学在内的诸学科的后现代转折提供了社会文化的氛围，因此，社会心理学的变动，只是"一个更大及更深远的人类知识及文化转变的一部分"。

关于后现代社会心理学的思考，最初始于美国宾夕法尼亚州斯瓦特摩尔大学教授格根(K. J. Gergen)。他自20世纪70年代就投身于现代社会心理学的反省与批判运动。1988年，在澳大利亚悉尼举行的国际心理学会议上，格根作了题为"走向后现代的心理学"的专题讲演，而其关于"后现代社会心理学"的概念及具体设想，也很快流行于国际社会心理学界，并成为左右社会心理学在90年代以后发展的主导观念之一。在"走向后现代的心理学"这一专题报告中，他总结了现代社会心理学的四大基本原则，即：

(1) 尽管社会心理学家对社会心理学应该研究什么众说纷纭，但现代时期的学者都认为我们应该有也确实有一个"可能"被探讨的世界，即有一个基本的研究领域；

(2) 现代时期的学者都深信，我们可以在属于我们的那个基本的研究领域中找到具有普遍性的特性，都想在实证的基础上建立起某些具有广泛的预测能力的理论框架，并据此来预测人类的社会行为；

(3) 现代时期的学者认为，要在自己的基本研究领域中找出普遍性的特性，或者说推演出有关人类行为的真理，最可靠的就是实证的方法，尤其是那种可以对变量加以严格控制的实验法；

(4) 由前三项原则可以推知，现代时期的学者认为，当我们使用实证的方法研究社会心理学时，就会逐步加深对人类行为的理解，同时逐步抛弃先前的错误观念，一句话，我们会建立起一套非常可靠并且是中立的真理。

格根认为，以上四大原则即是现代社会心理学的基本特征，可谓社会心理学之现代性的同义词。但明眼人一眼就可以看出，撇开"社会心理学"这一特定的学科限定，上述四大原则其实不过是普通所说的"实证主义"的基本内涵。作为一般的科学方法论或者说元理论，实证主义的根本原则就是坚持"用现象的不变性及恒常性来解释现象"，以取代以往对现象的神学的或形而上学的解释。的确，这种科学理性的方法论，曾有力地推动了人类认识的发展，但人们对它的过分追捧，也制约了特别是包括社会心理学在内的社会科学的发展，甚至直接导致它们的学科危机(对社会心理学的影响在前面已有详细分析)。于是，一股文化颠覆的潮流开始涌动，现代实证模式的社会心理学的变革也似乎势在必行。那么，这场变革应该怎样进行，变革后的社会心理学又该是怎样的一种社会心理学呢？从某种意义上说，格根对于后现代或者说后实证的社会心理学的设计及其实践就可看作是对这一问题的回答。

在1988年的报告中，格根针对他所概括的现代社会心理学的四大特征而相应地为后现代

时期的社会心理学者作了如下设计：

（1）后现代时期的学者开始意识到，我们对周围世界所作的论述，只是在特定的社会常规中运作的结果；如果我们再认定科学都有一个基本的研究领域存在，无形中就会将本身并未能排除偏见的那些论述客观化。

（2）后现代时期的学者开始意识到，我们无法在自己的研究领域中找到所谓"普遍性"的特征；此时，每一位研究者在从事自己的研究时，都开始考虑起进行研究的历史与文化背景。简言之，后现代学者必备的条件之一，就是对自己及自己所处的文化具有强烈的反省意识。

（3）后现代时期的学者已不再将"方法"视为神圣的追求，相反，人们认为方法往往成了一种误导他人去认可自己、将自己的想法合理化的工具。

（4）同样由前三项变动可以推知，后现代时期的学者对真理的看法已完全不同于以前，并且他们开始对实证研究是获得真理的必然途径的信念发生怀疑；甚至有人认为，所谓"科学进步"的观念不过是由它的文字及叙事特点所制造出的产物。

在作上述报告的三年之后，格根又出版了《饱和的自我：当代生活中的身份困境》一书，以一项具体研究而在一定程度上来落实和展示他对于后现代社会心理学的构想。在该书中，格根以自身所处之时代文化的深切反省为前提，对自我这个在社会心理学乃至整个心理学中都十分重要的概念进行了分析和考察。他指出，强调理性、强调客观观察的现代观念把自我设想成机器般的、受不变规律法则支配而恒常自动运转的东西，这一观念呼应了现代科学心理学的诞生。但是在当代，这一观念已越来越站不住脚，自我不能被看成恒常自动运转的东西，它从来就是一种社会构造，个体只有借助于他置身其中的各种关系才成为一个自我，在今天，这已显得至为明显。当代社会的技术革新导致了"交往饱和过程"（process of social saturation）即个人置身于其中的关系的迅速增生。今天的个体处身于比以前远为异质的人群、观念和文化之中，来自各种各样社会和文化生活领域的各式各样的言论、意见包围了个人并向其渗透，从而导致了自我投入（self-investment）的多重性。在今天，具有内在之统一性、连续性的身份的观念同真理的观念（格根认为，交往饱和过程也改变了人们对于所谓客观真理的传统信念，在后现代状态中，所谓真理只是在不同情境中服务于不同人们和文化之需要的对于现实的构造）一样已越来越没有可能，因为后现代社会和文化状态已使个体随着他置身于其中的环境和言论意见的改变而进出于各种不同的"身份"之中，既没有了一种一贯的、连续的身份，自我遂成为调合于各种背景的"社会变色龙"，即为了达到某种即时的目标而"对某个角色的扮演，对某种印象的整饰，或对某种功能的承担"。不存在恒定不变的自我概念，"自我"只是呈现于、相对于特定的情境、特定的主客关系。自我概念如此，其他一切心理意识也如此，包括作为研究者的心理意识。处身后现代状况中的学者们是应该认识到不应也不能去寻找那客观、普遍、恒定的特征了。

虽然现代性理论和学术话语强调明晰性、确定性、绝对性、普遍性、终极性，后现代性理论和学术话语似乎与其针锋相对，强调不确定性、无序性、相对性、独特性、反中心主义，但后者绝非要抛弃并取代前者，而是作为前者的延续和超越。所以，在未来的发展中，将会也应该出现实证主义和人文主义并存的趋势。就连激进的格根也认为：只要我们不将自己使用的概念（如成绩、缺陷、评价)和方法完全客观化,并且对我们的研究所可能含有的价值倾向具有高度的敏锐意识,社会心理学在现代时期发展出来的方法和具体技术是可以和社会心理学的"后现代时期"并存的。

如今,实验社会心理学仍然是社会心理学的主流,并且这种局势还一直得到一系列制度上的支撑。权威出版物的编辑更偏好设计及控制严密的实验报告;同时它还得到社会心理学这门学科基础结构的支撑:如充裕而完备的实验室,精致先进的研究器材,快速有效的数据处理系统,以及一大批受过严格训练的研究人员。但一系列的批判与反省,使得社会心理学研究者对实验方法的局限性和其独断性的危害有了更清醒的认识,并且试图通过各种改进使之利用得更为合理、更为有效,同时,也意识到应该对其他方法资源予以更多的宽容、耐心及信心。

二、对学科霸权的反叛,本土社会心理学的兴起

穆加达姆(Moghaddam)依据对学科的影响力及创造力的不同,把心理学包括社会心理学划分为三个世界。美国社会心理学作为主流构成第一世界,处于学科影响的中心;以欧洲发达国家(包括苏联)为代表的社会心理学处于第二世界;而发展中国家(包括中国)的社会心理学则处在第三世界。三个世界在生成及传播心理学知识方面存在着巨大的差异,并最终界定了主流心理学的形态。第一世界是心理学的主要生产国,并且向第二及第三世界输出这些知识,而同时又很少受后者的影响。这种学科发展的不平衡状态也存在于其他学科如数学或物理,本无可厚非;但问题在于社会心理学的发展被公认为依附于具体国别的社会文化传统,主旨是为了处理及解释具体国别的社会问题及社会现实。因此,纯粹学术发展水平上的不平衡又被蒙上一层有关具体国别文化优劣的意识形态之争。于是,社会心理学中的学科霸权及反霸权就构成社会心理学的世界图景:中心与边缘之争。面对这种社会心理学的权力分层,第二及第三世界的心理学家尤其是社会心理学家在自我意识上面临剧烈的挑战,一种重建自身的社会心理学的努力,一种批判美国社会心理学的霸权的本土化运动开始了,并成为社会心理学最新发展的另一趋势。这种不满情绪,对那些有着深厚的文化传统的国家和地区来说可能更为强烈,因此,欧洲以及中国台湾、香港、大陆三个华人社会相继成为社会心理学本土化运动的主阵地,这在前面都有详细介绍。

本土心理学的潮流兴起于对西方心理学的唯一合理性和普遍适用性的质疑和挑战。这体现在三个重要的努力方向上:一是反思和批判西方心理学;二是挖掘和整理本土的传统心理学资源;三是创立和建设本土的科学心理学。但总体而论,本土心理学目前在目标、策略及达到目标的手段诸方面仍是不清楚的,也没有统一的行动纲领,无法超越本土化与全球化的困境;它更多的是基于感情的层面,而不是基于理性的分析;就取得的成果而论,本土心理学目前贡献于整个心理学宝库的仍远远没有预期的那样多。

不过,作为一种少数群体的运动,本土化运动最为重要而可贵之处是一种自我意识的觉醒,同时,也使更多研究者拓展了国际化和多文化的视野。一方面,处于学术边缘地位的学者不再停留于跟在西方学者后面亦步亦趋,而是积极研究和探索本民族的特定社会心理规律以及与之相适应的本土研究方法,研究重心从验证性研究开始转向创造性研究。本土社会心理

学的兴起还促进了当代社会心理学的应用研究,因为本土社会心理学的一个重要研究内容就是本民族发展的现实社会心理问题;另一方面,随着来自第二第三世界学术声音的增多和增强,越来越多研究者的文化意识也显著增强,他们开始看到人类的行为具有比西方学者所研究的那些行为更多的变异性,对于文化背景之于社会心理及社会行为的影响也更为敏感。他们开始尝试从更为客观公正的立场上去进行跨文化研究。正如杨国枢曾经指出的,由于西方的心理学者建立了居优势地位的理论和方法之后,想进一步在非西方国家或文化中验证其理论和方法的跨文化有效性,以扩展其跨文化的适用范围,所以,目前所谓的跨文化心理学并不是一种真正的、正常的或应然的跨文化心理学,而是沦为一种以西方心理学为主、以本土心理学为辅的"拟似跨文化心理学"。针对这种现象,跨文化研究者做出一些积极的转变。例如,他们采纳文化相对论的观点,只对各种社会行为及其文化背景给予描述而不予以评价;不谈论哪种文化更为文明或更为不文明,一种文化比另一种文化更好或更糟,而是把每一个文化体系都看作一种对生存问题的解答,一种文化就是一种适应方式,以期能以平等的态度对待所有文化,避免种族中心主义的危险。再比如,社会心理学家在从事社会行为的跨文化研究时借鉴了"主位与客位"(emics and etics)的方法学。通常的理解,主位的研究是指从本土的文化或某一文化的内部出发来研究人的心理行为,不涉及在其他文化中的适用性问题;而客位的研究则是指超出特定的文化从外部来研究不同文化之中的人的心理行为。显然,大部分的跨文化心理学的研究是采取了客位的研究策略,而且常是以西方的文化为基础或以西方的心理学为基调的。所以,一些跨文化心理学者也正在寻求更好的研究方式,如客位/主位组合的研究策略、共有性客位研究策略、离中的研究策略、跨文化本土研究策略等等。虽然这些方法和立场也存在一些缺憾和不足,但其所作的积极努力和尝试无疑是值得肯定的。

另外,随着本土化运动轰轰烈烈地开展和推进,越来越多的学者也开始冷静地思考本土社会心理学与现代社会心理学整体学科发展之间的关系了。他们意识到,本土社会心理学者在努力争取自己的学科地位、维护自己的民族尊严的同时,并不是也不可能与国际社会心理学相脱离,因为不同文化背景下人们的社会心理既具有差异性又具有全人类的共同性。因此,本土化与全球化应该是社会心理学的现代双翼,本土心理学应该是既具有本土特色,又具有世界普同性的知识体系。社会心理学的本土化和世界化要求是统一的:本土化是世界化的前提(在这点上美国社会心理学是一个例证),所谓只有民族的才能成为世界的;而世界化则是本土化的最终趋势,我们通过对每一特定民族的特定成员的研究,最终将获得有关人类社会行为发生发展的一般规律。所以,从根本上来看,心理学本土化并不是为了扶弱敌强,也不是为了地域保护,而是为了消除"科学的"心理学以其科学性为名对心理的和心理学的文化特性的轻视、排斥、歪曲等,是为了寻求对心理的和心理学的文化特性的合理的或合适的对待方式。所以,心理学研究本土化的真正立足点应该是心理学的科学化,或者说应该是心理学科学观的变革。

除了上述的两大趋势外,不同学科取向的社会心理学研究间的关系也在发生着变化。前面我们已经介绍过,从社会心理学诞生之初,社会学者、心理学者就从不同视角以不同方法对社会心理现象进行了各具特色的研究,之后,文化人类学家也对社会心理学发展作出自己独特的贡献。但三个学科取向的社会心理学研究并不平衡,心理学取向的社会心理学一定程度上占据着主导地位。然而,由于人类社会心理和社会行为受到各种社会、文化、人格和生物因素的影响,而心理学家、社会学家、人类学家以及社会生物学家对上述各种心理现象的研究又各有侧重,因此社会心理学出现了研究取向以及与之相关联的研究内容、研究方法的多元化,其他学科取向研究力量的加强,从根本上动摇了心理学取向长期以来在社会心理学中的霸主地位,共同推动了社会心理学的繁荣。但同时,加强组织协作、将不同研究取向相综合,以避免不同学科倾向对社会心理学学科整体性的消解,更是一个发展趋势,甚至有学者针对社会心理学中社会学和心理学两大取向并存的局面,尝试建构整合社会心理学概念的分析架构和学科内容体系。

此外,现代认知研究的兴起、心理学应用领域的扩展等,同样也对社会心理学的发展产生着巨大的影响。"社会认知"成为社会心理学中的一个重要概念,对它的研究也不仅停留在对一般概念或过程的描述上,而是注重对其内在的结构和机制的探究;研究成果也日益丰富:"态度与社会认知"成为美国颇具影响的《人格与社会心理学》杂志的三大栏目之一,近年来,美国还出版了一本《社会认知》的新杂志;80年代中期以来,许多社会心理学教科书都增加了有关社会认知的章节或内容,如弗里德曼(M. Freedman)等人(1985)出版的《社会心理学》(第五版),巴隆(Baron)等(1991)出版的《社会心理》(第七版),菲利普查克(Philipchalk, 1995)出版的《社会心理学导引》等;此外,近十多年,还有一批有关社会认知的专著也相继问世,引人注目的是由威尔(R. S. Wyer)和斯路迩(T. K. Srull)编撰的《社会认知手册》,在1984年发行了第一版后,又于1994年发行了第二版。应用研究方面,社会心理学家几乎触及到了人类社会生活的各个方面:个人健康、司法过程、工作环境、政治与经济、教育、广告宣传、婚姻家庭、种族关系等等。相应地,自80年代起,美国便开始出版由鲍姆主编的《应用社会心理学杂志》,并出版了一系列应用社会心理学专著与专论,而且形成了作为社会心理学一个分支学科的应用社会心理学。

继承与反叛,分化与整合,社会心理学在自我批判与超越中走过百年,日趋成熟和健康。当然,世界格局的转换、科学技术的发展、社会生活的变迁以及学科内部的创新,仍将会给社会心理学研究提出许多新的课题和挑战,当然也会提供新的支撑和机遇。

本章小结

社会心理学的发展历史可以分为孕育阶段、初创阶段、确立发展阶段。在社会心理学的早期孕育阶段,主要的思想一方面来源于苏格拉底和柏拉图的人性观,也就是说他们认为社会决定着人性的发展而人性又组成了社会;亚里士多德则是认为人性是由生物或者本能所决定的,亦即自然决定论。正是这些经典的哲学思想为后来的社会心理学的诞生营造了丰厚的土壤。

在社会心理学的初创阶段,麦独孤的《社会心理学导论》和罗斯的《社会心理学》两本教材的面世,标志着社会心理学正式成为一门独立的学科登上历史舞台。而社会心理学的三大直接来源主要是德国的民族心理学、法国群众心理学和英国的本能心理学。德国民族心理学一开始是以冯特为代表的，但是随着人类文化学的发展，逐渐向着人类文化学的方向融合，出现了包括米德等代表性的学者；法国的群众心理学则以法国社会学家塔尔德、黎朋等人为代表，他们企图用暗示与模仿来解释人们一切社会行为和心理特征。因此，这派理论又称为暗示和模仿理论；英国的本能心理学的代表人物则是英国心理学家麦独孤（1920年移居美国）。麦独孤把他的社会心理学体系完全建立在本能的假设上，他认为人的本能会影响个人对社会的认识、兴趣、情操、行为等，本能可以组成一连串的社会心理特征。

社会心理学的确立阶段主要是以实验心理学的出现和发展为标志的。这个时期的特征是由描述转变为实证，从定性转变为定量，从理论转变为应用，从大群体分析转变为小群体和个体研究，并从普遍论转变为特殊论。代表性的有F·H·奥尔波特的"社会促进"一系列的研究和勒温的群体动力研究等。

社会心理学的发展则形成了以美国为中心，欧洲、亚洲各地发展的局面，由于当时社会背景的决定，大部分学者都移民美国，为美国的心理学发展创造了独特的环境，同时实证主义的兴起和各种科学技术的出现，为美国的社会心理学奠定了霸主地位；欧洲在借鉴美国心理学的基础上逐渐建立了自己的理论体系和研究范式；中国由于有着丰富的思想底蕴，同样在吸取西方心理学成果的同时，积极进行本土化研究。

纵观心理学的发展趋势，一方面是传统的实证主义为基础的心理学不断发展；另一方面由于社会的新问题的不断出现，新的思潮不断涌现，后现代社会心理学就是在这样的背景下出现的，同时各国各地区也在兴起本土化研究。

思 考 题

1. 西方社会心理学发展经历了什么样的过程？
2. 在借鉴美国心理发展历程的基础上，对中国社会心理学本土化提供建设性意见。

拓展阅读

1. 乐国安.社会心理学.北京：中国人民大学出版社，2009.
2. 乐国安.社会心理学.广州：广东高等教育出版社，2006.
3. 乐国安.中国社会心理学研究进展.天津：天津人民出版社，2004.
4. 刘华.社会心理学.杭州：浙江教育出版社，2009.
5. 俞国良.社会心理学.北京：北京师范大学出版社，2006.
6. 俞国良.社会心理学前沿.北京：北京师范大学出版社，2010.

第二编

社 会 化

第四章 社 会 化

电影《公主日记》中 15 岁的米娅是一个普普通通的都市女孩儿,甚至在学校被视为透明,但突然被证实是一个临近小国的公主,也是王位唯一的继承人。皇后奶奶对她进行了一系列皇家训练,最终将她调教为举止优雅的真正公主。

第二次世界大战中,年仅 8 岁的犹太女孩米莎·迪芬塞卡为了躲避纳粹的魔爪,背井离乡,独自逃进深山,意外地和狼结下了一段不解之缘。战后,她回到比利时,两个老师收留了她还送她上了大学。米莎的脚趾前后接受了四次手术,因为之前她的脚趾已经长到了一起,而且可以深深抓地,就像猿人一样。米莎还有个危险的习惯,她在无法发泄自己情绪或者遇到挫折时会咬人,哪怕是她的丈夫。米莎说她曾把丈夫莫里斯咬得鲜血直流,几乎喘不上气来。"我永远也不可能和其他人一样。我是大自然制造的一个错误。出门前我也会像别人一样化妆,我和别人做着相同的事情,但内心里我是个动物。"当然,她指的动物是狼。

从根本上讲,社会心理学关注的是人的社会性或者说社会的人。但人从自然人到社会人是一个不断发展的过程,即需要经历一个社会化的过程。关于人的社会化问题,历来是社会心理学研究的一个重要课题。一些学者甚至认为,社会心理学是研究社会化过程及其结果的一门学问(William Isaac Thomas,1863—1947)。

第一节 社 会 化 概 述

社会心理学既要揭示个体心理活动发展变化与其所受的社会环境影响的关系,又要研究个体对社会环境表现出的行为方式的特殊性,即研究个体自出生以后是如何适应社会,又如何形成具有独特行为方式的主体。这实质上就是人的社会化问题。

一、社会化的定义及其分析

社会化作为一种发展过程,乃是在个人和他人之间存在着的一种连续的、经历着许多阶段和变化的相互作用的过程。社会化是一个反映个体和社会之间关系的概念,我们可以从个人或群体的角度来看社会化,还可以从某一社会内部或从造成人与人之间重大差异的影响方面看社会化。

(一) 社会化的定义

对于社会化的涵义,不同学科视角对其的界说各有侧重,即使在同一学科内部也存在着种种不同的界定。一般而言,西方广泛采用的是霍兰德(E·Hollander)在其《社会心理学:原理与方法》一书中的解释:一个婴儿是带着繁多的行为潜能来到人世间的,这些行为的发展有赖于各种复杂的相互联系,包括与他人的相互作用。儿童在人类社会成长的过程中,学会了抑制某些冲动,并被鼓励获得在特定社会环境下的人所具有的特征和价值,这个过程叫社会化。换言之,在特定的社会与文化环境中,个体形成适应于该社会与文化的人格,掌握该社会所公认的行为方式,就叫做社会化。

(二) 社会化定义的分析

1. 社会化是一个过程,一个学习社会角色和行为规范的过程

个体的成长与发展是一系列的社会化过程,是一个学习社会角色和行为规范的过程。通过社会化,个体学习社会中的标准、价值和所期望的行为(Mussen, 1986)。

学习对于每个动物有机体都是重要的,但对于不同的物种具有不同的意义。动物发展阶段越高级,学习能力越强,动物先天的本能行为的作用就越小;反之,越是低等动物,其本能行为对它的生存意义越重要,学习的作用相对也要小些。例如,鸡鸭等动物刚出蛋壳就会走路、啄食,而人类婴儿出生时非常软弱,单靠本能不能生存,必须在成人的悉心照料下,通过学习才能扮演一个社会角色,才能掌握社会规范,适应环境,进而改造环境。

人,作为一个生物体的个人,刚从母体中分娩出来,就被置身于一个复杂的社会环境之中。任何时代的社会都会使用种种方法对个人施加影响,使其成为一个符合该社会要求的成员,使他懂得什么是正确的,是被社会所提倡和鼓励的;什么是错误的,是被社会所禁止和反对的。社会环境对于人的影响,是通过各种直接或间接的渠道进行的。因此,个人对社会要求的认识与掌握可能是自觉的、积极的与主动的,也可能是不自觉的、消极的与被动的。也就是说,个人的社会化有时是有意识、有目的地进行的,有时是无意识、潜移默化地进行的。总而言之,社会化是在一定的社会环境的影响下,不管个人喜欢还是不喜欢,总是会在他身上实现的。

当然,在不同的社会历史条件下,社会化的内容是不同的,因为不同的社会有不同的社会规范与行为标准,对人们的要求也不同。例如,在中国封建社会里,要求人们遵循"君君、臣臣、父父、子子"的伦理道德,等级森严。而在现代社会里,人们虽然应该服从上级、尊敬长辈,但提倡人与人的关系是平等的。所以说,个体的社会化体现了社会的特点与时代的风貌。

2. 社会化是经由个体与社会环境的相互作用而实现的

安德列耶娃(Andreeva, 1980)指出:"社会化——这是一个两方面的过程。一方面,它包括个体通过加入社会环境、社会联系系统的途径,掌握社会经验;另一方面(这是研究中常常不被强调的一面),它是个体对社会联系系统积极再生产的过程,这是个体积极活动进入社会环境的过程。"

人的社会化是通过社会教化和个体内化实现的,这两者相辅相成:没有社会教化,个体内化就无从谈起;而没有个体内化,社会教化也就毫无意义。

社会教化是社会通过社会化的机构(如家庭、学校、社会组织、大众传媒等)及其执行者实施社会化的过程。社会教化可以分为两大类:一类是系统的、正规的教育,如各级学校对学生的教育,以及监狱、劳动教养所对违法犯罪者的改造和教育;另一类是非系统的、非正规的教育,如社会风俗、群体亚文化、大众传媒等对人的影响和教育,这往往是在潜移默化中发挥作

用的。

　　这里需要特别一提的是"社会控制"。不管在社会化的定义中是否明确提到了灌输或强制的词汇，社会化确实包含着社会控制这层意思，即个人在某种程度上被诱使去心甘情愿地适应他所处的社会或群体的行为方式。社会化与社会控制是相互补充的，两者共同成为维持社会秩序使社会得以延续的基础，但又绝非完全相同。各个社会除了制定道德方面的强制性规定之外，还采取各自的措施，以确保对道德秩序的支持。凡是体现了这些规范的行为，往往会受到嘉奖，而违反这些规范的行为，则可能受到惩罚。但是，多数社会规范并不是千篇一律的强制命令，而是因时、因地、因人而异。维护和加强社会规范的手段，不仅包括像宗教和法令那样的社会形式，而且包括在亲属关系、职业关系和其他社区关系中起作用的非正规的控制与约束力。概括地说，社会化是个体转化的过程，社会控制是促使个体转化的手段之一。

　　鲍尔(Power, 1986)指出，社会控制的中心当然是个体本身，人毕竟不是机器人，不是纯粹接受外界指令而机械行动的，人有责任控制自己的行为。但人毕竟生活在一种具有各种社会影响的环境中。图4-1表示，个体受家庭、社区、同伴以及教育等因素的控制，所有这些社会环境都使人们对社会交织发生社会化。如这些控制失败，人们便发生违法行为，最终面临着社会控制的代理人——警察。可见，若个体不能自控时，社会必定采取控制措施，使不良行为得到法律系统的对付和处理，特别是受警察和法院这两个关键的社会控制代理人的处理。法律系统几乎和每件事情都联系在一起，由于它的存在，社会得以保持稳定。否则，社会秩序会发生混乱，甚至使社会无法存在。

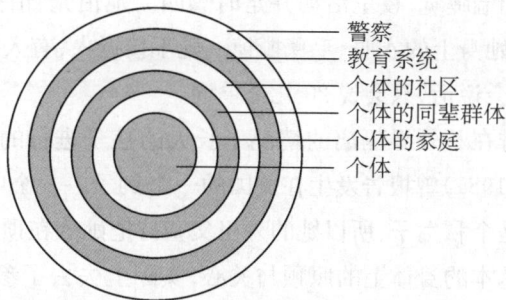

```
警察
教育系统
个体的社区
个体的同辈群体
个体的家庭
个体
```

图4-1　社会控制系统

　　个体内化则是社会化的主体——人经过一定方式的社会学习，接受社会教化，将社会目标、价值观、规范和行为方式等转化为其自身稳定的人格特质和行为反应模式的过程。它往往始于简单机械的模仿或依从，然后逐渐被个体认同乃至内化。在此过程中，有几种重要的机制在发挥作用：①替代强化和自我强化：个体社会化不只来源于自身社会实践及其结果受到的直接强化，很多时候，人们通过观察外部世界作用于与自己有某些共同特征的其他人的过程及结果，来获得大量社会化经验，这就是班杜拉提出的观察学习和替代强化。随着个体自我意识水平的不断提高和自我评价的标准与系统逐步形成，人们的自我强化也开始成为社会化经验中具有自我引导性质的重要机制，使社会化过程带有个性化色彩。②认知加工和主观认同：个体通过感知、记忆、想象、表象、思维等认知活动，将外部世界的信念内部化，所以个体社会化的程度会受制于其认知发展的水平;另外,作为人与人之间较早的一种情感联系,精神分析理论提出的"认同"或称"自居作用"也起着重要作用,个体在发展中与谁认同,或以何人自居,就决定了自己仿效的榜样,从而也决定着自己的发展方向,弗洛伊德曾以此说明道德的内化和性别角色的发展。③社会比较:大量研究表明,任何一个具有自我意识的人,都需要在明确评价和确认了自己的实际状况之后,才能明确自己作为主体同别人及周围世界的关系,才能明确自己对所处环境中的他人及其他客体应当怎样行为(L. Festinger, 1957; G. H. Mead, 1934);而现实中很多时候不存在进行社会性评价的绝对标准,所以,当人们不能确定自身状况的社会评价意义时,倾向于选择与自己社会特征相同的人进行比较(L. Festinger, 1957);社会比较不仅有即时的行为效应,而且会导致稳定的观念改变,经过社会比较过程所获得的规范概念即便在人们独处的时候也会继续发挥影响(S. Milgram, 1965; M. Sherif, 1935, 1969);人们通过社会比较获得的自我评价以及在此基础上产生的自我体验,如自我否定或是自我肯定,又会影响个体后继社会比较的倾向,进而影响到个体社会化的发展方向。

3. 社会化使自然人变成社会人,并使社会和文化得以延续

许多事实证明,儿童要能健康地成长,成为一个符合社会要求的成员,不仅需要在身体上受到照顾,还需要与社会成员进行交往,发生感情上的联系,否则社会化就会受到损害。

一些特殊的事件向人们清楚地证明了这一点。例如,1920 年,印度辛格博士在加尔各答东北山地的狼窝里发现了同狼崽在一起的两个小女孩,一个大约八岁,一个大约三岁。领回之后,小的很快死去,大的取名叫卡马拉。她用四肢走路,用双手和双膝着地休息,舔食流质的食物。她白天蹲在角落里朝墙睡觉,夜里活动并定时嚎叫。她怕光、怕火也怕水,拒绝洗澡。即使天气寒冷,她也把加在她身上的衣服、毛毯撕掉。她不接近人,有人靠近她就咆哮。到 17 岁卡马拉死了,之前她还不会说话,只会说 20 几个单词。

对于那些故意被安排在与外界隔离的情况下长大的孩子进行的研究提供了更有说服力的证据。戴维斯(Davis, 1981)曾报告发生在美国的一个例子。一个叫安娜的孩子,被人们发现时年仅六岁。由于她是个私生子,所以她的外祖父坚持把她藏在顶楼的一个房间里,不许她见人。安娜只能得到最基本的身体上的照顾与关心,实际上失去了参与社会交往的机会。人们发现她时,她不会讲话,不会走路,不会保持清洁,也不会自己吃东西;她感情麻木,表情呆滞,对人毫无兴趣。她的状态表明,如果只靠纯粹生物学上的能力,这种能力在使她成为一个完全的人方面的作用是多么微乎其微。为了使安娜社会化而付出的努力,只取得了很有限的效果。当她接近 11 岁离开人世时,只达到两至三岁孩子的社会化水平。上述事实说明,作为个体的人,不经过社会化就无法成为一个社会人,更无法获得更高的发展。

但与此同时,正如贝克(Back, 1977)所指出的:每个新生儿都有威胁社会秩序的潜在可能。新生儿的生物潜在能力非常广泛和不确定,因此,任何一个社会都不会不予引导而任其自由发展。在他尚未成熟的漫长岁月里,他的冲动和能力被引导到一个较为狭窄的行为、动机、信念和态度的模式里。这种限制儿童的行为、态度、动机和价值观的形成与发展,直到他遵从共同的社会规范并成为符合他所在社会需要的社会人的过程,就是个体的社会化。著名心理学家 E·弗洛姆也指出,社会化是"社会文化诱导社会的成员去做那些要使社会正常延续就必

须做的事",是"使社会和文化得以延续的手段"。所以,从社会的角度来看,只有通过符合特定规范或具有某种传统的思想和行为在社会成员中的代代相传,社会文化才能生生不息。

因此,无论从个体生存和发展的意义上来说,还是从人类整体生存和发展的意义上来说,社会化都是必要的。个人通过社会化得以适应社会,获得发展的基点;社会则通过社会化培养它的继承者,使得人类文化可以延续并在此基础上获得发展。

二、社会化的内容

社会化是个体从自然人转变为社会人的过程,它伴随着个体生活、行为的方方面面。哪怕是与生俱来的先天本能,在人类不同的社会、文化中,也往往被赋予不同的要求或特征。所以,可以说,社会化在个体的成长中无处不在。不过,概括来讲,社会化的内容主要有以下几方面。

(一) 基本社会生活技能社会化

基本社会生活技能社会化包括生活自理技能和谋生技能的社会化。

个体诞生到这个世界上,首要的需求就是生存,但作为社会人的生存,已经远非本能使然的了。就像马克思所指出的:饥饿虽是饥饿,但是使用刀叉吃熟肉来解除的饥饿不同于用指甲和牙齿啃生肉来解除的饥饿。婴儿在离开母体的最初阶段,可以凭借与生俱来的行为方式(如哭、笑、叫、平静等)表达自己的基本情绪,作为对基本需求满足状况的反映。但很快,作为社会化代理人之一的照料者就开始有意无意地对他们进行一些有关社会生活基本概念、技能和礼仪的灌输、要求和训练了。从吃饭穿衣、咿呀学语,到待人接物、趋利避害,个体通过每天周而复始的生活节律,学习所处特定文化中有关衣、食、住、行的常识并养成习惯,形成符合准则的适应性的行为方式。这样,个体就可以更好地参与到与周围环境的互动中,获得生活中的自理,这是个人发展的基础,也是社会化的最初内容。

谋生技能是一个人独立参与社会生活的又一项能力。在传统社会中,谋生技能社会化主要靠子承父业式的家庭传授,而在现代社会中,随着科学技术的迅猛发展,社会分工越来越细,社会对其成员生产技能的要求越来越高,这样,传统的家庭教育便远远不够了。有组织、有计划的多方面的社会教育,尤其是学校教育承担了人的谋生技能社会化的主要任务。教育的重要性决定了今天社会里任何人只有受到良好的社会教育,才可能成为合格的社会成员,才可能在社会生活中正常地生存下去,并按照社会的需要发展自己。

(二) 行为规范社会化

任何社会都有一套必要的社会规范,即社会向全体成员提出的要求人们遵循的行为准则,它表现为法律、道德、风俗等不同的方面。行为规范社会化是通过社会各种形式的教育、社会舆论以及使用强制性手段等使人们逐渐形成一种信念、习惯、传统,用以约束自己的社会行为,调整个人、团体、社会三者之间的关系,维持社会正常的生活秩序。

法律规范社会化和道德规范社会化是行为规范社会化的两个基本方面。

法律规范社会化是使人们能按照法律制度来调节自己的行为,具有明显而强烈的强制性。当然,不同国家有不同的法律制度,学习法律知识可以更好地遵守国家规定的法令,也可以依此更好地保护自身的合法权益。

道德规范社会化是使人按照道德标准来支配自己的行为。在社会中为了维护人们的共同利益，协调彼此的关系，便产生了调节人们行为的标准。个人若遵守这些道德标准，就会受到舆论的赞许并感到心安理得，否则会受到舆论的谴责并感到内疚。不同文化、不同时代也有不尽相同的道德标准。

法律规范和道德规范的属性不同，发挥作用的方式也不同，在行为规范社会化过程中，两者相互配合，相互补充。一般来讲，所有的社会行为规范，都要经过个人的服从、认同和内化三个阶段，才能成为社会化的成果。习得行为规范只是社会化的一个方面，更主要的是内化行为规范，自觉用社会行为规范指导、约束自己的行为，这才是社会化的真正目的。

专栏 4-1

中国人的孝道规范

百善孝为先，"孝"一直被奉为中华民族的传统美德，也是中国本土社会心理学关注的重要议题之一。"二十四孝"故事源远流长，"首孝悌，次见闻"的古训也在现代孩子们摇头晃脑的吟诵中传承着。不过，新闻中时有不孝子女对年迈父母不管不问或作利益要挟的报道，如深圳公务员打骂父母的事件更是刺痛了人们的良知。素有"养儿防老"期盼的中国人甚至开始发出"养老防儿"的叹息，这其中也有几多无奈和心酸。

于是，让孩子为父母"洗脚"似乎成了许多学校开展孝心和感恩教育的"必修课"；2012 年北京大学"中学校长实名推荐制"招生实施细则中，"不孝敬父母"被列为"不得推荐"的第一条；2011 年 10 月，中国伦理学会慈孝文化专业委员会开展的"中华小孝子培养工程"在北京启动，该工程将计划利用五年左右的时间在全国培养百万中华小孝子，为全国亿万孩子树立道德榜样；人大委员建议将"常回家看看"的伦理道德要求写进老年人权益保障法，发挥法律的指引和教育作用……这些事件往往是新闻一出，众声喧哗，争论此起彼伏，质疑不绝于耳。

的确，"孝"之培养需要制度引导、法律保障和社会监督，但是更应回归生活本身，视孩子为有爱也有爱的能力的平等一员，从点滴做起，学会担当。

（三）社会角色社会化

"角色"是现代社会心理学中一个非常重要的概念，它借用戏剧舞台用语，指与个人所处的特定身份和地位相一致的、符合社会期望的一套行为模式。不同角色，都有一套系统化了的观念、态度、行为规范和社会技能。社会对一个人的评价和期望，也会随着个人所担负的社会角色的不同而有所变化。社会化的一般结果，应当是使人们适应人生某一阶段的特定社会要求，获得成功履行特定人生阶段各种社会角色的知识、观念与技能，并形成恰当的、与特定人生阶段的社会角色相统一的自我概念，为后一阶段的发展准备良好的条件。

角色社会化可以分为三个方面。第一，对社会角色的认知。这包括对自己所承担角色的认知和对特定角色应有行为模式的认知，既有对目前角色的认知也有对未来角色的认知。角色认知是否准确,决定了个体能否成功扮演特定角色并达到良好的社会适应。例如,从学校过渡到社会的过程中,很多人因对将来所要充当的社会角色思想上准备不足,以至于面对工作、生活和复杂的社会环境感觉到无所适从。第二,确定社会角色的期望值。人总是在一定的社会关系和社会组织中处于特定的身份和地位,也就被赋予了按照这个身份和地位的规定行事的要求和期望。过高或过低地估计这一要求和期望,都可能引起角色差距或混乱,做出所谓"有失身份"或是"没摆正位置"的行为。第三,培养化解角色冲突、适应角色变化的能力。人类社会纷繁复杂,特别是在现代社会中,社会分工细化、人与外界的交往面扩大,更造成了角色的多重性和复杂性。个体往往要扮演多个不同的角色,如一个女性,在家中可能为人女为人妻为人母,在单位中又会是下属的领导、领导的下属、朋友的朋友、竞争对手的对手。个体所担任的多种多样的丛杂的社会角色构成了网络,被称为角色网络或角色丛。而每种角色都有自己的一套行为规范要求角色者去履行,这就难免会出现顾此失彼的状况,使角色者陷入紧张和冲突之中;另外,现代社会的快速发展和变迁,也使得人们所要承担的角色以及社会对特定角色的期望和要求都可能发生变化,面对新的角色要求,人们都会迷茫、失落、焦虑和痛苦,所以,如何协调角色间关系,如何化解冲突适应变化,也是人们角色社会化的一个重要内容。

(四)政治社会化

政治社会化是个体逐步学习和接受被现有政治制度所采用和肯定的政治信念、思想体系、社会制度和政治态度的过程。政治社会化的目的是将个人培养和训练成为遵守政府规定、服从国家法律、行使正当权力、承担应尽义务、促进政治稳定的合格公民。政治社会化是一般社会化的核心,任何一个社会或政府,其成员政治社会化的程度关系着这个社会或政府的稳定、巩固与发展。

国家意识或爱国情操的培养,是公民的政治态度与政治意识发展的重要部分。心理学家赫斯与托尼曾对1.2万个美国小学生进行调查研究,发现儿童的国家意识依三个阶段发展而来:

(1)国家象征期。早期儿童以国旗、国歌或国家领袖为具体的国家象征。儿童对国家的依恋或热爱,表现在尊重国家象征的言行之中。升国旗、唱国歌与悬挂领袖肖像是培养儿童国家意识的途径;

(2)抽象国家观念期。中期儿童以有关国家、政治群体的抽象观念作为爱国的依据。儿童通过他们自己或家庭所享有的公民权利、履行的社会责任、参加的各种社会活动来培养国家意识;

(3)国际组织系统期。随着年龄的增长,儿童逐渐知道世界由许多国家所组成,他们所在的国家是国际关系中的一员。国家既然不是孤立存在的,对她的忠诚也就是对自己的国家在国际舞台上所扮演角色的忠诚。因此,儿童的爱国观念扩展到自己所在国家在国际上所承担的职责中,不再局限于自己所在的国家了。

(五)民族社会化

民族社会化是指个体形成本民族大多数人共有的特性,使自己具有所属民族的民族性的过程,这体现在掌握民族文化、民族的生活方式和形成民族共同的心理特征上。各个民族都有自己固有的风俗与传统,民族社会化的结果就是使每个人都能尊重自己的民族习惯、风俗与传统,具有民族意识和民族自豪感。

三、社会化的类型

社会化的过程伴随着人的一生,在人发展的不同阶段,社会化的内容和形式也会有所不同。一个社会的结构越复杂,层次越多,社会发展与变化的速度越快,正在进行的社会化过程也越丰富多样。个体在一生中所经历的社会化有许多不同的类型:

(一)早期社会化

早期社会化是发生在生命早期的基本的社会化。它主要使儿童掌握语言、学习本领,使儿童将社会规范与价值标准内化,与周围人建立感情,了解他人的思想和观点,以使儿童与其周围环境保持平衡。

(二)预期社会化

预期社会化是引导人们学习今后将要扮演的角色。例如,学校里进行的教育、设置的课程、开展的活动等,都是为了学生将来走上社会要担负的角色所作的预先准备;企业、军队中的训练也有着相同的性质。

(三)发展社会化

发展社会化是在早期社会化和预期社会化的基础上,当对个体产生新的期待、要承担新的任务、扮演新的角色等的时候进行的。在比较顺利的社会化过程中,新近学到的东西是对原来所学的补充、改组,并最终融为一体。职业培训、成人教育等都是发展社会化的一种形式。

(四)反向社会化

反向社会化又被称为"文化反哺",是指年轻一代将文化知识、价值观念传递给年长的一代。传统观点认为,社会化是一个单向传递的过程,是父母对子女、教师对学生、前辈对晚辈的影响,很少想到相反的方面。近年来,研究者提出,社会化是双向的。在传统社会中反向社会化较为少见,但在现代社会中却十分普遍。尤其是在社会急剧发生变革的时候,知识更新加速,老年人所掌握的许多知识技能变得陈旧过时了,而年轻人却可能对世界各方面的信息接受得快,成年人的社会化甚至有可能受到青年文化的内容的影响。反向社会化在移民家庭里是十分明显的,家庭中年轻成员在学校里很快学会了新的语言,并向他们的父母解释周围的文化,传达当地社会的要求。

专栏 4-2

赞"回家问问孙子"

近来常和老同志们一起开会,讨论问题时往往会涉及某些当今的新领域、新学科、新知识。什么知识经济啦,知识产权啦,信息高速公路啦,计算机软件的使用和管理啦,等等。有时遇到难题,一些老同志便很自然地说:"等我回家问问儿子",或者"等我回家问问孙子"。

开始听到这类话,觉得很不习惯:当了一辈子知识分子,甚至是有点名望的知识分子,到头来怎么还要"回家问问孙子"?后来仔细想想,忽有感悟——这不是长幼失序,而是反映了我们正在经历一种历史性的变化。

"回家问问孙子",首先说明当今世界科学技术正在一日千里地发展,我们的知识越来越跟不上时代的车轮。而儿孙辈在某些方面的知识正在或者已经大大超过我们。回想一下,我们在小学、中学甚至在大学时代学的那点科学技术知识,比起今天的青少年,真是幼稚、肤浅得多了。今天,许多家庭都出现这种情况:当爷爷、当父亲的使用电脑远不如还在小学读书的娃娃熟练。这是社会的进步,不服气还真不行。

"回家问问孙子",还说明了社会观念的变化。过去,老年人经常用这样的话训斥儿孙:"你懂得什么?""我走过的桥比你走过的路还多!"现在很少听见这类倚老卖老的话了,逐渐取代的是"不耻下问"。这是因为老年人已经承认自己的现代科学技术知识落后于形势,迫切要求迎头赶上,不再以"下问"为丢面子。这也是时代的进步。

其实,即使在科学技术高度发达的西方国家,"回家问问孩子"也属于正常现象。据说,由于现代科学技术发展太快,法官审理案件时也经常遇到自己不懂的专业知识。在这种情况下,法官也往往只好宣布暂时休庭,回去请教专家或问问儿子、孙子。这是一位法律问题专家告诉笔者的,想来所言非虚。

这样说,当然不是贬抑老年人。老年人有老年人的长处,有许多宝贵的经验值得年轻人学习。我只是想强调一点,在日新月异的科学技术面前,知识更新的迫切性越来越突出地摆在老一代面前。这已成为一个世界性课题。美国有些五六十岁的老博士,为了重新武装自己,又去攻读新的博士学位。因此,要想更好地跟上时代步伐,我们必须努力地学习,虚心地学习,包括向自己的第二代、第三代学习,否则,即使想"发挥余热",这余热也越来越有限了。从这个意义上说,愿意"回家问问孙子",是值得赞美的好现象,比起老是慨叹"人心不古"、"一代不如一代",要积极得多,有价值得多。

(资料来源:范敬宜:《人民日报》,1998年6月24日四版。)

(五)再社会化

再社会化是个体舍弃过去所接受到一套社会规范和价值标准,重新学习社会所要求的社会规范与行为方式的过程。再社会化经常在人们部分或全部脱离了他们以前的社会生活的情况下出现,它往往发生在一定的社会专门机构中,与外界断绝往来,并处于机构内工作人员的绝对控制下。例如,生活在新兵训练所、军舰、监狱、精神病院和传统的寄宿学校等机构里的人们,都在不同程度上与过去的生活方式决裂,服从管理机构的规定,在强大的压力下,重新学习新环境中的价值标准与规定的行为方式。除了被动的再社会化之外,人们有时也会进行主动的再社会化,比如入乡随俗。

四、社会化的特点

社会化具有许多特点,例如社会强制性、时代性、目标多样性、文化关联性等等,这里主要介绍它的三个基本特点,也借此厘清传统观念中对社会化的可能误解。

(一) 贯穿终生

虽然从个体的生理和智力的发展来看,到青年期或青年期以后,社会化基本达到了顶点,以后会有所下降。但成年期以后,社会化还在发展,还需要也能够解决很多问题。例如哈维哈斯特(Havighurst, 1953)提出,成年期的发展课题有:习惯于与伴侣协同生活、管教孩子、对职业生活的适应、完成市民的社会责任等;而老年期的发展课题有:适应退休生活、体力和健康的衰退、同与自己年龄相近的人建立快活而亲密的关系、自觉承担社会义务等。

总之,人的一生是不断学习各种角色,不断社会化的一生,在发展的不同时期,社会化的要求、内容以及进程都不相同,特别是随着毕生发展观的深入人心,社会化的终生性特点更加突出。正如美国学者巴克(W. Back)教授所说,在当今社会里,主要的生活抉择在整个中年时期都是未定的,社会化不再局限于童年,而是一个终生的、自我定向的过程。因此,每个人完成基本社会化后,面临的是新的、更加复杂的、也更为长久的继续社会化,所谓"活到老,学到老"。正是这种社会化的终生性,帮助人们不断地协调与社会的关系,更好地在社会中生活,同时促使社会不断向前发展。

(二) 双向互动

社会化的过程中的确具有比较大的社会强制性,每种社会和文化都必然通过社会化代理人对个体施加社会影响,要求其成员学习特定的行为规范、形成特定的价值观念。不过,在社会化的过程中,个体并非无条件、无选择、机械被动地接受社会对其的影响,而是会表现出一定的主观能动性,从而反作用于社会。

人从一出生开始,就以自己独特的气质特点,开始与照料者发生相互影响。活动水平、情绪本质、反应强度、节律特点或趋避、适应性等不同的婴儿,对父母的要求、给父母的感受各不相同,父母教养的难易程度也不相同,教养方式也需要做出相应的调适。随着个体年龄的增长,自我意识的增强,这种自主能动性体现得更加突出。对于同一外界刺激,人们往往表现出不同的态度,适合个体兴趣、需要的就接受,与个体心理倾向相抵触的就排斥。由于个体已有的心理差异性,同一种社会环境造就了千差万别的社会人。

不仅如此,在某些情况下,个人通过坚持自己的行为,还会迫使社会调整原来的期望,接受个体传递的某些文化因素,发生变革。例如博斯曼,一名球技平平的比利时球员,却因为一场转会案件而改变了整个欧洲足球的秩序。

专栏 4-3

反向社会化——个人坚持可以改变社会秩序

由于不满列日俱乐部对他的不公平待遇,让-马克·博斯曼(Jean-Marc Bosman)决定在合同期满之后转会法国敦刻尔克俱乐部。但两个俱乐部因为转会费的争执而致使转会未成。1990 年 8 月,博斯曼把列日俱乐部和比利时足协告上法庭,两年后博斯曼又将官司打到了荷兰海牙的欧盟法庭,并向列日俱乐部索赔 72 万英镑。1995 年 12 月 15 日,比利时球员博斯曼赢下一场转会官司,并促成《博斯曼法案》的诞生。根据该法案,欧盟球员与欧盟的其他劳动者一样享有最基本权益。当一名球员与原俱乐部的合同到期后，他有权选择任何一家俱乐部，而原俱乐部不能从中收取任何转会费用。除此之外，凡是来自欧盟成员国的球员，在欧盟范围内的比赛中都不再受到外援名额的限制。而且，此举也加速了欧盟足球法制化进程。那些传统的足球游戏规则，比如球员转会制度、电视转播权制度、俱乐部收购和合并制度都将面临司法审查的挑战。

（三）共性和个性的辩证统一

社会化是一个文化传承的过程，由于共同的社会生活，共同的经验背景，同一社会文化背景——如同一国家、同一民族——下的成员都具有一些共同的心理特征，而不同社会文化中人们的特性也有所不同。

社会心理学家勒温(1936)认为，同一个国家的国民具有相同的人格特征，称为国民性。他比较了美国人与德国人的人格特征，并根据场的理论，提出个人生活空间的概念。生活空间是由环境和人组成的，生活空间中的个人、环境和人的行为全部是相互依存的。只要其中一方有变化，其他方面也就会发生相应的变化。勒温还认为，作为一个整体的人，其内部包括着相互依存的各部分。个人的心理活动可以分为两大部分，一部分是与外界环境接触的知觉运动领域，另一部分是内部的人格领域；而人格领域内又可进一步分为比较表面的外层和中心深层，这个中心深层又可进一步分为各种机能相联系的不同区域。人的心理的各个领域之间是相互制约相互影响的，所以人有个别差异。

从上述观点出发，勒温比较了美国人与德国人的国民性。作为后来移居美国的犹太裔德国人，勒温对这两个国家都比较熟悉。他认为，德国人人格的外围领域与中心领域的界线在较表面的部分，因此德国人不大能直率地与人交往；相反，美国人人格的外围领域与中心领域的界线在相当深的位置，所以他们比较开放，交往的范围也广泛。可是德国人因为界线比较表浅也比较脆弱，容易被打破，一旦界线冲破，就可以一口气开放到核心的深层，从而可以看透其内心，表现为彼此产生敌对行为，或彼此成为知己。而美国人的内心深层处于最中心，防守得很牢固，一般可以相处得很好，但他们不会轻易暴露出自己内心深处的东西，不太可能与他人推心置腹地成为知己朋友（见图4-2）。

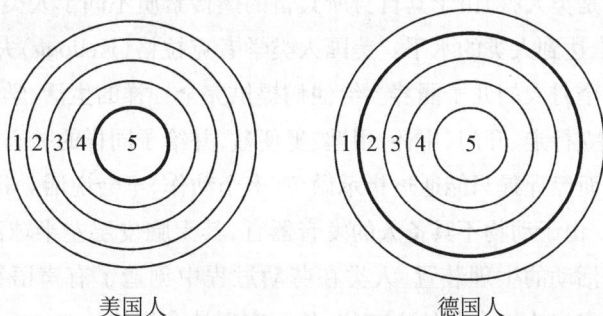

美国人　　　　　　　　　德国人

图4-2　勒温的国民性比较（采自 Lewin, 1936）

（图中粗线表示人格的外围领域与中心领域的界限）

但另一方面,社会化不是把所有成员都变成一模一样的人的过程,而是个性化的过程。社会化是随着各人所具备的条件(遗传的特性、生理需要和状态)而有选择地形成。人们即使生长在相同的环境中,但社会化的过程和内容,由于个人的特点(性别、年龄、智力、性格、体质等)而不完全一样。不同个体以自己独有的方式与周围社会环境发生着不同的互动,能动与选择使得人们的经验世界具有了与其他人不同的一面。因此,独特的遗传素质、独特的社会生活、独特的经历和经验,使个体在社会化的过程中,表现和发展出具有高度个人色彩的观念、情感、思维和行为方式,形成鲜活的个性。个性化使得个人可能具有超越现实而又改善现实的独特性与创造性。

社会化的目标,是将每一个社会成员培养成为适合所属社会需要的人。但一个社会如果只允许社会化的存在而扼杀个性化,它就可能长期在一种水平上简单重复,中国在数千年封建社会中从发达逐渐走向衰微和落后就是一个很好的例证;不过,如果一个社会过分放任个性化而忽视社会化,那么这个社会将可能冒失范、动乱和文化断裂的危险。在社会化与个性化方面,一个理想的社会应当既具有完善的社会化代理机构体系(如完善的教育体系)和社会化诱导机制(如完善的奖惩制度与法制体系),又能够给予合理的个性化以广阔的空间;而一个理想的个人,则应当是既能够较好地适应社会,又能够有充分的个人风格与独创性,具有始发社会积极变化的潜力。

第二节　影响社会化的因素

影响个体社会化的因素,有个体内在的生理、心理基础,也包括外在的全部社会环境。各因素都有自己独特的功能与意义,彼此间又相互交叉、重叠,相互影响,共同作用于个体的社会化进程。

一、遗传素质

人之所以为人,从生物学意义上来讲,正是由于物种在漫长的进化过程中所形成的独特的遗传素质,特别是人脑及其蕴含的发展趋势,为自然人发展为社会人提供了可能性。这可以从正反两方面来加以分析。

首先,动物(即使是类人猿)由于其自身所具备的遗传素质不同于人类,它们即便长期生活在人类社会中,也终难达到人类的水平。美国人类学者克拉格(Kellogg)夫妇曾将一只七个半月大的猩猩和自己九个月大的儿子同养。给他们提供完全一样的生活、学习环境:两者同样穿衣、喂食,同样练习站立行走、开门、用杯、用匙、坐便盆,并给予同样的关心爱护。八个月后,孩子会说20多个单词,而黑猩猩只能通过指示做70多个动作,不会说话。其他学者也作过类似的尝试,但结果相同。由于动物不具备人的发音器官,其大脑皮层左半球没有语言中枢,而人的大脑皮层上有语言活动的生理装置,人类在劳动过程中创造了有声语言和文字符号,因此人的学习乃是以语言文字为中介与他人交往,从而实现社会化的。

而那些由于特殊原因长期脱离人类社会生于山野之间的人类个体,一旦回到人类社会,便在一定程度上能够恢复人的行为。比如1972年,在东南亚森林里发现了一名日本二战的逃兵,他在森林里整整生活了28年,连话都不会说了。回归人间后81天,一切都恢复了正常,后来他还结婚成家。究其原因,除了周围环境的影响外,主要是因为他是人类信息的携带者。在其体内存在着由上代所遗传给他的心理活动和行为方式的结构与功能。因此只要在一定的社会条件的影响下,这些先天的由人类进化而来的潜能就能转变为现实。当然,人类潜能的展开和发展,需要早期的社会刺激并具有一定的"关键期",像前面所提到的狼孩卡玛拉和私生子安娜,由于过早地与正常人类社会相隔离,错过了语言、智力等发展的关键期,后期的回归训练对他们发展为正常的社会人效果有限。

以上事例说明,人类的遗传素质,乃是一种由上代为下代提供的有利于人类从事社会活动的特殊素质,可以认为,这种素质本身也就包含了人类实践活动的社会因素,并以生物体内的物化形式(遗传信息、大脑中枢系统的结构、功能等)遗传给后代,所以,人类的这些特殊素质体现了它对环境因素的内化作用,从而为人的社会化奠定了生物学基础。

此外,个体先天具有的其他生理、心理特征,也会影响到其在社会化过程中与周围他人的相互作用。比如父母对长相漂亮的孩子和长相一般的孩子,或对听话与难缠的孩子的行为就有很大不同;而孩子的气质类型是否符合父母的喜好或期望,也会影响亲子之间的关系,从而影响其社会化。

二、社会文化

文化是凝聚在一个民族的世世代代和全部财富中的生活方式的总和。它包括衣食住行等生活方式,待人接物、举止言谈等交际方式和态度,及哲学、宗教、道德、法律、文学、艺术、风俗传统、科学中的思想方法等等。

文化是无所不在的,由于传统的原因,也由于人类社会关系的多样性与复杂性,即使是一些简单的事物,哪怕如同动物一样的基本需要,也都会蒙上一层文化模式的外衣。动物饿了,只要看到有吃的食物,它就吃,而人一般要等到开饭的时间才可以吃,一日三餐是约定俗成的,吃东西的时候还要遵守一定的规则礼仪(如注意清洁、使用碗筷刀叉、长幼有序等),甚至还发展出更为丰富的"饮食文化";再说打喷嚏,这乍看起来纯属生理现象,但也发展了一些小小的习俗,如有人赶紧用手帕捂住鼻子,有人打过喷嚏后会说声"对不起";再比如疼痛,从根本上来说是一种生理现象,但在人类社会中,就具有了社会文化的重要意义。有人对87名不同种族文化的住院病人进行系统观察研究发现,犹太人与意大利人会夸大疼痛,他们会毫无顾忌地抱怨、呻吟、哭叫、呼喊,以期得到医生和家属的同情与帮助,他们对这种外显表露并不感到难堪;而爱尔兰人和美国人则不然,他们能忍受极大的疼痛,认为抱怨、呻吟、呼喊无助于减痛,即便是痛得忍受不住,他们也宁可到单独的房内去哭叫,尽量不在他人面前表现出痛苦来博得怜悯。可以说,人们一切活动都是文化的产物。

对社会化中文化因素的关注,当首推文化人类学家,他们对社会化的理解比较偏重社会化过程中文化的承继和个体对社会文化的适应。比如他们经常用以指代社会化的一个词"濡化",英文中是 enculturation,有"在文化中"或"进入文化"的含义,其首创者美国文化人类学家赫斯科维茨(Herskovits)将之定义为，"人区别于其他动物的学习经历，人在生命开始和延续中借此获得适应自己文化的能力"；另一位美国人类学家哈维兰(William A. Haviland)更为直接地指出：文化从一代传到下一代的过程谓之濡化。

文化在社会化的早期，就已经打上了深深的烙印，从而影响人一生的行为。为此，许多社会心理学家作了广泛的研究。美国心理学家富拉埃(Fry, 1986)选择了在新德里上小学的印、美两国儿童做实验。富拉埃发现两国儿童的行为有很大差异：印度儿童善于模仿顺从的榜样，他们认为听话是一种好孩子的标准，而美国儿童显然对顺从的榜样很反感，顺从的榜样反而会激起他们的逆反心理，他们似乎觉得一个孩子公开地表示服从成人的命令是不可思议的。美国心理学家勃朗芬伯兰姆(Planfen blamm, 1986)也对苏联和美国两国儿童进行了研究，发现两种文化的儿童在道德判断的标准上存在着很大的差异，苏联儿童更倾向于成人的行为标准，而美国儿童则倾向于同伴的行为标准。勃朗芬伯兰姆把这种差异归因为社会文化因素的不同。

文化也是父母教养观念的重要来源。如在东方社会中，父母与孩子的一体感更强，父母会将自己的愿望加于孩子身上，希望孩子按照自己所设计的道路发展；而在西方社会中，父母更多的是让孩子选择自己的道路，更加重视孩子的独立和自主。

专栏 4 - 4

不同文化的典型人格

文化人类学中的文化心理学派提出，每种文化都有其典范人格，不同的文化特征培育了不同的人格类型。文化人类学家露丝·本尼狄克特(Ruth Benedict)曾于20世纪20年代考察了北美的一些不同部落，发现几种不同文化中人格的差异。其中，她借用了希腊悲剧研究中使用的"酒神型的人"和"太阳神型的人"来表示两种典型的人格类型。北美印第安文化的人追求的最高存在价值是挣脱生存的种种限制，达到无拘无束的状态，他们崇尚酗酒的心态，相信暴行可导致大智大悟，只有暴行才能够改变日常生活的感觉经验形态。有时，酒神型的人在敬神过程中用绝食、自我折磨、服用酒和药物等方法引发宗教的

露丝·本尼狄克特
(1887—1948)

幻魔。而北美配布罗部落的文化中的人则是典型的太阳神类型的人，他们对纵酒纵欲深恶痛绝，保持中庸之道，节制有度，追求心灵平静，不受分裂的心理状态的干扰。在配布罗人看来，自我折磨和折磨他人的狂态是不可思议的。

(资料来源：http://baike.baidu.com/view/248535.htm)

三、家庭

家庭是个体社会化发展的重要场所，社会文化对个体影响的代理人，首先是家庭中的父

母。家庭双亲在教育子女、与子女相处中，自觉不自觉地会把自己内化的社会文化灌输给子女。他们根据社会规范和价值标准、风俗和传统习惯来判断和要求子女的言行。通过父母的影响及指导，个体获得了最初的生活经验、社会知识和行为规范，而且这种影响还将会伴随终生。影响个体社会化的家庭因素主要有以下几方面：

（一）家庭背景

家庭是个体所处的微观环境之一，特别是在儿童期，家庭是个体接触最早也是最多的教化场所。从儿童一出生起，家庭便赋予他诸如种族、阶层、宗教、经济状况、地域特点等多种社会特征，这些特征中的每一个都可能对他日后的社会化发生有力的影响。这些先赋特征不仅决定了个体社会化的特定内容（如与照料者相一致的宗教信仰、政治观点或风俗习惯等），而且也会影响到其社会化的途径、方式和结果（如农村和城市居民在各种教育资源的可利用性上存在巨大差异）。

例如，关于家庭经济、社会背景对子女受教育机会以及个人发展的影响，是人们所关注的一个问题，在国际上已经有很多相关的实证研究。其中最有影响（也是最有争议）的是美国1966 年公布的科尔曼报告（Coleman Report）。该报告通过对美国 3000 多所学校、约 65 万学生和 7 万教师的相关数据分析，认为在诸多因素中学生的家庭社会经济状况（SES）对学生成绩的影响最大，而学校和教师特征则只有很小的影响；日本全国性的社会分层与社会流动调查显示，在分析父亲职业、父亲学历、本人学历、本人初职、本人现职五个变量之间的关系后发现，父亲的职业和学历对个人的教育成就和现职都具有巨大影响，并得出结论——"理应平等的教育机会，事实上随出身阶层而异"；法国学者布尔迪约等分析了法国、波兰、匈牙利等国高等教育入学机会问题，同样发现各国高等教育机会在不同社会阶层中差异悬殊，"高级职员儿子进入大学的机会，是农业工人儿子的 80 倍，是工人儿子的 40 倍，是中级职员儿子的 2 倍"。有学者将上述现象称为"社会再造"，并认为教育是复制和再造不平等的社会结构并使之合法化的最重要的工具。

我国学者文东茅（2005）对我国高等教育公平性也进行了实证调查研究。通过对北京大学"高等教育规模扩展与毕业生就业"课题组 2003 年高校毕业生就业状况的问卷调查的结果进行分析，他得出以下几点结论：第一，在我国高校学生群体中，尽管来自不同家庭背景者都占有一定的比例，但来自较高社会阶层家庭的学生占有的相对比例更高，说明不同家庭背景子女接受高等教育的相对机会并不均等；第二，家庭背景不仅通过影响子女高考成绩进而影响其接受不同层次公立高校的机会，也会在成绩一定的情况下影响子女选择学费更贵的民办高校的可能性，从而导致重点院校学生家庭背景优于普通院校、民办高校学生家庭背景则优于同层次公办院校的现象，说明不同层次、类型高校教育机会的分配也不均等；第三，来自不同家庭背景的毕业生就业结果不同，家庭背景越好，毕业时的落实率、升学率和起薪越高，说明不同社会阶层子女受高等教育之后的结果也不均等（见图 4 - 3）。文东茅认为，此结果可以通过以下图示进行解释，即父母的职业、学历、收入、身份等将决定家庭拥有的经济资源、文化资源、组织资源及社会资源，这些资源都通过不同方式影响学生基础教育和高等教育阶段的学业，从而使家庭背景能直接或间接地影响子女最终的就业状况。

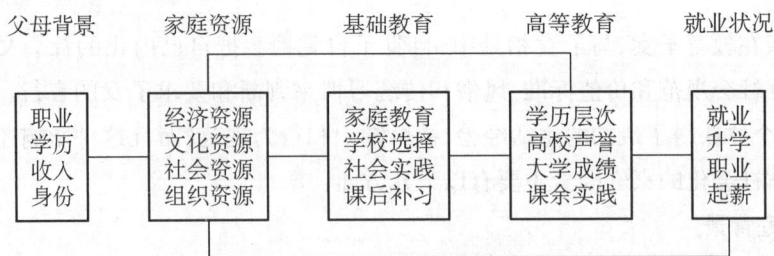

父母背景	家庭资源	基础教育	高等教育	就业状况
职业 学历 收入 身份	经济资源 文化资源 社会资源 组织资源	家庭教育 学校选择 社会实践 课后补习	学历层次 高校声誉 大学成绩 课余实践	就业 升学 职业 起薪

图 4-3 家庭背景、教育与就业的关系

（采自文东茅，2005）

专栏 4-5

社会流动与教育公平

2004 年 8 月，中国社科院"当代中国社会阶层结构课题组"发布一份报告显示，从 1980 年以来，在处于较为优势地位的国家与社会管理者、经理人员、专业技术人员阶层中，代际继承性明显增加，代内流动明显减少；而处于经济社会位置较低阶层的子女，要进入较高阶层，其门槛明显增高；两者间的社会流动障碍在强化。其中在这份报告中，教育方面存在的问题，被列为抬高中下层子女向上流动的门槛的第一位。[1]

2005 年，"我国高等教育公平问题的研究"课题组发布的研究结果表明，清华大学、北京大学、北京师范大学等国家重点大学，20 世纪 90 年代以来招收的新学生中，农村学生的比例呈下降趋势：清华大学 2000 年农村学生的比例为 17.6%，比 1990 年减少 4.1 个百分点；北京大学 1999 年农村学生比例为 16.3%，比 1991 年减少 2.5 个百分点；而北京师范大学 2002 年的农村学生的比例为 22.3%，比 1990 年减少了 5.7 个百分点。[2] 而与此同时，课题组对 2003 年唐山学院、华北煤炭医学院、河北理工学院的高校在校生的调查表明，2003 年，农村学生的比例占到 63.3%，比 2001 年高 7.9 个百分点。这表明，近年来，新增加来自农村的大学生主要分布在非重点的地方院校。

向上流动倍感艰难的不仅仅是农村少年。2004 年，厦门大学教育学院课题组对全国 34 所高校的生源状况进行调查后发现，普通工人阶级子女考入重点高校与普通高校的比例分别减少了 7.9% 与 5.6%。

北大学者、"蚁族"概念的提出者（《蚁族》一书的作者）廉思与其团队走访全国的蚁族后发现，家庭状况与所考入的学校成正比，"出身越底层，上的学校越差"，而且这一趋势正在被加剧和固化。

2011 年 8 月，《南方周末》刊登一篇以"穷孩子没有春天？寒门子弟为何离一线高校越来越远"为题的报道，一时舆论哗然，评论铺天盖地。中国高等教育的公平问题再次成为民众声讨对象。

---

[1] http://newspaper.lndaily.com.cn/lnrb/200504/5819320050405.htm.

[2] http://jiangxi.gp2011.teacher.com.cn/GuoPeiAdmin/TeachingIntrospection/TeachingIntrospectionView.aspx?TiID=20017.

2011 年 10 月 28 日,中国人民大学在其官方网站上公布了该校的自主招生政策:在 2012 年自主选拔录取招生考试中实行"校长直通车计划"和"圆梦计划"。人民大学推出 50 个名额的"圆梦计划"主要面向在县及县以下地区学校就读、学习成绩优秀或具有某方面培养潜能的应届农村高中毕业生。被中学推荐的考生,原则上要求平时成绩排名为所在中学的前 10%、且家庭中三代无大学生的农村学生。清华大学也有类似举措,在 2012 年自主招生中就专门推出了"自强计划",该计划面向长期学习、生活在农村地区、边远贫困地区或民族地区,自强不息、德才兼备的高中毕业生。其他很多学校也开始类似尝试。

(二) 家庭结构

在家庭中,儿童同哪些成员交往、谁是教育的主要执行者等问题,关系到家庭的结构和类型,对儿童社会化会产生影响。日本学者梅田文绘通过对独生子女的研究,曾发现不同家庭结构中独生子女具有不同的个性特征(见表 4 - 1)。

表 4 - 1　家庭结构与独生子女的个性特征

家庭结构类型	儿童个性
生身父母　祖父母	自负、忧郁、神经质、挑剔、虚荣心、嫉妒心
生身母亲	好胜、神经质
生身父亲或母亲	勇气、想象力、好胜、意志力、依赖心、拘谨、感情用事、神经质、真诚、虚荣心
养父养母	自怨自艾、高傲、吹嘘、观察力注意力薄弱、感情用事、忧郁、神经质、真诚、早熟
有双亲的大家庭	自私、自怨自艾、勇气、吹嘘、观察力注意力薄弱、拘谨、神经质、真诚、虚荣心、早熟、宽容
父母不全的大家庭	自负、真诚、逞强、交际性

注:加着重号者为典型特征。
(采自北京师范大学教科所,1988)

结构简化和规模缩小是当代家庭变迁的一个主要趋势,就我国历次人口普查数据所显示的户平均人口数来看,1974 年为 5.35 人,1982 年为 4.43 人,1990 年为 3.96 人,2000 年为 3.44 人,而 2010 年则为 3.10 人;从家庭类型来看,2000 年第五次全国人口普查数据与第三、四次人口普查数据相比较,三代直系家庭相对稳定,夫妇核心家庭、隔代直系家庭和单人家庭均有明显上升,缺损核心家庭(单亲家庭)明显减少,标准核心家庭(一对夫妇和其子女组成的家庭)有所下降。这和我国人口政策有关,也和社会经济、文化等方面的发展变迁相联系。而家庭结构的变化使得家庭功能及家庭成员关系方式发生改变,这将对各家庭成员乃至整个社会产生影响。这里我们主要讨论两个与此相关联的问题。

1. 隔代教育问题

"儿孙满堂"曾是我国传统家庭观念中一个重要的符号。在几代同堂的家庭中,人口较多,规模较大,层次较复杂。儿童在家庭中要和几代成员交往,扮演着子女、孙子女等多种角色,通过对祖辈、父辈及他们彼此间相处的观察,学习与锻炼适应社会生活的能力和交往能力,促进个体社会化。而且,祖辈丰富的人生阅历,还能使儿童习得一些优良的文化传统。其实,即便如今,我国老人在孙辈的养育中仍担负着重要的作用,这可以减轻年轻父母和社会保障的压力;同时,含饴弄孙、尽享天伦也是老人晚年的一种生活乐趣。但相伴随的,有关"隔代教育"的一系列问题也凸显出来。

我国学者吴凤岗的研究表明,两代人家庭的幼儿个性发展水平高于三代人家庭的幼儿。两代人家庭幼儿在独立性、自制力、敢为性、合群性、聪慧性、情绪特征、自尊心、文明礼貌及行为习惯等九个方面均好于三代人家庭幼儿。此项研究结果还表明,在各个年龄上,不同家庭结构给儿童社会化发展带来的影响也是不稳定、不均衡的。

另有研究发现,隔代带养儿童问题行为检出率高于父母带养儿童(王芳芳,1989;邓长明等,2003);甚至在青少年犯罪中,隔代教育也往往被认为是重要的影响因素之一(张文莉等,2003;童春旺,2004)。特别是随着农村大量农民出外谋生,为减少支出,降低风险,农民夫妇外出时常将未成年子女留给父母照管,从而导致隔代直系家庭显著增加,这些"留守儿童"的教育问题越来越引起人们的关注和担忧。

总的来说,祖辈在精力、见识、观念等方面,相对弱于父母,一定程度上会制约孩子的社会化。但其在时间、耐心、经验、阅历等方面则占有优势。另外,在三代直系家庭中,容易出现两代人教育观念和方式的冲突,而祖辈偏向于袒护,这易于给孩子钻空子,成为两面派或者无所适从。这一方面需要祖辈有所意识并能积极进行调整,扬利除弊,明确自己的辅助地位,避免越俎代庖;更重要的,是为人父母者应该清醒地认识到,抚养未成年子女是父母的法定义务,亲子教育是家庭教育中最基本的组成成分,隔代教育只能是亲子教育的补充而绝不能替代亲子教育。

2. 独生子女问题

我国从 20 世纪 70 年代末开始实行计划生育政策,至 1998 年底,独生子女已逾 7000 万,从而引起全社会的广泛关注。当前,独生子女的心理、个性品质特点,已成为心理学、教育学、社会学、医学、人口学等学科的重要关注点。

独生子女并非我国特有现象,西方国家对独生子女的研究已有近百年历史。美国心理学家霍尔(Gstanley Hall, 1907)认为"独生子女本身就是一种病态",并且多数美国人至今仍认为独生子女是不利的,他们认为独生子女有适应不良、自我中心、固执等个性缺陷。而与此相反,法尔博(Toni Falbo)对 1925—1984 年期间发表的有关独生子女的研究进行分析,发现独生子女控制力、自主性、心理成熟等个性特点优于非独生子女,除此之外,独生子女与非独生子女之间并不存在差异。

我国独生子女与西方国家相比有其特殊性,无论从数量、结构和成因以及社会经济和文化背景都存在较大的差异。我国教育和心理工作者自 20 世纪 80 年代初开始,对独生子女开展了大量的研究工作,多以儿童少年为研究对象,近来也有不少关注独生子女青年如大学生等的发展特点。由于研究方法不同,研究对象的年龄、数量存在差异,所得到的结论尚不一致。比较普遍的观点认为,在心理和行为方面,两者并不存在本质上的差异,但在某些方面又确实存在差异。如华东师范大学课题组(1998)所做的独生子女与非独生子女大学生的现状比较研究发现,总体上两者在思想、求职、学习、经济水平、恋爱、交友等方面差异并不存在显著性,但独生子女缺乏奉献精神、注重优越的物质生活和对家庭的依赖性较强。也有人提出独生子女是一个具有时间性、地域性特征的整体概念,独生子女与非独生子女之间的差异会随着年龄和社区的差异而有所不同,年龄越小两类儿童之间的差异越大,农村两类儿童之间的差异比城市两类儿童之间的差异更大(风笑天,2006)。

独生子女充分独享父母之爱,在精神上得到满足,有强烈的安全感和归属感,这有利于培养孩子活泼、健康、积极、主动、进取的良好品格。而家庭中兄弟姐妹的缺失,会让他们相对缺少与同伴交往的早期经验,不利于从"自我中心"中解脱出来;同时,由于家长承担起同伴的角色,也容易让孩子在语言上、心理上表现出早熟化、成人化的特征。此外,独生子女在家中的独特地位则容易让父母把全部的爱和希望都寄托在他们身上,无原则地迁就、依顺、包办一切,从而造成他们心理幼化、特别是生活能力和自我管理能力较低。当然,这也与现在家庭教育、学校教育普遍重智轻德、片面强化某一方面的社会化内容而忽略其他相关联。

(三)家庭氛围

在一个家庭中,成员之间互相尊重爱护,以礼相待,为人处事通情达理,就会形成一种安定和睦、温暖融洽、民主平等、愉快欢乐的家庭气氛。这一方面让儿童感受到了爱的浸润,而爱尤其是母爱是儿童健康发展的重要因素。著名的哈罗恒河猴实验已经充分证实了这一点。婴猴在缺少母爱的情况下,不仅心理上产生了异变,甚至连生理发展(如性行为)都受到了影响;另一方面,家庭成员间的友爱行为也为儿童提供了积极模仿的榜样,而儿童与照料者之间的关系模式也会影响到其日后与他人交往的模式和质量,这在有关依恋的研究中也已反复得到证实。

相反,许多研究表明,家庭成员尤其是父母冲突对子女有创伤性的影响。父母冲突会使孩子的心理机能恶化(Kompton, 1989),在以后的生活中容易出现心理病理症状(Dreman, 1989)。由于父母的冲突,使孩子产生强烈的情绪波动,如果父母经常发生冲突,孩子极易出现情绪混乱(Parper, 1988),其社会适应能力较差(Darmezy, 1987),子女患精神分裂症的可能性较大(Goldstein, 1984)。有人还发现,有严重家庭冲突但没有离婚的家庭,对孩子的不良影响比离异家庭的更严重,孩子表现出更大的攻击性,出现的行为问题更多(Emony, 1982)。

近些年来,世界各国的离婚率普遍上升,我国也有同样的趋势,有很多儿童生活在离异家庭之中。国内一些研究表明,生活在这类家庭中的儿童表现为爱哭、放荡不羁、胆小多虑、冷漠、悲观、孤独、易烦躁、易发怒、固执、敌视等;他们与人关系不好,经常会与同伴争吵、打架,学习不认真,学习成绩差,自我控制能力较低,在情绪、品德、性格、学习等方面容易出现问题,甚至发生反社会行为(陈会昌,1990;丁淑芳,1990;张铁成,1990;高月梅,1991;刘光中,1991)。但解决这一问题的方法,不是勉强维持家庭的完整,最重要的是使儿童生活在良好的家庭气氛中。由于父母长期的分歧、敌对、争吵不休、紧张冲突,会使子女的内心产生严重的焦虑与矛盾,变得多疑、心神不宁或神经质,甚至导致心理变态或犯罪行为。

另外,沉闷而缺乏沟通的家庭环境,也会给家庭成员带来精神的压抑,容易形成孤僻、无助和冷漠等不良个性。

(四) 教养方式

家庭教养方式是指父母在抚养、教育儿童的活动中通常使用的方法和形式,是父母各种教养行为的特征概括,是一种具有相对稳定性的行为风格。

在诸多的家庭因素中,父母的教养方式是影响儿童社会化发展的最直接最重要的因素,也是家庭内外诸多因素影响儿童发展的重要中介。正是通过父母对子女的教养行为,才把社会的价值观念、行为方式、态度体系及社会道德规范传递给儿童,并由此构成了儿童社会化的具体内容和目标,为其将来的发展做好心理上的准备。从20世纪40年代起,许多心理学家从亲子关系的角度,采用类型学的研究模式,探讨了父母的教养方式对儿童社会化发展的影响,他们的研究都证实了两者之间存在着密切的联系。

最早研究父母教养方式对儿童社会化影响的是美国心理学家西蒙兹(P. M. Symonds)。他提出了亲子关系中的两个基本维度:一是接受——拒绝,二是支配——服从,以此来说明父母的教养方式对孩子的影响。他在研究中发现,被父母接受的孩子一般都表现出社会所需要的行为,如情绪稳定、兴趣广泛、富有同情心等;被父母拒绝的孩子大都情绪不稳定、冷漠、倔强并具有逆反心理倾向。受父母支配的孩子比较被动顺从,缺乏自信心,依赖性强;让父母来服从自己的孩子表现为独立性和攻击性强。

之后,日本心理学家诧摩武俊和美国心理学家鲍德温(A. L. Baldwin)等都进行了母亲养育态度与儿童个性关系的研究,得出了比较一致的结论(见表4-2和表4-3)。

表4-2　母亲的教养态度与儿童的个性(日:诧摩武俊)

母亲态度	儿童个性
1. 支配的	服从、无主动性、消极、依赖、温和
2. 照管过甚的	幼稚、依赖、神经质、被动、胆怯
3. 保护的	缺乏社会性、深思、亲切、非神经质、情绪安定
4. 溺爱的	任性、反抗、幼稚、神经质
5. 顺应的	无责任心、不服从、攻击、粗暴
6. 忽视的	冷酷、攻击、情绪不安、创造力强、社会性
7. 拒绝的	神经质、反抗、粗暴、企图引人注意、冷淡
8. 残酷的	执拗、冷酷、神经质、逃避、独立
9. 民主的	独立、爽直、协作、亲切、善社交
10. 专制的	依赖、反抗、情绪不安、自我中心、大胆

(采自叶奕乾、杨治良等,1982)

表 4 - 3　母亲养育态度与儿童的个性(美:鲍德温)

母亲态度	儿童个性
1. 支配性的	消极、缺乏主动性、依赖性、顺从
2. 干涉性	幼稚的、癔病、神经质、被动
3. 娇宠性	任性、幼稚、神经、温和
4. 否定性	反抗、暴乱、自高自大、冷淡
5. 不关心性	攻击、情绪不安定、冷酷、自立
6. 专制性	反抗、情绪不安定、依赖性、服从
7. 民主性	合作、独立、直爽、善社交

(采自叶奕乾、杨治良等,1982)

　　鲍德温采用家庭拜访和观察家庭互动的基本频率的方法,重点研究了父母的宽容民主对儿童社会化的作用。他认为,宽容民主就是儿童在家庭中享有参与家庭管理的权利,家庭中不存在强制性的建议和管理。结果发现,采取宽容民主教养方式的父母,一般受教育程度较高,儿童在这样的家庭中易形成爱憎分明的社会行为,如攻击行为和领导行为,儿童的求知欲高、好奇心强并极具创造性。同时研究还发现,限制而不宽容家庭中的儿童表现出了与此完全相反的特点。

　　继鲍德温之后,20 世纪 70 年代,美国著名的女心理学家鲍姆林德(D. B. Baumrind)也采用观察研究的方法,重点研究了处于不同家庭环境中的限制对儿童社会化的影响。她认为,父母对儿童的限制应分为"严格合理的限制"和"惩罚性的限制"两种,由此提出了影响较大的三种父母教养方式,即权威型、宽容型和专制型。按照她的解释,权威型的父母认为自己在孩子心目中应该有权威,但这种权威来自父母对孩子的理解、尊重,来自他们与孩子的经常交流及对子女的帮助,他们的抚养特点是理性、严格、民主、耐心和爱;宽容型父母很少向孩子提出要求,他们给孩子最大的行动自由,把尊重孩子的个人意愿放在首位,甚至采取"听之任之"的态度,所以有时也被称为"溺爱型"或"放任型"的父母。宽容型父母和子女的沟通与交流比较好,在子女需要帮助时,他们也愿意提供帮助;而专制型父母则要求孩子绝对地服从自己,孩子的自由是有限的,父母希望子女按照他们为其设计的发展蓝图去成长,希望对孩子的所有行为都加以保护监督,他们与子女之间的关系是不平等的,是一种"管"与"被管"的关系,因此,两代人之间的沟通是不好的,虽然家长的心是好的,但往往不能向孩子提供切实有效的帮助。根据鲍姆林德对学前儿童的研究表明:权威型家庭中的儿童具有更多的社会责任感和成就倾向;宽容型家庭中的儿童缺乏独立性;专制型家庭中的儿童缺乏社会责任感。

　　最近的研究也提出,父母的支持、奖赏、指导和适当的反应,这些教养模式影响了儿童能力的发展。而对孩子的适当要求不仅可以促进儿童认知的发展,而且还能促进其社会能力的发展,特别是当要求和对儿童的支持与反应结合的时候更有效。

　　近年来,我国心理学家围绕亲子关系与儿童社会化和心理发展也进行了一系列研究。包括桑标(1991)和日本横滨国立大学合作进行的一项题为"亲子关系和幼儿性格发展的中日跨文化比较研究";淘沙等人(1994)进行的"3—6 岁儿童母亲教养方式及影响因素的研究";林磊

(1995)进行的"幼儿家长教育方式的类型及其行为特点的研究";钱铭怡等(1996)进行的"青少年人格与父母养育方式的相关研究";刘金花(1997)进行的"父母教养方式与儿童社会性发展研究"等。他们的研究一方面验证了西方的研究结果,另一方面又在具体的研究方法上有所突破,即打破单一维度而进行多维度的亲子关系研究,并提出了影响父母教养方式的主客观因素,同时也揭示了中国父母教养方式的特点、分布及一些跨文化差异。

国内外研究都证明,父母教养方式对个体社会化发展存在重要的影响,不过,正如霍夫曼(1984)曾经指出的,判断一种管教方式的影响力如何,要看它是否比其他方式更适合它特定的管教对象。所以,这种影响的具体途径和结果,还应该放在亲子关系的互动机制中进行考察。

专栏 4-6

爱与罚——虎妈狼爸

2011年初,一场关于中西方教育模式的论战兴起于传统媒体和互联网世界。争论的导火索是一本名为《虎妈战歌》的畅销书。该书作者美籍华裔女教授蔡美儿,以自传体式回忆录讲述其如何严格教导两个女儿,并称以强迫压力为特点的中国传统管教方式远胜西方的散放式教育。一石激起千层浪,纽约时报、时代周刊等各大媒体竞相予以专题报道,讨论的话题亦超越中美教育模式和文化差异范畴,被提升到国家竞争层面(周慈波,2011)。[①]

虎妈未走,狼爸又现。2011接近年底,凭借"三天一顿打,孩子进北大"的教养口号,狼爸萧百佑又被推向了风口浪尖。认同与质疑此起彼伏。

虎妈狼爸之所以备受关注,反映出当代中国家庭教育的迷茫与焦虑,折射出"不打不成才"、"棍棒出孝子"等中国传统的严苛教育理念仍然根深蒂固。现代父母虽然艳羡西方儿童的无忧童年,但是资源有限竞争激烈的现状又让人们不得不牺牲眼前的幸福,快马加鞭奋力向前。

不过,虎妈说,《虎妈战歌》中所使用的一些词语看上去严厉,其实是想幽默地表达这个育儿过程。她认为,严格的要求,必须和爱相结合,否则你就是很坏的父母。而狼爸说,"三天一顿打,孩子进北大"的口号有夸张的成分,"打"在他的教育中不及万分之一,并且是以科学和爱为基础的。他坚称自己是"全天下最好的父亲"[②]。

霍夫曼等人曾专门研究了惩罚这一普遍性的教养方式对儿童社会化的影响。他们把惩罚分为强制和"爱的收回"两种。强制是指父母对儿童的体罚、冷漠地拒绝、剥夺以及威胁等。他们的研究表明,强制方式会阻碍儿童对社会道德规范的内化,同时也会降低儿童良知的发展。之所以会产生这样的结果,是因为强制会引发孩子的敌意,同时又提供了一个表达敌意的方式,即父母的惩罚方式无意中向儿童提供了如何打人的模式。

---

① http://news. xinhuanet. com/book/2011-11/15/c_122280395. htm.
② http://paper. people. com. cn/rmrbhwb/html/2011-11/26/content_966928. htm? div=-1.

"爱的收回"是一种心理上的惩罚方式,它表现为父母不理睬、孤立儿童,对儿童表示失望等。这种惩罚方式会导致父母与儿童感情的破裂,使儿童体验到对自身安全的威胁和焦虑感。霍夫曼等人的研究表明,父母使用这种方式,会使儿童产生过重的内疚感,刻板地而不是灵活地去遵守社会行为规则。但鲍姆林德后期和金(King)的研究又指出,那些有着强烈的亲社会行为和道德责任感的儿童,他们的父母对其的惩罚常富有情感性,并伴随着合理的解释,而且父母一般采用权威型的教养方式。鲍姆林德在以后的研究中也认为"那些有适应社会能力的学龄前儿童(即那些对小伙伴热情、开朗、自信,对成年人和善的儿童)的父母在孩子们面前有着自己的权威,这种权威表现为给孩子们制订严格的(行为)准则,同时也向他们清楚地说明对他们施加限制的原因"。

(五) 孩子在家庭中的位置

儿童在家庭中的位置,是相对于其他家庭成员而言的,如长幼之序。这些看似自然的关系,也往往会产生巨大的心理效应。有关儿童与祖辈、父母之间的关系,在前面已都有涉及,这方面研究比较多的还有出生顺序对儿童发展的影响。

在多子女家庭中,兄弟姐妹彼此的影响是深刻的。他们共同制订和维持标准,提供仿效的原型和值得考虑的劝告,在相互交往中发展并练习了相互作用的技能,有助于各自个性和社会性的发展。不过,由于性别、排行、间隔年龄、家庭中儿童总数及父母对待方式等方面的差异,儿童也会表现出不同的特点。出生顺序与个性特征间的关系是很多研究者关注的一个问题(见表4-4)。

表4-4　儿童出生顺序与个性特征

研究者	研究的结果
伯德尔(I. E. Berder)	独生子或长子有稍高于平均水平的支配性,末子有比平均水平稍低的支配性。
加曼(A. German)	孩子出生顺序早的对痛苦的感受性大。
艾森伯格(P. Eisenberg)	长子或独子比中间的孩子或末子更有优越感。
福斯特(S. Foster)、罗斯(B. M. Ross)	嫉妒性较强的儿童中长子比较多。
埃利斯(H. Ellis)	小家庭中长子成为名人的概率大,而大家庭中末子成为名人的概率大。
维特(G. E. Vetter)	在过激的人中,独生子所占的比例较大,在保守性的人中长子较多,末子也相当多。
古迪纳夫(F. L. Goodenough)	长子往往有较少的攻击性、指导性和自信心,而且较为内倾。
莱希(A. M. Lachy)	末子往往是畏首畏尾,独生子攻击性、自信心往往都很强。

(采自叶奕乾、杨治良等,1982)

美国学者萨洛韦(Frank J. Sulloway)曾对西方科学史(尤其是包括达尔文主义革命在内

的几十次突破性科学革新与革命)和社会变革史(尤其是宗教改革运动和法国大革命)进行了深入研究和资料整理,搜集了六千多位重要历史人物的生平事迹,并对史实和有关假说用科学方法反复加以验证,目的在调查究竟是什么因素决定人们对待科学和社会变革的态度。与很多学者的看法不同,萨洛韦得出结论:一个人倾向于支持还是反对科学和社会变革,其决定因素存在于家庭内部(即个人成长的环境,尤其是出生顺序以及从而形成的个性),而不在于各个家庭之间(即社会经济地位)。他在所著的《天生反叛》一书中指出:一起长大的同胞几乎像出生于不同人家的人那样有着不同的个性。个人人格的形成不仅与不同的家庭相关,而且与在同一个家庭内出生的顺序相关。是头生的还是后生的,或者是末生的,这个出生顺序对于每个孩子人格的形成具有特别重大的影响。就叛逆人格的形成而言,他认为,这有着头一位的影响。"头生子女更易为权力和权威所认同,这是自然的。他们最先出现在家庭里,往往凭借着身高与体力上的优势维护着自己的特殊地位。与自己的弟妹们相比,头生子女更武断,与人交往中更好支配他人,更有雄心,更怕丧失自己的地位,也更善于采取防御的姿态。而后出生子女由于在家庭体系中处于劣势,往往对现状提出质疑,有时还会逐渐形成'革命性的个性'。后出生子女往往以革命的名义对他们所处时代认为是确立已久、理所当然的事情提出异议。历史上无畏的探险家、破除传统观念的人,还有持异端邪说者大都出自他们当中。"

如《手足间的竞争》(Sibling Rivalry)一书的作者、儿童心理学家沃尔夫森(Richard Woolfson)博士所说:"有明显的证据表明,出生顺序与性格有关——生活常识告诉了我们这一点。萨洛韦只是将此引向了极端。"

四、学校

学校的作用主要是把社会规范、道德的价值观以及历代所积累下来的知识、技能传授给下一代。与环境的自发影响相比,学校有一定的教育方针、培养目标,有计划、有步骤地对下一代施加影响,以使学生实现社会化。但正如怀特所提出的,所谓儿童的社会化,就是要使得他获得某种社会的技能、规则、态度和信念,这与掌握如科学、数学和历史之类的学术性学科是不同的。所以,学校教育在儿童社会化中的使命,更要侧重其学术性学习之外的意义。

学校通过各种教材、教师人格、教育方式、考试与考核、学生的各种组织——学生会、合唱队、兴趣小组等对学生的社会化发生影响。其中,有些作用是具体而明确的,如有关思想品德、行为规范、文化修养等的课程要求;有些影响则是潜移默化、润物无声的,比如教师品行、班级风气等。

(一)教育内容和教科书

谨慎选择教学内容是学校教育的目的性得以实现的保证之一。涂尔干曾提出教育者从广阔的社会领域中选择内容的两条原则,其一是灌输给学生的内容必须经过选择,人们必须确定社会存在必需的一般的信念、态度、技能等,它们将成为所有孩子都会接受的教育的共同要素;其二是教育必须根据每个儿童"注定的特殊环境"发展其所需的身体、智慧与道德的状况,即使在无种族、无阶级的社会里,儿童们仍将必须为不同的职业做准备。我国学者也赞成在选择教学内容时要注重社会价值、文化价值和认识价值。

教科书是权威的教学资源和教学的基本依据,但又不仅如此。在传递知识的同时,它往往也会传递出一定的思想观念,如科学思维或人文精神。在教科书的编制过程中,社会的传统文化、主导价值观念及道德规范渗透于教科书中人物的思想感情、道德品质、个性人格等各方面,而教科书是学生学习的正式教材,教科书中的人物构成了学生的"正式参照群体",人物各方面特征影响学生个性人格、价值观、人生观及世界观的形成,并对学生接受社会的传统文化、社会的主导价值观念及社会规范产生重要作用。因此,关于什么应该写入、什么应该淡出,以及该如何书写特定的内容等,越来越成为一个人们关注的问题。特别是人文类学科的教科书,这一点尤为突出。

　　国外心理学家早已开始关注教科书在儿童社会化中的作用,尤其是有关教材中的性别刻板印象。美国心理学家丹玛克(F. L. Denmark)提出,儿童接触到的第一个正式教材特别重要,儿童读物是关于两性作用定型看法的根源。20世纪40—50年代,一些西方学者开始从人类学和社会心理学的角度对教材中的性别问题进行研究。20世纪70年代以后,西方女性主义者投身于这一研究领域,并运用多学科、跨学科的合作,在教材的性别分析上取得了重要成果,让人们看到"尚男抑女"、"男强女弱"等性别偏向在教科书中普遍而自然地流露和传播,并意识到这种现象对儿童性别角色社会化的可能的不利影响。目前,主要国际组织在其支持和参与的教育发展项目中一般都设有"社会性别顾问",帮助项目保持性别的敏感性,对开发的培训教材、组织的培训活动等进行性别方面的指导。一些国家通过多种方式,保证儿童读物和学校教材体现性别平等与公平的原则。这都可以看作此类研究的贡献。

　　国内也有学者对我国幼儿园、中、小学及成人扫盲教材进行性别分析研究(史静寰,2000),得出了类似的结论。另外,姚本先、涂元玲(2003)对人民教育出版社出版的从1993年9月开始使用至今的九年义务教育六年制小学语文教科书中的人物,从多个特征指标进行了统计和分析。结果显示:在民族类别上,汉族人数是少数民族的25.2倍,显示了以汉族人为中心的特点,缺乏对少数民族应有的关注;在形象倾向上,人物的形象倾向反映了教学大纲中的一些要求,但对现代人的形象和时代发展所需的一些精神品质反映不够;在身份/职业上,人物的身份/职业主要集中于政治家、军人、文学家等少数几种,对普通平凡的及在现代社会中起重要作用的身份/职业描写不多;在国别上,中国人物的数量是外国人物数量的5.5倍,对外国人的形象描写未能较好的体现出时代发展。由此他们提出:小学阶段是儿童社会化发展的一个重要阶段。学校教育中的教科书及书中人物特征对学生接受传统文化、内化价值观念、掌握社会规范有非常重要的影响,对学生形成个性及自我概念、学习和实践社会角色也起着感染、示范和暗示的作用。教科书中的人物特征在很大程度上影响儿童形成一定的社会文化心理,并塑造儿童成为某一社会角色。所以,应该重视教科书中的人物选择,努力避免人物特征可能产生的负面作用。

(二) 教师

　　教育者的言传身教是学校教育目的性得以实现的另一个重要保证。美国心理学家布鲁纳指出:"教师也是教育过程中最直接的有象征意义的人物,是学生可以视为榜样并拿来同自己作比较的人物。有谁不能想起某个特殊教师的影响呢?""学高为师,身正为范",自古教师就被赋予"教书育人"的双重任务,而且,教师又是教育思想、教育观念和教育内容、教育形式的具体贯彻者、实施者和体现者。因此,在儿童社会化中教师是一个重要的影响因素。心理学者对教师威信和教师期待的作用研究较多。

1. 教师威信

一个有威信的教师,在学生社会化过程中能够发生很大的作用。具体表现在以下几方面:

学生确认教师所讲的知识是真实的,所提出的意见与希望是正确的,就会更加自觉主动地学习,积极实现教师提出的希望和要求。

学生乐于接受教师的要求,并转化为主观需要。有威信的教师对学生富有鼓动性,能够激励学生进步。

学生对于有威信的教师的表扬和批评都易于接受,并引起相应的情绪体验。获得表扬会感到愉快、自豪,从而产生想要表现更好的愿望;未获得表扬的学生会去积极争取;而即便获得批评甚至处分,也会有所触动,心服口服,并决心改正。

此外,学生还会把有威信的教师作为自己的理想榜样,自觉不自觉地在自己的言行中加以仿效。心理学研究表明:并不是任何榜样对任何学生都起同样作用,学习榜样的效果有赖于榜样的客观特点与学习者的主观状况。从榜样来说,其优点必须胜过学习者,使学习者明确自己是为弥补缺点而去学习的;榜样的特点突出,能引起学习者的重视;榜样的权威性,使学习者产生敬仰心情;榜样的感人力量,使学习者产生爱慕、激动的情感。从学习者来说,有寻求榜样的需要,并能把榜样作为自己选择的标准。

总之,有威信的教师通过自己的言语行为、思想活动,把高深的伦理原则与抽象的道德标准人格化、具体化,使学生在富有形象性、感染性和现实性的具体事例中受到深刻的教育,从而实现其社会化。

2. 教师期待

大量的研究表明,教师期待在学生社会化过程中也会发生很大作用。教师期待能够影响学生学习绩效,也可能影响学生的动机、成就期望和自我评价。美国心理学家罗森塔尔(Rosenthal, 1968)的实验是这方面的经典研究。实验对象是小学一至五年级的学生。他在每个年级中随机抽取了 20%的学生作为教师期待的对象,向教师谎报这些学生是智力优秀者且具有很大的发展潜力,但要教师保密并按常规对全体学生进行教育活动。八个月后,发现这些被选中的学生的学生成绩都有了显著进步,而且情感、性格更为开朗,求知欲望强,敢于发表意见,与教师关系也特别融洽。

罗森塔尔借用希腊神话中一个人物的名字,将教师期待效应命名为"皮格马利翁效应"。远古时候,塞浦路斯王子皮格马利翁喜爱雕塑。一天,他成功塑造了一尊象牙女神像,爱不释手,每天以深情的眼光观赏不止。结果美女竟活了,与他结为连理。

积极的期望促使人们向好的方向发展,消极的期望则使人向坏的方向发展,人们通常用这样来形象地说明皮格马利翁效应:"说你行,你就行;说你不行,你就不行。"要想使一个人发展得更好,就应该给他传递积极的期望。教师期望为何具有这么大的效果,关于此人们有各种分析:一种分析认为,教师准确地认识学生的能力和成就之后,对学生给予某种希望,用赞赏的目光看待他的一举一动,在不知不觉中给以肯定鼓励,这样日积月累,学生也就产生了对教师的信赖,对自己提出了更高的要求。由此,师生之间在彼此交往中发生了某种微妙作用,产生了一种默契,因而提高了学习成绩(Jussin, 1989,1990,1991)。另一种分析认为,教师对某个学生产生了某种期待之后,就会更有意识地、更多地、更细致地指导"有天赋"的学生,给他们提出较高的目标,要求他们做得更多一些,并给他们更多的机会去回答问题,从而促使学生学习成绩的提高(Cooper, 1983; Hanis & Rosenthal, 1985; Jussin, 1986)。

（三）教学组织

对教学的组织,特别是贯彻于各种不同教学和评价方式方法中的教育理念,往往也对学生各方面的发展产生巨大的影响。

近年来,美国提倡开放性教育(或开放教学法),其主要精神是:当师生之间能无拘无束地发生相互作用或自由地选择有意义的学习内容时,学生就能学习得很好。具体地说,学校让学生自己选择活动,为学生提供个别化和小组教学,鼓励学生主动地学习;为学生提供丰富的学习材料,不强调分数和个别竞争;教育学生尊重同伴,把教师看作学习的促进者。这些观点在20 世纪60 年代和70 年代的英国和美国教育中得到广泛的传播。到1980 年,美国的学校体系中约有三分之一设立了开放性教育,并得到许多家长和教师的赞同。他们相信这不仅有助于学生获得学习能力,同时也增强学习兴趣、自我评价、好奇心、独立性及个人的自控力。

默森(Mussen, 1984)总结了对美国的开放性教育与传统教育进行比较的诸多研究报告之后指出,两类教育的学习成绩近于相等,但前者的学生对学校的态度较积极、较有独立性,而且前者的学生比较富有创造性和智力上的好奇心,比较能合作(见表4-5)。

表4-5　开放性教育和传统式教育的效果比较

研究指标	研究数	效果比较(占研究数的%)	
		开放性教育取得较好效果	传统式教育取得较好效果
学业成就	102	14	12
自我概念	61	25	3
对学校态度	57	40	4
创造性	33	36	0
独立性	23	78	4
好奇心	14	43	0
焦虑和适应	39	26	13
控制环境	29	25	4
合作	9	67	0
总平均		39	4

(采自缪小春译,1990)

阿美斯和阿彻(Ames & Archer, 1988)曾对不同目标氛围的班级及其中学生的学习策略、学习态度、任务选择和归因等方面的情况进行过比较研究。他们抽取了176 名初高中优等生进行研究,请这些学生报告自己所在班级的目标倾向气氛,这些倾向的分类见表 4-6。与此同时对这些学生的学习策略、学习态度、任务选择和归因等方面的情况进行测查。结果发现,那些更多感受到班级里学习目标气氛的学生,测查结果反映出使用了更有效的学习策略、更喜欢挑战性的任务、对班集体抱有更加积极的态度、对于努力之后的成功具有更强的信念。而那些在班级里感受到突出的成绩目标气氛的学生,更加注意自己的能力,容易将失败归因为能力欠缺,对能力的评价比较消极。研究者认为,这些明显的结果表明,班级的不同目标倾向对学生的动机模式具有一定的作用。

表 4-6　班级的目标氛围分析

氛围维度	学习目标	成绩目标
成功定义为……	促进和进步	高等级、常规的好成绩
价值放在……	努力/学习上	常规的高能力
满意的原因……	努力学习,挑战	比别人做得好
教师倾向于……	学生如何学习	学生的成绩如何
对努力/错误的看法……	学习的一部分	引发焦虑
注意的焦点……	学习的过程	与别人相比之下的成绩
努力的原因……	学习新东西	高等级,比别人做得好
评价标准……	纯粹的进步	标准的

(采自李晓文等,2003)

五、同辈群体

同辈群体,即由地位相近,年龄、兴趣、爱好、价值观和行为方式大体相同的人组成的一种非正式群体,在个体的成长中一直是一个重要的因素。生命早期,个体通过和同伴的交往,在冲突及其解决中逐渐摆脱自我中心的思维特点,学会分享、交换、轮流、互利等交往原则,并且通过相互的模仿和感染,获得很多行为参照。在青少年期,同伴的影响尤为突出,其作用往往超过父母和教师。米德更是认为在现代社会同辈群体的影响甚至大到改变了传统的文化传递方式的地步。

青少年正处在心理上的"断乳期",他们日益期望独立,期望摆脱家长、老师等长辈对他们的约束,而同辈群体成了他们主要的情感依靠和行为参照。在 1996 年至 1997 年中国青少年研究中心少年儿童研究所组织进行的、涉及 12 个城市 3284 名 10—15 岁儿童的"中国城市独生子女人格发展现状及教育"的大型调查中,研究者列出 8 种"最好的朋友"让独生子女选择:同班同学、同校同学、邻居伙伴、爸爸、妈妈、老师、其他成年人、远方笔友以及没有最好的朋友。结果发现,独生子女选择的最好的朋友的百分比依次是:同班同学 80.8%,妈妈 47.9%,邻居伙伴 43.1%,同校同学 42.9%,父亲 42.0%,老师 24.2%,远方笔友 14.7%,其他成年人 12.4%,目前没有最好朋友的 3.8%。而 2000 年杜蕾丝全球性调查表明,全球最大的性知识来源是朋友,在被调查的 27 个国家 1.8 万个 16—55 岁的对象中,1/4 的人对性的了解来自这一非正式性的教育渠道。这个数字比学校(15%)高出十个百分点,更是由母亲处(12%)得到性教育的两倍多。只有5%的人会向医疗保健专家寻求建议。

同辈群体作为青少年中普遍存在的人际环境,一般具有以下几个主要特点:

1. 是由个人自由选择结成的非正式群体,具有较强的内聚力

由于是个人自由选择结合的结果,因而同辈群体的成员之间容易产生较高的心理认同感,交往是在自然随意的过程中进行的,常常在彼此相互依赖和随意的冲突中实现彼此的沟通,最终获得心理归属和价值认同。群体成员虽然在价值取向上存在一定的差异,但以感情接近、观点相同为基础的青少年同辈群体往往具有统一的群体意志和较强的内聚力。

2. 基本上是平等关系

即使有领导和服从,也是相互自然协商的结果,是个体愿意接受的。因此,同辈群体使个体练习平等交往的技能,为成为正式的社会成员作好准备。

3. 交流、交往的内容十分广泛

同辈群体提供了个体间交流各种社会信息、看法的平台,其成员可以商讨自己对社会的看法,交流一些为成人不允许谈论的话题,扩大了个体社会经验及社会思考力。

4. 有自己的亚文化

这种亚文化提供了新的价值标准和行为方式,从心目中的崇拜偶像、英雄榜样到沟通的语言、交流交往方式、消费方式乃至服装、发型等都体现出群体特有的旨趣分明的亚文化特征,这种亚文化对个体思想价值观念与品德发展有重要影响。

5. 一般有较强的权威性的核心人物

作为非正式组织的同辈群体,其核心人物既非任命或派遣,也非选举产生,而是在群体活动中凭借自己的知识、才能、阅历、品德等各种内化的因素获得成员的普遍认可后自然而然产生的,他对群体成员的影响依靠的是权威而非权力,具有较强的凝聚力和号召力。

因此,同辈群体对青少年具有许多积极作用:它可以满足青少年的情感交流的需求和促进情感的发展成熟;促进青少年的学习和兴趣爱好的发展;是青少年获得生活经验和社会信息的主要来源;影响青少年生活目标和价值观;影响青少年社会角色的培养和行为规范的学习;有利于培养青少年环境适应能力和合作竞争的本领等。

专栏 4-7

同伴教育

源于澳大利亚、现流行于英美等国而在我国也有起步的"同伴教育",就是利用朋辈间的影响力,通过发展青少年的自我教育和自助群体,在彼此间传播健康向上的思想、知识,抵御来自社会和媒介的不正确信息的消极影响。同伴教育通常先对有影响力的个体进行有目的的培训,使其掌握一定的知识和技巧,然后再由他们向周围与自己年龄相仿、知识背景和兴趣爱好相近的人分享信息、观念或者行为技能,以实现某种教育目标。"同

当然,同辈群体对青少年发展的影响并非总是积极的,也可能对青少年产生消极影响,并造成破坏作用,促使青少年逆向成长,主要体现在以下几个方面:同辈群体所承载的文化与社会主流文化可能相悖,且群体趋向于提供反权威的支持,引导与众不同的行为方式,甚至反社会行为;同辈群体具有较强的凝聚力,但也表现出一定的自卫性和排斥性,不利于群体间交流;群体内部非制度化的行为规范对成员的控制是非正式性的,随意性较强;维系同辈群体存在的单一的情感纽带,不具有稳定性,缺乏理性的指导,易导致意气用事;青少年易受群体核心人物的影响,但这种魅力型权威也易导致盲从。

无论怎样,群体认同是青少年最强烈的需要(Barbara M. Newman & Philip R. Newman, 2001),同辈群体交往是个体获得归属感和安全感的重要源泉(Gavin & Furman, 1989; Jason & Bosman, 1992; Palmonari, Pombeni & Kirchler, 1989; Palmonari et al., 1990)。有研究(Coie & Kupersmidt, 1983)发现,那些受到同辈群体排斥的孩子可能发生许多诸如侵犯等不良行为;而受欢迎的孩子则表现出亲社会行为。

六、大众传媒

正像狄更斯在《双城记》开场白中所说的那样:"这是一个充满影像声光的时代,这也是一个充满诱惑迷茫的年代。"在这个信息高度密集、高速更新的世纪,报刊、广播、电视和互联网已经组成了一个巨大的立体的大众传媒信息网,作为当代文化生态环境的一部分,成为影响人们、特别是青少年发展的首要因素(李季,2000;陈正良,2003)。

媒体作为一种传媒介质,本质上是一种客观存在,是一种载体和工具,并无主观情意倾向。问题是,这种载体与工具被不同的传媒控制者、制作者所利用,它便显示出自身的立场、观点与思想。这种立场、观点与思想以及与之相应的内容与形式正是大众传媒发生社会影响的内在原因。因此,任何社会都会以大众传媒作为自己的喉舌或是窗口,向人们传递各种各样社会化的信息和要求。而且,在整个社会教育体系中,大众传媒是一种充斥全部时空的教育资源、教育途径、教育手段,对于未成年人的成长具有无孔不入的影响力。因为,相对于家庭与学校来说,事实、思想与言辞一旦通过媒体公之于众,它便被赋予社会的道德与良知、公众价值取向与情意态度,它就意味着这些事实、思想与言辞在某种程度上得到了社会的认同。在缺乏理性判断力的未成年人面前,大众传媒的社会角色必然产生强大的榜样效应。不管是正面的还是负面的,传媒对于未成年人思想观念和生活方式的影响可以说是长驱直入。媒体直接宣传或间接濡染的思想价值观念很容易主导未成年人的精神世界,它们的传播力量远远胜过家庭教育和学校教育中的说服与规劝。

但另一方面,媒体信息又鱼龙混杂、良莠不齐,甚至真假难辨。虽然,随着社会文明的进步与人类个体意识、个性意识的觉醒,特别是随着互联网等新型传播途径的开辟,媒体的公信力已经不同程度地遭遇公众的消解和质疑。但整体而言,绝大多数公众依然把大众传媒当成获取真实、有价值信息的通道,当成交流思想、分享智慧、传承文明的方式,当成自我寻找社会坐标、实现社会价值的重要形式。并且,社会文明越发展,阅读书籍、浏览报纸、收看电视、收听广播、上网等接受传媒影响的行为越来越成为人们生活的重要组成部分。人们对于媒体上公开的思想与事实总保持着较日常交际更严肃的态度和更信任的心理,总会自觉或不自觉地把在媒体上发表作品当成实现社会价值的一种方式。科学研究者、文学家以及一般的专业技术工作者都把在学术媒体上发表研究与创作成果当成展示自身水平的一杆标尺。这些都深刻地表征着公众对于大众传媒的文化信仰。

而正在受教育的未成年人对于媒体的理性辨别力最为微弱或者说最为缺乏。因此,他们在吸收诸如影视文化等的积极影响的同时,也在任由其中的消极因素对其价值观念产生着误导。影视文化中凸显的影视暴力、广告霸权、戏说历史剧、虚构的都市剧、偶像剧以及泛滥的综艺节目等负面现象对青少年的价值观产生令人担忧的消极影响。影视文化自身价值取向的偏离和价值观的迷失,带来的是青少年的世界观、人生观、生命观、道德观、审美观、历史观等价值观念的整体异化。

其实,即使在具有理性批判力的成人大众面前,大众传媒的内容同样会以一种先入为主的优势形成大众心理暗示,进而影响到他们对于生活、对于社会的情感态度。

专栏 4 - 8

拟态环境

美国著名新闻工作者李普曼在他的《自由与新闻》(1920)、《奥论》(1922)等论述中就提出了现代人"与第一手信息隔绝"的问题。他认为,现代社会越来越巨大化和复杂化,人们由于活动范围、精力和注意力的有限性,不可能对于他们有关的整个外部环境和众多的事物都保持经验的接触,对超出自己亲身感知范围以外的事物,人们只能通过各种新闻供给机构去了解。这样,人们的认识(关于外部世界的印象)和行为在很大程度上已不再是对客观环境及其变化的反应,而成了大众传媒提示的某种"拟态环境"(pseude-environment)的反应。李普曼的"拟态环境"的概念强调了大众传播对人们的认识和行动的巨大影响。

1968年日本学者藤竹晓又进一步提出了"拟态环境的环境化"问题。他认为,大众传媒提示的虽然是"拟态环境",与客观的环境有很大的差距,但由于人们在很大程度上是根据媒介提供的信息来判断环境和采取适应性行动的,这些行动的结果作用于现实环境,便使得现实环境本身越来越带有了"拟态环境"的特点,以至于人们很难在两者之间做出明确的区分。

还有不少日本学者从"信息的环境化"的视点出发分析了日本人生活方式和价值观

的变化。他们认为,二次世界大战后日本的传播媒介大量报道西方,把西方人的生活方式当作楷模来提倡,这种信息环境所造成的结果便是整个社会无批判地模仿西方。在这个过程中,日本人失去了自己的传统,"都市化——美国式生活方式"占据了主流。与此同时,日本人的价值观也发生了变化,由集体主义的"贡献价值"转向了个人主义的"充欲价值"。

除此之外,大众传媒还在不知不觉中改变了人们的生活方式。20世纪的传媒技术发展,使人类从以印刷文字为中心的"读文时代"转向以影像为中心的"读图时代",其中电视图像已经成为当代支配性的传媒形式,它改变了社会认知与人际交往的模式,引发出深刻的文化变迁。

专栏4-9

传媒技术发展"后遗症"

美国著名的传媒文化研究者和批评家尼尔·波兹曼(Neil Postman)教授在其警世之作《童年的消逝》和《娱乐至死》两本著作中指出的:在印刷技术普及之后,文字阅读开始成为主导性的传媒,儿童不得不经过相当长时期的学习和训练,在"长大成人"之后才能够获得属于成人的知识与"秘密"。这就在童年与成年之间建立了一道文化鸿沟,出现"童年"与"成年"概念上的文化分界。印刷术在创生"童年"的同时也创生了所谓"新成人"(文字人)。这种以阅读为特征的新成人文化推广了一种新的思维方式和性格品质。线形排列的文字促进了逻辑组织、有序结构和抽象思维的发展,要求人具有更高的"自制能力,对延迟的满足感和容忍度","关注历史的延续性和未来的能力"。这对人类的宗教、科学和政治等多个方面产生了深刻的影响,改写了中世纪的文明面貌。而电视时代使人类的符号世界在形式和内容上都发生了变化,不再要求儿童与成人在文化特征上有明确的分野。因此童年的消逝——尼尔·波兹曼明确指出——也可以表述为"电子信息环境正在使成年消逝"。在儿童与成人合一成为"电视观众"的文化里,政治、商业和精神意识都发生了"孩子气"的蜕化降级,成为娱乐,成为幼稚和肤浅的弱智文化,使印刷时代的高品级思维以及个性特征面临致命的威胁。文化将成为一场滑稽戏,等待我们的可能是一个娱乐至死的"美丽新世界",在那里"人们感到痛苦的不是他们用笑声代替了思考,而是他们不知道自己为什么笑以及为什么不再思考"(Neil Postman, 1982, 1986)。

中国学者也认识到了电视媒介对儿童成长带来的影响,如张先翱的《大众传媒与儿童发展》(1994)和卜卫的《进入"地球村"》(1994)两本书就颇具代表性,他们对儿童接触印刷媒介与电子媒介进行了实证分析和比较研究,认为电视对书面文本起着消解的作用,并对儿童的智力成长产生负面影响。

与此同时，特别是声像媒体的介入，很大程度上削弱了现实中人与人的互动关系，淡化了儿童与父母、老师、同伴之间面对面的情感交流，以及人格力量的直接感染和模范行为的直接影响的效果。其乐融融的亲子共读、饭后闲聊的时间越来越少，但为电视中真实或是虚构的人物故事的跌宕起伏而落泪或捧腹的场景却越来越多；父母在庆幸孩子不用再缠着自己没完没了地讲故事的同时，突然发现"电子保姆"使这些"被屏幕养大的一代"在大量单向吸纳或好或坏的信息的同时，也变得越来越自闭，甚至出现所谓的儿童"电视孤独症"；还有网络世界，因其丰富性、开放性、互动性、虚拟性和隐秘性等特点，吸引着越来越多的青少年投身其中，他们在里面自由驰骋，随心所欲、纵横捭阖。现实中的各种压力得以释放，在现实当中无法实现的很多愿望也在网络中获得了补偿性的满足，因此，他们流连忘返、欲罢不能、难以自拔。但网络世界并非只是现实世界的补充或是模拟训练场，相反，在不少人那里，它大有取代后者之势，导致人们在现实世界中更加冷漠、自闭和退缩。越来越多的青少年"网络成瘾"开始让家长、老师提心吊胆、忧心忡忡，甚至视电脑和网络为洪水猛兽。

专栏 4 - 10

网络的影响

我国学者杨雄曾以五次调查——即全国网络调查统计(1999)，中国社会调查事务所对北京、上海、广州的 2000 名公众的电话调查(1999)，清华大学对 1115 名在校大学生的调查(1999 年 3 月)，中国互联网络信息中心(CNNIC)联合 4 个互联网络单位对 5 万余人的网上调查(1999 年 6 月)及中国互联网络信息中心 1999 年底采用网上计算机自动搜寻、网上联机调查等方法对 20 多万人的调查——为基础，就因特网对我国青年带来的正负影响进行了较详细的阐述和分析，提出网络将改变青年人的生活方式和社会互动，有利于青年效率观念、平等意识、全球眼光、多元知识的形成，并给学生的素质教育提供了发展机遇。同时也指出，网络化时代，青少年将面临西方意识形态文化的渗透和潜在影响，受网络色情影响，患"网络性心理障碍"和高科技犯罪的危险程度在增大，信息泛滥，还可能使一些青少年成为"数字化人"。因此，当务之急是各级政府要树立网络意识，以开放的心态对待因特网的挑战，办好我们自己的强势网站和加强青少年人文精神和思考能力的培养训练(杨雄，2000)。

十多年过去了，网络世界又有了更多新动向。中国互联网络信息中心(CNNIC)于 2011 年 7 月在北京发布了《第 28 次中国互联网络发展状况统计报告》，截至 2011 年 6 月底，中国网民规模达到 4.85 亿，互联网普及率为 36.2%；2011 年上半年，我国微博用户数量从 6311 万快速增长到 1.95 亿，以高达 208.9% 的增幅成为用户增长最快的互联网应用模式。在微博用户暴涨过程中，手机微博表现抢眼，手机网民使用微博的比例从 2010 年末的 15.5% 上升至 34%。

为何微博能在短时间内聚集起大量用户？

腾讯微博主编程刚表示，微博拥有其他网络应用不具备的特点和优势：一是用户体验好,其形式简单,功能强大,支持文字、图片、视频等多媒体信息;二是互动性突出,使用者可以构建起一个强关系和弱关系并存的网络,从而同时满足了其多层次的社交需求;三是传播能力强,信息能够在短时间内大规模扩散,极具时效性和影响力。

的确,庞大的使用群体和裂变式的传播速度,使得微博成为网络舆论滋生的肥沃土壤。微博不仅提供了第一时间的现场信息报道,而且进行了持续深入的关注,推动着事态的进展。这是个人人皆为记者的时代,如网友所称:粉丝超过一百,你就是本内刊;超过一千,你就是个布告栏;超过一万,你就是本杂志;超过10万,你就是份都市报;超过100万,你就是全国性报纸;超过1000万,你就是电视台;超过1亿,恭喜你,你是CCTV了。但表达、分享的即时性和随意性,使得很多消息未经验证但广为传播,因此,微博也是流言、谣言产生的温床。而且,在异化表达的同时,缺乏深思熟虑缺乏沉淀酝酿的思想、情感的"碎片化"倾向,也是微博广受诟病的一个方面。

此外,沿着"技术—传播—社会"范式,微博这一新兴的互联网应用引发传播方式的变革,进而构建出虚拟社会网络。在这个社会网络里,理论上人与人之间能够实现直接交流,普通人将能寻求更多的社会联系,名人与普通人之间的对话更是令人期待。但有研究者发现,事实远非如此。微博并没有像人们期待的那样,成为一个直接对话的平台,成为一个打破社会层级藩篱的先驱。基于微博社会网络图谱的分析,"围观模型"揭示了微博社会网络的基本特征:名人间交流频繁,形成小圈子;普通人置于圈外"围观",与名人交流的愿望实质上无法得到实现;普通人与普通人之间的有效交流也很有限。微博社会网络的这些特征更像是现实社会网络的翻版和投射。(解立群;颜清华;陈颖,2011)。

上个世纪90年代,通过研究从新石器时代开始的人类的组织历史,牛津大学进化人类学家邓巴(Robin Dunbar)提出一个假说,认为人类大脑中处理语言和意识的皮层的进化状况最多只能支持150个社交关系,150也因此被称为邓巴数字(Dunbar's Number)。2009年,邓巴比较了有上千个Facebook朋友的人和只有上百个或更少Facebook朋友的人在Facebook上与这些朋友的联系状况,结论是,这两类人的实际社交联络数量和质量没有显著差别。

另一个值得关注的现象是网络公开课对传统学校教育的拓展和冲击。从2010年11月开始,中国某知名的门户网站推出了"全球名校视频公开课项目",首批有1200集课程上线,用户可以免费观看来自哈佛大学、牛津大学、耶鲁大学等世界名校的公开课程,内容涵盖人文、社会、艺术、金融等各个方面。该项目一经推出,广受追捧,甚至出现学生"校内逃课、网上淘课"的现象,促使人们反思中国高校教育的现状,同时也带动国内网络公开课的开发。2011年11月,我国首批20门"中国大学视频公开课"通过相关合作网站向社会公众免费开放,让知识穿过高校的围墙走向大众。

的确,大众传媒是把"双刃剑",美国著名传媒大师施拉姆(Wilbur Long Schramm)就曾指出:究竟人类能否享受电视文化的好处,主要决定于人类运用他的智慧能否与发明它的智慧并驾齐驱。尼尔·波兹曼也提到:对于新技术的迅疾发展我们可能无能为力,但如果我们对技术的历史与社会心理学有更清醒的理解,就有可能控制我们自己对技术的使用,而不至于完全被技术摆布。

除了以上所述的影响个体社会化——特别是早期社会化和预期社会化——的几种主要因素之外,人们在发展的不同阶段还会受到来自各方面的更为广泛的因素的影响,如职业背景及各类正式与非正式的社会组织等。这些因素之间可能相辅相成,也可能针锋相对、矛盾冲突,共同促使个体在丰富多彩但也并不平坦的社会化之路上前行。

第三节　社会化理论

从心理学角度围绕社会化问题提出的诸多理论中,概括起来大致可以分为五大派别:一是着重本能与动机的观点,即精神分析学说,弗洛伊德首创,当代以埃里克森为代表;二是认知取向的观点,即认知发展理论,以皮亚杰为首,当代以柯尔伯格为代表;三是强调环境作用的行为主义观点,以华生为首,当代以班杜拉为代表;四是新近出现的哈里斯的群体社会化理论;五是关注社会身份建构的社会认同理论。其中前两派都提出了人格或道德发展的阶段论。

一、精神分析理论

弗洛伊德的精神分析理论偏重于生物学的观点,后来的新精神分析理论,则偏重于社会文化因素。这派理论对社会化研究的影响十分深远。

(一) 弗洛伊德的精神分析理论

精神分析理论的创始人是奥地利精神病临床医生弗洛伊德,在其所著的《精神分析新编》(高觉敷译,1935)一书中,他提出了有关人格社会化的思想。

他认为,人格结构是由本我、自我和超我三部分构成的。"本我"为人格结构中最原始的部分,是与生俱来的,"它既是无组织的,也是无统一意志的",只是有一种生物性的冲动,"本我不知道价值、善恶或道德",一心追求个人的快乐,要求满足本能的欲望。"自我"是从本我中的一部分发展而来的,自我与周围的现实世界发生联系,能根据现实的原则代表外界的要求,自我具有认识、判断和执行的功能,自我的重要任务是满足本我的欲望,"是本我的忠实奴隶",但是自我也想根据外界现实原则来"控制"与"约束"本我,因其力量不够,所以在幼儿期还出现了超我。弗洛伊德说,"超我是一切道德限制的代表,总之,等于人类较高尚的行动",它是个人在社会化的过程中将社会规范、道德标准、价值判断等内化的结果,即平常所说的"良心"、"理性",从社会化的角度来看,超我就是道德化了的自我。实质上,超我的形成就是个体社会化的过程。

弗洛伊德认为,超我是在幼儿时期形成起来的。当幼儿与父母或其他成人一起生活时,往往感到自己是微不足道的,觉得大人处处比自己优越,于是他们以父母为榜样。女孩子在心目中以母亲为榜样,男孩子则以父亲为榜样,学习他们的行为,建立理想中的自我。这称之为自居(或认同)。虽然儿童觉得父母值得自己仿效,也羡慕父母,但他们又感到十分害怕,怕父母惩罚自己,批评自己不听话,要自己规规矩矩,因此他们不得不接受外界的要求,作为自己行动的准则。弗洛伊德指出:超我来源于父母和教师的影响,父母与教师在教育儿童时,也受其自身的超我的指挥,因为他们从前也受其父母严格地管束,结果,儿童的超我实际上并非以他们的父母为模型(榜样),乃是以父母的超我为模型,因此有相同的内容,也保留着历代相传的风习。弗洛伊德认为,这样认识超我,将有助于对人类社会行为的了解、犯罪问题的解决,以及教育措施的指导。

随着年龄的增长,儿童逐渐学到了父母的各种道德观念和行为模式,父母的各种道德观念和行为模式一般是反映了社会上认可的行为与公认的价值观,在此过程中,儿童的超我逐渐牢固地形成了。超我一旦形成,就会监督自我,超我规定了一套行为模式,不管本我和现实发生什么矛盾,遇到什么困难,自我只要不遵循这一模式,超我就以紧张的情感责备自我,这种情感表现为卑劣感和罪恶感。所以,弗洛伊德指出,自我的处境是艰苦的,它需要侍候三个(本我、外界、超我)暴虐的主人,并尽力调和三者的主张和要求,这些要求常常是背道而驰、相互冲突的。自我三面受困,当它感到无法满足和顺从这三者的压力而需要做出种种努力时,常常会发生焦虑,实在无法调和就会发生精神病态。

弗洛伊德从泛性论的观点出发,把人格发展的过程划分为五个时期,即口唇期(0—1 岁)、肛门期(1—3 岁)、性器期(3—6 岁)、潜伏期(7 岁到青春期)和生殖期(青春期以后)。他认为前三个阶段对个体人格的形成最为重要。

总之,弗洛伊德的理论中强调个体与社会之间的冲突,强调生理基础与情感在个体社会化过程中的作用,强调早期经验的重要性,这些都给以后社会心理学的研究以不少启发。不过,由于其主要的立论依据都来自临床病人且多为观察所得而无实验性的量化研究,过分强调本能对人类行为的支配作用而忽视社会文化的因素等原因,因此受到不少质疑和抨击,但也激发不少后继者去完善和扩展。

(二) 埃里克森的新精神分析理论

埃里克森是新精神分析的代表人物之一,他的理论牢固地建立在弗洛伊德理论之上,他把弗洛伊德的理论称为"磐石"。但在临床过程中,他发现情绪问题的中心是自我与社会生活(包括社会文化背景)的冲突,因此他不同意弗洛伊德的泛性论的生物学观点,认为精神分析既要考虑生物学的影响,又要关注社会文化的影响。他主要关注家庭、学校和文化对人的影响,特别是人的自我的发展。

埃里克森的理论认为,人的本性无所谓好坏,但有朝向任一方面发展的可能。人格的发展是一个有阶段的过程,每一阶段都要完成一个特定的受文化制约的核心任务。这一任务中包含有一对矛盾,人在向积极或向消极发展的矛盾中实现平衡。如果人在各阶段能保持向积极品质方面发展(更确切地说,应该是积极因素所占比重高于消极因素),不仅能完成阶段性任务,而且还会逐渐实现健康而成熟的品格;否则,就会产生心理—社会危机,或出现情绪障碍,为后一阶段制造麻烦,出现病态和不健全的人格。因为矛盾的产生是与个人以外的其他人有关,所以埃里克森的理论又被称为心理社会发展理论。

另外,按照弗洛伊德的观点,人格模式到四五岁时就基本塑造完成。但埃里克森认为,人格的发展持续人的整个一生,也就是说,社会化是一个毕生发展的过程。根据临床观察与经验总结,他提出了"人格发展的八阶段理论",这八个阶段分别是:

1. 婴儿期(1—1.5 岁)。这是获得基本信任感而克服基本不信任感的阶段。所谓基本信任,来自婴儿的需要与外界对他需要的满足保持一致。这一阶段,如果父母给予婴儿适当的照顾,关心他,爱抚他,则婴儿与父母会产生真挚的情感,他会感到世界是一个安全、可信任的地方,并进而发展出对人信任的人格。反之,如果父母照顾不周,环境多变,甚至对婴儿态度恶劣,那么婴儿就会形成对周围世界的害怕、怀疑和不信任感,并发展出不信任他人的人格。

2. 童年期(1.5—3 岁)。这是获得自主感而避免怀疑感与羞耻感的阶段。个体在第一阶段处于依赖性较强的状态下,什么都得由成人照顾。到了第二阶段,儿童开始有了独立自主的要求,如想要自己穿衣、吃饭、走路、拿玩具等,他们开始去探索周围的世界。这时候,如果父母及其他照料者允许和鼓励他们去独立地做些力所能及的事情,并且对于他们完成的工作给与及时的表扬,就能让孩子体会到自己的能力,培养他们的意志力,使他们获得了一种自主感,能够控制自己的行为。

相反,如果成人过分爱护他们,处处包办代替;或是过分严厉,这也不准那也不许,稍有差错就粗暴地斥责,甚至采用体罚。例如孩子不小心打了杯子、尿湿了裤子或吃饭弄得满桌满身,家长就对其打骂,使孩子一直感受到很多失败的体验,就会产生自我怀疑与羞耻之感。

3. 学前期(4—6 岁)。这是获得主动感而克服内疚感的阶段。个体在这阶段的身体运动与言语能力发展很快,能参加跑、跳、骑小车等活动,能说很多连贯的话,还能把自己的活动扩展到家庭之外的范围。除了模仿行为外,个体对周围的环境(也包括自己的机体)充满好奇心,知道自己的性别,也知道动物是公是母,常常问这问那。这时候,如果成人对孩子的好奇心以及探索行为不横加阻挠,让他们有更多机会去自由参加各种活动,耐心地解答他们提出的各种问题,而不是嘲笑、禁止,更不是指责,那么,孩子的主动性就会得到进一步发展,表现出很大的积极性与进取心。

反之,如果父母对儿童采取否定、压制或是嘲讽的态度,就会使他们认为自己的游戏是不好的,自己提的问题是愚蠢的,自己在父母面前是讨厌的,致使孩子产生内疚感与失败感,这种内疚感与失败感还会影响下一阶段的发展。

4. 学龄期(6—12 岁)。这是获得勤奋感而避免自卑感的阶段。学龄初期儿童的智力不断得到发展,特别是逻辑思维能力发展迅速,他们提出的问题很广泛,且有一定深度。他们的能力也日益发展,参加的活动已经扩展到学校以外的社会。这时候,对他们影响最大的已经不是父母,而是同伴或邻居,尤其是学校中的老师。他们很关心物品的构造、用途和性质,对于工具技术也很感兴趣。这些方面如果能得到成人的支持、帮助与赞扬、鼓励,则能进一步加强他们的勤奋感和进取心。

埃里克森劝告作父母的人,不要把孩子的勤奋行为看作捣乱,否则孩子会形成自卑感,认为自己不如别人,应该鼓励孩子努力完成任务,努力获得成功,激发他们的勤奋感和竞争心,有信心获得好成绩;还要鼓励他们尽自己最大努力与周围的人们发生联系,进行社会交往,使他们相信自己是有能力的、聪明的,任何事情都能做得很好,即使是参加赛跑,也会认为自己是跑得很快的。总之,使他们怀有一种成就感。

5. 青春期(12—18岁)。这是获得同一感而克服同一性混乱的阶段。这一阶段的核心问题是自我意识的确定和自我角色的形成。

"同一性"是埃里克森自我发展理论中的一个专用术语,也是他最有名的一个概念。埃里克森认为,所谓同一性,是指青少年对自己的本质、信仰和一生中的重要方面有前后一致及较完善的意识,也即个人的内部状态与外部环境的整合和协调一致。12—18岁的青少年,发展的重要任务是建立自我同一性(或自我统合)和防止自我同一性混乱。个体进入青年期,其意识分化为理想的自我和现实的自我,要建立起自我同一性就必须使理想的自我和现实的自我达到统一。为此,要么努力改变现实的自我,使之与理想的自我保持一致,要么改变理想的自我,使之符合现实的自我。

这一阶段的青少年对周围世界有了新的观察与新的思考方法,他们经常考虑自己是怎样一个人,他们从别人对他的态度中,从自己扮演的各种社会角色中,逐渐认清自己。此时,他们逐渐疏远父母,从对父母的依赖关系中解脱出来,而与同伴建立亲密的友谊,从而进一步认识自己,对自己的过去、现在、将来产生一种内在的连续之感,也认识自己与他人在外表上与性格上的相同与差别,认识现实的自己与理想的自己之间的关系。而能发现事物之间的异同,并形成它们内在相同和连续之感就是同一感。

埃里克森认为,这种同一感可以帮助青少年了解自己以及了解自己与各种人、事、物的关系,并加以调整,以便能顺利地进入成年期。埃里克森指出,青年自我同一性的建立和他以前发展阶段所建立起来的信任感、自主感、主动感有直接关系。如果顺利地完成前期的发展任务,自我同一性就容易建立,并顺利地进入成人期。如果不能顺利地完成前期任务,就会产生同一性的混乱。比如,怀疑自我认识与他人对自己认识之间的一致性(自我肯定的混乱);做事马虎,看不到努力工作与获得成就之间的关系(工作瘫痪);还表现在对领导与被领导之间的共同点和差异看不清,要么持对立情绪,要么盲目顺从(权威性混乱);在两性问题上,也会发生同一性的混乱,认识不到两性之间的相同与差异(两性混乱)等。在青少年罪犯中,同一性混乱是最常见的症状。

同时,埃里克森还指出,由于现代社会从本质上是不断变化的、矛盾的和不确定的,因而认同危机(identity crisis)已经是现代人的典型危机。

6. 成年早期(18—30岁)。这是建立家庭生活、获得亲密感避免孤独感的阶段。亲密感是人与人之间的亲密关系,包括友谊和爱情。亲密的社会意义,是个人能与他人同甘共苦、相互关怀。亲密感在危急情况下往往会发展为一种互相承担义务的感情,它是在共同完成任务的过程中建立起来的。

如果一个人不能与他人分享快乐与痛苦,不能与他人进行思想情感的交流,不相互关心与帮助,就会陷入孤独寂寞的苦恼情境之中。这时候影响较大的是一起生活和工作的伙伴。

7. 壮年期。这是经由成家、立业而获得创造力避免自我专注的阶段。这一阶段有两种发展的可能性,一种可能是向积极方面的发展,个人除关怀家庭成员外,还会扩展到关心社会上的其他人,关心下一代以至子孙万代的幸福。他们在工作上勇于创造,追求事业的成功,而不仅仅是满足个人需要；另一种可能性是向消极的方面发展，即所谓"自我关注"，就是只顾自己以及自己家庭的幸福，而不顾他人的困难和痛苦，即使有创造，其目的也完全是为了自己的利益。

8. 老年期。此为第八阶段，也是成熟期。这是获得完美感避免失望感的阶段。如果前面七个阶段积极的成分多于消极的成分，就会在老年期汇集成完美感，回顾一生觉得这一辈子过得很有价值，生活得很有意义。相反，如果消极成分多于积极成分，就会产生失望感，觉得自己的一生失去了许多机会，走错了方向，想要重新开始又感到为时已晚，于是产生了绝望感，精神萎靡不振，马马虎虎混日子。

埃里克森在分析每个阶段时，都提出一些积极的建议。例如，他认为，一个人不应该对任何人都信任，不信任感也有一些用处。有了不信任感之后，对于外界的危险会有一种准备，对于外界不愉快的事情有一种预期，否则一遇到社会挫折就感到不可思议或束手无策，不利于自我的成长。但埃里克森指出，在人际关系中信任与不信任感要有一定的比例，个体获得正常发展的关键是信任感要多于不信任感。

他还认为，自主感也不能无限制地发展，也必须有一定的怀疑感和羞耻感，如果过分相信自己，以后就不容易适应社会准则，变得独断孤行。埃里克森认为，自主感应强于怀疑感与羞耻感。儿童的勤奋感中也应该有一点失败的经验，以便今后能经受住失败的挫折，但又不能过分地经常地遭受失败，否则会产生自卑感。

以上是埃里克森自我发展的八个阶段，从中我们可以看出，前面五个阶段与弗洛伊德的心理性欲发展阶段所假定发生的时间几乎完全相同，但至于这些阶段中要发生什么事情，埃里克森与弗洛伊德却持不同看法。后面三个阶段是埃里克森自己的扩展，蕴含其中的毕生发展的观点意义重大。另外，在埃里克森的理论中，我们可以看到自我的形成与社会文化因素的关系，也可以看到自我与社会生活在个体人格发展中的作用，这些"心理—社会"的发展观发展了弗洛伊德的理论。埃里克森的理论还具有很强的现实意义，如他提出的人生各个阶段都有一个主要的心理社会问题，这对于情绪障碍和精神疾病的预防，对家庭教育、学校教育中儿童人格的培养都有一定的针对性。特别是他所提出的"自我同一性"概念，不仅是一种发现，而且对解决青年期的心理—社会危机颇有现实参考价值。当然，也有学者认为，埃里克森的阶段论仍然是根据经验总结而来的，缺乏科学的实验依据；他对人格发展的考察虽然推及人的终生，但对于后面几个阶段不够重视，论述也不够详细；他的理论体系不太完整，思辨性多于理论性，例如：他给我们描绘了一个人类社会和情绪发展的概况，但对于人类的这个成长过程是如何发生的以及为什么发生等问题没有给予足够的解释；而且，从本质上也还未能脱离弗洛伊德的本能论的观点。

不过，埃里克森的自我同一性概念仍被认为是 20 世纪系统描述人类发展的最有影响的概念之一(Kovel, 1988)，相关理论为同一性研究提供了庞大深厚的理论根基，如玛西亚(Marcia, 1980)的自我同一性操作性定义及其影响广泛的同一性研究范式、格罗特冯特(Grotevant, 1987)的同一性形成与发展的过程模型、Berzonsky(1989, 1990)的关于同一性风格的社会认知模型、Côté (1996)的"同一性资源"(identity capital)概念、Kerpelman, Pittman 和 Lamke

(1997)的"同一性控制理论"等,均是在对埃里克森同一性状态理论的批判和继承基础上产生的,只是这些研究的一个重要的趋势是越来越重视同一性的社会环境因素,并且强调环境与个体内部特征之间的相互作用(周永康,2008)。

二、认知发展理论

这一派理论主要从认知发展的角度来研究个体的社会化,特别是儿童对行为准则的理解和判断。该学派的研究者都强调个体的认知结构、认知策略在其社会化过程中的中介作用。

(一) 皮亚杰的道德发展理论

认知发展理论的创始人是瑞士心理学家皮亚杰。皮亚杰认为,个体心理的发展是一个由一系列带有普遍性的阶段组成的规则的过程。它不是由内部成熟或外部教育支配的,它是一个积极的构造过程。在这个过程中,个体通过自己的活动,逐渐建立分化的和理解的认知结构,皮亚杰称此认知结构为图式。个体所处的环境在其发展过程中起着重要的作用,而个体本身在发展中也发挥着积极能动的作用,这是由于个体的认知结构在主客观之间起着调节作用,认知结构就是沟通主体与客体之间的中介因素。

皮亚杰指出,个体的认知结构是随着知识经验的增多而不断发展的,由于新知识新经验的获得,原有的认知结构得到补充或是改组,这样就进入了一个新的认知发展阶段。个体的认知结构与其智力发展水平有内在的联系,儿童的人格乃是随着其认知结构的发展而逐渐形成的。

皮亚杰特别强调儿童道德的发展,尤其是个体道德品质中的认知成分——道德判断。他认为儿童的道德发展和他的认识发展水平是平行的,即儿童的道德判断能力根据他认知结构的变化和认知水平的提高而提高。为此,他设计了一套道德两难问题,让儿童判断两难情境中人物行为的是非。比如,一个孩子为了帮妈妈做事结果打破了 15 只杯子,另一个孩子偷吃东西时打破了一只杯子,让儿童判断两个小孩谁的过错大。皮亚杰发现不同年龄儿童在做判断时会表现出不同的特点,通过研究,他把儿童的道德判断分为两个发展阶段,即他律阶段和自律阶段。在第一个阶段,儿童根据行为的现实后果来判断是非,道德判断服从权威,以成年人的观点为标准;在第二个阶段,儿童根据行为者的意图来判断行为的是非,并且以自己的观点为道德判断的标准。

皮亚杰的道德发展模型得到了一些研究的证实,表明他的道德认知发展理论基本上是正确的,并具有文化的普遍性。但也有不少研究提出质疑,认为他的研究方法可能会低估年幼儿童的道德理解能力。

(二) 柯尔伯格的道德发展理论

柯尔伯格(1971,1981)关于人的道德发展的学说是当前最有影响的学说。柯尔伯格认为,皮亚杰把道德发展分为两个阶段过于笼统而简略,他根据皮亚杰的基本概念加以延伸,把人的道德发展过程分为三个水平六个阶段。

柯尔伯格设计了一些两难故事来测定儿童的道德判断水平。其中最典型的是"海因兹偷药"的故事:海因兹的妻子患了绝症,生命垂危。医生认为只有一种药才能救她,就是城里一位

现代社会心理学(第三版)

药剂师新发明的镭。但药剂师开价很高,且远高于成本,海因兹无力购买,他恳求药剂师便宜一点卖给他,或者允许他赊账,但药剂师不同意。海因兹走投无路,不得已去偷了药。问儿童海因兹是否应该这样做?为什么说应该,为什么不应该?柯尔伯格关心的不是"是"或"否"的问题,而是支持和反对意见背后的原因,即儿童的推理。

由此,他总结出和年龄相关的儿童道德认知发展的三个水平六个阶段:

1. 前习俗道德水平

处于这一水平的儿童,对是非的判断取决于行为的后果,或服从权威、成人意见。该水平又可以分为两个阶段:

(1) 惩罚与服从定向的阶段:他们害怕受到惩罚,或表现为服从权威。儿童认为该偷或不该偷都是从上述定向出发的。例如海因兹应该偷药,"否则他妻子就会死去";又如,认为海因兹不该偷药,"否则他将会坐牢房、吃苦头"。

(2) 工具性的相对主义定向阶段:判断是非以能否满足自己的需要为标准,有实用主义的倾向。例如,认为海因兹应该偷药,"因为他妻子平时为他做饭、洗衣服,现在妻子生病了,海因兹应该报答她"。

2. 习俗道德水平

这一阶段判断是非能注意家庭与社会的期望,包括两个阶段:

(3) 好孩子定向阶段:极重视社会对他的评价,而不是考虑行为本身的正确与否。例如,认为海因兹不应该偷药,"因为好孩子(好公民)是不偷东西的";而认为海因兹应该去偷药,是"因为好孩子(好公民)是帮助人的"。

(4) 维护权威与社会秩序的定向阶段:认为判断是非应尊重权威与维护社会秩序。例如,认为"偷东西总是不对的,如果大家都去偷,那社会还能成为社会吗"?

3. 后习俗道德水平

这一阶段,儿童发展出一套独立的、超越社会群体的道德标准。也包括两个阶段:

(5) 社会契约的定向阶段:从法律上、道德上比较灵活地判断是非,认为如果法律、规则不合理,可以修改。例如,认为海因兹应该偷药,"因为允许商人非法赚钱的法律是错误的,必需修正"、"海因兹偷药是对的,这是对错误法律的反抗"。

(6) 普遍道德原则的定向阶段:根据尊重人权的平等、人性的尊严、相互信赖等带有普遍意义的道德原则来判断是非。例如,认为海因兹偷药是对的,"因为人是世界上最宝贵的,偷药是为了救人。海因兹即使因此坐牢,也是为了维护人权"。

柯尔伯格指出,这六个阶段依照次序进展,不能超越,但也并不是所有的人都能达到最高水平。他认为道德判断能力的发展,除了成熟因素以外,还依赖于智力的发展和社会经验的获得。

柯尔伯格为了证明这六个阶段的普遍性,研究了不同文化国家的儿童,获得了基本相同的倾向(Kohlberg, 1969),他还通过研究表明,道德判断与道德行为有一定相关(Kohlberg, 1963)。

有学者认为柯尔伯格的研究有充分的说服力(Brown & Herrnstein, 1975),它的理论有积极的方面。儿童道德水平虽然不能超越，但可以加速过渡，并且向学校教学者提出了具体要求，有现实意义。也有学者怀疑柯尔伯格的主张(Kurtines & Grief, 1974)，他们不相信道德判断的各个阶段顺序不变，认为有些阶段可能是平行的(Hogan, 1975)。柯尔伯格也承认有这种可能性。

此外，还有认知心理学家从认知策略(Bruner, 1956；Gagne, 1971；Harbin & Berg, 1983)角度研究社会化，强调个体的已有经验对其人格形成的重要影响；特瑞尔(Elliot Turiel, 1981, 1987, 1998)则在皮亚杰和柯尔伯格理论的基础上，提出了领域模型，将儿童的道德推理针对两个不同领域——即道德领域(涉及公道和正义)和社会领域(包括指引人们社交关系的规则)——划分为道德规则和社会习俗；认为儿童在很小的时候就能区分道德推理的这两个领域；儿童对道德规则和社会习俗的理解受他们生长环境和个人经验的影响。

三、社会学习理论

社会学习理论是在行为主义基础上发展起来的。20世纪60年代起，班杜拉突破了传统行为主义的理论框架，从认知和行为联合起作用的观点上看待社会学习。他既强调社会环境，又强调认知因素对学习的影响；他不仅注意个体的行为表现，还关心行为的社会习得过程；他还指出，对模仿的操作除了受到强化的影响，还受到个体自我调节的控制，即个体以自己的内在标准实行自我奖励，对成绩的满足和不满成为人们努力的动因。

在班杜拉的理论体系中有一个基本概念，即观察学习。他认为儿童学会的许多行为模式，都不是按照经典行为主义提出的强化—惩罚的方式习得的，而是通过观察—模仿学会的。他强调榜样的作用，认为儿童通过观察榜样行为及其后果，就可以受到替代强化，决定自己做与不做榜样示范的行为。

20世纪60年代以来，班杜拉进行了一系列关于社会学习方面的经典实验，研究榜样在儿童社会化中的作用。其中有一个实验是这样的：实验者把一群五岁儿童分成三个组，先给三组儿童参观许多非常吸引人的玩具，并告诫他们："不许玩这些玩具！"然后分别将他们置于不同的实验情境：①榜样—鼓励组：给他们看一部电影短片，讲一个小男孩正在玩被成人规定不许玩的令人喜爱的玩具，后来孩子的母亲看到这一情景，非但没有阻止，反而大加赞扬；②榜样—批评组：也看一部电影短片，所不同的是当孩子正在玩被规定不准玩的可爱的玩具时，孩子的母亲看见了，加以严厉的批评；③控制组：没看电影。然后，让每一组孩子单独在房间逗留15分钟，房间内有许多规定不准玩的惹人喜爱的玩具，实验者通过单向观察窗进行观察。结果发现，第一组儿童很快就被玩具所吸引，他们不顾禁令而去抓取那些玩具，平均只克制了80秒钟；第二组儿童面对逗人喜爱的玩具，能够有较长时间的克制，平均克制了七分钟之久，其中有的孩子15分钟内都没有动那些玩具；第三组儿童平均克制时间为五分钟。实验充分说明观察学习对儿童行为表现的影响。

此外，运用类似的方法，班杜拉还研究了儿童的攻击性行为(1965)、亲社会行为(1975)等，都得出了类似的结果和结论。研究还揭示：观察学习会让儿童习得榜样所示范的行为，如看过攻击性榜样的儿童，都会习得攻击性行为；替代强化虽可以阻止新行为的表现，如看到榜样的

现代社会心理学(第三版)

攻击性行为受到批评或是惩罚，儿童就会抑制自己的攻击性行为，但它并不能阻碍新行为的习得。这些研究具有很大的实践意义，比如让成人更加重视自己的言传身教对孩子的影响，特别是它还引发了人们对大众传媒中攻击、暴力等情节、镜头对儿童之影响及其作用过程的关注和思考。

社会学习理论根据大量实验的事实和结论来建立自己的理论，较有说服力；而且他们还强调了社会环境、文化因素、认知因素、自我调节、模仿、榜样等在儿童社会化中的作用，故能充分估计到教育引导的作用并能较好地指导实践。美国心理学家格莱茵(1983)指出，班杜拉的社会学习理论对解释个体社会化"作出了实质性的贡献"。当然，这一理论也有不足之处，主要在于忽视了儿童人格发展的阶段性，低估了发展变量的重要性，较偏重环境因素的作用。20世纪70年代末，班杜拉提出自我效能的概念，使这种偏差有所改变。

四、哈里斯的群体社会化理论

家庭一直被认为是社会化的重要动因，但不少研究发现，在同一家庭里长大的亲生子女和领养的子女最终都没有形成相似的个性，而同一家庭中长大的同卵双生子也并不比在不同家庭分养的同卵双生子有更多个性上的相似性。20世纪80年代初，美国心理学家麦考比(E. Maccoby)和马丁(J. Martin)以翔实的研究资料为依据，提出"父母可能对儿童的影响很小"，但这一观点当时并未受到人们的重视。1995年哈里斯(J. R. Harris)在《心理学评论》(Psychological review)杂志发表论文《儿童的环境在哪里——群体社会化发展理论》，首次提出了群体社会化理论，否定家庭环境影响的重要性，而主要描述家庭外的社会化过程。1998年，哈里斯又出版了《抚育的假定》一书，批判和否定了一般关于抚育的假定——父母对儿童的成长有决定性的作用，家庭环境是儿童生活环境的重要组成部分，并更为详尽地论述了群体社会化理论。哈里斯的观点颠覆了传统的教育观念，因而引起人们的广泛关注与争论。

哈里斯(1995)认为，社会化是儿童被其所在社会接纳的过程，是通过学习逐渐成为一个有明确行为、语言、技能、恰当的信念和态度的社会成员的过程。这一点与人们对社会化的一般理解基本一致，但是，对于影响儿童社会化的因素，其群体社会化理论则提出自己比较独特的观点，主要描述发生在家庭之外的各种同伴群体中的社会化问题。

首先，群体社会化理论的一个基本信念是，儿童在家庭环境内的行为和在家庭环境外的行为是两个不同的行为体系。儿童独立地在家庭内外习得两套行为系统，随着儿童年龄的增长，儿童倾向于喜欢家庭外的行为系统超过家庭内的行为系统。于是，家庭外的行为系统逐渐取代、超越了家庭内的行为系统，并最终成为其成人人格的一部分。因此，父母对儿童没有长期的影响，对儿童个性留下明显长远影响的共享环境是他们与同伴共享的环境，家庭外的环境(主要指同伴群体)才是儿童社会化的重要环境。哈里斯从进化论的角度解释儿童的这种偏好。

另外，群体社会化理论认为，社会化就是一种文化传递的过程，但文化传递并不像传统观点所认为的那样，是通过一对一的方式完成的，相反，它主要是通过群体与群体之间的交流完成的，其中包括家长同伴群体和儿童同伴群体。

群体社会化理论认为，儿童的确会从父母那里学到很多东西，但不一定是从自己的父母那里，而是通过父母同伴群体学习。与儿童之间的相互影响一样，成人之间也会相互影响，尤其是关于孩子的教养方式，处于相同社会地位、种族或邻里关系等的父母易结成同伴群体，由这些父母教养的孩子也更可能就读同样的学校，可能受到同样的价值观和抚养方式的影响。因此，文化传递的途径一般是从家长群体到儿童群体。

文化传递的另一种方式是同伴内文化交流。卡萨罗（Corsaro,1993）曾把儿童期的社会化描述为经历了一系列同伴文化最后形成的产品。所有的同伴群体都积极地向新来者传授成为群体中的成员所必需的知识、技能和动机。而新来者也乐于接受。如果这种接受不是自觉自愿的，同伴群体将以强迫的方式施加影响。根据群体社会化理论，家庭外的社会化（主要指城市社会），是在儿童中期的同性别团体和青少年期的小集团中进行的。哈里斯认为，存在五种基本的群体行为现象，不同的背景中儿童的行为表现不同：① 群内偏好（in-group favoritism）。群体内的成员对自己所在群体的喜爱程度高于对其他群体的喜爱程度，即使该群体是通过随机分组形成的也是如此；②群外敌对（out-group hostility）。对其他群体的敌对态度和行为，有时伴随着群内偏好出现；③群间对比（between-group contrast）。群体之间各不相同，并且群体内成员的行为还趋向于加剧这种差异；④群内同化（within-group assimilation）。群体的共同活动往往要求成员遵循一定的准则、具有相似的行为，各个成员会主动或被迫与群体保持一致，从而使群体的一致性不断增强；⑤群内分化（within-group differentiation）。成员们可能居于不同的地位层级，因而所享有的声望和优势不同，同时群体中各个成员也以各种方式努力使自己与众不同，以便在群体中占有一席之地。

的确，社会群体总是强调群体内的相似性和群体间的差异。当群体的特性较为突出时，便知觉到群体内成员更加相似，与其他群体更加不同。在这样的信念指导下，越来越大的群体间差异就形成了。以性别发展为例，男性和女性基于生理和社会文化的不同，既有共性又有差异。但在儿童期，儿童在意识中把自己划分为某一个性别群体，对比的作用使男女间的差异扩大，而共同点下降。有观察研究证实了这一点。男孩和女孩独自玩耍时，其行为表现出的男女差异最小，而在以性别划分的群体中时，行为的性别差异最为突出。儿童性别分化主要是一个受文化影响的自主过程，家长的干预是微不足道的。即使家长们认为男女大体上是相同的，不强调性别差异，儿童还是以性别分离成不同的群体，表现出性别差异。当然，在某些场合，这种性别群体分化的条件不具备，比如说儿童可以找到的同性伙伴很少，群体的分化就不再是性别而是年龄。

与群体间对比相对应的是群体内作用，同化与分化是群体内同时进行的两个过程。在某些方面，由于群体压力或自己需要，儿童趋同于同伴，而在其他一些方面，则与同伴相异，例如同伴社交地位。社交地位可用显要性和受欢迎度两个纬度来衡量。哈里斯指出，儿童在群体中地位的高低会给其个性烙上永久的痕迹。这种地位标签有可能成为自我实现预言，孩子们一旦被归为特定类型，很可能会按照这个方向发展，这种影响对儿童比对成人更明显。比如生理成熟慢的孩子身体矮小、不起眼，在显要性的纬度上地位较低，他们常常比早熟的同伴难以成功,缺乏沉着自信,容易焦虑。那些不受欢迎的儿童往往年复一年地受同伴的冷落和伤害,成年以后更可能产生各种心理病理问题。

总之,该理论很好地解释了同伴群体对儿童社会化各方面的作用机制,具有一定的启示意义。不过,它似乎抹煞了学习迁移的巨大可能性,这一点难以让人赞同。不过,正如哈里斯所指出的,群体社会化理论并不是要否定家庭环境在儿童社会化中的作用,它试图对儿童在家庭外的社会化过程进行描述,以期引起人们对家庭外社会化的重视,并将家庭内和家庭外的社会化过程结合起来进行研究。

> **专栏 4 - 11**
>
> **移民中的群体社会化现象**
>
> 夏威夷岛移民语言的产生和演变是很有说服力的例子。19 世纪初,一批移民来到夏威夷开荒、种植甘蔗。他们来自各地,有不同的母语。最初,为了相互交流,他们创造了一种从语言学角度看很不完善的"皮金"语。这种语言没有介词、定冠词,动词不变形,也没有固定的词序,而且来自不同地区的移民说"皮金"语时总是带着自己原来母语的口音。大约 100 年后,移民的后代又创造了一种新语言"克列奥尔"话。这种语言发展相当完善,可以表达非常复杂的意思和思想,而且新的年轻移民说的"克列奥尔"话都是一样的,再也听不到他们父辈那些形形色色的口音了。"克列奥尔"话的产生过程很有趣。当最初创造了这种话的年轻人回到家里时,跟他们的父母仍然说"皮金"语,但一出家门,就和同伴讲"克列奥尔"话。而他们的父母一直到死,也没有几个人会讲"克列奥尔"话。

五、社会认同理论

除了个人品质的形成和行为的塑造之外,身份建构也是社会化的一个重要内容和过程。身份建构是一种人们在社会生活中为建立自我概念而参与的心理活动,是一种社会心理历程。人们不仅依据个人的独特素质而建构个人身份(personal identity),还会依据自己或他人在某些社群的成员资格(group membership)来建构社会身份(social identity)(Hogg, 2004),以将自己和其他人区分开来。其中,社会身份能够令人们将社群特性冠于己身,其对社会行为的影响远比个人身份深远,并且能够将个人的心理历程和更为广阔的社会力量结合在一起,由个体推展到群体乃至群际水平来理解社会行为和文化现象,因此受到社会心理学者的特别关注,社会认同理论正是循此视角建立起来的社会心理学的宏大理论(grand theories)之一。

社会认同理论由泰弗尔(Tajfel, 1982;Tajfel & Turner, 1986)所倡导,认为一个人所落入的或感到其所属的社会类别(如民族、政治团体、运动团队),使其具有根据该类别自身的特点来界定自己的倾向(如我是中国人、我是某大学的学生、我是蒙古族)——这种自我界定是自我概念的组成部分。在此理论背景下,社会认同的内涵十分清楚,它是"一个人对其所属的社会类别或群体的意识"(Michael A. Hogg, Dominic Abrams, 1988)。在这里,所谓社会群体指的是,持有共同的社会认同或将自己视为相同的社会类别成员的一群个体。显然,这种社会认同和通常人们所谈论的个人认同(如埃里克森的自我同一性或自我认同)是完全不同的:前者是指一个社会类别的全体成员得出的自我描述,是社会或群体的认同作用;后者则是指单个个体对自我特点的描述,是个人的自我参照,是个人的认同作用(周晓虹,2008)。

社会认同理论的建立同泰弗尔进行的一系列设计精当的实验室实验有关,其中最为著名的是"微群体实验范式"(minimal group paradigm)。在这一范式下,实验者通过微型的群体世界,可以有效地观察到群体内部的运作方式(Henri Tajfel et al, 1971)。实验中,泰弗尔首先请被试对一张卡片进行点估计的作业,并以此为理由随机地将被试分为高估组和低估组两组,接着要求被试从事资源分配的工作。结果发现,虽然被试与同组成员互不相识而且从未谋面,也没有实际的互动,他们还是分配给自己所在组的成员较多的资源。换言之,哪怕没有先期的互动关系,只要被试单纯地知觉到分类时,就会分给自己的群体更多的资源和正向的评价。这种知觉上的分类,会让我们主观上知觉到自己与他人共属,从而产生一种认同感(张莹端、佐斌,2006),进而又会影响到人们的社会态度和行为。由这样的认同所引起的给内群体成员较多的资源及正面评价的倾向,被称之为内群体偏向;相反,由认同缺乏而引起的给外群体成员较少的资源及负面评价的倾向,被称之为外群体歧视。由此可见,对群体成员身份的意识是产生群体行为的最低条件。

不过,每个人都拥有多个社群的成员资格,却只会使用其中一部分来建立自己和他人的社会身份。那么,人们在选择以某些社群成员资格建立社会身份时,有什么心理动机呢?这是近代社会认同研究中最受关注的课题。赵志裕、温静、谭俭邦等(2005)在《社会认同的基本心理历程——香港回归中国的研究范例》一文中,对社会认同动机作了如下概括:

(一) 提高自尊

泰弗尔(Tajfel, 1982; Tajfel & Turner, 1986)在社会认同论中提出了一个对社会认同研究影响深远的假设:人们建立社会身份,是为了透过所认同的社群提高自尊。从这一假设可以推断出社会认同的三条基本原理。

首先,社会认同与社会比较有非常密切的关系:人们会评价和比较各社群的优劣、社会地位和声誉,争取把自己编入较优越的社群,并觉得自己拥有该社群一般成员具有的良好特征。按社会认同论(Tajfel & Turner, 1986),社会认同由三个基本历程组成:类化(categorization)、认同(identification)和比较(comparison)。类化指人们将自己编入某一社群;认同是认为自己拥有该社群成员的普遍特征;比较是评价自己认同的社群相对于其他社群的优劣、地位和声誉。透过这三个历程,人们抬高自己的身价和自尊。

其次,当人们认同的社会身份受到攻击或威胁时,人们会在思维或行动上捍卫该社群的声誉:或在思想上肯定该社群成员共有的特征和价值,或以具体行动还击。

最后,当弱势社群成员感觉到所属社群在声望和权势上都比不上其他社群时,为了维护自尊,会采用多种应对方法,其中包括模仿强势社群以图自强,辨认一些所属社群比强势社群优胜的地方,或离弃所属社群,改为认同强势社群(Hogg & Abrams, 1988)。

污名资格：被贬损的社会认同

污名(stigma)，就其古希腊词源的涵义，意指在脸上所烙的印记，代表了德性缺损或行为罪过。这些被烙印记的个体，主要是奴隶、战俘和罪犯。他们被主流或统治群体认定为没有完备人性(the full humanity)，或者只有部分人性(the partial humanity)。

污名成为社会科学中的一个核心构念，主要归功于戈夫曼。戈夫曼开创了对行动者污名资格的研究，并概要勾画了污名的三种类别：可传递的部族性的污名(the tribal stigma)、令人不快的身体(abominations of body)和个人品格的污点(blemishes of individual character)(Goffman E.，1963)。林克等进一步细致辨析了污名背后相互纠缠的四个过程或四种成分：首先是辨析并标定差异，然后把差异和消极特质相关联，并区分"他们"和"我们"，最后是作为结果的地位缺失和歧视亦即社会排斥(Link B G, Phelan J C.，2001)。

污名化过程(stigmatization)，或污名标定，预设两类行动主体：污名标定者或施污者(the stigmatizer)和被标定者或受污者(the stigmatized)。污名化过程，对施污者而言，具有一系列的功能和进化上的适应意义，其结果是社会资源、机会和权力的垄断，以及优势地位或权势地位的建构、维持和再生产(Crocker J , et al. Social Stigma.，1998；Kurzban R, Leary M R.，2001)。

但对受污者而言，污名化过程，不仅使他们丧失了作为共同体有机成员正当的权益、福利和生活机会，也会对他们的社会心理生活产生致命的伤害，其核心是认同威胁(identity threat)(Major B.，2005)和自我耗竭(ego depletion)(Inzlicht M.，2006)。而认同威胁和自我耗竭，则会危急行动者动态完整生命的建构，是一种真正的本体论意义上的精神创伤。更严重的是，基于功能性磁共振成像技术(the fuctional Magnetic Resonance Imaging，fMRI)，与污名相伴的社会排斥，作为社会伤害，和生理伤害类似，有其大脑的神经相关物(N. I. Eisenber ger, et al.，2003)。(方文，2008)

(二) 减低无常感或提高认知安全感

人们除了希望借社会认同提高自尊外，也希望透过它降低在社会生活中的无常感。社会认同让人们觉得自己清楚自己是谁、自己和自己认同的社群的成员有哪些特征、其他人或社群又有哪些特征。有了这些知识，人们便感到可以在社会生活中从各人的社会身份预测各人的行为，并懂得如何与这些人交往(Hogg & Mullin, 1999)。因此，社会认同可以降低在社会生活中的无常感，赋予人们一种在社会认知上的安全感(epistemic security)。

由此又可推出两条有关社会认同的原理。其一，不是所有的社群成员资格均能降低社会生活中的无常感。有些社群有较清晰的行为规范，而且社群成员拥有相同的特征，知道某人属于该社群，便可预测他的行为和特征。同样，在认同该社群后，自己也知道要遵守哪些规范，知道别人对自己有什么期待。这个类型的社群成员资格较能产生降低社会生活中的无常感的作用。反之，一些规范模糊、成员混杂的社群，其成员资格对提高社会认知的安全感就没有很大作用了。因此，当人们需要借社会认同来降低社会生活中的无常感时，倾向认同规范清晰、成员组成单纯的社群。其二，认同规范清晰、成员组成单纯的社群的倾向的强弱会因人因时而异。有些人较能接受或容忍社会生活中的无常感，而有些人只能过着很有秩序和条理的生活。与前者相比，后一类型的人倾向认同规范清晰、成员组成单纯的社群。

（三）满足归属感与个性的需要

在社会生活中，人们一方面希望保存个性，一方面想透过依附群体取得归属感。在逻辑上，保存个性与取得归属感是两种独立的心理需要，两者并不相悖。可是，当它们落实在社会认同上时，彼此间便会呈现出一种紧张关系。当人们认同一个社群时，会觉得自己属于那个社群。社群的成员越多，便觉得同道的人越多，归属感也越强。可是，在社会认同历程中，又会出现非个人化（depersonalization）的情况，也就是说，个体将群体的典型特征加诸自己身上，结果再看不出自己与其他社群成员有什么不同之处，有损保存个性的需要，而且所认同的社群成员越多，便觉得与更多人没有分别。

由此可以推断出另外两条有关社会认同的原理。其一，当满足归属感的需要越大，或保存个性的需要越小时，人们倾向认同能容纳较多成员的社群。反之，当保存个性的需要越大，或满足归属感的需要越小时，人们倾向认同较排外或成员较少的社群（Brewer, 1991）。其二，满足归属感的需要和保存个性的需要会因处境而改变。例如，当人们察觉到自己在性格和态度上与所认同的社群的其他成员颇为不同时，满足归属感的需要便会被激发。同样地，当人们察觉到自己在性格和态度上与一般人（包括自己不认同的社群的成员）没有明显分别时，保存独立性格的需要便会被激发。当满足归属感的需要和保存个性的需要被激发，其相应的社会认同行动也会随着被启动。

（四）找寻存在的意义

人和其他生物一样，难免一死。人与其他生物的不同在于人能意识到死之不可免。因此，每想到自己难免一死，便感到一种存在的恐怖（existential terror）：如果人最终难逃一死，此生兢兢业业，所为者何？如果人的一生，不论功过，死后也烟消云散，那么生命还有什么意义？面对存在意义的问题，儒家先哲提出了死而不朽的见解，认为一个人能在生时立德、立言、立行，其死后则身虽灭，名不朽。对一般人来说，当存在的恐惧被启动后，若能相信死后仍会长久活在自己认同的社群的记忆中，存在的恐惧便会暂时舒解（Solomon et al., 1991）。因此，在想到自己的死亡时，人们便会更认同自己的社会身份，偏袒自己认同的社群，歧视其他社群。研究结果显示：在一项以美国基督徒为被试的研究中，当研究员要被试想象自己死时和死后的情况时，他们会比对照组（没有想及死亡）的被试更喜欢其他基督徒，更不喜欢犹太教徒（Greenberg et al., 1990）。

当以上这些动机被激发后，相应的社会认同历程也随之启动。

不过，一切社会化的过程都是通过人与社会网络进行双向互动的，个体在社会认同中寻求价值依附和自我实现，群体也在其成员的社会认同中得以巩固和延续。但由于涉及自我与他人、内群与外群的界定和划分，社会认同既有积极作用，同时也蕴含危机。如何使人们形成更具包容性的社会身份认同,消除群际偏见与隔阂,避免群间对抗和冲突,保持文化多样性,真正实现费孝通先生所说的"各美其美、美人之美、美美与共、天下大同"的社会和谐,社会认同理论及其与其他相关理论的整合已经并将继续为我们提供引导。

本章小结

一个婴儿是带着繁多的行为潜能来到人世间的,这些行为的发展有赖于各种复杂的相互联系,包括与他人的相互作用。儿童在人类社会成长的过程中,学会了抑制某些冲动,并被鼓励获得在特定社会环境下的人所具有的特征和价值,这个过程叫社会化。社会化问题,历来是社会心理学研究的一个重要课题。

社会化是一个过程,一个学习社会角色和行为规范的过程;社会化是经由个体与社会环境的相互作用而实现的,包括社会教化和个体内化两个相辅相成的过程;社会化使自然人变成社会人,个人通过社会化得以适应社会,获得发展的基点,社会则通过社会化培养它的继承者,使得人类文化可以延续并在此基础上获得发展。

社会化在个体的成长中无处不在,概括地讲主要包括以下内容:基本社会生活技能社会化、行为规范社会化、社会角色社会化、政治社会化、民族社会化等。

社会化有许多不同的类型:早期社会化、预期社会化、发展社会化、反向社会化和再社会化。

社会化是一个持续终生、自我定向的过程;社会化具有较大的社会强制性,但个体亦会表现出一定的主观能动性,从而反作用于社会;社会化是文化共性和个体个性的辩证统一。

影响个体社会化的因素,有个体内在的生理、心理基础,也包括外在的全部社会环境,具体可概括为遗传素质、社会文化、家庭、学校、同辈群体、大众传媒等。各因素都有自己独特的功能与意义,彼此间又相互交叠、相互影响,共同作用于个体的社会化进程。

人在漫长的进化过程中所形成的独特的遗传素质,特别是人脑及其蕴含的发展趋势,为自然人发展为一个社会人提供了可能性。

文化是凝聚在一个民族的世世代代和全部财富中的生活方式的总和,它无处不在,从生命早期就对生活在其中的个体产生影响。个体的一切行为都蒙有一层文化模式的外衣。

家庭是个体接触最早也是最多的教化场所,家庭背景、家庭结构、家庭氛围、家庭教养方式、孩子在家庭中的位置等都会对儿童的社会化产生影响。

学校教育除学业学习之外,还通过教育内容和教科书、教师威信和教师期待以及教学组织形式等对学生的社会化产生影响。

同辈群体一般是自发选择,具有较强凝聚力、关系平等、交流面广、有自己的亚文化和核心人物的非正式组织群体。同辈群体交往对青少年具有积极作用,是个体获得归属感和安全感的重要源泉;但也可能产生消极的影响,促使青少年逆向成长。

任何社会都会以大众传媒作为自己的喉舌或是窗口,向人们传递各种各样社会化的信息和要求。在整个社会教育体系中,大众传媒是一种充斥全部时空的教育资源、教育途径、教育手段,对于未成年人的成长具有无孔不入的影响力。大众传媒还在不知不觉中改变了人们的生活方式。

社会化理论大致可以分为五大派别：一是着重本能与动机的精神分析学说，弗洛伊德首创，当代以埃里克森为代表；二是强调认知结构、认知策略在社会化过程中的重要中介作用的认知发展理论，以皮亚杰为首，当代以柯尔伯格为代表；三是强调环境作用的行为主义观点，以华生为首，当代以班杜拉为代表；四是新近出现的、强调同伴群体作用的哈里斯的群体社会化理论；五是关注社会身份建构的社会认同理论。其中前两派都提出了人格或道德发展的阶段论。

思 考 题

1. 以自身的成长经验论述在社会化过程中父母和同伴的影响作用，评说哈里斯的群体社会化理论。

2. 关注你家乡的某些习俗，分析其在你社会化过程中的影响及作用方式。

3. 试分析新媒体时代社会化的新变迁。

拓展阅读

1. 陈世联等.文化与儿童社会化.北京：中国社会科学出版社，2008.

2. 金盛华.社会心理学（第2版）.北京：高等教育出版社，2010.

3. 苏振芳.网络文化研究：互联网与青年社会化.北京：社会科学文献出版社，2007.

4. 赵志裕、康萤仪.文化社会心理学.刘爽译，方文校.北京：中国人民大学出版社，2011.

5. 赵志裕、温静、谭俭邦等.社会认同的基本心理历程——香港回归中国的研究范例.社会学研究，2005.

6. John C. Turner. 自我归类论.杨宜音、王兵、林含章译.北京：中国人民大学出版社，2011.

7. Michael A. Hogg, Dominic Abrams. 社会认同过程.高明华译.北京：中国人民大学出版社，2011.

第五章　自 我 意 识

　　法国思想家帕斯卡尔(Pascal)曾经说过："人只不过是一根苇草,是自然界最脆弱的东西;但他是一根能思想的苇草。用不着整个宇宙都拿起武器来才能毁灭他;一口气、一滴水就足以致他死命了。然而纵使宇宙毁灭了他,人却仍然要比致他于死命的东西要高贵得多;因为他知道自己要死亡,以及宇宙对他所具有的优势,而宇宙对此却一无所知。"这段话精辟地揭示了自我意识对人的特殊性和重要性。

　　虽然不少有趣的研究指出,我们不是唯一有自我意识的生物——比如将一面镜子放入动物的笼子里,直到它熟悉这面镜子为止,然后研究者给动物实施了短暂的麻醉,并在它们的眉毛或耳朵上涂上红颜料。研究发现,等苏醒过来看到镜子之后,黑猩猩和其他猩猩会立刻摸它们头上被涂上红色颜料的部位。海豚也显示出类似的迹象:当研究者用无毒记号笔在它们身上打上点时,海豚会径直游向镜子,蜷曲身体来观察它们身上的圆点(Reiss & Marino, 2001)。这些研究指出,黑猩猩和其他猩猩以及海豚也可能有一种初步的自我意识。它们知道镜中的影像是自己而不是其他动物,并且也知道自己和以前看起来不一样——但人的自我意识却具有更为复杂的结构和功能。很多社会心理学家指出:"自我是大多数复杂的相互作用过程的起点,我们对社会行为的理解要从自我开始。"鲍梅斯特(R. F. Baumeister)在1998年出版的社会心理学手册中也指出:"在过去几十年里,有关自我的研究是社会心理学中最为重要也最让人兴奋的一个领域;而展望世纪之交,似乎可以断言:自我将继续成为社会心理学的中心。"

　　人作为社会中的一个成员,从事于社会各个领域的实际活动,乃是以其自我意识为中介因素而实现的。当然,自我意识不是与生俱来的,其形成和发展是社会化的结果,而形成和发展了的自我意识,又会进一步推动个体社会化的进程。

第一节　自我意识概述

　　本杰明·富兰克林曾说过:"有三件东西极为坚硬:钢铁、钻石以及认识自我。"的确,自我意识是隐藏在个体内心深处的心理结构,虽然它是客观存在的,但却难以把握。

一、自我意识的定义

　　自我意识,也称自我、自我概念,是人对自己存在的觉察,即自己认识自己的一切,包括认识自己的生理状况(如身高、体重、形态等)、心理特征(如兴趣爱好、能力、性格、气质等)以及自己与他人的关系(如自己与周围人们相处的关系、自己在群体中的位置与作用等)。总之,自我意识就是自己对所有属于自己身心状况的认识。例如,自己与他人进行对话时,自我意识到自己正在和人谈话,感觉到自己很满意,同时还判断自己的观点是正确的,评价自己的态度是真诚的。所以说,自我意识就是对自己个人身心活动的觉察。由于个体能洞悉自己的一切,因而能对自己的行为加以控制与调节,而且也形成了对自己固有的态度,如自爱、自怜。

二、自我意识的结构

最早对自我开始进行真正较为科学而系统研究的是美国心理学家詹姆士(William James),他对自我意识结构的分析,至今仍有重要影响。1890 年,詹姆士在《心理学原理》一书中,首次提出了将自我分为主我(the"I")与客我(the"Me")两方面,并进一步将客我划分为物质自我、社会自我与精神自我三个部分。詹姆士认为,自我是自己对自己存在及其状态、特点等的觉察和认识,是一种意识或心理过程。因此,自我带有两重性,即被知的我(客我,Me,经验的我)和知的我(主我,I,纯粹的我)。其中,主我是主动的自我、进行中的意识流;客我是作为思维对象的自我,它包括一个人所持有的关于他自己的所有知识与信念。自我意识也就是主我对客我的认识、体验与控制(见表 5 - 1):

表 5 - 1　自我意识的内涵

	自我认识	自我情感	自我控制
物质的自我	对自己身体、外貌、衣着、风度、家属、所有物等的认识。	自豪感或自卑感	追求身体的外表、物质欲望的满足,维持家庭的利益等。
社会的自我	对自己在团体中的名望、地位、自己拥有的亲友及经济条件等的认识。	自豪感或自卑感	追求名誉地位,与他人竞争,争取得到他人的好感等。
精神的自我	对自己的智力、性格、气质、兴趣等特点的认识。	自豪感或自卑感	追求信仰,注意行为符合社会规范,要求智慧与能力的发展。

此外,还有许多研究者从不同角度提出了各自对于自我意识结构的思考,较具代表性的有如下观点:

罗杰斯(Rogers, 1951,1959)根据自己的临床实践,提出了与"现实自我"相对应的"理想自我"概念,前者是我认为我是什么样的人,后者是我希望我成为什么样的人。他认为这两方面都很重要,任何一种出现困难都可能导致心理问题,特别是当两者出现严重偏差时,就易于激发心理障碍,诱发神经症。

费格斯坦等人(Fenigstein, Scheier & Buss, 1975)提出了"公我"和"私我"两个方面的划分。前者是自我中社会的、公开的、表现在他人面前的方面,是与他人的关系密切相关的;后者则是自我中隐秘的、躲藏的、他人不可获得的方面。费格斯坦等人强调,自我这两个方面同时存在于同一个人身上,只是其程度大小因人而异,当个体的注意投向自我的不同方面时,对个体行为的影响也不同。在此基础上,他们发展出相应的测量工具"自我意识量表"。

罗森伯格(Rosenberg, 1979)将自我划分为"现有自我"、"期望自我"(相当于理想自我)与"表现自我"。

施耐德和坎贝尔(Schnaedel & Campbell，1982)提出了"实用自我"与"原则自我"概念。根据近年来人们在价值观方面的研究成果，此两者可能是与人们实际的自我概念结构高度接近的。

还有值得一提的是伯恩斯(R. Burns，1982)基于对前人有关自我的研究成果的总结上，提出的同时包括主体与客体自我的自我概念结构图(见图5-1)。此图具有如下五个特点：①继承了詹姆士的经典自我理论，把自我仍然作了主体自我与客体自我的划分；②借用了社会心理学中的态度理论，指出"自我概念"属于"自我态度系统"；③综合了罗杰斯的理想自我与现实自我的概念以及罗森伯格的期望自我与现有自我的概念，把自我概念从新的视角上进行了新的划分；④包容了库利(Cooley)的镜象自我的概念，并且使这个他观自我同罗杰斯的理想自我及现实自我并列起来，共同完整地构成了自我的态度系统；⑤自我的内容方面，仍采用了经典的划分方法，即把自我概念分为物质自我、社会自我与心理自我(侧重于情绪)。并指出，不论是现有自我、期望自我还是他观自我，都应包含上述三部分内容。伯恩斯的自我概念结构图并没有很多创新，他不过是对自我研究历史上几个影响较大的理论进行了一个初步罗列，这一结构忽视了自我价值维度的考虑，未能在结构系统中找到诸如道德自我等重要方面的位置。但这一归纳对自我研究还是起到了承上启下的作用，具有一定的参考价值。

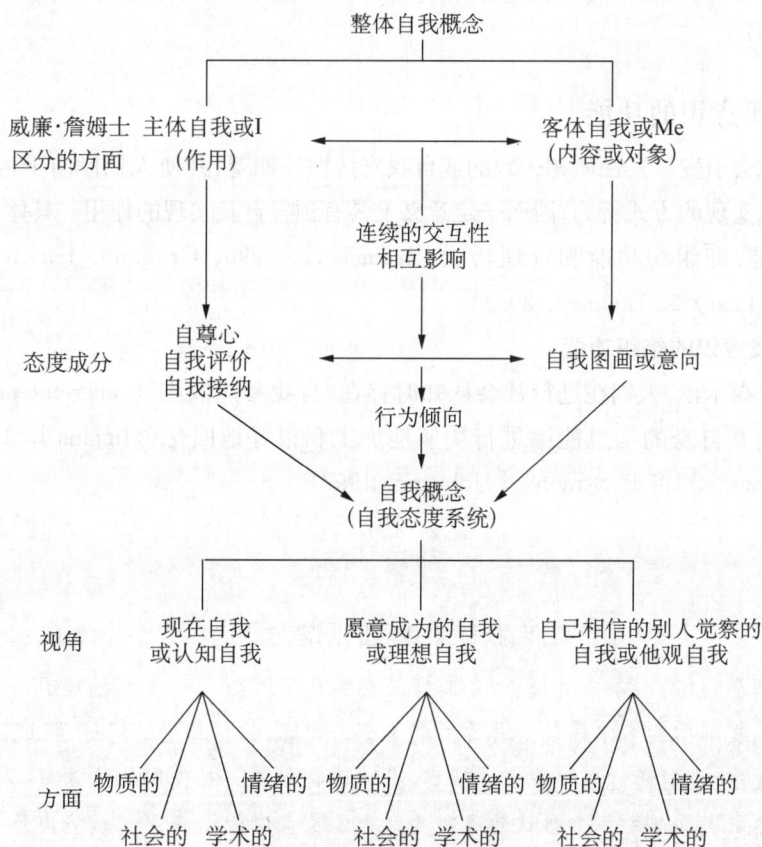

图5-1 自我概念的结构

(采自章志光，1996)

后来希金斯借鉴伯恩斯有关自我概念的结构理论,对自我概念系统内部结构因素之间的差异及其与情绪的关系进行了富有成效的研究,形成了独特的自我差异理论。希金斯(1987)将自我分成三个领域,即实际自我、理想自我和应该自我。实际自我就是个体自身实际具有的特性;理想自我就是希望自己所具有的特性;应该自我就是认为自己在有关承担义务和责任方面应该具有的特性。希金斯认为,实际自我与理想自我、应该自我之间的不一致导致自我差异的产生,这些自我差异分别与不同的负性情绪体验相联系。

马库斯(Markus)分别与纽瑞斯(Nurius, 1986)和乌尔夫(Wurf, 1987)提出了可能自我与工作自我两个概念。自我意识中与个体的潜能和未来有关的称为可能自我(possible selves);而在某一特定时刻受到激活的自我概念称为工作自我概念(the working self-conceptions),它是大量自我概念中的一个子系统,其功能是调节个体的行为。

此外,萨沃森和马虚(Shavelson & Marsh)根据自己的大量研究(Marsh, 1990; Marsh & Shavelson, 1985; Shavelson & Bolus, 1982)提出,自我概念是一个多层面多等级结构,从一般到具体层层分化,由此构建了自我概念多维等级结构模型,并发展出测量不同年龄阶段人们自我概念的自我描述问卷(Self-Descriptive Questionnaire Ⅰ、Ⅱ和Ⅲ; Marsh, 1983/1984)。

虽然学者们对于自我概念所涵盖的层面在分类上的意见并不一致,但自我概念为多向度结构则为学者们的共识,研究指出:若忽略自我概念的多向度,则无法适当地了解自我概念(Marsh, 1990)。

三、自我意识的功能

自我意识会引发与其性质相一致的或自我支持性的期望,并使人们倾向于运用可以导致这种期望得以实现的方式行为,因而一定意义上具有预言自我实现的作用。具体而言,自我意识有两项功能,即组织功能和管理功能(Baumeister, 1998; Graziano, Jensen-Campbell & Finch, 1997; Leary & Tangney, 2003)。

(一)自我意识的组织功能

很多研究揭示出,人们在进行社会认知时存在"自我参照效应"(self-reference effect),即人们对于有关其自身的信息能够进行快速地加工和很好地回忆(Higgins & Bargh, 1987; Kuipern & Rogers, 1979; Symons & Johnson, 1997)。

专栏 5 - 1

自我参照效应的日常表现

鸡尾酒会效应:在嘈杂的地方(如宾客云集的鸡尾酒会上),我们很难听清别人说话,但如果有人提到你的名字或其他与你关联紧密的内容,你会马上敏感地转过头去。

焦点效应:我们通过自我关注的观察,直觉地高估别人对我们的注意度,因此我们可能会由于在别人面前的一个自认为不当的举止或是言谈而沮丧、懊悔、焦虑不安,会觉得别人都在嘲笑或是怪怨自己,而事实上人家可能根本就没有注意,一切均是庸人自扰。

自我意识的组织功能关系到"自我图式"。图式是认知心理学的一个中心概念,它是一个高度概括的术语,是我们组织自己所处世界的心理模板,包括我们对许多事情——别人、我们自己、社会角色(如老师、女性应该是怎样的人)和特定事件(如当人们在餐厅里吃饭时通常会发生什么事)——的知识,它对认知有四个方面的功能:注意、编码和检索功能,整合功能,理解功能和计划功能。其中,自我图式是帮助人们去组织对自己进行了解的心理结构,它会影响人们所注意到的、所思考的和所识记的关于自身的信息。自我图式构成了我们的自我概念,它可以帮助我们分类和提取经验。

马库斯做过大量有关图式的实验研究,目的是证实自我图式是自我认知的基础。其中有一个典型的实验是这样的:首先测定被试的人格类型,是独立型、顺从型还是其他综合型,然后在实验室内的屏幕上向被试呈现"独立"和"顺从"的单词,要求被试看到这些符合自己人格特征的单词就按键。结果发现,有强烈独立感或顺从感的被试,对于符合他们人格特征的单词的反应很快。独立型对"独立"一词的反应潜伏期仅仅为 1.81 秒,而对"顺从"一词的反应潜伏期为 2.15 秒;顺从型对"顺从"单词的反应潜伏期为 2.06 秒,而对"独立"一词的反应潜伏期为 2.52 秒;而独立或顺从不明显的综合型,对两个单词的反应时间未见差异(见图 5-2)。

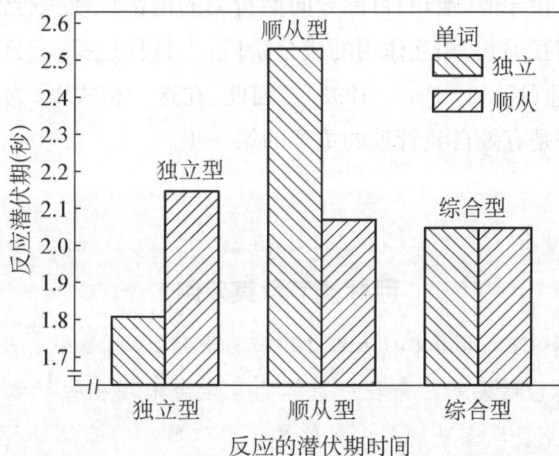

图 5-2 不同人格类型的被试对"独立"和"顺从"两单词的反应潜伏期比较
(采自 Markus, 1977)

自我概念就像一个过滤器,进入个人心理世界的每一种知觉都必须通过它的过滤,在此过程中,这些知觉就会被赋予一定的意义,而这些意义又在很大程度上取决于个人已经形成的自我概念。所以,若个人的既有自我概念是消极的,每一种经验都会和消极的自我评定联系在一起;而如果自我概念是积极的,每一种经验就都可能被赋予积极的含义。许多有关抑郁的研究都表明:抑郁者具有负性自我图式,对负性信息的加工更深、更快;容易抑郁的人常常将注意更多地集中在其不好的情绪上,这种反复思索会延长抑郁状态(Susan Nolen-Hoeksema 等,1994)。

(二)自我意识的管理功能

自我也有管理的作用,它就像一个公司的首席执行官那样,规范着人们的行为、选择以及将来的打算(Baumeister & Vohs, 2003; Carver & Scheier, 1998; Higgins, 1989)。例如,我们能够想象从未发生过的事情并且对自己的行为进行长期规划。而且,在达到了预期目标之后人们会进行自我奖励和自我表扬,在未能达到一个预期目标时则会进行自我惩罚和自我批评(Bandura,1991)。自我研究中与此有关的概念有自我调节、自我管理、自我监控等。

自我调节和自我管理关系密切。鲍梅斯特(1994)等人认为"自我管理是自我调节的更为高级的形式"。当然,自我管理比自我调节有更为积极和建设性的意义。瓦格纳和斯腾伯格(Wagner & Sternberg,1985)的研究表明了有效的自我管理的重要性。他们的研究显示自我管理有赖于有效的自我知识(self-knowledge)加上对自我知识的恰当的运用。也就是说,你必须知道在什么样的条件下你能最好地发挥,然后为了获得最大的成效你必须去发现和创造这样的条件。他们发现自我管理的技能有助于在生活的各个方面获得成功。例如,在自我管理技能上获得高分的企业管理者要比获得低分的管理者在一年中得到更大的薪金提高,在职业生涯中取得更高的公司职位和赚取更多的薪水。

自我调节方面的研究模式基本上是"目标调节"的研究模式,亦即把自我调节等同于目标调节。卡洛伊(Karoly Paul)的研究是这方面的代表。他认为:"尽管没有范型的一致性,但下述的多成分的定义,能够用作概念的路标和组织者:自我调节指的是这样一些能够使个体在不同时间、不同情境下,指导他(她)的目标导向性行为的内部性或执行性过程。……可以说,自我调节包含着五个相互关联、相互作用的成分阶段:①目标选择;②目标认识;③维持方向;④变换方向;⑤目标终止(Karoly Paul,1993)。"因此,在这一模式下,为自己建立合适的目标(长期目标或短期目标)是有效自我管理的重要的第一步。

专栏 5 - 2

目标调节及其效用

德沃德尔和伦斯(DeVolder & Lens,1982)的研究表明,是否有长期的目标与学生在学校中表现的好坏有密切关系。有长远目标的学生会把现在的努力与实现长远目标的努力联系起来,在学业表现上平均要比其他学生得到更高的等级分。长期的目标有助于学生超越眼前的情境和其中的令人不快的要求以及分心的诱惑。然而,没有短期目标的支持,长期目标也难以实现。

班杜拉和斯库克(Schunk,1981)的研究显示了短期目标的积极作用:那些追寻一系列短期目标的人由于不断接近和达到这些目标从而获得了自我效能感。

门德林克和哈拉奇维克兹(Manderlink & Hararckiewicz,1984)的研究发现,远期目标的建立增加了人的内部动机,而近期目标的建立则导致了积极的成功预期。具有这两种目标的人既可以享受长期计划对于组织和指导其行动、提供连续的动机来源的好处,又能受到由于朝着这些目标不断取得进展而传达的积极的反馈的鼓舞。

因此,对于有效的自我管理来说最好的做法是长远目标和短期目标兼具。不过,基尔申鲍姆等人(Kirschenbaum et al.,1981)的研究发现,过于细致、具体、僵化的目标和计划对于有效的自我管理也有不利影响。

费格斯坦等人还讨论了个人目标与社会的冲突。个人目标依赖个体自己的判断和意见来进行调节，反映个人的欲望和目的，而不用考虑别人的需要或感受。另一些目标是更加公众的、社会的或者本性的自我表现，他人的欲望和感受起着非常重要的作用；对此进行调节意味着别人的意见应该加以考虑。由于自我的这两个方面有时要求不同的行为，如果自我的这两个方面同时都是非常重要的，那么就可能引起冲突。

自我还通过控制个体在别人面前的表情及表现，设法控制自己在别人心目中的印象（详细见印象整饰）。针对这其中的个体差异，心理学家斯奈德（Mark Snyder, 1974）提出了自我监控（self-monitoring）概念。自我监控是一种调节自我表现，使个人的行为适合于情境的能力，是个体的一种社会适应机制。但在使用一定的策略来影响别人的过程中，有的人技巧比其他人高些，而有的人则差些。我们就可说前者的自我监控能力强些，而后者的自我监控能力差些。在斯奈德看来，高自我监控者，对他人在社会情境中的言语和非言语表达及自我表现非常敏感。他们会以他人的行为表现作为线索来调节自我表现。他们往往具有很好的变通性，适应性强；相反，低自我监控的人不注意别人的行为表现，其自我表现也发展得不完善。这一类人对别人总是表达自己真实的情绪和态度。简单说，自我监控水平高者能在不同的社会情境下做出不同的反应；而自我监控水平低者，外显行为与内部态度更一致，不太受情境的影响。虽然有学者对斯奈德不同自我监控者的特点进行质疑和修正，如米勒和泰亚（Miller & Thayer, 1988）发现：自我监控与调节之间是曲线相关，即高、低自我监控者都不是良好的适应者，只有中等程度的自我监控者，才是最好的适应者。但对心理监控的研究仍是当前社会心理学与人格心理学研究的热点之一。

第二节　自我意识的特征

萨沃森等人（Shavelson, Hubner & Stanton, 1976）曾从自我概念多维等级结构的角度提出自我概念的七个特征：

1. 它是有组织、有结构的

人们将与他们自己有关的大量信息分类、组织并赋予意义，这些自我概念的类别以有组织、有结构的方式存在于个人的认知系统内。

2. 它是多层面的

自我概念包括多层面，每一特殊的层面涉及个人的独特经验或团体有关的领域。如包括身体我、社会我与心理我。各个层面反映自我参照分类系统。

3. 它是具阶层性的

自我除了多层面结构外，亦可形成纵向阶层组织。最底层的是特殊情境行为的评价，最高层为概括性的自我概念。概括性的自我概念可区分为学业与非学业两种自我概念，而非学业的自我概念又可分为社会的、情绪的及身体的自我概念，这些概念之下，可再细分为有关的特定层面。

4. 它具稳定性

自我概念的稳定性由上往下递减,也就是说,此阶层最顶端的概括性自我概念是较稳定的,但随此阶层递减,愈底层的自我概念则会随情境的变化而愈容易改变。概括性自我概念若要改变,必须有许多特殊情境改变才会影响到它的改变。

5. 它具发展性

自我概念随着个体年龄的增长而分化成不同向度、层面的自我概念。幼儿的自我概念是笼统而未分化的,当个体由婴儿到成人,自我概念随经验与年龄的增加而分化为更多的层面。

6. 它具描述性及评价性

自我概念包括描述及评价两方面,个体可描述自己(如:我很快乐)以及评价自己(如:我数学很好)。

7. 它有区别性

自我概念内的许多概念可以彼此区分出来,也可与其他建构相区别。

不难看出,这七方面的特征是相对于自我意识的内在结构而言的,除此之外,从比较宏观的以及发展的角度来看,自我意识还具有独特性和矛盾性等特点,现分别陈述如下:

一、自我意识的独特性

自我意识是因文化、因个体而异的。

(一) 自我意识的文化差异

自我是由社会建构的,因此存在文化差异。当代研究文化与自我之间关系的学者普遍主张:不同文化有着不同的理想自我模式,也就是说,文化指明了我们应该拥有什么样的自我(Markus & Kitayama, 1991)。在许多北美和西欧国家,人们拥有独立的自我观,这是一种以自己内在的想法、感受和行动来定义自我的方式,而不是以别人的想法、感受和行动来定义自我(Cross & Core, 2003; Markus & Kitayama, 1991, 2001; Nisbett, 2003; Triandis, 1995);相反地,在亚洲、非洲和南美洲的许多生活于相互依赖文化中的人,则倾向于把自我看成和他人有联系的,自我主要显现在社会关系和角色之中。例如,在完成"我是谁"的句子时,来自亚洲文化的被试比来自西方文化的被试更有可能提及社会团体,如他的家庭或宗教团体(Bochner, 1994; Triandis, 1989)。表 5-2 列出了存在于独立性文化和相互依赖性文化中的自我建构的差异。

表 5-2 独立性文化和相互依赖性文化中的自我建构的差异

特征	独立性文化	相互依赖性文化
自我的定义	独特的个人,与社会情境分离	在社会角色和关系中,与他人联系
自我的结构	统一而稳定,具有跨情境和关系的一致性	流动和变化,随情境和关系而改变
重要特征	内在、私自的自我(能力、思想、情感、特质等)	外部、公众的自我(地位、角色、关系)
主要任务	保持独特、表现自己、达成个人目标、直率	归属、融入、中规中矩、达成团体目标、委婉(识相)

(采自 Markus & Kitayama, 1991)

二十问:"我是谁?"

WAI(Who Am I)技法是由库恩等人(Kuhn & McPartland,1954)对自我态度(self-attitude)的研究导出的,其基本特点是让被试对"我是谁?"这样的问题自问自答,因其形式上是自由书写 20 种回答,也被称为"二十问法"或是"二十句子测验"。该方法不受文化因素的影响,且能得到被试自发的反应,所以被广泛运用于自我研究。

传统的 WAI 研究主要是对被试的 WAI 反应的内容进行分类计数,然后基于各类别的反应数分析被试的自我概念;有时也测定 WAI 反应的重要度和好恶度等心理负荷,涉及被试对自我形象的态度与情感。库恩等人(1954)最初把被试的 WAI 反应分为生理的、社会的、抽象的和综合的四类。以后研究者们的分类大同小异,但也还在产生新的变式(如,Dollinger & Clancy,1993;Rhee,Uleman,Lee,& Roman,1995)。

我国学者郑涌、黄希庭(1997)尝试将问题从"我是……"改为"我……",以减少文法限制,使被试能够更加自由做答。并将被试相应的叙述反应分为社会认同(如年龄、性别、学校、专业、民族等)、个人属性(如经历、容貌、偏好、性格、能力等)及我他关系(与社会、与家庭、与学业、与时间、与金钱等)三大类。运用因素分析和聚类分析,通过深层次的内容分析,发现中国大学生的自我概念是以自我统合为核心的,以交际、偏好、性情、身份等多方面与外界相互作用的结构,而各侧面的相对重要性特征在总体上不明显。这一结果既反应出中国大学生自我概念的某些特点,又支持了埃里克森关于青年期作为自我统合形成的关键期的看法。

(二) 自我意识的个体差异

随着年龄的增长,个体在与周围人们的交往,尤其是与那些重要人物的交往中,逐渐把他人的判断内化为自己的判断,于是个体就按照自己所想象的他人的观点来看待自己。随着时间的推移,个体自我意识的自我态度也慢慢地脱离了他人的评价,成为自律的东西而发挥作用。那时的个人由于形成了自我态度,因而渴望追求自己的价值与地位,对于社会上忽视自己或不重视自己的人们就没有好感,从而对他们采取回避或疏远的态度;对于社会上那些肯定自己的人们则怀有好感,主动地去接近他们,表现为自律性。所以自我意识到了自律阶段就会变得"我行我素",发挥出主动性和独立性,表现出了与众不同的风格与独特的形态,成为其个性中的一个重要组成部分。

我国学者杨永明等(1985)用"二十问"法测查了大学生自我意识的独特性。他们发现大学生填写"我是谁"的问题时,其自我意识在内容的丰富、细腻以及表达的风格、对自己个性理解的深刻程度等方面,有很大的差异,存在着明显的独特性。下面列举两位同性别、同年龄、同班级的大学生所描绘的"自我形象"(见表 5-3),以资比较。

表 5-3　两位大学生的自我形象比较

学生甲	学生乙
① 我是 1964 年出生的人；	① 我是联想丰富的人；
② 我是××省人；	② 我是满怀希望的人；
③ 我是性格开朗的小伙子；	③ 我是敏而好学的人；
④ 我是自尊心很强的人；	④ 我是忠诚朴实的人；
⑤ 我是 83 年入大学的；	⑤ 我是关怀他人的人
⑥ 我是 84 年转专业的；	⑥ 我是内心含蓄的人；
⑦ 我是身高 1.6 米的人；	⑦ 我是办事果断的人；
⑧ 我是体重 56 公斤的人；	⑧ 我是虚怀若谷的人；
⑨ 我是爱思考的人；	⑨ 我是充满自信的人；
⑩ 我是爱玩的人；	⑩ 我是临危不乱的人；
⑪ 我是对往事总感到懊恼的人；	⑪ 我是内向且常有心理矛盾的人；
⑫ 我是对自己感到不满的人；	⑫ 我是有时有自卑感的人；
⑬ 我是失去母爱的人；	⑬ 我是感情脆弱的人；
⑭ 我是爱学习的人；	⑭ 我是渴望真诚友谊的人；
⑮ 我是特别喜欢运动的人；	⑮ 我是愿得到别人理解的人；
⑯ 我是喜欢绘画的人；	⑯ 我是能理解他人的人；
⑰ 我是喜欢唱歌的人；	⑰ 我是有时拘谨的人；
⑱ 我是生活比较有规律的人；	⑱ 我是宁愿自我感受的人；
⑲ 我是爱美的人；	⑲ 我是不愿被人怜悯的人；
⑳ 我是感到幸福的人。	⑳ 我是相信自己的人。

(采自杨永明等,1985)

除此之外,个体自我意识还具有时代特征,如表 5-4 所示,同样采用"二十问"法,同样是大学生作答,但其内容,包括表达用语上都与二十多年前的学生有很大不同(李凌,2011)。

表 5-4　2010 年两位大学生的自我形象比较

学生丙	学生丁
1. 我是学生	1. 我是一名女生
2. 我是女生	2. 我是一名大学生
3. 我是 163 cm 的身高	3. 我是××市人
4. 我是图书馆常客	4. 我是 90 后
5. 我是班级里普通的一员	5. 我是处女座的
6. 我是运动白痴	6. 我是善变的

学生丙	学生丁
7. 我是韩剧控	7. 我是反应迟钝的
8. 我是日剧控	8. 我是充满活力的
9. 我是无神论者	9. 我是喜欢吃东西并且想要自己动手做的
10. 我是麦霸	10. 我是爱好摄影的
11. 我是文艺小青年	11. 我是想要到处走走的
12. 我是周杰伦的粉丝	12. 我是一名背包客
13. 我是早睡早起的	13. 我是热爱艺术的
14. 我是爱吃零食的	14. 我是喜欢看书,而且偏好买书藏着的
15. 我是感情细腻的	15. 我是我的人际网的中心
16. 我是喜欢思考的	16. 我是爸爸妈妈的女儿
17. 我是富有创意的	17. 我是缺少兄弟姐妹的独生女
18. 我是电脑游戏菜鸟	18. 我是家里最小的成员
19. 我是自由的	19. 我是有着诸多优缺点的
20. 我是爱做白日梦的	20. 我是独一无二的

二、自我意识的矛盾性

前面我们已经提到,自我是一个复杂的结构,其各个方面之间(如理想我和现实我、公我和私我、自我概念和自我经验等)可能彼此协调,也可能相互冲突。其中的矛盾关系是很多研究者所关注的问题,因为它既可能是个体发展的推动力量,也可能是个体心理失调的原因所在。

个体当自我意识尚未形成时,是浑沌一团的。随着年龄的增长,其自我便逐步分化为主体我与客体我两个方面:自己既有观察自己的一面,又有作为被观察者的一面。处于前者地位的自我,往往代表了社会的要求,在头脑中塑造了一个"理想的我"的形象;处于后者地位的自我,实质上就是"现实生活中的我"的形象。个体自我意识中,若主体我和客体我、理想的我与现实的我之间发生了差距和矛盾,就会产生丰富复杂的自我情绪体验。

处于观察者地位的理想的我,不断观察、分析现实的我的表现。因为理想的自我毕竟是属于未来的设想,而现实的自我总是落后于理想的自我,所以理想的我总是发现现实的我还存在很多不符合自我理想的要求的地方。例如,青年人希望自己要成为一个开拓型的人才,向往着自己要干一番轰轰烈烈的事业,但实际上又缺乏开拓、创新的素质,处处因循守旧,依然故我,于是就产生了理想的我与现实的我的矛盾——自我谴责与自我埋怨。

自我意识的矛盾给个体带来了不安与焦虑,从而产生一种张力,个体为了摆脱不安与焦虑,力图使理想的我与现实的我统一起来。这种统一是在新的水平与方向上协调一致,使现实的我努力符合理想的我的要求。判断二者是否统一的积极意义的标准,在于方向性的正确与否。

青年期自我意识的矛盾与统合

　　人进入青年期,就不像儿童期那样顺从听话了,"开始表现出对于自己所从属的社会价值体系的反思"。在这一时期,他们产生了各种愿望和对于未来的美好憧憬。他们逐渐发现,原本和谐的生活变得不协调了,往往把父母、师长的教诲与关心理解为难以忍受的压制。他们不仅在思想上不愿与成年人交流,而且与同龄人也产生了隔膜,使自己陷于苦闷与烦恼之中。同时,由于抽象思维的发展,青年人增强了对外界事物的批判和怀疑。正如美国心理学家霍林沃斯(L. S. Hollingworth)所说的,青年正处于心理的断乳期,他们尽量要摆脱过去的依从关系,追求独立,处处显示自己的力量。

　　内在的,随着身体的迅猛发展、性意识的觉醒以及社会与家庭地位与角色的改变,青年人的自我认识、自我体验、自我调节等都发生了新的变化,从而加深了其自我意识的矛盾,自我统合的需求也更加强烈。由于各人的具体情况不同,自我的再统一可能是积极的,也可能是消极的,表现出不同的类型。

　　自我肯定型——这是积极的统一类型。其特点是正确的理想自我与进步的现实自我通过积极的矛盾斗争达到的统一,也可以说是符合社会发展要求,有利于社会进步的理想自我和逐步改正、不断完善的现实自我的统一。

　　自我矛盾型——这是自我的再统一比较困难的类型。其特点是内心矛盾的强度大或延续时间比较长,新的自我久久不能确立,积极的自我难以产生,自我调节缺乏稳定性和确定性。

　　自我否定型——这是消极的统一类型。其特点是对现实自我的评价过低,理想自我与现实自我差距过大,心理上常处于一种消极防卫状态。有的人常常用自我安慰原谅自己,在一定程度上放弃理想自我,以保持现实自我;有的人则没有什么发自内心需求的理想自我,自我意识的发展只处于消极应付的状态。

　　自我扩张型——这也是一种消极的统一类型,且带有危害性。其特点是对现实自我过度高估,虚假的理想自我占优势,理想自我与现实自我的统一是虚假的。典型者的自我常表现为白日梦,在自吹自擂、虚幻之中度日。虽然这种类型的人极少,但严重者可能导致反社会行为,甚至违法犯罪。

　　自我萎缩型——这也是一种带有危害的消极统一类型。其特点是理想自我极度缺乏或丧失,对现实自我又深感不满,自卑心理非常严重,导致自我拒绝的心理,甚至出现理想自我与现实自我的对抗。这种类型的人也极少,严重者可以导致精神分裂症或因绝望而轻生。

第三节　自我意识的心理成分

个人的自我意识是由自我认知、自我体验与自我控制三种心理成分所构成的,这三者相互联系、相互制约,统一于个体的自我意识中。

一、自我认知

所谓自我认知,乃是主体我对客体我的认知与评价。自我认知是自己对自己身心特征的认识,而自我评价乃是在这基础上对自己作出的某种判断。例如,前者为"我身高1.80米",后者是在此基础上判断为"我是一个高个子"。

(一) 自我认知的积极偏向及其意义

个体的自我认知应该是对个体实际和潜在特点的反映,但由于各种主客观因素的影响,个体对自己的某些特点可能知觉也可能没有知觉,可能准确知觉也可能有所偏向。很长一段时间,人们认为,无论是个体的成就行为还是心理健康,都有赖于人们对现实(包括对自己真实状况)的准确感知(Fischhoff, 1976; Fiske & Taylor, 1984; Nisbett & Boss, 1980)。不过,越来越多的证据表明,人们不是像天真的科学家一样进入环境探索真理,相反,当发现一个不讨好别人的吹牛者的画面时,他们就会使资料以最有利于自己已有理论的形式出现(Fiske & Taylor, 1984);人们会表现出对自己不现实的积极看法、对个人控制的夸大的知觉和不现实的乐观主义;大多数人对自我拥有一种积极的看法(Greenwald, 1980);人有许多自利偏向(或称自我服务偏向/利己主义偏向,self-serving bias),能有效加工并容易记起积极的个性信息;即便成人,对自己能力高估的也比低估的多(Bandura, 1977)。

巴里(Dave Berry, 1998)指出:"无论年龄、性别、信仰、经济地位或种族有多么不同,有一件东西是所有人都有的,那就是在每个人的内心深处都相信,我们比普通人要强。"美国的一项全国性的调查中,91%的妻子认为自己承担了大部分的食品采购工作,但只有76%的丈夫同意这一点(Burros, 1988)。这种自我服务的偏差表现在许多方面:如伦理道德、工作能力、驾驶技术、聪明才智、忍耐度、赡养父母、健康、洞察力、摆脱偏见、承担责任等。即便是在自尊研究中得分最低的人,在给自己打分时也基本使用中等的评分标准。

之所以如此,是因为人们在认识世界——特别是自己时,不仅受认知因素的影响,而且还会受到其需要、动机、愿望等其他心理因素的影响。自我增强、自尊以及自我实现的需要,都会驱使个体乐观地估计自己。泰勒和布朗(Shelley Taylor & Jonathon Brown, 1988)认为,人的这些动机性推理及其产生的乐观主义是极具适应性的。他们回顾了一系列大多数人怀有的积极幻想——我们的自我知觉过分夸大,我们夸大自己对生活中事件的控制程度,我们对未来抱有不切实际的美好期望——并指出,有一类人没有表现出任何幻想,即抑郁者。所以,可能这些不切实际的积极信念使我们总体上感到幸福和健康;缺少它们,日常生活中的危险和困难会使我们遭受痛苦和抑郁。而且,我们对自己炽热的看法、我们的期望,以及我们夸大了的控制感可能还不只是让我们感觉良好。它们还会增加我们的动机和努力,会使我们在艰难任务上即便开始就遭遇失败也还能坚持不懈,最终,这些积极的期望可能会自我实现——如果你相信自己,就往往会去做让你信念成真的一切(Armor & Taylor, 1998)。

美国心理学者马虚(Marsh, 1993)作过这样一个研究。他跟踪一批青年学生,历时四年,从高中一年级起直至大学一年级,研究学习成绩与学业自我概念之间的关系。他在研究开始时,通过几项标准测验测量了学生的学习能力,然后分别在这些学生的高一末、高二末、高三末和大学一年级末,测量了他们的学习成绩和学业的自我概念。对结果进行统计分析后发现,高二时学生的学业自我概念受到其初始时的学习能力和高一时学业自我概念的影响,但不受高一学习成绩的影响;高二时的学习成就受到高一的学业自我概念和学习成绩两方面的影响;高三时的学习成绩也明显受到高二的学业自我概念和学习成绩两方面的影响。大学一年级时的学业自我概念明显受到高三的学业自我概念影响,但未受到高三的学习成绩的影响。从马虚的跟踪研究来看,学生在学业自我概念稳定建立后对学习的影响绝不亚于实际成绩,甚至有可能比实际成绩的影响还要大。

库利(1926)也曾经指出:"在人们的心理生活中,自尊或自卑的自我评价意识有很大作用。人们经常把自己看作有价值的、令人喜欢的、优秀的、能干的人。如果一个人看不到自己的价值,只看到自己的不足,什么都不如别人,处处低人一等,就会丧失信心,产生厌恶自己并否定自己的自卑感,这样的人就会缺乏朝气,缺乏积极性。"不过,库利也同时指出:"如果一个人只看到自己比别人好,别人都比不过自己,这样就会产生盲目的乐观情绪,自我欣赏,自以为是,因此就不能处理好人际关系,调动主客观双方的积极性,而且还会遇到社会挫折,产生苦闷。"

专栏 5-5

自我效能:人对自己能力的信念

自我效能(self-efficacy)是美国心理学家班杜拉最早于 1977 年提出的一个概念。经过 20 年的理论探索和实证研究,他在 1997 年出版了《自我效能——控制的实施》一书,对自我效能问题进行了全面系统的论述。

所谓自我效能,指的是个体对自己具有组织和执行达到特定成就的能力的信念。因此,它是个体对自己能力的一种主观感受,而不是能力本身。但它控制着人们自身的思想和行动,并通过它控制着人们所处的环境条件。所以,自我效能是自我系统中起核心作用的动力因素,也是当今很多相关研究中重要的中介变量。

正如班杜拉所指出的,与判断个人能力有关的信息——无论传递形式是动作性的、替代的、说服的还是生理的——都并非不言自明。只有通过对效能信息进行认知加工和反省思考才会有所助益。因此,必须区分经历过的事件所传递的信息与被选择、权衡并整合进自我能力判断中的信息。许多个人、社会以及情境因素会影响人们对直接经验及受社会调节的经验的认知解释。不过,正是这些知觉构成了个人的现象场,而人总是按照现象场中他(她)所知觉到的样子来构造自己的现实的——知觉到的现实是人的直接现实,也最终决定人的行为表现和发展方向。如果人们具备知识和技能而对用好它们缺

现代社会心理学(第三版)

乏自信的话,就不会有很高的成就。

对自己能力与效率的乐观信念可以获得很大的回报(Bandura & others,1999;Maddux,1998;Scheier & Carver,1992)。自我效能感高的儿童和成人更有韧性,较少焦虑和抑郁。他们生活得更健康,并且有更高的学业成就。埃索和康耐尔(Assor & Connell,1992)也注意到,当"不准确的"能力自我知觉高于对某种实际行为的应有期望时,可能有一些积极的优势。他们报告,在一项对高中生的长期研究中,这些"膨胀了的"自我报告确实与两年后的积极表现结果相关。他们也注意到,具有偏低的不准确的自我知觉的学生(灰心丧气的自我评估),成绩水平相当低。

(二) 自我认知的形成途径

自我意识不是与生俱来的,个体对自己的认识以及在此基础上的自我评价是随着个体一般认知能力的发展以及社会经验的增长而逐渐建立起来的。因此,活动经验、自我知觉、自我反省及他人评价与反馈、社会比较等个人及人际因素,都是自我认知、自我评价乃至自我体验赖以形成的重要途径。

鲍梅斯特在1998年出版的社会心理学手册中对自我问题的研究进行了全面的归纳,并提出了自己独特的自我状况三分法理论,且把大量关于自我的二级主题内容(如自我证实、自我估价、自我构建、自我利益、自我增强、自我监控、自我欺骗、自我概念等)也都分别纳入其中,从而为自我研究从理论取向转入应用取向提供了一个可行的架构。鲍梅斯特提出假设:自我状况(selfhood)的来源由三部分组成——反身意识(reflexive consciousness)、人际存在(interpersonal being)、执行功能(executive function)。基于此假设,就可以通览整个自我的社会心理学(the social psychology of self)。这三部分也是人们把握自我基本意义(the basic meaning of self)的经验原型的模型。在自我状况的三部分中,反身意识是基础。只有当意识注意转向自身时,才能逐渐构成对自身的概念。没有反身意识,自我将没有意义或价值,而且几乎不会存在。自我是在社会中形成与发展的,自我状况的人际方面展示了自我是与他人相联系的媒介,而且自我是使人际关系和互动成为可能的关键。自我状况的执行功能从本质上揭示了自我发生作用的机制。如果没有这个功能,自我就只能成为事件的无助的旁观者,其作用或重要性就微乎其微了。因此,自我意识的形成和发展主要受内外两方面的影响。

1. 自我观察和自我反省

通过观察自己,特别是自己的行为及其结果,我们了解了自己的表面特征(如我们的肤色、相貌、所有物等),也知道自己的能与不能,并在此基础上实现了早期的"物—我"分化及"动作—动作对象"的分化,确立了最初的主体意识和自我知觉;而通过反省,我们更深地探求并检视自己的想法、感受和动机,并基于内在标准和价值观作出自我判断。自我观察和自我反省的水平程度往往与个体的认知加工能力相关。

1972年,心理学家贝姆(D. J. Bem)提出自我知觉理论(Self-perception Theory)。这一理论所关注的是个体如何对自己的行为进行归因和解释。贝姆认为,人们对自己个性的认知与对他人的个性的认知相似,都是通过观察行为而进行的一种归因。我们通过观察他人的行为而检测其态度和个性,同样,我们也是通过观察我们自己的行为,来推测自己的态度和特性,以加深对自我的认知。

不过,自我的观察、知觉和反省,也并非空穴来风,而是对行动着的自我及相关经验的认知、分析和概括。所以,直接的活动经验至关重要。麦高文等人(McGowan, Jarman & Pedersen, 1974)以37名低自我概念的七年级学生为研究对象,随机分派为实验组和控制组。在为期18周的实验期,实验组参加每周三或四天经过特别设计的课程,包括跑步、篮球、排球、足球等活动,以增进其耐力,而控制组则不参加任何有关的活动。结果显示,实验组学生的自我概念得分显著提高。研究者指出:受试者自我概念的正向改变,可能是来自特定领域(如游泳或球类)的学习情境或成果中所体验到自我的能力感。换言之,学习新的事物,培养与开发自我能力,将可以增进自我效能,进而改变自我概念(Koocher, 1971)。

2. 他人评价与反馈

库利认为,自我或人格是社会的产物,只能通过社会互动而产生。在社会互动中,想象起到了极为重要的作用,我们每个人作为社会的人只存在于他人的心目中,"人们彼此之间的想象是社会的固定的事实"。在库利看来,一个人的自我意识无非是他意识到的他人对自己的看法的反映。在这一基础上,库利提出了"镜中我"的概念,认为"人们彼此都是一面镜子,映照着对方"。这面镜子就是社会上其他人对自己的认识和评价。这个"镜中我"包括三个主要元素:①关于他人对我们外表之看法的想象;②关于他人对自己所作评价与判断的想象;③关于对自己所怀有的某种感情。其中,第二个元素在实际生活中有重要意义,而第三个元素是由第二个元素决定的——由于想象到他人对自己是夸奖的或贬低的,因而产生了自尊或自卑的体验。所以,一个人处在一定的社会关系中,是通过与他人相处,从他人对自己的评价中看到自己的形象的。每种社会关系也都反映着自我,或进一步来讲,由这种反映构成了我的身份。借用费孝通先生的话来说,每个人的自我意识也就是通过"我看人看我"的方式形成的。当然,他人评价这面镜子,并不是指某一个人的某一次评价,而是指对自己有影响的、关系较为密切的人,从一系列的评价中概括出来的某些经常的稳固的评价,这才是自我评价的基础。

因此,他人的回馈或评价在个体自我概念的形成和改变中至关重要。朱拉德(Sidey Jourard, 1955)研究了大学生的自我概念、父母教养方式与个人安全感三者的关系,结果发现:①大学生对生理自我的积极看法与其所知觉的父母对其身体的积极评价间有正相关;②对自我的积极态度与其感受到的父母对他的积极态度间有正相关;③大学生知觉到父母对他的消极评价与其心理不安全感之间有正相关;④大学生对其自身的积极评价与其所知觉的父母对他的积极评价及其个人的心理安全感三者之间有交互作用。

鲍德温等人(Baldwim, Carrell & Lopez, 1990)发现,个体知觉到的他人对自己的反应甚至也会影响到其自我评价,他们称之为反射性/反响评价(reflected appraisals)。研究中,他们让大学生天主教徒看一张神情冷淡的教皇或者陌生人的照片,然后评价自身的某些个人属性。结果显示,在这些大学生中,虔诚的天主教徒在看到教皇的照片时比不虔诚的天主教徒对自己的评价更严厉,也比看到陌生人照片的天主教徒的自我评价更严厉。换言之,神情冷淡的教皇足以动摇这些学生的自我印象。

有条件的积极关注：这样才好，那样不好

罗杰斯在其理论中，也十分重视重要他人对个体自我形成的影响以及其中可能的隐患。罗杰斯特别区别了"自我经验"与"自我"这两个概念。自我经验是个人现象场的组成部分，是原始材料；在众多的自我经验材料中，一些经验被符号化，成为一些与"我"、"自己"有关的知觉，这些知觉在个人的现象场中慢慢分化出来，成为一个独特的，有内部联系和结构的部分，便是我们所说的"自我"。"自我"与"自我概念"、"自我结构"基本是同义词。所以，"自我"并非任何实体，它只是个人知觉的有系统的组合，是一个"格式塔"。

人的"自我"是如何形成和发展的？按照罗杰斯的观点：儿童在其实现趋向的驱动下，与环境发生不间断的互动，伴随这些互动而获得大量经验。他凭借机体评价来处理这些经验，若经验使他满足、愉悦，他便将其知觉为积极的；若经验使他烦恼、难受，他就将经验知觉为消极的。他对经验是开放、坦率，不歪曲的。如果一如既往这样发展，每个个体的自我都将发展得非常完满、积极。

然而，在人的发展中，注定要发生一件事，使上面这样理想的发展过程经受考验，其根源在于：儿童有一种需要——获得积极关注的需要。这种需要无法靠自己来满足，它只能有赖于他生活中的重要他人来满足。而且，这种需要的强度非常大，它常常比要求运用机体评价的过程更迫切。正是积极关注需要的以上两个特点，埋下了心理障碍的潜在祸根。

在儿童生活中的重要他人，首先是父母，他们是儿童获得积极关注需要满足的最初来源。然而，父母在行使自己的这一权利时却往往会犯一个错误：他们是有条件地给予儿童以积极关注。他们不注重孩子存在本身的价值，即作为一个人所具有的价值，不从孩子的自尊需要、孩子的发展给予关注，而是根据自己的价值需要和价值观，有选择地对待儿童的行为：有的给予积极关注，有的给予忽视，有的给予惩罚。慢慢儿童会意识到或者总结出：哪些行为是好的，哪些行为是不好的，于是根据这些成人的标准对自己的经验区别对待，也就是学会了有条件的自我关注：在自我经验中，他会倾向于追求一些而回避另一些，这样便出现了罗杰斯认为非常不幸的事：他的自我结构中出现了"有条件的价值感"。这种有条件的价值感会毁坏人的机体感觉，妨碍自我对经验的开放。自我与经验的背离，在罗杰斯看来，是一切心理问题的症结所在。继续发展，甚至导致人格的解体。

3．社会比较

英语考试你得了 92 分，这个成绩意味着什么？你考得好还是不好呢？你必须和其他人进行比较才能确定：如果班级的平均分数是 90 或者更低，你的分数就还不错；如果全班最高分是 93 分，显然你的成绩属于优秀；但如果班级平均分数是 96 分，你就很可能是垫底的那一个了。人对自己的认识，特别是评价，往往不是孤立地进行的。社会心理学家费斯廷格（Leon

Festinger, 1954)曾指出:一个人对自己的价值评定"是通过与他人的能力和条件的比较而实现的"。他把这个过程称为"社会比较过程"。

费斯廷格指出,个体为了适应生活必须十分清楚地了解自己及其周围环境的情况,如果对自己周围的环境不了解,就会产生不安与焦虑,甚至会发生紧张,不知道应该怎样表现自己,尤其是当个体处于新的环境,很想了解自己的能力与观点在群体中有什么地位,发生什么作用时,"社会比较"就显得更为迫切。

他认为,如果个体评价自己的能力与观点有客观的工具可以利用,就首先利用这种工具,比如用秒表测定自己的跑步速度。但如果没有客观工具,个体就会去寻求社会的真实,即采用与人比较的方法来确定和评价自己。日本社会心理学家高田利武(1979)进行过一项"音乐适应能力诊断"的实验。他让被试依次判断两种音乐旋律各 20 次,一组被试可以借助手边的开关(客观工具)知道自己判断的正误,另一组被试则无客观工具可以利用。判断任务有两种:一种是判断哪种音乐旋律悦耳(社会依存性强),另一种是判断音乐旋律的异同(物理依存性强)。结果发现,对自己判断的正确性不能借助于客观工具的一组,更多时候想知道他人的判断,特别是在判断社会依存性强的内容时,社会比较的倾向更为显著(见表 5-5)。

表 5-5 利用客观工具的可能性与社会比较(1979)

项　目	判断哪种音乐悦耳 (社会依存性强)	判断音乐旋律异同 (物理依存性强)
能利用客观工具组	6.50(n = 12)	7.00(n = 10)
无客观工具可利用组	17.70(n = 10)	10.43(n = 14)

注:表中数值是 20 次判断中,被试想要知道他人判断的平均次数。

总体来讲,那些被用于社会比较的对象,往往是和个体条件相当的人,因为相似的他人可以提供更多真实、有效的信息,这就是费斯廷格所谓的"相似性假说"。比如一个普通人想确定自己跑步速度的快慢,他不可能与奥运会短跑世界纪录的保持者去比较,也不会以一个幼儿园小朋友作参照,而是找与自己差不多的人作比较。这是一种"平行比较"。经典的社会比较理论认为,个体进行社会比较的目的是为了获得关于自己能力和观点的准确的自我评价,了解自己的观点是否正确以及自己的能力水平,而且只有与相似的他人进行比较才能获得准确、稳定的自我评价。而特塞尔(Tesser)提出了自我评价维护模型(即 SEM 模型),该模型认为人具有维护积极自我评价的根本需要,个体进行社会比较不是为了减少对能力和观点的不确定性,而是为了维护积极的自我评价。当个体发现自己对自己的评价和与自己条件(如性别、年龄、职业等)类似的他人对自己的评价一致时,就加强了自我评价的信心,大大提高了安全感;相反,如果发现和这些人对自己的评价差距很大时,就会使自己内心受到极大的威胁。为了增强安全感,个体在进行社会比较时,要选择对手,在对能力进行自我评价时更是如此。由此可见,社会比较的动机有多种,除自我评价之外,还有自我完善和自我提高,这就决定了不同个体或同一个体在不同情况下会使用不同类型的社会比较。

威勒(Wheeler)等人(2000)首次提出了上行比较的观点,认为个体喜欢和比自己优秀的他人进行比较,寻找与他人的差距,达到自我进步、自我完善的目的。当个体与比自己优秀的人比较时,不仅对自己有鼓舞作用,而且可以获得如何提升自己的有效信息。但洛克伍德和昆达(LockWood & Kunda, 1999)研究发现,上行比较对自我的影响依赖于个体对自己未来达到他人成就状态的知觉,当个体认为自己可以取得同样的成功时,才会产生积极的鼓舞作用;但当个体感觉尽最大努力也无法达到上行比较的目标时,上行比较会使人产生挫折感。

威尔士(Wills, 1981)的下行比较理论则认为,当个体遭遇失败、丧失等任何消极生活事件时,个体的自尊、心理健康水平就会下降,这时个体倾向于和处境比自己差的人比较,以此来维持其自尊和主观幸福感,达到自我满足的目的。由于下行社会比较理论从比较的方向和动机两方面发展了经典的社会比较理论,又被称为"新社会比较理论"。面对压力时,下行比较有着很好的适应功能和调整作用。但洛克伍德(2002)发现下行比较对自我产生的影响并不是单一的:如果个体感觉自己不会像下行比较目标一样不幸时,下行比较会提高其自我评价;如果个体感觉自己也会像下行比较目标一样不幸时,这时下行比较会威胁其自我概念,同时也会产生个体保护自己免受同样命运的动机和自我管理策略。

专栏 5-7

东亚人是否需要积极的自我关注

海因(Steven Heine)等(1999)曾提出一个引发争议的问题:日本人是否需要积极的自我关注? 因为他发现:"经验研究的文献没有提供充分的证据证明日本人需要积极的自我关注,这表明对自我批评的强调是日本人最为突出的特点。"例如,北山、高木和松木(Kitayama, Takagi, Matsumoto, 1995)对23项涉及日本人成败归因的回顾表明,没有任何证据显示日本人具有自我服务偏差。

在社会比较中也显示出同样的趋势。如比较自己与同龄人的多种人格特质时,北美本科学生对自己的评价更积极。相反,日本人对同龄人的评价比对自己的评价要积极。当所比较的是更为可取的特质时,这个趋势表现得更为突出(Heine & Renshaw, 2002)。

研究者在中国文化中也发现了类似的低水平自我增强的动机。面对失败,中国学生比欧裔美国学生更愿意将失败归结为努力不足(一种内部特征),以此来承担责任(Hess, Chih-Mei & McDevitt, 1987;Salili, 1995)。

所以,很多研究数据似乎都表明,东亚文化中存在更强烈的自我完善动机,而北美文化中则存在着更加强烈的自我增强动机。

不过,研究者也注意到,哪怕在东亚文化中,自我完善的动机与自我增强动机也不是两种互斥的动机。比如日本教育家也提出需要大力培养本国孩子的自信心和自我表达能力。但由于东亚社会的文化规范强调"谦逊",并不赞成人们公开对自己进行积极评价,因此人们相对较少地直接说明自己的能力。换言之,是文化规范促成了不同文化在自我增强倾向上的表现差异。于是研究者设法控制规范的影响,采用匿名归因特别是内隐联想测验等方法,结果发现日本学生和欧裔美国人都表现出自我服务归因偏差和自我增强倾向。

二、自我体验

所谓自我体验,乃是自己对自己怀有的一种情绪体验,也就是主体我对客体我所持的一种态度。例如,自信、自卑、自满、自责、自我欣赏等。自我情绪体验反映了主体的我的需要和客体的我的现实间的关系。客体的我满足了主体的我的要求,就会产生积极肯定的自我体验,表现为自我满足,否则就会产生消极否定的自我体验,表现为自我责备。

情绪的自我体验往往与自我认知、自我评价有关,也和自己对社会的规范、价值标准的认识有关。

关于自我情绪体验的内容十分丰富,下面只就其中主要的几种进行讨论。

(一) 自尊

自尊是当今自我研究中的焦点内容之一。目前,国内外学者对自尊的概念尚无统一看法,但概括起来,自尊作为一个学术性概念,它主要是指个人对自我价值(self-worth)和自我能力(self-competence)的情感体验,属于自我系统中的情感成分,具有一定的评价意义。简言之,自尊是对自我的一种评价性和情感性体验。国际自尊心理协会执行理事长布兰登(Branden,2000)提出,当自尊被人们充分认识时,它会发出一种体验告诉我们,我们能够适应今日的生活,我们拥有生活于现在这个世界的条件。因此,自尊是人们在应对生活基本挑战时的自信体验和坚信自己拥有幸福生活权力的意志。他甚至认为"自尊是内心深处的一种感觉,位于生命的中心"。自尊对于人的心理健康、特别是情绪健康的意义已为越来越多的研究所证实。例如,包恩斯德等人发现,低自尊的人在抑郁、滥用毒品和各种形式的行为过失方面面临更多的风险。高自尊则有利于培养主动、乐观和愉快的感觉(2003)。

1. 自尊的两个维度:能力和价值

姆鲁克(Christopher J. Mruk, 1999)在综述的基础上提出,自尊是在应对生活挑战时的个人能力和个人价值之现存状态。该定义中,能力和价值是自尊的两个基本维度。

尽管也有一些学者支持自尊的单维概念,认为自我价值感或自我喜爱(self-liking)就是自尊,自我能力充其量不过是自尊的一个来源。但事实上,能力与价值常常是相伴相生、交织在一起的。能力实际上是人作为一个独立的个体所具有的外在价值或工具性价值的体现;价值则常偏指一个人的内在价值,即人作为人,他/她本身就是有价值的,就是好的。作为人的一种整体的对自我的评价及其情感体验的自尊,不应该也很难割裂人作为整体的内在价值和外在价值。所以,一般自尊量表中都会包括这两个方面(Tafarodi & Swann, 2001)。

2. 自尊强调的是自我接受、自我悦纳

如布兰登所说:"具有高度自尊的人不把自己凌驾于别人之上,不会通过与别人比较来证明自己的价值。他们的快乐在于自己就是自己,而不是比别人好。"把自尊建立在良好的自我感觉而不是分数、外貌、金钱或别人的赞美的基础上的自尊感明确的人,会一直感到状态良好(Kernis, 2003;Schimel & others, 2001)。克劳克及其同事对密歇根大学的学生进行的研究证实了这一点(Crocker & others, 2002,2003,2004)。与自尊建立在个人品质这样的内部因素的人相比,自尊主要建立在外部因素之上者,自我价值感脆弱,会经受更多的压力、愤怒、人际关系问题、吸毒酗酒以及饮食障碍。

3. 自尊具有焦虑缓冲及动机功能

由所罗门等人(S. Solomon, J. Greenberg & T. Pyszcynski)于1986年提出的自尊的恐惧管理理论(Terror Management Theory, TMT)认为,自尊是个体适应社会文化环境的心理机制,具有缓解和减少由生活中的毁灭、破坏、失败、被拒绝、被遗忘等具有"死亡"意义的因素引起的焦虑之功能,从而保证心理健康。姆尔克(Mruk, 1999)则把自尊比喻为自我之"盾",认为自尊是一种保护性结构,具有一定的防御或保护功能,而且这种自我保护性可能是以很微妙的方式(也即某种策略)进行的。凯斯特和伯克(Cast & Burke, 2002)也认为,在经历消极事件后,自尊作为一种缓冲器可以支持个体使其消极情绪不致过分泛滥。

对于自尊是如何起作用的,在目前的文献中尚不清楚。但其中有一种代表性观点认为,自尊是通过一种自我服务的方式或策略来维护其积极的自我观的。对于自我服务的方式或策略,布莱恩和克劳克(Blaine & Crocker, 1993)有比较系统的研究。他们认为,高自尊者在对消极事件进行反应中比低自尊者有更多的自我服务偏好,这些偏好包括自我服务式归因(倾向于以成功为自豪而否认失败的责任)、有利的社会比较(在与他人作比较时,有策略地选择能使结果更有利于自己的目标与维度进行比较)、品质归属(更愿意将积极的个人特征或品质与自己相联系)等。

人们为了维护自己的自尊,特别是保护自我价值感,还会采用自我妨碍和防御性悲观等"自欺欺人"的策略。自我妨碍通常把失败的原因放在远离他们的能力而朝向诸如缺乏努力、缺少运气等因素上,比如故意懒散不努力、拖拉延误、或选择高不可攀的任务,从而来改变失败的意义,这样便能很少威胁到他们的自尊。防御性悲观则是通过为学习的结果设置较低、较安全的标准而使自己在失败面前自我价值感不受到伤害的策略。

此外,有研究发现,当人们的自尊受到威胁时,往往会表现出明显的敌意(Heatherton & Vohs, 2000),引发报复性行为(Bushman & Baumeister, 1998)。

4. 自尊的心理结构

在布兰登、瑞森(Reasoner)以及库珀史密斯(Coopersmith)等人的研究成果的基础上,贝蒂(Bettie B. Youngs)提出自尊心理结构的六个方面,认为这六方面的正面经验,有助于个体建立起一种正面的自我感,相反,负面的经验则会腐蚀自尊。这六方面是:

(1)生理上的安全感(远离对身体的伤害):感受生理上的安全意味着你没有被伤害或伤害的恐惧。而且,你关心自己的健康,清楚地认识到它是你整个健康成长的中枢。

(2)情感上的可靠感、安全感(没有胁迫与恐惧):你知道你不会被抛弃,或者不会体验到无价值感,或者不会被情绪性的讽刺挖苦或伤害性的言辞(包括你自己发给自己的内在信息)所"击中",以及你感觉到你能面对和处理你的恐惧和不安,你感觉到情感上的可靠安全。在分享你的见解、思想时,你也感觉到安全。你富有尊严而考虑周到,开朗而友善,对自己和别人同情而关怀。

(3)自我认同感("我是谁"的疑问):自我了解允许你去发展一个现实的自我感和一个健康的个人感。你善待镜中你的样子,并且相信你作为一个人是有存在价值的。你知道你自己以及你的价值、需要和愿望,你很乐意与自己有一个友好的而非敌意的关系。

(4) 归属感:当你感到被接受,你就会感到与别人有一种心理连接。感受到被欣赏和有价值感,你就会对他人尊重、合作并表现出接受。你追求和维持友谊。你维持一种独立感,你也实践互赖——一个健康的互相连接的概念。

(5) 胜任感(来自自信力量的支持感觉):因为意识到自己的力量,你能够接受那些你能力缺乏的领域,但你不是以失败落魄而接受的。当事情变得困难,因为感到自己有能力,你就会愿意坚持而不是放弃。由于你积极,你就可以收获成功,它鼓励你去尝试其他东西。通过现实的和可达到的目标,你强化了自己的能力。你能够为自己的行为负责。

(6) 意义感(感到生活有意义和有明确的方向目标):使命感归功于感到生命有意义。感到生命有意义和方向,你就会设立和达成你认为重要的目标。当一个人对他的生活有一种无用感或者沮丧感,或者当他感觉自己正在浪费时间时,立刻就会生气,然后是悲伤,再后是失望。这样,低自尊就形成了。低自尊是一盏警示红灯,预示着个体心理发展正处在充满矛盾的时期。

(二) 控制感和无助感

很多研究表明,促进个人控制可以真正地增强个人的健康和幸福(Deci & Ryan, 1987)。兰格和罗丁(Langer & Rodin, 1976)曾用自然实验的方法证明个人控制的重要性。他们将美国康涅狄格州一家高级疗养院里的老年病人分为两组,给予不同的对待。第一组里,慈善的看护者强调:"我们的职责是让你们为这个家感到自豪和幸福。"他们给予被动的病人以正常的、好意的、有同情心的照料。三周以后,多数病人自我报告或被研究者和护士评价为更加虚弱。而在另一组中,兰格和罗丁强调病人自由选择的机会和影响疗养措施的可能性,而看护者的责任是"让你过任何想要的生活"。这些病人可以做些小决定和履行一定的责任,促进了他们的个人控制。在接下来的三周里,这个组93%的病人表现出机敏、活力和快乐。所以,有些时候好心的包办代替,可能会让受助者感受不到自己的力量和价值,削弱他们生活的积极性。

另外,心理学研究发现,人和动物在经历了一段徒劳的努力后,既没有活动的成功,也得不到任何强化,就会失去继续努力的动机,变得沮丧和退缩,束手待毙,不再能够有效地努力。这种现象称为习得性无助(learned helpless)或习得性自暴自弃。习得性无助实验是由塞里格曼(Seligman)和梅耶(Maier)设计进行的。最初用狗做的实验是,把狗关在笼子里,蜂音器发声,就给予电击。这一过程反复了多次之后,改变刺激程序。蜂音器发声,笼子门打开,然后给予电击。但是,狗已经不再试图逃脱,只要一听到蜂音器响,狗就开始倒地呻吟和发抖。类似的现象在人身上也会发生。如大学生被试在经历了一段不能解决问题的失败经验后,让他们解决比较简单的字谜问题也发生了困难;抑郁或苦恼的人变得被动、冷漠甚至死气沉沉也是因为他们的努力没有任何作用。

(三) 成功感与失败感

成功与失败的情绪体验一般与工作是否取得成功有关,但它们还决定了自己的期望水平,这就是说,客体我所取得的成绩虽已达到了社会的水准以上,但能否产生成功感,还要看主体我对客体我的要求,即期望水平。例如,社会上一般认为若能考上大学就是学习成功的标志之一,有人虽然已达到录取分数线以上,但因未能进入名牌大学而闷闷不乐,没有产生成功感,是因为自己对自己的期望过高。

从以上分析可见,成功感与失败感是根据个体的自我认知与自我期望水平而确定的,即使他人认为其未获成功,而本人可以认为自己取得成功;或者他人认为其已取得成就,而本人却认为自己是失败的。可见,成功与失败的情绪体验完全是主观的,决定成功与失败的乃是个体的内部标准而非外部标准。然而,个体的内部标准是通过社会因素的影响而形成的,这是因为个体与他人会经常处于竞争状态下,社会的共同标准成为个体行为的巨大压力,而且个体在社会生活中也会体验到他人的标准而逐步调整其内部标准,使内部标准在一定程度上与他人的标准相适应。

(四) 自豪感与羞耻感

当个体意识到个人工作、学习的成功与失败将可以反映自己的优点或缺点时,往往不由自主地会产生一种自豪或羞耻的更深刻的情绪体验。一般来说,自豪的体验是个体意识到自己的行为与理想的自我形象相符合时产生的,相反,羞耻的体验是个体意识到自己的行为未能达到自己的理想形象的要求而产生的。当然,个体仅仅意识到现实的自我与理想的自我之间的差距,也不一定会引起羞耻感,如果自己对此无动于衷,则二者之间的差距毫无意义。但是,如果自己能深刻地认识到现实的自我与社会上强烈的要求有距离,从而迫使自己要按照理想的自我的标准而不断地评价自己的行为时,就特别容易产生羞耻的情绪体验。

(五) 内疚

应该指出的是,内疚与羞耻不同,羞耻是感到自己比不上他人,偏重于个体的智慧、能力与努力不够,对社会贡献少于他人;而内疚是由于自己的行为违反社会道德准则,侵犯了他人利益而受到良心上的责备,个体意识到自己的行为与社会要求背道而驰,感到"对不起"父母、领导等。

个体内疚的情绪体验有不同的程度:有时候,内疚可以是轻微的,一下子就消失了,是属于自己良心上的谴责;也可以是由极度痛苦的自我评价而引起心理上长期的折磨。轻度的内疚感在情绪上并不十分消极,因为个体违背了自己的行为准则,往往是由于受到某种巨大的私欲所诱惑。社会之所以要确定规范,禁止干越轨之事,是因为这些越轨行为对某些人来说是快活的,多吃多占有利于自己。另外,有些人干犯法的事是出于心理上的满足,虽然这种违法行为损人不利己,但却认为是自己对社会规范的挑战,或者是自我力量的表现。应该说,这些人心理上是有缺陷的,是病态的。个体对自己行为感到内疚,有时十分清楚地认为自己做错了事,有时却并不清楚,只认为自己是个坏人。这种情形严重的就是"自责狂"或精神错乱者,这是与其人格发展的紊乱有关系的。

三、自我控制

自我控制是心理能动性的重要表现,自我控制体现了主体我对客体我的制约和调节作用。

（一）自我控制的内涵和外延

许多心理学家曾对自我控制提出过不同的见解,其中科普(Kopp)的观点是比较全面的。他认为:自我控制(self-control)是个体自主调节行为,使其与个人价值和社会期望相匹配的能力。自我控制能制止或引发特定的行为,主要包括五个方面:抑制冲动,抵制诱惑,延缓满足,制订和完成行为计划,采取适应于社会情景的行为方式。

（二）自我控制的功能

自我控制的功能表现为两个方面:一是发动作用,即人们按照特定的标准或为了特定的目标而命令自己的言语器官和运动器官进行某些活动,遇到困难也不放弃,如坚持锻炼、长期参加公益活动等;二是制止作用,是主体我根据特定情境或特定要求,抑制客体我的言语和行动,如不随地吐痰、克制怒气等。因此,自我控制对个体的学习、工作有推动作用。主体我要求客体我符合其期望水平,从而推动并促进其思考、记忆、注意等心理机能处于积极活跃的状态,为获得优秀的表现、博得社会的赞同而做出不懈的努力。同时,自我控制能掩盖自己的真实情况,称"自我掩饰",如"面和心不和"、"装穷"、"摆阔"、"打肿脸充胖子"等都属这类现象。当然,有时出于礼节、为了改善人际关系或是照顾他人感受,人们也会做出自我掩饰,比如"强颜欢笑"、"故作轻松"、"隐瞒病情"等。自我掩饰的利弊,要根据具体的情况作具体分析。

（三）自我控制的机制

控制理论认为,个体是一个自我调节的系统,调控的主要机制是负反馈回路(Miller, Galarter & Pribham, 1960)。卡佛(Carver, 1981)等人对此进行加工,把自我控制阐述成一种以控制论为基础的普遍理论。

控制论描述了一个系统(如带有恒温器的取暖设备)如何施加控制以维持并达到预想状态,控制系统的基本单元是一个反馈回路,根据一些标准来检验当前状况并"输入"调控器。如恒温器依照一定的设定来检验当前室温,如果符合标准(即足够暖和),设备就停止或中止运行。如果没有达到标准,控制系统就会工作,开动设备,系统产生某些变化,以便符合标准。依此类推,当个体处于自知状态时,自我也会像控制系统一样运行。例如,当个体考虑自己的学业成绩时,控制系统会向自己提问:"我的成绩符合预定标准吗?"如果答案为"是",自己就会感到高兴、满意;如果答案为"否",则控制系统就会提出另一个问题:"自己能改变自己的行为以符合自己的预定标准吗?"如果答案为"是",自己将会去努力学习以获得好成绩,但若是努力未果,个体就会陷入左右为难的窘境,此时,个体可能会感到焦虑和烦恼,或者故意回避,不去想它,去注意其他一些事情,或者否认问题的存在(见图5-3)。

在图5-3中,(a)和(b)有几方面的区别:首先,自我控制系统只有在自知状态下才能运行;其次,自我控制过程具有情感和动机效应(例如高兴、沮丧);最后,当行为不符合要求时,自我可能尽力避免自知状态下的痛楚,从控制环中退出。而这三方面是恒温器等机械反馈模式所不具备的。

（四）自我控制能力的发展

人类个体绝非一出世就具备了控制自己的能力。幼儿的行为缺乏思考,冲动性是幼儿行

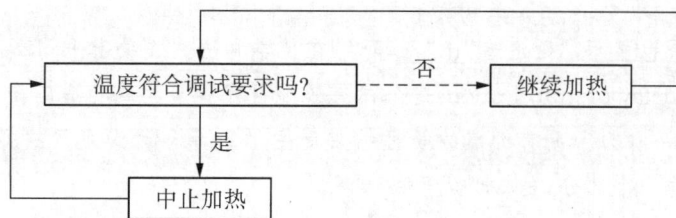

(a) 恒温器反馈模式

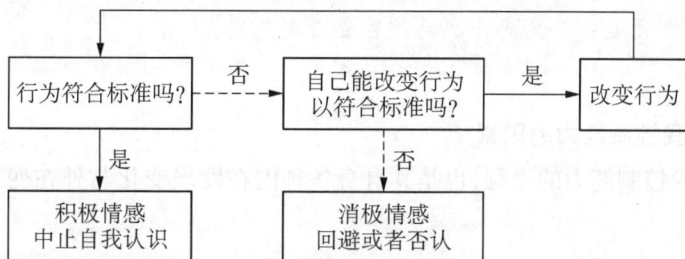

(b) 自我控制的反馈机制

图 5-3 反馈模式图

(采自 Carver & Scheier, 1981)

为的主要特点。西方心理学家对自我控制能力获得的研究主要从冲动性入手,即儿童是如何从冲动性向自我控制过渡的。归纳起来,主要有三个方面的研究:动作和运动的控制;认知活动的控制;情绪情感的控制。

儿童是在生理不断成熟的条件下,在成人的指导教育下,通过与外界环境的不断交往发展各种心理能力,并逐渐克服其冲动性,学会控制自己的活动的。

专栏 5-8

冲动的克制——延迟满足

20 世纪 70 年代,在沃尔特·米歇尔的策划组织下,美国斯坦福大学附属幼儿园基地内进行了著名的"延迟满足"实验。实验人员给每个 4 岁的孩子一颗好吃的软糖,并告诉孩子可以吃糖。但是,如果马上吃掉的话,那么只能吃一颗软糖;如果等 20 分钟后再吃的话,就能吃到两颗。然后,实验人员离开,留下孩子和极具诱惑的软糖。实验人员通过单面镜对实验室中的幼儿进行观察,发现:有些孩子只等了一会儿就不耐烦了,迫不及待地吃掉了软糖,是"不等者";有些孩子却很有耐心,还想出各种办法拖延时间,比如闭上眼睛不看糖、或头枕双臂、或自言自语、或唱歌、讲故事……成功地转移了自己的注意力,顺利等待了 20 分钟后再吃软糖,是"延迟者"。

后来,研究人员在参加实验的孩子到了青少年时期对他们的家长及教师进行了调查,发现:"不等者"在个性方面,更多地显示出孤僻、易固执、易受挫、优柔寡断的倾向;"延迟者"较多地成为适应性强、具有冒险精神、受人欢迎、自信、独立的少年。两者学业能力的测试结果也显示,"延迟者"比"不等者"在数学和语文成绩上平均高出20分。

延迟满足(delay of gratification)是个体有效地自我调节和成功适应社会行为发展的重要特征,是指一种为了更有价值的长远结果而主动放弃即时满足的抉择取向,属于人格中自我控制的一个部分,是心理成熟的表现。

实验说明,那些能够延迟满足的孩子自我控制能力更强,他们能够在没有外界监督的情况下适当地控制、调节自己的行为,抑制冲动,抵制诱惑,坚持不懈地保证目标的实现。因此,延迟满足是一个人走向成功的重要心理素质之一。

(五)影响自我控制能力的因素

儿童获得自我控制能力的过程,也是其自身各种内在发展变化与外在变量之间相互影响的过程。

1. 生理上,神经系统的发育水平直接影响着儿童自我控制的水平

神经系统特别是大脑皮质的发育直接影响着人的自我控制能力的形成和发展。鲁利亚(Luria)曾对此作过较为系统的研究。儿童刚一出世时,大脑皮质抑制机能还很不成熟,大脑皮质兴奋过程占据很大优势。因此,儿童表现出极大的冲动性。约从4岁起,由于神经系统结构的发展,内抑制开始蓬勃发展起来,儿童开始逐步学习控制自己的活动和情绪。随着儿童的皮质抑制机能的逐渐完善,儿童的兴奋和抑制逐渐趋于平衡,使得儿童逐步能够在一定程度上控制自己的行为(林崇德,1995)。

2. 情感上,内疚感和同情感是自我控制发展的基础

大约在3—4岁时,当儿童抵制不住诱惑或违反了所知的规则时,他们开始体验到内疚感,因为他们意识到自己的行为与外在标准不一致。霍夫曼认为,只有在儿童能够区分自己与别人、能够意识到自己的行为可能导致他人的苦恼时,才出现真正的内疚感。而同情意味着儿童能够认同他人的情感,并感受这种情感,他们常常会以一定的方式来表达他们的同情。年龄较大的儿童和成人,在未做错事但意识到本来自己可以防止或制止不好的事情发生时,也会体验到同情和内疚感。只有伴随着这些社会性情感的发生,自我控制才会成为个体的一种内在的需要。

3. 认知上,记忆、思维、语言等能力的发展是自我控制发展的前提

自我控制涉及个体对行为、事件、结果间的因果关系、是非准则、他人观点等的认识和掌握,然后以此为基础作出行为上相应的调整。而记忆特别是抽象思维等认知能力的发展,才能保证这些认识越来越趋于全面、准确、深入和灵活,从而使得个体的自我控制也越来越有效。

语言能力的发展对儿童的自我控制也很重要。一方面,随着语言理解能力的提高和语言表达能力的获得,使得他们更能明白和接受成人的言语指导,也可以更成功地用语言表达自己的需求;另一方面,儿童还以自我言语指导来控制自己的行为。维果斯基通过对学前儿童的观察发现,儿童经常在游戏或从事一项活动时自言自语,他称之为"自我言语",这种自我言语可以帮助幼儿控制自己的行为,以便最大限度地达到目标。许多研究证实,自我言语是重要的

自我调节手段之一,它可以帮助儿童监督和控制自己的思想和行为。

4. 经验上,互动经验对自我控制能力的发展至关重要

儿童从成人的直接指导、强化和惩罚以及自己对周围人的观察与模仿中习得社会准则,知道责任、义务、尊重、服从等;而在与同伴的交往中,更多地获得合作、分享、平等及公正等直接经验。儿童是在与他人的互动过程中获得内在行为准则的。因此,互动经验对其自我控制能力的发展至关重要。

专栏 5-9

父母控制模式与儿童自我控制能力的发展

许多心理学家对父母控制模式与儿童自我控制能力的发展这一问题进行了探讨。

迈克比把父母控制概括为五种基本形式:严厉控制、限制控制、要求控制、干涉控制和专断控制。帕克等人认为,除以上五种控制模式外还有三种典型的父母控制模式:过度保护控制、接受控制、忽视或放任控制。另外一些研究者认为父母控制模式可由这些基本的控制模式复合而成,如鲍姆林德的"权威型"控制是由严厉控制和接受控制复合而成等。

不同的父母控制模式形成了儿童不同的自我控制特征。勒温等人(Lewin, Sears, Maccoby, 1957)和布拉克(Block, 1976)等人对要求控制的研究发现,父母要求少或要求低的儿童有高攻击性特征。

爱德华兹(Edwards, 1971)的研究认为,父母要求高的儿童有较好的自我控制。帕特森(Patterson, 1986)等人通过对过度保护及忽视或放任控制的研究指出,这两类父母控制下的儿童都有消极的自我控制特征,易出现情绪和行为上的控制问题。

一般认为,儿童自我控制的水平与家庭中父母控制模式有关。在以严厉、专断、限制或接受模式的控制下,儿童一般在情绪的认知行为中自控能力较强。但布拉克研究认为,严厉控制下的儿童有情绪压抑、盲目顺从等过度自控的特征。贝克尔和奥吉哈(Becber & Ojha)也指出,限制控制下的儿童多有退缩和攻击性行为;而接受专断控制的青少年罪犯,攻击和反社会行为显著。这是因为强硬的监管方式往往导致儿童只是因为害怕而盲目服从,这干扰了儿童推理能力和关怀他人的能力的发展,而这些能力又恰是行为准则内化所必需的。因此,缺乏说明和缺乏情感的外在控制,无益于儿童真正自我控制能力的发展,这种控制只能使儿童停留在道德的外在定向和行为的依附阶段。

同样地,虽然对儿童充满感情但没能为儿童提供发展方向的教养模式,也不能使儿童内化行为准则。在这些情境中,儿童没有机会获得关于别人感受及自己的行为如何影响他人的确切反馈,因此缺乏发现情境线索的锻炼机会,他们无法积累各种现实可行的经验知识用以引导将来的各种行为;脱离父母的包容,他们发现这个世界常常是不友好的,因为其他人并不能接受他们不加限制的行为举止,这种拒绝导致了这些儿童的焦虑感和低自尊;而且这样的儿童也往往缺乏对别人的同情。

显然,只有通过引导型的说理,告诉儿童什么是被接受的、什么是应该避免的以及替代性的满足方式有哪些,让儿童既感觉到自己是被关怀和爱着的,同时也知道行为的方向和方式,才能促使儿童行为准则的内化,真正提高其自我控制的能力。

另外,鲍姆林德在复合型父母控制模式的研究中发现,儿童自我控制特征不仅与父母控制模式的性质有关,而且与其他因素也有某种联系,如家庭内部的心理环境及儿童的某些个性特征等。

第四节 自我意识的相关理论

希腊古城德尔斐的阿波罗神殿上刻有七句名言,其中流布最广、影响最深,以至被认为点燃了希腊文明火花的却只有一句,那就是:"人啊,认识你自己。"古希腊著名哲学家苏格拉底把"认识你自己"作为自己哲学研究的核心命题;文艺复兴时代法国思想家蒙田(Montaigne)说,世界上最重要的事情就是认识自我;现代德国哲学家卡西尔(Cassirer)认为,"认识自我乃是哲学探索的最高目标"……可见,人类对自我的关注和研究由来已久,但直到1890年才由詹姆士对自我开始进行了真正较为科学而系统的心理学研究。在随后的近百年时间内,相继有弗洛伊德、库利、米德、沙沃森、马科斯、伯恩斯、格根、鲍梅斯特等心理学家对自我开展了广泛的研究,并取得了大量成果。从这些研究成果可以看到,自我研究具有从静态(结构)到动态(发展)、从一元到多元、从重人文到重实证以及从理论到应用的发展趋势。除了对于自我的整体关注外,有关自我某一侧面的二级理论也层出不穷,如自我知觉、自我觉知、自我图式、自我效能、自尊、自我监控、自我调节等等。在前面的内容中,我们已经不同程度地提到许多自我理论的具体观点,这里再来介绍几个比较有影响的自我理论。

一、奥尔波特的自我发展理论

G・W・奥尔波特在其《人格的模式与成长》一书中,提出了一系列关于自我意识的概念,如躯体感觉、自我同一、自我尊重、自我意象等。他认为,这些自我状态是逐渐发展的,即从生理的自我到社会的自我,最后发展到心理的自我。

(一)生理的自我

奥尔波特等人(1961)对个体生理的自我的发生作了详细的研究,他指出:自我意识最原始的形态是生理自我,生理自我是个人对自己身躯的认识,包括占有感、支配感和爱护感。这些认识能使个体体会到自己的存在是寄托在自己的身躯上,当然这种生理的自我并非是与生俱来的。

婴儿刚出生时,不能区分自己与外物,将自己的手、脚与周围的玩具视为同样性质的东西加以摆弄,不用说,这时人没有自我意识。但当婴儿开始抓、咬、摸自己的手脚的时候,就产生了被抓、咬、摸等的感知活动,而当他抓握玩具的时候并没有类似的感觉,于是他对这些事物逐渐加以分化。

随后，一个重要的现象发生了，这就是婴儿会对人笑。心理学家认为，婴儿的笑在其自我意识的发展中有重要作用。笑表示婴儿对外界的刺激发生了反应，说明婴儿与外界环境有了接触，发生了相互作用。

奥尔波特指出，婴儿到了七八个月的时候，往往会关心自己在镜子里的形象，他们在镜中认识父母的形象比关心自己的形象要早得多。婴儿到了十个月的时候，就会主动地看镜子里自己的形象，想和那个形象玩耍——他还不知道那是他自己。后来刘易斯等(1986)用给儿童鼻子上偷涂胭脂观察其照镜子时的反应的经典实验，揭示出儿童大约在两岁左右能认出镜中的自己。

随着语言能力的发展，婴儿在一岁半左右，听到他人叫自己的名字，就知道是叫自己的；两岁左右，儿童能用自己的名字表达自己的要求。苏联心理学家安南耶夫认为这是儿童自我意识形成的重要指标：从发生学的观点看，使用自己的名字是儿童自我意识发展的巨大飞跃，是把自己当作固定的整体从变化着的动作的连续进程中分出来的过渡。与此同时，他们还能使用"你"这一人称代词与周围人们进行交际。到了三岁，又表现出一些新的特点：有羞耻感、嫉妒心与垄断心，能更多地使用第一人称"我"，这表明儿童已经能完成从自己的表象向抽象飞跃，也表明儿童的自我意识已经形成。

不过，这时期儿童的自我意识是以躯体存在为基础的生理自我。这个时候表现出来的行为是自我中心的，他们以自己的想法来解释外界的现象，认为外部世界是为自己而存在的，以自己为中心，所以这时期又称"自我中心期"。

(二) 社会的自我

从三岁到青春期以前的十三四岁是社会自我的阶段。这个时期是个体接受社会文化影响最深的时期，也可以称为客观化时期。

幼儿园的游戏对个人实现社会的自我起着重大作用。游戏的过程与社会化的过程是相吻合的，因为儿童的游戏就是成人社会生活的反映。例如在办医院、过家家的游戏活动中，都设置了各种不同的社会角色，儿童在游戏中扮演了某个社会角色，就会学习该角色的行为方式，揣摩该角色的心理状态，并且学到各社会角色之间的关系，产生某种情绪体验。

学校中的社会化也是建立自我意识的重要阶段。学校与家庭存在许多不同：首先，学校中的老师要面对全体学生，对所有儿童一视同仁，因此，儿童就要认识到自己在学校中的应有地位——集体中的一分子而非家庭中的唯我独尊；另外，在学校中学生要接受一定的社会义务和责任，如完成作业、参加劳动、帮助同伴等，这种社会义务和责任对学生会产生一定的压力，使他们有一点焦虑，从而要求自己积极设法完成社会义务，担负社会责任；而且，学生在学校里学习文化知识并形成符合一定规范的道德行为，这一过程中教师的表扬和批评客观上容易使学生获得成就动机，产生自我实现的需要和欲望。

学生学习动机的发展，是形成自我意识最重要的动力，学生具有成就动机之后，往往会随之产生一种担心失败的不安全感；担心自己可能会失败，会落后于同伴；如果确实失败了，则归属感和自尊感会受到损害，于是这种成就动机会鼓励自己作出努力，以获得自我满足，进而要求自己表现出符合社会要求的行为,以实现社会的自我,努力支配自己的行为,能够最大限度地符合社会要求,成为符合社会要求的社会自我。

(三) 心理的自我

从青春期到成年大约有十年的时间,这个阶段自我意识已趋向于成熟,也是心理的自我的发展阶段。从青春期开始,个体的生理、情绪、思维能力都发生了本质性的急剧变化,如性的成熟与觉醒、想象力的丰富、逻辑思维能力的发展等,都会促使其自我意识趋向主观性,这也可称为主观化时期。

从"客观化时期"发展到"主观化时期"是一个缓慢的过程。当个体尚处于"客观化时期",就已经不断地把他从社会上所吸取来的态度、兴趣、愿望、能力、理想、信念等加以综合;到了"主观化时期",个人就把经过综合、加工了的主观的态度、兴趣、理想等作为评价外界事物的依据。

自我意识经过生理的自我、社会的自我到达心理的自我之后,在这一时期主要表现为下列四方面的特征。

1. 透过自我意识去认识外部世界

也就是说,用自己的观点来认知与评价外界事物,使自我意识成为个体认知外界事物的中介因素。这一时期与"客观化时期"不同,"客观化时期"的个体是从社会的观点来认识与评价事物的,因此青年和儿童不同,儿童是以成年人的观点为指导,而青年人不愿意盲目地追附他人,他们的观点和行为都带有浓厚的个人色彩。心理的自我是社会自我发展的必然产物,如果自我意识仅仅发展到"客观化时期"就停滞不前,那么人类社会将会变成单一的群体,社会创造力和社会进步亦无从谈起,无从产生。

2. 个人价值体系形成并发展

这一时期的年轻人,常常会强调自己所具有的独特人格特征的重要性,从而指导自己的言行以适应社会,并提高自己在社会上的地位。例如,一个身体健康的青年往往会强调健康的重要性,一个学习优秀的青年人则强调文化知识的重要性,许多青年人都很欣赏自己所特有的人格特征,从而感到自尊等,这就是自我意识影响了他们的价值观。

3. 表现出自我理想

自我理想就是个人追求的生活目标,个体所追求的目标对他本人来说,总认为是最有意义的。如果想当个医生,就认为医生的职业最高尚,如果想当个教师,则认为教师的职业最有意义,等等。可见,自我理想与价值观是一致的。

4. 抽象思维有很大发展

这是智力的飞跃,个人的抽象思维能力一旦提高,就能超脱具体的情境,进入精神的领域。

总之,由于自我意识的发展,使个人逐渐脱离对成人的依赖,并从成人的保护与约束下独立出来,表现为主动性与独立性,强调自我的价值观与自我理想。这个时期可以说,自我意识已经确立。

二、米德的符号互动论的自我观点

从米德最重要的著作《心灵、自我与社会》(1934)以及"社会的自我"、"社会意识的机制"等论文中我们可以看到,自我理论是贯穿于米德社会哲学中最为重要,也是最为核心的理论。米德和詹姆士一样,也将自我分为"主我"和"客我"两个部分。主我是行动的自我,并给予人格以动力性和独特性;客我是社会的自我,它依赖角色的扮演,反映的是社会的经验,具体说,它是通过在社会互动中概括他人对自己的态度后形成的。主我和客我总是密切相关的,"它们共同构成一个出现在社会经验中的人。自我实质上是凭借这两个可以区分的方面进行的一个社会过程"。

在区分自我的基础上,米德基于他所创立的符号互动理论,进一步揭示了自我在互动过程中的产生和发展。在《心灵、自我与社会》一书中,米德指出:自我的产生是群体内部相互作用的结果。他认为,个体总是社会的,个体脱离他人就不可能形成自我;分析自我的产生,要从分析人际交往过程,特别是分析交往过程中人们所使用的符号的作用和意义着手。米德把自我形成和发展的过程分为三个阶段:

第一阶段是准备阶段,这是自我发展的最初阶段。这一阶段的自我是原始的、不能运用符号的自我,其主要特点是无意识地模仿他人,对符号和意义缺乏理解。初生的婴儿尚未掌握语言符号,无法用符号同他人进行交际活动。

第二阶段是模仿阶段或称游戏阶段,这个阶段儿童学会了语言,学会了扮演他曾模仿过的某个"重要他人",如母亲、教师等,并学会从对方的角度来看待自己。但在一定的时期内只能模仿某一个重要他人,不会作情境的转换,还不能从综合几个"重要他人"的角度来看待自己。

第三阶段是社会角色扮演阶段或称竞赛阶段,这个阶段个体能把自己扮演为某个角色,并能从综合几个"重要他人"的角度来看待自己,并将他们概括为一个泛化他人(或类化他人)。"泛化他人"可以看作是群体的期待或社会的期望,使社会群体的规范、态度、价值、目标内化于个体,形成自我,使自己所扮演的社会角色被社会认可、接受。

从米德对自我形成的分析中可以看出,自我产生和发展的三个阶段都离不开他人和群体,都是个体借助语言符号与他人的互动过程中产生的。所以米德认为自我是社会的产物:"自我是某种发展的东西,它不是生来就有的,而是在社会活动过程中产生的。"总之,社会与个体是通过语言符号相互作用、相互影响、相互制约的,社会通过语言符号互动来塑造个体、影响个体"自我"的发展,使个体成为符合社会要求的社会角色。

米德的自我理论有两个突出特征:一是米德在具体研究论述过程中,始终把社会和社会性放在至关重要的地位上,并且随时加以强调;一是米德对心灵、自我和社会的依次研究论述,实际上呈现了个体进化生成社会性个体,以及社会把个体塑造成为社会性个体的双向动态过程。由此可见,米德的自我理论是以社会性为前提的,这既是其理论特色,也是其重要的理论贡献。

三、利西娜的自我意识交往发生观

利西娜多次强调,她的研究是以维果斯基和列昂捷夫的学说为理论基石和出发点的。

在其自我意识的交往发生观中,利西娜(1974)提出,自我映象(自我意识)是儿童关于自己的认知信息和情绪—态度信息的综合体。它是在儿童与周围现实(物质环境、人)的相互作用中产生发展起来的。儿童本人在与物质世界接触中积累起来的个人活动经验,以及在与人的联系中形成的交往经验,是自我映象发生发展的重要因素。每一种因素对自我映象的形成都有自己特殊的贡献。其中,映象的认知部分主要由个人活动产生,情绪—态度部分则更多由交往产生(见图5-4)。交往同时也产生许多认知成分。

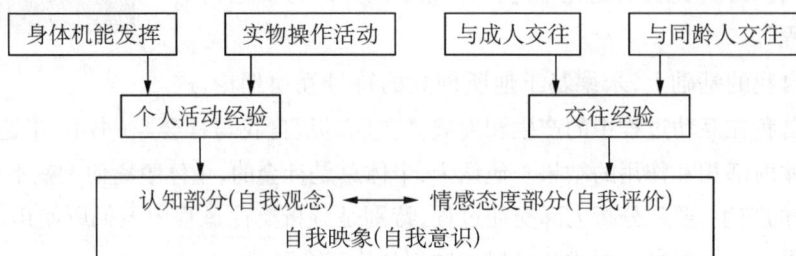

图5-4　学前儿童自我映象形成的因素和源泉

年龄越小,交往影响的意义就越大。特别是与成人的交往经验,在最初自我映象的产生中起着决定性的作用,是评价影响的主要源泉;同伴评价的影响则随着儿童年龄的增长而有加大的趋势,与同龄伙伴的交往经验主要帮助儿童获得集体生活的基本技能。学前早期,儿童的个人经验带有非常明显的具体性、零碎性、不确定性和不稳定性,常常不能进入儿童的意识而成为自我观念中的充实内容。因此,先学前期儿童的自我映象中认知部分和情绪部分的关系仍然十分不协调。这是年幼儿童自我评价绝对化以及只能笼统评价,不能具体评价的原因所在。随着个人经验的力量和作用的增强,以及与交往经验的相互渗透,学前儿童自我映象中认知成分与情绪成分开始相对平衡了。利西娜认为,学前儿童自我意识发展中的最大成就之一,是相对的自我评价迅速发展;另一个就是总体自我评价和具体自我评价区分开来。而正确的具体自我评价是入学学习的心理准备之一,没有它就不可能形成学习活动和反省能力。

利西娜还指出,成人经常过分夸大儿童的成绩,会使儿童对自己的评价过高,相反,成人一味强调儿童的缺点和无能,则会导致儿童的自我评价过低。儿童缺乏活动经验,就失去了"独立"形成自我观念的根基,也很难依靠自身的"过滤"机制而抵制来削弱他人错误评价的影响。因此,丰富儿童的个人活动经验,改善成人与儿童交往的方式,是纠正已出现的不正确自我映象的有效途径。

利西娜认为,在完整的自我形象中,儿童的全部基本能力和潜力在不同程度上都有所反映,他们还选择了儿童关于自己身体潜力(关于跳远技能)的观念,作为研究的具体对象,对其基本观点进行了完整而成功的验证。

四、马库斯和北山自我建构论的自我观点

马库斯和北山的自我建构理论(Markus & Kitayama, 1991,1994)是微观心理学层次上意图呈现自我概念的文化变式。他们分析了不同文化脉络中"自我与他人关系的"自我建构,并

将之概括为"互依我"（Interdependent self-construal）和"独立我"（Independent self-construal）两种，而且主要用来标示东西方文化下的自我概念。

自我建构理论认为，"独立我"强调个人的分离性和独立性，其关键的个人表征是寓居于个人之内的。它相信每个人内在特征的组合都是完整且独特的，故而强调自我实现，表达个人独特的需求、权力和能力，并发展个人独特的潜能。相反，"互依我"强调个人和他人的关联性和互依性，个人并非由其独有的特征来界定，而是由其社会关系来界定，故强调个人的角色、地位、承诺、义务和责任；个人也需要适应、归属、创造并完成其社会义务，进而成为各种社会单位的一部分。不同文化间在自我建构和人我关系处理上会存在差异，西方文化中人我关系的疏离，创造了自我包容、自我满足、自我独立、自我疏离之"独立我"的建构；而东方文化中人我关系的交融，则创造了互相包容、互相满足、互相依赖、互相统合之"互依我"的建构。

不过，马库斯和北山（1991，1994）在发展"自我建构理论"时也曾假设，"独立我"与"互依我"是两套可以并存于同一文化、同一个体的自我系统或称自我图式（schema），只是两者通常有强弱的差异，受重视的程度也不同而已。不同文化依其主旨而激起、强化并维持了其中一种"自我观"，并进而型塑个人的信念、动机、认知、行为和感受。但在同一文化中，也可能因个体年龄、性别、教育乃至都市化程度的不同，而出现同样的差异。比如 Lu 和 Kao（2002）分析台湾华人亲子配对资料时发现：亲代的"互依我"及由其衍生的融入环境式的"和谐信念"均较子代强。之后的跨文化分析（Lu 等，2003）中发现：台湾华人年长世代的"互依我"及"和谐信念"均比年轻世代强；在英国人中，年长世代的"独立我"比年轻世代强，但年轻世代的"和谐信念"却比年长世代强。这似乎显示文化交融的普遍性，而且这种交融并非只是东方在向西方学习，或发展中国家的人民被迫选择一种传统与现代并存的生活方式，而是西方社会同样正经历着某种深刻的价值与态度的蜕变。像桑普森（Sampson）（1989）曾经预言的：西方传统的自由式的个人主义（liberal individualism）将逐渐被新的构成式个人主义（constitutive individualism）所取代。当然，由于东方文化的相对弱势，根植于西方文化中的西方学者崇尚"个人主义"和"独立我"，并进而认为此两者较能契合工业社会的组织结构及经济发展，也较能反映其文化与社会的复杂性，乃至意识形态的优越性。所以"独立我"和"互依我"似乎被对应于"现代性"和"传统性"的建构，采用此社会进化论的取向，"集体主义"和"互依我"常被赋予负面的涵义（Lawler，1980）。而东方文化中的个体在面对西方文化和西方生活方式强敌压境时，在自我观念、价值信念、行为意向等各方面必须做出的调适和改变也更为迫切和根本（陆洛，2003）。

研究者也注意到，虽然不同文化传承在个体身上可能共存、折衷、融合，但"原生"文化依然占有优势地位。

以"人我关系"为切入点，确实能有效掌握"文化"与"自我"之间复杂的连动关系。因为文化是由人组成的，某个特定族群的人们在漫长的生存适应过程中，为因应物理环境的生态特性，遂发展出最适宜的生产系统；为维护此种生产系统的有效运作，进一步创造出为之服务、与之配合的社会政体。此两者的结合便是该族群的生活方式，而此族群共同分享的价值、信念、传统、行事规范等便是文化。但另一方面，文化也必须通过其成员来表达。换言之，文化一旦形成，其核心命题及关注便会通过该社会的核心价值体系，为其服务的政体结构，与之服膺的生活实践中的风俗、传统，与之契合的个人自我建构、动机系统、认知图式，乃至情绪体验，代代相传，在个人的生命中展现和实践。在这样的文化互动论观点下，"人我关系"也并非一成不变的命题，而是在个人生活的关系网中被界定、被改变、被实践的(陆洛，2003)。

专栏 5 - 10

"折衷自我"——华人的双文化自我

中国台湾学者陆洛(2003)在一项结合了理论分析、焦点团体讨论与深度个别访谈的研究中，提出折衷自我(composite self)的构念，用以描述当代华人正在发展中的一种全新自我系统的特性。所谓"折衷自我"，采用弹性的"人我关系"界定，一方面关注人我的分离性与个人的独特性，强调个人有别于他人，独立于他人的内在特征，清楚地意识到个人的需求、欲望、兴趣、能力、目标及意向，能够适当地表达个人的动机、认知及情绪，追求个人的成就与潜能的发挥；另一方面又关注人我的关联性与个人对他人的依赖性，强调个人在其社会关系网中的角色、地位、承诺、义务及责任，清楚地意识到团体的目标与福祉，能够适时地将团体置于个人之前，追求团体的成就与荣耀。

"折衷自我"巧妙地整合了传统华人的"关系中的自我"(即互依包容的自我)与西方独立自足的自我的特色。对当代华人来说，过去遭到忽略，甚至压抑的独立自我，现在却可能在某些生活的场域中(如工作场合)得以培养、发展、扩充甚至重视。对生活在中国台湾及其他亚洲社会的人们来说，以独立自我与互依自我共存与整合的态度，来处理不甘退让的传统文化与势在必行的现代文化间的冲突，很可能是最好的适应方式。这样一种折衷自我，有着均等强势的独立与互依信念，对当代华人而言，正可同时表达人类基本的个人"独特性"(uniqueness)与人际"关联性"(related)的双重需求。

五、格根的社会建构论的自我观点

随着哲学上后现代主义思潮的出现，它对社会心理学中自我的研究也产生了巨大的影响。后现代主义的反整体主义、反科学主义等理念引起了人们的高度重视，促进了理论上与方法上的多元论以及重人文精神思想的发展。1988 年，格根(K. J. Gergen)从饱和的自我入手，开始了后现代时期的自我问题的新探索，提出自我的社会建构观点。他认为科学技术的进步，导致了人类社会关系的复杂化，并促使人们的交往活动日益走向饱和。在这频繁的交往过程中，人们的身份也在相应地发生急剧变化，个体再要保持恒定不变的自我概念就几乎不太可能了。因此，在后现代社会，我们要注重的是不断解构自我、重建自我，形成一种新的、动态的与发展的自我概念模型。

他认为，传统的方法基于一种"现实主义"即实在论的假设：认为自我作为实体而存在，可以用与自然和物理世界中研究其他任何客体同样的方法来发现和描述它；认为自我存在于某处，或者是如实验社会心理学所认为的"外部"地以某些行为形式出现，或者是如人本主义和心理分析—动力论所认为的"内部"地以"内部"自我出现;认为虽然人们在生活进程中经历了种种冲突和挑战,但其核心自我中仍保留着某种不变的统一的东西,从而企图在人们的思考和自我中寻找稳定一贯的秩序。

后现代社会建构论认为这种"现实主义"的假设是有问题的。它认为,所有的事物,包括人类和"自我"都是暂时的。自我不可分割地依赖于我们在日常生活中使用着,并用以了解我们自己和他人的语言和言语实践。"自我既不是稳定的也不是内在的实体,而是从紧密联系中产生的充满着意义的编年史。"这在根本上动摇着先前那种认识世界的方式——要么是外源论,要么是内源论,代之以建构的观点,从而推动着认识自我上的革命。

格根把自我观念从现代到后现代的运动构想为三个阶段,并分析了这种运动变化发展的原因与进程。首先,对自我作为实体的表述的破坏或解构,开始于格根所称的"策略操作"阶段。先前,影响着自我的社会变量相对稳定,像小型的基本不变的社区,邻居终生不变,人际间面对面的客观和相对简单的接触方式使"重要他人"的数量受到有效空间的限制,于是自我有着可确知和稳定的性质。但 20 世纪后半段,科技的迅速发展造就了相互影响方面的根本变化。收音机、电话、电视、卫星和互联网使人们的相互关系摆脱了时空距离的限制,从而破坏了理解人们自我的传统方式。当人们不断面对新的关系和伴随而来的对新的行为、新的"存在方式"的要求时,自我作为实体的看法受到冲击。这里,个人通过"扮演角色以获得社会所给"来发现他们自己。这一阶段里自我仍然是作为实体的概念。但是,随着时间过去,这种"操作"的积累侵蚀了现实主义坚信自我有着内在本质的看法,把心灵的领域让位于格根所称的"混杂人格",从而进入第二阶段。在这一阶段,技术的急剧变化,使世界产生无比的多样性,产生各种不同的声音。长期稳定和深深地静藏于内的自我不再安分:一致让位于多样,沉默让位于不断的交谈。单一认同的束缚被解除,个人体验着一种本质上解放的形式,真正享受到不同的自我经验。

在第三个阶段,对自我的理解充满了后现代意识。格根称之为"关系自我"(relational self)。这里,诸如真实的、实在的自我之类已经被放弃。自我成为了一种关系性的东西,是一种社会文化的,而不是自然的结果,决定自我本性的是关系。"每一个关于我们自己的真实是一个当时的建构。真实仅仅相应于一定的时间和在一定的关系中"(Gergen, 1991)。于是,后现代主义者宣告"主体已死"。这不是对自我的删除,而是以更为开放的自我代替那种一贯的固定的"内部"的自我定义。在这开放的自我中,"个人可能记下、擦去、重写其作为不断变化、扩展和灵活的关系网的认同"(Gergen, 1991)。"新的关系产生新的自我。自我被建构、解构和再建构成'另外的'自我,因此自我不是指实际的实体……后现代自我是一种在没完没了地改写中的角色。"

相应地,后现代建构论强调在自我研究中叙事方法的使用。爱米尔·利布里奇(Amia Lieblich)等(1998)在其《叙事研究》一书中指出:"叙事是为了'告诉某人发生什么事'的一系列口头的、符号的、或行为的序列",而"叙事研究是指任何使用或分析叙事材料的研究"。叙事心理学的基本原则是通过语言媒介,通过说和写,通过个人不断参与的创造他们自己的过程来理解他们自己。

叙事心理学假定,人类经验和行为是有意义的。为了理解自己和他人,我们需要探索组成我们的精神和世界的"意义系统"与意义的"结构"。了解自我最重要的是关注意义和解释。在了解自我的"意义状态"中，时间与顺序、关系与联系、语言与话语起着重要的作用。首先，人类的意义领域离不开"活动"，这活动的基本维度是时间与顺序，意义就是在这时间与顺序的关系中得到解释的。但量的方法抓住的是有限的变量，提供的只能是离开了时间与顺序维度的"活动"的零碎切片，也就失去了体现着连贯性的意义。而叙事则通过对事件的时间组织和情节结构把过去、现在和将来有意义地联系起来；另外，关系与联系则体现了所有事物的非自治性，即任何一个事物都与其他事物联系着。时间本身就体现了一种关系和联系，离开了时间维度也就不存在因果联系。而其他相互联系和相互作用与时间和顺序也难舍难分，从而表现为过程。如库利(1902)所言："自我有这样一种性质，像个性的任何一方面一样，表现了深远的遗传和社会因素，不把它和普遍的生活联系起来，就不能理解和掌握。"关系和联系既有个体与社会的联系，也有自我内部各种成分的联系。前者就是社会互动。后者是自我内部的社会互动，"我们根据自己的了解把自己分成各种各样不同的自我。我们同一个自我讨论政治，同另一个自我讨论宗教。各种各样不同的自我与各种各样不同的社会反应相应"(Mead, 1934)；而这样一种互动离不开语言。了解人类意识的"意义状态"的核心就是理解语言。叙事理论就从强调这种个人内部世界中各种不同的"我"的互动，来进一步揭示自我得以产生、存在的社会互动过程的建构机制。话语过程或叙事是自我得以产生、存在和发挥功能的条件。在语境中的建构成为了后现代解释自我的核心。

其实，叙事研究并非全新的概念，在传统心理学取向中我们也不时能看到叙事的影子。例如，心理分析主义和人本主义心理学就大量采用以访谈、咨询材料和文本资料为基础的案例研究，以及自传法、传记法。它用文字来细致描述人的心理行为，用大量隐含着无意识的动机的故事来研究人的心理模式，而不是用有限的变量和数字来取代丰富的情节性的经验材料。这些方式与叙事研究具有一致性，都重视个人的"深层"意义和独特性。这种一致性或密切联系主要基于它们有同样的哲学根源：现象学和存在主义。这两种哲学思想都关心人的差异性与独特性，强调人的"经验和体验"(M. L. Crossley, 2000)。因此，一定意义上，后现代主义思潮是对传统人文主义的回归和超越，包括自我在内的心理学领域，目前出现的趋势将是人文研究与实证研究并重的局面。

本章小结

自我意识，也称自我、自我概念，是人对自己存在的觉察，是人对所有属于自己身心状况的认识。

自我意识是一个多向度的结构。詹姆士首先将自我分为主我与客我；罗杰斯根据临床实践，提出了与"现实自我"相对应的"理想自我"概念，认为任何一方面出现困难都可能导致心理问题；费格斯坦等提出"公我"和"私我"的划分，认为当个体的注意投向自我的不同方面时，对个体行为的影响也不同；罗森伯格将自我划分为"现有自我"、"期望自我"与"表现自我"；施奈德和坎贝尔提出了"实用自我"与"原则自我"的概念；伯恩斯总结前人有关自我的研究成果，提出同时包括主体与客体自我的自我概念结构图。虽然没有很大创新，且缺乏对自我价值系统的考虑,但也在自我研究中起到一定承上启下的作用;希金斯提出我差异理论,将自我分成"实际自我"、"理想自我"和"应该自我",认为三者之间的不一致导致自我差异的产生,这些自我差异分别与不同的负性情绪体验相联系;马库斯等提出了"可能自我"与"工作自我"两个概念;萨沃森和马虚根据自己的大量研究构建了自我概念多维等级结构模型,并发展出测量不同年龄阶段人们自我概念的自我描述问卷。

一定意义上,自我意识具有预言自我实现的作用。具体而言,自我意识有两项功能,即组织功能和管理功能。

自我意识的内在结构具有多种特征:它是有组织有结构的;它是多层面的,各个层面反映自我参照分类系统;它是纵向具阶层性的,最底层的是特殊情境行为的评价,最高层为概括性的自我概念;它具稳定性,且随阶层由上往下递减;它具发展性,随着个体年龄的增长而分化出不同向度、不同层面;它具描述性及评价性;它有区别性。

从比较宏观的以及发展的角度来看,自我意识还具有独特性和矛盾性等特点:自我意识因文化、因个体而异;自我结构的各个方面之间可能彼此协调,也可能相互冲突,而矛盾关系广受关注,因为它既可能是个体发展的推动力量,也可能是个体心理失调的原因所在。WAI技法是考察自我意识的有效方法之一。

个人的自我意识是由自我认知、自我体验与自我控制三种心理成分所构成。

自我认知是主体我对客体我的认知与评价,普遍具有积极偏向,表现出自我认知推理中的动机作用,且具有适应性。我们通过自我观察和反省、他人评价与反馈以及社会比较认识自己。

贝姆提出自我知觉理论,认为人们通过观察自己的行为,来推测自己的态度和特性,以加深对自我的认知。

库利提出"镜中我"的概念,认为一个人的自我意识是其意识到的他人对自己的看法的反映,亦即费孝通所说:"我看人看我。"

鲍德温等发现,甚至我们对其他人如何对我们反应的知觉就会影响到我们的自我评价,他们称之为反射性/反响评价。

费斯廷格提出"社会比较",认为个体评价自己的能力与观点会优先使用客观工具,如果没有客观工具,个体就会去寻求社会的真实,即采用与人比较的方法来确定和评价自己。社会比较的目的可能是为了获得准确的自我评价,也可能是自我增强或自我改善,所以个体可能选择不同的对象进行平行比较、向下比较或向上比较。

自我体验是自己对自己怀有的一种情绪体验,也就是主体我对客体我所持的一种态度,反映了主体的我的需要和客体的我的现实间的关系。

主要的自我体验有自尊、控制感和无助感、成功感与失败感、自豪感与羞耻感和内疚等。

自我控制是心理能动性的重要表现,自我控制体现了主体我对客体我的制约和调节作用。自我控制能制止或引发特定的行为,主要包括五个方面:抑制冲动,抵制诱惑,延缓满足,制订和完成行为计划,采取适应于社会情景的行为方式。

心理学家对自我开展了广泛的研究,并取得了大量成果,有关自我的整体或二级理论层出不穷。

G·W·奥尔波特的自我发展理论认为,自我状态是逐渐发展的,即从生理的自我到社会的自我,最后发展到心理的自我。

米德的符号互动理论,将自我分为"主我"和"客我"两个成分,主我是行动的自我,并给予人格以动力性和独特性;客我是社会的自我,它依赖角色的扮演,反映的是社会的经验根据社会规范而实现对主体的我的调节。自我的这两个方面是在社会互动中逐渐被分化而明确起来的。米德把自我形成和发展的过程分为准备阶段、模范阶段和社会角色扮演三个阶段。

利西娜提出自我意识交往发生观,认为自我意识(自我印象)是在与周围现实的相互作用中产生的。

马库斯和北山的自我建构理论分析了不同文化脉络中"自我与他人关系的"自我建构,并将之概括为"互依我"和"独立我"两种,并用来标示东西方文化下的自我概念。

格根的社会建构论开启了后现代时期的自我问题的新探索,注重的是不断解构自我、重建自我,形成一种新的、动态的与发展的自我概念模型。后现代建构论强调在自我研究中叙事方法的使用。

思 考 题

1. 尝试用"二十问"法进行自我分析;还可以用同样的方法写"我实际上是……"与"我希望我是……"或"我应该是……"等,并进行比对分析;也可以和不同的他人(如长辈、同学等)进行分析比对,感受自我意识的差异。

2. 结合自我成长的经历和相关的自我理论,分析自己之所以成为现在的"我"所受到的重要影响。

拓展阅读

1. 埃略特·阿伦森、提摩太·D·威尔逊、罗宾·M·埃克特. 社会心理学(第五版). 侯玉波等译. 北京:中国轻工业出版社,2005.

2. 戴维·迈尔斯. 社会心理学(第8版). 侯玉波、乐国安、张智勇等译. 北京:人民邮电出版社,2006.

3. 谢利·泰勒、利蒂希亚·安妮·佩普卢、戴维·西尔斯. 社会心理学(第12版). 崔丽娟、王彦等译. 上海:上海人民出版社,2010.

4. 道格拉斯·肯里克、史蒂文·纽伯格、罗伯特·西奥迪尼. 自我·群体·社会:进入西奥迪尼的社会心理学课堂(原书第5版). 谢晓非等译. 北京:中国人民大学出版社,2011.

5. 戈夫曼. 日常生活中的自我呈现. 冯钢译. 北京:北京大学出版社,2008.

6. 乔治·H·米德. 心灵自我与社会. 霍桂桓译. 北京:华夏出版社,1999.

7. 罗洛·梅. 人的自我寻求. 郭本禹、方红译. 北京:中国人民大学出版社,2008.

8. 杨国枢、陆洛. 中国人的自我——心理学的分析. 重庆:重庆大学出版社,2009.

第六章　性别角色差异心理

在现代社会心理学中,角色或社会角色已经成为一个十分流行的概念。它是从现代舞台用语中借用过来的,美国社会学家米德和人类学家林顿较早地将其正式引入了社会心理学的研究。社会角色既可以被视为个体在群体或社会中的一种功能,帮助我们解释人的社会行为的模式;也可以被看成个体完整人格的一个侧面,需要个体在社会生活中不断地去学习和掌握。因此,有学者认为,社会角色的概念为我们弥合以个体和以群体或社会为中心的社会心理学这两种研究途径之间的鸿沟提供了现实的可能性。

社会角色主要包括三方面含义:①社会角色是一套社会行为模式;②社会角色是由人的社会地位和身份所决定的,而非自定的;③社会角色是符合社会期望(社会规范、责任、义务等)的。由此可见,角色的学习和扮演,是一个社会化的过程。社会上的角色是多种多样的,人在同一时期可能同时扮演许多角色,如女儿、母亲、妻子、同事、朋友、领导、下属、主人、观众等等。每种角色都有其特定的观念和技能要求,不同角色要求之间可能彼此一致,可能相互无关,也可能对立冲突,这就为角色社会化提供了更为丰富的内容,同时也提出了更为艰巨的任务。

在角色理论中一个不可忽视的部分就是角色差异,对角色差异的研究形成了社会心理学的一大分支——差异社会心理学。目前研究较多的是国别差异、年龄差异和性别差异。本章将重点介绍一下性别角色差异心理的研究。

专栏 6-1

阴盛阳衰?

随着一批大型电视选秀节目的全国热播,"帅女美男"式的偶像备受追捧,街头巷尾分不清性别的年轻人越来越多,有教育者惊呼:"女人越来越刚,男人越来越柔;女的超级无敌,男的快乐就好! 难道这是个超女软男泛滥的时代?"于是,吹响了"拯救男孩"的号角(孙云晓等,2009)。

2011 年度费孝通奖学金颁发,某著名高校有 14 名学子获此殊荣,不过,13 女 1 男的悬殊比例一时间成为热议,又一次让人们感叹"阴盛阳衰",疾呼要"拯救男孩"。

不过,女生在就业过程中经常会遭遇性别偏见。2009 年,全国妇联妇女发展部主持并委托华坤女性生活调查中心开展了全国"女大学生就业创业状况调查",结果显示,被访女大学生中,56.7%的在求职过程中感到"女生机会更少",91.9%的感受到用人单位的性别偏见。另有研究表明,女性的工资水平普遍低于男性。2005 年的数据显示,女性工资与男性工资的比值为:初中及以下文化程度的为 68%;高中文化程度的为 76%;大专程度的为 80%;大学本科及以上程度的为 83%(刘泽云,2008)。虽然随着教育水平的提高,男性和女性平均工资的差异逐渐缩小,但差距依然存在。

第一节　性别角色概述

性别角色,无论其内容还是表现形式,总是反映着特定历史条件下社会结构、社会组织水平和社会心理的特点,反映着那些社会的文明发展水平。由于男女角色心理差异反映着人类群体内部的相互作用与相互关系,因此它是社会心理学研究的重要课题之一。

关于性别,有必要区别两个概念:性(sex)和性别(gender)。"sex"指的是与女性或男性相联系的生物现象,可以称之为生理性别。"gender"指的是女性或男性的心理现象,可以称之为心理性别。变性者是生理性别和心理性别同时存在的最好证明,他们是生理性别和心理性别产生了矛盾的个体,在心理上强烈地感觉自己是异性的一员,因此,他们改变生理性别(体形、生殖器等)来适应心理性别。不过,一般来说,无论男女,个体都是生物因素和社会因素相互作用的结果,所以,这两方面的区分也是相对的。

一、性别角色的定义及其分析

性别角色,是指属于一定性别的个体在一定的社会和群体中占有的适当位置,以及被该社会和群体规定了的行为模式。这一定义有以下几点含义:

(一) 性别角色是以生理性别为标准划分的社会角色

当个体出生之后,周围人凭借其性器官特征鉴别其性别,将其明确划分为男孩和女孩,并按照特定社会的相应要求和期望开展教养活动。

其实,追根溯源,一些研究者认为,性别角色的由来就是人类早期基于两性生理差异的社会分工。在远古时代的人类社会生活中,打猎、采集食物、养育子女等职责日益分化,出现了劳动分工。男女间体力和其他生理能力上的差别成了这种分工的基础。男子因其强有力的体魄而担任起狩猎和战斗的任务,女子则因其妊娠、哺乳等能力而从事照料子女和料理家务等活动。于是,男女就在各自不同的劳动生活中获得不同的经验,分工的差异延伸出人格倾向和地位上的分化。男子在对外的责任中发展了独立性、果断性;女子则在对内的职责中发展了亲和性、依赖性。由于男子主外,拥有职权和政治势力,因而男性角色比女性角色更容易得到较高的评价。最初的劳动分工经过反复实践,逐步成为一种社会秩序。人们根据这种分工所延伸出来的种种要求,制定出有关性别角色的种种规范;社会用这种规范来约束其成员,造就一批又一批符合这些规范的下一代,以保持业已形成的秩序。

(二) 性别角色决定了男女两性的社会化定向

在各种文化环境中,社会对男女两性的角色要求一般都是有差别的,因而社会赋予男性和女性的教育成长机会往往并不均等,对他们的社会交往、从业状况、成就取得等也有不同的评价标准。如在传统观念中,男子的社会化定向是在社会上谋取成功和地位,而女子的社会化定向则是在家庭中充当贤妻良母。不同的社会化定向必然导致男女有选择地接受不同的社会影响,导致男女形成与特定的性别角色地位相适应的不同的心理内容和人格倾向。

(三)性别角色为男女两性制定了一套行为规范

性别角色使得我们对个体的行为进行性别的标定,如我们在评论某人为"假小子"或"假女子"的时候,就是按照公认的性别角色对此人的行为进行标定的;另一方面,性别角色也指个体的性别角色规范行为。个体在社会化过程中一旦将性别角色规范内化,就会自动地按照适合自己性别的行为方式来认识、思考、行动,造成性别角色的心理差异。

不过,男女两性是相对存在、互为参照的,两者是人类性别角色统一体中既有联系又有区别的两个侧面。因此,不应该把男女性别角色心理差异绝对化。我们在讨论性别角色心理差异的同时,也要注意男女性别角色心理的共性。

二、性别角色的特点

(一)功能分化与定型

很多研究和观点从不同角度分析了性别角色的实质,说明男女性别角色在团体活动中的不同功能及其在社会生态中的不同地位。

美国社会学家帕森斯(1955)提出特殊功能论。他把核心家庭看成一个小群体,在这个小群体中,存在着具有典型意义的功能专门化——男子发挥着工具性功能(犹如小群体中的"出谋划策者"),而女子则发挥着表达性功能(犹如小群体中的"和蔼可亲者")。在帕森斯的性别角色发展模式中,工具性和表达性的区分十分复杂。对婴儿来说,母亲既是表达性角色,又是工具性角色。孩子5岁时,母亲便逐渐放弃其工具性角色的一面,仍保持富于同情心的表达性角色一面。此时的父亲则发挥出工具性功能,引导孩子认识核心家庭以外的世界,将更大范围的社会准则(如成就取向)传授给孩子,并以此沟通家庭与社会的关系。这些都有助于孩子认识自己的性别角色并将其内化。遂使男孩放弃与母亲的表达性关系而接受父亲的工具性角色,而女孩则继续表现出对母亲表达性关系的依附,接受母亲的角色。

心理学家D·巴卡恩认为,"能动性"和"合群性"这两种基本模式能代表所有的生存形态。"能动性"将有机体描述为一个在自我保护、自作主张和自我扩张中表现自己的个体。"合群性"则指在与更大的集团的关系中,在与别人合作产生的情感中表现自己的个体。布洛克的经验研究证明,女孩在社交过程中表现出明显的"合群性",而男孩在社交过程中则表现出突出的"能动性"。于是,在儿童的成长过程中,"能动性"和"合群性"的分化与"工具性"和"表达性"的区分一样,与性别角色发生了联系——"合群性"成了女孩的特征,而"能动性"则成了男孩的特征。不过,根据巴卡恩的观点,发展良好人格的根本任务是将"能动性"与"合群性"加以综合。

近年来,有关性别角色功能已有许多研究,但似乎都表明性别角色功能已经被定型化。在不同年龄、不同婚姻状况和不同教育程度的人群都发现了这一规律(Broveman, et al., 1972;

Rubble, 1983), 即使在不同文化背景下, 这种功能定型也保持一致性(Williams, 1981)。最近几年来, 尽管男女的社会角色有一定改变, 而这种功能定型却丝毫没有改变(Ruble, 1983; Marlin, 1987)。

专栏 6 - 2

性别定型与国民性差异研究

意格丽和卡特(Eagly & Carter, 1987)两人进行了一项实验研究。请300名男女大学生作为被试, 用"诚实"、"有抱负"、"侵犯性"、"支配性"、"和蔼"等人格特质(每种人格特质可评为不同等级)来评价28个国家的国民, 实验中采用工具性和表达性两大类加以归类。一组中进行不强调性别的国民评价(如评"瑞士人是诚实的"), 但在另一组中则分别对某国男性或女性国民进行评价(如评"瑞士男子是诚实的", 或"瑞士女子是诚实的")。结果有两个有趣的发现: 其一, 对国家全体国民的总体评价与对该国男性的评价更为相似; 其二, 对男性的工具性和表达性特点进行评价时, 不同国家之间差异很大(见图6-1a); 而在对女性评价中, 工具性特质评价较低, 而表达性特质评价都较高(见图6-1b)。换句话说, 被试对不同国籍的女性的评价, 更多地从性别角度进行, 而对男性则根据他们的国籍进行评价, 说明对女性角色功能评价有跨文化的普遍性。

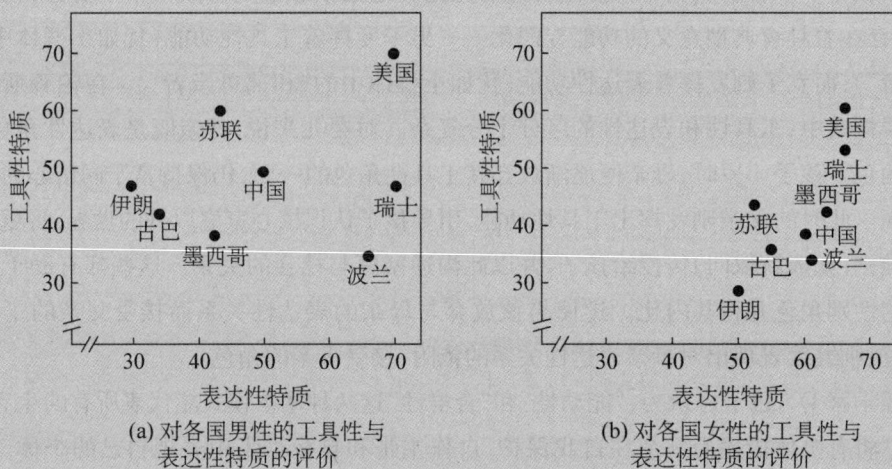

(a) 对各国男性的工具性与 表达性特质的评价　　(b) 对各国女性的工具性与 表达性特质的评价

图 6-1　性别定型与国民性差异之间的关系

(采自 Lippa, 1990)

(二) 文化制约性

如上所述, 在世界范围内相对主流的社会、文化中, "男女有别"、"男强女弱"、"男主外, 女主内"等有关性别角色的差异性似乎是人们最直观的一个感受。但其实, 性别角色是社会历史文化的产物, 其内容受社会文化的深刻影响, 表现出一定的文化特点。

性别角色的文化差异

人类学家玛格瑞特·米德(Mead)观察了新几内亚三个原始部落社会中男女角色分化的情形,发现适合的男女角色形态因文化的差异而大为不同。

在阿拉佩什族,生活的中心任务是种植农作物和饲养家禽,这种原始农业经济构成了这一部落的主要特点。阿拉佩什人不认为也不相信在性格方面存在着性别差异,他们养育子女的方式受到这种意识的影响,从不进行性别差异的教育,因此孩子们长大成人后也极少表现出性别差异。在这一部

米德(1901—1978)

落中,男女两性的关系是合作友好的,男女都表现出我们认为的女性化个性特点:温文尔雅、有教养、有责任感、互助、乐于自我牺牲,他们共同抚养孩子,照料婴儿。尽管这一部落有童婚陋习,但"小丈夫"很早就学会照顾自己的"小妻子",男女都同样细腻和有同情心。此外,他们不提倡攻击和侵害他人,否则会被视为一种犯罪行为。

与阿拉佩什部落相反,曼杜古摩是野蛮的原始游牧部落,男女两性都被要求成为进攻型的人,因而他们都蛮横无礼,富于攻击性和具有强烈的欲望。他们都符合一个模式,即相互敌对和侵害。他们的家庭充满了紧张气氛,兄弟之间与父子之间传统上是相互憎恨的。米德告诉我们:"兄弟之间与父子之间的亲密接触,只有一种可能的方式,即互相殴打而且辱骂对方。"曼杜古摩族的男人以姐妹换得妻子,但一个男人也可能为了想多娶一个妻子而把女儿卖掉,于是母亲就极端焦虑地警告她的儿子,父亲可能因此而剥夺了他以后娶妻的机会。因此,兄弟之间与父子之间仇视的模式反复地出现在每一个家庭中。孩子们从一出生就进入了一个充满敌意的环境中,并接受社会对他们的塑造,这一切将引导他们在自己身上培养出他们那个社会所期待的成人性格。

赞布里部落更典型地说明了文化对人格形成的巨大作用。赞布里人居住在湖上,女人们天天远离家门外出从事一切重要的工作,她们组成一个个合作组相互配合,打鱼、编织、养殖,是养家糊口的"主人"。在这些工作中,妇女养成了谨慎、独立、自由、有创见、有主见等性格特点,而男人们则在湖上的房子里度过大部分时间,他们整日忙于家务兼做些雕刻、绘画等艺术工作,形成了爱唠叨、猜疑、彼此为敌的性格。小男孩也学会了这种生活方式,他们的男女特性与文明社会中人们的表现正好相反。

根据上述观察,米德得出结论:男女气质和性格是由社会条件形成的,性别差异也取决于社会文化;每一社会都选择了一些奠定在生物学性别差异基础上的男女心理特点加以肯定和强化,选择另一些加以否定和惩罚,从而塑造出因不同性别而具有不同性格的人。

（三）相对稳定性

在一定历史条件下所形成的性别角色，作为一种社会规范，具有一定的稳定性。这种稳定性是社会结构稳定性的基础之一，也是社会结构相对稳定性的反映。

随着社会文明的进步，人类征服自然的能力日益增强。在科学技术高度发达的现代，人的体力在社会生活中已经不再占有重要地位了。但是，建立在两性体力差异基础上的角色分配依然存在。一些社会心理学家认为，造成这种状况的原因有二：①人们通过世代相传的性别角色社会化，已经从心理上习惯了这种角色分配，任何改变都可能造成社会心理适应不良；②性别角色本身作为一种社会规范，仍可以在人类纷繁复杂的生存现象中建立和维持一种性别间长久的秩序。因此，尽管男女的生物学因素与性别角色之间的联系早已经消失，但建立在生物学意义基础上的性别角色分配仍然存在并将长期存在下去。

性别角色的稳定性具有维持社会秩序的一面，但又有效果消极的另一面：它会对个体成员形成一种定势的、固化的并且是稳定的性别态度，造成性别角色刻板印象，成为坚持性别歧视的力量之一。美国心理学家罗森克兰兹（Rosencrantz）等人通过大量的研究，总结出了美国人有关男女两性的性别刻板印象（见表6-1）。从表中我们可以看出，这些性别刻板印象在有些场合下也许是符合实际的，但在另外的场合下却未必正确。性别刻板印象夸大了性别心理差异。而且，在对性别角色刻板印象的研究中，研究者发现了它的两个重要特点：一是性别刻板印象的存在非常普遍；二是男女在性别角色刻板印象上一致认为男性气质优于女性气质。性别刻板印象对男女心理差异产生着广泛、深远的影响。它影响人们对男女作业行为的评价和成败的归因，对男女尤其是女性的自我概念危害极大，而且它还往往成为对女性不公正的依据。

表6-1　男性气质与女性气质的刻板印象

女性气质	男性气质	女性气质	男性气质
喜欢聊天	攻击性	发泄怒气的对象	野心
机敏圆滑	独立性	想象力丰富	爱好数学与科学
温和	情绪稳定	好嫉妒	善于经商
善解人意	客观	忠实于婚姻	善决断
安静	支配	重道德价值	临危不惧
对安全有强烈需要	主动		能分清理智与情感
笃信宗教	竞争性强		值得信任
爱整洁	富于逻辑		不怕打击
喜好文艺	直率		智商较高
推理能力差	喜欢冒险		好将自己的意见强加给别人
注意自己的容貌	从不哭泣		
比男性更能隐忍，缺少欢乐	自信		

美国社会心理学家歌德伯格(S. Glodberg，1968)做了一个有名的实验，证明性别角色刻板印象对男女作业成绩评价的影响。他将同一个学者写的一些文章各复印两份，一份署名约翰·迈克(男性名)，另一份署名为珍妮·迈克(女性名)，分发给一群男女大学生评定。不管文章的内容是涉及男性化的内容如建筑，还是涉及女性化的内容如食物营养等，大学生对珍妮文章的评价总是比对约翰文章的评价差。

(四) 多样性

性别角色中包含着各种各样的亚角色。例如，在我国典型的男性角色中，至少包含着诸如儿子、丈夫、父亲、职业男子等角色。米德曾列举了 11 种存在于美国的正式的性别角色，其中包括生育过子女的已婚妇女;生育并供养过子女的已婚男子;不打算结婚和生育的、履行包括独身、禁欲、节制生育这样一些约定俗成的社会职责的成年男子;扮演女性角色的成年男子;利用性关系维持经济来源的成年女子;扮演男性角色，包括有异性模仿癖的女子等等。性别角色具有无限多样性。在米德列出的性别角色当中，还有很多跨性角色，这说明男女性别角色并不总是非此即彼的。

一个特定的个体在生命的不同阶段，有时甚至在同一阶段，也可能表现出性别角色的多种内容;而在后一种情况下，往往会出现性别角色冲突，即角色扮演者在角色扮演中出现心理上、行为上的不适应、不协调的状态。同时担负着的多种性别角色可能使人不能兼顾，在现代知识女性身上，现代事业型女性角色与传统家庭型女性的角色冲突表现得十分明显，往往成为困扰甚至限制女性发展的一个重要因素。

性别角色之间的关系随着情境不同也表现出多样性。在女子地位较高的情境中，男性也会一反常态，成为驯服的被支配者;在女性能力明显的比男子强的情境中，男子会失去平常在女性面前表现出的高自信。

第二节 性别角色差异的研究

由于男女两性天然的生理区别以及在此基础上发展分化的心理、行为差异，使得人们在探讨个体和群体的差异时，都十分重视性别因素的作用和意义。据美国心理学家麦考比(E. E. Maccoby)和杰克林(C. N. Jacklin)在其 1974 年出版的经典之作《性别差异心理学》一书的总结，仅 20 世纪 60—70 年代发表的美国和西欧的心理学工作者研究性别差异的论文和著作就有 2000 多份。在有关性别角色差异的研究中，可以看到两大明显不同的研究取向:一是以生理性别为基础的性别差异研究，另一个是关注心理性别的个体差异和复杂性。现分述如下:

一、以生理性别为重要被试变量的研究

大部分心理学研究都会把性别作为一个重要的被试变量予以考察，寻找性别和行为之间的联系。这些研究所关注的主要是生理性别，即男、女作为两类相对的群体，他们的这种天赋身份使他们表现出的同与不同。有关男女两性差异的研究，涉及心理过程、个性心理及社会心理和行为的方方面面。实证研究的结果确实发现男女两性间的不少差异。但由于研究内容、

研究方法和研究者研究取向的不同,研究的结论也不尽一致,有时甚至完全对立。元分析(文献数据再分析)技术的引入(Hall, 1978)和运用(如 Cooper & Hedges, 1994; Oklin, 1985; Rosenthal, 1991; Cook, 1994; Durlak & Lipsey, 1991; Eagly, 1981 等),使研究者们能综合考察不同研究的结果,得出许多更具体更全面的结论。男女两性在能力、人格、行为等方面的表现是性别差异研究最为关注的内容。

(一)能力方面的差异

目前,研究的焦点主要集中在认知能力,尤其是言语、空间、数学能力等方面的性别差异上。但研究结果很不一致,有人(如 Feingold, 1988)认为认知能力上不存在性别差异,而哈本(Halpern, 1989)等则对此提出异议。此外,还有研究者关注其他一些特殊领域的能力差异,如领导能力。

1. 总体智力

关于男女两性智力水平的差异,最具权威的研究是来自麦克米肯(Macmeeken)1939 年在苏格兰对 8.7 万人作的测量与调查,男孩平均智商为 100.51,女孩为 99.7,并无显著性差异,十年之后,他又作了一次重复测验,结果大致相同。此后,科学家们进行大量类似的研究,都无法说明两性在智力水平上存在差异。

2. 言语能力

在所有的认知能力中,言语能力最早体现出了性别差异的发展特征。一般认为,女性在语言能力上具有明显的优势。马金尼斯(MaGuiness, 1976)和苏爱博(Smolak, 1986)研究结果一致显示1—5 岁的女孩在言语技巧上比同龄男孩更精通。另有一些研究也指出女孩比男孩说话早且表达句子更长。巴特勒(Butler, 1984)研究发现在小学阶段女生仍然保持了她们的言语优势。劳伦森等(Lawson Inglis & Tittemore, 1987)比较了韦氏智力测验的言语量表的男女常模(女 1100 人,男 1099 人),发现女生高于男生。胡佛(Hoover, 1987)大型纵向研究(3—8 年级)发现女生言语能力普遍比男生好。也有研究发现,在各种言语能力中,男女表现出了不同的优势:以词的流畅性所显示的女性优势最为明显,而言语推理上显示了男性优势。我国学者许燕、张厚粲(1998)研究探讨了二、四、六年级小学生言语能力的性别差异的表现特征。结果表明,中国儿童在言语记忆能力和言语阅读理解能力上没有表现出性别差异,而言语表达能力则表现出显著的性别差异,女生的言语优势在四年级开始明显化,其发展倾向表现为随年龄增长而增大。但是,言语能力的性别差异研究结论也不完全一致。比如,海德和林(1988)对 1955 至 1986 年期间的 165 个有关研究进行了元分析,结果发现:女性在言语能力上的优势并不明显,两性在词汇、阅读理解、写作、言语产出、学术性向测验的分数等方面差异不大,而且性别差异不受年龄因素的影响。她们认为言语能力的性别差异可能已经不存在了。

3. 空间能力

空间能力的性差问题也引起了国内外广大心理学者的关注。大部分西方研究结果表明,男性在空间能力上占有一定优势,但这种优势的显示有一定的年龄特征,发展趋势表现为随年龄增长而增大的特征。林(Linn, 1986)对大量空间能力研究资料进行元分析,得出结论:两性从七八岁起在视觉空间能力上就存在着性别差异,且年龄越大,空间能力的性别差异越明

现代社会心理学(第三版)

显,18 岁时差异最大,从总体上男性优于女性。约翰逊(Johson, 1987)使用了许多空间测验,对六岁到 18 岁的儿童青少年进行了大样本施测,发现从测验总分来看,男生优势从四年级开始出现,最大的性别差异发生在十年级到十二年级。马斯特等(Masters & Scanders, 1993)通过三维图形的心理旋转测试也证实了男性在空间能力上占优势。我国学者张厚粲等(1996)运用韦氏儿童智力量表对 2237 名六岁半—16 岁半的中国城郊儿童青少年进行施测,结果与西方接近,发现男性空间能力优势始于青春期(该研究中是 11 岁半)。吴福元(1983)、周川(1983)运用 WAIS 量表对大学生进行过测验,得出男生的空间分析综合能力优于女生的结论。而张厚粲(1989)运用瑞文标准推理对我国五岁至 70 岁年龄段被试进行了大范围的测验,结果表明大学生年龄段的男女在空间思维上的差异不明显。赵叶珠、林仲敏(1993)的研究结果也表明:男女大学生在空间思维方面差异不显著,但个体差异显著。许燕、张厚粲(2000)探讨了二、四、六年级小学生空间能力的性别差异表现特征,结果表明,在空间能力的加工方式、加工精确性及加工策略上均存在着性别差异,而在加工速度上表现为无差异现象。在空间能力的发展趋势和空间组合能力方面,女生表现出稳定的优势;在空间旋转能力上,男生的优势随年龄增长表现为减弱并消失的特征。迄今为止,对两性在空间能力上的差异大小尚无一致看法。

4. 数学能力

麦考比曾在 1974 年提出男性的数学能力优于女性的观点,此后有许多研究支持或否定了这一结论。海德等(Hyde & Lamon, 1990)对 100 项这类研究进行了元分析,结果发现女性具有微弱的优势,并且性差大小随着年龄和教育程度而发生变化。在初等教育阶段,女性的计算能力优于男性,两性在问题解决方面差异不明显,但是到了高中和大学阶段,男性往往占据优势,特别是在问题解决方面。在我国,张厚粲等(1996)对六岁半—16 岁半儿童青少年进行的韦氏儿童智力量表测试中,数学能力未表现出显著的性别差异。田中等(1999)用自编试题对中学生进行运算(数的计算、式的变形)和推理(演绎、归纳、类比)两大基本技能测试,结果表明,在初中阶段,男女学生的运算技能和归纳、类比推理技能都没有显著差别,演绎推理技能除城乡重点中学外也没有显著差别。这在一定意义上支持了初中学生数学思维能力在总体上平衡的结论。胡中锋等(2001)对 1291 名高中学生数学能力进行性别差异分析,则发现男女生在数学能力方面存在着极其显著的差异,男生数学能力的平均数高于女生,但离散程度也高于女生,这验证了过去的许多研究;但男女生并非在数学能力的所有方面都存在差异,概括地说,在运算能力方面没有显著性差异,而在空间想象力、逻辑推理能力以及抽象、概括等能力方面存在显著差异。虽然有关数学能力的性别差异研究结果不一,但男女两性在数学领域的表现和最终成就的明显差异还是普遍存在的。1993 年,国际数学教育委员会(ICMI)专门召开"性别与数学教育"国际研讨会,就数学性别差异的证据、原因及对策等进行讨论,但结果似乎仍然扑朔迷离。不过,越来越多的研究者开始关注兴趣、信心、期望、个性等非智力因素对男女两性表现出的数学能力差异的作用。

5. 机械能力倾向

男女两性在工具或器械的操纵、制作、理解能力等方面的差异也是研究者关注的一个问题。英国心理学家调查了 200 多个幼儿园发现,从三四岁起男孩的活动多定向于物,喜欢建设性活动,常有拆散玩具或物品等以探究其内部结构的"破坏性"行为;女孩的活动多定向于人,一般只根据玩具的原有用途玩。有关研究发现,拆散结构再建的能力,从七岁起,男性就优于女性;辨别比较复杂的地区结构图的能力,从八岁起男性优于女性。在钉板等机械测验和射击瞄准、描绘坐标测验中男性成绩超过女性,在应付迷宫、复杂建筑图和电子线路图方面,男性优于女性。女性感知能力较敏锐,运动记忆水平较高,注意力分配较好,模仿力强,在有小肌肉参与的动作中,手指灵敏、手眼协调方面占优势。因此,女性更适合具体操作及动作准确性要求较高的工作,例如,缝纫、编织毛线、精密仪表零件装配等,发报动作女性比男性更快、更准确,但对发报机的结构则没有男性那样感兴趣。台湾翁淑缘的研究得到的结果则相反,他利用明尼苏达修订量表的纸形板测验对 3736 名男女中学生进行测量,发现机械能力女性优于男性并达到显著水平。心理学家认为,这是因为机械能力与文化和经验因素有关。

6. 领导能力

妇女从事领导工作的潜力及效率如何呢?她们能胜任一贯由男人统治的领导职位吗?意格丽和卡鲁(Eagly & Karu, 1991)的元分析表明:在最初无领导的团体中,男性比女性更易成为这个团体的领导。意格丽和约翰逊(Eagly & Johnson, 1990)对有关领导风格的性差研究进行了元分析,结果表明:在实验室的研究和对非领导者(如雇员或学生)的调查研究中发现女性有人际关系取向及民主的领导风格,而男性有任务取向及专制的领导风格,但在组织中进行的研究却未能表现出这种明显的差别。意格丽等(Eagly、Karau & Makhijani, 1995)对有关领导有效性方面的性差研究进行了元分析,结果表明:在组织或实验室进行的研究中,男性与女性领导者都表现出相同的领导能力和效率。不过在那些被认为是比较男性化的角色任务(如军事任务)中,男性领导者的效率更高,而女性领导者在某些情境(如教育组织、政府和社会服务组织)中占有优势,即领导角色与领导者性别相符时能增加领导有效性,这与人们的性别角色期待有关。

(二)人格方面的差异

1. 兴趣爱好

大约在出生后第二年,男女儿童开始出现对游戏活动和玩具的不同兴趣。四岁左右有了较明显的稳定的偏性选择,男孩爱好活动量大的身体运动类游戏和汽车、建筑材料等玩具;女孩则愿意参加坐着的游戏,扮演家庭成员角色,喜爱与这些游戏有关的玩具。男孩喜欢结构松散、自我发动、自我组织、探索性、没有专门规则、不规定角色的活动;女孩则喜欢有结构性的活动:如白雪公主游戏,每个人都有自己的角色,喜欢遵循故事的线索来进行。四至六岁儿童开始表现出性别定型行为,随着年龄增长,男孩的性别定型发展比女孩更迅速、完善和巩固,而女孩常表现出跨性别的兴趣,从事跨性别的活动,直到成年以后。

模仿学习表明,女性倾向于模仿他人的着装打扮,男性则倾向于模仿攻击性行为。在媒介的接触方面,男孩比女孩更喜欢接触参与性较强的媒介,如电子游戏机和计算机;更喜欢理性和进取精神较强的媒介内容(卜卫,1997)。男女两性还显示出不同的学科偏好。据我国对万名在校学生学习兴趣测验研究发现,学科爱好的两性差异从小学四年级开始出现,对语文、外语的爱好,女生人数一直超过男生;对数学、物理的爱好,男生超过女生。对学科产生兴趣的原因男女之间也有明显差异,男生较重视理性因素(课程重要、成绩好等),女生较重视情感因素

（老师教得好、对自己较关心等）。男女学生的职业理想也表现出显著的性别差异，男孩倾向于科学家、发明家、军人等具有较强创造性、冒险性的职业；女孩则倾向于比较温和的教师、节目主持人等职业（卜卫，1997）。

2. 自信和自我评价

男女之间在自信心方面有一些差异。一项以学龄前儿童为对象的研究（平均年龄为四岁半）发现，在各种活动中，女孩子与男孩子相比对自己的成绩期望较低（Kraerdow，1978）。费恩格德（Feingold，1994）对 68 个有关人格的性差研究所作的元分析，也表明从总体上看，男性比女性更自信，自尊也略高于女性。这一点值得关注，有资料表明，成功自我期望偏低的人往往害怕介入竞争性活动，从而失去锻炼的机会，感受不到成功的喜悦。因此，对女性来说，由于自信不如男性，往往使她们的事业和成就备受影响。但另一种解释认为，由于男性的自我评价过高，因而他们的自信往往是盲目的、不切实际的，因而造成自信方面的性别差异。时蓉华等（1985）的一项研究显示了男女学生自我评价高于他人评价这一倾向随年龄增长而发生的变化：小学五年级女生这一倾向还显著大于男生，但到了高中、大学阶段则相反，男生这一倾向显著大于女生（见图6-2）。这一逆转可能反映着男女学生在社会化过程中自我意识的倾向。

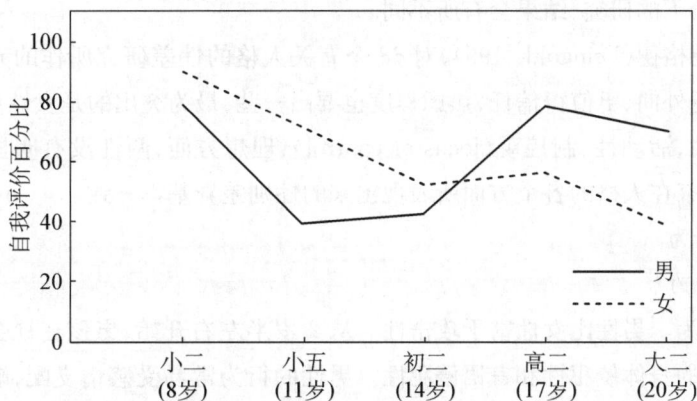

图6-2　自我评价高于他人对自己评价倾向的男女发展趋势

（采自时蓉华，1985）

也有研究者指出，特定任务，才是产生这种所谓的性别差异的主要原因。女性只是在面对男性化的任务（社会公认男性会完成得很出色的任务）才会根据运气来解释，如果换作是女性化的任务，二者在自信上就没什么差异。

3. 焦虑

大多数研究表明，女性比男性显得胆小、怯懦、多虑，而且她们自己也承认焦虑要比男性强烈些（Feingold，1994）。这可能是性别角色的刻板印象所造成的，因为人们习惯于把女性描绘成胆怯、多虑的，而把男性们描绘成英勇无畏的，从而使女性勇于承认自己的真实情感，而男性则羞于承认。但也有研究者认为，女性有比男性更高的焦虑倾向，其原因是社会文化的偏见导致了男女两性对自己今后成就的期望存在明显的差异。男性倾向于对自己做出过高的期望，而女性倾向于对自己今后的成就作过低的期望。这种自我期望的差异影响了个体的自尊心和自信心,导致了女性较高的"焦虑"情绪。另外,女性的高"焦虑"还源于"低期望的自我贬抑"的归因模式,即把成功归因于运气,把失败归因于缺乏能力(骆伯巍,1997)。

4. 成就动机

关于成就动机的性别差异也是一个研究热点。对成就动机的性差研究是由霍纳(Horner)的"女性避免成功"的观点所引发,霍纳(1968)提出:女性由于受性别角色的限制,形成了一种害怕成功的人格倾向。但霍夫曼(1974,1979)的研究发现:女性害怕成功的比率为65%,而男性害怕成功的比率为65%—67%。这一结果也为其他学者所证实(Dyer, Condry, 1975;Broorn, 1974)。莱克曼等(Luckerman & Wheeler, 1975)通过研究认为:在害怕成功的动机上不存在性别差异。麦克兰德认为测试条件会影响男女成就动机的差异。他的研究发现:在中性条件下,女性成就动机高于男性;在竞争条件下,男性成就动机高于女性,用相同测试方式进行的测验,男女成就动机一样。景怀斌(1995)对中国人成就动机的差异进行了研究,结果发现:在成就动机量表(JPAM)测验的总成绩上,中国男性与女性之间有显著的差异。中国男性的成就动机明显高于女性。中国男性较女性有更高的成就期望、成就竞争意识、成就自我评价、更大的成就自主性,而女性的成就动机较男性更易受环境激励因素的影响。可以看出,不同文化背景下的研究,结果会有所不同。

此外,在费恩格德(Feingold, 1994)对 68 个有关人格的性差研究所作的元分析结果还显示:女性比男性更外向,更值得信任,焦虑程度也要高一些,最为突出的是女性更富于幻想。在社会焦虑、冲动性、活动性、制控观(locus of control)、理想方面,两性没有明显差异。不同年代、教育水平、国家在人格的各个方面所表现出来的性别差异基本一致。

(三) 社会行为

1. 攻击性行为

许多学者认为。男性比女性富于攻击性。从 2 岁半左右开始,男孩在社会性游戏中就表现出比女孩更大的身体侵犯性和言语侵犯性。男性的行为常易受感情支配,缺乏自制力而具有冲动性。有一点可以肯定,大多数暴力犯罪都是男性所为,尽管女性犯罪在不断地增加,但女性比男性攻击性强的毕竟极为罕见(Freod, 1977)。意格丽和史蒂芬(Eagly & Steffen, 1986)元分析的结果表明:尽管这方面的各项研究结论不大一致,但从整体上看,男性比女性更具攻击性,尤其表现在男性的攻击行为多是给对方带来伤痛或身体上的伤害,而女性的攻击行为多是给对方造成心理上的伤害或人际关系上的损失。攻击行为方面的性别差异在很大程度上还表现为:女性多认为实施一次攻击行为不仅会给对方造成伤害,而且会给自己带来遗憾、焦虑甚至危险,而男性有这种体验的不多。此外,海德(1984)进行的元分析也得出类似的结论。对于引起攻击性性别差异的原因一直存在争议,有的认为是先天的、本能的,有的认为是后天的、习得的。很可能的原因是:攻击性方面的性别差异的生物学基础是十分有限的,而社会文化因素则使这些差异十分明显地扩大了。

2. 助人行为

关于助人行为的性别差异,意格丽和克罗利(Eagly & Crowley, 1989)对这方面的研究进行了元分析,结果表明:男性一般比女性更乐于助人,而女性得到他人的帮助要比男性多。意格丽试图用性别角色理论来解释这类现象,认为助人行为受社会性别角色的影响,男性帮助他人被看成有英雄气概,而女性帮助他人被看成有教养,因而男性在日常生活中表现出更多的助人行为。不过,意格丽(1987)也曾指出所谓男性比女性更乐于助人,也只是就帮助陌生人的应激情境而言。如需要直接施以援手,比如帮陌生人换轮胎或劝架,在这类情境中,女性帮助他人的可能性确实会小一些。但在其他情境中,比如非应激情境中(需要帮助的是熟人或亲友),会发现女性比男性更乐于助人。而且,女性更多地以间接的方式助人,比如报警或找人来帮忙。因此,在什么地点、以什么方式以及在什么环境下测量行为,都会影响到能否在这种行为中观察到性别差异。

3. 性心理和行为

关于性心理和行为的性别差异也有大量的研究报告。奥利弗和海德(Oliver & Hyde, 1993)对177个这类研究作了元分析,结果表明:两性在手淫的发生率上差异最为明显,男性手淫的发生率要高得多。此外,对性放纵的态度也表现出较大的性别差异,男性往往更多地持宽容态度。但是在对同性恋者的态度和性满足感方面不存在性别差异。其他方面的性别差异程度也不大。元分析的研究结果还发现,从20世纪60年代至今,男女在性心理和性行为方面的差异越来越小,这说明人们的性观念在不断改变。惠特利等(Whitley & Kite, 1995)的元分析发现与以上结论不一致的地方,即男性对同性恋者的态度更为消极,女性赞成同性恋者拥有公民权的程度要比男性高。元分析结果的不同主要是选取的研究和分析的策略不一致造成的。

此外,还有很多研究关注男女两性的学业、职业表现及成就上的差异,但结果更多是受到性别本身之外因素的错综影响,比如社会性别刻板印象造成的机会、期待、鼓励等多方面的不平等,也许才是最终表现差异的根本原因。综合诸多的研究结果,诚如麦考比和杰克林在其《性别差异心理学》(1974)中所申明的:和男女之间的心理差异性相比,男女两性的心理相似性更为显著。

二、男性化、女性化及双性化研究

在性别差异的研究中,人们越来越认识到,性别角色的获得和分化是一个社会化的过程。决定人与人彼此间差异的,更重要的在于其经过特定的社会化过程而形成的心理性别特征,而非其与生俱来的固有的生理性别。因此,研究者开始关注所谓的男性气质、女性气质,试图识别并测量出个体拥有这些特质的程度。这方面的研究又可以分为两种观点。

(一)作为连续变量的两性特征

这种观点认为男性化特征和女性化特征是一个连续体对立的两端(即单维双极结构):个体越趋近于其中一端,就越远离另一端。总的来说,这一时期的观点和研究都基于这样三个假设:①女性和男性在人格上有本质的差异;②性(女性、男性)和人格属性(女性特质、男性特质)的匹配对于心理健康十分重要;③男性特质—女性特质是一个单一的维度。

为了进一步明确个体男性化或女性化的程度,研究者们开始尝试构建能区分女性和男性心理属性的量表。推孟和迈尔斯(Terman & Miles)1936年发表了第一个男性气质—女性气质测验(简称M-F测验),之后一直到20世纪70年代前,相关测验基本上都建立在这种单维双极的性别结构假设基础上,态度兴趣分析测验(Attitude Interest Analysis Test,简称 AIAT)是其中比较有代表性的一个。该量表由 910 个项目组成,以 127 分的平均水平来区分性别。量表的项目都是由男性或女性比较显著的特征构成,比如不喜欢比自己聪明的女人、不喜欢跳舞、不喜欢猜谜、不喜欢孤独都是典型的男性项目;而不喜欢骑自行车、不喜欢给人建议、不喜欢秃顶的男人、不喜欢非常谨慎的人都是典型的女性项目。依照这种设计思路,大多数男性的测量分数会分布在男性化极端而大多数女性的测量分数会分布在女性化极端。此外,研究者还运用这类量表预测和解释同性恋及女性犯罪。他们认为性别和人格属性应该是匹配的,具有适当的性别特征有益于心理的健康与适应;同性恋和女性犯罪是"性情倒置"的结果,当女性身上有男性特质或男性身上有女性特质时,就会产生这类心理变态(Zucker,Bradley & Sanikhani,1997)。

以 AIAT 为代表的测量工具,为后来的许多研究提供了研究的模型。但它们只能进行简单的证实,不能对行为进行解释和预测,更忽视了那些处于连续体中间范围的分数。

(二) 作为独立维度的两性特征

传统上,男性气质和女性气质似乎是截然不同的,所以一个人不可能同时具有两性气质,而事实上,特别是现代社会中,我们大多数人都熟悉兼有男性气质和女性气质的人,具有强烈进取心的妇女就是好例子,这样的妇女通常在事业上非常成功,网球打得也很好,爱穿牛仔裤,同时也喜欢烹调、缝纫,也爱穿长裙,非常敏感,体贴他人。目前有关男女双性化的研究正是为了研究这类人(Heiden,1980)。

分析心理学家荣格在其人格结构中就曾提出人所共有的两个重要原型(每个人与生俱来的原始心理表象与观念):阿尼玛和阿尼姆斯。阿尼玛是男性心灵中的女性成分,阿尼姆斯是女性心灵中的男性成分,它们产生于男女在世代交往中对异性的态度和体验。两种性别意向分别在男女的人格中起着不同的作用,并在外显行为中表现出来。男子可以通过自身的女性成分来了解女性,女性也可以自身的男性成分来了解男性。荣格对男性和女性予以相同的评价,认为如果在童年的生活经历与教养方式上消除性别的刻板印象,将有助于人格的自由发展,形成较完美和谐的人格。

罗西(Rossi,1964)最早提出双性化概念,认为个体可以同时具有传统男性应该具有的和传统女性应该具有的人格特质。换句话来说,某些特质不再是和男女两性各自对应的术语,这里所谓的"男/女性特质"是沿用已有的约定俗成的概念,指的是传统刻板观念中两性的区别,即男性化主要指固执和控制性等人格属性,而女性化主要指人际关系和情感表达等人格属性。这些特征才是应该研究的。

1974 年,贝姆根据"双性化"概念,以社会赞许性为基础,制定出了贝姆性别角色量表(BSRI),这是第一个用来测量相互独立的性别角色的测验,也是性别角色研究中最常使用的测量工具。它由 60 个形容词或描述性短句组成,其中有 20 个词句一般被认为具有女性色彩(如:柔顺的、温文尔雅的),另 20 个词句一般被认为具有男性色彩(如:自我信赖、雄心勃勃),还有 20 个词句是中性的(如:乐于助人的、保守的),即不是性别定型的掩饰题(见表 6 - 2)。结果男性分量表与女性分量表得分的相关很低,支持了男性特质与女性特质是两个不同维度而非一个维度的两极的假设。根据在 BSRI 男女特征分量表上的得分情况,个体可以被区分为四种类型:第一种是性别典型化(sex-typed)个体,只具有与性别一致的人格属性(只具有女性特质的女性或只具有男性特质的男性);第二种是跨性别角色型(cross-sex-typed)个体,只具有异性的人格属性(具有女性特质的男性或具有男性特质的女性);第三种是双性化(androgny)个体,同时具有男性和女性特征;第四种是未分化(undifferentiated)个体,不具备任何一种性别的特征。

表6-2 你具有男女双性化气质吗

下列条目是贝姆性别角色记录。首先在1—7(自己不正确、几乎不正确、几乎正确、总是正确)的尺度上,逐条对照自我评定。看看你的得分是否符合男女双性的标准。

1. 自我信赖	21. 可信赖的	41. 温和的
2. 柔顺	22. 善于分析的	42. 庄严的
3. 乐于助人	23. 表示同情的	43. 愿意表明立场的
4. 维护自己的信念	24. 嫉妒的	44. 温柔
5. 快活的	25. 具有领导能力的	45. 友好的
6. 忧郁的	26. 对他人的需求敏感	46. 具有侵犯性的
7. 独立的	27. 诚实的	47. 轻信的
8. 害羞的	28. 乐于冒险	48. 无能的
9. 诚心诚意	29. 有理解力的	49. 像个领导的

下列条目是贝姆性别角色记录。首先在1—7(自己不正确、几乎不正确、几乎正确、总是正确)的尺度上,逐条对照自我评定。看看你的得分是否符合男女双性的标准。

10. 活跃的	30. 守口如瓶	50. 幼稚的
11. 情意绵绵	31. 容易作出决策的	51. 适应性强的
12. 夸耀的	32. 有同情心的	52. 个人主义的
13. 武断的	33. 笃实的	53. 不讲粗俗话的
14. 值得一捧的	34. 自足的	54. 冷漠无情
15. 幸福的	35. 乐于安慰受伤的感情	55. 具有竞争心的
16. 坚强的个性	36. 自高自大	56. 热爱孩子的
17. 忠诚的	37. 有支配力的	57. 老练得体的
18. 不可捉摸	38. 谈吐柔和的	58. 雄心勃勃
19. 强劲有力	39. 值得喜欢的	59. 温文尔雅
20. 女性的	40. 男性的	60. 保守

记分方法:

(a) 将你在第1,4,7,10,13,16,19,22,25,28,31,34,37,40,43,46,49,52,55和58条目的得分加起来,再除以20,这就是你的男性气质得分。

(b) 将你在第2,5,8,11,14,17,20,23,26,29,32,35,38,41,44,47,50,53,56和59条目的得分加起来,再除以20,这就是你的女性气质得分。

(c) 如果你的男性气质得分高于4.9分(男性气质的估计平均值),女性气质得分也高于4.9分(女性气质的估计平均值),那么在贝姆量表中,你就被列入具有男女双性化气质的人了。

(采自范志强,1987)

第六章 性别角色差异心理

斯宾塞也曾以社会刻板印象为基础制定了类似的量表,但她未能重复贝姆用于验证性别图式理论的研究。她提出性别角色是多维的,在特定的研究中哪个维度适用决定于情境因素。

北京大学钱铭怡、张光健、罗珊红、张莘(2001)研究综合贝姆和斯宾塞的方法,以社会刻板印象和社会赞许性为基础编制了中国大学生性别角色量表,同时使用正性和负性量表,测量了380名大学生,结果显示该量表有较好的信度和效度,运用此量表将大学生分为男性化、女性化、双性化、未分化四种性别角色类型,在男性中分别占24.7%、15.4%、31.5%和28.4%,在女性中分别占22.5%、28.0%、25.0%和24.5%。

双性化理论的支持者反对性别应该与人格属性相匹配的说法,他们认为所谓良好的适应性就是具有一定的可塑性:需要男性化行为时就表现出男性行为,需要女性化行为时就表现出女性行为。所以,同时具有男性和女性特征的双性化个体,才具有最强的适应能力;双性化是一种健康的性别心理模式,它也将成为一种性别角色发展的新趋势(Spence, 1981)。不过,有关性别与心理健康、心理适应性的关系研究目前尚无定论,除了认为双性化的人可以很好地灵活应付各种情境的观点之外,至少还存在另两种不同观点:一种观点认为男性化的男人和女性化的女人会获得社会认同,因此,这些人过得最快乐、最满足;第二种观点认为男性化特征才是心理健康的关键,在许多时候,社会比较推崇男性化特质(Amponsah & Krekling, 1997)。的确,如贝姆(1985)所指出的:在性别典型化备受推崇的社会情境中,我们没有理由期望双性气质者在心理健康的测量中高于性别典型化者。

三、性别角色态度研究

无论喜欢与否,世界范围内,现代男性和女性的生活都和过去大不相同,公众的性别角色观念也发生并将持续进行着巨大改变。向平等迈进,还是传统价值观崩溃?抑或只是换汤不换药、根深蒂固之传统乔装打扮后的平等假象?研究者对此展开了探讨,性别角色态度研究是其中的代表。

20世纪70年代初,加奈·斯宾塞和罗伯特·海尔姆里希(Janet Spence & Robert Helmreich)研制了一种标准化纸笔测验——对女性的态度量表(Attitudes toward Women Scale,简称AWS),测量人们对女性在社会中的权利和角色的态度,如他们对以下陈述的同意程度:

● 如果女性使用诅咒和淫秽的言辞会比男性这样做更令人讨厌。

● 一个社会的智慧领导权应该大部分在男性手中。

● 女性应该少些担心她们自己的权利,而应该更多关心自己如何成为一名好妻子好母亲。

这个工具被广泛用于评估性别角色态度,自其诞生以来,已经用于70多个美国大学生样本的测试。温茨(Twenge, 1997)的一个对比分析发现,有一种向平等态度发展的趋势(如图6-3)。跨文化研究指出,在农村和非工业社会中,性别角色的传统态度最为强烈;世界范围内,男性比女性有更强烈的传统性别态度(Williams & Best, 1990)。

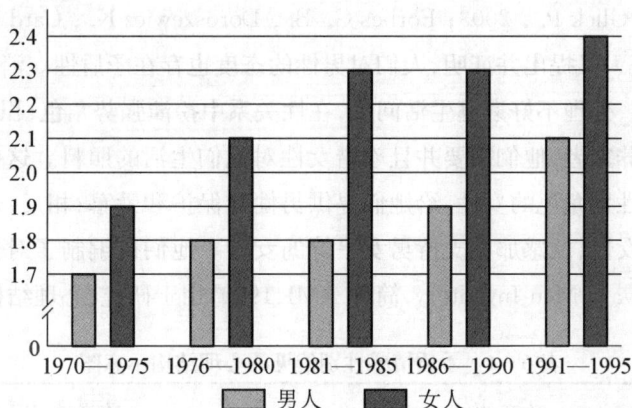

图 6 - 3

注:平均得分在 0(完全不同意)到 3(完全同意)之间。高分代表持更平等主
义的态度。在每个时期,男性和女性的得分差异都达到统计学上的显著水平。
资料来源:数据来自 Twenge(1997, p. 42)。

一般认为,性别偏见或性别歧视(sexism)是一种对女性的敌对态度,但是,格利克和菲斯克(Peer Glick & Susan Fiske)在 2001 年通过研究发现,人们对性别的信念通常包含积极和消极两部分。在刻板印象中,女性比男性缺少力量、能力相对低;但也更温柔和善、懂得照顾他人。格利克和菲斯克区分出了两种对女性的态度:一种叫敌意性别偏见(hostile sexism),认为女性应该服从男性,应该"明白自己的地位",否则就威胁到了男性的权力和威信,会遭到敌意;另一种是善意性别偏见(benevolent sexism),强调女性是美好和纯洁的,因此男人应该保护和尊重女性。

格利克和菲斯克将积极性别态度和消极性别态度的混合称为"矛盾性别偏见"(ambivalent sexism)。相应地,他们编制了矛盾性别偏见量表(Ambivalent Sexism Inventory,简称 ASI,1996)来对敌意和善意性别偏见进行测量(项目示例见表 6 - 3,心理结构见表 6 - 4)。

表 6 - 3 矛盾性别偏见量表项目示例

敌对性别偏见
1. 女性很容易被冒犯。
2. 大多数女性都不会感激男性为他们所做的一切。
3. 许多女性总是戏弄男性,她们卖弄风情,但是又拒绝男性进一步的要求。
善意性别偏见
1. 发生灾难时,应该先营救女性,而后再救男性。
2. 与男性相比,女性有更强烈的道德敏感性。
3. 每个男人都应该有一个他爱慕的女人。

格利克等认为,积极的善意性别偏见和消极的敌意性别偏见可能分别指向不同类型的女性。善意性别偏见可能倾向于对符合传统性别角色的女性(如家庭主妇)给予积极和理想化的评价,而敌意性别偏见倾向于对违背传统性别角色的女性(如职业女性、女权主义者等)给予消极评价。因此,女性接受或拒绝传统性别角色就成为影响男权主义者不同态度和行为反应的决定因素。其后很多实证研究都从不同角度证明了他们的推断(Pawlowski & Koziel, 2002;

Sakalli-Ugurlu N. , Glick P. , 2003; Forbes G. B. , Doroszewicz K. , Card K. , et al. , 2004)。

近来,格利克等人又提出并证明,人们对男性的态度也存在矛盾性。消极态度将男性视为傲慢自大、滥用职权,处理不好家庭生活问题,在性关系中扮演强势角色;积极态度则认为男性是女性的保护者和养家者,他们需要并且珍惜女性对他们生活的照料。这些矛盾的态度同样奖励那些遵循传统性别角色的女性,给她们提供男性的保护和爱慕;相反,却指责那些试图打破传统性别角色的女性,反感那些支持男女平等的女性。他们也编制了对男性的矛盾情感量表(Ambivalence toward Men Inventory,简称 AMI,1999)用于研究(心理结构见表 6-4)。

表 6-4　矛盾情感性别偏见的心理结构示意图

	敌意的(Hostile)	善意的(Benevolent)
对女性的矛盾性别偏见	a. 父权支配(Dominative Paternalism) b. 性别能力差异(Competitive Gender Differentiation) c. 性爱敌对(Heterosexual Hostiliy)	a. 父权保护(Protective Paternalism) b. 性别差异互补(Complementary Gender Differentiation) c. 异性亲密(Heterosexual Intimacy)
对男性的矛盾情感	a. 对家长制作风的怨恨(Resentment of Paternalism) b. 性别差异互补(Compensatory Gender Difference) c. 异性敌意(Heterosexual Hostility)	a. 宠爱(Maternalism) b. 性别差异互补(Compensatory Gender Difference) c. 异性亲密(Heterosexual Intimacy)

(采自陈志霞,陈剑峰,2007)

性别偏见对人类的思想和行为产生着重要影响,即便表面看来对女性的关爱和尊重,实际上可能对女性构成潜在的机会剥夺和发展阻隔,也会抑制女性的事业心和创造性。矛盾性别偏见的提出,是对传统性别偏见理论的一个重要补充和完善,它对于我们进一步认识不同类型的性别偏见及其特征,进而防止和减少各种不同形态的性别偏见与性别歧视,促进性别平等与尊重性别差异,具有重要意义。

第三节　性别角色的获得与分化

性别角色获得与分化的过程是一个社会化的过程,是以人的自然性别或生理性别为前提的,是在后天的生活环境中逐渐形成的,故也称为性别角色的社会化。

一般而言,性别心理差异是生理基础和社会环境相互作用的结果。性别差异的生理基础主要包括染色体、性激素和大脑。社会环境因素主要指社会文化、家庭、学校、大众传播媒介等,其中社会环境因素是性别差异的决定性原因。当代性别差异研究表明,遗传上的性别差异很小,主要是社会化过程拉大了两性差异。

一、性别角色获得的生物学因素

传统上,人们认为男女心理上的差异是生理差异的直接后果,虽然很多研究结果已经否定这种简单绝对的观点,但男、女作为两种不同的性别,的确存在一些基本的生理差异,研究者认为,最可能影响性别角色心理差异的生理因素主要集中在三个方面:遗传基因、性激素和大脑。

(一)遗传基因

从遗传学的角度来看,男性与女性遗传物质的不同首先表现为染色体的不同。在正常人体细胞中,共有23对46条染色体,其中22对为男女两性共有,称为常染色体。第23对染色体则是性染色体,与性别密切相关。在这对染色体中,女性有两条标号均为X的染色体,而男性则有一条X染色体和一条Y染色体。

研究表明,第23对染色体不仅决定胚胎的外部器官是沿着男性还是女性的身体特征发育,还影响隐性遗传的发生概率。由于男子性染色体中仅有一条X染色体,若其上有致病基因,就没有相应的正常基因可以掩盖,因此比女性更容易发生色盲、血友病等隐性遗传疾病。

(二)性激素

人体性激素可以分为雄性激素和雌性激素。前者主要是由男子睾丸所分泌的睾丸酮;后者主要是女性由卵巢分泌的雌激素和孕激素。不过,实际上两种性激素是同时存在于男女体内的,只是含量不同而已。比如,在女子体内也有睾丸酮,但是由肾上腺分泌的,且它在女性血液中的含量仅及男性血液中的六分之一。

不同水平的性激素会在个体发展的两个阶段对行为产生影响。第一个阶段是出生前阶段(即怀孕到出生这一阶段),内分泌专家把这个阶段激素发生的作用称为"组织效应",因为它不论对神经系统还是生殖系统,以及某些结构的组织,都会产生相对持久的影响。弗利克斯(1959)的研究证实了这一点。他发现,怀孕的雌鼠被注射了睾丸酮之后,生出来的雌性后代在成年后无法表现出雌性性行为。一般认为这种现象的发生是因为睾丸酮以雄性方式"编组",从而使这些雌性后代出生时也带有雄性器官。此外,还发现早期接触睾丸酮,增加了雄鼠的咬杀行为(Edwartz, 1969);雌性罗猴也会显得更加粗野好斗。

激素发生作用的第二个阶段是成年期(青春期及以后)。这个阶段激素的作用被称为"激活效应",因为它们激活或是抑制着某些特定的行为。如上述在胎内接受过睾丸酮影响的雌性鼠后代会在这个阶段表现出雄性行为。

在人类的某些特殊情况下,比如孕妇偶然服用含有激素类的药物时,也会发生类似现象(Money, 1972)。

(三)大脑

现代科学研究表明,男女之间在大脑的组织上确实有些不同,主要表现为两个方面,即下丘脑和大脑两半球的组织。

1. 下丘脑

下丘脑上的性别差异可能是胎儿发育过程中脑组织分化的结果,与生殖器官的情况极为类似。性激素控制性腺组织分化为卵巢或睾丸,导致正常的发育。尔后性腺分泌适当的性激素,进一步引起生殖系统的分化。胎儿性腺分泌的激素也引起了下丘脑产生相应的性别分化(Heiden, 1980)。下丘脑控制着垂体激素的分泌,这表明已经过分化的女性的下丘脑控制着垂体周期性地释放激素,产生月经周期,而男子的下丘脑则控制着相对稳定的垂体激素的分泌(非周期方式)。此外,男性化或女性化的下丘脑对性行为和侵犯行为可能都有着多样的影响(Heiden, 1980)。

2. 大脑单侧化

大脑单侧化是心理学研究中的一个活跃的、令人兴奋的领域。单侧化是指在某种程度上由一侧半球而不是双侧半球所控制的特殊功能,比如语言过程。因此,如果一个人的语言过程完全由左半球所控制的话,我们说这个人是高度单侧化的或完全单侧化的。如果另一个人用双侧半球处理语言材料的话,那么我们说这个人的语言功能是双侧化的。

一般认为,人的大脑两半球担负的功能有所不同。比如一般右利手的人,大脑左半球擅长于语言思维,而右半球擅长空间识别。但两性之间在这些功能的大脑单侧化上又有所不同。巴菲勒和格雷(1986)假设:对女孩子的语言功能来说,大脑的左半球很早就开始占主导地位,这就导致她们在空间信息方面缺乏双侧化处理功能。而他们深信,空间信息的双侧半球处理能够更好地识别空间方位,所以,女孩子的空间判断能力之所以较差,可以归结为女性在空间处理上双侧性程度较低的缘故。而利维(1986)提出假设:在语言功能上,女性大多数为双侧性,这点同惯用左手的男人相似。他进一步假定:高度单侧化能获得最好的语言运用和空间识别能力,因此,女性语言功能的双侧性会殃及其空间识别功能,以致女性和惯用左手的男性一样,空间识别能力都较差。不难看出,对于大脑单侧化还是双侧化更有利于空间能力的发展,这两种假说是相互对立的。

比较有说服力的是谢尔曼(1986)提出的迂回观察假说。这一假说认为,由于女性语言能力成熟较早,故她们比男子更多地依赖于语言运用和大脑左半球的应用。女性在空间功能上运用大脑左半球的机会多于男子。另外,由于早期经验不同,当女孩子遇到空间问题的时候,她们的处理方式就会不同于男孩子。因此,在成熟速度上的微小生物学差异又会为日后的经验所扩大。不过,验证这一假说还需要更多的资料。

目前仍很难确定生理因素究竟在多大程度上影响着个体出生后的性别心理差异。就所知的情况来看,它只在极少方面起着作用或者起着间接的作用。最主要的是,男女的生理特点是性别标定的依据,在一般情况下,这种性别标定与染色体、性激素、形态的差异是一致的,因此,生物学差异成为性别差异的一个信号(Lewontin, 1982)。

赫斯(W. R. Hess)等人(1986)综合了一些学者所进行的关于性别差异的研究,对性别差异的生物学原因所作的分析作了如下归纳:性别之间的相似性远比两者之间的差异更重要也更普遍;性别差异的生物学理论和研究并未受父权制假设的影响;有关性别差异研究的数据不能令人信服或缺乏一致性,例如,把男子在体型上和侵犯性行为上的差异归结为性激素的原因,无法通过跨文化检验;人类的大脑是一块复杂的仪器,即使在同样的社会里,人与人之间的大脑也是千差万别的,何况了解人的大脑在性别上的差异,无助于预测他们在能力和精神上的差别;不可能单独测定基因和性激素的影响,因为它们只是为人类个体在社会环境中的成长提供了一种潜在的可能性。例如,在竞争中获得胜利的老鼠,雄性激素比实验前提高了,而战败的老鼠雄性激素则不断下降,可见,性激素的多少对胜利的影响尚未得到实验的证实

(Gneene, 1984；Fawcto-Stertmy, 1986)。

二、性别角色分化的社会文化因素

20世纪六七十年代,精神分析学家斯托勒(R. J. Stoller)和性学家莫尼(J. Money),在对"性认知障碍"的形成原因进行实证性研究中,正式引入"性别"(gender)一语,以强调社会文化因素对性别自认(心理上认定自己是男/女)的作用。斯托勒对"性认知障碍"患者的研究表明:一个男儿或女儿身的孩子,出生后即被进行与其生理性别相反的性别养育,久而久之形成的性别自认是很难改变的。莫尼在对阴阳人(俗称"半男女"或"两性人",系生殖器发育不完全引起)和由于事故而失去生殖器的患者进行治疗和研究中,也发现并进一步证实:性别自认并不取决于人所拥有的生殖器官的属性,而更多地取决于社会文化因素的影响。此外,一些生物学家和生理学家们还发现,并不像我们以前所认为的那样,每一个人都可以根据生物属性被精确地划分为男性或女性,人类社会中常有介于男女两者之间的半男半女和随着时间推移而变化的性别。近年来,我国日渐向社会公开的易性癖、同性恋、双性恋者就是最显而易见的实例。"性认知障碍"的研究成果,从根本上推翻了长期以来占主流地位的性差生物决定论的假说,为性别是社会文化建构的观点提供了坚实的科学依据。

性别角色的分化是一个社会化的过程。两性生理差异所导致的个体间行为的差异是相对有限的,但个体所生存的社会文化环境却使男性与女性沿着各自的被赋予或规定的轨道越走越远。社会文化不仅直接地对社会性别和性行为加以构建和制约;而且通过社会性别加强、复制和合法化那些建立在生物学基础上的差别。

(一)文化背景

前面我们已经谈到了性别角色的文化制约性。现在,我们进一步谈谈文化作为性别角色分化的背景是如何发挥作用的。人类学家依照人们取食与满足需求的方式,将文化划分为五种类型,这五种类型的文化对男女的性别角色地位产生着不同的影响(见图6-4)。

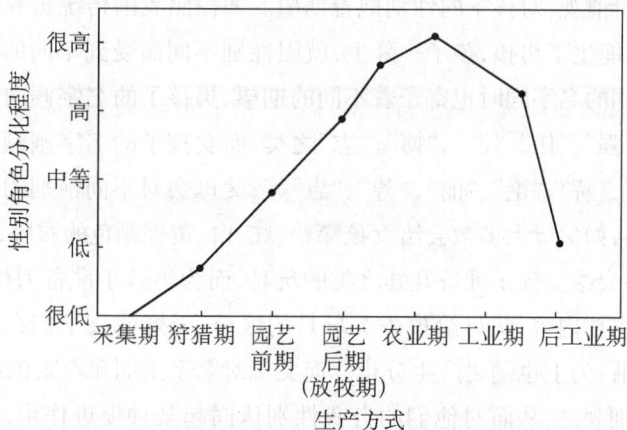

图6-4 不同生产方式下性别角色分化程度

(采自 Hess, et al. 1988)

1. 狩猎与采集的文化

男女在这种文化形态中共同获取食物。男的以狩猎为主,但成功的机会不多,因此部落的生计主要依靠妇女采集食物。由于劳动分工在性质上说是基本上平等的,故男女角色地位差别不大。

2. 园艺文化

这种文化中维持生计的手段是种植与饲养家禽家畜。由于科技落后,他们不懂得土壤保持与牧草种植,经常需要寻觅新的牧场。男性成员流动性大,女性成员固守家园并控制家庭生活资料,故女性地位较高。

3. 农业文化

农业文化的一个主要特征是运用机械器具从事耕耘,耕耘的土地也需要防备他人侵占。在这种社会中,男人的气力具有很高的价值,因此,男性的地位远高于女性的地位。女性的主要价值是生儿育女。

4. 游牧文化

在这种文化中,最有价值的是身强力壮、能够驯服牲畜的男人,女性角色地位很低。游牧文化倾向于塑造好斗、攻击性强的个性。

5. 工业化社会文化

工业化社会中实行的是商业经济。由于生产方式的机械化、自动化,体力不如男人的女性也可以进入生产的行列。因此,比起其他四种文化来,工业化社会更具备男女平等的社会文化基础。

不同文化从宏观上提供性别角色社会化的原则,构成男女性别角色形成和发展的重要背景。

(二)家庭

父母不仅是儿童的养育者,也是其心理行为的早期塑造者。孩子还未出生,父母就按照社会流行的性别角色价值观,对孩子的性别抱着期望。如按照我国传统男尊女卑的性别角色价值观,父母总是希望能生下男孩,孩子一降生,就因性别不同而受到不同的待遇。父母会给不同性别的孩子起不同的名字同时也寄予着不同的期望,男孩子的名字倾向于表现阳刚之气和高远志向,如"刚"、"强"、"伟"、"浩"、"博"、"志"之类,而女孩子的名字则倾向于表现阴柔之美及平和内敛,如"静"、"娇"、"艳"、"丽"、"芳"、"惠"等;父母会对不同性别的孩子进行不同的打扮,准备不同的玩具,如父母大多数会给女孩穿粉、红、白、黄等颜色的衣服,而给男孩子穿蓝色和黄色的为多;大多会给女孩子准备娃娃之类的玩具,而为男孩子准备刀枪汽车之类的玩具。游戏是儿童活动的主要内容,父母给孩子买玩具的区分,无疑使孩子们在活动内容上产生分化,从而使其在性别行为上也随之产生分化。而父母对名字用词和衣服色彩的选择,同样也会强化孩子的自我性别观念,从而对他们的自我性别认同起某种促进作用,使他们更有意识地巩固和发展性别角色行为。赞姆拉(1987)研究了意大利和荷兰两个国家儿童玩具的性别差异,实验提出了典型的"男性玩具"和典型的"女性玩具",以及"中性玩具"三种玩具,要儿童和他们的父母评价"哪些玩具是男孩子的玩具,哪些玩具是女孩子的玩具",结果,儿童与他们的父母有高度的一致性,说明他们的性别角色传统意识十分浓厚。

父母对孩子的要求也因其性别不同而有所不同。他们常鼓励男孩子顽皮、勇敢,多从事体力活动,学习父亲的角色;鼓励女孩子斯文,学做饭,学带弟妹等,学习母亲的角色。拉特纳(胡寄南译,1982)介绍了国外的一项实验,探讨了家长给予不同性别的婴儿以不同独立性的程度。结果显示:男孩子的母亲允许他爬得更远,而女孩子的母亲则当她爬出一小段距离就将她叫了回来;在爬行的时候,母亲一般不给男孩指令,让其自由行动,而对女孩则不断发出指令。这说明,即便在婴儿阶段,男孩也较女孩拥有更大的独立性。这些情形与父母头脑中的性别刻板印象有关。

吉登斯(1989)发现,母子互动也因孩子性别而异。在一个实验中,他们给同一个6个月大的婴儿穿上不同性别的衣服,叫不同性别的名字,然后观察在其他条件相同的情境下,一些年轻母亲面对婴儿时的表现。结果显示,和叫贝丝(女孩名)的婴儿在一起的五位年轻母亲会朝着她微笑,拿出布娃娃给她玩,觉得她很"甜";而面对叫亚当(男孩名)的婴儿的另五位年轻母亲则倾向于训练他,或给他"男性玩具"让他玩。另外一些研究表明,一些亲朋好友用来赞美孩子的词语也受传统观念的影响。人们喜欢用"健康的"、"英俊的"、"要强的"形容男孩子,而用"文静的"、"迷人的"、"甜甜的"来形容女孩子(Harson,1980)。

还有一些研究直接评价了社会化行为与成就和课程选择的因果关系,诸如家长的鼓励、家长的观念、家长的期望等因素与孩子是否打算继续学习数学有关。然而,这个因果关系的方向很难确定。

(三)学校

学校是个体社会化的第二个重要设施,是家庭与广阔社会的中间环节。孩子们的性别角色知识在这里得到扩展和加深。学校对孩子的性别角色发展的影响主要通过两种媒介:教科书和教师。

1. 教科书

学校教科书一般都存在着宣传性别刻板印象的倾向。1982年,美国社会心理学家F·丹玛克分析了5个国家(法国、西班牙、瑞典、苏联、罗马尼亚)的初级课本,把相当于美国小学一年级水平的其他国家课本中所有的故事都译成英语,然后找出其中的男女主角与配角。他发现:虽然各国的国情不同,但有两个共同点:即所有国家都是根据各自传统,使男女不同角色发挥不同的作用;书中男性角色多于女性角色(瑞典教材除外)。

我国学者史静寰主持的"对我国幼儿园,中、小学及成人扫盲教材的性别分析研究"课题结果也显示了教材中明显存在的性别刻板印象(史静寰,2002)。在对幼儿读物的分析中,她们发现:从人物出现的数量上来看,男女比例明显失调。但是幼儿读物中女性出现比例明显高于男性(女75%,男25%)。这与幼儿读物人物更多出现在家庭领域有关。母亲(女性)为主,父亲(男性)在幼儿家庭生活中的缺失从一个侧面反映了"男主外、女主内"的传统性别观念。在幼儿读物中,男性出现数量高于女性的活动有两大类:一是智力水平要求比较高的,如"长知识"、"学计算"等(男60%,女40%),另一类是生活习惯中犯错误的孩子(男63%,女37%)。这种状况与传统的相信男孩子聪明,适合于学习数学、理工等方面的知识,以及男孩子调皮,因而对其犯错误比较宽容的社会性别刻板认识相吻合。在职业分工和角色定型上,幼儿读物中表现出来的性别刻板印象也十分明显:插图中100％的科学家、100％的工农兵是男性,100％的教师、75％的服务员是女性。在儿童形象的刻画上,现行幼儿读物在表现男女孩所从事的活动上存在着典型的性别偏见:从事动手动脑、富于想象与刺激活动的主要是男性,占74％;从事安静、背诵、表演类活动的主要是女性,占70％。

根据对人民教育出版社版(1994—1996)的六年制小学语文教材(共12本)的数据统计:女性形象出现率仅为20.4％,而且年级越高,课本中女性出现的比例越低。这与主要在家庭领域中活动的幼儿所用的读物中女多男少的情况形成反差。小学社会课教材中虽然女性数量与男性平衡,但有独立身份的具名者女两性差距明显,男95％,女5％,即使在社会课教材中女性虽大量出现,却基本是以配角、芸芸众生的模糊形象出现。她们的数量多,不但未改变、反而强化了女性社会地位低下的现实印象。小学语文教材中出现的男性多为社会型、事业型、管理型、悠闲型,而女性出现的场景主要在家庭。以女性为人物而描绘的课文共涉及49位女性,其中32位出现在家庭领域中。即使是在历史上有重大影响的女政治家、女领导人也被赋予家庭化角色特质。

成人扫盲教材中有一些是在教人识字的同时提倡移风易俗、打破传统观念的束缚。然而在教材树立的道德观念中,女性仍然被限定为传统角色,成了丈夫的附庸。教材用了大量篇幅教导女性做"贤妻良母"、成为"好媳妇",却忽视了妇女作为农村主要劳动力发挥出的巨大作用。

2. 教师

在托儿所和幼儿园中,教师和行政人员几乎清一色都是女性。在美国的小学中,80％以上的教师是女性,但行政管理人员中女性不到20％。一些研究者认为,学校教育的女性化可能会对孩子们产生消极的影响,如缺乏男性榜样,男孩因为不能与女性教师认同而诱发心理焦虑,产生攻击性行为,与学校不配合等。而绝大多数女性教员被少量男性行政人员领导的情形,可能会强化女不如男的性别刻板印象,而降低女孩的成就动机。不过,这些结论都还存在着争论。

另外,很多研究显示,教师对不同性别的学生的期待以及与他们的互动方式都有所不同。如李和克罗珀(Lee & Cropper, 1974)的研究显示:教师心目中的"乖学生"往往具有守秩序、服从、依赖等特质,而这些特质正为女生所有。但乖学生却不太受老师注意,反而是男生因更多表现不守规范而受到师长特别的关注。赛德克夫妇(Myra & David Miller Sadker, 1989)的研究发现,当男女生同时有违反常规行为时,教师规范男生的次数是女生的三倍。从幼儿园起男孩就受到教师的注意,教师对男女生的行为进行不同的反馈,常常表扬女生的顺从、听话,而男孩的淘气和攻击行为却常常被老师所宽容。两人(1989)还发现教师询问男生的问题往往是复杂、抽象和开放式的,给男生的作业通常较有难度,对男生的褒奖更多针对作业的内容及品质,对女生则不然。还有研究显示,教师提问男生的时候更加有耐心,等待男生回答问题的时间比等待女生的时间长。随着年级的升高,男生在课堂上的参与度也相应提高。男生会抢答教师的问题而较少受到教师和同学的责备,而当女生抢答问题时,教师通常批评她们要注意适当的行为习惯,因此女生通常安静地举手等待教师点名才回答问题。研究小组报告说,男生抢答问题的次数是女生的 8 倍(Bennett & Lecompte, 1990)。

在史静寰等人的研究中,研究者设计了一个实验来了解初中理科教师存在的性别刻板印象。首先给出了两个学生共有的几条学习特征,例如,爱问问题、下课后经常自己花大量时间钻研书上的推导和证明,爱看课外书、放学后经常不立即回家等等。研究者并未直接说明两个学生的性别,但是学生的名字暗示了学生的性别。研究结果发现,仅仅根据所给名字中潜在的、或者说人为附会的男女不同的性别信息,理科教师们对两个学生的学习成绩、学习方法、学习能力、智力水平、业余爱好、知识面水平和发展潜力方面就作出了明显不同的判断和归因。教师普遍认为拥有男性特征姓名的学生(如王健)是个成绩优良、学习方法正确、能力强、聪明好学、知识面广并且具有很强发展潜力的孩子;而教师却倾向于认为拥有女性特征姓名的学生(如王蕾)学习方法不佳、能力不强、不聪明,爱看课外书耽误了学习。只是在学习用功程度上,大多数教师会认为“王蕾”比“王健”用功(史静寰,2002)。在此研究中,他们还发现,教师与男生的互动是集中、亲切、自然的,属于“自然焦点型互动”;而与女生的互动表面上都很礼貌、亲切,但双方在内心中却都有些小心翼翼,都在礼貌地相互规避,属于“礼貌规避型”互动(史静寰,2003)。

3. 学生

由于家庭、学校等性别角色刻板印象的影响,所以学生也形成了根深蒂固的性别刻板印象。美国威廉斯和贝斯特(Willian & Best, 1990)对 14 种文化背景下的大学生提出了这样一些问题:“女性应该做家务吗?”“她应该更关心她丈夫事业上的成功吗?”结果,所有被试中的男生都作了肯定回答。一些国家如尼日利亚和巴基斯坦的传统意识更浓,相比之下,另一些国家如荷兰和德国学生的传统意识较淡薄些。

1996 年,《中国少年报》对中小学生读者的调查显示,男孩偏向于肯定自己的勇敢、进取和创造性活动等品质,而女孩则偏向于肯定自己的关怀、努力和遵守规则等品质。在缺点评价方面,女孩多批评自己胆小、不喜欢创造性活动,男孩则多批评自己纪律不好,两者存在显著差异,与社会中传统的性别定型非常吻合(卜卫,1997)。

王道阳等(2005)的研究也发现,男、女大学生的性别角色观同样具有传统性,带有刻板印象的色彩,如他们都把男性描绘为勇敢、坚强,把女性描绘为温柔、善良,而且,男女生选择的男性角色前十个正价特质完全相同,选择女性角色的十个正价特质中有八个特质相同;男女生选择女性角色的前六个负价特质中有五个相同,选择男性角色的前六个负价特质中也有五个相同,表明两者判断的一致性。不过,该研究也显示了两性之间一些微妙的差别。如女大学生比男大学生更认为“负责”是男性角色正价特质,而男大学生比女大学生更认为“温柔”是女性角色正价特质。表明男女大学生双方都在强化对方性别角色的传统性,而淡化自身性别角色观中的传统成分。男女大学生用性别平等的观点看待自身,而用传统性别角色观要求对方。又如关于女性正价特质的评价中,男生选择文静、漂亮,女生则选择坚强、自信,表明女大学生性别角色观表现出传统性同时,也隐含追求男女平等的现代性倾向。

中国政府在 2001 年由国务院正式通过的《中国妇女发展纲要(2001—2010 年)》中明确指

出，"将妇女教育的主要目标纳入国家的教育规划"，"在课程、教育内容和教学方法改革中，把社会性别意识纳入教师培训课程"。在同时通过的《中国儿童发展纲要（2001—2010 年）》中规定："将性别平等意识纳入教育内容。"这些都显示了政府对教育在推进男女平等中的重要作用。当然，男女平等不是一律抹杀两性差异而追求无差别，这一方面是不可能的，另一方面会造成另一种意义上的不平等，是将男女平等简单化、庸俗化、形式化的体现。美国学者克莱恩（Klein, 1985）曾在其主编的《经由教育达成两性平等手册》中提出两性平等教育的宗旨，其中的思想对我们仍有启示作用：①激发个人潜能，开创未来，并避免受限于当今社会传统性别角色刻板化印象；②了解人群的基本权益，相互尊重，以减低并削除性别间的偏见、歧视与冲突；③经济、文化、社会与教育等资源需合理而公平的分享，才可形成两性和谐的社会；④两性平等应建立在伦理道德与人性尊严的发扬上。

（四）大众传媒

报道新闻、引导舆论、传播知识、提供娱乐等一系列重要社会职责，赋予传媒一定的社会权威，对当今社会生活的方方面面产生重要影响，性别角色观念也是其中所传递的一个重要符号。大众传媒总是要依附于一定的社会环境的，由于社会性别偏见深深植根于社会文化之中，各个社会阶层、社会力量，乃至传媒本身或多或少的都受其影响，容易形成共识，并自觉不自觉地联合起来促进这种偏见的进一步传播和深化，从而影响更多的人，形成恶性循环。

麦克阿瑟（C. A. MacArthur, 1977）分析了大约两百个电视商业广告，发现男性广告员较多地以广告产品的知识权威或专家身份出现，女性广告员则多以受用者的身份出现。

我国研究界在 1995 年世界妇女代表大会前后，开始关注传媒中的女性形象和性别模式的研究。2001 年 12 月全国妇联和中国妇女研究会联合在京举办"大众传媒与妇女发展研讨会"。与会者主要就广告、网站、影视、学校教材和文艺作品等媒介所塑造的女性形象进行了讨论。大家普遍认为，传媒在公正、均衡、持续地反映和表现妇女的社会贡献与作用方面还远远不够，无论是宣传数量还是宣传的角度、内容，与我国妇女在社会生产和经济活动中实际发挥的半边天作用都是不相称的。一些进入市场运作尤其是与生活、娱乐、消费有关的媒体，普遍复制着传统的性别角色，变相地宣传男主外女主内、男强女弱、男主女从、男聪明理智女愚昧脆弱等观念，经常表现出一些陈腐的封建观念，如女人是"祸水"和对女性"贞操"的盲目倡扬。性别观念上的偏差集中体现在各种传媒所塑造的女性形象上。例如，有些媒体以美女作为促销手段，片面强调女性的观赏价值；有的媒体过分裸露女性的某些部位，甚至用性挑逗来招徕消费者；有的把女性比喻为某种物件甚至宠物，公开歧视女性、游戏女性、宣扬享受主义。与会者一致认为，大众传媒中普遍存在的性别偏见和性别歧视，必将强化和支持受众原有的传统观念，影响人们对两性平等原则的尊重和倡导，导致社会对女性解放的认知片面化，强化女性弱势群体地位。同时，也使未成年人从小形成性别偏见。另外，一些媒体片面强调女性美貌、美体和年龄的价值，片面强调男性应主外、成功和挣钱，影响了女性对自我及身体价值的认知、影响女性自我价值的实现和对社会参与的投入，同样，也加剧了社会对男性的高成就期待和男性的高成就动机，给男性也带来精神压力和对成功的心理焦虑，使男女双方和社会都因此受到负面影响（宓瑞新，2002）。

"2005 十大性别歧视/公正广告"评选

中国首都女新闻工作者协会妇女传媒监测网络"电视广告中的两性形象"课题组曾选取了北京、上海等 5 个城市 10 家电视台 2005 年 8 月至 11 月每月 3 日至 4 日晚 6 点到晚 10 点的全部广告,共计 4935 条,评选"2005 十大性别歧视/公正广告"。性别歧视广告的评审标准包括:以女性做招徕,女性是性对象,歪曲女性工作上的贡献,强调女性的从属角色,强化社会对两性的角色定型和误导儿童理解男女特质。结果发现:广告偏爱使用女性角色(70.5%的广告中出现了女主角,只有 47.5%的广告中出现了男主角),尤其是年轻(83.1%)美貌(81.8%)的女性角色;女性更多地被使用特写镜头,或者被表现其性特征,有 61.5%的广告存在"以女性作招徕"的问题,有 26.4%的广告存在"女性是性对象"的问题;男主角则强调其社会经济地位,广告中的男性在家庭里的娱乐休闲活动的比例比女性高,而从事家务劳动的比例明显低于女性;14.7%的男主角出现时,强调了他们的较高社会经济地位,女主角的这一比例只有 5.8%;而在旁白中,女性的声音(35%)却少于男性(65%),只有公益广告是例外。值得注意的是,"十大性别公正广告"最终只评选出 9 条,对此,发布方的解释是:"尽管我们抽取了 4935 条广告样本,但是经过多轮讨论,我们依然无法确定出符合标准的第 10 条广告。"

(资料来源:http://www.china-gad.org/Treasure/ShowArticle.asp? ArticleID=3868)

作为人们日常生活重要的信息来源之一,大众传媒通过明示或暗示的作用,有意无意地塑造、引导、影响着人们的性别角色观念和行为。社会性别觉悟应该为更多的媒体和媒体工作者所接受和贯彻,并以此引导受众积极的性别角色观念,这样才能发挥大众媒体的公正、良性的社会职责。卜卫(1997)在为中央电视台女性节目《半边天》工作人员进行的培训中提到:"具有社会性别觉悟的妇女节目是从男女平等的角度,而不是从男权文化的角度来反映妇女、女性与男性的关系、社会经济和政治问题等。它包括五个要点:第一,女性应该具有独立的人格和独立的存在价值,而非男性的附庸;第二,女性应该是、事实上也是可以发展成为多元的社会角色,而非仅仅是贤妻良母式的传统角色;第三,女性正在成为发展进程的推动者、创造者或重要的行动者,这种形象应该在大众传媒中得到表现;第四,在深受男权文化影响的媒体内容中,观赏性常常成为评价女性的重要标准,换句话说,不仅女性所承担的角色有陈规定型,女性形象本身也存在着陈规定型,对此,应该有性别敏感和性别自觉;第五,由于传统文化的影响,人们更习惯从男性文化的角度来审视传媒中的女性形象,因此社会性别觉悟还意味着要具有批判精神。"

第四节 性别角色的相关理论

性别角色发展是儿童自我意识和社会化发展的主要表现之一,因此很多心理学理论都关注这一问题并提出了各自不同的观点。

一、精神分析理论的两性观

(一) 弗洛伊德的尚男抑女论

弗洛伊德在解释性别自认和性别差异时认为,在性心理发展的头两个时期,即口唇时期(0—1岁)和肛门时期(1—3岁),男孩与女孩的发展方式相同。直到性器时期(3—6岁),性别分化才开始出现。在这一时期,男孩和女孩分别出现"恋母"和"恋父"情结。

在弗洛伊德的理论中,"俄狄浦斯情结"是一个非常重要的概念。在其早期著作中,弗洛伊德指出,男孩具备某种先天的性驱力,从而使他怀有占有母亲的企图。通过早期的家庭生活,男孩会知道,在关于母亲的问题上,父亲是自己的竞争者和敌人。同时男孩也知道,他只能小心翼翼抑制着对父亲隐秘的敌意,因为父亲在生理上远比他强大,公开较量只能意味着失败,意味着被父亲"阉割"。这种占有母亲的企图,以及相应的对父亲的敌意和恐惧,就是所谓"恋母情结",即俄狄浦斯情结,以及相应的"仇父情结"和"阉割恐惧"。弗洛伊德认为,由于对阉割的恐惧——就是说,为了保持其男性特征,男孩便放弃了占有他母亲和除去他父亲的念头。这个意念留存于无意识之中,形成了罪恶感的基础。男孩开始认同自己的父亲,承认父亲所象征的社会禁令并将其作为自己人格的一部分,逐渐具备良心和超我,并逐渐获得了性别自认,继承了父亲的角色规范。

而女孩在这个阶段中的情况与男孩迥异,在性器期,她逐渐认识到自己没有男性生殖器,因而埋怨母亲并妒忌母亲占有父亲。这种"爱父嫌母"的潜在愿望就构成其恋父情结,解决的途径也是以母亲的角色自居。但弗洛伊德认为,女孩的恋父情结不如男孩的恋母情结那样解脱得彻底,"阴茎嫉妒"使她们终生都感到自卑,易于嫉妒,并富有强烈的母性欲望。她们的人格具有三种特征:被动性、受虐性和自恋性。而且,她们不会像男孩那样完全摆脱对父母的依赖,因此"她们的超我决不会像人们希冀于男子的那样,如此坚强不屈、无情无义,有着自己的喜怒与哀乐。……比起男子来,她们缺乏正义感,她们并不乐意为生活而折腰。爱憎之情常常使她们优柔寡断"(Freud, 1938),因此,残缺的道德感和未成熟的超我构成了女性的特征。

弗洛伊德的两性观受到不少质疑。首先,他的泛"俄狄浦斯情结"——即认为俄狄浦斯情结是所有文化的普遍现象——的观点受到来自文化人类学新发现的冲击。马林洛斯在1914—1918年调查了初布兰岛土人的生活,发现他们处于母系社会,家中掌权者是舅舅,儿童的管教也由舅舅担负,女人的地位很高,掌管着财产。所以,男孩既没有对父亲的仇视,也没有对母亲的性欲望。马林洛斯基询问土人是否做过与母亲有关的性梦,他们对此问题颇觉震撼,并加以否认,但他们承认做过与姐妹有关的性梦。马林洛斯基得出结论,儿子对父亲的仇视并非起源于性欲望,而是父亲严格管教孩子。在初布兰岛上孩子的这种仇视则移到了管教者——舅舅的身上。由于初布兰岛上没有俄狄浦斯情结存在,那里的男人乐观、温和、自得其乐。所以马林洛斯基认为,弗洛伊德的精神分析只适用于18及19世纪奥地利的那种禁欲社会,而不具普遍意义。

更多学者批评弗洛伊德尚男抑女的性别差异观点。一些女权主义者及其他学者(Mitchal, 1973; Coward, 1984)指出:弗洛伊德把性别认同与性器的意识过分地联系起来,强调了男性器官优于女性,实际上还有其他因素:他把父亲当作最基本的性别角色强化的代理人,而事实上,许多文化中母亲是最重要的代理人;他相信性别角色的学习集中在4—5岁,太绝对化。许多现代心理学家认为,弗洛伊德把性别差异的起源和女性人格的本质归结为生物学原因,完全是以男女生理构造上的差异为依据,忽视了社会文化的巨大作用(Heiden,1980),从而为性别歧视合理化提供理论依据。

(二)埃里克森的内部空间观

埃里克森重新阐述并扩展了弗洛伊德的观点,提出了内部空间的观点。他认为,女性人格中的关键因素是颇具建设性、创造性的生命内部空间感。"在妇女内体的设计上包含了一个内部空间。这一'内部空间'注定是为了她们的爱人孕育孩子所用的。妇女注定要用这一空间承担照料人类后代的生物的、心理的和伦理的义务。然而,妇女自认的形象又是如何因此而不同的呢?难道这一义务的安排(妇女做母亲时意识到或没意识到的)不是女性忠诚的核心问题吗?"埃里克森通过儿童的建筑游戏来证实自己的观点。在贝克莱大学期间,他要求孩子扮演电影导演,并用许许多多小小的图案(人、动物、家具或积木)来构成某部电影中一个令人激动的场景。女孩一般总是用家具或积木筑成外围,从而构成内景,人在里面一般是静止的,整个场景安谧恬静,偶尔也有画上图画的小门廊。但是,男孩有时却筑起带有塔之类突出物的高墙,以构成外景,这些场景刻画了激烈的场面,充满了诸如交通事故之类的灾难或毁灭。总之,女孩刻画内部空间,而男孩刻画外部空间。有趣的是,女孩有时会显示出有动物或坏蛋闯入她们的那个内部场景,但这些动物或坏蛋的行动却并不令人恐惧和愤怒,而是逗人发笑。据此,埃里克森认为,男女儿童所选择游戏的外部空间性与男女性解剖学的内部空间性是一致的。男孩的性解剖结构是外向、突出、主动的,而女性的性结构是封闭、防护、接受性的,生殖密码所决定的人类不同性别的身体结构与人们的空间反应有密切的关系。男女的内部空间(身体的、性解剖学的)决定了人们对外部空间的认识,还决定了人类的生物行为特征和社会角色。

埃里克森认为,个体自认和性别自认是根据个体生命全程的变化来分析的,所以,他没有局限于对婴儿或儿童阶段的两性心理进行研究,这是值得肯定的。但他的内部空间观只强调了生理解剖结构对性别差异的决定作用,并没有强调文化因素也是造成性别差异的原因(Heiden, 1980)。埃里克森的内部空间思想与他一贯强调社会文化对个体人格发展之重大影响的观点似乎是背道而驰的。

二、社会学习理论

社会学习理论是以行为主义为基础的,认为性别定向是起源于社会中的"性别—分化"实践,即儿童表现或模仿同性行为时往往会受到积极的肯定和鼓励,而如果表现或模仿异性的行为则可能会受到惩罚,这样男孩、女孩的行为因受到不同的对待而形成了最初的性别刻板印象。社会学习理论认为性别角色只是行为上的性别差异,其行为学习的机制同其他的社会行为一样,所以只需将我们早已熟悉的一般学习理论运用于心理性别的发展上,而不需要什么特殊的心理机制(或过程)来解释儿童是怎样被性别定向的。

虽然在这个阵营中也有观点分歧,如米歇尔(Mischel)等基于斯金纳的操作性条件反射理论强调直接强化学习的作用;而班杜拉的社会学习理论则承认内部心理过程的重要性,认为强化和惩罚不会自动生效,其效果是通过期待的建立而发生的,并强调模仿学习和观察学习等间接学习的作用,但总的来说,行为主义和社会学习理论家把性别角色当作一套行为反应,男性和女性的行为由强化和惩罚形成,性别角色的基础是社会环境而非机体,如果学习条件变化了,行为也可很快发生改变。

尽管社会学习理论可以解释儿童是如何获得一系列适合于他们性别的行为模式的,但它把儿童看作是被动地接受环境的影响,而不是主动地去理解外部世界。但事实上,儿童经常会编造并实施自己的性别规则。另外,随着年龄的变化,儿童对性别规则有着不同的解释。有的研究表明,73%的四岁儿童和80%的九岁儿童相信在职业的问题上不应有性别限制,但是他们的观点不固定,而33%的五岁儿童、10%的六岁儿童、11%的七岁儿童以及44%的八岁儿童则比较固定地认为选择职业时不应该存在性别限制(李繁译,1997)。

鉴于传统社会学习理论及其他相关理论在解释性别角色的形成和发展中的各自不足,班杜拉等于20世纪90年代整合了心理因素和社会文化决定因素,从社会认知的角度对性别角色发展作出了更合理的解释,后面我们对此将有专门的介绍。

三、认知发展理论的两性观

(一) 柯尔伯格的认知发展理论

柯尔伯格最早提出性别的认知发展理论,他把皮亚杰的观点运用于社会认知领域,提出了"性别恒常性"(gender constancy)的概念。柯尔伯格把性别恒常性定义为"对性别基于生物特性的永久特征的认识,它不依赖于事物的表面特征,不会随着人的发式、衣着、活动的变化而变化"。他认为儿童性别认知的发展是普遍认知发展的一部分,性别恒常性的发展与物理守恒概念的发展是一致的,只有当儿童达到具体运思阶段(六七岁),获得了守恒的概念之后,他们才获得性别恒常性。史拉比和弗雷(Slaby & Frey, 1975)进一步把儿童性别恒常性的发展分为三个阶段:第一阶段(两至三岁),儿童首先形成性别认同(gender identity),即具有识别自己和他人性别的能力;第二阶段(四岁),性别稳定性(gender stability)阶段,儿童认识到随着年龄的增长,人们的性别是稳定不变的;第三阶段(五至七岁),性别一致性(gender consistency)阶段,儿童已经认识到性别不会随外界条件的改变而改变。性别一致性的获得意味着儿童完全获得了性别恒常性。

孩子从他们的所见所闻中形成了性别刻板概念,一旦他们获得性别的一致性,他们的性别的信念就固定了下来并且不可逆转。因为儿童要保持认知的一致性,把自己归为男性或女性,这就促使他们根据性别去评价与自我相一致的行为,然后,这个以性别为基础的评价系统将促使儿童参加与其性别一致的活动,建立与其性别一致的态度体系,并且喜欢与性别一致的儿童为伴。"基本的自我分类决定基本的价值观念,一旦一个男孩固定地把自己当作一个男性,他就会给予那些与他性别观念一致的对象和活动以肯定的评价。"因此,与其将性别角色学习视为外界作用的结果,不如将其看作是自我动机高度作用的结果。儿童从本质上参加自我社会化,并以行为的性别适合性准则为基础,对那些将要加以学习和实践的行为进行自我选择。

尽管这一理论有不少追随者，但认知发展理论集中于儿童对性别概念的理解和获得，没有很好关注儿童如何获得性别概念以及性别知识如何转化成性别行为的机制。虽然该理论把性别恒常性作为控制性别发展的因素，视其为儿童进行仿效同性行为的先决条件，但缺乏充分的实验支持。因为在获得性别概念以及理解偏好与性别联系之前，儿童已经表现出了偏好(Martin & Little, 1996)。而且，它并没能说明为什么性别分类会先于其他潜在的自我分类，如种族、信仰、甚至是眼睛的颜色。另外，柯尔伯格的性别自认发展模式仅适合于男性。因为根据这一理论，儿童接受性别角色的主要动机之一，就是他们认识到该角色的威力和价值，然而，女性角色却相形见绌。女孩难道比男孩缺乏接受角色的动机吗？柯尔伯格竭力回避这一问题，他(1966)说女孩是为女性角色中她们所观察到的坐享清福和"贞操之贤"所驱。这说明，柯尔伯格从认知发展的角度对女性性别角色的发展过程尚未作出更为透彻的阐述(Heiden, 1980)。

(二) 性别图式理论

性别图式理论是在认知发展理论的基础上提出的，但又兼有社会学习理论的某些特点。具体来说，性别图式理论认为，性别图式是系统化的一套关于男性和女性的观点和期望，它影响儿童的信息加工模式。性别定向是起源于性别图式过程，起源于儿童根据社会对男性和女性的定义来编码和组织信息——包括有关自我的信息的准备状态的。因此，与认知发展理论相似的是，性别图式理论认为儿童本身的认知加工处理是性别定向的中介；但是性别图式理论还认为，性别图式的加工处理本身是来源于社会团体中的不同性别的不同分工的，所以，性别图式理论又和社会学习理论一样，都是假设性别定向是一个习得性的现象。因此，它既不是必然的，也不是不可校正的(李繁译，1997)。

性别图式理论强调性别图式作为一种预期结构，为搜索和同化性别知识和信息做好准备，其代表人物是马丁(Martin)、贝姆和利维(Levy)，他们在对儿童性别角色发展的解释上侧重点有所不同。

马丁和哈维生(Martin & Halverson, 1981)的性别图式理论着重于性别图式发展和机能的发展方面，即儿童如何获得性别知识，如何形成定型和合适的性别脚本。他们认为，性别图式的发展始于儿童获得性别同一性。一旦形成，图式就会扩展，包括对活动的兴趣和社会属性等。

贝姆和马库斯(1981)提出的性别图式理论主要集中在性别图式的信息加工的个别差异上。他们认为，对性别高度分化的人来说，性别图式是其在日常生活中一个重要的组织图式，他们按性别组织信息的阈限比较低，易把与性别有关的特征和行为联系在一起；而对"双性化"的人而言，其性别图式的主导性就比较低。贝姆认为，"双性化"不是指男女生理特征的结合，而是指个体对有关性别的判断较为自由，对与性别有关的特征有另外的分类和组织标准。

利维和卡特(Levy & Carter, 1989)的性别图式理论阐述了性别图式的加工如何影响有关性别信息的注意、组织和记忆。性别图式表征了关于男性和女性的一般性的知识结构。性别图式越突出，个体就越能利用性别信息，就越期望去注意、译码、表征和提取与性别相关的信息。

　　还有一点值得强调的是,性别图式理论是一个关于过程的理论,而不是关于内容的理论。因为被性别定向的人,看上去是根据社会关于男性或女性的定义来加工处理信息和控制行为的,所以是把世界划分为男性类和女性类的过程,而不是这两个类别的内容。这是这个理论的中心问题。因此,被性别定向的人与其他人的区别,并不在于他们具有男性化或女性化的程度,而在于他们的自我概念和行为在性别基础上加以组织的程度。许多非性别定向的人,可能会把他们自己描绘成为爱抚的或专制的,但并没有暗示女性化或男性化的概念,而当具有性别定向的人这样描述自己的时候,那就完全反映了他们所具有的明显的性别化程度的态度和行为了(李繁译,1997)。

　　性别图式理论提供了检验性别信息认知加工有益的框架,尤其值得关注的是,它阐述了性别图式如何影响注意、组织其他与性别相关的信息的记忆的(Ruble & Martin, 1998)。性别图式理论预示儿童拥有的性别知识越多,就越表现出性别偏好。但成人可以完全意识到性定型,当关于性别的知识增加后,并没有产生更多的性别相关行为。所以,性别知识并不决定与性别相关的行为。因此,该理论存在一定的局限性。一方面它难以解释男女儿童拥有的性别知识增加后,其性别偏好未见明显增加。另一方面该理论强调性别图式的作用,没有很好探讨性定型知识转换成性别行为的机制,也没有涉及性别行为的动机(赵妙林等,2002)。此外,性别图式理论也不能解释男女生在一些结果上的不对称性,在一定程度上,男女生优先选择与同性活动,仿效同性的行为方式,与同性同伴玩耍等,然而在男女生关于性别定型知识上没发现差异(Serbin, et al. , 1993)。

四、社会学理论

　　社会学理论认为性别是社会建构的,而不是生物遗传的。许多社会学家否认性别的二分法观点,认为男女之间的相似性远远超过了他们间的差异(West & Zimmerman, 1991)。社会学理论强调机会结构模式对性别角色发展的作用,认为性别差异主要在于社会实践和风俗习惯的不同,特别是社会向男女两性提供的机会不均等是男女两性角色发展存在差异的重要影响源。

　　这一派理论的代表人物是艾普斯坦(Epstein)。他(1988)认为男人和女人在如何思维和行为上的相似性远远超过两者的差异,不能把性别简单地二分为男性和女性。与其把性别视作生物属性,倒不如视作社会建构更为合适。若夸大性别差异的本质,则会促进性别关系的社会等级对比。机会结构模式和种种限制(如女性没有法定选举权,受教育机会少等)塑造了行为的性别风格,并将男女两性纳入不同的生活轨道。在亚洲,64％的文盲是妇女和儿童,失学女童占失学总人数的62％(维克多·奥不多涅斯等,2001)。由此可见,女性和男性的受教育机会存在不平等,性别差异明显。随着机会结构和限制的调整,性别差异随社会变迁而减少。联合国在1995年的人类发展报告中首先提出性别角色发展指标(GDI),用该指标来表示男女两性在社会地位、经济、福利、教育等方面存在的性别不平等状况的改变(Tisdell, 2001)。

　　这一理论注意到了社会因素对性别差异的影响,但它难以解释社会结构共同体中适应的多样性问题。因为并不是所有具有同等社会经济地位、生活在具有同样的机会结构下、享有共同的家庭、教育和社区资源的人都会以同样的方式表现其行为。

五、社会认知理论

20世纪90年代,布西(Bussy)和班杜拉整合了心理因素和社会文化决定因素,从社会认知的角度对性别角色发展作出合理的解释。社会认知理论从个人因素(包括认知和情感)、环境和行为三元交互作用来考察性别角色发展的影响源和影响机制。该理论着重强调儿童的标准匹配机能和自我激励机能在性别角色发展中的作用。

班杜拉(1997)区分了三种环境结构:强加的环境(imposed environment)、选择的环境(selected environment)和建构的环境(constructed environment)。强加的环境是指不管人们喜欢还是不喜欢,却人为地将外在要求强加于他们。虽然在此条件下,人们无法控制环境,但如何解释和反应是自由的。如:不顾儿童的个人喜好,已入学的儿童都得上学以及上规定的课程。选择的环境是指人们通过选择,把潜在环境转化为实际经历的环境。如:对同伴的选择、活动的选择等。而建构的环境是指潜在环境并不存在,人们通过产生式努力创造、建构的社会环境和结构体系。如:儿童通过想象建构符号环境,完成符号游戏。很多早期角色学习都发生在儿童的符号游戏中。

与这三种环境结构相对应的是性别概念和能力(competencies)获得的三种主要途径。第一种是直接教育。它是儿童获取关于不同行为方式以及与之相关的性别信息的便捷途径。当直接教育以共同的价值和广泛的社会支持为基础时,它是一种非常有效的途径。而当教育内容与儿童模仿的内容发生冲突时教育的作用就被削弱。第二种是模仿。模仿是儿童获得性别信息的重要途径。与性别有关的信息通过儿童对日常生活中的榜样如父母、同伴和长辈等的模仿而获得,同时大众传媒也为性别角色和行为的模仿提供途径。在观察学习的社会认知分析中,模仿主要通过信息加工过程起作用,并认为观察学习包括注意、保持、产生和动机这四个连续的过程。其中注意过程决定选择观察的内容以及从榜样事件中要抽取的信息,而这些信息通过保持、产生过程激发活动的动机,从而产生相应的行为。第三种是扮演体验。它依赖于对性别行为与行动所导致的结果的区分,通过评价性社会认可来构建性别概念。如父亲对男孩玩女性的玩具表现出强烈的消极反应。儿童通过以上三种方式逐步获得关于性别属性和性别角色的知识,但儿童并不是消极接受这些知识,而是从各种性别行为方式中建构一般的性别角色概念和抽取性别行为规则。因而,性别角色发展是一个建构的过程而不是简单地大规模地组合社会所传递的与性别相关的信息。

随着年龄的增长,儿童关于性别角色的知识不断增加,但他(她)们未必表现出更多的符合社会期望的性别行为。对此,班杜拉提出性别行为主要受自我调节机制和自我效能感的影响,且随年龄增长而有所改变(Bussey & Bandura, 1999)。最初,儿童对性别行为的调节是以获得社会认同为基础的,儿童积极表现那些能赢得他人表扬、奖励的行为,减少或克制那些会引起他人批评、惩罚的行为。因而多数性别行为的结果是具有社会规范性的。如奖励符合当前社会对性别要求的行为,惩罚不符合当前社会对性别要求的行为。随着性别角色发展,儿童以赢得社会认同为标准的外部调节逐渐过渡到以个人标准为基础的自我认同。而自我认同的调节由对性别行为的自我监控、关于个人标准和环境的行为判断和自我评价等一系列心理机能组成。自我调节的第一步是监控行为,即按性别要求监控自己的行为举止,第二步是判断行为的合适性,即行为与性别标准及环境是否匹配。第三步是自我评价。性别行为符合个人标准时,儿童会进行自我表扬;若性别行为违背了个人标准,则儿童会自责。除了自我调节机制对性别角色发展起重要影响外,自我效能感作为一种重要的动机变量,也对性别行为的发展起重要作用。在效能导向的自我发展中,个体通过选择有利于开发潜能和培养良好生活方式的环境来影响自己社会化的进程。自我效能感对男女性别角色发展的影响力最明显体现在职业选择和发展上。高自我效能感的个体择业范围广泛,对职业表现出极大的兴趣,为从事不同的职业做好准备,而且在选定的职业上表现出更强的持久性。男性在传统男性化的职业上表现出更强的自我效能感,倾向于选择男性化的职业。而女性在传统女性化的职业上表现出更强的自我效能感,倾向于选择女性化的职业。随着社会的发展,传统性别角色的要求逐渐淡化,越来越多的女性从事男性化的职业。班杜拉把效能感的对象由个人扩展到集体,认为集体效能感也会影响集体成员对集体完成的活动的选择、在集体活动中集体成员付出的努力、当集体努力失败时对集体活动的坚持性以及对社会变迁的意识(Bandura, 1997;1999)。比如争取妇女选举权运动的集体效能感,正因为为争取妇女平等选举权的集体效能感强,能够坚持不懈地为争取妇女的选举权而努力,从而取得当今社会女性参与选举的平等地位,最终推进了社会进步。

社会认知理论恰恰整合了心理因素和社会结构因素,认为性别概念和性别角色是广泛的社会因素相互作用的结果,它支持多维的社会传递模式而不是单一的家庭传递模式。社会认知理论不仅分析了性别概念如何获得、性别概念如何转化成性别行为的机制,也详尽阐述了按性别知识行动的动机机制。因而,社会认知理论在某种程度上弥补了认知发展理论和性别图式理论的局限性,它能较好地解释性别知识不能预测性别行为和性别偏好的原因。另外,社会认知理论认为,社会结构因素可以通过自我系统的机制来产生不同的行为效果,也就是,能够运用效能信念和自我调节机制来解释社会学理论难以解释的相同社会结构条件下存在的性别差异问题。最后,不像其他理论那样只重视早期研究,社会认知理论坚持终生发展的观点,认为性别角色发展贯穿人的一生,随社会背景和人一生的不同时期而变化。总之,社会认知理论相对合理地解释了性别角色发展问题,更符合时代精神。

六、其他性别角色发展理论

除了以上几大心理学流派对于性别角色发展的论述外,还有一些理论也从不同视角关注性别角色的发展过程和影响因素。

(一) 社会结构假说

约翰逊(1963)的社会结构假说强调父亲在儿童性别角色发展中的突出作用。她提出,在男孩和女孩的性别角色发展过程中,父亲比母亲所起的作用更重要:父亲为儿子提供了榜样,同时也训练女儿的女性化行为表现。她进一步提出女性化有两种主要成分:母性角色和异性行为。母性角色包括照顾、养育和表现因素。男孩和女孩在婴儿时都体验到来自母亲的母性角色,都形成了对母性角色的最初认同。父亲角色包括给儿童有关外部世界的规范和期待。父亲对男女孩的区别对待甚于母亲,父亲对女儿往往更温和,所以父亲影响女儿对女性化异性部分的学习,不影响她们的母性成分。乐维(Leve, 1997)的研究也证实性别角色社会化的过程受到家庭结构和家长性别的影响,母亲比父亲有着较少的传统性别角色要求。

(二) 群体社会化理论

哈里斯的群体社会化理论强调同伴影响在儿童社会化中的重要性。同样,在儿童性别角色社会化中,哈里斯(1995)也认为家庭对儿童的性别角色的影响并不大,角色发展中起重要作用的是同伴群体。一项元分析研究发现,父母对待儿子和女儿的态度并无显著性差异(Lytton & Romney, 1991),以"双性化"方式教养孩子并不减少孩子具有性别特征的行为和态度。群体社会化理论还预测,当异性不在场时,个体的性别分化行为将减少。一项研究证明了男孩在场对女孩行为的影响:女孩单独玩球时表现得很有竞争性,在男孩加入后,女孩的行为发生了很大变化,她们显得比较害羞而且没有竞争性。

性别角色发展是一个复杂的过程,先天生理性别的区分更多时候提供的是一种信号作用,后天社会文化中根深蒂固的性别刻板观念更深地塑造着生活于其中的两性的思想和行为。父母、同伴及其他社会化的代理人在个体的不同阶段或不同方面以不同形式在不同程度上影响着其性别角色的形成和发展,使之代际相传并成为个体人格的一部分。而个体的自我及其中业已形成的有关性别的观念又反过来影响他们对外界作用的选择和接受。许多研究者已经关注到生物、心理、社会等诸多因素在个体更广泛的生活内容和更长远的发展过程中的交互作用,也注意到了性别角色理解中存在的普遍偏见及其已经显现的和可能潜藏的各种不利影响,并试图从理论探讨、现实剖析和实践训练等方面寻找最有利于男女两性充分和健康发展的性别角色模式,以实现真正的男女平等,促进个体和社会的和谐发展。

本章小结

社会角色是现代社会心理学的一个重要概念,主要包括三方面含义:①社会角色是一套社会行为模式;②社会角色是由人的社会地位和身份所决定的,而非自定的;③社会角色是符合社会期望(社会规范、责任、义务等)的。由此可见,角色的学习和扮演,是一个社会化的过程。

性别是人的重要社会角色之一,性别差异是角色差异研究中的一项重要内容。

性别角色具有如下特点:功能分化与定型、文化制约性、相对稳定性和多样性。

在有关性别角色差异的研究中,存在两大明显不同的研究取向:一是以生理性别为基础的性别差异研究,另一个是关注心理性别的个体差异和复杂性。

以生理性别为重要被试变量的研究,主要关注男女两性在能力、人格、行为等方面表现的性别差异,但结果常常更多是受到性别本身之外因素的错综影响,比如社会性别刻板印象造成的机会、期待、鼓励等多方面的不平等,也许才是最终表现差异的根本原因。所以,和男女之间的心理差异性相比,男女两性的心理相似性更为显著。

两性特征的单维双极结构假设:①女性和男性在人格上有本质的差异;②性(女性、男性)

和人格属性(女性特质、男性特质)的匹配对于心理健康十分重要;③男性特质—女性特质是一个单一的维度。态度兴趣分析测验(AIAT)是这一理论背景下比较有代表性的一个测量工具,为后来的许多研究提供了研究模型。

双性化理论是性别研究的一个新动向,它反对性别与人格属性相匹配的说法,认为男性特质与女性特质是两个不同维度而非一个维度的两极;同时具有男性和女性特征的双性化个体,才具有最强的适应能力;双性化是一种健康的性别心理模式,它也将成为一种性别角色发展的新趋势。贝姆性别角色量表(BSRI)是这一取向下性别角色研究的经典测量工具,根据在其男女特征分量表上的得分情况,个体可以被区分为四种类型:性别典型化个体、跨性别角色型、双性化个体及未分化个体。

性别角色态度指人们对两性在社会中的权利和角色的态度。跨文化研究发现,在农村和非工业社会中,性别角色的传统态度最为强烈。世界范围内,男性比女性有更强烈的传统性别态度。格利克和菲斯克进一步提出"矛盾性别偏见",即人们对两性的态度都具有矛盾性,就对女性而言,除了敌意性别偏见还有善意性别偏见,虽然后者基于关爱和尊重,但仍然是在强化男性优势,固化两性的传统性别角色。

性别角色获得与分化的过程是一个社会化的过程,是以人的自然性别或生理性别为前提,在后天的生活环境中逐渐形成的。性别心理差异是生理基础和社会环境相互作用的结果。性别差异的生理基础主要包括染色体、性激素和大脑。社会环境因素主要指社会文化、家庭、学校、大众传播媒介等,其中社会环境因素是性别差异的决定性原因。

弗洛伊德将"俄狄浦斯情结"作为儿童性别认同的内在驱力,并把性别认同与性器意识联系起来,实际上是一种尚男抑女的性别差异观。

埃里克森的内部空间观认为,生殖密码所决定的男女的内部空间(身体的、性解剖学的)决定了人们对外部空间的认识,还决定了人类的生物行为特征和社会角色。

社会学习理论家把性别角色当作一套行为反应,男性和女性的行为由强化和惩罚形成,性别角色的基础是社会环境而非机体。

柯尔伯格的认知发展理论关注儿童性别恒常性发展,并将其视为儿童进行同性行为仿效的先决条件。

性别图式理论认为,性别图式是系统化的一套关于男性和女性的观点和期望,它影响儿童的信息加工模式。它是一个关于过程而不是内容的理论。

社会学理论认为两性之间的相似性远远超过了他们的差异性,是机会结构模式和种种限制塑造了行为的性别风格,并将男女两性纳入不同的生活轨道,所以性别是社会建构的。

布西和班杜拉整合了心理因素和社会文化决定因素,用社会认知理论,从个人、环境和行为三元交互动来考察性别角色发展的影响源和作用机制;他们认为直接教育、模仿和扮演体验是个体获得性别概念和能力的三种主要途径;个体性别行为则受自我调节机制和自我效能感的影响,且随年龄增长而有所改变。

约翰逊的社会结构假说强调父亲在儿童性别角色发展中的突出作用:为儿子提供榜样,同时也训练女儿的女性化行为表现。

现代社会心理学(第三版)

哈里斯的群体社会化理论强调同伴影响在儿童性别角色社会化中的重要性。

思 考 题

1. 关注当下与性别相关的社会文化现象,并尝试从社会心理学的视角进行解读。

2. 结合自己的成长经历,论述性别角色社会化的影响因素。

拓展阅读

1. 赫尔格森.性别心理学(第2版).北京:世界图书出版公司,2005.

2. 玛丽·塔尔博特.语言与社会性别导论.艾晓明等译.武汉:华中师范大学出版社2004.

3. 谢利·泰勒、利蒂希亚·安妮·佩普卢、戴维·西尔斯.社会心理学(第12版).崔丽娟、王彦等译.上海:上海人民出版社,2010.

4. 张晨阳.当代中国大众传媒中的性别图景.北京:中国传媒大学出版社,2010.

5. Dafna Lemish. Screening Gender on Children's Television. Routledge, 2010.

第三编

个体社会心理学

第七章 社会认知

"快闪一族"指的是这样一群人:他们互不相识,通过网络、短信等传递信息,在同一时间相约在同一地点集合,统一做出指定的动作再迅速离开。例如,一起拿着枕头,到街上跳一段"枕头舞",或者在商场里突然像木偶一样"静止"不动,几秒钟后,又恢复正常。这种短暂的行为艺术越来越受到年轻人的青睐,当他们一出现,定会吸引周围人的目光。你会如何理解他们的这种行为? 如果他们的行为发生在舞台的聚光灯下,而不是生活场景中,你还会觉得新奇和特别吗? 这涉及了我们对他人的心理状态、行为动机和意向的推测与判断,也就是社会认知的问题。

第一节 社会认知概述

一、社会认知的定义

社会认知是个人对他人的心理状态、行为动机和意向作出推测与判断的过程。该过程依赖于认知者过去的经验及对相关线索的分析,还依赖于认知者的思维活动,包括某种程度上的信息加工、推理、分类与归纳。一个人对于他人在许多场合下的行为作了同样的推断后,就有可能把一些相对稳定的印象归结到其身上,推测他在以后相似的情境中,将会产生过去那样的行为方式。例如,如果某人在许多场合下都哭过,那么就可推断他在一定的情境中也会有哭的行为。人们就是通过社会认知来推断他人的行为的。

二、社会认知的特点

作为一种特殊的社会心理过程,社会认知具有以下几个特点:

(一) 选择性

由于每个人都有独特的生活经验和认知结构,当面对同样和同量的刺激时,作出反应的程度是不同的。人们对认知对象的选择,与社会刺激物的社会意义和价值有关,即它给人带来的是奖励还是惩罚,是有益的还是无益的。每个个体都会以已有的认知结构为基础,从自身知识和生活经验出发,对当前的社会刺激作出判断和评价。如果某种刺激物能够给个体带来奖励或是有益的,就会引发积极的认知倾向。相反,对于那些带来惩罚、无益的刺激,个体会尽力逃避或置之不理。

(二) 投射性

对于一定社会刺激的认知,往往投射着个体的动机、态度、情感和人格特征等因素。人们因社会经历、所处的社会环境、从事的活动的不同,使每个人积累的经验及形成的动机、态度、情感、人格也各有不同,这些特征或多或少会在个体的认知活动中反映出来。例如,初出茅庐的应届毕业生相较于在职场摸爬滚打许多年的管理层精英,在推断他人的行为动机时,想法可能会简单得多。

(三)防御性

个人为了与外界环境获得平衡,适应社会,会运用认知机制来抑制某些刺激物的作用,达到自我防御的目的。个体在情绪消极的状态下对于社会客体的反应,与在中性情绪状态下所产生的反应是不同的。因为个人在特定情绪状态下,会根据已有的认知结构来辨明刺激物的意义和重要性,从而决定应不应该逃避。例如,刚失恋的青年男女可能会有意躲避与前任男(女)朋友有关的信息,让自己不去触碰悲伤以保护自己。

(四)完整性

人们在社会认知过程中,会倾向于把有关认知客体的各方面特征材料加以规则化,形成完整的印象。这种倾向,在判断一个人的时候表现得尤为突出。当我们看到一个人似乎既是热情的又是冷酷的,既是友好的又是敌对的,既是真诚的又是虚伪的时候,便会觉得自己还没有完全认识这个人,不能容忍这些矛盾的存在。为了消除这种矛盾,人们会努力寻求更多的信息来帮助认知,也有可能会想当然地给认知对象添补细节,认知也就带上了浓重的主观色彩。

三、社会认知的内容

社会认知将社会系统中的人、事与物作为认知的对象。其中,对人的认知是主要的,包括对人的情绪、性格以及人与人之间关系的认知。

(一)对他人情绪、情感的认知

有科学研究显示,在人所获得的信息总量中,非言语的信息占到55%。这一发现充分说明了非言语沟通在人们日常生活中的重要作用。与言语信息相比,非言语信息,如表情、肢体动作等,具有更广泛的普遍性并更能作为一种客观指标来反映人们的内心状态。因此,在社会生活中,人们往往根据他人的非言语信息来判断其情绪、情感。

专栏7-1

表情是先天的,还是后天的

达尔文认为,在世界范围内,一种特定的面部表情基本上反映了相同的情绪。艾克曼(P. Ekman)等人(1969)进行了面部表情的比较文化研究,证实了达尔文的观点。此研究以巴西、美国、阿根廷、智利和日本受过高等教育者为对象,让他们对相同的面部表情给予情绪名称。结果发现他们的反应有很高的一致性。其中,被试对于"愉快"、"厌恶"、"惊奇"的判断一致性尤为明显(参看表7-1)

表7-1　对六种面部表情判断的正确性(%)

表情种类判断者	愉快	厌恶	惊奇	悲哀	愤怒	恐惧
巴西人(N=40)	95	97	87	59	90	67
美国人(N=99)	97	92	95	84	67	85
阿根廷(N=168)	98	92	95	79	90	54
智利(N=110)	95	92	93	88	94	68
日本人(N=29)	100	90	100	62	90	66

N:样本人数

　　后来,艾克曼等人又在新几内亚土人中进行了重复研究。这些土人从未看过电影,也不懂任何外国语言,没有在任何西方殖民地或政府管辖区生活过或给西方人干过活。总之,他们是从未见过西方人表现情绪、情感的面部表情的被试。研究者先给每个土人听一段描写情绪的小故事,比如"悲伤"的、"他的孩子死了,他感到十分难过"等;然后,给每个土人一张描写那种情绪的照片和两张描写其他情绪的照片,让他们从中选择符合小故事中描写情绪的照片。结果表明,有80%以上的土人作了正确的选择。之后,让土人根据故事描述的情绪情感进行表情模拟,并把他们的表演拍成录像,带回美国后,让大学生对他们的表情进行认知。结果表明,除了惊奇和恐惧外,其他情绪情感都被相当准确地辨认出来。这一研究再一次证实了面部表情反映情绪状态的跨文化观点。

　　人的表情也包括后天习得的成分。J·S·富克选择了一批五至20岁的先天性盲人和视觉正常人,进行了面部表情的后天习得性研究。他让实验对象努力作出各种表情,结果发现,随着年龄的增长,两组被试的表情存在着很有趣的变化。最年幼的盲童和视觉正常儿童,无论在面部表情动作的数量上,还是在表达表情的适当性上,都没有明显的差异。但是,视觉正常儿童在表情动作的数量上和表达表情的逼真性方面都随着年龄的增长而有所进步,而盲童却恰恰相反。

　　因为视觉正常的儿童通过模仿他人,在日常生活中学会了各种表情的细微差别;而盲童则无法学习,虽然他也想表达自己的感情,但只会茫然地露出一种下意识的表情——盲相。

　　另外,对于面部表情判断的能力受后天暗示和训练的影响极大。事实上,我们对于他人面部表情的判断总要受到各种附加信息的影响。年龄的增长也是影响对表情判断的因素。儿童最难判断蔑视的面部表情,而这对成年人却并不费力。

　　儿童对几种表情可以作50%准确判断的年龄如下:

表情　　　年龄

笑容　　　三岁以下

痛苦　　　五至六岁

愤怒　　　七岁

恐惧	九至十岁
惊讶	11 岁
蔑视	14 岁以上

因此,可以说,表情既是先天的,又是后天习得的。

罗森伯格和艾克曼(Rosenberg & Ekman, 1995)的研究表明,当面部表情与言语表达相矛盾时,他人的面部表情为他们的潜在情绪提供了更加准确的线索,即人们可以通过一些非言语信息来判断他人是否在说谎。但是,在某些场合下,人的表情是可以由其思想意识所控制的,因此判断一个人的情绪状态,不能静态地单纯观察,只有在一定的被激发起来的情绪背景上才有可能得出正确判断。现实生活中,他人的面部表情不能作为判断其情绪状态的唯一的依据。可以认为,个体对于他人情绪、情感的判断,最终取决于自己的头脑,而不取决于情绪线索本身。这是因为在认知他人情绪状态时,认知者本身的经验与体验均有介入,它们对各种情绪线索的取舍及含义的规定、对各种情绪线索间的关联及因果的理解,都有广泛的影响。这种现象具体表现在以下三个方面:

1. 对各种情绪表现模式与规则的了解

这是一种重要线索。任何情绪、情感状态都具有特定的模式,快乐时与悲伤时表情迥异。通晓各种模式的特定含义,能更好地理解所把握的情绪线索,并有助于辨别真假表情。研究表明,虚假表情与真实表情在整体模式上总是有差异的。假笑的面部表情显得不大对称,可能只有一只嘴角上斜;假装吃惊的面部表情显得持续时间过长,而真正的惊讶表情在脸上的持续时间仅有 1/24 秒;一个内心紧张的人即使可以有效地控制自己的面部表情而显得镇定自若,但他的脚或腿仍会出现神经质的颤动或某种不自然的姿态。

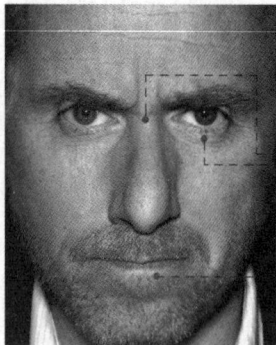

愤怒

① 眉头向下紧蹙

② 怒目瞪视

③ 双唇紧抿

在美国电视剧《别对我撒谎》中,莱特曼博士可以通过分析一个人的面部表情、肢体语言、声音和话语等来判断此人是否说谎。他是世界领先的侦探专家。当一个人不经意地耸肩、搓手,或者扬起下嘴唇时,莱特曼就知道他们极有可能在撒谎。通过对面部表情的分析,他可以读懂一个人的情感——憎恶、嫉妒、蔑视等。不过他这种神奇能力,是建立在对人和动物数十年的观察和研究上的,并非与生俱来。

(图片来源:http://www.fanpop.com/spots/lie-to-me/images/24270616/title/anger-photo)

另外,不同民族、地区,不同年龄、性别、职业、性格、学识和修养的人,在情绪、情感表现的方式和强度上都有约定俗成的规则。欧美地区的人,在公开场合与亲人告别的方式不同于中国人。因此,对不同群体的情绪、情感状态表现规则的了解,是研究的一条重要线索。

2. 认知者与情绪者的关系

判断他人情绪、情感状态的能力依认知者与情绪者的关系而定。熟悉的人、经常交往的人，由于认知者对于对方的情绪、情感状态的表现形式和表现规则有较多的了解，因而易于判别；在复杂的社会背景下，认知者对于关系疏远的对象则难以正确判断。

3. 认知者本身的情绪体验

认知者在观察他人的情绪行为或产生情绪行为的情境时会有意无意地运用"设身处地"的情绪感受，并以此为参照点来判断他人的情绪。另外，个体在判别他人情绪的同时，自身也具有一定的情绪体验。因此，认知者往往会根据自己对他人情绪行为的情绪体验，对他人的情绪加以推测。如果他人的情绪行为使自己产生了同情，那么多半会认为他一定经受着痛苦；如果对方的情绪行为使自己感到气愤，那便会在"不友好"的范围去判定对方的情绪。这是因为认知者在社会生活中已经建立了种种因果联系，所以在情绪判别中，就会自然而然地通过联想来实行判别。

(二) 对他人性格的认知

对他人性格的认知不同于对他人情绪的认知，必须通过长期的相处才有可能准确，这正如中国有句古语所说的："路遥知马力，日久见人心。"但对人们性格的某些方面的认知，在较短时期内也有可能办到。如说话的强弱与快慢，可能反映某人脾气的急缓，也从另一个侧面推测他胆子的大小；有人做事情、写东西，往往虎头蛇尾，可能与他意志不够坚定有关。

了解一个人过去的生活情况，有助于对其性格的认知。不同的生活条件和经历会形成不同的性格。在逆境中生活的人，不顺心的事情多，遭受的社会挫折多，他有可能形成孤僻倔强的性格，也可能形成软弱顺从的性格；生活在温暖安定的家庭里的人，其性格多半是乐观的、友好的；生活在备受宠爱，以自我为中心的家庭里的孩子，由于家中众人对他过分关怀与爱护，百依百顺，生活过分优越，有可能形成自私自利、好逸恶劳的性格。一个人在家里兄弟姐妹中排行不同，也有可能形成不同的性格。一般说，长子长女往往有一定的独立性，而最小的孩子比较娇气、胆小。此外，由于社会化的条件不同，女子总会温柔些，男子比较刚强些。

当前对性格认知的研究还不是很深入，其中一个很重要的问题是缺乏科学、客观的指标。因为评价他人性格时，评价者会带有极大的主观性，存在很大的个体差异。对同一个人，不同个性的评价者会作出极不相同的性格评价。性格认知最早的研究方法是提供照片给被试进行性格的判断。沙尔德(Sardes)等人(1965)的实验表明，照片上表现出积极情绪的面部表情和消极情绪的面部表情相比，有许多被试大都评价前者具有令人喜欢的性格特点(友好的，有吸引力的，聪明的)。

许多实验也已证明，一个人的相貌俏丽或丑陋和他本身内在的优缺点并无必然的联系，并指出：根据人的照片来判断其智慧和品性是靠不住的；根据人的照片来判断其人是否犯罪以及犯罪程度，并决定判刑多少，会发生很大偏差。

后来的研究还结合了其他方法，给被试以更多的信息。例如，实验者向被试介绍了该人的行为特点及习惯，并进行面对面的实地观察，听其讲话的快慢、强弱，观察其写字的笔迹等，企图通过上述多种途径让被试认知对方的性格。但是总的来说，目前对性格认知的研究，还需要更系统的理论及实践来拓展。

（三）对人际关系的认知

对人际关系的认知，包括对自己与他人以及他人与他人之间关系的认知。

在社会生活中，通过相互交往，个体往往根据他人的意见、态度、表情来推测人与人彼此之间的关系。例如，甲总是夸乙，而乙也总是说甲好，于是人们认为甲乙两人关系很好；相反，甲有意无意地贬低丁，而丁看到甲时所产生的表情不如看到丙或其他人那样亲切，于是人们认为甲丁两人关系一般或不好。

人际关系的认知的一个明显特点是认知者的情感成分参与其中。个体在认知人际关系时，总带有各种情绪色彩。个体在认知他人与他人肯定关系时，有时带有崇敬的心情，有时则会带有蔑视的情绪。当认知对象两者的肯定关系是建立在正当的基础上（如相互帮助、严格要求等）时，认知者的认知往往带有崇敬的情绪色彩；当认知对象的肯定关系是建立在不正当的基础上（例如相互包庇、狼狈为奸等）时，认知者的认知往往带有蔑视的情绪色彩。

研究人际认知的方法，可以采用莫雷诺(J. L. Moreno)的"社会关系测量法"、苏联的"参照测量法"、塔基乌里(R. Tagiur)的适用于小团体的"关系分析法"等方法。

专栏 7 - 2

人际关系的微妙

社会心理学家塔基乌里(1953)做了一个人际关系认知的经典实验，实验中，10个互不相识的被试组成一个小组，先让他们在小组内自由交往，自由谈论，畅所欲言，使这些被试相互之间增进了解，然后进行问卷：①这个小组里你最喜欢谁？②你认为这个小组里谁最喜欢你？如果他们所选出来的人是同一对象（例如，甲指出"自己喜欢乙"，而且也认为"乙会最喜欢自己"；而乙也提出"自己喜欢甲"，认为"甲最喜欢自己"），说明他们具有相悦的一致性，这说明甲与乙两个人认识自己和对方的关系是正确的。如果双方提出的人选不一致，那就是表示对于双方的关系认识不正确。③如果要选小组长，你要选谁？④你估计谁会当选（被哪些人选）？若选出来的人与他的估计是一致的，说明他对人与人之间关系的认知是正确的。例如，甲提出"要选乙"，甲认为其他人如"丙、丁、己等人都会选乙"，事实也确实如此，这说明甲对人与人之间关系的认识是正确的。

塔基乌里从研究结果中，归纳出人际关系认知中常见的三种倾向：第一，自己喜欢某人，就可能认为对方同样也喜欢自己；第二，认为自己喜欢的人，其他人也会喜欢；第三，人缘好的人倾向于低估自己的人缘，人缘较差的人倾向于高估自己的人缘。

从实验结果可以看出，人际关系是非常复杂和微妙的，而且还处在不断变化之中。

对人际关系的认识这个问题，学校或组织的领导人应该更多地加以关心。因为人与人的关系融洽与否，对人们的学习与工作有很大影响。人与人之间关系亲密，就会产生一种协调和谐的心理气氛，否则就会出现紧张的心理气氛。在前一种心理气氛下，人与人会相互帮助、支持和鼓励;在后一种心理气氛下,则会相互排斥,相互对立。所以,领导人应该通过各种途径来了解人与人之间的关系,据此作些必要的调整,以充分调动每一个人的积极性。

四、社会认知的过程与机制

(一) 社会认知的过程

社会认知的过程可分为三个连续的阶段:首先是社会知觉,这一概念是心理学家布鲁纳(J. S. Bruner)于1947年提出的,当时用以强调知觉不仅决定于客体本身,也决定于知觉者的目的、需要、态度与价值观,即指明知觉的社会决定性。现在这个概念特指个体对社会对象即个体和群体的感性认识,也可以称为人际知觉,它是社会认知活动的第一步。当社会知觉即初步的或者是感性的认识形成后,人们就会根据这些认识来对他人作出判断和评价,并在社会知觉的基础上在头脑中形成认知对象的形象,也就是社会印象,由此完成了对他人进行社会认知的第二步。与此同时,人们还会对他人的行为表现作出推论和解释,即对他人的行为表现进行归因,这是社会认知的第三步。

社会认知活动的这三个步骤,是相互联系和相互依赖的。对他人的感知形成关于他人的印象,是我们认识和了解他人的开始,在此基础上,才能进一步对他人行为和特质进行判断、评价、推测和解释。

(二) 社会认知的机制

1. 认知图式

图式,又称基模,是按一定格式组织在一起,用于表征事件、事件系列、规程、情景、关系和客体等的概念群。图式一旦形成,就会对社会认知产生强烈而持久的影响,它是组织信息的方式,用来认识世界、解释世界,并进一步影响个体的社会行为。人类有各种不同的社会图式,泰勒和克洛克(S. E. Taylor & J. Crocker, 1981)经研究后把社会图式划分为四类:自我图式、人的图式、角色图式及事件图式。

(1) 自我图式

马库斯(1977)提出了对自我图式的理解。他认为,自我图式是关于自我的信念,例如,我的领导能力很强、我的口才很棒等。这些信念组织并引导着与自我有关的信息加工,帮助人们形成一个处理自我信念的心理框架,它与自我概念密切相关。它帮助人们解释针对自己的特定事件,并理解该事件隐含的意义。比如,某学生考了全班第一,这时自我图式会帮助他解释这一事件:这一成绩证明自己的知识掌握得很牢固,还是其他学生发挥失常了? 老师、同学、家长的看法会有变化吗? ……

(2) 人的图式

除了对自己,人们对于熟悉的所有他人,也有他们的图式。人的图式是用以组织某个特定个体的信息,以及对此个体的感受。人们通过社会交往认识某人,不论是自己去观察、交流,还是他人介绍推荐,所有这些都可能建立起对一个人的图式。例如,人们在结交朋友时,会对其行为有所期望,对其人格特征也会有所要求,这些行为期望和人格特征就构成了一个基本的"朋友图式"。包含主人公所认为的朋友应具有的所有理想特质的完美图式,通常被称作原型。当某个人的图式与朋友的原型有许多共同点时，这个人就很有可能成为好朋友，而如果某个朋友的特质发生了变化，与朋友的原型差异越来越大时，这种差距就可能使得友谊破裂。

（3）角色图式

角色图式是指在某种特定的社会情境下，根据角色规范和社会期盼扮演特定角色时可能出现的一系列行为的心理框架。一般来说，人们大脑中拥有大量的角色图式。比如，日常生活中的老师的角色，学生的角色，父亲和母亲的角色，丈夫和妻子的角色等。这些角色，都有明确的角色规范、角色期望、角色观念和角色行为。

角色图式大体可以归为两类：一类是归属的角色图式，如父母角色或儿子角色，这是社会文化规定的角色；另一类是成就的角色图式，即经过努力实现的角色，如警察、教师、医生等，周围人会按照该角色赋予他很多期望，如果与其成就角色所需要的行为出现偏离，则会引发严重问题。例如，一个警察违规违纪、一个教师体罚学生等，都会受到谴责。由于归属角色是自然获得的，因此一个人可能同时获得多种归属角色，可以同时是儿子、丈夫、父亲等，但一个人很难同时获得多种成就角色，因此成就行为受到较多的社会期待与社会压力。

（4）事件图式

事件图式是指人们对社会情境中会出现何种情况的一般预期的认知表征，是对社会事件的心理分类，例如去餐厅吃饭的图式、去图书馆借书的图式、去看医生的图式等。当我们去图书馆借书时，会很自然地先去书架根据编号找书，然后拿到借书处进行登记。这一系列行为，不需要他人提前告诉就能完成，这就是我们头脑中关于借书的图式在发挥作用。因此，事件图式包括了社会事件发生前后以及因果关系上的普遍特征。

以上四种图式类型是相互影响、相互制约的，例如自我图式会影响人的图式，而人的图式可以影响角色图式以及事件图式等。

2. 认知策略

人们在社会认知过程中时，使用的策略主要有以下三种：

（1）朴素科学家

这种策略是指在社会认知的过程中，人们像科学家一样寻找、确定事件产生的原因，以达到预测和控制的目的。社会心理学家在这一基础上提出了一些社会认知的模式，例如凯利（H. H. Kelley, 1967）的三度理论，认为人们在归因时会考虑客观刺激、行动者、情境三方面因素的共同作用，根据一贯性信息、一致性信息、区别性信息来对事件产生的原因进行归因。但是随着社会认知研究的深入，社会心理学家越来越多地发现，人在社会认知的过程中并不是完全地、精确地运用所获得的信息，从而导致了社会认知、社会判断中出现大量偏差。再加上信息加工心理学对于社会心理学研究的影响，社会认知中"朴素科学家"策略开始向"认知吝啬者"转变。

（2）认知吝啬者

这种策略是指人们在社会认知的过程中，面临的信息往往是不确定的、不完全的、复杂的，在对它们进行加工的过程中，要达到最满意的合理性是困难的。人的认知资源是有限的,因而在社会认知的过程中常常偏爱策略性捷径,而不是采用精细的统计学分析,以尽量节省时间和加工资源。人们喜欢用最小限度的观察去进行社会判断,也就产生了社会认知的偏差。

(3) 目标明确的策略家

目标明确的策略家被认为有多种信息加工的策略,在目标、动机、需要和环境力量的基础上,对策略进行选择(Taylor, 1998)。人能够采取加工策略以适应当时情境的需要,努力完成事情。因此,当目标很重要,与自身关联较大时,人会更多地注意复杂的信息,进行系统地、费力地加工;当目标不那么重要,与自己关联较小时,人会依赖于认知捷径、简单的策略和先前的知识结构进行加工。

五、社会认知的影响因素

社会认知过程受到各种各样因素的影响,既有主观因素,也有客观因素,概括起来有以下几类:

(一) 认知者

由于人们的心理特点千差万别,因此,面对同一事件所获得的认知结果也会不同。认知者的兴趣、价值观、个性、经验、情绪状态等都会对社会认知有所影响。例如,人们对于感兴趣的事情,更容易集中注意力,也就更容易将其纳入到自己的认知背景里来。再比如,认知者经验不同,知识结构不同,文化背景不同,也会有不同的认知内容和分析问题的角度。

专栏 7-3

看到的是斗牛图,还是棒球比赛图

巴克拜(J. W. Bagby, 1957)利用立体镜的两种不同图景(一边是斗牛图,一边是棒球比赛图),给两组被试(一组美国人,一组西班牙人)左右两眼同时看着这两种不同的图景。结果84%的美国被试说看到了棒球比赛,70%的西班牙被试说看到了斗牛的场景,这说明社会经验的差异,在认知者的认知过程中起到了作用。

(二) 认知对象

认知对象即社会刺激,它可以是某个个体、群体或其他具有社会意义的事物。由于社会刺激本身的特点不同,会导致社会认知结果的差异。一般而言,社会认知对象对认知者的意义越大,越容易引起认知者的注意,从而投入的认知资源也越多,较易形成清晰的认知。例如一张百元大钞可能比一张白纸更容易引起人们的注意,对熟悉的朋友我们可能会先关注他的情绪状态如何,而陌生人我们可能会先注意他的穿着、外表。

(三) 情境因素

社会认知活动总是在一定的社会背景下展开的,对他人的认知离不开当时特定的情境,人们对认知情境的理解能够转换到认知对象身上,影响对该对象的认知。研究发现,人们对情

境的认知与控制可以使人避免焦虑(Broome & Wegner, 1994)。人们特定的行为总是被特定情境制约,这种情况也广泛存在于日常生活中。例如,如果一个人穿着泳衣在逛商场,大家一定都会投去异样的目光,而如果是在海滩度假,那就再自然不过了。

第二节　印象形成和印象管理

如今,相亲节目在荧屏上十分火热,如《非诚勿扰》《我们约会吧》等,每周都会为单身男女提供相互认识、了解的平台。由于节目时间有限,大家都倾尽所能地在最短的时间内展现自己的优点,给人留下好印象,同时又通过各种互动,来了解对方是不是自己的"菜"。在这个过程中,巧妙的印象管理,有可能会助你一臂之力。

现实生活中,我们时刻会面临如何快速而又准确地形成对他人的印象以及如何给他人留下一个好印象这两大认知任务。从进化心理学的角度看,印象形成和印象管理对人类的生存和发展有极其重要的适应性意义,因为认知双方日后一切的交流和相处都建立在这两者基础之上。目前诸多社会心理学家都对这两大问题进行了深入的探讨并取得了丰硕的理论成果。

一、印象的形成

社会心理学界普遍认为,个体对他人的一般印象是在很有限的信息资料基础上形成的,如智力、年龄、经历、背景、种族、宗教、文化水平等。很多情况下,人们并不是等到把握了认知对象的全部特性之后才形成对他的印象,有时看过一个人的照片,或交谈了几句话,就可以下很多断言。

在判断或估价一个人时,个体倾向于将他看成一个完整的、综合的形象。一个人不会被看成既是完美无缺的又是十恶不赦的;既是诚实的又是虚伪的;既是热情的又是冷酷的;既是体谅人的又是苛责人的。即使在获得关于一个人的信息资料有矛盾时,个体也通常会重新整理或歪曲信息资料,以消除或减少不一致性。

(一)印象形成的影响因素

在印象形成的过程中,以下几个因素产生了很大作用:

1. 个人好恶的估价

在形成对他人的印象时,个人好恶的估价是最重要的。奥斯古德(C. E. Osgood)等人(1957)采用语义差别法对好恶估价作了最早的研究。研究表明,好恶估价是印象形成的主要依据,一旦个体把某人放在喜欢或不喜欢的范围内,对这个人的其他认知就会归入相应范围。在一次会面时,一时的好坏印象可以扩大到所有情形中去,而且还会涉及一些无关的特征。

之后的研究进一步发现,个体是根据社会的和智力的性质来估价他人的。罗森伯格等人(1968)用一种叫做多维测量的程序进行研究,发现好恶估价最常见的一些社交和智力品质(见表7-2)。

表 7-2　好恶估价的社会和智力品质

估　价	社交的品质	智力的品质
好的估价	有帮助的 真诚的 宽容的 好交际的 有幽默感的	科学的 坚决的 熟练的 聪明的 不懈的
不好的估价	不幸福的 自负的 易怒的 令人讨厌的 不得人心的	愚蠢的 轻薄的 动摇的 不可靠的 笨拙的

　　后来,汉密尔顿(D. L. Hamilton)等人(1974)的研究发现,社会属性的品质,一般会影响个体对他人作出的喜好程度的判断,然而若让个体看到更具有智力属性的品质,则会影响他们对他人所表现出来的尊重程度。

　　上述两项研究结果表明,个体是采用含蓄、复杂的方法去评估他人的,至少有时是根据与认知对象互不相干的人际交往以及和任务相关的品质来考虑问题的。这两项研究的结果与奥斯古德研究的结果是一致的。

　　好恶评价中,对热情与冷淡的评价是形成他人印象的关键因素,热情与冷淡是好恶评估的中心性的品质。中心性品质与其他品质关联较多,而非中心性品质如礼貌、粗鲁等,与其他品质关联较少。不过,由于文化背景的差异,人们对各个品质的评价可能不同,各个品质在不同人们的印象形成中的意义、影响也可能不同。缪建东、沈祖樾(1997)以中国大学生为研究对象,用和阿希(S. E. Asch)同样的方法进行了实验研究,发现热情和冷淡在中国人印象形成中并不处于核心地位。蔡建红(1999)将热情与冷淡、心胸宽广与心胸狭窄、真诚与虚伪、谦虚与自以为是这四对概念作为假定的核心品质,重复阿希的实验,结果显示他们在中国人印象形成中都不处于核心地位。那么中国人印象形成中的核心品质是什么? 有待于研究者作进一步的研究和探讨。

专栏 7-4

美国心理学家阿希(1946)热情的中心性品质实验

　　研究者给一组被试一张描写人格特征的形容词表,表上列有 7 种品质:聪明、熟练、勤奋、热情、坚决、实干和谨慎。给另一组被试的形容词表中,同样列有 7 种品质,除了把热情换成冷淡外,其余的两表均相同。然后主试要求两组被试根据表上的形容词来描写一个人,并要他们表示最愿意具备哪几个品质。结果发现,两组的描写出现了实质性的差别。阿希进一步研究发现,用礼貌—粗鲁来代替热情—冷淡作为变量,两组的描写差别就很小,从而表明对热情、冷淡的评价是形成他人印象的关键因素。

2. 信息本身对印象形成的影响

(1) 信息的先后顺序对印象形成的影响

有研究表明,当一种仅属中性的合意的信息资料与先前建立在很合意的信息基础上的评估联系在一起时,综合评价并不会增加,甚至还可能减少。例如,个体对某人本来持有十分肯定的评价,后来又得到关于某人比较肯定的信息,则个人对某人的评价不仅不会提高,还可能会下降;两种强消极否定品质比两种强消极否定品质加两种中度消极否定品质,会产生一种更加否定的评价,这当然是不言而喻的;同样,个体知道某人五种强积极肯定品质,比仅知道某人两种强积极肯定品质,会产生一种更加积极肯定的估价。

另外的一些研究表明,获得信息资料的先后顺序也会影响他人印象的形成。知道某人是"聪明的",这是一个积极肯定的品质,是符合个体意愿的,它会有助于以后获取的"热情"、"细心"等积极肯定的信息,然后综合为一个好印象;但不会对一个"冷淡"、"粗鲁"的人产生这种影响,形成好印象。信息资料的前后关系的作用与形成统一印象的趋势是密不可分的。好的品质相配,热情的人在其他方面的品质也被看成是积极肯定的,于是就产生了一致的印象。由于先前获得的信息的影响,个体往往会歪曲后来获得的信息资料。

理论界对产生这种前后关系作用机制的解释存在着分歧与争论。一种观点认为,整体不是各个部分的机械组合,由于各部分之间的前后次序关系,每部分的含义都是变化的。冷淡、粗鲁的"聪明"人,可能是个很有威胁性的,有潜在敌意的或者有破坏性的人;在一个热情、细心的人身上,"聪明"有助于对别人的感情移入、理解。另一种观点认为,信息资料的前后关系只是提供了一种普遍化的光环作用(亦称晕轮效应)。汉密尔顿等人(1974)把某些特殊品质置于不同的关系中让被试加以认知来检查其含义是否发生变化。这一研究找到了这些特殊品质在不同关系中发生变化的证据。例如,在一个积极肯定的前后关系中,单词"骄傲"产生了"有信心"的含义;而在一个消极否定的前后关系中,"骄傲"则产生了"自负"的含义。研究表明,印象是一个整体,它不是各部分的相加,由于各部分之间的前后关系不同,每部分的含义会发生变化。

(2) 消极否定的信息对印象形成的影响

对于积极肯定的信息和消极否定的信息,个体并不是同样对待的。两种信息资料相比,个体更注重消极否定的信息。在其他方面都相同的情况下,一种消极否定的品质比积极肯定的品质对印象形成的影响更大(B. H. Hodges et al., 1974)。与建立在积极肯定品质基础上的评价相比,个体更相信建立在消极否定品质基础上的评价(Hamilton et al., 1972)。有些学者认为,这些消极否定的品质似乎有一种"黑票"作用:不管一个人是否具备其他的任何品质,只要具备一种极端的消极否定品质,就会使人产生一种极端消极的坏印象,把对方好的品质也掩盖掉了。例如,当听到某位杰出的企业家是骗子时,不管还听到此人有什么其他品质,个体对他的评价都会变得很坏,从根本上加以否定。

欧曼、伦德奎斯特等(Ohman, Lundqvist & Esreves, 2001)所做的研究为这种负面偏见的存在提供了证据。在以中性面孔为背景的条件下呈现各种情绪面孔,与友好的、狡猾的、悲伤的面孔比较,对威胁的面孔识别更快、更准确(如图7-1所示)。

现代社会心理学(第三版)

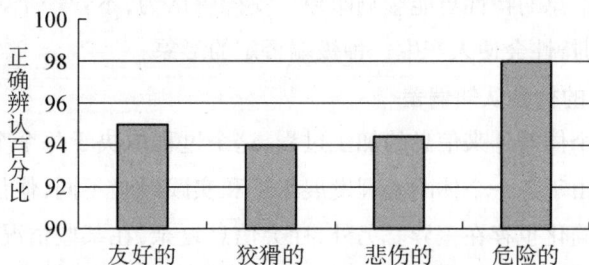

图 7-1 情绪面孔的识别

进化心理学指出，人们对负面信息的重视及迅速反应的这种负面偏见是人类在漫长的种系发展过程中所形成的一种社会认知的基本倾向，它有利于维持个体的生存和种族的延续。正因为如此，个体在对他人品质的估价时，要充分估计消极否定品质的这种作用，坚持实事求是，决不能任意夸大，以免形成不应该属于该认知对象的坏印象。

(二) 印象形成的基本模式

1. 平均模式

平均模式是指我们把认知到的有关他人的特征信息相加，然后再求其平均值，以此平均值为基础，形成对他人的印象。这种模式表明人们是以特性的平均价值来形成对别人的印象的。例如，某个老师每周上一次课，前两次课他给你的印象是"口才好"和"博学"，这两个优秀的特性，通常有较高的价值，假设它们各为$+3$，那么这时计算出的结果为$(+3+3)÷2=+3$；可在接下来的教学过程中，你又发现了这位老师有些"懒散"和"自大"，这两种特性缺少吸引力，因此价值较小，假设它们各为$+1$，那么这时计算出的结果为$(+3+3+1+1)÷4=+2$，相较于前种情况，此时的印象略有逊色。

2. 累加模式

累加模式是指我们在对他人形成印象时，是把认知到的有关他人的各种品质相加，求其和，以此形成对他人的总体看法。这种模式表明人们是以特性价值的总和来形成对别人的印象的。以上述老师的例子来说明，第一种情况下计算的结果是$+3+3=+6$，第二种情况下计算的结果是$+3+3+1+1=+8$。也就是说，当我们认知了对方的上述四个特性后，会对他的印象更好，这一解释与平均模式的结论不同。

以上两种模式，哪一种更正确呢？安德森(N. Anderson)通过一系列实验，支持了平均模式，但他同时考虑到，在印象形成过程中，有些特性比其他特性更重要。由此，安德森曾经设想过一个加权平均模式。这种模式下，人们对他人身上的极化特性会采取累加模式作出评价，而又依据平均模式去综合所有特性而形成一种综合的印象。两种模式结合起来，更能有效地说明印象形成中的复杂情况。

人们在形成印象时，并不是同等看待对方所有的特性，那些首先被发现的特性，会影响人们对后来掌握的其他信息的处理方式。另外，对方所具有的好的特性和不好的特性也会被不同看待。为了形成一致的印象，认知者会将看到的相互冲突的特性加以平均或抵消，但是，坏的特性相较于好的特性，影响更大，也就是说，如果其他方面的条件相同，传达消极否定信息的特性比传达积极肯定信息的特性更能影响印象。安德森认为,不管一个人具有其他什么样的特性,一种极端否定的特性会使人产生一种极端否定的形象。

(三)印象形成中的社会认知偏差

社会认知活动是个体对外来信息的加工过程,这个过程取决于每个个体先前的期待和判断时所采用的标准。由于各个个体的心理发展水平和实践经验不同,他们对外界信息的期待和采用标准的选择与简化也存在差异。另外,社会信息复杂,在某些情况下,个人依靠简化的直观推断往往导致偏差。

1. 第一印象与首因效应

第一印象,亦称初次印象,指两个素不相识的人第一次见面时所形成的印象。第一印象主要是获得对方的表情、姿态、身材、仪表、年龄、服装等方面的印象,这种初次印象在对人的认知中发生一定的作用,它往往是以后交往的根据,也可能今后从此不交往。例如,婚姻介绍所初次见面的男女双方,职业招聘的面谈以及病人初次看病对医生的印象等。

第一印象在人们交往时所发生的这种先入为主的作用,就叫做首因效应。社会心理学界对首因效应进行经典实验研究的是美国社会心理学家洛钦斯(A. S. Lochins, 1957)。洛钦斯杜撰了两段文字作为实验材料,内容主要是写一个名叫吉姆的学生的生活片断。这两段文字描写的情境是相反的,一段内容是把吉姆描写成一个热情并外向的人,另一段内容则相反,把他写成一个冷淡而内向的人。洛钦斯把这两段相反描写的材料给予不同的组合:①描写吉姆热情而外向的一段先出现,冷淡而内向的一段后出现。②相反,先出示冷淡而内向的材料,再出示热情而外向的材料。③只出示一段描写吉姆热情而外向的材料。④只出示一段描写吉姆冷淡而内向的材料。

洛钦斯把被试分为四个组,分别阅读其中的一组材料,然后要求各组被试回答一个问题:"吉姆是怎样的一个人",结果见表7-3。

表7-3 首因效应实验

组别	条 件	友好评价(%)
(1)	先出示热情、外向材料,然后出示相反材料	78
(2)	先出示冷淡、内向材料,然后出示相反材料	18
(3)	只出示热情、外向材料	95
(4)	只出示冷淡、内向材料	3

上述研究证明,第一印象对认知有重要作用。因此,为了给他人留下好印象,个体必须注意自己的外表、言语谈吐,还必须增长才干,加强个人修养,等等。但是双方初次见面所获得的印象只是一些表面特征,不是内在的本质特征,所以单凭第一印象作为继续交往的基础是不牢固的。如社会上一些青年男女初次见面时,往往只凭仪表、长相而一见钟情,不考察对方的生活态度、价值观以及个性品质而草率结婚。事实证明,这是靠不住的,往往会留下后患,最后导致感情破裂。

第一印象不是无法改变的,随着时间的推移,交往的增多,对一个人的各方面情况的认知会愈来愈清楚,从而可以改变第一次见面时留下的印象。

专栏 7 - 5

什么样的人,第一眼看上去像好人

世界上没有两片一模一样的叶子,也没有长得一模一样的两个人。有些人看上去像好人,值得信任;而有些人看上去奸诈、狡猾,这是为什么呢? 国外科学家做了这样一个研究:

邀请 12 名志愿者,作为陪审团,让他们依次看五名男子,他们的年龄与种族背景都相同。然后请陪审团选出他们最不信任的人。由于五名男子都身穿黑衣、头戴黑色头巾,因此,这个实验将会告诉我们,哪些脸部特征会导致不信任。

结果显示,依照陪审团的第一印象看来,最不值得信任的两名男子具有五官突出,脸不对称且又瘦又窄,眼睛较小的特征,这种脸部特征容易让人觉得奸诈、狡猾。而最值得信任的两位,五官宽阔、皮肤光滑、大眼睛、大脸。科学家解释说,这是婴儿长相,看到这种脸孔,会不自觉地产生面对小孩子时才有的反应。难怪一位志愿者说:"他看上去就像标准的好儿子"。

(实验视频链接:http://www.tudou.com/programs/view/_7ktpG6PPV8/)

2. 近因效应

与第一印象的首因效应相对应的是近因效应,指的是新得到的信息比以往所得到的信息更加强烈,会给我们留下更为深刻的印象,从而使我们"忘记"以往的信息,而凭新获得的信息对他人作出判断。

专栏 7 - 6

选秀比赛中,是否存在近因效应

著名的选秀节目《快乐女声》,让许多女孩子实现了自己的"明星梦"。在《快乐女声》的比赛过程中,有时会采用"抢擂车轮战"的形式,先让一号和二号选手进行比赛,由评委投票产生出两者中较强的擂主,接下来,三号选手演唱,将其表现与擂主进行比较,又由评委投票产生出擂主,直到所有选手都与前面的"擂主"比较了之后,最后的"擂主"可以直接晋级。在这样的一个"车轮战"中,如果选手们实力相当,评委会不会因为对最近表演的选手印象更深,情绪被感染得最强烈,而认为她比前面的选手优秀从而产生近因效应呢?

3. 晕轮效应

晕轮效应也称光圈效果,是一种影响个人偏见的心理因素。个体对他人的认知判断主要是根据个人好恶得出的,然后再从这个判断推论出认知对象其他的品质。如果认知对象被个体标明是"好"的,就会被一种"好"的光圈笼罩着,并被赋予一切好的品质;若认知对象被标明是"坏"的,就被一种"坏"的光圈笼罩着,他所有的品质都会被认为是坏的。晕轮效应是"以点概全",是一种十分普遍的认知偏见。

美国社会心理学家戴恩(K. Dane, 1972)等人的研究,为验证晕轮效应提供了很好的事实。他们给被试看一些人的照片,这些人看上去分别是有魅力的、无魅力的和中等的;然后,要求被试来评定这些人的一些特点,这些特点与有无魅力是无关的。结果发现,有魅力的人得到的评价最高,而无魅力的人得到的评价最低,参看表7-4。

表7-4 晕轮作用的研究结果*(%)

照片上有无魅力	无魅力者	中等者	有魅力者
人格的社会合意性	56.31	62.42	65.39
婚姻状况	0.37	0.71	1.70
职业状况	1.70	2.02	2.25
做父母能力	3.91	4.55	3.54
社会和职业上的幸福	5.28	6.34	6.37
总的幸福	8.83	11.60	11.60
结婚的可能性	1.52	1.82	2.17

（个人特点 — 表格左侧纵向合并单元格）

* 表中的数值越高越好。

戴恩的研究表明,一个人漂亮、有魅力(是一种好的品质),于是他的其他特点往往也被认知为具有积极意义了。这显然是由晕轮效应引起的认知偏见。

4. 宽大作用

也称为积极性偏见。有一种观点认为,个体在估价他人时具有一种特殊的宽大倾向,因为对他人作出积极肯定的估价是愉快的事。另外,在缺少其他信息资料的情况下,认知者也会作出宽大估价。当个体对于他人的印象发生变化时,只要不是属于重大的原则性的变化,总是对他人保持着宽大的估价。民意测验也说明了宽大作用是存在的。据对1935到1975年期间美国全部盖洛普民意测验的分析,在被测验的535例人次和组次中,有76%被测者是从好的方面来评价他人的。说明由于宽大作用使认知发生了偏见。

专栏7-7

宽大评价只发生在对人的认知时吗

有一种观点认为,宽大的评价只在对人的认知时发生,而对物的认知时则不会发生。西尔斯(D. O. Sears, 1976)进行了两者的比较研究。他要学生对于自己所选的课程和所教课程的教师作评价。对课程的评价主要是指教材、考试等非人格方面;对教师的评价

现代社会心理学(第三版)

是指教师本身的人格方面。结果是 96% 的教师得到了学生积极肯定的评价,而只有 19% 的课程得到了学生积极肯定的评价。这一研究的实际结果表明,宽大的评价在对人的认知时较多。但这一实验可能无法解释原因,因为人与物两者本身的可比性很小。而且,课程教材的成熟度、考试方法的合理性等均与课程设置的迟早有关,也与教师的掌握理解有关。另外,人与物比较的情况各异:若是在贫困家庭中,要孩子评价自己的母亲以及母亲所供应的伙食,显然绝大多数孩子对母亲的评价远远高于对母亲做的点心的评价;而在一个琳琅满目的商场里,要顾客评价商品和出售商品的营业员时,说不定对人的评价会差于对商品的评价。

5. 投射作用

这是精神分析的一个术语。投射作用是指个体认知他人时把自己的特性归属到他人身上。一种观点认为,个体总是假定他人与自己是相同的,尤其是当自己的年龄、民族、国籍、社会经济地位等特征与他人相同时更是如此。即使这些特征很不相同,这种看法也会存在。例如,自己喜欢热闹,往往会认为别人也喜欢热闹;自己好胜心强,则猜想他人也好强,等等。

由于投射作用,个体认知他人往往会发生人格歪曲,发生偏见。希芬鲍尔(1974)通过放映喜剧或令人讨厌的录像来赋予被试一定的情绪,然后再令被试判断一些照片上的人的面部表情。被试往往会根据自己当时的情绪状态来断定他人照片上的面部表情。

6. 社会刻板印象

社会刻板印象也称为类化原则,一般被用来指人们对某个社会群体形成的一种概括和固定的看法。

人们常说"物以类聚,人以群分",这是有一定道理的。人们生活在同一条件下容易产生共同点,如果人们的社会生活、地理环境、经济条件、政治地位、文化水准等方面大致相同,就会具有很多共同点。例如,我国的中年知识分子,由于各方面条件的相似性,具有共同的心理特征——责任感、刻苦、勤劳、俭朴等。社会上逐渐对中年知识分子产生了一种比较固定的看法,这种看法发展下去往往会导致一种刻板印象的产生。

在日常生活中有些刻板印象与职业、地区、性别、年龄等方面有关。也就是说,职业、地区、性别、年龄等都可以成为各种刻板印象形成的基础。

专栏 7-8

"药家鑫案"中的刻板印象

2010 年 10 月 20 日 23 时许,西安音乐学院大三学生药家鑫驾驶雪佛兰小轿车,行驶至西北大学长安校区外西北角学府大道时,撞上前方同向骑电动车的张妙,撞后药家鑫下车查看,发现张妙倒地呻吟,因想到"农村人难缠",害怕张妙看到其车牌号后会无休止地来找他看病、索赔,便产生杀人灭口之恶念,遂转身从车内取出一把尖刀,上前对倒地的被害人张妙连捅数刀,致张妙当场死亡。

这一事件引起了全社会的关注,而药家鑫所提到的"农村人难缠"的观点,正体现了目前社会上一部分人对农民的刻板印象,认为他们是低素质、没有文化、不讲理的。这种观点的"流行",也是酿成这一悲剧的原因之一。

可以说,社会刻板印象普遍地存在于人们的意识之中。人们不仅对曾经接触过的人具有刻板印象,即使是从未见过面的人,也会根据间接的资料与信息产生刻板印象。社会心理学中对他国国民的刻板印象的研究是刻板印象研究的一个重要领域。吉尔巴特(G. Gelbart)调查了美国普林斯顿大学学生对于各个国家、各个种族的成员所具有的刻板印象,发现这些大学生对各国国民及民族的看法颇为一致。他们认为:

英国人有绅士风度,聪明,因循守旧,爱传统,保守;

黑人爱好音乐,无忧无虑,迷信无知,懒惰;

日本人聪明,勤劳,有进取心,机灵,狡猾。

1970年我国台湾省社会心理学家李本华等人用类似的方法调查了台湾大学学生对于其他国家国民的印象,包括美国、印度、苏联、法国、日本及阿拉伯国家的国民,发现这些大学生的看法也比较一致。例如,他们认为:

美国人民主、天真、乐观、友善、热情;

日本人善于模仿、进取、尚武、有野心;

法国人爱好艺术、轻率、热情、开朗;

苏联人唯物、勤劳、狡猾、有野心和残酷。

由于对他国国民的刻板印象多半是道听途说,不是根据自己的亲身交往与接触,不是从各国的社会历史、政治经济、文化等方面去分析,因此,较易形成种族偏见。

以上几个因素都能影响人们的社会认知。事实上,人们的认知活动并不是单个因素单独地发生作用的,而往往是几种因素交织在一起对认知活动发生作用的。不过,在不同的情况下,某些因素的作用更大些,某些因素的作用可能小一些。

二、印象管理

(一) 印象管理的涵义

现实生活中,人们都很关心如何给他人留下一个好的印象,这也就是通俗意义上的印象管理。"印象管理"这一概念最早是由美国社会学家戈夫曼(E. Goffman)提出的。戈夫曼认为,社会和人生是一个大舞台,社会成员作为这个大舞台的表演者都十分关心自己如何在众多的观众(即参与互动的他人)面前塑造能被人接受的形象,于是戈夫曼将人们运用各种技巧和方法左右他人,以期在他人那里建立良好印象的过程称为"印象管理"。近半个多世纪以来,有关印象管理的研究在社会学、心理学、组织学、管理学和沟通学领域中得到迅速发展,尤其近二十年来,印象管理的研究在组织行为领域中已经自成体系,同时被广泛地用于人员招聘、绩效评价、选拔提升和求职面谈等实践领域。

(二) 印象管理的策略

印象管理的理论假设是人类都有一种基本动机——都渴望被别人积极看待,避免被别人消极看待。这样我们就可以把建立在该理论假设基础上的印象管理大致分为获得性印象管理策略和保护性印象管理策略。

1. 获得性印象管理策略

获得性印象管理策略是指试图使别人积极看待自己的策略,它大致可以表现为以下几种:

(1) 讨好技术

讨好行为是运用得最普遍的印象管理技术,也是研究得最多的一种技术,是指我们通过恭维、赞同别人的观点,怜悯以及展示同情来进行逢迎,以期获得别人对我们好感的行为。它通常包含的手段有意见遵从,即通过表达相似的态度来获得对方的好感;热情相助,即通过向他人提供帮助而获得他人的喜爱;抬举他人,即通过奉承和赞美来讨好他人。但是当一个人越想讨好别人时,他的讨好意图就越容易受到怀疑,这种手段也就越容易失败。所以,讨好技术应该说是一门艺术而不是不正当的手段。

(2) 自我宣传

自我宣传与讨好技术的目标不尽相同,讨好他人者希望被别人喜欢,而自我宣传者则希望被别人看作能力超强者。比如面试时向主管展示自己超强的人际沟通能力或其他专业技术知识。相对于讨好技术,自我宣传是一个主动的过程,如果某位员工想让老板认可他的能力,他就不能仅仅满足于自己过去的成就,而需要采取积极主动的态度去说、去做。所以总的来说做一个成功的自我宣传者更加不容易。

(3) 威慑

威慑者通过树立一种令人畏惧的形象来获取社会权力和影响力。这种关系最可能出现在上下级关系中,因为上级由于拥有确定的控制权,所以没有必要取悦于人。事实上,取悦于人的做法对于权力者来说可能是十分危险的,因为这样会弱化下级对他的尊敬和恐惧,从而减少了对他的顺从。

(4) 恳求

恳求者利用自己的弱点来影响他人,通过宣传自己的无能,试图激活一种强有力的社会准则——我们应该帮助那些需要帮助的人——来达到自己的目的。恳求技术可以通过两种途径来改变他人对你的印象。首先,通过坦率地展现你不足的一面,可以大大降低你在他人印象中的威胁性从而使你的形象更易被接受。其次,恳求其实也有一种抬高他人的形象的作用,这点类似于前面所说的讨好技术,通过提高他人的自我效能感能成功地增加他人对自己的喜爱程度。但是人们帮助恳求者的程度是有限的,如果过分使用,恳求者可能被视为在逃避责任,宁可接受公众接济也不愿自食其力,从而产生相反的效果。

2. 保护性印象管理策略

保护性印象管理策略是指尽可能弱化自己的不足或避免使别人消极看待自己的防御性

策略。它大致可以分为以下几种：

（1）借口和辩解

借口和辩解是人们在面临危机情境时最常使用的印象管理的语言手段，但借口和辩解在职责划分上有所不同。对于借口来说，它承认活动本身是错误的，但当事人否认他应当承担责任。比如老板责问人事主管为何要录用一个不合格的实习生时，他说这是根据实习生不错的成绩和过去的工作经历决定的，但他没想到实习生会这么差劲。而对于辩解来说，当事人承诺对于活动的责任，但否认活动本身是错误的。比如当某人被问到为何要殴打他人时，他辩解说那个人刚才偷了他的钱，辩解的关键是小偷该打，所以他的行为没有错。虽然借口和辩解往往能产生效果，但是研究表明过度地使用借口和辩解还是存在一定危险的，它会造成一种你无法胜任类似事件或不尽责的形象。

（2）事先申明

事先申明是指在危机情境出现之前，根据先期预计的情况而提出的借口。社会学家休伊特和斯托克斯对这一概念的界定是："为了避免预期行为可能带来的麻烦和不便，而事先实施的言语控制机制。"荣格（1997）发现，当人们面对"可能出现的失败"情境时，更倾向于采用事先申明技巧。这是因为当个体预计很难完成任务时，事先申明是一种赶在灾难到来之前购买危机保险的形式，这种方法的运用能把威胁到自己形象的危机情境扼杀在萌芽中，使未来活动的意义发生改变，从而避免对自己的形象造成威胁。

（3）自我设障

自我设障是一个备受人们重视的保护性印象管理策略。泰斯和鲍敏斯特（D. M. Tice & R. F. Baumeister, 1990）认为"自我设障是指当结果的成败不确定时，个体在自己的工作过程中自行设置障碍，从而为随后的结果提供一个外部的解释理由"。这种方法为人们提供了印象管理中的双重利益：如果他们成功了，成功的价值将会提高；如果他们失败了，所带来的消极影响将会减弱。我们常常可以看到一些运动员在赛前声称自己受伤未愈或没有进行系统训练，这样如果他赢得了比赛，那么他的天赋和意志将受到更大的褒奖；而如果他输了，则可以拿出早已准备好的借口，而不至于归因于更具威胁性的原因——缺乏能力或天赋。但是，自我设障需要谨慎使用才能保持它的效果，一名运动员如果总是声称"自己受伤未愈"，则会被视为装病；一个员工如果经常在重要会议之前酗酒或熬夜，则可能会逐渐失去别人的信任。尽管如此，我们还是可以看到自我设障在缓解失败给自我形象造成的冲击时所发挥的重要作用。

（4）道歉

在有些情境下，人们根本无法使用以上的诸多策略，或上述的策略会起到适得其反的效果。例如，小偷当场被抓到，员工被老板发现泄漏公司机密等。这样，行为者就只有寄希望于道歉这一保护性印象管理策略了。道歉，即承认自己应负的责任，并对自己的行径表示自责和悔恨，以期获得目标对象的宽恕。也许你认为道歉只是一种简单的活动，但事实上，当面对严峻的危机情境，人们常常使用更为复杂的道歉程序。舒兰克和达比（1981）描述了一个包含五个要素的道歉程序：道歉意图的陈述、悔恨的表达、提出归还和赔偿、严厉的自我批评和请求原谅。尽管大多数人都不愿主动承认自己的错误并认为这么做会有损自己的形象，但事实上，心理学的研究却发现那些被称为优秀的管理者或高成就者所具有的一个共同的人格特征便是勇于承认错误。所以，有些情况下一个诚挚的道歉比千万句的辩解更能维护你的形象。

（三）印象管理的意义

印象管理要求人们管理和控制自己留给别人或别人对自己的印象，那么，在人与人交往的过程中，是不是就不够坦诚了呢？其实不然。印象管理只是社会交往的一种工具或手段。既然是工具或手段，那本身就无所谓好坏之分，关键是如何运用这种手段以及要达到什么目的。印象管理有着积极意义，它有助于调节人际关系，使人际关系能够顺畅地进行下去。例如，面试时运用"自我宣传"策略，突出自己的优势，强调自己的能力，并且通过着装、礼仪来给面试官以良好的"第一印象"，将会给你面试加分不少。而不懂得印象管理的人，很容易给人一种缺乏教养的感觉。例如，"直肠子"的人，容易让人感受到其直率、坦诚的一面，但是如果不分场合地过分直率，则会显得粗鲁而不为他人着想。试想一下，如果你陪着一位非常在意自己外表的中年女同事去商场买衣服，她在挑衣服时问你："我这么胖，什么衣服都穿着不好看，你说是吧？"这时如果你回答说："不会，这些衣服你试着肯定都好看，都想被你挑走呢！"对方一听，一定会很高兴。假如你说："是啊，这些衣服你都穿不下的，还是别试了。"对方听了心里一定会不舒服，即便你说的是肺腑之言，还是会给对方留下坏印象。可见，印象管理和控制不是虚伪，而是人们日常人际交往的需要，设想一下，如果你是上述情况中的那位挑衣服的女士，你也会对前面一种回答更有好感。

不过，印象管理与控制也可能会产生消极的影响。例如，一个人太在意印象管理和控制，可能会把自己藏得过深，失去了自己的个性，别人可能无法了解这个人，从而产生不信任感，以至于破坏良好人际关系的建立。另外，如果印象管理的动机不良、目的不纯，可能会影响社会风气，破坏社会稳定与和谐，违背了印象管理的初衷。

第三节　社会认知的归因理论

个体对自己或他人的认识不同于对其他事物的认识，对他人的认知需要对其内在状态加以推测，涉及其动机、性格、情绪和态度。个体只能依靠从外部线索获得的间接资料来加以推论。有关推论（即归因）的研究，已成为社会心理学中社会认知研究的一个最活跃的领域，并形成了多种归因理论。

一、归因的定义及其分析

归因，是指人们对他人或自己的所作所为进行分析，指出其性质或推论其原因的过程，也就是把他人的行为或自己的行为的原因加以解释和推测。如"他为什么要这样做"，"自己为什么要这样做"，等等。了解了原因之后就可以加以预测，从而对人们的环境和行为实行控制。

归因这种心理现象在生活中十分普遍。例如，一个人的助人行为，会被认知者加以分析：他为什么要帮助人？是别人命令他干的吗？他为了想得到别人的表扬吗？对那些一夜成名的影星,有些人认为是她们自身的素质及努力导致了她们的成功,但是有些人则认为是机遇成就了她们,甚至有人认为她们仅仅只是媒体炒作的结果,这都是不同的归因。对于归因方式会对我们的行为产生怎样的影响长期以来都是心理学家研究的核心问题,下面我们就来介绍几种主要的归因理论。

二、归因理论

(一) 海德的理论

海德(F. Heider)是最早研究归因理论的学者,他非常关心现象的因果关系。他认为,人们在现实生活中总是试图理解自己周围的世界及其意义,而理解周围世界各种事件和现象的基本途径是寻找这些事件和现象产生的原因,因此获得或达到对因果结构的认知掌握是人类的基本动机之一。

海德区分了导致行为发生的两类原因,一类是活动者个人方面的原因,诸如人格、品质、动机、情绪、心境、态度、能力、努力等,称为内部原因;另一类是环境方面的原因,如活动者周围的气氛、外加奖赏或惩罚、运气、任务的难易等,称为外部原因。那么,在如此多的内外部原因中,我们如何确定活动者行为的具体原因呢? 海德指出,无论是普通人还是科学家,在寻找行为或事件的原因时都遵循协变原则,即在多种可能作为原因的因素中,只有与待解释的行为或事件协同变化的因素,才会被判定为行为或事件的原因。这是一种合乎逻辑的判断规则,它涉及的是一种合乎规律的推断过程。

在海德看来,对行为的预测与对行为的归因是相互联系的。如果活动者的某项行为被归因于内部原因,那么观察者将由此推测出行为者的许多特点,即使这种推测不一定准确,也有助于观察者预测活动者在类似情况下行为的可能性。如果活动者的某项行为被归因于外部原因,观察者就会推断该行为是由外部因素引起的,以后能否再度发生就难以确定了。

(二) 琼斯和戴维斯的理论

继海德之后,琼斯和戴维斯(E. E. Jones & K. E. Davis)对归因理论作出了重要贡献。他们提出归因过程的对应推断理论,系统探索了如何推断一个人的行为究竟是否对应其内在特质或倾向。按照对应推断理论,人们在知觉和评判他人的行为时,外部情境因素只得到很少的考虑。人们关心的主要问题是:这个人的哪些属性或特点使他产生了这种行为,或者说从一个人的外在行为如何推知他的内在属性或特点? 他们注意到,在许多情况下,人们的行为,并不代表他们的观点、信仰、态度、能力等内在属性,因此从一个人的外在行为一般不能直接得知他的内在倾向或特质,这就需要一个归因推断过程,而这个过程就是对应推断,分为两个阶段:

1. 意图归因

在对应推断过程中,知觉者的首要问题是确定观察到的行为结果中哪些是活动者有意图作出来的。对于某一行为,如果确信活动者知道他的行为可能产生的后果,并且确信活动者具有完成这种行为的能力,这一行为就可以判断为有意图的。只有有意图的行为,才有必要进一步推断活动者具体的内在倾向和特质。当一种行为被判断为无意图时,就没有必要再去进行进一步的归因推断了。

2. 倾向和特质归因

如果活动者的行为被判断为有意图的,知觉者就会希望进一步弄清楚活动者的行为是否反映了他的内在倾向或特质。琼斯和戴维斯提出了两个基本原则,以确定某人的行为和他的真实素质相对应:(1)不寻常结果原则(non-common effect principle),即当活动者的行为具有一些相当独特的或不寻常的结果时,知觉者作出对应推断,将这种行为判断为与活动者的内在倾向或特质相一致。一个人行为的结果越不寻常,就越能使他与别人区别开来,反映他的内在特征。(2)低于社会需求性原则(under-social desire principle),即当一种行为与社会上人们所期望和赞许的行为常模不一致时,人们就会将这种行为归因于活动者的内在属性。当一个人说人们期望他说的话、做人们期望他做的事、扮演人们期望他扮演的角色时,我们就很难对他的内在倾向和特质作出推断。当然,社会期望是因人、因环境不同而异的。对不同的人,在不同的情境下,人们的期望也不同。例如,在海滩边穿"比基尼",不能推断个人的特点,而在正式场合如果穿得过分暴露,就能反映一个人的某些特点了。

以上所论述的对应推断过程及规则,仅适用于对别人行为的自然的、合乎理性的解释。当涉及个人卷入时,归因者可能会考虑被归因者的行为选择对自己的积极或消极意义。被归因者的行为与归因者的利害关系越密切,归因者越有可能作出对应推断,将其归因于个人倾向或特质,并对其作出极端积极或极端消极的判断。

(三)凯利的理论

凯利(H. Kelley, 1967)提出了一种颇有说服力的理论。他认为人们行为的原因十分复杂,有时仅凭一次观察难以推断他人行为的原因,必须在类似的情境中作多次观察,根据多种线索作出个人或是情境的归因。凯利指出,人们要横跨三个不同的范围来检验因果关系,即客观刺激物(存在)、行为者(人)、所处的情境或条件(时间和形态)。因为这个理论对上述三个独立的方面进行归因,故称之为"三度理论"。

凯利的三度理论将外界信息分成三种不同的信息资料,即区别性资料、一致性资料和一贯性资料。所谓区别性资料,即他人行为是否特殊。例如,语文教师看到他所教的某一学生的语文成绩很差,那么在分析其原因时,首先看该学生其他学科成绩如何,若其数学、外语、物理等学科成绩很好,则其语文成绩差是特殊的。所谓一致性资料,即分析他人行为表现是否与其他人一致。如上例,若其他人的语文成绩也很差,证明语文成绩差具有一致性。所谓一贯性资料,即分析他人特殊行为的发生是一贯的还是偶然的。例如,某学生语文成绩差是历来如此还是最近骤然下降,若是前者,则肯定其成绩确实是差。

在对他人行为进行归因时,根据三个不同的范围,沿着上述三方面的线索,我们就可以作出正确的归因。仍以上述例子来分析:如果区别性低,即该学生所有功课都很差,不仅是语文差;一致性低,即该学生的语文成绩差而其他学生则不差;一贯性高,即该学生语文成绩一直都很差。综合这些资料,可以认为这是该学生自己的原因。如果区别性高,即该学生学习其他功课都很好,只有语文学得不好;一致性高,即不仅是该学生语文差,其他学生语文也差;一贯性高,即该生语文成绩总是不好。综合这些资料,可以归因于语文教师没教好。如果区别性高,即该生语文学得不好,其他功课都好;一致性低,即其他人语文学得很好,该生却不好;一贯性低,即该生过去语文成绩一直很好。综合这些资料,可以归因为当时的情境或条件。

上述三类信息的使用,有助于我们对行为的归因,通过这些信息的组合,我们可以断定引发某种具体行为的原因究竟是来自行为者本身,还是来自客观刺激物或情境。但是,日常生活中,我们经常会面临着信息不全的情况,例如,我们不能从之前的某些场合来观察这个人,或者我们无法得知在同样条件下其他人会怎样做。凯利认为,这种情况下,我们会借助头脑中的因果图式(causal schemata)来解释他人的行为。所谓因果图式,是指依据过去经验,建立起来的关于一定种类的原因如何相互作用产生特定种类结果的信念、概念或观点,观察者能够将有限的信息与头脑中的图式进行比较来理解它。人们常用的因果图式有两种,一种是"多重充分原因图式",它可以帮助人们从多种可能因素中判断何种是行为的原因。例如,某学生学业不良,可能的原因有缺乏个人努力、家庭环境不好、教师教学水平低等,但如果我们得知他父母离异并对他不闻不问时,家庭环境不好这一原因的作用就增强了。另一种因果图式是"多重必要原因图式",根据这种图式,几种原因必须同时起作用才能产生一种结果,凯利指出,这种因果图式将被用来解释不寻常的极端的结果。

(四) 维纳的理论

维纳(B. Weiner)认为,在分析他人行为的因果关系时,原因的稳定与不稳定乃是第二个重要的问题。个体的行为可以归结为许多可能的因素,但都可以把它们归入内在、外在、稳定、不稳定的四个范畴之中。依照原因部位及原因稳定性这两个维度,维纳(1974)对个体成功行为的决定因素进行了分类,见表7-5。

表7-5 个体成功行为决定因素分类

支配原因稳定性	内在的	外在的
稳 定	能力	工作难度
不稳定	努力	运 气

把个体成功或失败的行为归因于何种因素,对其今后工作的积极性有重要作用。维纳等人的研究表明:把成功归因于内部因素如努力、能力等,使人感到满意和自豪;若把成功归因于外部因素如任务容易、运气好等,使人产生意外的和感激的心情。把失败归因于内部因素,则使人感到内疚与无助;若把失败归因于外部因素,则会使人产生气愤和敌意。把成功归因于稳定因素如任务容易或能力强,会提高以后的工作积极性;若把成功归因于不稳定因素如运气好或努力,则以后工作积极性既可能提高也可能降低。把失败归因于稳定因素如任务难和能力差,会降低其以后工作的积极性;若归因于不稳定因素如运气不好或不够努力等,则可能提高其今后工作的积极性。

维纳认为,能力、努力、运气和任务难易是个体分析工作成败的主要因素。一般来说,追求成功的人把成功的原因归因于自己能力强,而把失败的原因归结为自己不努力,认为只要努力,总会办成工作。相反,避免失败的人往往把成功的原因归结为运气好、任务容易等外部原因,而把失败归结为自己无能。由于避免失败的人把成功与否归结为自己无法控制的外部因素,因此认为再次成功把握不大,这种人往往处于退让的姿态。追求成功的人把成功与否归结为自己是否努力,这种人往往在下一次选择任务时,仍能选择有相当难度的任务,自信通过努力能够成功。因此,维纳的归因理论强调努力会带来兴奋和自豪感,不努力则会产生内疚。

大量实验证明,个体对学习成功的归因变化是有规律的。一般来说,幼儿和小学生看重努力的作用,但当学生进入初中时,努力的"价值"逐渐贬值,他们会愈来愈感到努力会表明自己能力低下,这种感觉与日俱增,到了大学阶段,就把能力看作是最能体现个人价值的关键了。

三、归因偏差

在认知过程中,归因往往受主客观条件的影响而发生种种偏差。

(一)基本归因偏向

基本归因偏向(fundamental attribution bias)是指对人的行为进行归因时,人们有高估内在倾向作用而忽视情境因素作用的一般倾向,也就是个人归因多于或强于情境归因的现象。麦克阿瑟(L. A. Macarthur, 1972)的研究中,当提供的信息指向于个人归因时,82%的被试作出个人归因;而提供的信息指向于刺激归因时,只有63%的被试作出刺激归因。这也表明了人们有更喜欢作出个人归因的偏好。

专栏 7-9

基本归因偏向——低估情境因素而高估个人因素

琼斯和哈里斯(Jones & V. A. Harris, 1967)的一项研究,直接证明了基本归因偏向。他们要求具有强烈的反古巴倾向的美国被试看一些简单的演说词,其中有些是支持古巴卡斯特罗政府的,认为这是不合乎被试期望的演说;而有些是反对卡斯特罗政府的,认为这是合乎被试期望的演说。此外,告诉被试在支持或反对古巴政府的演说中,都有一些是演说者自由发表的观点,另一些是受人指使和怂恿而发表的演说。被试的具体任务是指出哪些演说者的演说反映了他们对古巴政府的真实态度。显然,演说者个人独立发表的演说应该被判断为更多地反映了他的真实态度,而受人指使和怂恿发表的演说应该被判断为较少地反映个人的真实态度。然而,这项研究的发现却是,无论在自由发表演说的情况下还是在受人指使和怂恿发表演说的情况下,被试都倾向于将演说者的演说判断为反映了他的真实态度。也就是,发表反对古巴政府演说的演说者都被判断为持有反古巴的观点和态度,而发表支持古巴政府演说的演说者都被判断为持有支持古巴的观点和态度,不管这些演说者的演说是在何种情况下进行的。这说明被试有低估行为的情境因素而高估行为的个人因素的偏向。

什么原因使人们产生了基本归因偏向呢? 对此有两种解释。一种解释认为,人们之所以会强调行为的个人因素而忽视情境因素,是由于人的内在因素比情境因素更突出、更显眼、更容易引起人们的注意。在归因情境中,知觉者集中注意的是人而不是环境,所以将活动结果归因于活动者的个人特质反映了人们自然的、习惯的认识倾向。另一种解释认为,人们之所以倾向于个人归因,是由于社会对这种归因的鼓励和赞许。社会鼓励个人的奋斗和成功,它在给予个人充分权利和自由时,也规定了其义务和责任,正是这种对个人权利和义务的强调以及对个人奋斗和成功的鼓励,使人倾向于作出个人归因。

(二)观察者与活动者的归因差异

在现实生活中,人们不仅要解释别人的行为,而且要解释自己的行为。当归因者作为观察者对别人的行为作出归因时,倾向于更多地作出个人归因,即更多地将别人的行为解释为他个人的因素使然,而忽略外部情境因素的作用。然而,当归因者作为活动者对自己的行为作出归因时,则倾向于更多地作出环境归因,即更多地将自己的行为解释为环境因素使然。

上述观察者和活动者归因偏向的差异,最早是由琼斯和尼斯贝特(Jones & R. E. Nisbett, 1971)的研究发现的,后来又被许多研究证实。例如,在尼斯贝特和卡普托(Nisbett & C. Caputo, 1973)的一项研究中,要求大学生被试写出一个简短的段落,回答一个简单的归因问题。对活动者组被试来说,要求他们回答的问题是:"为什么你选择了目前所学的专业?"结果发现他们更多地将自己的选择归因于外部因素(如,"财经专业很富有挑战性");而对于观察者组被试来说,要求他们回答的问题是:"为什么你的好朋友选择了目前所学的专业?"结果发现被试更多地将他的好朋友的选择归因于他个人的因素(如,"他喜欢具有挑战性的工作")。这表明,无论对于消极的、负面的行为,还是对于积极的、正面的行为,上述归因差异都是存在的。归因者的角色对他们作出什么样的归因有普遍性的影响。正如琼斯和尼斯贝特(1972)指出的那样:"有一种普遍的倾向:活动者将他们的行为归因于环境的要求,而观察者将同一行为归因于稳定的个人倾向或特质。"

(三)归因的利己主义偏向

如前所述,活动者有将自己的行为归因于环境因素的偏向,但并不是在任何条件下都会发生。对于消极的行为结果(失败),人们倾向于将其归因于环境因素,而对于积极的行为结果(成功),则被活动者归因于个人因素,这称为归因的利己主义偏向,已在多种不同领域的研究中得到证实。例如,施奈德等人(Melvin L. Snyder, Walter G. Stephan & David Rosenfield, 1976)在研究中发现,体育比赛中的运动员们将他们的成功归因于自己的技能和努力,而将失败归因于运气不佳或裁判不公。而在另一项学校情境的研究中,教师将学生成绩的提高归因于自己好的教学,而将学生成绩不良归因于学生能力欠佳和缺乏努力(Beckman, Mitchell & Porter, 1973)。

利己主义偏向并不是在任何条件下都会产生的。当一种行为或活动的结果对个人来说是无关紧要时,或者对这种行为结果作利己归因很难被自己或他人接受或认同时,利己主义偏向就会较少产生。例如,某次考试,全班只有一个人不及格,那么,这个人就很难用考试太难这种外部原因来为自己的失败作辩护。另外,即便一个人有充分理由作出利己归因,但如果还有其他与利己动机相矛盾的更重要的动机时,他也不会作出利己归因。例如,在有些情况下将成功的结果归功于他人而将失败的责任承担起来,反而能赢得尊重。个人的这种希望自己看起来是谦虚的、合作的欲望,将会抑制利己主义偏向的产生。

综上所述,虽然人们都有将成功结果归因于自己而将失败结果归因于外部因素的内在需要,但在实际的归因活动中,由于受到各种条件的限制,不一定都会作出利己归因。

(四)归因过程中的拟人化错误

社会生活中有一些自然现象,本来并不具有社会意义,但人们也往往作拟人化的归因。例如,人们走在路上,正巧天空飞过一只乌鸦,"哇哇"叫了几声,有人会以为这是不吉利的预兆,倒霉的事情就要发生了,因此心里总是沉甸甸的,许久不舒服。反之,如果一个人在房间里听窗外有喜鹊在"喳喳"地叫,他便认为这是一个好兆头,喜上眉梢,心里总是乐滋滋的。可以说,对自然现象加以拟人化的归因是比较普遍的社会心理现象,把一些无社会意义的自然现象加以拟人化,实质上是一种宿命论。

米乔特(A. E. Michotte, 1962)曾做一实验,他用无生命的两个物体作为实验材料,发现被试对于这两个物体的任意移动常作拟人化的归因。他用一个黑色的长方形 A 和一个灰色的长方形 B 作为实验材料,先使 A 沿着直线移动,一直到触及 B,然后停止 A 的移动。而后 B 开始移动,逐渐离开 A(参看图 7 - 2)。实验者操纵 A 与 B 的运动速度,使两者作不同的变化,发现被试也随之作不同的拟人化归因。若 A 移向 B 的速度大于 B 离开 A 的速度,被试将之归因为"B 的离开是受了 A 的影响";反过来,若 A 移向 B 的速度小于 B 离开 A 的速度,则被试归因为 B 的移动是一种"逃避"行为,是 B 出于对 A 的"恐惧"。

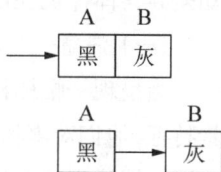

图 7 - 2

其实,A、B 两者的接触是一种物理现象,并非是社会现象。A、B 两个长方形都是抽象的无生命的物体,但被试却把其看作社会事件,作出拟人化归因。造成人们的这种心理现象多半是由于缺乏科学知识,把生活中的偶然的巧合视为必然的因果关系,这是一种偏见。

四、归因理论在实际生活中的应用

社会心理学的归因理论,在各个领域中都有一定的指导意义。例如,教师对学生学习成绩进行归因,尤其是对学习成绩落后的学生,应该加以深入的分析:这学生学习成绩为何很差?其原因是客观的还是主观的? 从而改变自己的工作方法。如果是由于不用功而成绩差(归因于个人倾向),则需要激发其学习动机,提高其学习兴趣;如果是教师的教学不得法(归因于情境),则需要改进教学方法。所谓一把钥匙开一把锁的工作方法,实质上就是归因理论的实际应用。可以说,归因理论的应用是随时随地在进行着的。近期,研究者已经调查了归因理论在临床上的应用,如沮丧情绪方面的应用(Sligman & Teasolale, 1978;Coyne & Gotlieb, 1983;Forstrepy, 1985)。许多研究表明,抑郁症患者与健康人对自己行为的归因是不同的,前者将自己的失败归因于自己能力不行,将成功归因于运气好,而后者却正好相反。抑郁者自我贬低的归因会导致进一步抑郁,从而造成恶性循环(Teri & Hautziner, 1986)。打破抑郁症恶性循环的一个方法是,重新培养归因,即把成功归因于自己,把失败归因于外部环境。莱顿

(Layden, 1987)曾经在这方面作过医疗上的尝试与努力;学生学习成绩的归因也同样是可以培养的(Wilson & Linville, 1985),教师有责任帮助学生对自己的行为作积极归因,形成良性循环。许多研究者认为,归因方法的培养有希望成为一种有用的治疗技术,以用来解决现实生活中的许多问题。

第四节　社会认知研究的新进展

一、社会认知文化差异

在全球化浪潮中,文化的作用受到越来越多的重视。文化是人类认知活动的产物,同时又反作用于认知。近年来,众多东西方文化差异的研究表明,西方人在认知过程中倾向于注意前景客体,为分析型认知风格;东方人则更多注意背景信息,为整体型认知风格。他们的社会认知差异具体体现在以下方面:

(一)注意——聚焦客体还是背景?

当呈现一幅栩栩如生的水下场景时(图7-3),日本人自然地回忆出比美国人多70%的背景特征,他们对事物关系的描述(例如:这条大鱼从那株灰色的水草旁游过)是美国人的两倍。美国人把注意更多地放在焦点目标上,比如单独的大鱼,而较少注意环境的特点(Masuda & Nisbett, 2001)。北山忍(Shinobu Kitayama)等人(2003)也发现日本人更多地是对知觉到的情境做出反应。呈现图7-4上部的方框,要求被试在一个更小的盒子里再画一条与范例中同样长(绝对任务)或与方框等比例的线(相对任务)。美国学生在画同样长度的线时更准确,而日本学生在画等比例的线时更准确。因此,东亚人倾向于注意客体的背景和事物间的联系,美国人则倾向于注意具体独立的客体。

图7-3　鱼和背景实验材料
(采自 Masuda, & Nisbett, 2001)

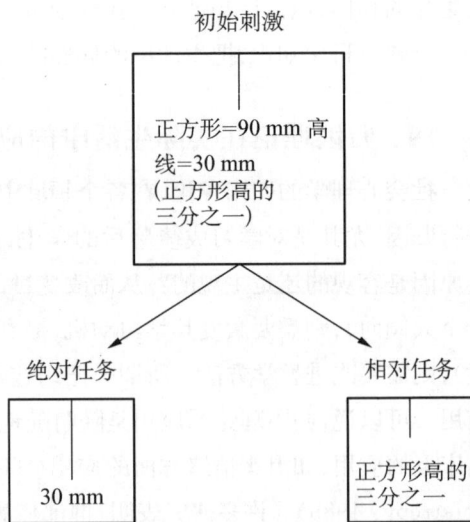

初始刺激

正方形=90 mm 高
线=30 mm
(正方形高的
三分之一)

绝对任务　　　　相对任务

30 mm

正方形高的
三分之一

图7-4　棒框实验材料
(采自 Kitayama, Duffy, Kawamura, & Larsen, 2003)

（二）归因与预测——基于内部因素还是情境因素？

一个持有西方世界观的人，更倾向于用内部原因去解释人的行为，而东方文化下的人们通常对环境的作用格外敏感，因此犯"基本归因偏向"的几率相对较小。例如，莫里斯和彭(Morris, Nisbett, & Peng, 1995; Morris & Peng, 1994)发现，美国人分析大量谋杀案件时，会认为造成谋杀的根本原因是凶手心理的不稳定性以及其消极的心理特质，而中国人则多将原因归结于社会因素。

东方人注重情境的归因风格能帮助其避免"基本归因偏向"，但由于注意到的因素很多，且认为它们与结果都有潜在的联系，因此不论得到什么结果，都认为是可解释的，其可能性是被承认的，这被称为"事后诸葛亮现象"(Hind sight bias)，在东方文化中出现得尤为频繁。在Choi 和 Nisbett(2000)的一个研究中，被试会听到这样的场景：一位年轻的、为人友善的且忠诚的神学院学生，有一天正穿过校园去传道演讲，看到一个人躺在路上求救。故事的结局是这位学生没有按时去传道。结果发现，当被试不知道主人公是否给予帮助时，美国人和韩国人都认为主人公有80%的可能性去救助求助者。如果主人公没有帮助求助者，他们会表示感到非常惊讶。当被试被告知主人公帮助了求助者时，美国人和韩国人也都认为主人公有80%的可能性去救助求助者，并且对他的助人行为不感到惊讶。当被试被告知主人公没有帮助求助者时，差异出现了，美国人所报告的他们本以为的助人可能性有80%，但是韩国人所报告的助人可能性只有50%。美国人对主人公没有助人表示非常惊讶，但韩国人却表示不怎么惊讶。因此，美国人在知道结果的情况下仍然表现出惊讶而韩国被试没有，这就体现了韩国人"事后诸葛亮"的偏见，表明他们觉得自己预测到所有的结果，而实际上他们并不知道。

（三）概念与分类——基于关联性还是规则？

规则和类别是西方人对事件进行组织整理时最重要的参照，而东方人则将事件与背景及事件之间的关系看作其组织整理事件的基础。分组实验与概念学习实验都作出了证明。

邱(Chiu, 1972)在实验中分别给中国和美国儿童呈现三个一组的物体(如图7-5)，被试被要求指出相似的两个并陈述理由。结果发现美国儿童会将鸡和牛分到一组，因为两者都是动物，属于同一类别。而中国儿童会将草和牛分到一组，因为两者存在着"牛吃草"的关系。

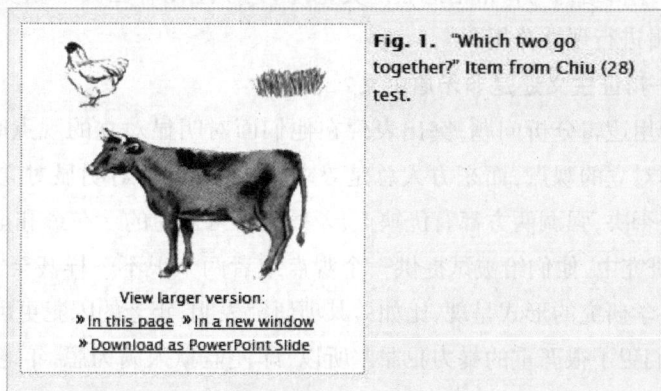

Fig. 1. "Which two go together?" Item from Chiu (28) test.

View larger version:
» In this page » In a new window
» Download as PowerPoint Slide

图7-5　概念分类实验

(采自 Chiu, 1972)

洛伯萨扬(Ara Norenzayan)等(2000)采用艾伦和布克(1991)的范式,向东亚被试、亚裔美国被试、欧洲裔美国被试呈现卡通动物,告诉他们部分动物来自金星,部分动物来自土星。一部分被试在"原型"条件下,他们只需猜测卡通动物来自哪里,然后会得到正确答案的反馈。另一部分被试在"规则"条件下,要注意动物间五个不同属性,例如弯弯的尾巴、多节的触须等,具有其中三种特征的动物来自金星,否则来自土星。结果表明,在"原型"条件下,亚洲被试与美国被试的表现无论在错误率上还是在反应时上都无显著差异,但是在"规则"条件下,当呈现出来的动物符合某一类别的判断标准,但是却和另一类别的动物看上去更相似时,即规则和相似性发生冲突时,亚洲被试比美国被试的错误率更高(当呈现出来的动物符合某一类别的判断标准并且和这一类别的动物也相似时,即规则和相似性没有发生冲突时,亚洲被试的错误率并不比美国被试高)。亚裔美国被试在速度及准确性上与欧洲裔美国被试差不多。这一研究结果说明西方人更善于运用规则系统去分类,而东亚人面对相似性与规则相冲突的事件时,容易抛弃规则而按相似性进行归类。

(四) 推理——基于形式逻辑还是经验知识?

从古希腊到中世纪的经院学派,再到19世纪末20世纪初逻辑理论家,西方始终坚持:分析论点结构要撇开内容,推理过程只根据基本的抽象命题。东方社会则不认可这种脱离实际情境的方法,其重视依靠实际经验分析问题。许多研究证明,当逻辑与经验相冲突时,东亚人在推理时比美国人更少依赖形式逻辑而更多依赖经验知识。

Norenzanya等(2000)给被试呈现一些三段论命题,其中一部分符合逻辑,另一部分不符合逻辑。而在结论上,有的看似合理其实是不正确的,有的则看似不合理但其实是正确的。此外,还有部分命题只有抽象结构而无具体内容。韩国和美国的大学生被要求对命题的逻辑有效性进行评价,并指出哪些结论符合前提条件。结果显示,相较于不符合逻辑的命题,被试能更准确地判断出符合逻辑的命题;相较于结论看似不合理的命题,被试会错误地将结论看似合理的命题判断为符合逻辑的。韩国被试比美国被试表现出对符合逻辑的命题明显的"信念偏见",他们倾向于将结论看似不合理但符合逻辑的命题判断为不符合逻辑。更重要的是,这种差异不是因为逻辑能力的差异,因为两组在判断只具有抽象结构的命题时表现没有差异。因此,可以推断,当逻辑结构与日常信念相冲突,美国大学生比韩国大学生更少受自己经验影响,从而能运用逻辑进行理性分析。

(五) 选择——辩证主义还是非矛盾主义?

西方人倾向于用逻辑分析问题,突出表现在他们面对明显对立的观点时,会倾向于否决某个观点而支持其对立的观点,而东方人总是寻求折中的办法,对明显对立的观点他们既不完全支持也不完全否决,强调两方都有优缺点,矛盾是不可避免的。在彭和尼斯贝特(Peng & Nisbett, 1999)的研究中,他们给被试提供一个观点或者两个很不一样甚至完全对立的观点。这些观点以社会科学研究的形式呈现,比如:"某项研究表明,年老的囚犯更可能是服刑时间长的囚犯,可能是他们犯了很严重的暴力犯罪。所以,即便监狱人满为患,年老的囚犯仍应该呆在监狱。"与此相对立的观点则表示:"一项关于监狱拥挤问题的调查表明,年老的囚犯基本不可能再去犯罪,因此,如果监狱里人满为患,他们应该首先得到释放。"有些被试只读到其中一项研究,其余的被试则读到这两项研究,然后要求他们评估研究的合理性。在阅读两个对立观点时,美国被试对合理提议的评分比只阅读一个观点的美国被试要高。即矛盾出现时,他们会感到要去解决矛盾,他们的做法就是更加支持原来的提议。而中国被试在阅读对立观点时,会认为它们具有同样的合理性,并且在矛盾情况下,他们会找到不合理观点的更多合理性,这与美国被试的评价结果完全不同。

二、内隐社会认知

传统的社会认知研究仅仅涉及有意识的信息加工。随着心理学理论和研究方法、技术的进步,社会信息的无意识加工现象已经得到了世界的公认,并且逐渐占据了社会认知研究领域的核心地位。

对社会信息的无意识加工研究最早可以追溯到弗洛伊德的精神分析理论,他首次明确提出了潜意识理论,并认为它是人类的心理动力根源。但是一直以来,由于内隐认知领域的不可观察性以及对研究方法和技术的高标准,使得这一研究领域始终没有取得很大的成果。到了20世纪60年代末70年代初,沃林顿(Warrington)等人在对遗忘症患者的实验研究中发现了内隐记忆的存在。到了1978年,雷伯(Reber)等人则通过"人工语法学习"的实验发现了他称之为"内隐学习"的现象。几年之后,格拉夫和沙克特(Graf & Schachter, 1985)正式提出"内隐记忆"一词,在这期间,心理学工作者对内隐现象进行了大量的实证研究,这为随后的内隐认知领域的研究奠定了基础。

(一) 内隐社会认知的研究方法

1. 传统的内隐社会认知研究方法

传统的内隐认知研究主要使用的是间接的测量方法,主要有:(1)反应时法,由于完成判断任务的反应时具有相当大的被试内差异,故用实验组与被试组的反应时水平差异来考察内隐社会认知效应。(2)补笔法,这是研究内隐记忆的一种重要方法,即被试学习一系列单词后,主试给被试提供单词的缺笔词,要求被试把心中首先想到的单词填出来。目前,补笔法已经被借用到内隐社会认知的研究中。(3)阈限下条件法,主试给被试迅速呈现一组附有感情色彩(愉快或不愉快)的刺激物,继而呈现一种清晰的中性刺激物,目的在于测查被试是否对原先的中性刺激作出了情感性判断。(4)投射法,即让被试根据一张模棱两可的照片或图片讲一个故事,或对一个抽象的刺激(如墨迹)进行联想性描述。但是这些方法的使用和解释带有很大的主观性,难以量化。直到1998年,基于反应时范式的内隐联想测验才成功地实现了内隐社会认知研究量化的梦想。

2. 基于反应时的内隐联想测验

自格林沃尔德和巴纳杰(A. G. Greenwald & M. R. Banerji, 1995)首次对内隐社会认知领域进行体系化以来,内隐社会认知研究领域不断拓展和更新,这主要得益于内隐社会认知研究方法的创新和完善。当前一系列新的方法被内隐社会认知研究领域所采用,如 Stroop 任务(Macleod, 1991)、语义启动(Neely, 1991)、评价性启动(Fazio et al, 1995)、无意识启动(Draine & Greenwald, 1998),Simon 任务(Dehouwer & Eelen, 1998)等,这些方法用于考察个体知识或评价的自动激活过程,而无需个体觉察和控制。在上述方法的基础上,格林沃尔德(1998)提示了一种新的研究方法,称为内隐联想测验(又称 IAT 法),该方法一经提出便以其创新性吸引了研究者的极大关注,在此基础上又发展出了诸如 GNAT(Go/No-go Association Task; Greenwald, 2001),EAST(Extrinsic Affective Simon Task; De Houwer, 2001)等方法,这些方法也被统合到内隐联想测验中,但它们基本上都是对格林沃尔德最初提示的 IAT 的继承和发展。所以下面我们就着重介绍 IAT 研究方法。

内隐联想测验在生理上基于于神经网络模型,该模型认为信息被储存在一系列按照语义关系分层组织起来的神经联系的结点上,因而可以通过测量两概念在此类神经联系上的距离来测量这两者的联系。IAT 的步骤大致可分为如下七步:

① 呈现概念词的样列,要求被试尽快地进行辨别归类,由系统记录反应时。

② 对属性词样列进行归类反应。如归为褒义词或贬义词等。

③ 联合任务一,要求被试对概念词与属性词的联合作出反应。由于概念词和属性词之间有两种可能的关系:相容的和不相容的,通常在内隐联想测验中设置两个联合任务——相容联合任务和不相容联合任务。相容是指两者的联系与被试内隐的态度相一致。

④ 对联合任务一进行测试。

⑤ 为了配合联合任务二的实施,交换左右键反应的内容,再次要求被试对概念词样列进行反应。

⑥ 联合任务二,和联合任务一的反应内容刚好相反。

⑦ 对联合任务二进行测试。

那么为什么内隐联想测验能够很好地测量内隐社会认知呢?这是因为在社会认知研究中,由于所呈现的刺激多具有复杂的社会意义,其必然引起被试心理的复杂反应,刺激所暗含的社会意义不同,被试的加工过程的复杂程度就会不同,从而反应时的长短也会不同。相容任务中,概念词和属性词的关系与被试的内隐态度联系较为紧密,此时辨别任务主要依赖自动化加工,因而反应速度快,反应时短。但不相容任务中,情况则恰好相反,辨别任务更多地依赖复杂的意识加工,因而反应速度慢,反应时长。和传统的内隐社会认知研究方法相比,由于内隐联想测验是建立在对内部过程的直接测量的基础上,能有效地防止意识的干扰作用,因而更具效度。并且,可以通过不同的实验设计从而实现对不同的涉及内隐态度的特质的测量,从而使得个别差异的测量成为可能,开拓了内隐社会认知新的研究方向。

(二) 内隐社会认知研究的主要领域

1. 内隐刻板印象研究

内隐刻板印象(implicit stereotypes)是指个体对某一社会群体或阶层受过去经验的影响而形成一种概括的、固定的看法,但个体并未意识到这一过去经验对自身的影响的现象。研究内隐刻板印象对于探讨中国人的传统观念,诸如重男轻女、地域观念、落叶归根以及男主外、女主内等思想,是十分重要的。

1998 年,格林沃尔德等运用内隐联想测验对黑人—白人种族刻板印象进行了研究,结果发现人们更易于将白人和好的属性连在一起,而将黑人和坏的属性连在一起,证实了种族刻板印象的存在,并发现种族内隐刻板印象和相应的外显态度测量之间是相对独立的。内隐刻板印象也会受社会动机的影响,即会受当时社会情景的需要和当事者与他人的个人关系状况的影响。西克里斯特和斯坦格(G. B. Sechrist & C. Stangor, 2001)表明了,能被觉察出的舆论能改变一个人的内隐刻板印象。在他们的研究中,被试们在知道他们的同辈人或多或少的是与他们一样有种族刻板印象以后,完成了系列启动任务。莫斯科维茨(Moskowitz)等(1999)发现具有长期公正目标的人比不具有此心态的人表现较少的内隐刻板印象。在国内,2001年蔡华俭等运用内隐联想测验对大学生的性别学科刻板印象进行了研究,发现不管大学生的性别和专业如何,都显著地把理工科和男生联系在一起,把人文学科和女生联系在一起。

2. 内隐自尊研究

内隐自尊的概念是格林沃尔德等在1995年正式提出的,它是相对于外显自尊而言的。内隐自尊就是当对同自我相连或相关的事物做评价时,一种通过内省而不能确认的自我态度效应,通常会表现出积极评价的倾向。

1999年法纳姆(Farnham)和黛安(S. Diane)采用内隐自尊测量方法对自尊和群体内偏差之间的关系进行了研究,结果发现,高内隐自尊的个体比低内隐自尊的个体更为偏好他们的性别和种族;高内隐自尊的个体倾向认同胜利的群体而排斥失败的群体。法纳姆(1999)用IAT测量被试的内隐自尊发现,内隐自尊的高低会影响个体的正向自尊需要,高内隐自尊者有更强烈的正向自尊需要。在格林沃尔德和法纳姆(2000)的研究中,低内隐自尊与负反馈之间产生了显著的交互作用,低内隐自尊受负反馈的影响较大,当其自尊受到威胁时,倾向于降低任务的重要性评价,也缺乏从事该任务的愿望。而高内隐自尊者受到负反馈的影响较小,能够抵御或缓冲外界环境对自尊的威胁。史密斯(Smith, 2000)发现内隐自尊比外显自尊高时,外显自尊通常不稳定;而外显自尊比内隐自尊高时,外显自尊相对稳定。最近,我国研究者也在尝试将内隐联想测验用于内隐自尊的研究,蔡华俭(2003)运用IAT测验对内隐自尊进行了研究和测量,同时还运用结构方程建模对外显自尊和内隐自尊的结构关系进行了研究,结果表明内隐自尊与外显自尊是相对独立的不同结构,而且在东方文化下内隐自尊是存在的,但是强度不如西方个体。

3. 内隐社会态度的研究

在社会态度的研究中,实验性分离的研究早就确认了内隐社会态度的存在及影响,希金斯等人(E. T. Higgins, W. S. Rholes & C. R. Jones, 1977)曾经作过这样的一个实验:实验情境中被试正在阅读一本小说,这本小说的主人公非常自信、独立且具有冒险精神,这时被试的一个朋友敲门,并介绍一位素昧平生的某人给被试。事后要求被试评价对该人的印象。研究表明,被试将倾向于将此人看作是自信、独立且具有冒险精神的。这表明事先的阅读经验在后来关于另一个人的印象形成上产生了启动效应。格林沃尔德在1995年将内隐态度定义为个体内省不能察觉(或不能精确识别)的过去经验的痕迹,这一痕迹调节着个体对态度对象的评价。威尔逊等2000年建构了双重态度模型(在"社会态度"一章中有具体介绍),认为人们对于同一态度客体可能同时存在着外显态度和内隐态度。内隐态度一般是会被自动激活的,而外显态度则需要较多的心理能量和动机从记忆系统中检索,当人们检索到外显态度且其强度能超越和压制内隐态度时,报告和表现的是外显态度,内隐态度被隐蔽;当人们缺乏认知能量和动机去检索外显态度时,他们将只能报告内隐态度。双重态度模型引发了人们对态度测量、态度改变及态度与行为一致性等课题的重新思考和反思,推动了研究者在更深层次上思考、研究态度的复杂性。在国内,有很多学者也开始了对内隐社会态度的研究,吴明证、梁宁建、许静、杨宇然(2004)使用 IAT 方法对内隐社会态度的矛盾现象进行了研究,证明了内隐社会态度存在着矛盾现象,并试图整合态度作为“预存评价”和“背景依赖性结构”,以探讨内隐社会态度的本质。

4. 内隐攻击性的研究

攻击问题一直是困扰人类社会的重要问题,自从 20 世纪 90 年代中期,格林沃尔德和巴纳杰等研究者提出了内隐社会认知(Implicit Social Cognition)的概念后,人们对攻击性行为的研究便开始走向了深层。

Shuium Andrew Chen、杨治良(1996)等采用内隐社会认知研究的方法,对青少年的攻击性行为进行了探讨,结果表明内隐记忆的方法也可发展到研究内隐社会认知,并且攻击性具有内隐性。杨治良等(1997)使用攻击和被攻击者相互作用的实验图片,采用 3 种加工类型 2 种测验方式的混合设计来考察社会认知的无意识或内隐成分,结果发现,加工类型对被试的再认测验和偏好测验有不同的影响,出现实验性分离,从而支持了攻击性行为具有内隐性特征的结论。叶茂林(2001)使用表示攻击和被攻击相互作用的动词为实验材料,考察未成年人攻击性的某些内隐社会认知特征,研究验证了在未成年人身上也存在有内隐形式的攻击性。戴春林、杨治良、吴明证(2005)所做的内隐攻击性的实证性研究中,在杨治良 1996、1997 年研究的基础之上,使用 IAT 技术对个体攻击性行为的内隐性和自动化特征进一步进行了探讨。通过上述的研究我们可以得出以下几个结论:①与其他行为相比人类的攻击行为更具有内隐性。这是由于外显行为受意识的监控,攻击性为同情心所掩饰或缓冲,从而被试能够与社会的道德要求达到一致。②攻击性的影响作用是自动化的。内隐性的攻击性往往是在个体没有意识到自己的判断和行为受到过去经验的影响下产生的,因此在内隐测验中,在攻击性上没有显著的性别差异,但在外显测验中,由于知道自己的行为会受到某种影响,因此在攻击性方面,女性要弱于男性。③内隐攻击性的研究使我们对传统的外显攻击性研究的结论有了不同的认识。在传统的外显测量研究中,所得到的结果多数是与我们的常识相符的,如男性通常要比女性更具攻击性,表露出更多的外显攻击行为。在用内隐记忆研究方法的研究中,则发现男女测验条件下,男女被试均偏好攻击,没有表现出性别差异。内隐状态下女性与男性具有相近的攻击倾向,女性并不具有受虐性人格特征。通常我们还认为,暴力罪犯的攻击性比正常人的攻击性要强,但用内隐记忆研究方法进行的研究中,却发现这两个群体在内隐攻击性上并没有显著差异。

内隐社会认知的研究是当代认知心理学和社会心理学的最前沿课题。通过内隐社会认知的研究,可以获得在意识条件下难以获得的人类无意识心理活动的事实材料,揭示人的社会认知中无意识性因素的作用及其规律,虽然现在的研究还存在很大的缺陷,但是随着内隐研究方法和技术的进一步完善,必定会在今后的研究中取得丰硕的成果。

社会认知是社会心理学的核心概念,它是指个人对他人的心理状态、行为动机和意向作出推测与判断的过程。简而言之,就是人们如何理解和思考他人。在一定的社会情境下,我们会根据情境的需要来改变自己的行为,也会从周围其他人的行为之中获取线索。我们对于他人的判断,不仅取决于对方的行为,还取决于我们如何解释他人在特定社会背景之下做出的行为。

社会认知具有选择性、认知反应的显著性、防御性等特点,内容涉及的范围较广,主要包括对人的情绪情感、性格以及人与人之间关系的认知。

社会认知是研究社会心理现象的一种思路或范式,受到多方面因素的影响,包括认知者的心理特点、认知对象的特征、认知情境等主客观因素。

图式作为社会认知的一个核心概念,是指以一个特定事物或主题为中心,帮助个体组织社会信息的心理框架。它用来阐释人们如何进行社会认知活动,以及据此作出相应的行为和恰当的反应。图式包括自我图式、人的图式、角色图式及事件图式,不同图式之间是相互影响、相互制约的。

社会信息较复杂的情况下,为节省认知资源,个人依靠简化的直观推断往往导致社会认知的偏差,如首因效应、近因效应、晕轮效应、刻板印象等。

归因是社会认知中一个活跃的研究领域,指人们对他人的行为或自己的行为的原因加以解释和推测的过程。由此形成了一系列理论,称为归因理论。从海德正式提出归因现象开始,归因理论处在不断创新中。琼斯和戴维斯提出对应推断理论,从海德的关注人的行为到关注人的内在倾向或特质;凯利的"三度理论"关注人们究竟利用哪些信息作出归因;维纳的成就归因模型,认为能力、努力、运气和任务难易是人们分析工作成败的主要因素。

在认知过程中,归因往往受主客观条件的影响而发生种种偏差,如基本归因偏向、观察者和活动者归因差异等,这些偏差有的是由于人类的认知局限造成的,有的是由于人们不同的动机引起的。

社会认知文化差异是社会认知研究领域里的新鲜血液,目前东西方认知差异主要体现在:西方人在认知过程中倾向于注意前景客体,为分析型认知风格;东方人则更多注意背景信息,为整体型认知风格。这种差异在注意、归因、预测、分类、推理等一系列社会认知过程中都有所体现。

思 考 题

1. 本章中所提到的印象形成过程中的社会认知偏差,例如首因效应、晕轮效应、刻板印象等,你在现实生活中有没有接触过呢?可以是在自己身上出现的,也可以是你从他人身上观察到的。

2. 当你对社会事件进行归因时,例如网络上"富二代"炫富的新闻,是更倾向于个人归因还是情境归因呢?当你作为当事人或旁观者遇到同样的事情时,例如自己失恋或好朋友失恋,归因角度是否有所不同？

拓展阅读

1. 戴维·迈尔斯.社会心理学(第8版).侯玉波等译.北京:人民邮电出版社,2006.

2. 乐国安.西方社会心理学新进展.广州:暨南大学出版社,2004.

3. 乐国安.中国社会心理学研究进展.天津:天津人民出版社,2004.

4. 刘永芳.归因理论及其应用.上海:上海教育出版社,2010.

5. 全国13所高等院校《社会心理学》编写组.社会心理学.天津:南开大学出版社,2003.

6. 俞国良.社会心理学.北京:北京大学出版社,2006.

7. E·阿伦森.社会性动物(第九版).邢占军译,缪小春审校.上海:华东师范大学出版社,2007.

8. Nisbett, R. E. , Peng, K. , Choi, I. & Norenzayan, A. (2001). Culture and Systems of Thought: Holistic Versus Analytic Cognition. *Psychological Review*, 108(2),291-310.

第八章　社　会　态　度

《态度决定一切》这本书曾经在美国最畅销书排行榜上待了整整十年。从此,"态度决定一切"成为表达积极思维的口头禅传遍全世界,并形成特殊的积极理论激励着人们的学习、工作、生活。"神奇教练"米卢也曾将"态度决定一切"的原则应用在执教生涯中,强调球员态度的重要作用,给中国队注入了"快乐足球"的理念。那么,态度到底是什么? 它真的有"决定一切"的强大力量吗? 学完本章内容后,相信你们会有自己的答案。

第一节　社会态度概述

人们在生活中经常会表现出比较固定的态度和行为模式。所以要预测个人行为,首先要研究人们的态度。由于态度的对象具有社会性,所以一般将态度和社会态度等同。

心理学中,最早涉及态度的实验是朗格(J. S. Lange)的反应时间实验。他发现当被试心理上对自己需作的反应有所准备时,其反应时间会比未做准备时要快。被试心理上的准备状态影响个人的记忆、判断、思考和选择,而这种准备状态就是态度。个人的态度决定自己将会看到什么、听到什么、想些什么和做些什么。

一、态度的定义及其分析

(一) 态度的定义

态度由认知、情感、意向三个因素构成,是比较持久的个人内在结构,是外界刺激与个体反应间的中介因素。个体对外界刺激的反应受到态度的调节。

社会心理学家罗森伯格等人(1960)详细解释了态度的内在结构特征(如图 8-1 所示),认为态度是刺激与反应之间的中介因素。

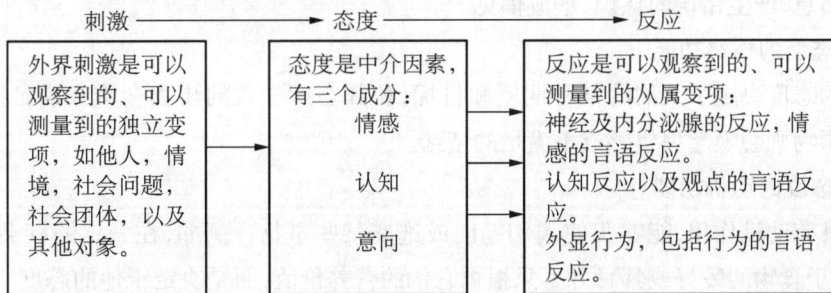

刺激　─────→　态度　─────→　反应

外界刺激是可以观察到的、可以测量到的独立变项,如他人,情境,社会问题,社会团体,以及其他对象。	态度是中介因素,有三个成分: 　　情感 　　认知 　　意向	反应是可以观察到的、可以测量到的从属变项: 神经及内分泌腺的反应,情感的言语反应。 认知反应以及观点的言语反应。 外显行为,包括行为的言语反应。

图 8-1　态度的内在结构

认知因素规定了态度的对象。态度的对象可以是人、物、群体、事件,也可以是一些抽象概念(如勇敢、困难等),还可以是制度(如高考制度、婚姻制度等)。只笼统地说某人态度友善并不准确。态度必须有明确的对象,例如,对家人的态度,对学习的态度等。认知因素带有好坏的评价与意义的叙述,是个人对某个对象的认识与理解,以及赞成—反对,善—恶,有希望—无希望等的判断。情感因素是个人对态度对象的好恶,即个人对态度对象的内心体验,如喜欢—厌恶,尊敬—轻视,热爱—仇恨,同情—冷漠等。意向因素是个人对态度对象的反应倾向,即行为的准备状态。意向不是行动本身,而是行动前的思想倾向。意向与需要关系密切,如想靠近—想远离,想占有—想丢弃等。

以上三个心理因素通常会相互协调,而当三者相互矛盾时,情感因素会起主要作用。生活中常见这种情况,很多道理大家都了解,但并不能真正转变一个人的态度,因为认知的改变并不能保证情感的转变。如双方因误会而争吵,虽然经过第三者调解而澄清了事实真相,但并不能保证双方感情的融洽。意向则取决于认识与情感,只要认识清楚,情感增强,作出行动的思想准备也就随之而来。

(二) 态度决定于价值

价值是态度的核心,指态度对象对人的意义。人们对于某个事物的态度,取决于该事物对人们的意义大小。G·W·奥尔波特等人认为事物主要有六种价值:①经济的价值,认为生活的主要目的是财产的得失。②理论的价值,力求在知识系统内发现新东西。③审美的价值,把美作为人生的根本意义。④权力的价值,认为人生的目的在于支配他人。⑤社会的价值,认为最有意义的工作是增进社会福利。⑥宗教的价值,把精力放在追求神秘的东西上。

由于环境与教育条件的不同,每个人具有不同的价值观(需要、兴趣、信念和世界观等)。因此,不同的人对待同一个事物会有不同的态度。例如,一张外国邮票到了集邮爱好者的手中会被赋予更多价值和意义,而对于集邮圈子以外的人来说,其价值只是其所代表的经济价值。

二、态度的功能

(一) 态度的认知功能

态度为个体的行为反应提供具体信息。某一特定态度一旦成为一定的心理结构,就会影响人们对后继刺激的接受和后继刺激价值的判断与理解。

态度使个体有选择地接受有利于自己的、合适的信息,拒绝不合适的信息,但也可能会曲解地接受信息,产生错误的认识,形成偏见。

(二) 态度的情绪功能

特定的态度决定了人们的某种期望和目标,和其态度一致的事物会带来满足感;与其态度相反的事物则会唤起失望感或不满足的情绪。

(三) 态度的动机功能

态度具有动机作用,能够驱使人们趋向或逃离某些事物。例如,在一定的社会文化传统下,人们对于食物的爱好或禁忌并不只根据它们的营养价值,而是决定于他的态度。对许多人来说,蛇肉是恶心的代名词,如果要他吃蛇肉,他将竭力反对。

态度的动机功能主要有三方面：①适应功能，态度促使个体转向为实现自己目标而服务的某一对象。②表现功能，态度可使主体摆脱内部紧张，成为表现自己个性的工具。③防御功能，态度可促使个体解决内部矛盾，超脱群体情境以保护自己。

三、态度与行为的关系

（一）态度与行为是否一致

人们通常认为，态度和行为是一致的，态度决定人的行为。例如，"9.11"事件中，19名劫机犯对美国政府的仇恨令他们制造了震惊世界的自杀性恐怖袭击，这说明极端的态度会导致极端的行为。然而，许多研究表明，在许多场合下，态度与行为并不一致。

拉皮尔(R. T. La Piere)对旅馆、餐馆老板的表面态度与其具体行为之间的关系进行了研究。他的研究分为两部分，第一部分着重观察真实的行为，第二部分是用问卷评估与其相关的假设性态度。在观察阶段，他与一对中国留学生夫妇开车沿着太平洋海岸线周游美国，行程一万多英里，他们共住过67家旅舍、汽车旅馆和"旅行者之家"，在184家饭店和咖啡馆用餐。在当时的美国，对有色人种的偏见要比今天厉害得多。但他们在几乎所有的旅馆和饭店都没遭到拒绝，只有一家旅馆的老板对他们说："我不接待日本人。"6个月后，拉皮尔向那些他们曾经访问和未曾访问过的地方邮寄调查问卷。几乎所有他们到过的地方，有超过90%的店家表示他们将不会接待中国人。另外，那些他们未曾访问过的地方所得到的回答，其分布状况与访问过的一样。这就说明，不论他们是否接待过中国人，对于接待中国人的态度是一致的，具体结果如表8-1所示。

表8-1 旅馆、餐馆老板接待中国客人的态度

问卷的问题是：你愿意在自己的旅馆或餐馆接待中国客人吗？

回答	到过的旅馆	到过的餐馆	未到过的旅馆	未到过的餐馆
不愿意	43	75	30	76
不能确定，依据具体情况而定	3	6	2	7
愿意	1	0	0	1

（采自 Roger R. Hock, 2004）

如果我们仅根据问卷结果，我们会得出这样的行为预测："如果中国人去访问这些旅馆和餐馆，那么他们会被绝大多数的店家所拒绝。"而实际情况却截然相反。因此，拉皮尔得出：要预测人在面对真实的特定情景或特定人物时的行为表现，仅靠假设性情景的口头回答（即态度问卷）是远远不够的。

拉皮尔的发现并非偶然。1969年，威克(A. W. Wicker)对40多项有关态度和行为关系的研究进行回顾。这些研究从诸如工作满意度、种族偏见、消费者偏爱、政治信念等对态度进行考察。威克发现，这些研究对态度可以预测行为的假定只有微弱的支持。

巴斯顿(D. Baston)等(1997,1999)提出"道德伪善"的概念，即人们会表现出有道德水准，但实际上拒绝付出任何代价。他们给被试布置了两个任务：一个有奖励（被试可能挣到有机会中 30 美金的彩票），一个没有奖励。要求被试必须给自己安排一个任务，然后把剩下的任务安排给别人。20 人中，仅有 1 人认为给自己安排有吸引力的任务是最道德的，但有 80％的人是这样做的。在接下来的实验中，研究者给被试一些硬币并告诉他们，如果他们愿意的话可以通过私下抛掷硬币的方法来分配任务。结果选择抛掷硬币分配任务的人中，仍有 90％的人给自己分配有奖励的任务。在另一个实验中，巴斯顿在硬币的每一面都贴了标签，以明确抛掷的结果。但 28 人中仍有 24 人给自己安排了有奖励的任务。上述的研究表明，当道德和贪婪同场竞技时，往往是贪婪获胜。

专栏 8 - 1

产品用户研究中的"言行不一"

当某公司引入 Boom Box 概念的时候，他们邀请潜在的消费者，组成焦点小组来讨论新产品的颜色：黑色或黄色。经过这一组潜在购买者的讨论之后，每个人都认为消费者应该更倾向于黄色。这次会议以后，组织者对小组成员表示感谢，并告诉他们在离开前每个人可以免费带走一个 Boom Box 作为回报。那里有两堆 Boom Box：黄色和黑色。

结果是每个人拿走的都是黑色！用户出现言行不一的情况。此前对态度的评估完全不能预测个人真实的行为。

（资料来源：http://cdc.tencent.com/？p＝3979）

（二）影响态度和行为变化的因素

态度和行为为什么会不一致？因为态度和行为受到多方面因素的影响：

（1）个体所持态度的认知成分和情感成分的一致程度。如果个体对人或事物的态度在认知上和情感上保持一致，态度与行为就会表现出较高的一致性。但如果认知和情感不一致，甚至相互矛盾，态度与行为之间的关系就常常不一致。

（2）个体所持态度的具体程度。个体所持态度的具体程度也会影响态度与行为之间的关系。当态度与直接情境相关时，态度能够更好地预测行为。例如，对于废品回收的态度（但并非对环境问题的总体态度）能预测个体在废品回收中的参与行为(Oskamp, 1991)。

（3）个体的人格因素。有些人的态度与行为表现出较高的一致性，而有些人则易受具体环境的影响，态度和行为间的关系变化较大，这种个体差异与人格有关。例如，自尊心强的人，一般不会轻易受他人影响，而自尊心较弱的人，则容易为他人所左右。

（4）同一对象具有多种属性与特征，对相同事物不同属性的不同态度会导致不同的行为。例如，人们对才能卓越而又过分自负的人往往既钦佩又反感，随之会有时而追随时而远离的行为。

（5）环境因素的影响。个体的行为总是在一定的情境中发生的，因而就不可避免地受到环境因素的影响。例如，人们往往不愿意和他不喜欢的人坐在一起，但若某个人作长途旅行时，发现车上只有他不喜欢的人旁边有空位，他仍会选择在空位上坐下来。这一行为与他的态度并不一致,但当时的情境迫使他作出违背态度的选择。再如一个人不喜欢抽烟,也无抽烟习惯,父母也不赞成他抽烟,但在周围朋友都抽烟的情境下,他也可能抽烟,这就是情境使他的态度与行为不一致。

（三）态度何时是有效的

如前所述,态度和行为间的关系复杂,影响两者关系的因素也多种多样,但这并不意味着无法对两者之间的关系进行较为准确和科学的预测。很多社会心理学家们都提出了可以较精确地评定态度的方法,以期最大程度地控制其他因素的影响。例如,测量被试讲述时面部肌肉反应,可以揭示出其微笑或者细微的皱眉的表情(Cacioppo & Petty, 1981);"内隐联想测试"用反应时测量人们概念联想的速度(Greenwald, et al, 2002,2003);通过测量人们是否将更多时间花在建立积极词汇与黑人面孔的联系上(与建立积极词汇与白人面孔关系的反应时间比较)来考察被试内隐的种族态度。

专栏 8 - 2

用单一行为准则和多重行为准则来预测行为

菲什拜因和埃杰(Fishbein & Ascher)提出,当一个人的态度对象和态度关联行为相同或相近时,这一态度与行为之间的关系就有较高的一致性,该态度就能较好地预测行为。例如上文所提废品回收态度和废品回收行为关系的例子。此外,菲什拜因和埃杰进一步提出:(1)单一行为准则,对某一特定行为的态度只能够为该行为的预测提供良好的依据,例如对慢跑的态度就只能是和慢跑行为的预测相联系。(2)多重行为准则,当我们根据针对某种事物的一般态度预测行为时,只能以多重行为作为预测指标。例如对健康生活方式的态度就与多种健康生活行为相联系,如作息规律、饮食健康等。根据这一态度预测行为时就要选择多种行为指标。

当我们清楚地意识到态度是强有力的时候,态度也能更好地预测行为。迪纳和沃尔伯(1976)注意到几乎所有的大学生都认为作弊是不道德的,他们在实验中让大学生猜一个字谜(告知被试目的是测智商),并且告诉他们当屋里的铃响时就停止猜谜。在被试单独答题时,71%的学生在铃响后继续做题。而在那些可以自我觉知的学生中——让他们在一面镜子前做题,同时听录有自己说话声音的磁带——只有7%的学生作弊。另外,巴斯顿等人进行的"道德伪善"研究中的最后实验发现:当人们在镜子前抛硬币的时候,硬币抛得十分公平,正好有一半的被试把好的任务安排给了其他人,这说明镜子确实能让行为与内化的道德态度达成一致。这就让人不禁联想:商店中与人等高的镜子,是不是能降低盗窃发生的概率?

第二节　社会态度的结构

原先有学者认为,态度是单维结构,具有单一的核心概念。但实际中,社会态度的结构显然比学者的预期复杂得多。虽然社会态度的结构模型在心理学界尚无统一定论，但是随着研究的进展及科技的进步，我们相信社会态度结构的"黑箱"终将被人们所揭示，下面就介绍两种主要的理论模型。

一、社会态度的多层次结构模型

社会态度是个体复杂的内在结构，既有不同的层次，又有不同的方向。苏联社会心理学界普遍用"定势"、"社会定势"的术语分析态度。在这里，"态度"与"定势"两者的涵义相同。

苏联社会心理学家亚多夫（B. A. Yadov）在Ⅰ·Н·乌兹纳捷的定势理论基础上提出社会定势层次理论。定势理论认为"定势是主体完整的动力状态，是对某种积极性的准备状态，是受两个因素（主观需要和相应的客观情境）制约的状态"。即在重复情境的条件下，若人的需要总能得到满足，由需要引起的行为就会得到巩固，这时便产生定势。

苏联学者指出，定势概念更多涉及人最简单的生理要求的实现问题，因而不能运用于人的态度研究中。因此，亚多夫进一步发展乌兹纳捷的观点，提出了社会定势具有层次结构的新观念。

（一）社会定势诸层次

亚多夫按照倾向不同把社会定势划分为四个层次。

第一个层次是基本固定定势。乌兹纳捷认为，它们是在机体需要和最简单的情境的基础上形成的。亚多夫则认为，它们是在家庭和最低的"具体情境"的条件下形成的。这一倾向层次可用"定势"表示。

第二个层次是较复杂的倾向，这一倾向以人对小群体交往的需要为基础，在该群体的特定情境中形成。亚多夫称之为"社会固定定势"，是由认识、情感、意向三个因素组成的一个复杂结构。

第三个层次是个体在较大的社会群体中形成的一般兴趣倾向性。这种倾向表明个体对某一固定活动领域的态度，即基础社会定势。这种定势是包含认知、情感和一项的复杂结构，既反映为个体对个别事物的态度，又反映个体对某些更为重要的社会领域的态度。

第四个层次是倾向的最高层次，这个层次组成个体价值定向体系。与上述三种倾向层次不同，价值定向体系反映出个体对生活的追求以及满足需求的手段的态度，也就是反映出个体对一般社会条件、社会类型及其经济、政治和意识形态原则系统所决定的个体生活"环境"的态度。

（二）各个层次的社会定势对个体的调节作用

亚多夫认为，社会定势四个层次所构成的复杂结构是个体行为的调节系统。他定义了每一层次倾向和对活动类型调节的相互关系：第一个层次表示个体对外界具体情境的直接反应；第二个层次调节个体在日常生活中的行为；第三个层次调节个体的某些行为系统；第四个层次调节个体行为的整体性或个体活动本身。最高层次的目标是制定"生活计划"，计划中最重要的成分是和个体活动的主要领域（劳动领域、认识领域、家庭、社会生活等）有关的某些生活目的。

社会定势在调节个体活动中虽然重要，但仍具有一定限制性。在具体的人际互动情境或是简单的日常情境中，我们可以通过态度了解个体倾向性，了解人们行为背后的原因。但在复杂情境中,如解决生活中重要问题或确定生活的重要目的时,个体行为有着更为复杂的调节机制,我们却无法说明态度对个体某种行为影响大小。

(三) 知、情、意在社会定势最高层次中的地位

亚多夫指出,在社会定势最高层次中,认知成分、情感成分和意向成分以特殊的形式出现,主要表现为它们所占比重不同。在具体的社会环境中,情感成分起很大作用,而在调节个体行为和现实活动的最高层次时,情况则不同。因为在这个层次上,这种现实活动本身只有在极为复杂的社会情境被个体认清和被理解时,才能被个体掌握。换言之,在较高层次中,尤其是最高层次中,认知成分占有较重要的地位,不能再认为个体的价值定向体系(其中包括对生活基本价值的态度,如劳动、道德、民主)主要建立在情感评价基础上。由于社会定势层次结构的复杂性,我们应该以新的方式认识社会定势中知、情、意三因素间的相互关系。

上述观点可用以解释一些社会现象,如口头表示的态度与现实行为间存在差别,这不仅由于"对客体的态度"和"对情境的态度"对行为的调节,在社会定势同一层次上,时而态度的认知成分占优势,时而态度的情感成分占优势,更主要的是由于在每一个具体行为情境中,有各种倾向层次在"起作用"。

二、双重态度模型

在20世纪90年代之前,人们一直有意识加工作为态度研究的前提。但外显态度与可观察行为之间的弱相关使得不少研究者产生困惑,并对态度的直接测量方法产生怀疑。而随着内隐记忆研究的异军突起,越来越多的证据支持社会行为以内隐或无意识方式操作的观点。内隐社会认知领域的开拓者格林沃尔德和巴纳杰在大量研究文献的基础上提出关于态度的新概念——内隐态度,即过去经验和已有态度积淀下来的一种无意识痕迹潜在地影响个体对社会客体对象的情感倾向、认识和行为反应。在此基础上,威尔逊和琳赛等人提出双重态度模型理论。

(一) 双重态度模型的基本观点

双重态度与矛盾态度有所区别,矛盾态度指一种冲突状态,人们认识到一种态度客体既有积极的特点又有消极的特点,因此,矛盾态度可以通过人们直接报告他们所感到的冲突进行测量。双重态度则只有当人们对于记忆中的同一态度客体有不同的评价时才会发生,且其中一种评价比另一种更易获取。由于其中一种评价占有绝对优势并被看作是唯一评价,所以人们并不感到冲突或矛盾。而实际上存在的另一种评价则会在某些情况下出现并影响行为。威尔逊、琳赛和斯库勒(Wilson, Linsey & Schooler, 2000)在研究的基础上提出双重态度模型的五条假设,构成了双重态度模型的基本观点:

(1) 相同态度客体的外显态度与内隐态度能共存于人的记忆中。

(2) 存在双重态度时,内隐态度会自动激活,而外显态度则需要较多的心理能量和动机从记忆中去检索。当人们检索到外显态度,且它的强度超越和压制内隐态度时,人们才会报告外显态度;当人们没有能力和动机去检索外显态度时,他们将只报告内隐态度。

(3) 即使外显态度被人们从记忆中检索出来,内隐态度也会使人们做出无法用意识控制的行为反应(如一些非言语行为)和缺乏主观控制意愿的行为反应。

（4）外显态度相对易于改变，内隐态度的改变则较难，态度改变技术通常改变的是人的外显态度，而非内隐态度。

（5）双重态度与人们的矛盾心理是有明显区别，在面临一种有冲突的主观情景时，双重态度的人通常报告更易获取的态度。

（二）双重态度的类型

根据人们对内隐态度的意识程度和是否具备超越内隐态度的动机与能量，双重态度可分为以下四种类型：

压抑，人们可能会将某种唤醒焦虑的态度排除在意识之外，而如果人们对于同样的态度客体另有一种有意识的态度时，就会产生双重态度。压抑的过程包含认知容量和动机，若动机减弱，内隐态度就可能被觉知。即如果人的自我防御能力较弱（以至于压抑失败）或者压抑情感的动机降低，人们就更有可能意识到自己的内隐态度。比如在身心疲劳或隐蔽的场合中，对女性持有偏见的人会更多表现出对女性的消极评价。

独立系统，格林沃尔德和巴纳杰（1995）将这样的状态称为"分离"，指人们既有不能觉知的内隐态度，又有能够觉知的外显态度，两种相互独立，一个以内隐的方式影响人的行为反应，另一个影响人的外显反应。多维迪奥（John F. Dovidio）等人（1997）指出，偏见同时具备控制和自动两种成分，可分别用自陈量表和启动技术等内隐测量方法对它们进行评定，对态度的自我报告与反应潜伏期测量都是有效的方法，两者的测量结果相关度很低，自动的和外显的评价分别预测不同的行为。

动机性压制，指个体完全意识到他们的内隐态度，但这种内隐态度通常不符合社会逻辑规范或个人不想拥有，这就驱使他们用一种完全不同的态度去压倒和战胜它。

专栏 8-3

对罪犯的积极评价被压制了？

威尔逊、琳赛和安德生（1998）在试验中首先要求被试建立一种态度，进而使被试确信该态度并不正确，然后观察被试是否使用正确态度消除初始态度，初始态度是否在无意识水平上起作用。他们预测：如果被试具备足够的认知容量和动机，则在外显测量中他们会抑制初始态度，在内隐测量中则表现出这种态度。实验过程中，被试一边听描述罪犯和公诉人的录音，一边看两人的照片投影，以使被试形成关于描述对象较强的消极或积极评价。然后，控制组被试直接对照片加以评价，而实验组被试被告知由于主试失误，罪犯和公诉人的照片位置发生颠倒。评价阶段时，被试被要求对调换后的"正确"照片给予评价。结果表明，控制组被试在所有态度测量中反应均相似，因为他们只有一种态度。实验组被试在语义区分量表等外显态度测量中的反应与控制组被试相似，如对罪犯的态度都很消极。但在有时间压力的特质评定及内隐态度测量中，实验组被试对罪犯表现出更积极的评价。因而当被试具有两种态度时，他们的态度内容依赖于认知容量和测量的性质。

自动压制,指个体以外显态度压制或超越内隐态度的过程本身自动化。人们从记忆中检索到的外显态度会自动超越并压制内隐态度。外显与内隐态度有自动化联结,以至于人们不能意识到内隐态度的存在。主动压制和自动压制之间的差异在于超越和压制内隐态度所需的意识努力,主动压制时,人们需要一定的意识努力;而自动压制中,当人们从记忆中检索到外显态度后,外显态度会自动压制内隐态度。

内隐态度的存在已经得到众多研究者的认同,但学者对内隐态度和外显态度的关系仍存在分歧。内隐—外显态度同一论认为外显态度和内隐态度测量是同一心理结构,内隐态度测量的是"真实的"态度,而外显态度是内隐态度受到其他因素干扰的歪曲表达。外显态度没有反映个体的真实态度,因为外显态度容易受到个体意识性意图的影响。内隐—外显态度分离论则认为内隐态度和外显态度是两种不同的内在心理结构,具有不同的心理加工机制。这一论点得到实证研究的支持(Devine,1989;Dovidio 等人,1997;Greenwald & Banaji,1995;Wilson,Linsey & Schooler,2000;Dovidio,2001)。分离论认为内隐态度和外显态度的信息加工过程不同,外显态度是我们思维的意识性产物,是我们自我反映的结果;而内隐态度可能是无意识的产物,是通过内省无法接近的区域。因此,内隐和外显态度彼此并不相关。尽管还存在着诸多争议,但内隐态度的发现毫无疑问给社会态度的研究注入新鲜的血液,为我们更好地理解人类的态度和行为开启了一扇大门。

第三节　社会态度的形成与转变

态度的形成过程与个人社会化过程是同步的,一个婴儿从母体中分娩出来后,从生物体或自然人,需要得到成人的照料,发育成长,直至成为社会人。他在成长过程中逐渐对周围世界形成各种态度,逐渐树立固定的价值观。因此,态度的形成与转变过程也就是个体的社会化过程。而过程中社会态度的形成与社会态度的转变联系紧密。社会态度的转变,实质上是一种新的态度的形成,其转变的过程及其机制与态度的形成过程同步。所以本节我们首先介绍态度的形成与转变过程,然后着重分析社会态度形成与转变的相关理论、态度的转变策略及影响因素。

一、社会态度形成与转变的过程

凯尔曼(H. C. Kelman)于 1961 年提出态度变化的三阶段理论。他认为态度的改变过程不是一蹴而就的,而是需要经过服从、同化、内化三个阶段。

(一)服从(顺从)阶段

服从指人们为获得物质与精神报酬或避免惩罚而采取的表面服从行为。服从行为不是人们真心自愿的行为,且这种行为具有一时性,仅限于在可能获得物资、金钱、被他人承认、赞扬等物质或社会报酬的情景下,或存在于避免被批评、罚款、处分等精神与金钱的惩罚的情景下。如果上述情景消失,则其行为马上终止。例如,有的汽车司机在交通民警指挥下,能按规定车速驾驶前进,民警的身影一旦消失,司机就超速行驶。有的小学生在老师视线的监督下表现得规规矩矩,教师一旦离开教室,马上就活跃起来。

(二) 同化阶段

同化指人们自愿接受他人的观点、信念,使自己的态度与他人要求相一致。如青年为争取成为一个共青团员,他承认团章、遵守团纪、接受团组织对他的要求,以先进青年的姿态对待工作与生活。与服从阶段不同,同化不是在外界压力下形成与转变态度,而是出于自愿。

同化能否顺利实现,他人或群体的吸引力是很重要的。一个人为了成为某群体中的一员而自愿采取与之一致的态度,就要求该群体必须具有一定的吸引力,否则同化过程不可能维持下去。

(三) 内化阶段

内化指人们真正从内心深处相信并接受他人观点并彻底地转变自己的态度。人们把新观点与新思想纳入自己的价值体系之内,成为自己态度体系中的一个有机组成部分。例如,一个人内化自觉遵守交通规则的态度后,其遵守交通规则的行为就不受外界环境的影响,而成为他生活的需要。不管周围有没有人,他都能自觉遵守交通法规。这时,他的交通安全意识与情感已经根深蒂固,成为他思想体系中的重要组成部分。

一个人的态度只有到达内化阶段才会稳固。内化在态度形成过程的三阶段中也是最持久、最难转化的。我国许多革命烈士在敌人的屠刀下威武不屈,最后牺牲自己宝贵的生命,就是因为他们对共产主义怀有必胜的信念,并已达到内化的程度。

服从虽然并不出于自愿,但它可能是转变态度的必经阶段。例如,遵守交通规则,一般司机必须先服从,然后才能逐步形成习惯,变成自愿遵守,最后形成牢固的观念。

态度从服从、同化到内化是一个复杂的过程,但并不是所有人对所有事物的态度都必须经历整个过程。有的态度可能只停留在服从或同化阶段,有的态度即使到达同化阶段,还要经过多次反复,才有可能进入内化阶段。所以,形成内化的态度十分困难。如一个先进班组,其集体成员的组织性与纪律性看起来很不错,但却尚未进入到内化阶段时,一旦原班组长被调走,这个班组成员的组织性与纪律性可能就会下降。

二、社会态度形成与转变的理论

社会态度的形成与转变往往不可分离,社会心理学家针对该领域提出一系列的理论,其中主要有两类:一类是行为主义的强化理论,另一类为认知学派的认知平衡理论。两种理论各有侧重,但伴随认知科学的兴起,认知理论目前占据明显的优势。

(一) 态度的强化理论

行为主义把态度看成个体对环境刺激的反应。认为态度的形成与转变按条件反射的模式进行,强调在态度形成与转变过程中联想、强化以及模仿的重要作用。其中强化是基本条件,在态度形成和转变中具有决定性作用,因而该理论也被称为强化理论。主要代表人物是耶鲁大学的霍弗兰(C. I. Hovland)。

人们的许多态度确实是在强化条件下形成。例如,在表扬、奖励等积极强化作用下,人们形成对读书的肯定态度;而在批评、惩罚等消极强化下,人们形成对吸烟的否定态度。斯塔茨(Staats, 1990)在实验中给被试呈现一些中性词的人名,但当出示"汤姆"时,说出肯定性的形容词,如漂亮、幸福、有才华等;而当出示"比尔"时,则说一些否定性的形容词,如丑陋、讨厌、愚蠢等。随后要求被试评价一些人名(包括汤姆、比尔),并说明自己的喜欢程度。结果发现被试对于伴随肯定性形容词出现的人名产生积极态度。

在态度的形成与转变过程中,联想也有重要作用。吉普塔(Gupta,张德译,1990)以印度的高中学生为被试,要求他们把印度的一个部落名字"曼达"同一个无意义的词"加克达"联系起来。然后对"加克达"一词给以积极或消极强化,使被试对它产生愉快或不愉快的态度,最后出示部落的名字"曼达"。结果,被试对与"加克达"相联系的"曼达"也产生相似的喜欢与不喜欢的态度。由此,有学者(Berkowitz,张德译,1990)认为,孩子的许多偏见,尤其是种族偏见,未必是成人有意为之,而是当孩子看到其他种族成员时,自己周围重要的人说出负面词汇,使孩子把这一种族同不愉快的感情、态度相联系,于是孩子就形成对这一种族讨厌的态度。

(二) 态度的认知理论

20世纪50年代后期,社会心理学界提出一些态度认知理论的模型。这些认知理论模型假设社会态度的形成和转变起因于个人社会认知的不均衡。

1. 海德(1958)的P-O-X模型

海德假设P是认知者,O是P的认知个体,P与O建立起一定联系(好恶),X是第三者的人或物或事。海德认为,如果P-O-X三者相适应,则P-O-X的体系呈均衡状态,P的态度毋需转变。如P与O是好朋友,他们都嗜好抽烟——X,则三者关系相协调,P心理上是和谐的。而如果三者关系不适应,则P心理上不舒服。例如,P与O是母女关系,感情很好,O作为女儿最近交上一个坏朋友X,P作为母亲竭力反对O,对O持否定态度,这说明P-O-X的体系发生不均衡,P十分苦闷。这时就必须对这种认知体系加以改变,P说服O不要接近X,从而使P-O-X三者的关系实现均衡,使P对O重新持肯定态度。

P、O、X三者的关系呈八种模式,以下图表示:

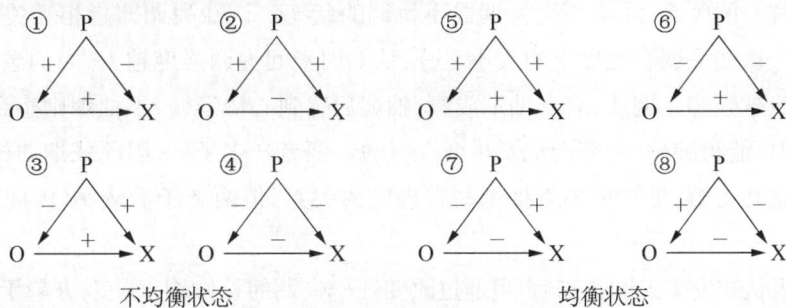

不均衡状态　　　　　　　　　　　　均衡状态

图8-2　海德的P-O-X模式

图8-2中"＋"表示肯定关系,"－"表示否定关系。图⑤表示P、O双方都肯定X,P与O

又很友好,故 P、O、X 三者呈协调、均衡状态,作为主体的 P 在心理和谐并愿意维持这种关系。图③表示 P 与 O 都肯定 X,但 P 与 O 间关系紧张,故 P、O、X 三者关系不协调,作为三者主体的 P 心理矛盾,要设法将不协调转变为协调的关系,形成新的态度。

2. 纽科姆(T. Newcomb, 1958)的 A－B－X 模型

该模式与海德的 P－O－X 模型有相似之处,但在对现象的解释上有所不同。海德认为,P－O－X 三者发生不平衡时,必须通过认知者 P 调整其认知体系以使三者关系平衡,作为母亲的 P 要么说服作为女儿的 O,要么教育好女儿的朋友 X,以使认知体系协调。纽科姆则认为,A、B 两者中,不必确定谁是认知体系中的主体,两者均可以调整各自的认知体系以达到协调。实质上,他们的观点并无不同。

3. 费斯廷格(1959)的认知失调理论

专栏 8－4

社会心理学家——费斯廷格

费斯廷格(1919—1989),美国社会心理学家,继勒温之后将完形心理学原理应用于社会心理学研究。主要研究人的期望、报复和决策,并用实验方法研究偏见、社会影响等社会心理学问题。他最著名的贡献是提出"认知失调理论"(Cognitive Dissonance)。

(图片来源:http://www.psychspace.com/psy/school/005Festinger.htm)

费斯廷格认为人有多种认知,这些认知因素间有些相互独立,有些相互关联。例如"我喜欢吃蔬菜"和"我明天要去看画展"之间就是相互独立的。而"我对篮球感兴趣"和"我每周都会关注 NBA 比赛"就相互关联。费斯廷格进一步指出,只有相互关联的认知因素间才会存在矛盾或统一的关系,才会产生协调或不协调的状态。认知失调即指相互关联的认知因素相互矛盾。认知失调有程度上的大小之分,认知因素间失调强度越大,人们想要减轻或解除失调的动机越强烈。例如,有人抽烟成瘾,抽烟后感到心情舒畅,不抽烟则感到心烦焦虑,但又有"抽烟可能得肺癌,肺癌会危及生命"的认知,两者产生矛盾,因此戒烟动机十分强烈。另一人偶然抽几支烟,虽然也知道抽烟与得癌症的关系,但两者矛盾较小,因此戒烟动机不强烈。

当一个人认知发生失调状态后,可通过改变任一失调的认知因素使双方趋于协调。仍以上述抽烟为例,其解除方法有:第一,改变行为,实现戒烟,今后自己不再抽烟。第二,改变认知,否定"抽烟会生肺癌",不认为两者有内在联系,认为"不抽烟的人也会生肺癌"。第三,添加新的协调的认知因素。例如,改抽过滤嘴香烟,或获得关于香烟的新信息:听说新的香烟很少

含有尼古丁,听说肺癌只要早期发现,早期治疗,无生命危险。

费斯廷格的认知失调理论能说明人们行为及其态度的形成与变化,比海德与纽科姆的理论模型具有更广泛的适用范围。海德与纽科姆的模型中牵涉到甲乙两人及第三者的事物或人,而费斯廷格的理论则泛指各个方面。且费斯廷格的认知失调理论有自己一系列实验的支持,在西方有较大影响。

继费斯廷格之后,又有许多研究者对认知失调理论进行大量研究发现:如果个体在不受到任何外来的压力和限制时自由选择行为,则认知失调所引起的心理压力就非常强烈,从而引发态度或行为的改变;但是,如果个体在某种外来压力之下被迫做出选择,则由此引起的心理压力就不一定非常强烈,甚至可能不会产生任何心理上的不舒适感;再有,即使个体认知失调,但如果个体在认知中的卷入程度较低,则失调并不会引起个体心理上的紧张感和压力感。

以上三种态度的认知理论的共同点是:当认知因素间产生冲突与矛盾后,个人会处于一种想要解除矛盾的不舒服状态;当认知因素协调时,人们会维持这种状态,避免其他不协调因素。这表明,态度的认知理论对于态度的形成和转变具有动机作用。

三、社会态度转变的策略

一般来说,态度形成以后便具有一定的稳定性,很难被改变,尤其是在有情感因素参与其中时。但这绝不是说我们对态度就无能为力,现实生活中我们还是能够运用一些策略影响自己及他人的态度。态度的转变包括两个方面:方向与程度。例如,有人本来对体力劳动持消极态度,后来变得积极,就是劳动态度方向上的转变;有人本来对抽烟持反对意见,现在变得极力反对,就是抽烟态度上强度的变化。态度从一个极端到另一个极端,既是方向的转变,又是强度的变化。影响社会态度转变的策略有很多,这里主要从宣传说服、行为、群体规范三个方面加以说明。

如何引导公众社会态度的转变?

乐于助人、见义勇为作为社会公德,本应是每个公民的自觉行为。特别是当年迈的老人摔倒时,人们更应主动上前帮助。但现实中摔倒的老人"恩将仇报,反咬一口"的事情屡次发生,使得人们不得不仔细考虑"扶还是不扶"的问题。2011 年 9 月初,卫生部为加强伤害预防控制工作,公布《老人跌倒干预技术指南》,对老年人跌倒的干预策略和措施作出指导性规定。

2011 年 10 月,佛山"小悦悦"事件引起人们的广泛关注和反思。腾讯 qq 产品团队随即通过倡议 QQ 网友进行"拒绝冷漠,传递温暖"的签名活动来呼唤网友们的爱心,得到很多网友们的响应。

一直以来,关于社会引导的思考从未停止,伴随"老人跌倒"事件和"小悦悦"事件的冲击,为了和谐社会的发展,更加多元化的策略将会被社会各界团体采用到引导公众社会态度转变的努力中去。

(一) 通过宣传说服改变态度

宣传说服有多种方式,如交换意见,参观访问,观看电视等方式,都有助于改变人们的偏见及一些不恰当信念。虽然并不是所有的宣传说服都能达到预期目的,但是社会心理学家们还是通过研究发现一些说服中的共同规律。

1. 宣传说服要与情绪唤起相结合

研究者发现人们态度的改变和心情关系密切。在态度的改变过程中,心理学家发现"好心情效应",即当信息与好心情相联系时,它们会更具有说服力。贾尼斯等人(1965)发现,如果在阅读信息时让耶鲁大学的学生享用花生和可乐,那么他们会更容易被说服。

另一方面,宣传也可以通过唤起人们内心的恐惧或焦虑情绪改变人们的态度。研究者以安全行车为主题,将被试分为两组加以比较。结果表明被试被唤醒的恐惧程度越强,其态度转变越大。研究者还关注恐惧情绪的不同程度对被试态度转变的影响。他们采用打破伤风针的课题,以中学生为研究对象,把被试分为三组,分别接受不同宣传以引起不同程度的恐惧,结果发现不同程度的情绪唤起对态度转变影响不同(态度转变分别为 39%、31%、15%)。日本社会心理学家原岗等人曾重复这一实验,获得相似结果。

情绪唤起过度时的抵触行为

研究者认为情绪唤醒过度会使说服对象产生抵触行为。琼斯等人曾探讨什么程度的恐惧最能转变人们对抽烟的态度。他设置了两个实验组,一组引起高度恐惧,另一组引起中等程度恐惧。他给高度恐惧组被试放映一部介绍因抽烟引发的肺癌患者手术过程的影片,被试会看到患者被打开的胸腔中糜烂的肺;中等程度恐惧组被试看这一电影时,将上述镜头剪去,被试只看到患者肺部 X 光片及医生的口头介绍。然后比较两组被试对抽烟态度改变的情况发现,高度恐惧组中态度改变的人数少于中等恐惧组,比例分别是 36.4% 与 68.8%。

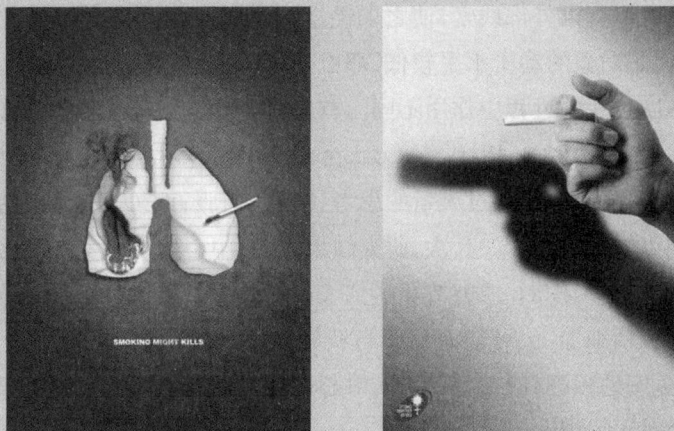

图 8-3 有创意的戒烟广告:对吸烟者有警示作用吗?

(图片来源:http://www.yooeasy.com/?p=1267)

以上实验结果告诉我们,在转变人们态度时必须注意以下两个问题:

第一,如果需要人们立即采取行动以转变态度,则宣传应该能引起较强烈的恐惧心理,使这种恐惧心理转化为一种动机力量,激发人们迅速改变态度。例如,上述安全行车的宣传使人们认识到不注意安全行车会有危险,由此产生强烈的情绪体验,从而很快转变其态度。

第二,如果宣传者不要求人们短时间内改变态度,则不必过分强调认知对象的危险性。因为随时间的推移,人的恐惧心理会逐渐消失,人的理智会逐渐占据上风。例如,对抽烟生癌作过分恐惧的宣传反而会使人产生抵触情绪;人们也会认识到不抽烟的人也会得肺癌;而且即使得癌症,只要早期诊断、早期治疗也不会危险。但理智上终究认识到抽烟有致癌的危险性,应该戒烟,但迟几天问题不大。由此可见,情绪性作用和理智性作用对于态度的转变随问题的性质而有所不同。

心理学研究表明,宣传的恐怖程度和人们的态度变化呈倒"U"形的关系,参看图 8-4。

图 8-4 表明,宣传所引起的恐惧感由低到中时,人们态度的变化逐渐增大;但宣传所引起的恐惧感一旦超过一定强度,情况将会适得其反,人们会回避信息的摄取或抗拒态度改变。

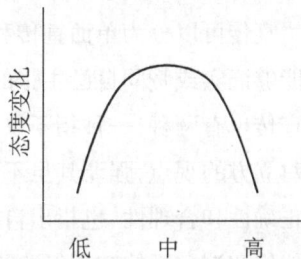

图 8-4 恐怖程度与态度
变化关系

2. 宣传说服的两种途径

宣传说服有两种途径,中心途径和外周途径。中心途径指突出信息中所包含的优点、性质、合理性等方面,通过系统的讨论激发人们进行思考以改变态度的方法。研究者指出,有些人喜欢思考问题,更具有分析能力,能细致地解决问题。这类人在态度转变时不仅依赖证据的说服力,而且依赖自己对这些论据的认知与加工。改变这类人态度就需要采用中心途径。外周途径指说服者向人们提供外部线索,使之未经过深入思考就接受。如果宣传说服者表达清晰、有魅力并且该说服对象的动机水平较低,那么外周途径就较容易成功。

两种途径在态度改变的过程中作用不同。首先,研究表明中心途径的说服效果比外周途径更持久(Chaiken, 1980, 1981; Petty & Cocioppo, 1980, 1986, 1987)。因为通过中心途径转变态度比较困难,被说服者需要通过大量的思考让自己信服;而外周途径则基于外部线索,这些信息提示的影响可能很快减少。其次,研究结果表明,中心途径改变态度比外周途径有更好的行为预测性(Murroni & Koch, 1983; Petty, Cacioppo & Sdumonn, 1983)。因为中心途径来自有目的的思考和精细加工,可能有助于自我察觉,因此人们会有意去思考或留心自己的态度,从而他人能更好地预测其行为。另外,中心途径基于接受者自己的逻辑思维,较少受情境影响。两种途径对比见表 8 - 2。

表 8 - 2　态度转变的两种途径的比较

途径	听众	态度改变过程中所受的影响	态度改变的效果
中心途径	具有某种动机,对信息内容反应积极并作认知加工	信息接受者的认知反应 信息接受者的逻辑判断 宣传说服的质量	态度转变相对强烈、较持久,可由态度预测其行为
外周途径	仅依据外部线索,很少分析或投入	宣传说服的变量,如:可信性和吸引力、信息表面特征、宣传说服的次数	外部线索引发喜爱和接受,但只是暂时性的,较难预测其行为

这两种说服途径常被应用于广告中。如在电脑、汽车等产品的广告中通常会使用中心途径法,厂商向顾客提供有竞争力的性能和价格,让顾客可以在同类产品中进行对比。而香烟、食品等广告,由于顾客很少对该类产品进行分析或深入加工,广告商只需将产品与魅力、愉快等正面因素联系起来便可以达到良好的宣传效果。

3. 单面宣传和双面宣传

宣传可以分为单面宣传和双面宣传。单面宣传有两种,一种指在劝说他人的过程中,只叙述能够证实或赞同自己主张的看法和论据;另一种是一味强调对立方的缺陷和不足之处。双面宣传也有两种,一种指不仅阐述自己的观点和主张是合理的、有根据的、可信赖的,还客观介绍对立方的观点,强调其虽不可取但也不乏借鉴之处;另一种指在劝说中,不仅强调自己观点的正确性和合理性,也指出自己观点的不足和缺陷。当人们态度和宣传者所提倡的方向一致,且他们在这方面的知识经验不足时,单面宣传比较合适。当人们已具备比较充分的知识经验且习惯于思考和比较时,双面宣传可以向他们提供更多信息,以权衡利弊得失。

士兵态度的转变——单面宣传与双面宣传

在第二次世界大战中,部分美国士兵具有厌战情绪希望战争早日结束。哈夫兰特(C. I. Hovland)在军队中进行了态度转变的研究。他宣传的内容是"美国和日本打仗要延长"。在对一部分士兵宣传时,哈夫兰特只从单方面分析延长战争的必要性,如"从美国本土到太平洋盟军基地的补给线很长,不容易迅速接济各种补给品",而且"日本控制了不少当地资源,日本军队人数多、士气高,日本人有武士道精神等",因此此战争至少还要持续两年。对另一部分士兵除宣传上述内容外,还强调不利于日方继续作战的因素,如"盟军海军力量强于日本,在过去两次海战中日本海军损失惨重等",因此战争不能很快结束,和日本打仗至少还要两年。

研究结果表明:对于文化程度低的士兵来说,单方面的宣传容易转变他们的态度,他们都接受这一观点;对于文化程度较高的士兵来说,进行正反两方面宣传的效果好。此外,士兵最初的态度和宣传者所强调的方向一致时,单面宣传有效;若最初态度与宣传者的意图相矛盾时,双面宣传更有效。

日本社会心理学家原岗(1967)以中学生为研究对象,选择四个课题进行单面和双面宣传,然后测定学生态度转变。结果,单面宣传引起被试态度转变的平均尺度为 0.83,而双面宣传为 0.41,表明单面宣传的优越性。这说明宣传说服必须有的放矢。

4. 宣传说服中的"登门槛效应"

"登门槛效应"指先提出较小的要求,当被接受后再提出更大的要求(真正想要的请求),从而达到改变人们初始态度的目的。表明在要求人们转变态度时,应该分阶段逐步提出要求。如果要求过高,不但难以改变人们原先的态度,反而会激起对方的对立情绪,使他们更加坚持原来立场。实验社会心理学研究表明:要转变一个人的态度,就必须了解他原先的态度,然后估计两者差距。若差距过大则应逐步提出要求,不断缩小差距,才能使其改变态度。

"登门槛效应"——逐步升级的要求

费里德曼和弗雷泽(J. Friedman & S. Fraser)做了一个对比实验。他们试图劝导一些房主在自家的前院竖起一块写有"谨慎驾驶"的巨大招牌。由于这块招牌很难看而且很惹眼,只有 17% 的人表示同意。但是,对于另外一组居民,他们首先签署赞同安全驾驶的请愿书。由于签署请愿书是很容易的事情,因此所有人都签了。几周后,另外一位实验者带着写有"谨慎驾驶"的难看招牌,找到每一位居民。结果发现,超过 55% 的居民同意在自家的前院竖起这块招牌。因此,当人们就某种行为作出初步承诺时,他们承诺进一步按照这一方向去行为的可能性便会增加。

"登门槛效应"在日常生活中也有广泛的应用。例如，人们突然听到(亲人死亡)不幸消息时，会由于无思想准备而一时接受不了。而通过暗示等逐步给其信息，让其逐步接受事实，结果就会好很多。

5. 宣传说服中的"门面效应"

"门面效应"指如果对某个人提出一个很大的要求，在被对方被拒绝后接着向他提出一个小一点的要求，那么他接受要求的可能性比直接向他提出要求时大得多。

专栏 8 - 10

"门面效应"——逐步降级的要求

查尔迪尼(R. B. Cialdini)等(1975)进行了有关"门面效应"的研究。他们要求大学生花两年时间担任一个少年管教所的义务辅导员，这是一件费心费力的工作，几乎所有的大学生都表示谢绝。接着，他们提出一个小一些的要求，让大学生带领少年们去动物园玩一次，结果50%的人表示接受。而当实验者直接向大学生提出这个要求时，只有16.7%的人同意。而那些拒绝第一个大要求的学生认为这样做会损害自己富有同情心、乐于助人的形象。为恢复他们的利他形象，便欣然接受第二个要求。

"门面效应"经常被销售人员所采用。例如，你在商场看中一件衣服，但标价360块，远超出你200块的最高心理价位。于是你提议180块，这时卖家通常会说："那不行，我连本钱都收不回来，这样吧，你再加一点，我就算给你带一件。""我最多出200。""200就200吧，这真是很优惠啊，下次再来啊。"你正为自己掌握了砍价秘诀而高兴时，其实精明的商家早就在暗暗运用此策略了。

（二）通过行为改变态度

前面我们探讨了态度对行为的影响，同样，行为也影响态度。如对于体育运动抱消极态度的人，直接要求他们去操场上转转要比口头劝说更容易改变其态度。还有人本来不喜欢抽烟，赌博，后来在别人的怂恿或受好奇心的驱使尝试一两次，很有可能他们原先的态度会发生改变。

专栏 8 - 11

斯坦福监狱实验——改变态度以适应角色的行为

斯坦福大学心理系教授津巴多(P. Zimbardo)(Zimbardo, 1971; Haney & Zimbardo, 1998)设计了监狱模拟实验，他想知道：是人们使这个地方变得暴力，还是这个地方使人们变得暴力？

津巴多用抛硬币的方式，指派一些学生做狱警，给他们分发制服、警棍和哨子，并命令他们按规矩行事。另一半的学生则扮作犯人，他们穿着令人羞耻的衣服，并被关进单人牢房。经过了一天角色扮演之后，狱警和犯人，甚至研究者都进入了情境。狱警开始

现代社会心理学(第三版)

贬损犯人,其中一些人开始制造残酷的侮辱性的规则。犯人情绪崩溃,有些会造反,有些却很冷漠。津巴多说:"人们越来越分不清现实和幻觉、扮演的身份和自己的身份。这个创造出来的监狱,正在同化我们,使我们成为它的傀儡。"随后,由于对扮演囚犯的被试造成伤害,他不得不提前结束了这个实验。

琼斯等人的实验也证明了行为对态度的影响。他们以大学生为被试,首先测定并选取在三个具体问题上都持否定态度的被试,然后把他们分为若干三人小组,要求每个三人小组中的一人说服其他两人,使他们对上述三个具体问题持肯定态度。琼斯等人还要求说服者必须根据他们所提供的宣传内容与提纲进行宣传,且在宣传时必须对内容表示出出自内心深信不疑的神情。最后,实验者测定被试的态度是否转变和转变程度。结果发现:每组三人的态度全部发生转变,而且宣传者的态度转变比被宣传者更大;宣传者扮演时间越长、越积极,则其态度转变也越大。

目前心理学界主要采用认知失调理论解释行为改变态度,即当行为与态度发生冲突时,个体常常通过改变自己的态度来缓解认知不协调状态,使自身态度与行为相符。

(三)通过群体规范改变态度

群体的公约、规则可以有效地改变人们的态度。20 世纪 40 年代,社会心理学家勒温曾进行一系列相关实验。其中一个实验的被试是家庭主妇。美国家庭主妇们一般都不喜欢用动物内脏如猪心、牛肝等做菜。但第二次世界大战期间,由于食品短缺,美国政府当局希望能说服家庭主妇购买动物内脏做菜以缓解食品短缺的情况。勒温设定两种情景:一是把上述要求作讲解与劝说;一是把上述要求作群体规定,观察比较两种情境下态度转变的不同。他把主妇分为六个小组,每组 13 至 17 人,其中三个小组接受讲解与劝说,三个小组接受群体规定。前三个组的主妇们听了口齿伶俐的人半小时的讲解与劝说,她们了解动物内脏如何美味,营养价值如何丰富,购买内脏对国家的贡献如何大等,同时她们还得到一份烹调内脏的食谱。后三个组的主妇们则只被简单告知,政府规定大家今后要改用动物内脏做菜。一周以后进行检查,结果发现讲解组中仅有 3% 的人改变态度,而群体规定组中有 32% 的人改变态度。

综上,转变人们的态度是一件复杂的任务,必须灵活采用各种途径。群体规定,对于人们执行基本准则是必要的,如要求公民遵守国家宪法,要求学生遵守学生守则等。之后如果有人不遵守规定,则可以通过说服或行为纠正等手段改变其态度。

四、影响态度转变的因素

影响个人社会态度转变的因素包含主、客观两方面。

(一)客观因素

客观因素主要指宣传者的特性。宣传者自身所具备的特点常对态度改变有着极大的影响,主要包含以下五个方面:

(1)专业性。由宣传者所受教育、专业训练和所从事的社会职业、所具有的专业身份决定。研究表明,专家身份足以使宣传者在某些特定方面所传播的信息更易被人接受。例如,在牙膏广告中,经常会有"医学专家"现身说法,强调产品如何保护我们的口腔健康。

(2) 社会身份。指传播者所具有的社会地位、社会名望、知名度及年龄、经验等。事实表明,在不涉及专业性知识的问题上,具有较高社会身份的人比社会身份低微的人具有更大的影响和说服力。

(3) 吸引性。指宣传者的人格特征、仪表体态以及言谈举止所具有的吸引力。吸引力大的人易引起他人愉快的情感体验;吸引力小的人则不易使他人产生好感,甚至有可能产生厌烦、不愉快的情感体验。例如,化妆品广告经常邀请漂亮的女明星来代言,就是希望通过女明星的吸引力增强产品吸引力。

(4) 相似性。指宣传者自身的身份、职业、背景及态度、观点等与被劝说者有相似的地方。一般来说,宣传者与被劝说者之间在身份、职业、年龄、性别、出生地等方面相似,会促进双方之间在态度上的求同存异,从而导致被劝说者态度更容易改变。例如,来自本系学长学姐的经验就比其他院系的更容易被学弟学妹们接受。

(5) 可信性。指宣传者自身被他人信赖的程度。这种特性主要受被劝说者对宣传者内心动机知觉的影响。如果宣传者在宣传时,被认为是出于一己私利,那么其说服力就会大大降低。而如果宣传者的观点、看法与其自身利益不相符合甚至是矛盾时,其观点就容易被接受,并且被劝说者的态度也容易产生较为明显的改变。

(二) 主观因素

主观因素主要指态度转变者的心理特征。态度转变也有个体差异,有人容易转变,有人不易转变,这与个体的个性特点相关。个性特点主要包括以下几个方面:

(1) 自尊心。自尊心强的人一般对自己的评价较高,不易被他人说服。自尊心弱的人由于一贯对自己的评价较低,较容易被他人说服。

(2) 权威主义倾向。指人们对权威过分尊敬与服从。权威主义倾向强的人容易被说服,权威主义倾向弱的人则不易被说服。例如课堂上,老师讲解一道例题时,有两位同学都提出了质疑,于是老师进行了解释。这时,权威主义倾向强的同学,可能就会被说服,而权威倾向弱的同学,可能还会继续思考老师的解释是否合理。

(3) 智力。一般认为,智力高的人比智力水平低的人更不容易接受宣传说服。因为前一种人具有更强的批判思维,知识经验也相应更丰富,较善于辨别宣传者所讲是否有道理,是否合乎逻辑。有研究发现,智力在不同情境下对态度转变作用不同。因为宣传说服有两种性质:一种强调要对方注意和了解情况;另一种是强调要对方相信要如何做。前一种宣传内容复杂,意义较深奥,因此智力水平过低的人不易接受;后一种宣传内容意义简单,缺乏说服力,因此智力水平高的人不易受影响。

(4) 需要。宣传的内容如果可以帮助被宣传者满足当时最大的需要,逃避最大的惩罚,发挥自己最大的潜力时,被宣传者容易接受宣传而转变自己的态度。即个人态度转变受自己的心理状态影响。个人如果确实迫切要求改变自己的现状,且态度的转变与其自身的切身利益关系密切时,外在的因素更容易转化为他转变态度的动机。

此外,想象力丰富的人比较喜欢猜测宣传者的意图,对宣传者的奖励或惩罚较为敏感,所以他们往往对宣传内容不作客观评价,也更容易被说服。许多研究资料表明,女性比男性更容易被说服。

(三) 心理抗拒理论

人的态度是否改变,与人本身的内在心理状态有关,心理抗拒理论是从主观原因解释人们难以转变态度的理论。

心理抗拒理论由美国心理学家布林(1996)在其专著《心理抗拒理论》中首次提出。他指出当一个人的行为自由受到威胁时,他会处于一种动机唤醒状态,这种状态驱使他去试图恢复自己的自由。这种动机状态是人们对自己行为自由减少的反应,是一种反作用力,布林称之为心理抗拒。布林认为人都享有自由行动与思考的权利,人们认为"自己是自己行为的唯一主宰者",如果一个人的自由行为中有一种行为被剥夺或可能被剥夺时,他将产生心理抗拒。

产生心理上抵抗的一个主观因素是宣传意图压抑人们的好奇心,从而产生与之相反的效果。如有些文学作品,本身有不少缺点,宣传者的目的是想让大家否定它们,于是提出种种禁止阅读的办法,但结果往往起到相反的作用。尤其是青年人,他们更单纯、偏激,常对被否定、被禁止的东西感兴趣,这就是"禁果效应"。如有些人为了赚钱便利用人们的这种心理,如未成年人禁看的电影、不满18岁莫入的网吧、限量供应的商品、以及让人望尘莫及的房价等。

专栏 8-12

罗密欧与朱丽叶效应——心理抗拒在情感领域的表现

在情感领域中,当出现干扰恋爱双方爱情关系的外在力量时,恋爱双方的情感反而会加强,恋爱关系也会更加牢固。心理学家借名于莎翁的悲剧《罗密欧与朱丽叶》,称这种现象为"罗密欧与朱丽叶效应"。心理学认为如果选择出于自愿,人们会倾向于增加对所选择对象的喜欢程度;而当选择出于强迫,人们会降低对所选择对象的喜欢程度。因为,当被强迫做出某种选择时,人们对这种选择会产生高度的心理抗拒,而这种心态会促使人们做出相反的选择,并实际上增加对自己所选择对象的喜欢。因此,当外在压力要求人们放弃自己自由选择的恋人时,由于心理抗拒作用,人们反而投向自己自由选择的恋人,并增加对恋人的喜欢程度。这也是在预防青少年早恋时亟须注意的一个问题。

琼斯等人在20世纪五六十年代进行一系列心理抗拒相关的实验研究。他们使用三种不同的宣传方式说明龋齿和身体健康的关系。第一组采用强硬的讲解方式,说明龋齿引起的痛苦和感染;第二组采用中等程度的方式诉说,其口气不如前者强硬;第三组采用轻微的方式诉说。三种诉说方式引起三种不同程度的焦虑:第一组显示出强烈的焦虑;第二组显示中等程度的焦虑;第三组显示轻微的焦虑。结果发现,最注意口腔卫生的是第三组(38%),第一组最不注意口腔卫生(8%)。这表明,过于强调不转变态度的危害性,要求别人必须改变态度,常会引起人们的抵抗,使结果适得其反。

第四节 偏 见

偏见存在于人类社会的各个方面。由于各个个体的心理发展水平和实践经验不同,人们对外界信息的期待和采用标准的选择与简化也存在差异。另外,社会信息复杂,在某些情况下,个人依靠简化的直观推断往往导致偏差,逐渐形成偏见。

一、偏见的概述

(一) 偏见的定义

按照拉丁语义,偏见是指"依照过去的经验和抉择而作出的判断"。偏见一词最初源于法律术语,它是指法律正式判决之前的初判或临时的判决。这种判决或初判可以被更改或撤销,但是在最后正式的法律判决确定之前,具有其法律意义和合法性。由此看来,在偏见产生之初,并没有我们现在所说的除了私人感情以外毫无根据的判断或成见,也没有负面的含义。后来,偏见越来越演变成一个贬义词。

G·W·奥尔波特早在 1954 年《偏见的实质》(*The Nature of Prejudice*)一书中就指出,偏见是人们基于不充分了解的基础上产生的难以改变的厌恶之情,这种厌恶感可以直接针对整个群体,也可以针对属于该群体的某个个体。他对偏见的看法侧重于其非理性、难以改变和消极的性质,对偏见的具体表现形式和成分并没有作出明确的阐述,而且其中偏见的概念主要来源于种族之间的排斥和敌对现象。奥尔波特着重强调偏见的情感成分的意义。

在以后的研究中,研究者发现群体偏见的现象普遍存在,对群体偏见的研究因此也逐渐从种族之间发展到社会各类人群之间,包括残疾人群体、同性恋群体、性别群体和其他具备某一特征的群体(如药物成瘾者、特殊职业者和疾病患者等)。

琼斯(1972)认为偏见是一个种族或宗教团体成员或其他社会重要角色成员所持有的事先否定的判断,而不顾违背真正的事实。这个定义着重强调偏见是一种判断,偏见的认知成分更大些。

沃切尔(Stephen Worchel)等人(1988)提出偏见是作为群体一员的独立个体所持有的毫无根据的否定态度。

布朗(1995)定义偏见是社会成员所持有的贬损的社会态度或认知信念,是消极情绪的表现,或是针对其他群体成员的敌对或歧视行为的表现。布朗的定义是对前人提出各种定义的一个综合,包括了三个方面:认知、情感、行为倾向。

综上所述,我们认为偏见是指作为群体成员的个体在一定表象或虚假的信息的基础上所持有的与真实情况不相符合并固定化了的社会态度。

偏见也有其合理的一面,或者也可以说是偏见积极倾向性。比如晕轮效应,就是因为一个人的某个方面特别优秀,就认为这个人其他方面都是完美的,把他的缺点都看做优点去欣赏。还有因为没有偏见就没有办法作抉择和决策,也就更没有办法决定方向、立定目标,有许许多多的人生决定都是靠周围的有限信息来帮助决定的,所以不管是由外在的强迫还是内在自由的决定,都是一种不同程度的"偏见"。在一定程度上说,偏见给我们带来了积极影响。当然,其中最重要的依然是我们能够随着外界信息的变化而不断调整我们的观点和态度,拥有一个具有弹性的价值观。

尽管最初偏见的概念包含了积极的内群体态度和消极的外群体态度两个方面。但在后来的研究中,研究者们所关注的偏见主要是指对外群体的消极态度。克兰戴尔(Chris Crandall, 2003)将群体偏见定义为具有普遍性的消极的群体态度。普遍性是指偏见能够广泛存在于各个社会群体,而不受文化、时间、语言、国家和种族等因素的限制。消极的群体态度是指个体对某个社会群体或属于该社会群体的成员所持有的消极评价。消极的群体态度会产生歧视、群际冲突等一系列后续的消极行为。因此,对群体偏见的产生原因和影响因素的探究就显得至关重要。

（二）偏见的结构

我们认为偏见的结构包含以下三个方面:

认知——针对一个对象的持久稳定的态度、信念(刻板印象);

情感——针对群体的强烈的情感体验(通常是消极负面否定的);

行为——针对群体和其成员的倾向负性的行为方式。

偏见是一种态度。态度是感情、行为倾向和信念的某种独特结合物,这一结合物是态度的ABC理论,包括情感(感情)、行为倾向、认知。一个存有偏见的人,可能不喜欢那些与自己不同的人,以歧视性的方式对待他们,并认为那些人无知并且危险。与许多态度一样,偏见非常复杂,而且可能包含某种傲慢的情感成分,这种情感起到了使对方总是处境不利的作用。负面评价是偏见的标志,它可能根源于情绪性的联想,根源于行为辩解的需要,或者源自被称为刻板印象的负性信念。

与偏见认知成分相对应的是刻板印象,它代表着人们对其他群体的成员所持有的共有信念,表现为个人刻板印象和社会刻板印象。偏见则是与情感要素相联系的倾向性,它对他人的评价建立在其所属的群体之上,而不是认识上。从这一点来看,偏见既不合逻辑,也不合情理。行为成分体现在歧视上,如招聘时排除女性或其他少数民族的人。

例如,如果你对某些群体抱有偏见,你可能不喜欢这个群体及其成员(厌恶感),不愿意跟这个群体及其成员共事或者相处(消极意愿),对这个群体及其成员有许多负面的看法(消极观念)。以孙海英为例,孙海英基于自己对同性恋者的负面看法(消极认知),公开对同性恋者进行法律与道德层面的谴责(负面行为),充分表达了他心中对同性恋者的厌恶(负面情感)。根据偏见的定义,显然孙海英的言论表明他对同性恋者抱有偏见。再举例来说,大男子主义者的拥护者对女人持有偏见,"女子无才便是德"(认知)是他们一贯的准则,因此不喜欢(情感)她们独立自主,从而经常以不公平的方式来对待她们(意向)。

在日常生活中,偏见一般表现为言语上对某些人或群体的玩笑、嘲笑、忽视、起绰号、威胁,行为上对一些人或群体的攻击、隔离、逃避、歧视。

（三）偏见的形成

固执己见的人对事情往往有先入为主的看法,当事实与其看法相左时,这些人会加以歪曲、误解、或者不予理会。偏见可能来自一个人家庭价值观,也有可能产生于一些人鼓吹的一些对其他种族、地域或者文化不正确的观点。

1. 他人影响

人是社会性动物,因此有亲密关系的人如亲人、朋友等会对一个人的看法产生重大影响。有研究显示,三岁大的孩子就可能会有种族偏见,他们很可能受到周围人的态度、言谈和身体语言影响。如小孩受父母的影响就十分大。

2. 国家主义

某英语词典对国家主义的解释是:国家主义是一种整体的国民意识,认为自己的国家比其他国家优越,要将本国文化发扬光大,要增进国民的利益,把其他国家的文化和利益置于次等地位。政治学家杜查希克(I. Duchacek)认为,国家主义使人类分裂,令人难以接受别人的观点。结果,人思考时会以自己国家的利益为出发点,通常先想到自己是美国人、俄罗斯人、中国人、埃及人、秘鲁人等,最后才想到全人类的利益,不过很少人会想到后者。

3. 种族主义

种族主义者往往认为"每一个种族的特色和能力才干都不同,各种族天生就有优劣之分"。《世界图书百科全书》则指出,没有找到任何证据证明'某个种族比另一个种族'更优越。鼓吹种族主义的人不但对其他种族怀有偏见,还做出许多极端不公平的事情。例如有计划的剥削其他人的权利。

4. 宗教

《偏见的本质》认为,当人想利用宗教来达到"自私的目的"或增加自己群体利益时,就会造成可悲的后果。这时,宗教和偏见其实已经合为一体了;一个本来很虔诚的教徒,有时候忽然变成一个很有偏见的人。例如现今有些教堂规定只有某些种族的人才可以参加,有些宗教还会煽动恐怖行动。

5. 自骄心

人的自尊心如果膨胀到一定程度,变成自负和自大就容易对人产生偏见。骄傲会使人自觉高人一等,看不起教育水平较低或经济环境较差的人。这些人如果听到本种族或者群体受到赞扬就会赞同这样的说法。有些人善于挑拨民族感情,例如纳粹独裁者希特勒就善于挑动民众对国家和民族的自骄心,丑化他不喜欢的民族来争取民众的支持。

同样也有很多理论可以解释偏见的形成。如:最常见的社会学习理论认为偏见的习得途径与其他态度和价值观的习得相同,人们从他们的家庭、伙伴、大众媒体以及他们身处的社会中学会了偏见;动机理论用来解释偏见是如何满足个体需要的,如有一种动机理论认为,偏见起源于群体间的竞争,是"群体资源或权力必然的结果",另一种则认为偏见是一种人格障碍;认知理论则认为,基于社会知觉的特点,即使没有经历引发偏见的社会化过程,没有群体间资源竞争或人格障碍的情况下,看似无害的认知偏差会导致偏见的产生。

二、如何消除社会偏见

正如我们在前文中所提及的,不管我们有意也好、无意也罢,偏见是一种普遍存在的社会态度现象。它们一经形成便具有相对的稳定性和自我验证性，即便人们知道自己的某些观点源于偏见，他们仍然难以改变自己的这种观点及其对行为所产生的影响。那么这是否意味着偏见是无法消除的呢？实际上，社会心理学家们对这一问题还是持乐观态度的，大量的研究也证实偏见并非如此根深蒂固、不可动摇。下面我们就来看看几种消减偏见的方法。

（一）接触假说

偏见的产生在很大程度上取决于群体之间的相对隔离的状态，在这种情况下，群体内成员对外群体的了解多源于道听途说，具有很大的片面性，而且这些信息本身可能就带有很强的偏见色彩。针对这种情况，社会心理学家便假设，如果能够打破群体间的这种隔离状态，增强群体间的接触程度便能减少偏见。已有研究对这一假说进行了证实，柯林斯（Collins，1951）调查了两种住房条件下，美国白人对黑人态度上的差异。结果显示，与和黑人住在不同的建筑里的白人相比，和黑人同住在同一栋楼的白人在态度改变方面更积极，而这些人起初甚至不愿与黑人住在一起。这样看来，接触假说对偏见的消减是有作用的。但是如果相信单纯的增加接触便可以消除偏见显然是过于天真了，我们可以看到在美国宣布解除学校种族隔离后，偏见并没有减少，反而造成了班级中的紧张和混乱，使偏见增加。

许多专家指出，问题的关键在于群体接触的方式而非次数。G. W. 奥尔波特在他经典的接触理论中指出，群体接触的方式要具有四个充分条件才能减少偏见。首先，核心的部分是要在基于共同目标的基础上建立合作性相互依赖关系；其次，群体间的接触要建立在身份平等的基础上。再次，群体间的接触必须是那些可以增加相互熟悉度的接触。最后，这种群体间的接触还要有制度性的支持。因此，很多增加群体间接触的努力都是由于没有达到上面提出的四个条件而收效甚微。

艾美（Amir，1986）、布鲁尔与米勒（Brewer & Miller，1984）提出的接触假设（contact hypothesis）认为在某些条件下，对立团体之间的直接接触能够减少他们之间存在的偏见。这里所指的条件包括：地位平等（Pettigrew，1969）；有亲密的接触（Cook 1964；Herek 1993）；团体内部有合作，并有成功的机会（Aronson，1978）；团体内部有支持平等的规范（Blanchard，1991）。基于这一假设，举办国际性的学术会议、奥运会等都可以克服人们之间的偏见。

（二）再分类——重新划分"我们"与"他们"

研究者发现，人们信息加工过程中的"基本归因错误"会造成偏见，即对圈外群体的消极行为进行内归因，而对不符合刻板印象的行为进行外归因，这也是为何偏见具有强大生命力的原因之一。而重新分类则是解决这种以类别为基础的信息加工倾向的有效方法。

重新分类是将原来的圈内群体和圈外群体重新划分到一个更大、更广泛的类别中去。通过弱化与消除"我们"与"他们"之间最初的界限能够让相关的人启动大幅度减少偏见与敌意的过程。比如抗日战争时期的国共合作让国共双方重新被划分到"中华民族"这个更高的类别中，从而有效地削弱了群体间的偏见，为实现抗日战争的胜利创造了有利条件。

加特纳等人（1989）人为制造"上位类别"依赖于可以削弱亚群体显著性的情景变量。在一项实验中，多维迪奥等人（Dovidio，Gaertner，Isen & Lowrance，1995）试图用一个上位类别将看上去明显不同的圈内群体和圈外群体全部囊括起来。在开始的时候，研究者让一半被试穿上实验室的工作服(圈内群体),让另一半被试继续穿自己平常的衣服(圈外群体)。结果发现前者认为自己与后者不同,而且对后者给出了负面评价。后来,研究者从两个群体中各抽取一半的人,发给这些人糖块,以此来形成一个更大的上位类别。结果使包含在上位类别中的圈内群体成员对他们的圈外群体同伴给出了更为正面的评价。

目前世界各地各类宗教、民族等群体间的矛盾日益激烈,各个国家和地区也试图通过国家统一或建立共同的合作组织等手段人为地制造一些"上位类别"来削弱群体间的偏见,其中有些已经取得了可喜的进展,比如说欧盟、OPEC等组织的成立就成功地削弱了组织内部各成员国之间的偏见,实现了更好的交流与合作。由此可见,无论是在实验室还是实际研究中,再分类都是一种行之有效的技术。

除了上述运用较为广泛的两种方法之外,社会心理学家们还试图从其他诸如个体社会化过程的控制、认知干预等角度探讨了偏见的消除并取得了一些积极的实验结果。但是社会偏见往往与我们的认知方式、归因方式及社会资源分配等各种因素复杂地交织着,并深深地扎根于社会生活之中,因此社会偏见往往难以很快纠正。不过,好在我们也能看到一些民主国家内部存在的大量和谐、互助的群体,他们是广大社会心理学家继续致力于消除偏见事业的强大动力,也是人们相信人类能够在今后漫长的岁月里和平共处、默契合作的原因所在。

第五节　社会态度的测量

态度是个人持久的内在结构,虽然无法被直接观察到,但可以从人们的言语、行为等方面间接了解。社会中的社会角色、社会团体、家庭、学校、制度以及社会问题(如生育、战争、宗教等),都是人们态度的对象,因此要研究态度,必须对之进行测量。

态度测量主要包括方向和强度两个方面。态度的方向反映个人对客体的反应倾向,包括喜欢或不喜欢,肯定或否定。态度的强度是个人对客体的感觉强度。态度测量的技术在20世纪三四十年代兴起,目前常用的测量技术有:自我评定法、投射测验法、行为反应测量法。

一、自我评定法

自我评定法是最简单、最常用的一种方法,是通过人们对一定对象的自我评定而测量态度的方法。自我评定法主要有总加量表、社会距离量表和语义测量等技术。

(一)总加量表法

总加量表法由美国社会心理学家李克特(R. A. Likert, 1932)首先使用,测量每种态度就用一个态度量表,态度量表是针对某个态度对象而设计的,它是由若干个问题组成,根据被测者对各个问题所作的反应给予分数,以代表该人对某个事物所持态度的强弱。

具体测量方法与步骤如下:

第一,设计测量态度的一组陈述句。总加量表法大约由20至25个陈述句组成。首先有一个前提,即认为构成态度的各个问题的价值相等,每个问题的意义大小并无本质差别,被测者只要对所提的问题表示同意或不同意的程度。程度可以分为两等(同意和不同意)、三等(同意、无意见、不同意),也可以分得更细,如五等、七等,甚至更多。

第二,被测量者进行自我评定。被测量者根据自己的观点在相应项目内打上记号,从中可以反映出被测量者对某个对象的态度是积极的还是消极的。

第三,整理测量结果。研究者对每个项目给予相应的分数。如果有五个等级,则最赞成的为5分,赞成者为4分,无意见的为3分,反对的为2分,最反对的为1分。最后将各人的调查量表所得的分数加在一起,可以代表该人对某个对象的态度,分数越高表示态度越肯定。

(二) 社会距离量表法

美国社会心理学家 E·S·布加达斯(1925)创立了社会距离量表,以衡量人们对某个事物的态度。

测量的方法是由研究者设计出一套能反映不同社会距离的意见,请被调查者根据自己的实际看法在相应的意见项内打上记号,然后把一个群体的所有成员的态度距离加以统计,制成曲线图。曲线图反映了一个群体对某个对象所持态度的距离分布。不同的群体对同一事物的态度的距离分布可以作比较,同一群体对几个事物的态度距离分布也可以作比较。

举例:对于某个成员(甲)的社会距离调查表。

(1) 愿意和他成为知己;

(2) 愿意请他参加自己所属的社团活动;

(3) 愿意和他做邻居;

(4) 愿意和他做同事;

(5) 愿意和他保持一定的距离(例如,最一般的社交);

(6) 愿意和他少来往;

(7) 愿意和他绝交。

要求被调查者从以上七个项目选择符合自己态度的一项并打上记号,然后制图(统计群体各成员所选之项目)。

图8-5表示同一群体(A)全体成员对成员(甲)、(乙)两人的态度的社会距离尺度比较。图中两条曲线表明,群体(A)成员对甲的态度的社会距离比乙小,即乙较少受人欢迎。

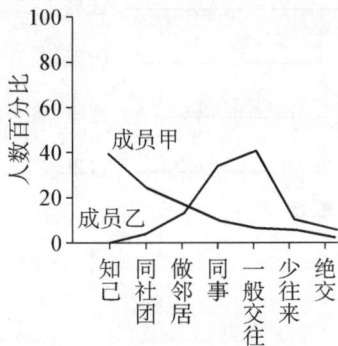

图8-5 同一群体成员对甲、乙
两人的社会距离

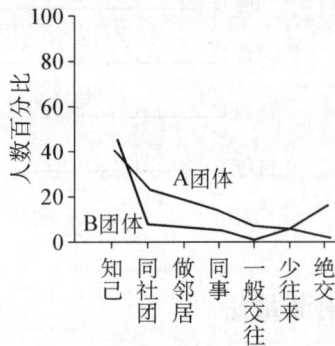

图8-6 A、B两群体对甲的社会距离

图 8-6 表示两个团体(A 与 B)全体成员对甲的态度的社会距离尺度比较。图中两条曲线表明,两个群体比较起来,A 群体更倾向于甲,B 群体虽然有相当人数倾向甲,但也有少部分人要与甲绝交。

(三) 语义测量法

语义测量法与上述方法不同,其目的在于分析人们对特定认知对象所赋予的意义,分析该对象所具有的形象,以测定和判断其态度的一种方法,简称为 S·D 法。语义测量法又称"双极形容词分析"。

奥斯古德(C. E. Osgood)等人(1957)收集许多对称的形容词(如好—坏、认真—马虎等)作为指标,采用以＋3—0——3 的七级评定形式,通过因素分析把形容词组分为三个主要因素:评价因素(如好—坏)、活动因素(如主动—被动)、力量因素(如强—弱)。

使用奥斯古德所建立起来的方法,用所获得的有关对象的评定,就可以知道人们对于有关对象的态度的各个因素。

具体测定方法是:根据主题设计一套相对的、两个极端的形容词(约 10 对),平行列在七个等级的量表两端。测试时,要求被测者根据自己的意愿,在量表的某一点上打"√",表示自己对该对象的态度。若将被测者在每一双向形容词量表上的得分加起来,就可以反映被测者对于该对象的总的态度。

图 8-7 是被测者对于其单位某领导的 S·D 量表上的回答。

图 8-7 S·D 量表

二、投射测量法

投射测量法的特点是通过间接的方法来了解人们对某个事物的态度。这是通过分析人们对某个刺激物所产生的联想来推测其态度的方法,这种联想是人们内心深处的想象、愿望、要求以及思想方法等在某个刺激物上的无意识的反映。由于被测者事先不知道测定者的意图,猜不出测定者想要他回答些什么,故难以作假,有一定的可靠性。但对其反应进行分析时,测定者主观性很大。

(一) 主题统觉测验

主题统觉测验(简称 TAT)最早由默里(H. A. Murray)所创(1935),是一种投射技术。

主题统觉测验时主试会向被测者出示一图片(如图 8-8),要求他根据图片内容编一个故事。被测者在看图编故事时会不知不觉地把自己对某一事物的态度投射进去,从而表露出自己的真实态度。

一般认为,TAT 比其他方法更容易动态了解被测者对某一事物的态度,有助于了解被测者的人际关系以及对自身的态度。

(二) 造句测验

造句测验(简称 SCT)是事先准备好几个有关某一事物的未完成的句子,让被测者把句子补充完整,以从中测量被测者态度。

SCT 也是投射方法的一种,它主要测量人们面对认知对象时所直接意识到的经验世界。从技术上看,因为刺激是一套未完成的短句,可使研究者更有针对性地了解人们对某具体对象的态度,而且这种方法在实施过程中不需借助仪器设备,因而可大规模进行。

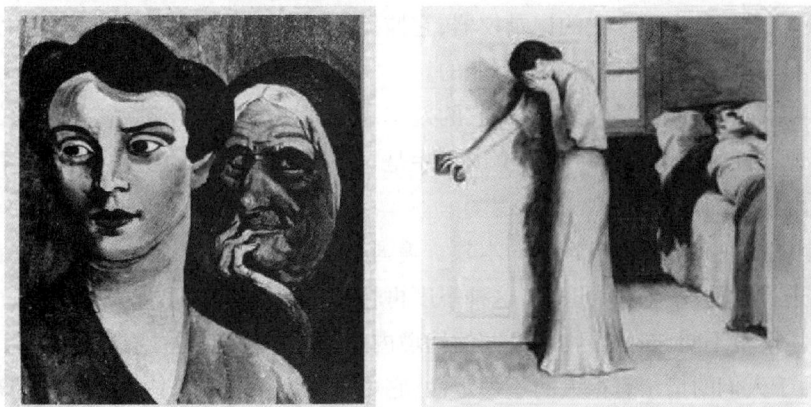

图 8-8 主题统觉测验图片

(图片来源:http://www.025xl.com/article/xlcp/rgcs/201001/9841.html)

下面以了解被测者对其父亲的态度为例,让人们完成以下句子:"假使我父亲……"、"父亲说……"、"今天我父亲……"等。句子个数可以适当增加,以期从被试完成的句子中了解被试对其父亲的态度。

三、行为反应测量法

行为反应测量法是通过观察人们对有关对象的实际行为反应测量态度的测量技术。观察人们的行为,也可以用来估计人们对某一对象的真实态度,而且还可以不使本人察觉,从而获得比较可靠的材料。常用的行为反应观察和测量技术有距离测量法和生理反应法。

（一）距离测量法

距离测量是通过人与人之间交往时的接近程度和亲切表现测量人们的态度，包括对两人的空间距离、目光接触、紧张程度等方面。如果双方交往时距离较远，目光接触较少，身躯后倾等，则表明双方相互存有否定态度，反之，则表示肯定态度。

（二）生理反应法

生理反应法是通过检查被测者的生理反应测量态度的方法。生理反应法主要用于测量人们态度中的情感因素。

当人们产生某种态度时，其态度中的情感因素会唤起机体的植物性神经系统的变化，如心跳加速、呼吸急促、血压升高、瞳孔扩大等生理变化。因此通过生理指标的测定，可以推测人们的态度。专家认为，这种方法尚有一定的可靠性。国外一些部门用测谎器来窥测嫌疑犯的真实态度，认为它有一定的科学根据。因为一个人犯了罪，情绪上必然会处于紧张状态，就会产生诸如恐惧、焦虑、悔恨、内疚、紧张等心理现象。从测谎技术的角度来说，就是利用了心理上的这种压力。心理上的压力将会导致生理上的种种变化。激动的情绪变化会使呼吸和心跳加速、外周血管舒张、脸红耳赤、肾上腺素分泌增加、血压升高、血糖和血液的含氧量增加；突然的惊惧会使呼吸出现暂时中断、外周血管收缩、脸色发白、出冷汗、口干舌燥。

然而，测谎器只是生理变化的记录仪器，它捕捉到的仅仅是机体内的生理变化，而不能反应外部动作和表情。因此测谎器不是万能的。

第一，测谎器同其他科学仪器一样，它的效率高低同使用者技巧有关。有经验的使用者总要事先精密地设计好提问程序。编制测谎程序是一项技术性很强的工作，并不是任何人随便提问都能发现问题的。

第二，个体往往有控制自己情绪的本领。美国心理学家阿诺德认为，人们首先在大脑皮层对具体情境进行评估，产生一种态度，这种态度再转化为神经冲动，引起机体变化，产生各种情绪。由于具体情境不同，同一事物在不同的情境内引起不同的态度。

第三，由于人们的情绪有很大的不稳定性，它可以受到很多难以估计的因素的影响。因此即使是测谎技术高超的人，也可能会发生偏差。

有人估计，对训练有素的专家来说，70％的案件可以作出正确判断，20％的案件难以判断，10％的案件作错误判断。所以，测谎器所提供的数据可以作为参考，不能作为判断的依据（请参见《科学生活》，1983）。

以上几种测定态度的方法，以自我评定法最为普遍，使用也很简便，直截了当。但缺点是真实性、可靠性较差，因为人们的态度体系中都有一种"自我防御"机能在发挥作用，害怕自己反映的真实态度不符合社会及其所处的团体的规范与准则。因此用这类方法所获资料可能会发生误差，还必须结合其平时一贯表现出的行为，加以综合评定。投射法与行为反应测量运用起来比较困难，但可以作进一步的研究。

态度由认知、情感、意向三个因素构成,是较持久的个人内在结构。态度是外界刺激与个体反应间的中介因素,调节个体对外界刺激作出的反应。态度的核心是价值观,是指态度的对象对认知个体的主观意义,即人们对于某个事物的态度取决于该事物对人的意义大小。

日常生活的观察及科学研究告诉我们,态度和行为并非总是一致的。态度和行为的关系受多种因素影响,如态度中认知与情感的一致程度、态度的具体程度、人格因素、情境因素等。不过,这并不表明两者间的关系无章可循、无法预测。当一个人的态度对象和与态度关联行为相同或相近时,当一个人的态度被自我意识到强有力时,态度与行为之间的一致性就比较高。

态度变化的三阶段理论认为态度转变要经过服从、同化、内化。一个人的态度只有到了内化阶段,才会稳固。内化在态度形成过程中也是最持久、最难转化的阶段。

社会态度的形成与转变往往不可分离,社会心理学家提出一系列该领域的相关理论,主要分为两类:行为主义强化理论和认知学派的认知平衡理论。其中最有代表性的理论是费斯廷格的认知失调理论,该理论认为当个体认知处于失调状态时,个体可以根据不同的具体条件设法解除或改变认知失调双方中的任何一种认知因素,以使双方趋于协调。

一般来说,态度形成后便具有一定的稳定性,较难被改变。但现实生活中,我们还是能运用一些策略影响自己和他人的态度。这些策略主要包括:宣传说服、行为、群体规范。

影响个人社会态度转变的因素主要包含主、客观两方面。客观因素主要指宣传者的特性,包括专业性、社会身份、吸引性、相似性和可信性;主观因素主要指态度转变者的心理特征,包括自尊心、智力水平、需要及权威主义倾向等。另外,心理抗拒理论能为人们拒绝转变态度提供解释。

态度的测量主要涉及态度的方向和强度。态度的方向反映个体对客体的反应倾向,包括喜欢或不喜欢,肯定或否定。态度的强度指个体对客体的感觉强度。目前常用的测量技术有:自我评定法、投射测量法、行为反应测量法。

思 考 题

1. 回忆一下你最近在电视和杂志上看到的广告,你认为这些广告运用了什么策略来影响人们的态度?

2. 在日常生活中,你是通过什么方法或途径去了解他人的态度的?

3. 你怎么理解"态度决定一切"?

拓 展 阅 读

1. 戴维·迈尔斯.社会心理学(第8版).侯玉波等译.北京:人民邮电出版社,2006.

2. E·阿伦森.社会性动物(第九版).邢占军译,缪小春审校.上海:华东师范大学出版社,2007.

3. 罗杰·霍克.改变心理学的40项研究:探索心理学的历史.白学军等译,杨治良、郭秀艳审校. 北京：中国轻工业出版社,2004.

4. 全国 13 所高等院校《社会心理学》编写组. 社会心理学. 天津：南开大学出版社,2003.

5. 俞国良主编. 社会心理学经典导读. 北京：北京师范大学出版社,2008.

6. E. Aronson，T. D. Wilson & R. M. Akert. *Social Psychology* (*7ᵗʰ Edition*). Prentice Hall，2010.

现代社会心理学（第三版）

第九章 社 会 动 机

2007年10月5日,美国"女飞人"琼斯在一封写给家人和朋友的信中,承认自己在2000年悉尼奥运会前服用了类固醇类兴奋剂。在那届奥运会上,琼斯获得了三枚金牌。之后,琼斯含泪向人们道歉,她说:"我的行为深深伤害了那些关心我的人们,我对不起他们,我出卖了那些信任我的人,我想我会选择退役,离开这个令我伤心的地方。""要知道,我依然深深爱着田径这项运动,"琼斯伤感地表示,"我希望通过这件事情能使今后的运动员认识到禁药的危害性。"

如此发自肺腑的言语也不能保住奥运金牌,服药者必须为自己的行为付出代价。兴奋剂是体育赛事的衍生物,从来没有彻底消失过。这让人不禁要问,为了冠军,为了荣誉,这些运动员们就不惜在违禁药物的检测上侥幸地赌一把吗? 是什么动机推动他们做出代价如此之大的行为? 对人的社会行为动机的讨论,就是本章的主要内容。

第一节 社会动机概述

"社会动机"这一概念具有多种意义。有些学者把它描述为人的动机的社会性方面;有些学者主张,人的动机以其本性而言是社会的,故社会动机等同于动机。由于个体用以满足其需要的对象和手段一般都是社会生活的产物,所以,从某种意义上讲,人类的一切动机都具有社会性。

一、什么是社会动机

社会动机我们并不陌生,日常生活中的社会动机是常用的词语。从心理学专业角度,社会动机是个体"个性倾向性"的组成成分。个性倾向性是人进行活动的基本动力,是个性中最活跃的因素,包括需要、动机、兴趣、理想、信念和世界观等。

(一) 动机的定义

动机,是直接推动个体活动以达到一定目的的内部动力。个人的一切活动都是由一定的动机所引起,并指向一定的目的。动机是个人的行为动力,是引起人们活动的直接原因,是一种内部刺激。

(二) 动机的特性

1. 动机的强度

在个体的动机系统中,往往同时存在多种不同性质的动机,个体的行为常由动机系统中强度最强的动机决定。我们把多种同时存在的动机中实际决定个体行为的动机,称为主导动机或优势动机。

动机强度有两个衡量指标,一是动机的能量,即动机强烈程度;二是动机的持续性,即动机持续时间的长短。

行为的力量来自动机,求知欲旺盛的人和缺乏求知欲的人相比,学习的迫切程度和持久性必定大不相同。

2. 动机的清晰度

动机的清晰度又称选择性,指个体对可见或可预见的特定目标的意识程度。其衡量指标有两个,一是选择行为的自觉性。如果动机清晰,则行为选择的意识强,反之,其行为选择就表现出极大的无意识性。二是可测查的语言行为。由于意识和语言符号互为依存,语言是意识的直接体现,因此可以通过观察个体的语言行为来判断其动机的清晰度。常用语言行为测查法有问卷法、口头报告法、行为观察法。为使测查结果更客观准确,最好综合运用多种方法。

3. 动机的更替性

由于在同一时期个体会同时产生和存在多种不同性质的动机,其中有些动机会相互冲突,使得强度较低的动机被强度较高的动机所取代,从而产生动机的更替。比如,有一高中学生本来具有考师范大学的动机,想当一名老师,但因为班上有一同学身患不治之症,于是他就产生学医的动机,这和他之前当老师的动机相冲突,经过抉择,这位同学最终决定学医,这就是动机更替的过程。

4. 动机的活动性

动机的活动性指个体形成某种动机后,能对其行为发生推动作用,表现为对其行为的发动、加强、维持、停止。比如,有人有减肥动机,所以每天坚持跑步,控制饮食。在进行一年后,其体重下降,这时减肥动机消失,他也就停止跑步节食等减肥行为。值得注意的是,同一种行为并不只由一种动机引起,上述例子中,个体也有可能在减肥成功后仍坚持跑步。因为虽然其已经没有减肥动机,但可能已经有喜欢跑步的动机。

5. 动机的复杂性

个体的动机十分复杂,首先表现在动机与行为并不一一对应,同一个动机可以产生不同的行为,例如,报效祖国的动机可以表现为多方面的行为:(1)努力学习,掌握知识技能;(2)锻炼身体,增强体质;(3)对智力进行自我开发等。同一行为也可以由不同的动机所引起。例如,从事体育锻炼这一行为就可能来自不同动机:(1)为了在运动会上获奖;(2)为了增强体质;(3)为了使体型匀称、健美。此外,个体行为也可能同时受到多种动机支配。一般来说,个人的行为并不是单纯为一个动机所支配,但其中总有一种动机处于主导地位,而且在不同的阶段起主导作用的动机可以相互转化。例如,在学习过程中,人们学习活动的主导动机是专业兴趣;在即将考试时,学习活动的主导动机则是获得好成绩;在学习结束阶段,人们又会产生与个人志向有关的其他主导动机。

动机的复杂性还表现在个体口述动机的不真实性。因为个体所确定的目标未必都符合社会道德规范,如损人利己的目标,所以有个体为了维护自我社会形象,会口头美化自己的动机。例如,有人继续研究生学习的动机是为了拿到更高的文凭以找到更好的工作,但他感到这种"赤裸裸"的动机太过功利,于是他向他人解释升学是为了"科研兴趣"。

此外,实际对个体行为起作用的动机与个体所意识到的动机也会不一致,儿童尤其如此。比如,小学生虽然意识到自己应该好好学习,但真正推动他们学习行为的动机却可能是为了获得父母的喜欢,这种动机并未被他们明确意识到。

另外,无意识动机也会影响人们的行为。许多时候,个体往往意识不到自己行为的真正理由。

(三) 动机的功能

动机对人的行动主要有三种基本功能。

1. 激活功能

动机能激发有机体产生某种活动。带着某种动机的有机体对某些刺激,特别对那些与动机有关的刺激反应特别敏感,从而激发有机体去从事某种反应或活动。例如,饥饿者对食物、干渴者对水特别敏感,因此也容易激起寻觅活动。

2. 引导功能

动机与需要的一个根本不同就是:需要是有机体因缺乏而产生的主观状态,这种主观状态是一种无目标状态。而动机不同,动机是针对一定目标(或诱因)的,是受目标引导的。也就是说需要一旦受到目标的引导就成了动机。由于动机种类不同,人们行为活动的方向和它所追求的目标也不同。例如在学习动机的支配下,学生的活动指向与学习有关的目标,如书本、课堂等;而在娱乐动机支配下,其活动指向的目标则是娱乐设施。

3. 维持和调整功能

当个体的某种活动产生以后,动机维持着这种活动针对一定目标,并调节着活动的强度和持续时间。如果达到了目标,动机就会促使有机体终止这种活动;如果尚未达到目标,动机将驱使有机体维持和加强这种活动,以达到目标。

由于动机有以上功能,所以培养人们的正确动机便具有重要意义。例如,教师为了使大学生们成为祖国"四化"建设的有用人才,经常教导学生们要获取较渊博的专业知识,以便成为专家或学者。这一动机为大学生们所接受,促使他们虚心好学,如饥似渴地钻研专业知识,很好地完成了学业。

(四) 动机由需要所激发

当个体需要得不到满足时,个体内部会处于焦虑状态,从而刺激并推动个体采取行为消除自身的焦虑状态。这种推动力量也被称为内驱力。个体受到自身内驱力的作用,从而导致某种行为的发生,进而满足自身需要。

由此可见,内驱力就是动机。从激发个体行为的作用与性质看,动机与内驱力是同义词。

需要激发动机,动机推动行为,满足旧的需要后人会产生新的需要,进而激发新的动机,最后又推动新的行为。如此循环往复,使个体的心理水平得到发展。需要、动机、行为三者的关系如图9—1所示。值得注意的是实际上动机与行为的关系要比图中模式复杂得多。

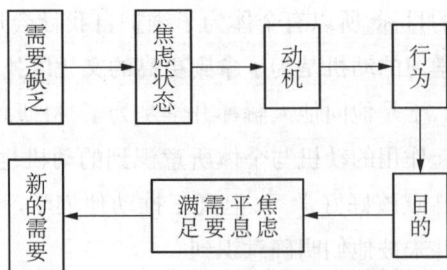

图 9-1 需要、动机、行为的活动周期模式

需要具有对象性,只有需要指向于特定对象时,才会激发起相应的动机。例如,人们有求知的需要,但是只有涉及具体知识的获得时,如编写一个程序或撰写一篇报告,才会激发相应的动机去推动具体的行为,如请教老师、买书等。

动机由需要所激发,但需要却并不总能被人意识到,人的潜在需要也可以成为行为动机推动人的行为。例如有人原本是和朋友约好去逛街,后来突然路过电影院看到了某部电影的海报,于是又和朋友改变计划,去看电影了。

二、动机与活动效率

科学研究和实践经验表明,动机是影响个体活动成效的重要因素。个体行为能否取得效果,取得多大效果,主观上主要取决于能力与动机,可用下列公式表示:

$$活动成效＝能力×动机$$

能力和动机对于个体从事任何活动都是必不可少的。不过,相比较而言,在难度不高的活动中,动机强度对活动效率影响更大。另外,个体只要经过长期努力,不断钻研与探索,随着其知识经验的积累和提高,其能力也会得到提高。我国古代寓言《龟兔赛跑》中,乌龟动机强烈,兔子能力高超,结果乌龟先于兔子跑到终点。也说明有时动机比能力更重要。

时蓉华教授于 1989 年曾以儿童为研究对象,进行激发学习动机的实验研究,得出动机可以推动学习的结论。其实验研究由两个部分构成:一个部分采用单因子轮组实验法,比较两组儿童在竞赛与不竞赛两种情境下解答应用题的成绩;另一部分采用重复练习法,比较儿童在激发动机前后计算练习题的成绩。研究结果参看表 9-1、9-2。

表 9-1 激发动机研究结果 1——错误率比较(%)

项　　目	简单应用题	稍难应用题	困难应用题
对照作业	21.4	34.3	46.4
竞赛作业	14.3	20.2	22.6
成绩相差	7.1	14.1	23.8
显著性	$P>0.05$	$P<0.05$	$P<0.01$

表 9-2　激发动机研究结果 2——正确率比较(%)

项　目	激发动机后上升	显著性
优等生	28	P<0.01
中等生	34	P<0.01
差等生	65	P<0.01

表 9-1 表明,不管应用题难度如何,在竞赛情境下,学生的错误率都比对照作业时要少;应用题难度越大,两者的差距越大。

表 9-2 表明,不管儿童原有基础如何,激发动机以后的解题正确率都高于原有水平,差等生进步更快。

国外社会心理学家的研究也得出同样的结论。美国心理学家奥格登在关于警觉性的实验中随机调节光源在暗室内的发光强度,要求被试作出判断。实验者记录被试判断正确和错误的次数。被试被分为四组,有相同的操作要求与实验时间。A 组是控制组,不作任何激励;B 组是期待组,实验者告诉该组被试他们是经过挑选的组员,他们的注意力、观察力都优于别人,实验目的是从他们中选出最优秀的成员。C 组是团体竞赛组,实验者告诉被试实验目的是进行团体之间的竞赛,看哪一组成绩最好。D 组是奖惩组,被试被告知判断正确,每次奖 5 美分,判断错误则扣除 10 美分。实验结果参看表 9-3。

表 9-3　判断光源变化的结果

组别	实验条件	判断错误次数(平均)	比较
A	对照组(不加任何激励)	24 次	最差
B	个人期待组(个人间竞赛)	8 次	最好
C	团体比赛组	14 次	较差
D	奖励与惩罚组	11 次	较好

表 9-3 表明,B 组成绩最好,A 组成绩最差;C 组与 D 组虽然成绩不如 B 组,但都接近 B 组且优于 A 组。研究结果说明:①激发动机与否对个体成绩的影响很大;②不同的动机激发方式对个体成绩影响不同。

专栏 9-1

耶克斯—多德森定律

Yerkes-Dodson Law(耶克斯—多德森定律)是心理学家耶克斯(R. M. Yerkes)与多德森(J. D. Dodson)经实验研究归纳出的一个法则,他们发现动机强度与工作效率之间的关系不是一种线性关系,而是倒 U 形曲线。中等强度的动机最有利于任务的完成,如图 9-2 所示。

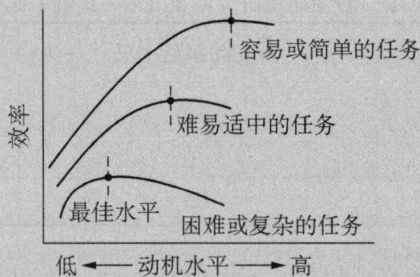

图9-2 动机强度与工作效率的关系曲线

该定律说明了以下三点规律：

1. 各种活动都存在一个最佳的动机水平，动机不足或过分强烈都会使工作效率下降。

2. 动机的最佳水平随任务性质的不同而不同，在比较容易的任务中，工作效率随动机的提高而上升；随着任务难度的增加，动机最佳水平有逐渐下降的趋势。

3. 在难度较大的任务中，较低的动机水平有利于任务的完成。

三、动机的分类

人的动机有多种分类，有学者将其分为内部动机与外部动机，也有学者将其分为生理性动机和社会性动机。

（一）内部动机与外部动机

1. 内部动机与外部动机的定义

内部动机指人们对活动本身感兴趣，由活动本身的刺激而诱发出来并推动个体行为的动力。

美国哈佛大学心理学教授布鲁纳（J. S. Bruner, 1915）指出，内部动机由三种内驱力引起：一是好奇，是求知欲的一种；二是胜任的内驱力，是求成欲的一种；三是互惠的内驱力，即对和睦共处、协作活动的要求。心理学家认为人类有与生俱来的探索、好奇等内驱力，而且，动物同样具有这些内驱力。如动物学家哈洛（H. F. Harlow, 1950）以红毛猴为实验对象，让它们解机械谜。结果，猴子不仅能解开搭扣，还能在解开后再重新装好。猴子每次成功解谜后都会感到满足，并在没有报酬时继续解谜，这正是受猴子的好奇心所驱使。

外部动机是由活动以外的刺激（如奖励、名次等）诱发出来并推动个体行为的动力。例如，有人为了成为先进工作者而努力工作，为了避免挨批评而完成工作指标，或为受表扬而做好工作，他们并不是对工作本身有兴趣。

2. 内部动机与外部动机的关系

内部动机和外部动机都具有推动人们行为的作用，两者相结合时能够更好地推动人们的行为。一方面，通过表扬与批评，可以实现社会对个体行为的调节与控制。另一方面，引导人们对其所从事工作的内在兴趣，从而使他们全身心投入工作之中。但是，内部动机与外部动机并不是简单相加的关系,有时,外部奖励反而会削弱个体的内部动机。

专栏 9-2

外部奖励会削弱内部动机吗?

美国社会心理学家狄西(1975,1980,1991)用实验研究证实外部奖励对内部动机的削弱作用。实验要求被试玩一种非常有趣的解谜游戏,对其中一半被试给以外部奖励(钱),另一半被试则无任何报酬。不久以后,要全部被试作自由选择,是继续做解谜游戏,还是做其他事情,实验者观察被试在这项活动上所花费时间的长短。狄西发现,给了钱的被试在解谜游戏中所花的时间比不给钱的被试少,这就表明,由于加强被试的外部动机(付钱),他们的内部动机被削弱了。狄西指出,如果一个人本身对某项活动很感兴趣,随即又受到外部奖励时,就很可能把本来由内部动机引起的活动转变为外部动机引起的活动。

后来也有许多研究证实,对于内部动机引起的活动给予金钱奖励会降低内部动机的强度。莱伯(M. R. Leippe, 1973)用3—4岁幼儿作被试,让他们玩有趣的玩具,对玩得正确的幼儿发给"奖励卡片",结果发现幼儿的内部动机表现出降低的趋势。几天以后再观察,仍然存在这种现象。研究者之后采用小学高年级女生、以色列中学生、黑人小学生为实验对象,都得到相同结果。

3. 影响内部动机的因素

狄西通过研究认为,许多主客观因素可以削弱或增强内部动机,主要有:(1) 奖励。狄西指出奖励有控制和信息两种功能。当人们清楚地知道自己从事的活动会得到奖励时,奖励就成为工作的外部控制。此时个体更容注重外部动机,重视优胜而忽视对活动本身的兴趣,从而导致内部动机减弱。而如果对个体的工作给予评价性奖励,奖励中包含肯定其能力的信息,则具有信息功能。此时个体更容易关注自己对活动本身的兴趣和自我能力表现,内部动机随之增强。

(2) 自我控制与自我决定。当个体的自我控制、自我决定的力量增强时,内部动机也会增强。即当一个人认为自己有能力做某件事情时,其内部动机就比较强,反之就比较弱。但自我控制与自我决定作用的前提是个体有自由选择活动的权利,因此可以通过提高个体的自我控制或给予个体自我决定的机会提高个体的内部动机。狄西还指出,人们内部动机的强度与个体的心理因素、情景因素以及外部动机施加者的性格因素等有关。

专栏 9-3

教师的领导风格与学生内部动机的关系

有学者研究了教师的性格特点与学生内部动机的关系。研究对象选取小学四、五、六年级学生 610 人,来自 4 所小学 35 个班级。研究者从五个方面测量学生的内部动机:是否乐意接受挑战性的任务;是否喜欢探索新异事物;有无独立学习的愿望;为自我满足而学习还是为分数而学习;用自己的标准还是用外部标准衡量学习成功。另外,研究者还从学生的自我能力评估和自我决定等方面测量学生的自尊心水平,要求学生描述教师的教学能否引起他们的内部动机和外部动机等。

研究者用短文的形式为教师描绘三种典型的课堂环境,让教师回答他们如何处理不同的情境,以此评定教师的领导风格。根据教师的回答,研究者把领导风格分为四种类型:高度独裁、要求学生的行为符合常规、引导学生相互比较自己的行为、让学生独立自主。结果表明,教师的领导风格与学生的内部动机有很高的相关性,教师愈是控制学生,学生的内部动机愈弱。

(二) 生理性动机和社会性动机

根据动机的起源,可以将动机划分为生理性动机和社会性动机。生理性动机是以有机体的生理需要为基础,而社会性动机则是由生活中习得的社会性需要所激发。

默里(Murray, 1938)第一个尝试用投射测验研究个体的需要,他把人的需要分成生理需要和心理需要两大类。所谓的生理需要,指个体内部维持生理功能的物质要素,如水、食物等,消耗到某种程度时即构成的缺乏状态。而凡是在维持个体生命的生理需要以外的一切需要,一般均称为心理需要。

生理性动机源于生理需要。例如,有机体缺乏食物就产生一种需要,它就会变成一种驱动力量引起进食的活动,去寻觅食物,吃饱了,有机体又恢复了原来的平衡状态。20世纪20年代,心理学家们曾用动物做一实验来验证不同驱力的相对强度。实验者设计了一种障碍箱,把有动机的老鼠和假定的动机物用电栅分开,老鼠必须忍受一定强度的电击才能通过栅栏以获取食物、水、性或子嗣。结果表明,母老鼠忍受的痛苦最多,越过栅栏的次数最多,这就是母性动机最强有力的证据。在人类的身上,纯粹的生理性动机很少见,因为人不仅是自然的人,更是社会的人。如上述生理性动机中的母性动机,一方面它是天生遗传的一种动机,另一方面也受社会文化、道德规范的影响和约束。在人类社会中,养育子女被认为是父母的义务和责任。因此人类所表现出来的母性动机已不再是纯粹的本能的动机了。

社会性动机又称心理性动机或习得性动机,以社会需要为基础,是人类行为的内在动力,例如成就动机、交往动机等。如果社会性动机长期得不到满足,就会使个人产生焦虑、痛苦、孤独、挫折等感受,甚至出现某种心理障碍。如交往动机长期得不到满足,会使人倍感孤独。另外,在个体发展的过程中,高级需要出现得比较晚,因此,社会性动机也会比生理性动机出现得晚些,如成就动机要到个体成长到一定阶段才会出现。

第二节 亲 和 动 机

人是群集动物,每个人的一生都需要和其他个体间亲密交往。许多事实和研究证明,人类的群集性和人类文明发展的关系密不可分,人们在交往过程中相互间产生深刻的影响。

与人隔绝的后果

意大利洞穴学家毛里奇·蒙塔尔曾只身到意大利中部内洛山的一个地下溶洞里,亲身经历长达一年的"先锋地下实验室"的实验。实验室设在溶洞内的一个 70 平方米左右的帐篷里,里面有科学实验用的仪器设备,还有起居室、工作间、卫生间和一个小小的植物园。在这一年里,他吸了 380 盒香烟,看了 100 部录像片,在健身车上骑了 1600 多千米。一年后,当他重回人间时,脸色苍白而瘦削,如果两个人同时向他提问,他的大脑就会很乱。他情绪低落,不善于和人交谈。虽然他渴望与人相处,但已经丧失交际能力。他深深体会到人只有与人在一起时,才能享受到作为一个人的全部快乐,生活的美好在于人与人的相处。

一、亲和动机的解释

人具有社会性,任何个体都有与其他个体交往,并结成团体的意愿,这就是亲和动机。心理学家通过观察和研究,发现社会性是人类社会极其普遍和重要的现象。社会心理学的开创者之一麦独孤认为,社会性是人类的本能之一。

(一) 本能

麦独孤认为:寻求伙伴,与他人结合在一起是人类的先天特性之一。这就如蚂蚁由于本能集合在蚁群中,狒狒由于本能建立复杂的群体结构,人也生活在自己的群体中。人们这样做和利弊无关,这是人们先天的行为倾向,就如婴儿天生就会吸吮奶头,站在悬崖上会害怕一样。

心理学家从自然选择的角度解释本能观。生活环境的恶劣使得原始的祖先们认识到,人只有聚集起来,集体狩猎,才更有可能战胜猛兽,得到食物,从而增加生存机会。同时,群体可以为个体,尤其为弱小的个体提供保护。这种保护在原始社会的恶劣环境下是单个个体或家庭难以做到的。群体在存活的同时,也使群体中个体的基因留存下来。而从繁衍的角度,群体也同样比个体有更大的优势。

任何可以增加生物体生存机会的特性历经数代就变成生物体的显性基因。具有这些特性的生物个体在自然界中生存下来,他们的后代也就先天具有这些特性。也因此,人类经过漫长的进化,和其他人生活在一起的亲和动机可能早已经沉淀在人类的原始本能之中。

(二) 内在决定因素

持这一观点的心理学家认为,人类的内在决定因素(如人类生命早期的孤弱)决定个体的亲和动机。人类的婴幼儿在其出生后的很长一段时间都不能自助,他们必须依靠父母或其他成年人的照顾才能生存、成长。这就造就婴幼儿期个体群聚的必然性。

亲和动机源于人的本能和内在决定因素,可以解释人在生命早期的社会性行为。但长大后的人类个体为什么仍继续与他人交往,生活在一起呢?

（三）学习

人们学习和其他人在一起生活具有人类学习的普遍特征。人类的生命的早期，为获取食物、安全和温暖等基本的生存需要，孩子们必须依靠其他成年人。在和他人的互动过程中，孩子们学到只要和他人在一起，就可以得到报答。同时，每一次需要的满足都是一次强化，从而使得和他人生活在一起的社会性成为其日常生活的习惯。而且，这种学习会影响个体一生的行为，当个体成长为成年人，可以不再为生存而依靠他人，但因为个体已经学到与他人保持密切联系的习惯，个体仍会表现出亲社会行为。并且，在人类的各种社会文化中，所有个体在某种程度上，都必须学习和其他人互动的社会性行为。所以，学习使社会性成为人类的特性。

（四）需要的满足

生存是人类的第一需要。随着成长，个体有越来越多的需要要求得到满足，比如对于爱情的需要、对于成就的需要、对于尊重的需要、对于权利的需要等。这些需要都必须依靠他人提供才能得到满足，个体在孤立的状态下很难使满足这些需要的。因此，为满足不断出现的新的需要，长大的我们还是保持着与其他人在一起生活的习惯。

二、亲和动机的研究

在生活中，人们的亲和动机时而强烈，时而微弱，有时人们甚至希望能一个人静静地待着。什么因素在影响人们的亲和动机呢？

沙赫特（S. Schachter）在 1959 年发表的亲和动机研究被认为是心理学历史上经典实验研究报告之一。沙赫特假设：人在恐惧的状况下会产生要和他人生活在一起的亲和动机，而且，恐惧感越大，亲和动机就越强烈。沙赫特选取一些女大学生作为被试。女大学生们被引进实验室时，看到沙赫特穿着白色的实验服装，周围布满各种电子设备。沙赫特对女大学生自我介绍说，自己是神经病学和精神病学的博士，本次实验研究有关电击作用问题。为引起一些女大学生比另一些女大学生更恐惧，沙赫特把女大学生分为两组，两组被试接受不同的实验指导语。

对第一组女大学生，为唤起她们较大的恐惧感，沙赫特用可怕的词语描述电击后果。他说："这种电击会使你遭受伤害，使你感受到痛苦，但我向你保证不会是永久的伤害。如果我们的研究要有助于人生，电击强烈些是必要的。"

对第二组女大学生，为唤起她们较小的恐惧，沙赫特就把电击的严重性说得很小，尽可能地使女大学生感觉轻松和安逸。他说："我向您保证，您将受到的电击无论如何也不会使您觉得不舒服。它不过是有些像发痒或震颤那样有一点点不舒服感。"通过测量发现，不同的指导语的确引发女大学生不同程度的恐惧感：第一组被唤起高恐惧感，第二组被唤起低恐惧感。

在测量了恐惧唤起的程度后，沙赫特假装着调制设备，并告诉女大学生说，由于仪器还没有调好，实验要推迟十分钟，请参加实验的女大学生在实验室外面等一会儿。同时，沙赫特很自然地问女大学生，是要一个人在外面等一会儿，还是想到隔壁的房间和先到的其他女大学生一起等待，或者无所谓。女大学生选择后，沙赫特又问她们的选择是否强烈。实验的结果见表 9-4。

现代社会心理学（第三版）

表9-4　恐惧对亲和动机的影响

条件	选择的百分比（％）			
	集中	不关心	单独	社会性欲望的强度
高度恐惧	62.5	28.1	9.4	0.88
低度恐惧	33.5	60.0	7.0	0.35

结果如沙赫特所料,被唤起高恐惧的女大学生比低恐惧感的女大学生有更多的人更强烈地希望和其他人在一起等待实验的开始。由此证明,恐惧是引起并影响人们社会性欲望的重要因素。

沙赫特对亲和动机的研究具有十分重要的意义。首先,它进一步揭示了认识、情感和动机之间的关系。亲和动机的产生受情感状态的限制,如实验证明高度恐惧会增加个体的亲和倾向。同时,亲和动机的产生与认识水平密切相关。例如,安妮宝贝的小说《莲花》中,描述主人公徒步进入墨脱的历险过程。由于墨脱当时是全国唯一不通公路的地方,因此要到达墨脱,必须经过丛林、雪山等重重考验。没有经验的旅行者,通常更依赖同伴的同行与帮助,而有经验的"背夫",因为对环境十分熟悉,因此亲和动机有所减退,能够一个人走在队伍的最前方。其次,亲和动机的研究揭示了各种动机之间的关系。亲和动机实际上是对人际关系的欲求,希望缩短人际距离,加强人与人间的支持。并且,亲和动机通常还会和社会认可需求联系在一起,个体希望和他人一起而获得别人的肯定和接受。

第三节　成就动机

成就动机是一种重要的社会动机,它对个体的工作、学习有很大的推动作用。自从美国哈佛大学心理学家麦克莱伦(D. C. McClelland)用投射测验方法测定人们的成就动机,发现成就动机存在个体差异以来,关于成就动机性质与发展的研究很快增多起来。

一、成就动机概述

（一）什么是成就动机

成就动机,是一种想要做好事情的动力,个体对自己的高要求、高标准和个人的高抱负水平有关。有强烈成就动机的人会决心做好难度很大的工作,且他们这么做的原因仅仅是要做好这件事情。成就动机强的人希望得到外界客观、公正的评价,不过分重视个人名利,。但当名利能表示事业的成功时,他们也会去追求。

心理学家普遍认为,成就动机并不是个体获得成就的唯一因素,除成就动机以外,社会赞扬、团体规范、个人兴趣等都是促使个人获得成就的重要因素。

（二）成就动机的个别差异

阿特金森(J. W. Atkinson)是美国研究成就动机的心理学家的代表。他认为人们有追求成功的动机和避免失败的动机,高成就动机的人具有强烈的希望成功的倾向。心理学研究表明,高成就动机的人比低成就动机的人更能接受困难工作,他们能坚持工作以把工作做得更好。这种倾向同样反映在职业选择上,希望成功高于避免失败的人,在选择职业时会有较高的抱负水平;而避免失败倾向强烈的人,其抱负水平则不是太高就是太低。

阿特金森通过研究指出,若个体追求成就的动机高于避免失败的动机,那么成功后个体也不会简单地重复去做同样的事,而会提高其抱负水平,尝试去做更为困难的工作。相反,如果一个人对于失败的恐惧高于对成功的追求,一旦成功,个体会反复去做同样的工作,以减少对失败的焦虑。

在失败后能否继续坚持,阿特金森指出个体间存在个体差异:一个人若有强烈的成就感并认为工作容易成功时,则其坚持性较强;一个恐惧失败的人,则对比较困难的工作抱有坚持的态度,而对于简单的工作则会因增加其焦虑,尽量避免。

另外,个体对取得成功与失败的归因也表现出个体差异:成就动机低的人将自己的成功归因于运气好或任务容易,将失败归因于自己能力差;而成就动机高的人则相反,他们倾向于把自己的成功归因于自己能力强,把失败则归因于自己不努力。这种归因倾向的差异,使成就动机高的人维持高的动机水平,而成就动机低的人总是处于低的动机水平。

二、高成就动机者的共同特征

成就动机高的人,具有下列特征:

高成就动机的人倾向于接受具有一定难度的任务。他们不会选择太难的或太容易的任务。因为高成就动机的人总是试图通过自己的努力取得成功,而不愿碰运气,他们估计任务太难时,会拒绝接受任务。而如果任务太简单,他们会不屑为之,因为并不能满足其成就欲望。所以只有对既有难度而又有把握干好的任务,他们才乐意承担。高成就动机的人非常想知道自己的活动成果。他们会随着活动目标的实现或任务的完成与否自行调节自己的抱负水平。如果自己的成果达到预期设想,他们会进一步提出更高的抱负水平,尝试更困难的工作。如果未完成任务,或遭到失败他们会坚持下去直至完成。

高成就动机的人常常以旺盛的精力,采用新的方法创造性地完成任务。他们不愿意墨守成规,只采取简单重复的方法完成任务。传统心理学的效果律认为,个体在某件事情上的成功会使其反复做同样的事情。而对于高成就动机者,成功不一定会使他们重复做同样的事,因为他们需要新的挑战。

高成就动机的人对自己的决定高度负责。接受任务前,他们会经过深思熟虑。一旦接受任务,他们就会对自己的行为负责,努力去实现目标。

高成就动机的人往往选择有能力的人和他们合作。因为他们成就动机强烈,愿意与有能力的人一起作出成绩。同时,他们的高抱负水平会导致对别人的高要求,能力较差的人自然不会被其看中。

三、成就动机与社会经济发展

麦克莱伦认为,人们的成就动机有利于社会经济的发展。他采用档案法验证自己的假设,对 1920—1929 年与 1946—1950 年这两个时期中各国成就动机与经济成长的关系进行比较。他测量并估计 30 个国家儿童读物的故事内容中所传达的成就动机的强度,发现该参数与这些国家 20 年后的经济发展间存在着显著相关(如表 9 - 5 所示)。这表明,成就动机是影响社会经济发展的重要因素。

表 9 - 5　读物中成就动机分数与经济增长离差之间的相关

相关系数　　经济指标与年代 读物的年代	人均收入 1925—1950	人均电力 1929—1950	前两者相结合
1925	0.25	0.53*	0.46**
1950	—0.10	0.03	—0.08

注:表中 * 代表 $p < 0.01$; * * $p < 0.02$。
(采自吴江霖、戴健林等,2004)

麦克莱伦为进一步研究成就动机对社会经济的促进作用,从 45 个原始部落的读物中各选出 12 个民间故事,分析其中的成就动机,同时以经济形态划分 45 个原始部落的文化。结果发现,经济发展水平较高的社会文化区,故事中人物的成就动机较强烈。这一研究从社会文化方面进一步说明成就动机对经济发展的影响。

虽然完全证实麦克莱伦的理论尚需更多的资料,但成就动机的作用是毫无疑问的。一种解释是因为教育能提高学生的成就动机,从而会推动社会经济的发展。

四、成就动机的培养

个体成就动机的发展受到许多心理学家的关注。普遍认为,个体成就动机可以通过多种途径培养,如心理治疗、团体咨询、敏感性训练等等。从教育的角度看,任何一种教育都是塑造或改变个性的过程,是获得新思想、新行为习惯以改变旧思想、旧行为习惯的过程。

(一) 独立性的早期教育有利于成就动机的培养

麦克莱伦认为,个体的成就动机与其早期的独立性训练有关。他收集八个较低文化水平地区的民间传说,并分析其中对儿童独立性的要求与培养情况。结果发现,早期独立性的培养与成就动机之间有明显正相关。

专栏 9 - 5

儿童早期独立性的培养与成就动机的关系

心理学家 M·温特伯托的权威研究中重点探讨了儿童独立性的培养与其成就动机的关系。他把 29 名男孩(8—11 岁)的成就动机分成不同等级,并采用问卷法调查儿童的父母对其独立性的培养,然后分析两者的关系。调查中,他对两个问题询问得最为详细。一个是要求每一位母亲回答她认为自己的孩子从几岁开始应该能做以下的事情:不会迷路,开始探索,在竞争中得到好成绩,自己结交朋友。结果发现:孩子成就动机高的母亲认为,儿童应该很早就开始独立地生活;而孩子成就动机低的母亲则认为儿童应该受到一些限制,不该太早独立活动。另一个问题是,当儿童达到母亲要求时,母亲如何奖励他们。结果发现,前者的母亲常使用身体接触的方式(如拥抱或亲吻)。

温特伯托在研究中感到有些母亲的回答可能与实际情况不符。为此,他进行了实地研究。他们访问了40个家庭,其中一半家庭中儿童的成就动机高,另一半较低。被调查的儿童都是男孩,年龄在9—11岁之间,智商不相上下,并来自同一种种族。他采用现场实验的方法,设计一定情境,记录儿童当时的反应。实验要求儿童在客厅里做五件事,且父母在场,允许父母予以口头指导,但不能动手帮助。结果发现,高成就动机的儿童的父母,对儿童的表现给以很高的期待与压力,当儿童表现良好时就予以热情赞许,表现不好则表示不高兴。这些父母都十分强调成就,竞争心很强,因此希望子女表现得更好。而另一类儿童的父母通常给儿童明确的指示,代他们作决定,当儿童表现不好时则表示愤怒,属于专制型的教育方式。研究表明,儿童有无独立性与家长的教育方式有关;有独立性的儿童,其成就动机更高。

上述研究表明,儿童的独立性和成就动机与父母特点有关。一方面,若父母具有较高的成就动机会对子女的成就动机给予及时强化;另一方面,父母的成就动机既可以为子女的成就动机提供样板,又可以为子女提供促进成就动机发展的家庭气氛。

(二) 自我要求是成就动机培养的前提

麦克莱伦认为,人们的成就动机可以通过训练提高,但训练成就动机前应首先训练他们良好的个性品质,如自信心、独立性、自我实现需要等。另外,成年人成就动机的训练还取决于本人意愿,强迫训练将毫无效果。他还认为,个人有权决定自己的形象与前途,选择自己的道路。忽视这一点而仅给人们提供进修机会,不能促进个体成就动机的发展。因此,他主张首先改变受训者对自己的态度,提出自我要求,确立自信、自立等个性特征,初步具备成就动机,然后给他们提供更多机会,以进一步发展其成就动机。

在上述理论指导下确定的培训计划具体要求如下:

(1) 使受训者确信经过训练,自己的个性可以得到改变;

(2) 使受训者看到实际生活中人们的个性确实发生改变;

(3) 使受训者知道成就动机的内涵及对行为的推动作用;

(4) 使受训者知道与成就动机有关的其他概念的含义(如自我实现等);

(5) 使受训者懂得交往行为和生活的关系;

(6) 使受训者了解新动机的产生是其自我形象的改进;

(7) 使受训者懂得动机是促进社会文化发展的力量;

(8) 要求受训者用新的动机实现生活目标;

(9) 要求受训者记录自己实现目标的进度。

麦克莱伦在印度实践自己的训练计划。受训者均为中小型企业的领导者,共52人,分为不同小组,每组 12—15 人,进行小组讨论与小组活动,训练时间共十天。训练完全按照上述计划进行,以达到九项训练的具体要求。

麦克莱伦在训练过程中注意到三个问题。一是注意在训练过程中,始终保持宽松、和谐的心理气氛,对每一个受训者的言语与行动都报以充分支持与尊重,使其确信自己能够提高成就动机,能够控制自己的行为;二是在训练过程中特别强调自我提高、自我改进的重要性,使受训者具有自觉性;三是强调受训者新的动机与新的行为方式是通过小组活动共同讨论之后获得的,是团体成员的共同特征。

训练最后,麦克莱伦要求每个受训者订立一个两年计划,提出在两年中要实现的目标,并告诉受训者,在未来的两年中,每隔半年将接受一次检查,提醒他们实现自己的计划,估计目前工作成绩与预定目标间的差距。如果差距很大,就提醒他们予以重视。

在训练计划实施后的六至十个月之内,麦克莱伦发现有三分之二的受训者在市场上表现得特别活跃。例如,他们开创新的事业,扩展原有的企业范围,获得更多利润,积极筹备开拓新市场等。

五、女性的成就动机

随着时代发展与社会进步,越来越多的女性登上世界的舞台。德国总理默克尔、美国前国务卿希拉里、前世界卫生组织总干事陈冯富珍等,都是活跃在国际舞台上的女性领导人。她们自信、成功,真正称得上"巾帼不让须眉"。但是,成功会不会给她们带来负面影响呢?

最初的成就动机研究领域中,往往只采用男性被试。因为早期研究者认为,成就一词只和男性相联系,女人既不追求成就,也不应该追求成就。但是到 20 世纪 70 年代,随着其他心理学研究中性别差异的显著性以及西方女权运动的推动,女性成就动机受到越来越多的重视。

关于女性成就动机较早、影响较大的研究是霍纳(Horner, 1969)的"惧怕成功"研究。她认为,女性有一套特有的固定动机体系——惧怕成功,因为成功会给女性带来消极的后果,例如失去朋友、人缘不佳、没有女人味等。因为当时的社会文化不认可女性的强势、独立以及竞争性。霍纳通过实验研究"惧怕成功"现象。她选取男女大学生作为被试,实验分为两个阶段。第一阶段,所有男女被试一同进行几项测验,其中两项测验与实验目的相关。一项是根据故事的导语("期终考试后,约翰(或安妮)发现自己在医学院的同班同学中获得第一名")续写故事。另一项是完成续写后的言语能力测验。第二阶段中,被试被分为三组,其中两组被试被告知,他(或她)要与另外的被试竞争,进行言语能力测验,作为竞争情境。另一组被试单独实验,指导语会减少她们对竞争性的注意,作为非竞争情境。实验关注两个问题:第一,男女被试惧怕成功的发生率;第二,惧怕成功对女性被试行为的影响。

霍纳分析被试在第一阶段续写的故事,评判他们惧怕成功动机的高低。结果发现,65％的女性被试惧怕成功,只有 10％的男性被试惧怕成功。同时,实验还发现,女性对成功的惧怕会影响她们竞争情境下的行为。因为在第二阶段测验中,惧怕程度高的被试在非竞争情境下(也就是第二阶段的言语能力测验)表现更好;而惧怕程度低的被试在竞争情境下(也就是第一阶段全体被试一同进行言语能力测验)表现更好,如表 9-6 所示。因此,霍纳得出结论:惧怕成功的女性的表现受到竞争性成就情境的不利影响,而不惧怕成功的女性则不受到影响。

表9-6 不同惧怕成功程度的女性在非竞争和竞争情境下的表现

惧怕程度	非竞争下表现更好(人)	竞争下表现更好(人)
高	13	4
低	1	12

(采自吴江霖、戴健林等,2004)

为什么惧怕成功程度高的女性在单独完成任务时比竞争性情境下表现更好?可能有以下几个原因:一是霍纳研究中第一阶段的任务并不真的具有竞争性,或者说竞争程度不够,被试并没有从整个情境中推测出来他们需要与他人竞争(Zuckeman & Wheeler, 1975)。二是女性在自己单独完成任务时,会执行自我设定的标准,而对与他人的竞争不感兴趣(Tresemer, 1974)。另外有研究者对合作和竞争条件下,传统型和非传统型妇女的表现进行比较,发现合作条件下,传统型妇女比非传统型妇女表现更好,而竞争条件下就相反(Peplau, 1976)。这说明,可能是女性的性别角色态度影响其在竞争情境下的表现,而不是对成功的惧怕。

六、中国人的成就动机

之前麦克莱伦的研究中,假设成就动机本身具有文化普遍性,不同文化中人们的成就动机,在结构、表现方式、实现方式等方面趋于一致,仅在强度、多少等方面存在量的不同。这一观点逐渐受到当代心理学家的质疑,他们发现非欧美文化中个体的成就动机普遍较低,因此认为将欧美文化中的研究结果推广到其他文化中时应更加谨慎。

中国人成就动机的研究首先主要由西方和中国台湾学者展开。麦克莱伦(1963)分析新旧中国三个时期学校的课本故事中包含的成就主题,发现1920年至1929年课本反映出的成就动机最低,台湾在1950年至1959年仍低于世界平均水平,大陆在1950年至1959年则高于40多个国家的平均水平。而对西方学者的"中国人成就动机较低"的研究结论,台湾学者余安邦和杨国枢(1987)进行辩驳。他们提出一个本土化的成就动机理论模式,并进行实证研究的检验,为该成就动机领域研究的本土化建立了很好的研究范式。

专栏9-6

社会取向的成就动机与个人取向的成就动机

余安邦和杨国枢将成就动机区分为社会取向和个人取向,认为这两种成就动机在"成就目标"、"成就行为"、"结果评价"、"最终结果"和"整体特征"五个方面都有其独特的内涵。中国传统社会推崇集体意识,是以家庭为中心的集体主义、家族主义,因此,中国人追求成就的目的主要是为了满足他人(例如父母、师长)或集体(例如家族)对他的期望,是社会取向的成就动机;西方的传统文化重视个人,现代西方社会更是一种典型的个人主义社会。西方人追求成就的目的主要是满足个人的需求和愿望,实现个人的价值,是个人取向的成就动机。

实际上,每个人都同时存在两种成就动机,只是每种动机的强烈程度不同。在不同的社会文化背景下,占支配地位的成就动机不同。东方人,特别是中国人以社会取向的成就动机为主导,而西方人则以个人取向的成就动机为主导。另外,在不同的工作情境中,根据工作目标、性质的不同,这两种成就动机的作用也不同。在需要团队合作的社会工作中,工作成效主要依赖于其他人,因此社会取向成就动机的人可能会比个人取向成就动机的人表现得更出色。

第四节 动 机 理 论

动机问题的研究始于 20 世纪初,初期以詹姆斯(W. James)、麦独孤(Mc Dougall)、弗洛伊德(S. Freud)的本能论为代表。20 世纪 30 年代至 50 年代,是动机理论研究的黄金时期,以赫尔(C. L. Hull)为代表的驱力理论代替本能论成为这个时代的主要动机理论,同时还有赫尔的学生斯宾塞(K. Spence)的诱因论、斯金纳(B. F. Skinner)的强化论以及马斯洛(A. H. Maslow)的需要层次理论。20 世纪 60、70 年代,是动机研究的转折时期,其特点是动机的研究由机械观向认知观转变。心理学家从过去强调的内在起因(本能、需要、驱力)和外在诱因(目标、刺激、奖惩),逐步转向对人的中介认知调节因素的研究,这个时期的主要理论有归因论、成就动机理论。20 世纪 80 年代至今,认知观进一步发展与完善,并形成一系列的认知动机理论,如自我效能理论、自我决定理论等。

一、本能论

(一) 麦独孤的本能论

动机研究中,影响最大的本能论由麦独孤所提出,他在《社会心理学导论》(1908)一书中,提到人天生具有很多本能,本能不仅是天生的能力,而且是天生的行为推动力,人类的动机属于行为推动的本能。他所指的本能,包括逃避本能、拒绝本能、好奇本能、结群本能等。

一般认为,由本能决定的行为要同时符合以下三个条件:

1. 当有机体在某一方面达到成熟水平后,第一次出现这种需要时,他就会表现出这种行为。即无需通过学习,生来就会。

2. 同一种类的所有个体都具有这种行为,几乎没有个体差异。如果这一行为有性别差异,那么这一种类的同性别的个体都具有这种行为。

3. 这种行为本身是复杂的,但以确定的模式表现出来。

从以上三个条件可以看出,人类在出生初期确实具有一些本能行为,但由于社会因素的影响,这些行为会逐渐消失。例如,将一名婴儿放到悬崖边,他肯定会因为害怕而哇哇大哭,但若是一名成年人，特别是探险运动员，就不会有那么强烈的恐惧反应。另外，由于本能论几乎没有实验的支持，缺乏科学证据，因此受到行为主义的强烈质疑。麦独孤晚年时，对这一理论的态度也比较悲观。

不过，随着近年分子遗传学研究的进展，重视本能对行为的影响又成为一种新趋势。但这里的"本能"，主要指基因所固有的潜能，以自然科学的实验为基础，意在解答科学课题，而不是传统本能论思辨意义上的"本能"。

（二）弗洛伊德的性欲力学说

弗洛伊德的精神分析心理学，从性本能出发解释人的行为动机。性本能也叫性欲力或性能量（libido），这些性欲力在人体内逐渐积累，必须通过某种形式发泄出来。它是人的一切心理活动的原动力，不仅驱动人满足生理需要，也驱动人满足各种社会需要，如求学、追求事业成功等。泛性论受到大多数心理学家的批判，到目前为止，没有生理学的证据证明"力比多"的存在。直至晚年，弗洛伊德对他的理论作出一点修改，认为人都具有生本能和死本能，人的活动都来自这两种本能。生本能表现为性的行为，死本能表现为侵犯行为，这种侵犯行为如果指向自身，便会导致自杀。

弗洛伊德用性本能解释人的行为动机的观点受到质疑：首先，一些与生俱来的、维持个体生存所必需的生理内驱力，如饥、渴内驱力，在性内驱力之前就存在。其次，个体的社会性动机，如亲和动机、成就动机等，肯定不是由性欲所决定，而是在后天的社会生活环境中，通过实践和学习所习得。因此，不能采用泛性论的方法解释不同的动机及行为。

应当指出，本能论过分强调先天和生物因素，忽略了后天的学习和理性因素。中国心理学家郭任远在1921发表《心理学应放弃"本能"说》一文，并在1930年做了一个很有趣的实验质疑了本能论的观点。他把小猫分成四组：第一组小猫出生后就与母猫隔离，不能看到母猫的捕鼠行为；第二组小猫与母猫一起生活，可以看到母猫的捕鼠行为；第三组小猫出生后就与母猫隔离，而与老鼠一起生活；第四组小猫看到老鼠时就受到电击，形成了逃避老鼠的条件反射。这些小猫长大后，见到老鼠的反应就不一样：第一组无动于衷；第二组表现出捕鼠行为；第三组即使见到别的猫抓老鼠，也不会去模仿；第四组则是猫怕老鼠，见到老鼠就逃跑。这个实验说明了成长环境对于动物行为的影响，只用本能是无法解释的。另外，动机的本能论难以解释动机产生及动机强弱变化的原因。

二、赫尔的驱力降低说

赫尔在新行为主义者中以对动机和学习的研究而著名，他认为驱力是个体由生理需要所引起的一种紧张状态，它能激发和驱动个体行为以满足需要，消除紧张，从而恢复机体的平衡状态。导致内驱力下降的事件都可能强化"刺激—反应"的联结。生理缺失会使个体产生需要，从而产生驱力（drive），会促使个体产生某种行为补偿需要，从而促使个体重新恢复平衡，降低驱力。

赫尔还认为机体存在着二级驱力（习得的驱力），且二级内驱力与基本或原级驱力的实现相联系。例如获得尊重、获得成就这些二级内驱力与获得食物这类基本的内驱力联系在一起。

赫尔以生理学为基础,以实验为依据,对动机系统进行分类,但是,以源于生理需要的内驱力解释全部从社会生活中习得的社会动机,不仅困难,而且比较勉强,即使引入二级内驱力的概念,也难以说清楚社会动机。如缅甸人权运动领袖昂山素季以绝食抗议缅甸军政府的暴行,这种行为动机就无法通过生理内驱力的角度解释,可以理解为抗议暴行的社会动机压过了对食物的需要。这也表明,人的社会动机比生理驱力要复杂得多。

三、唤醒理论

人类的行为不总是力图消除紧张使机体恢复平衡,对于一些增加驱力的行为,如追求冒险极限的运动、参加车技竞赛等,如何解释?

赫布和柏林等人认为:人们总是被唤醒,并维持着生理激活的一种最佳水平,不是太高也不是太低。对唤醒水平的偏好是决定个体行为的一个重要因素。唤醒理论提出了三个原理。

(1) 人们偏好最佳的唤醒水平。个体在生存的过程中,总试着调整周围环境的刺激,使它尽可能地近似于他们的适宜区,即最佳水平。研究表明,每一个个体都有自己的最佳唤醒水平,高于这个水平时就需要减少刺激,低于这个水平时就需要增加刺激。刺激水平和偏好之间的关系呈一条倒 U 型曲线,如图 9-3 所示。

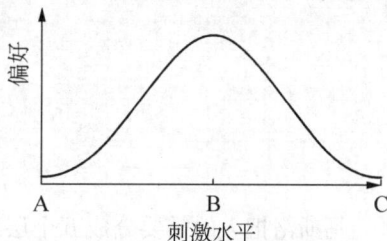

图 9-3　刺激水平与个人偏好的关系曲线

(2) 简化原理,即重复进行刺激能使唤醒水平降低。例如,一款流行的时装,大家都喜爱,它的唤醒水平是最佳的。之后,人们争先买卖,时装就变成普通服饰,由它引起的激活水平就降低了。再过些年,这些款式又会重新流行,它的激活水平又回到最佳状态。

(3) 个人经验对偏好产生影响。研究表明,富有经验的个体偏好复杂的刺激,威茨(P. Vitz, 1966)做了一个论证性的实验。实验呈现由不同音调构成的声音,组成复杂性不等的连续刺激。最简单的刺激是由两个音调、一个波期和一个水平的音量组成;最复杂的刺激由 18 个音调,八个波期和四个水平的音量组成。被试有两组,一组是高经验组,另一组是低经验组。实验要求被试评定音调的愉快程度,并安排音调的次序。结果表明,两组不同音乐经验的被试形成了两条最佳部位不同的倒 U 字形曲线。高音乐经验组偏好更复杂的刺激(如图 9-4)。

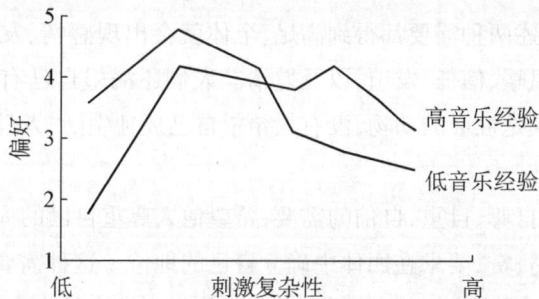

图 9-4　不同音乐经验的人对音乐复杂程度的偏好

(采自 P. Vitz, 1966)

四、马斯洛的需要层次理论

专栏 9 - 7

人本主义心理学家——马斯洛

马斯洛(1908—1970),美国社会心理学家、比较心理学家,人本主义心理学(Humanistic Psychology)的主要创建者之一,心理学第三势力的领导人。马斯洛对心理学理论的贡献主要有提出人本心理学方法论、人性本质观、需要层次理论、自我实现者的特质及超个人心理学。

(图片来源:http://baike.techweb.com.cn/doc-view-10325.shtml)

马斯洛把人的需要分成五个层次,从低到高依次是生理需要、安全需要、社交需要、自尊需要、自我实现的需要。

(一) 五种基本需要

生理需要。人类最原始最基本的需要:饥饿需要食物,口渴需要饮水,御寒需要衣服,居住需要居所,身体有病需要医疗等。这些需要维持人们生命的起码要求,若不能满足,人类就无法生存。马斯洛认为,在一切需要之中生理需要最优先产生,而且具有一定限度,当被满足时,就不再作为行为动力存在。这时人类可以从生理需要的支配下解脱出来,产生"更高级"的需要。

安全需要。个体的生理需要相对得到满足之后,就会产生安全需要,希望避免如冷、热、毒气、灾害、疼痛等物理条件的伤害,要求职业安定、劳动安全,希望未来生活有保障。安全需要是自存的需要,既考虑当下,也包含对未来的期许。在安定良好的社会里,健康而正常的成年人的安全需要基本上能够得到满足,但在动乱社会里,安全的需要的问题就会很突出。

社交需要。如果上述两种需要都得到满足,个体就会出现感情、友谊和归属的需要,如渴望别人的爱护与关怀、温暖、信任、友谊,以及爱情。人们还渴望自己有所归属,成为团体之一员。马斯洛特别强调,人是社会的动物,没有人希望自己孤独生活,人总希望有知心朋友,有温暖的集体。

自尊需要。人都有自尊、自重、自信的需要,希望他人尊重自己的人格,希望自己的能力和才华得到他人的承认和赞赏,要求在团体中确立自己的地位。这种需要可分为两方面:一是希望得到他人的重视、关心或高度评价,希望自己的工作得到社会的肯定与认可,要求名誉、威望和地位;二是在个体面临的情景中,希望自己有实力、成就和信心。自尊需要的满足可以增强人们的自信,促使人们感受自身价值,增强对周围环境的影响力。这些需要一旦受挫,会使人产生自卑、软弱、无助等情绪,使人失去信心。

自我实现的需要。马斯洛指出,在以上需要都得到满足后,人往往会产生新的不满足,就是要求发挥个人聪明、才智,实现理想与抱负,这是最高层次的一种需要。马斯洛对"自我实现"一词加以限定:"说到自我实现需要,就是指促使他的潜在能力得以实现的趋势,这种趋势可以说是希望自己越来越成为自己所期望的人物,完成与自己能力相称的一切事情。"

(二)需要是有层次的

马斯洛认为,上述五种基本需要逐级上升,当较低级的需要满足以后,追求高一级的需要就成为行为驱动力。生理需要和安全需要属低级需要,社交需要、尊重需要与自我实现的需要属于高级需要。个体必须先满足低级的需要,然后才会产生高级需要。我国古人说"仓廪实而知礼节,衣食足而知荣辱",就是这个意思。

马斯洛同时认为,需要的层次顺序并非一成不变,一定情况下会有所改变。他曾说,"更重要的原因是要涉及理想、崇高的社会标准和价值等。具有这样价值观的人会成为殉难者,他们为了某种理想或价值,将牺牲一切。他们是坚强的人,容易经受非议或反对,容易顶住公众舆论的压力,还能不惜个人巨大的牺牲而坚持真理"。马斯洛的这一观点正如匈牙利爱国诗人裴多菲的诗:"生命诚可贵,爱情价更高,若为自由故,两者皆可抛。"

(三)人的行为由优势需要决定

马斯洛认为,人可以同时存在多种需要,而其中占优势地位的需要决定人们的行为。当需要满足以后,一般它就不再是行为的积极推动力,于是,其他需要开始发生作用。但不能认为某一层次的需要必须完全满足之后,下一层次的需要才会成为优势需要。实际上,优势需要满足后出现的新需要并不以突然跳跃的形式出现,而是以缓慢的速度从无到有,由弱到强,逐步发生。因此,马斯洛的层级理论并不是"有"或"无"的理论结构,它是一种典型模式,是预测行为发生概率的有用工具。这种需要分类只说明基本的趋向:即需要具有不同层次。实际中,层次的优势地位不断变动,当优势需要得到满足后,它的动力作用会随之减弱,高一级的需要才处于优势地位。

(四)五种基本需要是人类的共性

马斯洛认为,高级需要和低级需要尽管不尽相同(指心理与生理的不同),但高级需要也是由自然禀赋所给予人的特征,是生物进化到人类而越发显著的特征,并不是像某些传统心理学理论所说,非人性所固有。马斯洛认为,这一认识对于心理学和哲学理论具有重大意义。如果认为人只有低级动机而没有高级动机,就意味着社会的主要职能在于约束与抑制个人动机。如果认为人不仅有低级动机,而且有高级动机,则说明社会的主要职能是促进个体动机的逐级实现。社会不仅满足人们需要,而且社会本身也是由人类需要而创造的。

国内外心理学界对马斯洛的需要层次理论普遍持欢迎态度,但也提出一些批评:首先,实验社会心理学家认为其科学性不够。作为一种科学,必须经得起重复检验。但马斯洛研究的对象是经过挑选的特殊的人,只有定性分析而缺乏定量分析,这可能导致"随心所欲",在说服力方面尚有欠缺。其次,马斯洛过分强调人的价值,认为人的价值是先天的潜能,忽视社会生活条件对先天的潜能的制约作用。他太强调遗传因素的作用，从而导致该理论具有较大的局限性。

五、认知理论

（一）自我效能理论

美国心理学家班杜拉（A. Bandura, 1977）提出了自我效能理论，他认为自我效能通常是指"个体对有效地控制自己的生活等方面的能力的知觉或信心"。在成就情境中，自我效能实际上就是个体在从事某种活动之前对自己能否胜任该项活动的一种直觉的或私下的判断，它既是一种能力的自我知觉，又是一种情感上的自我体验。

自我效能理论的中心思想是：个体的自我效能感决定他的成就动机，两者呈正相关。自我效能感高的人在有关的活动中行为积极性高，乐于付出努力和采取策略来应付遇到的问题，解决困难。而当问题和困难得到解决和克服的时候，他当初的自我效能感就得到了证实，于是维持了动机。即便当个体遇到前所未有的困难时，其有能力取得成功的信心也有助于克服先前操作的消极方面，诱发动机行为。相反，自我效能感低的人在有关的活动上行为积极性低，不愿付出过多的努力和想办法去克服困难、解决问题，这会使他的活动结果不尽如人意，从而又降低了他的效能感。

（二）自我决定理论

自我决定理论是由美国心理学家狄西和瑞安（Ryan Richard M. ）等人在 20 世纪 80 年代提出的一种关于人类自我决定行为的动机过程理论，它强调个体内部心理资源卷入对个性发展和自我行为调节的重要性。该理论主要关注个体内部心理成长趋势和内在心理需要以及促进这些积极心理过程的条件。自我决定意味着对发起和调节自己的行为的一种自主选择。目前学术界普遍认为自我决定理论包含四个亚理论：认知评价理论、有机整合理论、因果定向理论和基本心理需求理论。

狄西于 1975 年提出认知评价理论，将动机根据其来源分为内在动机和外在动机。认知评价理论主要阐述的是内在动机的影响因素，如胜任和自主的需要、归属需要、奖励、报酬等。

有机整合理论详细区分了不同形式的外在动机，并探讨了促进或阻碍行为规则内化和整合的背景因素。按照自我决定的程度，动机形成了一个自我决定连续体，外在动机处于去动机与内在动机之间。根据行为的自主程度，外在动机的调节可划分为四种类型：（1）外部调节——行为是为了满足外在要求和得到奖励；（2）内摄调节——行为是为了避免内疚、焦虑或实现自我肯定；（3）认同调节——反应了对行为目标或社会规则的意识性评估，当行为被认为是重要的，就会被接受；（4）整合调节——最自主的形式，与内在动机相似，不过其相应的行为是为了得到直接结果而不是内在满足感。有机整合理论还探讨了促进外在动机整合的三个影响因素，分别是归属感、胜任感和自主感。

因果定向理论描述的是个体差异对动机的影响，狄西和瑞安（1985）认为，根据个体自主程度和意志卷入程度可区分三种水平的因果定向，分别是自主定向、控制定向和非个人定向，均独立存在于不同个体身上。自主定向与内在动机相对应,指个体能利用获得的信息进行选择并进行自我调节以达到自身的既定目标,表现出很高的自我决定性;控制定向指个体对控制性环境的定向;非个人定向与去动机相对应,指个体认为行为结果与运气相连,是不可控制的,其行为通常也是漫无目的的。

狄西和瑞安于 2000 年提出基本心理需求理论,它包括三种基本的内部心理需要:胜任需要、自主需要和归属需要,这三种需要跨情境、跨文化存在。当这些需要满足时,会增强个体的心理健康并且起到自我激励的作用;但当这些需要挫败时,会导致动机消失。归属需要相当于马斯洛需要层次理论中的爱与归属的需要;胜任需要与自我效能感相联系;自主需要即自我决定的需要,是动机的主要来源。基本心理需求理论是自我决定论的核心,是其他三个理论的基石。

第五节　挫　折

挫折的产生和个体需要、动机等因素密切相关。个体的动机由其需要所激发,动机一旦产生,便发动行为指向目标以满足需要。然而这一过程不可能一帆风顺,会有四种结果:轻而易举地实现目标;遇到外部的障碍,通过努力最终达到目标;在实现目标过程中,有另一更强烈的动机产生,从而导致个体放弃原有动机而追求另一新的目标;遭到种种干扰与障碍,致使个体无法实现目标而产生消极情绪反应。最后一种结果就是挫折。

一、什么是挫折

挫折是个体从事有目的的活动时,由于遇到障碍和干扰,其需要不能得到满足时的一种消极情绪状态。人们的需要在不断发展和变化,随着社会生活条件的变化和年龄的增长,个体的社会需要也在不断地变化与增长。人们的社会需要不可能完全得到满足,而当个人的主要需要没有得到满足时,就会产生不愉快的情绪反应。

二、挫折产生的原因

(一) 外部原因

由外部原因引起的挫折称为环境起因的挫折,指因外界事物或情况阻碍个体达到目标而产生的挫折。外部原因包括自然原因与社会原因。

自然原因产生的挫折,指个体因无法克服的自然环境条件,如恶劣的气候、强烈的噪音、火灾等引起的挫折。社会原因产生的挫折指个人在社会生活中因政治、经济、法律、婚姻、人际关系以及生活中的不幸事件引起的挫折,如人际关系紧张、领导管理方式不当、在工作岗位上不能充分施展才能、工资待遇过低等。

(二) 内部原因

由个体主观原因引起的挫折称为个人起因的挫折,也叫内部原因挫折。内部原因包括个体生理与心理两方面原因。

个体生理原因的挫折指个体本身因生理素质、体力、外貌以及某些生理上的缺陷导致个体活动失败，无法实现目标。例如，有人想当歌唱家，但没有好嗓子，想当运动员却没有强壮的体魄等，由此就会产生挫折反应。

个体心理原因的挫折指个体意识到自己心理发展水平不高，不能胜任工作，无法与他人协调一致而产生的挫折。如伴有能力差、意志力薄弱、情绪淡漠、不合群、内倾、自卑等自我认知与自我体验的个体，会觉得目标难以满足需要，由此会产生挫折反应。

三、挫折反应的个别差异

挫折反应会表现出明显的个别差异，在同样的挫折条件下，不同个体挫折反应不同。有人反应微弱、若无其事；有人反应强烈、痛苦万状；有人百折不挠、愈挫愈勇。在反应时间上，有人时过境迁、转瞬即忘；有人耿耿于怀、永世不忘。

面对同样的挫折，为何个体的反应会大相径庭？可以从个体的抱负水平与容忍力两方面分析。

工作生活上遇到了困难，个体是否体验到挫折，以及体验的深度、产生挫折行为的强度与其抱负水平密切相关。抱负水平指个体对自己自我要求的水平。抱负水平高，对自己要求就高，反之自我要求则低。实际中个体抱负水平有很大的个体差异，例如，有的学生在考试中一定要获满分，有的则满足于及格。若大家都得到中等成绩，前者因自我要求高，会产生挫折体验；而后者因自我要求低，会产生成功体验，洋洋自得。可见，个体的抱负水平不同，挫折反应就会不同。

个体对挫折的容忍力也存在个体差异，这与个体的生理条件、心理特点有关。从生理条件来说，身强力壮的人往往比体弱多病的人更容易容忍挫折。我们的常识中，老年人往往经不起打击，对挫折的容忍力小。心理特点相对更为复杂，性格、气质、认识、经验等方面差异都会影响个体对挫折的容忍力。比如，胆汁质型气质的个体遇到挫折会沉不住气，而具有黏液质型气质的个体对挫折的容忍力一般要强一些；待人处事斤斤计较的人比豁达大度的人对挫折的容忍力要小；个人自尊心的强弱也是影响其对挫折的容忍力的一个重要心理原因；遭受挫折的经验的多少亦会影响其对挫折的容忍力，在生活中经常身处逆境的人相对更能够容忍挫折，常身处顺境，一帆风顺的人则相应缺乏挫折经验，因而缺乏挫折容忍力。另外，个体对挫折有无思想准备也会影响其对挫折的容忍力。例如，对亲人的长期患病而死亡和突然死亡，前者由于已有思想准备而较能接受，后者会因无思想准备而难以接受。

价值观是影响个体对挫折的容忍力的最重要的心理原因之一。同样是胆汁质型气质的个体，有的重利，有的则更看重工作成败；同样是自尊心极强的人，有的不能忍受他人对自己品格的低估，有的不能忍受他人对自己能力的低估等。这些挫折反应的内容与个体价值观密切相关。

四、挫折后的行为表现

个体遭受挫折后往往会采取一定行为以减少内心的冲突与不安，这是自我意识的防卫功

现代社会心理学(第三版)

能,称为自我防卫。心理的自我防卫主要有积极、消极与妥协三种形式。

（一）积极的心理自我防卫形式

积极的自我防卫形式是在理智的指导下采取合适的行为应对挫折的形式,有如下几种:

升华。个体将敌对、愤懑等消极情绪转化为奋发图强、积极进取等积极情绪。平时讲的"化悲痛为力量",就是一种心理上的升华作用。

专栏 9 - 8

看看下面的名人名言,是不是觉得很熟悉呢?

每一种挫折或不利的突变,是带着同样或较大的有利的种子。——（美）艾默生

我觉得坦途在前,人又何必因为一点小障碍而不走路呢? ——鲁迅

故天将降大任于是人也,必先苦其心志,劳其筋骨,饿其体肤,空乏其身,行弗乱其所为,所以动心忍性,曾益其所不能。——《孟子》

即使跌倒一百次,也要一百零一次地站起来。——张海迪

从小到大,当你遇到挫折时,这些名人名言,是不是真的起到了作用?

加强努力。当发现目标难以达到,就要求自己鼓起勇气、加倍努力以实现目标。

改变策略再作尝试。当发现原目标无法实现,降低目标或者重新选择达到目标的方法。

补偿。目标受阻,暂时放弃,以另一方面的成功来加以补偿,所谓"失之东隅,收之桑榆"。

上述几种形式的积极自我防卫中,补偿不仅有助于个体调整自己的社会行为,甚至能使个体获得比挫折前更好的机遇。如一个运动员因身体原因无法再从事运动员职业,但他可以寻找其他工作作为补偿,如体育记者、电视中的体育播音员等,同样可以有所成就。

当然,有些也有不恰当的补偿,如,有人本职工作做不好,就在社交方面花费大量时间、精力以期得到补偿,结果致使自己的工作越来越糟糕。

（二）消极的心理自我防卫形式

消极的心理自我防卫是非理智的对抗行为,主要有以下几种形式:

攻击行为。当个体受到挫折后,由于内心愤怒表现出种种攻击行为,如动手打人、怒目而视、破口大骂、讽刺打击他人等,有时还寻找"出气筒",把"气"撒到其他人或物品上去,以发泄其愤怒的情绪。

固执行为。个体失败之后,不分析失败的原因,总结教训,而是盲目重复某种无效动作。固执行为不同于意志力,其明知无法达到预定目标,也不考虑改变策略再作尝试,而是重复无效动作,是极不明智的对抗形式。

倒退。个体受到挫折时,表现出与自己身份很不相称的幼稚行为。如成人为一点小事而

大发脾气或无理取闹,盲目地轻信他人,盲目地执行他人命令等。有倒退挫折反应的个体往往对自己缺乏信心,看不到自己的力量,极度依赖他人,倒退又称回归。

逆反。逆反行为用通俗语言来说,就是"你要往东而我偏要往西"。当个体遇到挫折后,一意孤行,根据自己的情绪,盲目地持反抗、抵制与排斥自己所认为压抑自己的力量。平时所讲的"变本加厉"也是属于一种逆反行为。逆反常见于青春期的青少年,如家长越是不准早恋,他们越是要谈恋爱。

厌世情绪。个人遭到严重挫折后,容忍力极小,在未得到周围人们帮助时产生厌世轻生的念头,更有甚者会真正结束自己的生命。

(三) 妥协的心理自我防卫形式

妥协的心理自我防卫形式不带有绝对的消极或积极意义,是采取一种折中的办法对待挫折,以消除心理上的不平静。妥协的心理自我防卫有以下几种形式:

自我安慰,也称合理化,个体遭受挫折后,找出种种理由为自己辩解,进行自我安慰。自我安慰有两种表现,即"酸葡萄"式和"甜柠檬"式。

"酸葡萄"一词来源于《狐狸与葡萄》的寓言故事。狐狸因得不到自己想吃的葡萄,就宣布葡萄是酸的。生活中人们对想要又得不到的东西,会故意说它不好,甚至公开表明自己不想要它。例如,有人一心想当专业运动员,但比赛屡次失利,就进行自我安慰:"参加重大比赛太紧张,还不如当业余运动员好。"

"甜柠檬"式的辩解是指人们对自己的东西,心里并不喜欢,但表面上还说它是好的,自己很需要它。正如柠檬是酸的,只要多加点糖就甜了。例如,有人买了一辆自行车,与友人买的车一比较,发现自己的车价钱又贵,式样又老,内心十分后悔,但却说自己的车好,"一分价钱一分货嘛"。

合理化辩解有助于自我安慰。在社会生活中,人们的需要不可能全部获得满足,某种条件下自我安慰也不失为自我排解的方法。

自我整饰。个体遭到挫折之后,往往表面上不动声色,把自己的烦恼、焦虑、苦闷统统埋藏在内心深处,以弥补失败所带来的自尊心上的挫折。

专栏 9-9

失败后会进行更多的自我肯定?

美国社会心理学家施奈德(M. Snyder, 1969)对人们遭到失败后的自我整饰进行了研究。实验者要求被试从事一项自己无法判断成败的工作,事后向一组被试虚报为"成功",向另一组被试虚报为"失败"。然后要求两组被试在一起进行自我介绍。结果发现,后者比前者更多地作自我肯定。这一实验表明,人们遭受挫折后,往往会掩盖自己的真实情绪,显示自己的长处,以提高他人对自己的评价,从而减轻心理压力。

责任推诿。当个体遭到挫折后,不从自身分析原因,而把责任推给他人,埋怨他人,以减轻自己的焦虑与不安,这是一种文过饰非的行为。责任推诿如果用于重大事件的处理,那么它就不是一种妥协性的防卫,而是消极的处理方式,并会引起人际矛盾与冲突。

表9-7 挫折后的建设性行为与破坏性行为

建设性行为	升华	化消极为积极,化悲痛为力量
	加强努力	发现目标难以达到,要求自己作出加倍努力、鼓起勇气实现目标
	改变策略	发现目标难以达到,降低目标或重新选择达到目标的方法
	补偿	目标受阻,暂时放弃,以另一方面的成功来加以补偿
	折衷妥协	两事相抵,采取折中
	合理化	为解释自己而寻求合理借口,自我安慰
	自我整饰	表面上不动声色,把苦闷埋到内心深处
破坏性行为	攻击	如动手打人、怒目而视、破口大骂、讽刺打击他人等
	固执	盲目地重复某种无效动作
	倒退	表现出与自己身份很不相称的幼稚行为
	逆反	对正确的方面盲目地反抗、抵制与排斥
	厌世	容忍力极小,甚至自杀

挫折对个体心理有一定影响,但挫折的影响没有绝对意义的积极和消极之分,其影响取决于我们应对挫折的方式。如果我们采用建设性行为应对挫折,则挫折对我们的心理成长无疑是有益的。反之,我们若采取破坏性行为应对挫折,则挫折不仅对我们的心理健康产生危害,甚至还会危及旁人。

本章小结

动机,是直接推动个体活动以达到一定目的的内部动力。个人的活动都是由一定的动机所引起,并指向于一定的目的。动机是一种内部刺激,是个人行为的动力,是引起人们的活动的直接原因。

动机在需要的基础上产生,如果没有强烈的欲望或需要,动机也就无从产生。当外界某些事物满足个体需要,使个体需要和外界建立一定联系时,才会引起动机,使个体产生有方向、有选择的目标行为。

动机可分为内部动机与外部动机。内部动机指人们对活动本身感兴趣,由活动本身的刺激而产生的推动个体行为的动力。活动本身能使人们获得满足,无需外力作用的推动。外部动机是由活动以外刺激诱发出来推动个体行为的动力。内部动机和外部动机缺一不可,两者结合起来才能对个人行为产生更大的推动作用。

人是社会性动物,任何个体都有愿意与其他个体交往,建立关系,这就是亲和动机。亲和动机是人类社会极其普遍和重要的现象。沙赫特通过其经典实验证明人在恐惧的状况下会产生要和他人生活在一起的亲和动机,而且,恐惧感越大,和其他人待在一起的欲望就越强烈。

成就动机是重要的社会动机之一，它对个体的工作、学习有很大的推动作用。台湾学者余安邦和杨国枢提出一个本土化的成就动机理论模式，并为之进行实证检验。他们将成就动机区分为社会取向的成就动机和个人取向的成就动机，认为中国人追求成就的目的主要是为了满足他人（例如父母、师长）或集体（例如家族）对他的期望，是社会取向的成就动机；而西方人追求成就的目的主要是满足个人的需求和愿望，实现个人的价值，是个人取向的成就动机。

动机理论中比较有代表性的是麦独孤的本能论、弗洛伊德的性欲力学说、赫尔的趋力降低说和马斯洛的需要层次理论。麦独孤认为本能不仅仅是天生的能力，还是天生的行为推动力，本能决定一切行为。弗洛伊德则是从性本能出发来解释人的行为动机，认为性本能是人类一切心理活动的原动力。赫尔认为需要会促使有机体产生某种行为，行为的目标就是补偿这些需要。生理不平衡会产生驱力，而驱力又促使有机体产生能够使其重新恢复平衡、降低驱力的行为。他还认为机体存在着二级的或习得的内驱力，并与基本的或原级的内驱力联系在一起。马斯洛把人的需要分为五个层次，从低到高依次是生理需要、安全需要、社交需要、自尊需要、自我实现的需要。当较低级的需要满足以后，追求高一级的需要就成了行为的驱动力。

挫折是个人从事有目的的活动时，由于遇到障碍和干扰，其需要不能得到满足时的消极情绪状态。当人遇到挫折时，应尽量采取建设性行为，如升华、加强努力、合理化等，这不仅有利于应对挫折，而且有益于心理健康。同时，人们应避免采取破坏性行为应对挫折，如攻击、固执、逆反等，这不仅影响自身的心理健康，而且会危及他人。

思 考 题

1. 每个人都存在社会取向的成就动机和个人取向的成就动机，只是其中一种占主导地位。那么，你认为自己是哪种成就动机占主导呢？在不同社会情境或工作情境下，你是否会表现出不同取向的成就动机？

2. 从小到大，当你遇到挫折时，通常会用什么方法去应对？随着年龄的增长和经历的积累，你应对方式是否逐渐发生着变化？不同应对方式的效果又如何呢？

拓展阅读

1. 戴维·迈尔斯.社会心理学(第8版).侯玉波等译.北京:人民邮电出版社,2006.

2. 简丹丹、段锦云、王先辉.激励理论新进展——自我决定论.心理学进展,2011(1)46—49.

3. 全国13所高等院校《社会心理学》编写组.社会心理学.天津:南开大学出版社,2003.

4. 吴江霖、戴建林、陈卫旗.社会心理学.广州:广东高等教育出版社,2004.

5. 俞国良.社会心理学.北京:北京大学出版社,2006.

第四编

群体社会心理学

第十章 相符行为

美国作家詹姆斯·瑟伯(James Thurber)有一段十分传神的文字:

突然,一个人跑了起来。也许是他猛然想起了与情人的约会,现在已经迟到很久了。不管他想些什么吧,反正他在大街上跑了起来,向东跑去。另一个人也跑了起来,这可能是个兴致勃勃的报童。第三个人,一个有急事的胖胖的绅士,也小跑起来……十分钟之内,这条大街上所有的人都跑了起来。嘈杂的声音逐渐清晰了,可以听清"大堤"这个词。"决堤了!"这充满恐怖的声音,可能是电车上一位老妇人喊的,或许是一个交通警察说的,也可能是一个男孩子说的。没有人知道是谁说的,也没有人知道真正发生了什么事。但是两千多人都突然奔逃起来。"向东!"人群喊叫了起来。东边远离大河,东边安全。"向东去! 向东去!"

一个又高又瘦、目光严厉、神色坚定的妇女从我身边擦过,跑到马路中央。而我呢? 虽然所有的人都在喊叫,我却不明白发生了什么事情。我费了好大劲才赶上这个妇女。别看她已经快 60 岁了,可跑起来倒很轻松,姿势优美,看上去还相当健壮。"这是怎么了?"我气喘吁吁地问她。她匆匆地瞥了我一眼,然后又向前面跑去,并且稍稍加大了步子,对我说:"别问我,问上帝去!"

这段描写,虽然有些令人发笑,却很恰当地说明了人的从众现象。

社会心理学需要研究群体中的个人行为,这种个人行为大多是受群体中其他人行为的影响而产生的。相符行为就是指个人行为与群体行为相一致,或群体中一部分人的行为与另一部分人的行为一致的现象,它主要包括从众、众从、服从和顺从。

第一节 从 众

假如有人来到一个新的工作单位,他感到那里的规矩与自己的信念格格不入,想要去改变它但又觉得自己新来乍到未免有点不自量力,于是便采取了随大流的态度,跟其他人一样了。又如在班级中讨论评选某同学为班干部时,自己虽然不怎么同意,但其他大部分同学都表示赞成,于是自己最终也投了赞成票。这些现象都说明了个人在群体中时常表现出的一种心态——从众。

一、从众概述

(一) 从众定义及其分析

从众是个人在社会群体压力下,放弃自己的意见,转变原有的态度,采取与大多数人一致的行为。所谓"随波逐流"、"人云亦云"就是从众的最好例证,它在日常生活中是非常普遍的现象。社会心理学家认为,从众行为是由于在群体一致性的压力下,个体寻求的一种试图解除自身与群体之间冲突、增强安全感的手段。实际存在的或头脑中想象到的压力会促使个人产生符合社会或团体要求的行为与态度,个体不仅在行动上表现出来,而且在信念上也改变了原来的观点,放弃了原有的意见,从而产生了从众行为。

个体在解决某个问题时,一方面可能按自己的意图、愿望而采取行动,另一方面也可能根据群体规范、领导意见或群体中大多数人的意向制定行动策略,而随大流、人云亦云总是安全的、不担风险的,所以在现实生活中不少人喜欢采取从众行为,以求得心理上的平衡,减少内心的冲突。

从众行为在怎样的心理状态下容易出现呢? 基斯勒(C. A. Kiesler, 1969)从个体的角度提出从众行为产生的四种需求或愿望:

(1) 与大家保持一致以实现团体目标;

(2) 为取得团体中其他成员的好感;

(3) 维持良好人际关系的现状;

(4) 不愿意感受到与众不同的压力。

(二) 反从众与独立

个人行为既有从众现象,也有反从众或独立行为。具有这种行为倾向的个体,之所以能够克服群体的压力,不发生从众行为,是因为认识到群体行为可能是错误的。他们蔑视群体规范,仍然保持原有的态度与信念。从个性上看,这种类型的人,独立性强,不易受人暗示,所作所为不愿意被他人的行为所支配,有时也可能是某种逆反心理的表现。

二、从众行为的影响方式

个体表现出与他人相同的行为,可能经由两种不同的影响方式。社会心理学家戴奇(M. Deutsch)和杰拉德(H. B. Jalader)将多数人对个人行为的影响方式分成群体规范影响和信息影响两类。

(一) 群体规范影响

个人的行为是形形色色的,但无论多么复杂多变,总会受到一定的群体规范的影响。群体规范是要求其成员共同遵循的行为准则,决定了群体成员的行为是否会得到大家的欢迎。表现出符合群体规范行为的成员很可能得到群体的接纳和喜欢,而违反规范的个体将感受到群体一致性的压力,遭到群体的拒绝和排斥,在心理上产生对偏离的恐惧。弗里德曼(J. L. Freedman)和杜博(Doob)(1968)曾做过这样一个实验:一群从未见过面的人作为被试被召集到一起,给他们一些彼此的信息,其中有一个人被描写得有些与众不同,似乎在性格上有点"格格不入"。然后,让这个群体选出一个人来参加一项学习实验,被选出的人在实验中每作出一项错误反应,就会受到一次电击。结果,群体以压倒多数的票选出了那个"偏离者"承担这一受电击的苦差。在另一种情况下,要求群体成员选出一个人参加一项学习实验,选上的人将会得到美元作为报酬,结果,群体尽量避免那个"偏离者"而选了一个普通成员。

所以，个人为了免受群体其他成员的非议和孤立，往往做出从众行为，从而获得同伴的好评。可见，群体规范具有对个人行为的评价功能。人们表现出从众行为，就是为了取得外界的赞扬和报偿、避免惩罚而发生的"随大流"行为，这是群体规范产生的作用。比如，在对西方电器公司 Hawthorne 工厂的一项观察研究中发现，尽管工厂规定工资依据劳动生产率而定，多劳多得，但工人们对自己每天的工作量似乎都有一个标准，每天他们完成这个工作量以后，便松弛下来。任何人努力苦干都会被他人认为不好，因为这会使管理人员提高劳动定额。因此，工人们有自己的行为规范，一个人不能干得太多，否则，他就是一个"假积极"；一个人也不能干得太少，那样会使他背上"磨洋工"的黑锅。当一个人做得太慢或太快时，就会受到别人的"提醒"，这种提醒就是往"偏离者"的肩上打一下。这是一种象征性的惩罚，任何一个群体成员都可以实施这种惩罚，挨了打的人也不能还手。

(二) 信息影响

从众行为时常在信息不详、情况不明、把握不大的条件下发生。人们对于自己的知觉、感受、判断与行为表现都有自我评价的能力，当个体从事某项活动时，没有客观的权威性标准可供比较，往往以他人的意见或行为作为自身行动的参考依据，因为社会现实是由多数人的共同信念和思想所构成的，人们总是倾向于把大多数人认为正确的事物作为判断的准则。比如，一位口渴的旅行家在一个绿洲上看到两口井，阿拉伯人只是从其中的一口井打水喝，那么这位旅行家也会只喝这口井里的水。

当个人的想法或做法跟所处的社会中的其他人相同时，就会产生"没有错"的安全感。另外，当个人处在一个新的环境中，发现原有的判断标准和行为规范与新的环境不相适宜时，自然也容易从其他人身上寻找出可供参照的信息。所以，个人表现出与大多数人一致的行为，也可能是受到信息的影响。例如，在谢里夫(M. Sherif)的试验中，被试就是受到这种信息压力而采取了从众行为。信息影响与群体规范影响是不同的。受到信息影响而从众时，往往是心甘情愿的，因为自己不能确定，只有依靠他人的信息做依据；受到群体规范影响而从众时，往往是行为上的遵从，但心里并不情愿，因为他们知道什么是对错，只是处于对偏离的恐惧不得不从众。

三、有关从众现象的实验研究

(一) 谢里夫的研究

社会心理学家谢里夫最早利用"游动错觉"研究个人反应如何受其他多数人反应的影响(1935)。所谓"游动错觉"，是指在黑暗的环境中，当人们观察一个固定不动的光点片刻后，感觉到光点在来回移动的视错觉。

谢里夫研究的基本假设是：其一，每个人都可能产生"游动"的视错觉；其二，观察者要精确地估计光点游动的距离是相当困难的。谢里夫在实验室内模拟游动效果，让被试坐在暗室里，在被试前面的一段距离处，呈现一个固定不动的光点，被试会产生光点在运动的错觉。实验者请被试估计光点移动的距离。

谢里夫发现：当被试分别在暗室里单独估计光点移动的距离时，各人判断的差异量极大，如有的被试估计光点移动了一二英寸,而有的被试则估计光点移动了二三十英寸,这是由于被试在缺乏可供参照的背景条件下,分别建立了自己独立的参照系统。而当许多被试在暗室里一起估计时,差异量变得很小,显然,这是因为受到他人估计的影响而产生的结果,被试以别人估计的距离作为自己判断的参考依据,建立了共同的参照系统和准则、规范,从而表现出从众行为。

(二) 阿希的研究

美国社会心理学家阿希在 20 世纪 50 年代多次做过关于知觉方面的从众实验,获得一系列重要的研究结果。

实验材料是 18 套卡片,每套两张(如图 10-1 所示),分标准线段与比较线段。例如在阿希的一次实验中,共有七名被试,其中六人是实验者的助手(即假被试),只有一人是真正的被试,而且总是安排在倒数第二个回答。几个被试围桌而坐,面对两张卡片,依次比较判断 a、b、c 三条线段中的哪一条线段与标准线段等长(图 10-1)。

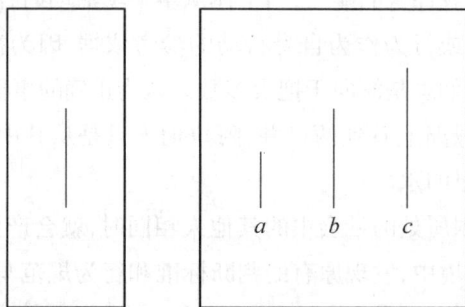

图 10-1 从众实验图片

实验要求被试大声说出他所选择的线段。18 套卡片共呈现 18 次,头几次判断,大家都作出了正确的选择,从第七次开始,假被试故意作出错误的选择,实验者观察被试的选择是独立的还是从众的。面对这一实验情境,在作出反应前需要考虑以下三个问题:①是自己的眼睛有问题,还是别人的眼睛有问题? ②是相信多数人的判断,还是相信自己的判断? ③在确信多数人作了错误判断时,能否坚持自己的独立性?

实验者记录被试的每一次选择,然后加以统计分析。阿希在 1951 年开始实施这一实验,在 1956 年、1958 年又重复了这项实验,发现:①大约有四分之一到三分之一的被试保持了独立性,无一次发生从众行为。②约有 15% 的被试平均作了总数的四分之三次的从众行为,即从众反应平均每 12 次中就有九次。③所有被试平均作了总数的三分之一次的从众反应,即每 12 次中就有四次发生从众行为。

实验结束后,实验者个别访问被试,询问其发生错误选择的原因,从被试的回答中,可以将错误归纳为三种类型:①知觉的歪曲。被试确实发生了错误的观察,把他人(假被试)的反应作为自己判断的参照点,根据别人的选择辨认"正确"的答案。当错误十分明显时,很少有人发生知觉歪曲。②判断的歪曲。被试虽然意识到自己看到的与他人不同,但却认为多数人总比个人要正确些,发生错误的肯定是自己。这种情况下的从众类型最为普遍。③行为的歪曲。被试确认自己是对的,错的是其他多数人,但在行为上却仍然跟着多数人做同样的错误选择,这实际上是顺从行为的一个例子。

(三) 重复阿希的研究

为了比较从众行为有无文化因素的差异,验证阿希实验的可靠性以及在我国的适用情况,华东师范大学心理学系学生于 1982 年重复了阿希的实验。

被试是 30 名大学生,实验情境仿照阿希实验。研究结果与阿希实验的结果相类似,表明中国人同样表现出感知方面的从众反应,获得以下几个结果:①有 44% 人次发生了从众行为,56% 人次未发生从众行为;②有两个被试从头至尾都表现出从众反应,另两个被试自始至终未发生从众行为,表现出独立性,其余 26 个被试不同程度地发生了从众行为;③实验观察表明,开始时表现从众行为的人次较少,随着实验的进行,从众行为亦随之增加,反映出从众行为的人次数与实验次数有一定的函数关系。

实验过程中研究者还观察了被试的表情:①表现出独立性行为的被试回答果断,毫不犹豫;②每次都表现出从众行为的被试,表现为不假思索地人云亦云;③其余被试表现为犹豫不决。实验开始时,有的认真地用手比划卡片上的线段,有的还揉揉眼睛,也有的先表示怀疑,越往后发生从众行为的人越多。

实验结束后,实验者对不同类型的被试分别作了访谈,请他们回忆自己在实验过程中的思考过程。表现出独立行为的一个被试说:"尽管许多同学与我判断不一致,我还是深信自己的判断是正确的。"另一个被试说:"我发现只有我一个人与众不同,但我知道他们是错的,我不愿顺从。"每次表现出从众行为的被试说:"我看到别人怎样讲,自己也就怎样讲,有几次我看出是不对头,但别人都这么说,我就跟着讲了。"其余的被试有的说:"开始我坚持,后来看看大家都讲的与我不一样,我就怀疑自己的眼睛有问题,有点害怕自己看错了,所以也就跟着随大流了。"有的说:"开始我相信自己是对的,后来发现就我一人与别人不同,觉得奇怪,于是以后就随从大家了。"

进一步的调查发现,坚持自己意见、表现出独立行为的两个被试,是家庭中的长子长女;而缺乏独立性、每次都表现从众行为的两个被试,家庭中都有兄姐。这反映了不同的社会生活条件对他们提出的要求不同,长子长女在家庭中独立自主地处理事务及问题的机会较多,而家庭中有兄姐的人,经常处于随从地位,容易随波逐流。

另外,对 133 项从众研究的元分析(Bond&Smith,1996)发现,自从阿希 20 世纪 50 年代的实验以来,从众的总体水平在持续下降。

四、影响从众行为的因素

在一定的群体中,有的人容易从众,有的人不容易从众。同一个人,也许在一个情境中从众,而在另一个情境中坚持己见。那么,是什么因素影响了从众行为呢? 阿希以及后来的研究者对影响从众行为的因素作了进一步的探索,发现从众行为依赖于下列因素。

(一) 群体因素

1. 群体规模

从众行为与群体规模密切相关。群体规模越大,赞成某一观点或采取某一行为的人数越多,则群体对个人的压力就越大,个人很容易发生从众行为。反之,群体规模小,个人感受到的心理压力较小,则容易产生抵制行为。比如,两个人一起走,一个人说天挺冷,另一个人如果没有感觉到冷,就不一定附和;如果是很多人一起走,大家都说天冷,这时一个人尽管感到有点热,也可能随声附和地说一声天真冷,他可能想自己穿得太多了。所以,一般来说,人数较多时,群体压力也就越大,越可能导致从众。但并非人数越多对从众的影响越大。

专栏 10-1

关于群体规模的实验研究

在阿希的经典实验中发现,充当助手的人数是 4 人时,从众量最大,是 35%。但当人数增至 8 人时乃至 16 人时,从众量非但没有提高,反而有所下降。因此阿希认为,要产生最多的从众行为,最适宜的群体规模是 3—4 人。

威尔米(R. A. Wilhelmy, 1968)和柯罗莱(E. S. Connolley)的研究结果稍有不同。他们发现,男性被试增至 7 人,女性被试增至 6 人时,从众量最大。

在现场研究中,米尔格拉姆(S. Milgram, 1969)让实验助手望着马路对面一幢办公大楼的第六层窗口,当助手人数不同时,过路人停下来观望的人数也不同。当一名助手观望时,停下来观望的人只有 4%;当助手有 5 名时,增至 16%;10 名时,增至 22%;15 名时,达到 40%。当然,边走边观望的人数就更多了,而且也与助手的人数同步增长。1 名时,有大约 40% 人的观望;15 名时,有近 90% 的人观望。

2. 群体凝聚力

群体凝聚力是群体成员相互之间吸引的程度,它取决于群体中的人际关系。群体凝聚力与群体成员对群体规范、标准及期望的认同程度成正相关。实验研究证实了这样的心理原则:群体的凝聚力越强,群体成员之间的依恋性、意见的一致性以及对群体规范的从众倾向就越强烈,个体越有可能为了群体的利益而放弃个人的意见,与群体的意见保持一致。相反,如果群体是一个松散群体,群体成员之间的意见存在分歧,则群体中个人的从众行为就会大大下降。

专栏 10-2

关于群体凝聚力的实验研究

伯克威茨(L. Berkowitz, 1954)在一项实验中把被试分成三人小群体,其中包括一个真正大学生被试和两个实验助手。大学生被试经过诱导,或者喜欢他的两个伙伴,或者对他们持一般态度。然后让他装配烟灰缸,并在开始工作的二十分钟内通过书面信息交流。通过这种方式,有的被试得到伙伴期望高产的信息,有的则相反。那么,被试是否遵从伙伴的期望呢? 当被试一开始就喜欢伙伴时,便对伙伴期望的工作标准表现出最大的遵从。当伙伴期望高产时,他们工作效率会提高,甚至最后的 20 分钟在已经没有信息交流的前提下这些大学生仍然表现出工作效率的持续增长;同样,如果伙伴期望低产,他们也降低了工作标准,表现出工作效率的最小增长。

迪特斯(J. E. Dittes)和凯利(H. H. Kelley)也曾做过一项著名的实验,研究个人同群体成员的关系怎样影响从众行为。来自耶鲁大学一年级学生的自觉参加者,被分成五人或六人小群体并被告知最好的群体将得到奖金和高度的赏识。接下来让他们讨论青少年犯罪团伙的问题,告诉他们在讨论过程中可以开除任何似乎有碍于他们成功的群体成员,讨论时常中断,以便成员间相互评价。第一阶段讨论结束后,主试向每一被试提供有关自己被群体成员接受的虚假信息:高、一般、低、非常低。然后再向群体提供一些与群体前面的评价相反的关于少年犯的补充信息。接着每个人公开地面向群体成员发表一次自己对少年犯的评价。同时私下里给实验人员写一次对少年犯的评价。之后,再让被试面临第二种从众情境,向他们呈现 11 对正方形,请他们指出每一对中的哪一个所含的点子的数目较多。要求每人公开判断一次,都正确了,可记入群体总分,同时,私下里告诉实验者自己的判断。结果如下:被试得知的群体对其接受程度不同,对私下从众和公开从众有不同的影响。被接受程度差的学生,在公开讨论中,表现对群体意见的最大的公开从众,但在私下的问卷回答中,则表现出对自己群体意见的较低遵从。

3. 群体意见的一致性

群体意见一致性低,会降低个体的从众量。

专栏 10 - 3

关于群体意见一致性的实验研究

在阿希的实验里,四个助手的情境下,从众率达 35%,但是只要有一个人的意见与他人不一致,从众率也会下降到通常水平的 1/4。

麦罗夫和罗特(M. Malof & A. J. Lott, 1962)运用标准的阿希实验情境,使白人大学生面对大多数人一致性错误判断,然后,群体中的一个黑人学生以不同于多数人的意见,打破了这种一致性。结果,从众量大大下降了。在安徒生的童话《皇帝的新装》中,一开始,所有群众都看到了赤身裸体的皇帝穿着他相中的漂亮的新衣裳。然而,当一个孩子说出"皇帝是光屁股的"时,其他人也就找到了抵抗多数人(规范)压力的力量,降低了从众量。

在阿伦和勒万(V. L. Allon & J. M. Levine, 1971)主持的一项研究中,把被试安排在三种情境下:①一致性;②三个人一致,第四个人给出正确答案;③三个人一致,第四个人给出了更错误的答案。被试要作出三种判断:①阿希用过的知觉判断;②像"夏威夷是不是一个州?"这样的信息资料判断;③没有实际的正确答案,但有一定通俗答案的意见项目。结果如下:

表 10 - 1　不同情境对被试判断的影响

情境	判断类型及从众比例(%)		
	知觉	信息	意见
(1) 一致性	97	78	89
(2) 一致＋正确	40	43	59
(3) 一致＋更错误	47	42	72

可见,情境(1)比另外两个情境产生了更多的从众现象;特别值得注目的是情境(2)和(3)在知觉信息判断上的从众率实际上并没有什么差别。也就是说,即使有一个人提出的意见比多数人的更错误,从众量还是被削减了一半。

从以上的分析我们发现,只要打破群体意见的一致性,从众率便会下降。为什么会如此呢？究其原因可能是多方面的:(1)一旦出现不一致时,人们对多数人的信任程度就会降低,他们的一致意见就有了可疑的余地,表明结论并不十分清楚,多数人也可能是错误的。既减弱了信息压力,同时也就降低了从众行为。(2)当另一个人采取了这个人所喜欢的同样立场,则会加强个人对自己判断的信心。而信心越大,从众行为越少。(3)当另一个人也不一致时,他们都不像单独那样显得偏离,因此,避免偏离的那种从众倾向就减少了,即降低了规范压力。

4. 群体的权威性

群体的权威性主要是指群体成员的专长。构成群体的成员越是经验丰富、学有所长,这个群体就越具有权威性。对个人而言,这个群体就越值得信任。群体的意见就会被当作有价值的信息而遵从。例如,几个探险队员在阿拉斯加北部原野中考察时,找不到返回营地的道路,在一个岔道口,一些队员觉得该向左走,而当地的爱斯基摩人告诉他们该向右走。这时,他们更可能向右走。卡拉诺(Carano, 1970)和爱廷格(R. F. Ettinger, 1971)的研究表明,当一个知识渊博的专家赞同群体的意见时,从众行为就会增加。因为,专家的赞同提高了群体意见的权威性。

(二) 个体因素

1. 个性特征

个人的智力、自信心、自尊心以及社会赞誉需要等个性心理特征与从众行为密切相关。智力低下者,接受信息能力较差,思维灵活性不够,自信心较低,易产生从众行为;有较高社会赞誉需要的人,比较重视社会对自己的评价,希望得到他人的赞许,因此也容易表现出从众倾向。史密斯(W. Smith 和里查兹(A. C. Richards, 1967)比较了在焦虑量表测验上得分高低的情况,发现高焦虑者从众性较强。

2. 知识经验

个体对自己所熟悉的知识领域范围内的问题不容易产生从众行为。相反,对于自己没有把握的问题,个体往往会以他人的意见或行为作为自身行动的参考依据。比如一个语文教师在医生的群体里,对健康问题容易放弃自己的立场,而一个医生即使在教师的群体中对健康问题也不容易从众。

3. 性别差异

人们通常认为,妇女比男子更易从众。朱利安(J. W. Julian)等人(1967)发现,在各种不同形式的实验条件下,女性的从众行为是28％,男性为15％,这种发现被一些学者当作一种证据来说明女性随和与服从的文化传统压倒了其他个别差异。男女之间从众倾向的差别,多年来或多或少地被人们作为一种生活中的事实而普遍接受,然而,20世纪70年代的研究对这一结论提出了质疑。研究者指出,过去的实验研究之所以得出妇女比男子更容易从众的结论,是因为实验的材料大多为男子所熟悉而为女子所生疏的,后来选择了一些对男女均适用的材料,重新实验。结果表明:妇女和男子在各自不熟悉的材料上,都表现出较高的从众倾向;而在那些熟悉程度相仿的实验材料上,从众比例差别很小。

4. 个人在群体中的地位

个人地位的高低可在群体结构中得到反映。居于较低地位的群体成员常常感到来自高地位者施加给他们的从众压力,人们往往愿意听从权威者的意见,而忽视一般成员的观点。高地位者之所以能影响低地位者,使之屈服于群体规范,是因为他们被认为有权力和能力酬赏从众者而处罚歧异者。此外,高地位者比低地位者显得较自信能干、经验丰富,能得到较多的信息,这样,就赢得了低地位者的信赖。这些因素综合在一起,使高地位者成为权威人物,而低地位者相对受人轻视,即所谓"人微言轻,人贵言重"。因此,一般来说,群体中那些地位越高的人,越不容易屈服于群体的压力;反之,个体的地位越低,就越容易发生从众行为。

(三) 群体中其他成员的行为对个人从众的影响

1. "反从众者"的作用

当群体中出现一个"反从众者"时,则其他人的从众行为大大减少,这位反从众者无须与其他被试作同样反应,只要他作出不同于其他多数人的反应,就可以大大缓解被试们所面临的从众压力,成为一个非从众者。这位反从众者对其他人起了支持与鼓励的作用。

在阿希的数次实验中,曾安排过这样一种实验情境:故意让一个假被试作出不同于其他多数人的反应,结果被试的从众行为减少了四分之三。这是因为,只要有一个人反对群体的错误意见,就会大大减轻被试的心理负担,使他坚信自己的判断,敢于与群体对立,从而削弱从众心理。

2. 群体成员态度改变对个人从众的影响

如果群体中其他多数成员一开始赞同被试的反应,而后来改变态度反对被试的意见时,比一开始就作出不同于被试的反应更能引起个人的从众倾向。另外,如果被试在与其他人接受实验之前,曾自己独立做过相同的工作,而且有支持他做得正确的证据时,则在群体作业情境中,更能抵制从众的压力。

3. 群体行为与个人行为的差距

从众的情形包含有个人认知与群体行为的冲突,个人认知与群体行为之间的差距大小与从众反应有关。当差距太小时,被试不大会感受到群体压力的威胁;差距很大,则易使人怀疑群体反应的正确性;中等程度的差距给个人造成的从众压力最大。

五、研究从众行为的意义

从众行为既有积极一面,也有消极一面。例如处于有着良好社会规范环境中的个人,会出于从众的心理而约束自己的言行,做到与他人的行为一致。因此对于诸如懂文明、讲礼貌、尊老爱幼、保护环境等公益准则应大力宣传,造成强大的社会舆论,就更容易形成良好的社会风气。反之,如果群体对于社会上的一些歪风邪气、不正之风不加以阻止、任其泛滥,也会使一些意志薄弱者随波逐流。

人们表现出的反从众行为或独立行为,也不能一概都认为是消极的东西,这主要看反从众行为或独立行为本身的性质。不过,反从众行为者如果对立情绪太浓厚,常常会意气用事,缺乏理智,即使其反从众的方向对头,也不能使人心悦诚服;如果方向错误的话,消极因素就更多。

在任何一个群体内总有一小部分成员对群体的准则或决议持有不同观点,这完全是正常的现象。有些群体的领导人对群体中的少数派往往采取不欢迎的态度,其实少数派在群体中也有一定的作用。在团体中若能听到不同意见,甚至是反对意见,能够激起大家的思考,有不同意见的争论是好事情,便于督促群体防止不良的倾向。如果群体内各个成员看法完全一致,毫无分歧,就会缺乏创新精神,群体成员往往都墨守成规,甚至和稀泥,这样的群体缺乏生命力和战斗力。有时候,缺少少数派意见的群体作出的决策甚至出现了"群体极化"的现象,即群体成员中原已存在的倾向性得到加强,从而群体的决策趋于极端保守或极端冒险。显然,"群体极化"影响下产生的决策并不是最优的方案。

第二节　众　　从

在社会生活中,比较多见的是从众行为。有些人虽然感到群体决定与自己的想法不一致,但为了明哲保身,不与群体冲突,仍然违心地听从了群体的意见。然而,在社会群体中百折不挠、坚持己见的也确有人在,他们可能受到种种非议,甚至在群体中遭到排斥或拒绝,但还是坚持到底,这样的人也会给群体带来不小影响(郑龙等,1989)。在某些情形下,群体中的绝大多数人还可能会反过来听从少数人的意见,因此,对这种与从众相逆的行为——众从也必须加以研究和探索。

一、众从概述

(一) 众从定义以及研究的开端

在群体活动中,个人听从多数人意见的从众行为是大量存在的。但在不少场合下会发生众从行为,即群体中由于多数人受到少数人意见的影响而改变原来的态度、立场和信念,转而采取与少数人一致的行为。人们体会到,有时候大多数人的意见未必正确,真理也可能掌握在少数人手里。在少数人意见保持一致,并坚持自己观点的情况下,多数人可能会怀疑自己的立场是否正确,在思想上动摇不定,甚至一部分人首先会转变态度,倾向于少数人所持有的意见,从而使多数派群体内部思想瓦解,有越来越多的人转变立场,开始听从少数派的意见。这样少数派在整个群体中就起到了举足轻重的作用。因此,少数人的立场和态度也不可低估。

社会心理学关于群体相符行为的早期研究,主要集中在从众行为方面,即多数人对少数人的影响。法国社会心理学家莫斯科维西(S. Moscovici)另辟蹊径,最早(1966)注意到了群体中还存在着少数人对多数人的影响。他观察到,社会影响不仅仅局限于少数人听从多数人意见这一方面,而且还存在着多数人听从少数人意见的另一方面。以此为起点,莫斯科维西及其同事在20世纪60年代开始了对众从行为的研究,取得一系列新的研究成果,从而将"众从"这一概念纳入到社会心理学研究的重要领域之中。

(二) 有关众从现象的实验研究

莫斯科维西等人为了证实众从行为的存在,着手实施了一项实验。每次实验都有两名假被试代表少数派,由四名第一次参加实验的真被试代表多数派。这个实验的步骤与阿希实验一样,给包括六名真被试在内的控制组呈现一个清晰的物理刺激,判断的错误率几乎等于零;然后在一个简单的颜色知觉作业中,要求实验组判断仅因发光亮度不同而有所差异的蓝色幻灯片的颜色,两个假被试首先回答,每次故意出错,都说幻灯片是"绿色的"。虽然事先测试已证明所有被试的视觉能力均完全正常,可实验结果表明:有8.4%的被试回答幻灯片是"绿色的",32%的被试报告说至少有一次看到了"绿色的"幻灯片,而如果假被试的反应前后不一致的话,就不会对真被试产生任何影响。这一实验证明了在群体中众从行为确实存在。

二、众从行为产生的条件

在一个少数派和多数派同时并存而且相互抗衡的群体中,少数派能够顶住多数人的压力,非但自身不表现出从众行为,而且还设法使多数人转变态度,依从于少数人的意见或行为。这个问题显然与少数派(有时可能只有一个人)的坚定信念和多数派的动摇不定相关联。因此有关众从行为产生的条件,可以从少数派成员内部的特征与多数派成员内部的关系两个方面进行分析。

(一) 少数派成员内部的特征

在近十年的研究中,大量的实验结果提示出产生众从行为的少数派成员内部的特征是:一致性、独立性和权威性。这些特征是影响多数派成员,使其发生众从行为的必要条件。

1. 一致性

有关实验(Domus, 1970)表明:少数派群体成员的态度和行为只有保持一致性才具有影响力,如果左右摇摆不定的话,就不会对多数派产生任何影响。这里的一致性,不但指少数派成员意见的一致,而且还包含少数派成员的行为在时间上的前后一致性,即"坚持到底"。群体的一致性能够体现出成员内部的坚定性和自信心,具有足够的力量促使多数派转变态度采取与少数派相同的行为。

莫斯科维西等人发现,一个人的少数派没有两个人组成的少数派影响力大,这是因为当少数派只有一个人时,他的不同意见可能被认为是偏离者的特殊原因,如对工作不熟悉、视觉有问题、观点的狭隘性等,当由两个或两个以上人员组成的少数派就不能认为是个人的特殊性,而是一种普遍的原因,形成了一致性的力量,对多数派产生了压力。

2. 独立性

少数派对多数派成员产生影响力,还必须具备行为上的独立性,表现出与众不同,使多数派成员感到压力,促使多数派依从少数派。但这种独立性必须符合时代精神的发展。莫斯科维西等人(1969)在一项实验研究中讨论了男女平等问题。研究者让被试充当多数派,让他们了解少数派的立场是赞同时代精神(主张男女平等)还是反对时代精神(反对男女平等),观察被试反应如何。结果表明,在赞同时代精神的条件下,少数派影响力显著,使多数派也表示赞同男女平等;而在反对时代精神的条件下,少数派的影响力随着多数派内部的意见分歧而变小了。

3. 权威性

当少数派由权威人物组成,或少数派成员中有权威人物参与时,其影响力大大增强。因为权威人物地位高、威望大,是整个群体中的核心人物。人们一般都乐意接受权威的指导,听从权威的命令。群体中的权威比其他人更具有力量,由于权威占据很大的地位优势,可以左右其他人的行为。因此,当权威人物站在少数派立场上时,由于"名片效应"的作用,增加了少数派意见的可信度,对多数派产生了更大的心理压力,迫使多数派放弃原有的观点,表现出众从行为。

(二) 多数派成员内部的关系

发生众从行为的多数派成员内部的关系,包括多数派成员内部意见分歧、缺乏群体凝聚力以及多数派成员对遭遇问题的真实情况不明确。

1. 多数派成员内部的意见分歧

多数派成员内部矛盾重重,意见分歧很大,缺乏统一的指挥,则极易受少数派的影响,导致众从行为的产生。在少数派行为的压力下,多数派成员对事物的信念容易发生动摇,对自己所站立场的正确性产生怀疑。由于失去了行为的参照准则,多数派成员对于自己应该如何行动举棋不定,于是不得不采取现实主义态度,转而倾向于少数派的立场。

2. 多数派内部缺乏群体凝聚力

多数派内部缺乏群体凝聚力,容易产生众从行为。因为缺乏凝聚力或凝聚力不强的群体,其人际关系不佳,群体成员各行其是。这意味着群体本身处于一种动荡的危机状态,一旦有外界压力的存在,其成员受压力影响,就会立即转向少数派一边。社会心理学家多姆斯等人观察到,松散型群体受外界压力影响而发生态度转变,接受他人意见的可能性比凝聚型群体要大得多。

3. 多数派成员不明确所遭遇问题的真实情况

在多数派成员对遭遇问题的真实情况缺乏了解、把握不大的场合下,他们的态度常处于模棱两可的状态,众从行为亦时有发生。人们的思维都具有认同作用,在需要对一件不明确的事物表明态度的时候,常常以其他人的意见作为自己观点的参照系,如果群体中少数派的立场坚定,那么多数派成员就会认为少数派的观点肯定是正确的,在少数派的影响下,发生众从行为。例如,班级组织春游活动,班中有少数几位同学建议到长兴岛,说岛上很好玩,而大多数同学没有去过长兴岛,不知道究竟是否好玩。当征求全班同学意见时,多数同学回答"随便",在少数同学的一再坚持下,于是大家听从了这少数几位同学的意见,决定全体开赴长兴岛。

三、研究众从行为的意义

任何社会的进步都有其自身的一般发展规律。在历史的进程中,社会系统始终经历着各种各样的变化,这种变化的动态轨迹固然遵循着自身内部的发展规律,但产生这种变化显而易见的直接动因,却是生活在社会群体中的某些人,及其积极的新异行为。社会要产生强大的变化和发展,就需要改革者(按定义,改革者属少数派)对多数人施加压力,即少数派提出一种新异的思想或观点,供多数派选择,用于评价自己原先的立场。渐渐地,多数派中有些成员转到了少数派这一边。如果这个过程加速进行,最后将使原来的少数派实际上变成一个新的多数派。多数派中的陈腐观点再次被新的少数派颠覆,如此循环往复,从而人类的知识逐步接近绝对真理,社会不断发展进步。当然,少数派在改革的过程中常常要经受极大的心理压力,很可能导致失败,甚至牺牲自由和生命。

如伽利略宣传哥白尼的"日心说",遭到了当时教会势力的迫害,最后被迫放弃了自己的信仰,尽管这样,但他的行为却在当时起到了一种推动社会变革、科学进步的不可低估的作用。又如达尔文创立进化论,一开始同样遭到社会上大多数人的攻击、谩骂,甚至人格上的侮辱。这也正是后人在确信"日心说"的进步性、进化论的科学性之后,对伽利略、达尔文以及另外许多科学家的所作所为大加赞颂的原因之一。

可以说,没有一般的发展规律,就不存在社会系统,而没有少数派,就不会出现社会的变革。自莫斯科维西以后,对社会产生影响的众从行为引起了人们的广泛关注,社会心理学家们以此为专题开展了一系列研究工作,尤以法国、比利时和瑞士为盛。许多人对众从的理论问题越来越感到兴趣。目前,社会影响的众从理论不仅在一些社会心理学的教科书或论著中有所涉及(法国社会心理学家穆格尼(Mughni)所著《少数人的力量》是第一本论述众从行为的专著),而且还成功地将其理论应用于当前各种社会实际问题中,如外籍工人或客籍工人的待遇问题、妇女在社会中的地位和作用、公民遵守团体规范的自觉性等具体领域中。可以预计,对众从行为的深入研究和探讨,有利于社会的发展和变革,加速社会的发展进程,并妥善解决社会生活中的实际问题。

第三节 服 从

在社会群体中,人们对群体的规范是否一概表示无条件地服从? 当有一个权威人物命令你去干一件你不愿意干的事情时,你是否会放弃个人的原则去执行权威的命令? 这些问题是本章所要讨论的另一种相符行为——服从。

一、服从概述

(一) 服从的定义及其分析

服从是指个人按照社会要求、群体规范或别人的愿望而作出的行为,这种行为是在外界压力的影响下而被迫发生的。这里的外界压力影响有两种情况，一种是在一定的有组织的群体规范影响下的服从，如遵纪守法、维护社会秩序等；另一种是对权威人物命令的服从，如一切行动听指挥、下级服从上级等。

个人服从集体，少数服从多数，下级服从上级，是社会群体所强调的组织原则。遵守组织原则，服从组织纪律，是维护和增强群体生命力、战斗力的一个极其重要的方面。所以，个人对社会群体的各项政策、法律以及各种规章制度，不管自己愿意还是不愿意，都是必须服从的。

人们在群体活动中有时还会对个别学识渊博、德高望重的权威表现出服从，这种服从往往也是无条件的。权威包括领导、师长、各类知名人士等。对权威人士的服从可能是出自对权威的敬仰，发自内心的信服，也可能是对权威的惧怕，违心地屈服。一般说来，人们的服从行为可能与其本人内心有一定的距离，但不至于引起内心激烈的矛盾和冲突。但当权威的要求与个人的道德和伦理价值发生很大矛盾时，个人违背了自己的良心而服从权威的命令，精神上就会感到惶惑不安。例如，在一个流氓团伙中，每个成员都必须服从团伙首领的命令。其中有些人是误上贼船而不能自拔的，他们在团伙首领的威逼下只得服从命令，被迫昧着良心去干坏事，其内心深处却常感到深深的痛苦与不安。

（二）群体规范的服从研究

美国社会心理学家 F·H·奥尔波特在一个时期内观察了十字路口 2114 车次的汽车驾驶情况，发现绝大部分的汽车司机是服从交通规则的，但仍有极少数司机违反了交通规则。具体结果如下：

①见红灯立即停车的有 1594 车次，约占总车次的 75.5%；②见红灯减速慢行的有 462 车次，约占总车次的 22%；③见红灯稍缓停车的有 47 车次，约占总车次的 2%；④见红灯仍然冲过去的有 11 车次，约占总车次的 0.5%。

将观察记录的数据加以处理后，可以描绘成一条曲线（见图 10-2）。

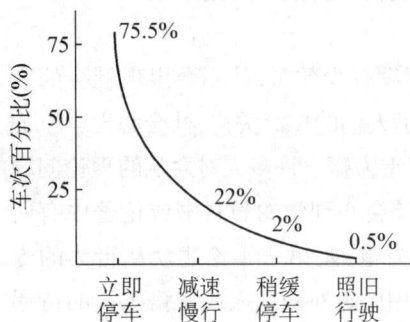

图 10-2　汽车司机见红灯后的服从反应

（三）不服从的表现

在生活中虽然有许多人都按照群体的规范或权威的意志去行事，但并不是任何人在任何场合都无条件地表示服从的。如果群体的规范或权威的要求不合理，或者群体的规范或权威的要求虽然合理，但不符合个人的实际需要时，个人就会表现出不服从的情况。不服从在不同的场合表现形式有所不同，一般有以下几种类型：

抗拒。表现为在行动上拒不执行任务，并提出口头或书面的抗议，主观上情绪偏激，怀有对立情绪，这在生活中可以经常看到。群体中领导与被领导者有时发生矛盾，往往是由于领导提出的任务或要求不为下级所接受。

消极抵制。有些群体成员对群体规定不愿意执行，又不敢明目张胆地表示不同意，只好表面上表示服从，而暗地里采取消极抵抗的办法。例如，工厂里有些班组长对厂里过分严格的规章制度有意见，但不敢公开与之对抗，在暗地里即使有工人违反制度，也不愿意去深究。

自由主义的态度。有些人服从命令或遵守规定是被迫的、不自觉的,他们在一般情况下能够维护群体的规范,服从权威的意志,但是在无人督促的情况下会采取自由主义的态度。例如,有些汽车司机在马路上驾驶汽车时,看到有交通警察在维持交通秩序,能够服从指挥按规定的速度行车,一旦处于无人管辖地段或警察不在现场,则容易超速行驶。又如,有些学生在班主任面前能遵守课堂纪律,当班主任走开时,便"蠢蠢欲动"起来。

(四)取得服从的方法

取得服从的常用方法是说服、劝导、忠告。比如,一位母亲想要他十几岁的儿子不抽烟,她可以告诉他吸烟有害的医学道理,使儿子信服后不再吸烟。当希望人们捐款时,也总是要做出一定说明、动员,之后,大家才开始捐款。在心理实验室中,把一组被试带到一个房间,要求他们吃苏打饼干,他们会尽最大的努力多吃。吃过几打饼干后,他们会口干舌燥,感到极不舒服。这时,实验者走过去,简单说了声"你们再多吃一点"。那么,被试就会试着把更多的苏打饼干塞进嘴里。结果,在这种情况下,学生吃了大量的饼干。

此外,还有其他一些导致服从行为的方法:

1. 实施奖惩

对符合命令、要求的行为给予奖励,对不符合命令、要求的行为给予惩罚,会导致对命令、要求的服从行为。一般来说,奖惩越重,导致的服从行为的量也就越大。比如,家长会告诉自己的孩子,如果你每天放学就回家,自觉写好作业,坚持一星期,星期六就可以到公园玩。孩子为了得到去公园玩的奖励,就会服从家长的要求,认真完成作业。同样,可以告诉孩子,如果不好好写作业,不但不能去公园,而且电视节目也不准看,甚至挨揍。孩子为了不受这样的惩罚,也会认真完成每天的作业。

一般来讲,奖励比惩罚更容易让别人服从。这是因为惩罚会造成消极的情感反应,其结果导致的是表面的服从,而并非真正的服从。孩子如果因为抽烟而挨了家长的打骂,那么,他可能在家长的面前不再抽烟,而家长看不见时,则照抽不误。另外,惩罚过多、过重还会造成较大的心理压力,易引起逆反心理或对抗心理(reactance),结果可能导致人们去做与要求相反的事。比如,中学生早恋问题,如果家长、老师不适当地批评,过分地指责,可能会使他们恋得更加热。

布瑞姆和沈生林(J. Brehm & J. Sensening, 1966)做过这样一个实验,让被试对两个将要解决的难易程度相同的问题进行选择。在作出选择之前,引入外在压力,让被试看一些纸条,纸条上写着另一名被试作出的选择。在一种条件下,纸条上写着:"我选 A 题",这是较小的一种压力;在另一种条件下,纸条上写着:"我认为我们俩都应该选 A 题",这是较大的压力。结果,在较小压力下,70%的被试选择了 A 题;而在较大压力下,只有 40%的人选 A 题。这项研究表明:增加压力并不一定导致更大的服从,有时会适得其反,压力越大服从越少。

2. 给予关心

给人以特别的关怀和照顾,使之感到愉快,是导致服从行为的重要方法。这方面最著名的实验是由梅奥(G. E. Mayo, 1931)在美国西部电器公司霍索恩(Hawthorne)工厂所做的系列实验之一。装配车间的六名装配电话中继器的女工被选为被试,实验者对其进行为期一年十二个阶段的观察,发现无论工作条件如何变化,增加或减少工间休息、延长或缩短工作时、提供或取消免费午餐,每一个实验阶段的生产效率都比以前一个阶段要高,女工们工作越来越努力,效率越来越高。

这里面最重要的原因是女工们感到自己受到了特别的关注,感受到自己引起了人们极大的注意,因而感到愉快,结果就按实验者(老板)想让她们做的那样去做(她们知道实验主要是测量她们的生产效率),从而服从实验者(老板)的要求。

3. 提供榜样

通过对榜样行为的观察和模仿也可以导致服从行为。

布兰恩和泰斯特(J. H. Bryan & N. A. Test, 1967)以及其他人的研究证明:一个人看到他人的高度服从,自己也会表现出更大的服从;相反,如果目睹他人毫不服从,那他也会表现出比他可能有的服从更小的服从。

另外,格鲁塞克(J. Grusec,1970)的研究表明:榜样的效果取决于他实际上怎样去做,而不是他怎样说。在他设计的实验里,被试可以均分所得奖赏,也可以不均分奖赏。之后进入三种条件:①没有榜样;②看到有一个榜样,她说要均分她的奖赏,但并没有实际去做;③看到一个榜样实际均分了自己的奖赏。结果,目睹榜样均分的被试比没有榜样的更可能均分他们自己的奖赏,但是,那些只是听到榜样说要均分奖赏的被试并不比无榜样组更多地均分奖赏。

二、米尔格拉姆的服从实验

(一) 实验的基本过程

1963 年美国社会心理学家米尔格拉姆着手实施一项服从实验,以探讨个人对权威人物的服从情况。这一实验被视为有关服从研究的经典实验,并在社会心理学界产生了强烈反响。

米尔格拉姆首先在报纸上刊登广告,公开招聘受试者,每次实验,付给 4.50 美元的酬金。结果有 40 位市民应聘参加实验,他们当中有教师、工程师、邮局职员、工人和商人,年龄在25—50 岁之间。实验时主试告诉这些应聘者,他们将参加一项实验,目的是研究惩罚对学习的影响。实验时,两人为一组,一人当学生,一人当教师。谁当学生谁当教师,用抽签的方式决定。教师的任务是朗读配对的关联词,学生则必须记住这些词,然后教师呈现某个词,学生在给定的四个词中选择一个正确的答案。如果选错,教师就按电钮给学生施以电击,作为惩罚。由于事先的安排,实际上每组只有一个真被试,另一个是实验者的助手,即假被试。抽签结果,真被试总是当教师,假被试总是充当学生。

实验开始,充当学生的假被试与当教师的真被试分别安排在两个房间里,中间用一堵墙隔开。在"学生"的胳膊上绑上电极,这是为了在"学生"发生错误选择时,可由"教师"施以电击惩罚。而且,实验者把"学生"用带子拴在椅子上,向"教师"解释说是为了防止他逃走。"教师"与"学生"之间不能直接看到,用电讯传声的方式保持联系。

给"学生"施以电击惩罚的按钮共有 30 个,每个电钮上都标有它所控制的电压强度,从 15伏特开始累计,依次增加到 450 伏特,每四个电钮为一组,共七组零两个,各组下面分别写着"弱电击"、"中等强度"、"强电击"、"特强电击"、"剧烈电击"、"极剧烈电击"、"危险电击",最后两个用"××"标记。事实上这些电击都是假的,但为了使作为"教师"的被试深信不疑,首先让其接受一次强度为45伏特的真电击,作为惩罚学生的体验。虽然实验者说这种电击是很轻微的,但已使"教师"感到难以忍受。

在实验过程中,"学生"故意多次出错,"教师"在指出他的错误后,随即给予电击,"学生"发出阵阵呻吟。随着电压值的升高,"学生"叫喊怒骂,尔后哀求讨饶,踢打墙壁,最后停止叫喊,似乎已经昏死过去。"教师"不忍心再继续下去,问实验者怎么办。实验者严厉地督促"教师"继续进行实验,一切后果由实验者承担。在这种情况下,有26名被试(占总人数的65%)服从了实验者的命令,坚持到实验最后,但表现出不同程度的紧张和焦虑。另外14人(占总人数的35%)作了种种反抗,拒绝执行命令,他们认为这样做太伤天害理了。

米尔格拉姆在实验结束之后,把真相告诉了所有参加实验的受试者,以消除他们内心的焦虑和不安。

(二)米尔格拉姆对服从问题的进一步研究

米尔格拉姆在第一次实验的基础上,进一步探讨了服从行为的产生与哪些因素有关。他从服从的主观和客观两个维度操纵实验条件进行了探索。

米尔格拉姆操作的客观条件包括:

(1)"教师"与"学生"之间的距离。师生双方的距离分为四等,各等级的距离均有40名被试参加,分析"教师"与"学生"距离的远近与被试服从的相关,结果发现"学生"越是靠近"教师",被试越是拒绝服从,而距离越远,越容易服从。

(2)主试与被试的关系。双方的关系分为三种情况:主试与被试面对面地在一起;主试向被试交待任务后离开现场,通过电话与被试保持联系;主试不在现场,实验要求的指导语全部由录音机播放。实验结果表明,在第一种情况下,即主试与被试面对面地在一起时,被试的服从次数多于其他情况下的三倍。

(3)主试的地位因素。在主试的年龄、职务、权威性等不同情况下进行实验,结果发现主试的地位越高,被试用最强电压电击"学生"的人数也越多。

米尔格拉姆研究服从的主观因素包括:

(1)被试的道德水平。米尔格拉姆采用柯尔伯格的道德判断问卷测试了被试。发现:处于道德发展高水平的第五、第六阶段上的被试有75%的人拒绝权威的命令,停止用电击惩罚"学生";处于道德发展第三、第四阶段的被试中,只有12.5%的人对权威的指示表示出不服从。可见,道德水平与服从权威两者呈现负相关,即道德判断水平越高,服从权威的可能性越小。在现实生活中常常可以看到,命令一个道德水平很高的人去干不道德的事,往往是行不通的。

(2)被试的人格特征。米尔格拉姆于1966年对参加实验的被试进行人格测验,发现执行主试的命令,对"学生"施加电击的被试,其人格特征有权威主义倾向。权威主义人格有一系列的特征:世俗主义,十分重视社会压力以及个人行为的社会价值;权威式的服从,表现为毫不怀疑地接受权威人物的命令;权威式的攻击,对于那些违反社会习俗和社会价值的人十分蔑视,主张坚决制裁,严厉惩罚;反对内省,强制压抑个人内在的情绪体验,不敢流露出真实的情绪感受;具有迷信意识和刻板印象,倾向于把责任从自己身上推卸给非个人所能控制的外在力量,经常采用简单化的二分法思想方法,表现为个人迷信和盲目崇拜;追求权力和使用强硬手段,从对权威人物的认同中,满足个人企图掌握权力及服从于权力的心理需要,否认个人的弱点。

(三) 简评米尔格拉姆实验

米尔格拉姆的服从权威实验,对社会心理学关于服从问题的研究产生了一定的影响,同时也引起了广泛的争议。

首先应该肯定,米尔格拉姆实验的设计十分巧妙,实验采取假目的、假被试和假电击,使被试的自我防御心理机制不能发挥作用,增加了实验的可靠性。其次,米尔格拉姆使用的指标很客观,根据被试施行电击的强度等级来观察其服从行为的程度,比较自然、合理。而且,实验结果有一定的参考价值,说明了当人们在得到保证,不承担任何责任的情况下,容易表现出毫无原则的服从行为。

人们对此实验涉及的伦理道德问题的争议最大。有人认为这项实验缺乏科学道德。由"教师"对"学生"实施电击惩罚,使"教师"(被试)内心遭受巨大冲击,引起紧张和焦虑,有损于被试者的身心健康。此外,在实验过程中,采用假目的、假被试、假电击,用欺骗的手法进行实验,不符合科学的、实事求是的原则。

实验中涉及的伦理道德问题是科学研究所普遍遇到的问题。在医学、生物学及其他多种学科的研究中都可能遇到类似的问题。至于实验中的"欺骗"行为,这只不过是一种实验技术或实验手段而已,实验本身并无恶意,况且事后也向被试说明清楚,不会给被试造成重大的身心损伤。但是,这一实验毕竟是实验室中的实验,对于推广到现实生活中有一定的局限性。米尔格拉姆实验研究中的被试是由公开招聘而来的,可以得到一定的报酬,而且在实验中得到明确的保证,对实验后果不需负任何责任,这就容易使被试产生迎合实验者要求的心理,可以毫无顾虑地表现出服从。这与社会生活中的实际行为不一样,因为在社会生活中每个人都必须考虑自己行为的后果,要对行为后果负完全的责任,甚至承担法律责任,这就限制了盲目的服从行为。而历史事件的发生,存在着时空条件,有一定的民族基础,这些情况实验本身无法复制和超越。因此,倘若将实验结果用来解释历史事件或普遍推广到社会生活中去,未免失之偏颇。有人将这一实验结果用以说明纳粹分子屠杀犹太人时只是服从了上司的命令而已,其责任主要在于法西斯头子希特勒。这种解释是不能令人信服的。因为作为人都有一定的道德水平,放弃原则去干那些灭绝人性的事情,无法开脱其罪责。

三、研究服从行为的意义

个人在社会生活中总是隶属于某个群体,是群体中的一员。任何社会群体都必须有一定的规范和纪律,要求大家共同遵守。如果群体成员遵守群体的规章制度,群体就会对他加以肯定、赞赏;违反群体规范,则受到群体的批评,倘若触犯了国家的法律,侵犯了他人的合法权益,就要受到法律的制裁。可见,群体的规范对每一个人来说,不管是否愿意,都必须服从,否则就不可能有正常的社会生活,于人于己都不利。在大多数情况下,服从群体规范都是自觉自愿的,但在有些方面也可能是被迫的,被迫的服从形成了习惯以后就会变成自觉的服从。例如,行人要走人行道、过马路要走横道线,就是从被动服从到自觉服从的过程。

在一个社会群体中,群体成员对领导人物的服从也是必要的,因为群体领导是群体中的核心人物,对领导人物的服从,可以使群体在统一指挥下成为一个有机整体,大家齐心协力,为达到群体目标而共同努力,从而提高群体的活动效率。反之,如不服从领导的安排,群体就会成为一盘散沙,无法实现群体目标。特别是在紧急情况下,群体成员必须接受统一的命令和指挥,服从行为就显得更为重要。

必须指出,在服从领导或服从权威的问题上,要注意反对盲目的服从。盲目服从可以表现为对领导或权威的盲目崇拜,毫无原则地听从权威的命令,这是失去个性化的体现。这种类型的群体由于缺少反对意见,易形成专制型群体,貌似团结,实际上很容易走向错误的极端。

可见,开展服从行为的研究,对于保障社会秩序,维护社会治安,协调人际关系,提高群体效率等,都具有十分重要的意义。

第四节　顺　　从

处于群体之中,个人有的时候完全放弃自己的立场,心悦诚服地采取与大多数人一致的言行,这是从众;也可能由于少数派的存在,多数人中有人转而支持少数派的观点,这是众从。虽然从众是"少数服从多数",而众从则是少数改变多数,但它们的共同点在于个体的改变既体现在行为上,又存在于态度上,也就是说从众和众从都是出于内心的意愿而放弃自己原有的意见。与此不同,另一类相符行为虽然表现出符合外界要求的行为,但内心仍然坚持自己的观点,保留自己的意见,其行为的改变是一种"权宜之计"。服从是社会影响的一种极端形式,是个人在强大的外界压力影响下而被迫做出的相符行为,带有很大的强迫性。同时应当注意到,在一些不怎么具有强迫性质的情境下,虽然心有不甘,个体还是会接受别人的意见,做出违背自己本来意愿的行为,这就是顺从。

一、顺从概述

(一) 顺从定义及其分析

顺从是指对他人的请求作出肯定的答复。顺从行为每天都在发生,它使人们改变起初的意见,向别人妥协。比如,推销员使得起初并没有购买意愿的顾客最终购买了自己的产品,某同学劝说本打算去看电影的同学改变意见和自己一起踢球,或者朋友在你的软磨硬泡下接受了你的邀请去跳舞,这些都是顺从行为。

我们影响其他人的一个基本方式,就是要求别人去做或者不做一些事情。人们在相互交往之中,总是力求适时地向别人提出一些要求并希望他们接受,同时也根据自己的需要而接受或拒绝别人的要求。这些要求不同于命令,并非一定遵照不可,但是人们有时候确实更乐意选择接受,这便是顺从的力量。

(二) 顺从、从众、众从、服从之比较

如前所述,相符行为是指个人行为与群体行为相一致,或群体中一部分人的行为与另一

部分人的行为相一致的现象。顺从、从众、众从和服从之间既有共同点,又相互区别。它们都属于个人在群体中的相符行为,在群体行为中有时可能交织在一起,难以截然分开。

从发生者与接受者来看,从众、众从和服从是群体与个体或群体与群体的关系,而顺从行为是个体对个体的影响,是单一行为针对单一要求的改变。

从有无强制性来看,服从是在强大外界压力的作用下产生的,是被迫的,即对行政命令、群体规范或权威意志的服从,是无条件的,不管是理解还是不理解,都得服从。从众或众从不是对群体规范的服从,而是对社会舆论或群体压力的随从。从众或众从也可能是一种违反心愿的服从,但它不是执行群体的明文规定或权威人物的命令,而是为了消除社会群体压力,求得心理上的平衡。而顺从行为则是应人的要求或请求而产生的,要求或请求的发出者既不是权威者也不是权威机构,而是平等的或者地位低于接受者。这里提及的社会或群体的压力,主要指社会舆论、集体心理气氛和群体意识,而不是社会或群体的明文规定。

顺从行为虽然也是受到群体压力而表现出符合外界要求的行为,但内心仍然坚持自己的观点,保留自己的意见,仅是在表面上遵从群体意见或他人期望。从众行为与顺从行为的区别在于是否出自内心的意愿。放弃自己原有的意见附和大家的意志,遵守群体规范,这是从众行为;虽然行为上与大伙儿一致,但内心态度并未改变,保留着个人原来的观点而去符合客观要求,作出权宜的行为改变,这是顺从行为,其特点是"口服心不服"。两者的共同点都是迫于外界压力而产生的相符行为。

我们可以通过表 10 - 2 了解到相符行为之间的联系。

表 10 - 2　相符行为"从众、众从、顺从、服从"的区别

	从众	众从	顺从	服从
相符主体	个体、群体(多数)	个体、群体(少数)	个体、群体	个体、群体
相符客体	个体、群体(少数)	个体、群体(多数)	个体、群体	个体、群体的行政命令、群体规范、权威意志
行为目的	对事物真实性的探求或认同	对事物真实性的探求或认同	迎合他人(或群体)的期望	免受惩罚或寻求奖赏
行为指向	主体认知	主体认知	客体需要	主体需要
行为与认识	一致	一致	不一致	不一致
行为过程	主动	主动	主动	被动
行为性质	公正行为或态度	公正行为或态度	利他行为或态度	利己行为或态度
情感体验	积极	积极	消极倾向	消极
行为表现	一致	一致	一致	一致
主要应用领域	商务、广告、教育、管理、宣传等服务领域	同"从众"	人际关系、家庭关系等社会领域	政治、行政、企事业经营等管理领域

(采自宋官东,2005)

二、顺从的策略

营销人员使得顾客掏腰包购买其产品,慈善机构募集善款,义务献血点征集到献血志愿者,候选人争取到尽可能多的选票……无论人们是否意识到,顺从行为总是受到有意或无意的策略影响。那么,是什么因素导致顺从,又是什么策略促成了顺从行为呢?社会心理学家对此进行了研究,主要提出了以下一些观点:

1. 不假思索的顺从(mindless conformity)

有时候,人们遵从内化了的社会规范而不对行为本身进一步推敲。当基于既定事实的情况发生时,人们会自动化、不经思考就顺从。有一些约定俗成的社会规范,比如说与初次见面的人握手,学生应当听从老师的教导,在停车场付给穿制服的人停车费。这些自动化了的社会规范节约了心理资源,人们不必在特定的情境下仔细思考每一个环节是否符合经济原则。然而这有时导致了不正确的顺从。正如一则笑话中,罗伯特一边吃早餐一边读报纸,吃完后顺手把小费留在了桌子上——他完全忘了他是在自己家里用的早餐。

2. "以退为进"的策略(the-door-in-face-technique)

即"门面效应",在拒绝了第一个不合理要求后,人们倾向于接受继之提出的一个相对合理的要求。人们似乎觉得当提要求的人做出一些让步的时候,自己也应该相应地做出妥协。以退为进的策略只能起较短时间的作用,当人们答应了大请求之后的小请求,再向他们提出要求就不容易被接受了,因为他们觉得接受了第二个请求已经完成了"义务"。因此若想使请求的效用持久,就需换另一种被称为"得寸进尺"的策略。

3. "得寸进尺"的策略(the-foot-in-the-door technique)

始于一个几乎任何人都会接受的小请求,接下来的相对较大的要求也容易被接受。这一策略的具体运用,可以详细参见本书第八章宣传说服中的"登门槛效应"。

4. "意外惊喜"的策略(that's-not-all technique)

一位推销员向一位顾客介绍了一款微波炉的性能及其价格,顾客正在犹豫是否购买,推销员此时对顾客说,现在购买这款微波炉还会附赠一套微波炉专用器皿,或优惠 10% 的价格,从而期望顾客更加愿意购买。实际上一直在搞促销活动,但以这些附加给顾客以意外的惊喜,是商家常用的手段。还有一种同样百试不爽的销售手段,就是"低球"策略。

5. "低球"策略(the low-ball technique)

"低球"策略首先以非常具有诱惑力的条件做诱饵,一旦消费者上钩,再坦白条件并非像当初承诺的那么好,而这时消费者已经骑虎难下。尽管这种方法是有效的,但很明显具有欺骗的性质,因此,在有的国家,法律规定"低球"策略在一些商业活动如汽车销售中是违法的。

此外,还有"引起注意"的策略(the pique technique)和激将法的策略(the reactance technique)等,在此不一一详述。

三、影响顺从的因素

要求提出的方式不同,所造成的结果也不尽相同,人们或接受,或拒绝。正如俗语所讲:

"重要的不是说什么话,而是怎么说。"那么,是什么因素使不同的策略影响了人们的决定呢?

(一) 积极情感

有研究表明,在一个能够引起积极情感的情境中所提出的要求更容易被接受。因此,个体的情绪状态可能被整合到了对请求的精细加工过程中,这个加工过程还包括当前可获得的信息刺激,激活和使用先前的知识结构,以及从已有知识和新刺激的碰撞中所产生的新的知识经验(Forgas, 2001)。因此,在对方心情愉快的时候提出请求容易被接纳,而对方心情不佳时,同样的请求却可能得到相反的结果。

(二) 互惠原则

人们都愿意发展并维持良好的社会关系,一条基本的准则是,人人为我,我为人人。当别人对我们有"恩"时,我们习惯以某种方式进行"回报"。然而有时候"回报"与"施恩"不成比例,一些商家即利用了这种不平等的互惠原则,以一些微小的"施恩"得到了巨大的"回报"。例如,销售商会利用"以退为进"的策略,在商场中提供免费试用品,消费者试用之后,为了"回报",于是购买产品。"意外惊喜"的策略也是基于同样的道理。互惠原则被证明是顺从行为的重要因素(Whatley et al., 1999)。

(三) 一致性原则

人们一经做出了某种判断,就有意维持这种判断,并尽可能表现出言行一致。如"得寸进尺"策略和"低球"策略都是基于这一原则。一旦人们答应了一个要求后,就很可能答应随后的较大的要求。甚至即使当初促使他们答应的前提条件现在已经不成立,他们原来的承诺也很难令他们说"不"。

(四) 易得性

越是被限制的、不容易得到的选择,越容易促使人们去争取,这就是"激将法"策略的原理。如果商店贴出"仅此一件"或"最后一天"的促销标语,消费者会觉得机不可失。心理激将法(reactance)的理论认为当选择的自由受到威胁时,人们经历一种危机感,这种危机感使得他们力图重新把握自由的选择权(Brehm, 1981)。

本章小结

相符行为就是指个人行为与群体行为相一致,或群体中一部分人的行为与另一部分人的行为一致的现象,主要包括从众、众从、服从和顺从。

从众是个人在社会群体压力下,放弃自己的意见,转变原有的态度,采取与大多数人一致的行为。

众从是指群体中由于多数人受到少数人意见的影响而改变原来的态度、立场和信念,转而采取与少数人一致的行为。

服从是指个人按照社会要求、群体规范或别人的愿望而作出的行为,这种行为是在外界压力的影响下而被迫发生的。

顺从是指对他人的请求作出肯定的答复。

现代社会心理学(第三版)

思 考 题

1. 阐述谢里夫和阿希是怎样研究人类从众行为的。

2. 论述从众、众从、服从、顺从之间的区别和联系，并从日常生活中找到关于自己实际的例子说明解释。

拓展阅读

1. 戴维·迈尔斯.社会心理学(第8版).侯玉波等译.北京：人民邮电出版社,2006.

2. E·阿伦森.社会性动物(第九版).邢占军译,缪小春审校.上海：华东师范大学出版社,2007.

3. 杨国枢、余安邦.《中国人的心理与行为——理念及方法篇》.台湾：桂冠图书公司,1992.

4. 俞国良.社会心理学.北京：北京大学出版社,2006.

5. Milgram，S. (1992). The Individual In a Social World：Essays And Experiments. Readings，MA：Addison Wesley.

第十一章 人际交往

2006 年,一名大二学生蒋同学听同学介绍校内网很好玩,于是在校内网上注册账号后,建立了个人主页,和同学互相拜访。她的老同学、新同学也各自建立主页,互加好友。从小学到研究生阶段的数百名同学组成了她在校内网上的好友名单。于是她在生活中的人际关系"备份"到了网站中。应用 XNAnalysis 好友关系可视化工具可以将她校内网的好友们的关系绘制成一个网络,如图所示。后来校内网改名为人人网,目标用户群体定位从大学生扩展到更广泛的社会群体。

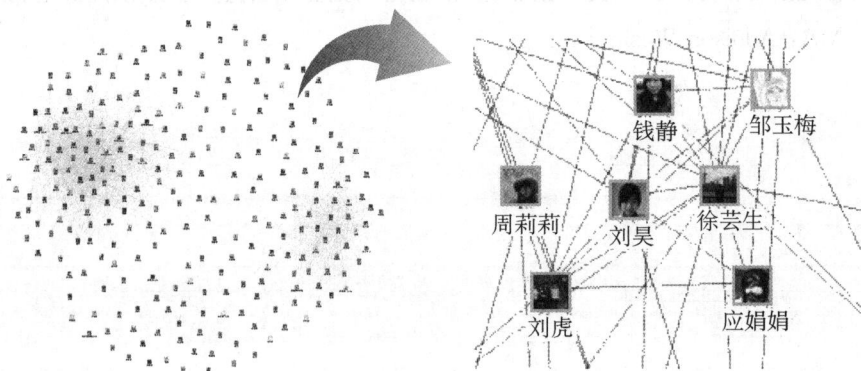

图片中每一个照片是她的好友在人人网上的头像,两张照片之间的连线说明他们在人人网上互为好友关系。

校内网便是当下最流行的中文社交网站之一。社交网站是一项基于网络的服务,用户可以在社交网站的系统内建立一个公开或者半公开个人资料的站点,在页面中呈现他们链接的好友列表,并在系统中可以浏览链接的好友动态。根据中国互联网络信息中心《第 27 次中国互联网络发展状况统计报告》调查显示:截至 2010 年 12 月,中国社交网站的用户规模达 2.35亿人,年增用户人数 5918 万人,年增长率 33.7%。社交网站在网民中的使用率达 51.4%,比2009 年增加 5.6 个百分点。

人不能独立于社会存在。生活在一个社会群体之中的个体,总会同社会其他人广泛接触,同他人建立各种各样的联系,发生相互作用,产生人际交往。人际交往不仅是维护和发展人与人之间关系的纽带,而且是形成舆论、士气、时尚等社会心理现象的前提,同时也是个体心理正常发展的基础和必要条件。因此,人际交往是社会心理学的基本概念之一,是社会心理学研究的重要内容。

第一节 人际交往概述

一、人际交往的定义及其分析

（一）人际交往的定义

在社会活动中,人们运用语言符号系统或非语言符号系统相互之间交流信息、沟通情感的过程就是人际交往。人际交往是人们共同活动的特殊形式。任何个人或群体进行的交往,总是为达到某种目标、满足某种需要而展开的。

从信息论的角度来看,人际交往的过程,就是信息交流的过程。在这一过程中,人们彼此交流各种思想、观点、情感、态度和意见,这对于个人的社会化以及再社会化具有积极的意义。不仅如此,个人在社会群体和他人的影响下,心理活动发生变化的规律、彼此产生的相互影响和心理效应,都是以人际交往、信息沟通为前提条件的,没有人际沟通,便不会产生社会心理现象。

在社会心理学中,人际交往通常也可称为人际沟通,但严格说来,"交往"与"沟通"的内涵有所不同。交往是人类特有的社会现象,除了有交流信息的交往外,还可以有交流情感和态度的交往,而沟通主要是指信息的传递,不仅人类有沟通,动物群也存在着沟通现象。另外,交往具有双向作用,而沟通可以是单向的,如两个人面对面谈话,称为交往,而收听广播、收看电视,则可称作沟通。

（二）人际交往的特点

人际交往主要有以下几个方面的特点:

交往双方都是积极的主体。在交往过程中,每一个参与者都是积极地活动着的主体,即使是处于次要地位的一方,也不是被动地接受信息、机械回答,而必须根据自己已有的知识经验,按照自己的要求、兴趣和态度理解对方,分析对方言语的目的和意图,作出反馈。对方也根据反馈信息,及时调节自己的言行。因此,交往是双方相互作用的过程。

交往在一定程度上改变了双方的关系。交往并不单纯是信息交流的过程,更为重要的是,人们总是力图通过交往,达到影响对方的目的,使双方的态度和行为趋于一致以保持良好的人际关系。因此,交往是双方相互积极地施加影响的过程。

交往中存在着社会性障碍和心理障碍。良好的信息传递系统,并不能总是保证交往的顺利完成,某些与交往过程信息渠道毫不相干的因素,如文化因素、社会因素、心理因素,包括个人的需要、动机和知识结构等问题,都会在较大程度上影响人们对言语情境以及交流信息的理解,从而妨碍了交往的正常开展。

（三）人际交往的心理功能

一些社会心理学家强调,人际交往最基本的作用是传递信息。这种观点对于人们认识交往的实质固然是有帮助的,但是,信息传递是交往存在的一种基本形式,是由交往性质本身所决定的,重要的是,通过交往、传递信息后,会对人们的心理发生影响,这就是交往的心理功能。可以认为,交往的心理功能有以下几个方面:

人际协调作用。人们通过交往相互之间进行联系,形成一定的社会关系。为了协调共同活动的需要,使社会成员有秩序地生活,避免各种矛盾和冲突,人们在交往团体中制定了一系列团体规范和社会行为准则。这些规范和准则作用的发挥，必须通过人际交往，把信息传达给社会中的每个成员，促使人们的行为保持一致。所以说，人际交往有利于提供信息，调节情绪，增进团结。

心理保健作用。人际交往对个人的心理健康有着极为重要的作用，交往是人类最基本的社会需要之一，同时也是人们赖以同外界保持联系的重要途径。通过交往，保证了个人的安全感，增强了人与人之间的亲密感。人都有归属的需要，通过彼此间的相互交往，可以诉说各人的喜怒哀乐，这样就增进了成员之间思想、情感的交流，产生依恋之情。事实表明："交往的剥夺"同"感觉的剥夺"一样，对人的心理损害是极其严重的。例如，长期关押在单人牢房的囚犯，由于交往被剥夺从而导致精神失常的事例并不鲜见。

使个体的社会性意识得以形成和发展。由于人与人之间的不断交往，为个体提供了大量的社会性刺激，从而保证了个体社会性意识的形成和发展。婴儿一出生就通过与父母的交往获得生理上的和心理上的满足。随着年龄的增长，个人交往的范围日益广阔，接受各种社会思想，形成一定的道德体系，逐渐完成了各个年龄阶段的人生发展课题，社会意识由低级向高级迈进，形成健全的人格特征以适应复杂的社会生活。

有利于形成良好的社会心理气氛。人际交往，能够传播健康的社会思想、促进人们社会行为的规范化，形成良好的社会心理气氛，并使之处于主导地位，还可以净化不良的社会风气，消除不健康的社会意识形态，使社会处于和谐、稳定、有秩序的状态之中。

二、人际交往的形式

人际交往是一个动态过程，在信息沟通、相互作用的活动过程中，人际交往的形式多种多样，具有各自的功能。社会心理学按不同的分类标准，将人际交往划分为不同的形式，是有实际意义的。下面介绍的是几种主要的人际交往形式。

（一）正式交往和非正式交往

按人际交往的组织系统，可将交往划分为正式交往和非正式交往。正式交往是通过组织机构明文规定的渠道而进行的交往，如组织之间人员的往来、请示汇报制度、会议制度等，均属正式交往之列。正式交往一旦失当，可能导致两种后果，一是交往次数过多，陷入"文山"、"会海"；二是交往次数过少，则闭关自守、各自为政。非正式交往是正式交往渠道以外的信息交流和意见沟通，例如私人聚会、传播小道消息或举行非正式群体的娱乐活动（如家庭舞会）等，均属非正式交往。如果说正式交往是官方的、规范化的，那么非正式交往则是民间的、非规范化的。有些思想、动机、需要、愿望在正式交往中不便表达，往往可以在非正式交往中陈述出来。有时候，非正式交往比正式交往获得的信息更真实，而且比正式交往获得的信息迅速。在现实生活中，这两种交往渠道是相辅相成的而不是对立的。

（二）单向交往与双向交往

从信息传递有无反馈，可将交往划分为单向交往和双向交往。单向交往是指交往的一方只发出信息，另一方只接受信息，无反馈系统。如作报告、发通知、演讲等大都属于单向交往形式。单向交往的优点是信息传递速度快，信息接受者秩序好，易保持信息传出的权威性。在工作任务紧迫、例行公事或领导部门发布命令时，多采用这种单向交往形式。单向交往的缺点是：往往难以了解和把握交往的实际效果,无法作出正确的判断以调整交往的内容。双向交往是指交往双方既发送信息,又接受信息,在交往过程中可以随时掌握反馈的沟通形式。例如小组讨论、协商、会谈等就属于双向交往。双向交往的优点在于信息有反馈,双方易保持和谐的气氛和良好的人际关系,增强信息接受者的自信心。在工作任务不紧迫、需要准确地传递信息时,多采用这种双向交往形式。但双向交往的信息传递速度较慢,交往一方可以随时阻断另一方的信息发送,给信息发送者产生一种心理上的压力。由于时常受到干扰而使交往欠条理化。总的说来,双向交往的效果优于单向交往,只有通过双向交往形式,才能做到意见沟通,达到良好的交往的效果。

（三）直接交往和间接交往

按交往是否经过一定的中间环节,可将交往分为直接交往和间接交往。直接交往是不通过任何中间环节,面对面的交往。如几个好友在一起聚会交谈,就是直接交往。间接交往是需经过某些中间环节才能实现的交往,如信件往来,电话,计算机,互联网等。

直接交往具有强烈的情绪色彩,是情绪影响最自然和最简单的手段,它大大增进了交往双方的相互影响,对个体的社会化起了重要作用。但直接交往的接触和影响范围是有限的,在大规模的社会团体中,对其成员施以广泛的影响还必须依靠间接交往,虽然间接交往缺少强烈的情绪传导性,但无时空信息传递的限制,扩大了信息传递的范围。

专栏 11-1

与千里之外的人面对面——信息时代交往方式的革命

上班族可以在出门前就确定畅通无阻的最佳路线、孩子们不用去学校就能听老师讲课、旅行者可以足不出户就畅游世界……2020 年,这些情景将很可能发生在我们的生活中。2010 年,上海世博会思科馆发布了展示方案,该馆的主题是"智能十互联生活",旨在向人们介绍 2020 年的智能城市的生活方式。

思科馆试图把 10 年后利用网真技术实现智能与互联的城市生活展现给游客。所谓网真技术,就是通过结合创新的视频、音频和交互式组件,在人与人之间、各个场所之间、工作生活各个方面之间,创造一种独特的面对面交流互动的体验。这种技术最明显的特点,是能达到"面对面"的逼真。在网真视频中,你看到的人像是与真人一样大小的,清晰度非常高。网真视频和音频不会出现延时或"卡壳"现象,与现实几乎同步。利

思科网真会议系统

（图片来源 http://www.cww.net.cn）

用这种技术召开视频会议、举办网上聚会,会与现实中的会议、聚会达到最大程度的近

似。你会感觉,远在千里之外的人就在自己身边,只是无法触碰到而已。

在思科馆的主演厅有一段9分钟左右的影片,它讲述的是2020年一个普通家庭三代人"一天的生活"。老陈夫妇正在网真视频会话,准备二人的金婚庆祝。几个家庭成员——9岁的小龙、摄像师兼记者小宇和怀孕8个月的璐璐正计划从不同的地点前往庆祝。突然,一场罕见的风暴即将来袭,全城处于紧急状态。璐璐身体突然发生不适,通知小宇,小宇被堵在路上,无法迅速带璐璐去医院会诊,于是通过通讯工具把信息传递给医生,医疗保健提供可以及时共享信息,很快璐璐就得到了医生的诊断,及时解除了危机。小宇通过实时交通位置信息识别了最佳路线,缩短了行程,也顺利赶到了庆祝现场。在互联网科技的帮助下,庆祝活动并未因恶劣的天气而取消。影片生动展现了互联科技为未来家庭日常生活的各方面带来的便利。正如思科公司公布的主题方案所言——着力打造城市未来的"智能十互联生活",而其核心就是最大程度地实现"仿真",让你感觉千里之外的人就在身边。

与千里之外的人面对面,听到对方的声音,看到他们的样子,从表情捕捉他们的情绪,和他们沟通,解决问题……对于社会交往,我们还有什么要求?除了以上提到的网真技术可以实现这些要求,还有什么其他方式?我们可以通过网络通讯软件视频聊天,智能手机可以视频电话,这些都不是问题,对于交往的各种需求,通讯技术正在帮我们一一实现。

(四) 口头交往和书面交往

按信息传递方式,交往还可分为口头交往和书面交往。

口头交往迅速、灵活,能随机应变,有反馈,适用性强,常用于调查访问、演讲宣传、咨询、审讯等方面。但口头交往局限性也很大,不仅受时空条件的限制,而且受信息发送者和接受者自身条件的限制。如果信息发送者表达能力差,不能准确地传递信息,会使信息接受者不解其意;如果信息接受者反应不灵活,不善于分析,反馈能力差,也可能会导致信息传递失误,降低交往效果。

书面交往自人类产生文字后就被广泛采用了。书籍、报刊、布告、通知、广告、信件等,都是书面沟通的方式。书面交往不受时空的限制,具有准确性和权威性,便于保存、查对。信息接受者可以对此反复推敲,加深理解,按自己的需要将信息加以输入、编码、储存和提取。

此外,按照交往主体的性质,可将人际交往划分为个体与个体之间的交往、个体与群体之间的交往、群体与群体之间的交往;按信息传递的方向,可分为上行交往、平行交往和下行交往;按人际交往所使用的符号系统,又可分为语言交往和非语言交往等类型。

第二节　人际交往的过程

人类的交往活动是一个复杂的过程,只有从各方面对交往过程进行剖析,才能全面地、深入地认识其性质和规律性,掌握人际交往的实质。

一、人际交往的动机

在社会生活中,人们为了各自的目的和需要,同各种各样的人物进行交往,保持一定的联系,交往促进了感情的交流和心理上的满足。人类的交往动机是极为复杂的。为此,许多社会学家和心理学家对人们的交往动机开展了一系列的探索和研究,提出了不同的交往动机理论,主要包括自我呈现论、社会交换论、社会实在论和强关系弱关系的理论。

(一)自我呈现论

社会学家戈夫曼(E. Goffman)在自己的研究和其他人广泛研究的基础上,提出了自我呈现论。他认为,交往是一种社会互动的过程,任何社会互动的关键都在于参加者借助于自己的言行向他人呈现自我,这种呈现往往是强调自身众多属性中的某些有利于自我形象的属性,而隐瞒其他属性。任何人都可能采用许多方式——其中有些是无意识的,试图加深别人对自己的印象。自我呈现论强调通过呈现自我,对他人施加影响,控制他人的行为,尤其是控制他人对待自身的方式。这实际上是对他人施加压力,为自身树立某种形象,从而达到控制他人行为的目的,以此作为交往的动机。一个人可能给别人留下各种印象,如老于世故或天真活泼,富于想象力或反应迟钝,性格暴躁或温文尔雅,以及其他任何一种行为属性,这都会给别人产生某种心理效应,从而产生一定的影响。戈夫曼主张,研究社会交往应该把注意力转移到人们在制造和控制自己给他人留下印象时所使用的种种技术上,仔细分析每种技术产生效果的原因。

自我呈现论特别强调自我呈现是社会影响的一种手段。戈夫曼十分明确地阐述了这一论点,他认为,个人在交往情境中可能会有不同的目的。例如,个人为了希望他人敬重他,而设法使他人认为他尊敬他们。他还假定说,个人企图与别人保持充分的和谐一致,以便让交往维持下去,或者采用欺骗手法以迷惑他们。不管个人心里抱有什么具体目的,他的兴趣总是想控制他人的行为,尤其是他人在反应中对待他的方式。因此当个人在他人面前出现时,他总是怀着某种目的来积极开展活动向他人传递有利于自我形象的信息。

(二)社会交换论

美国社会学家霍曼斯(G. Homas)受经济交易理论的启发,强调社会互动过程中的社会行为是一种商品交换,这里不仅仅是物质商品的交换,而且是诸如赞许、荣誉或声望等非物质商品的交换。据此,他提出了参加者的报偿与代价问题,认为在人际交往过程中,得到的是报酬,付出的是代价,精神利润就是报酬减去代价,除非双方得利,否则交往无法进行下去。人际交往就是在这种动机驱使下产生的。

从报偿与代价这一中心思想出发,霍曼斯提出了几种看法。例如,要是一个人在社会交往中给予别人的多,他就要设法从别人那里多获取一些东西作为报偿,所以人们总是试图保持"账目"的收支平衡。在与他人打交道时,从一种关系中得到的东西可能是报酬,而给的可能是代价,难怪人们常常要最大限度地扩大利润。这种利润可以用从报酬中减去代价的方法来计算,在试图增加利润的过程中,个人总是设法不让别人比自己获得更大的报酬。由此,在霍曼斯看来,一个人在与他人的交往中,既想付出最少的代价,同时又千方百计地尽可能获取更多的报酬。

霍曼斯交换理论的一项最富有成效的结果,就是他发展了"分配上的公平原则"。霍曼斯论证说,存在着一种制约社会交换的普遍规范,人们指望通过交往,得到的报酬与他们付出的代价成比例。如果违反了公平原则，损害了个人的既得利益，个人就会感到愤慨；如果总是得到利益而不付出代价，个人也会感到内疚和局促不安。

（三）社会实在论

费斯廷格用社会实在性观点解释人际交往现象。社会实在性是指当人们对自己的态度和意见正确与否的判断无确定标准时，往往将周围其他人的态度、意见或行动作为暂时性判断标准，以使自己的认识与周围人保持一致。费斯廷格认为，当社会团体内的态度和意见出现不一致时，除了容易导致团体活动产生盲目性外，由于社会实在性受到威胁，团体内便产生了要求保持一致性的压力。因此，为了维护和发展有效的团体活动，必须在团体中开展人际交往，使团体活动协调而有秩序。

费斯廷格指出，由于人们一时难以寻求判断事物的客观依据，于是采用现实主义的立场和观点来评判事物，把自己的意见与团体的舆论相认同，此时人际交往有助于促使人们的认知协调和保持心理上的平衡，以取得团体中其他成员的支持和帮助，消除判断事物或行为表现的偏差。

（四）强关系弱关系理论

美国社会学家格兰诺维特（Mark Granovetter）提出强关系理论和弱关系理论，他认为人际关系网络可以分为强关系和弱关系两种。强关系指的是个人的社会网络同质性较强，即交往的人群从事的工作，掌握的信息都是趋同的，人与人的关系紧密，有很强的情感因素维系着人际关系。反之，弱关系的特点是个人的社会网络异质性较强，即交往面很广，交往对象可能来自各行各业，因此可以获得的信息也是多方面的，人与人的关系并不紧密，也没有太多的感情维系。格兰诺维特在《寻职》一文中强调了弱关系对于找工作的重要性：我们找工作依赖的关系来源通常不是我们身边的亲朋好友，而是更远的、更疏的人际关系，而它通常能给我们带来更丰富却意想不到的信息资源。在他做的调查中，美国社会是一个弱关系社会。也就是说，一个人他认识的各行各业的人越多，就越容易办成他想要办成的事，而那些交往比较固定、比较狭窄的人则不容易办成事。

根据格兰诺维特的理论，华裔学者边燕杰提出了强关系假设，即认为中国社会并非美国的弱关系社会，而是一个强关系社会。也就是说，在中国，想要办成事，靠的不是弱关系所能够获得的信息的广度与多样性，而是强关系所能给予的确定而有力的帮助，即日常人们常说的找关系。随着社交网站的兴起，人们开始在网络使用各种网站服务管理自己的社会交往，比如说国内的人人网和新浪微博。社交网站是强关系和弱关系的共同体现。一方面，人们在使用社交网站时维护和加强着已有朋友的感情，这是一种强关系；另一方面，人们也通过社交网站去结识不认识的人，取得强关系外的弱关系，拓宽了人脉关系。

专栏 11 - 2

社交网站中的弱关系

　　格兰诺维特认为弱关系可以帮助找工作的观点也在互联网行业得到了应用。成立于 2002 年的美国社交网站 LinkedIn,便是基于弱关系理论开展的服务。网站的目的是让注册用户维护他们在商业交往中认识并信任的联系人,俗称"人脉"(connections)。用户可以邀请他认识的人成为"关系"(connections)圈的人。互联网世界中的职场 SNS,就是一种弱关系。在西方,弱关系能推动了越来越多的人以及公司使用类似 LinkedIn 的服务。目前 LinkedIn 用户过亿,其会员大约一半的成员是在美国,1100 万来自欧洲。

职场社交网站的发展在中国又是怎样的情景呢? 中国人的"关系"研究,几十年来一直没有脱离费孝通当年树立的一个概念:差序格局。即中国人的社交格局就好像把一块石头丢在水面上所发生的一圈圈推出去的波纹。我们对身边的人会尽很大的力去处理社交事务,随着关系的逐渐传递(也就是象水纹一样),会越推越薄,越远越不当回事。日常生活经验里我们都知道,指望很弱的关系来帮助你完成人生那么重大的事——求职,显然是奢望。边燕杰也通过实证研究证实,在中国强关系更有助于找工作。因此中国的职场社交网站就不太能满足人们的需要。像若邻网、天极网等以弱关系为理论基础的中文职场社交网站在中国发展得并不是很顺利。

随着互联网兴起,人际交往工具不断更新,传统人际关系格局是否有所改变,弱关系对于找工作的作用是否可以比以往更强一些? 在微博上,网友孙昊(微博账号:互联网才子)开展了通过弱关系推荐工作的实践活动。他在微博上发出公益贴,愿意凭借自己在互联网行业的关系积累,向数百家互联网公司推荐应聘者。"本人长期从事公益活动,无偿推荐工作:如果你足够优秀、如果你踏踏实实、如果你具备团队协作意识,那么我愿意帮助怀才不遇的你,找到合适的平台! 我将通过自己的朋友关系,可以帮你直接跨越推荐到全国各大互联网企业各公司直接人力负责人,甚至企业高层! 请帮忙转告需要的朋友……"

或许在中国,由于传统文化的作用,借助弱关系求职不是非常普遍的事情,但随着社会环境的改变,社会文化本身也处在解构和重构之中,社会交往方式会逐渐变化。或许明天,我们就可以通过互联网广泛编制弱关系,然后不经意间,工作机会在眼前出现。

从以上分析可以看出,人类的交往动机确实是错综复杂的,上述四种理论是从不同的侧面说明了交往动机中的一部分问题。某些交往的确是出于试图改变他人的行为和为了转变他人对自己的看法,或是为了维护团体的规范和准则,使个体的认知处于平衡状态,维系重要感情或者获取信息。但无论如何,感情上得到满足、心理上得到安慰、影响别人的行为,以及获取某种利益等,都仅仅是在一部分交往中,或者在交往的某一阶段中产生的动机。人类的一切交往动机并不能用单一的因素加以完满的解释,而必须进行综合分析,在具体的交往情境中考察交往的动机。然而,这几种交往动机理论对于人们交往过程的分析毕竟有所启迪。尽管自我呈现论过于强调在交往中树立自我形象,以达到对他人行为的控制,而没有看到许多人在交往中并不关心自身的形象,也不企图对他人进行控制,但它阐明了个人在交往中所起的主导作用以及对他人产生的影响。尽管社会交换论过于强调在交往中获取利益,得到报偿,忽视了个人在交往中时常表现出的无私付出远大于报酬的代价,但这一理论毕竟注意到了人们在交往中有时会产生某些功利性,希望得到一些利益。尽管社会实在论过于强调由于个体的认知平衡受到威胁,担心团体活动将处于无秩序状态而产生交往,但它说明了人们在交往中积极地保持个体与团体认知的和谐,使团体活动能够协调一致。尽管强关系、弱关系理论过于强调关系的功能,忽视人际交往对人心理产生的效用,但它说明了不同类型人际关系对个体的作用以及个体该如何利用人际关系更好地发展自己。

二、人际交往的工具

人际交往,作为信息的传递过程,必须借助于一定的符号系统作为信息的载体才能实现,符号系统是人际交往的工具。一般可以把符号系统归为两类,即语言符号系统和非语言符号系统。运用语言符号系统进行的交往称之为言语交往;利用非语言符号系统进行的交往称之为非言语交往。但是,随着互联网兴起,计算机中介沟通(computer mediated communication)越来越深入地介入人们生活,网络符号系统也成为流行的人际交往的工具。以下介绍这三种人际交往的工具。

(一) 人际交往的语言符号系统

俗话说,一句话逗人笑,一句话也能使人跳。可见,语言作为人类特有的第二信号系统,具有其独特的力量。

语言是一种社会现象,是社会约定俗成的符号系统,而言语则是人们运用语言符号进行交往的过程。语言是人类最重要的交往工具,是信息传递最强有力的手段,大多数信息的编码和译码是在语言的参与下进行的。实验证明,借助于语言表达的交往信息,在意义上的损失最小。利用语言实行的言语交往是任何其他交往工具所无法替代的。

语言可以分为口头语言和书面语言,即语音符号系统和文字符号系统。

1. 口头语言

在直接交往中,人们大都采用口头语言,它作为使用有声的自然语言而构成的语音符号系统,在日常生活中应用最广,收效最快。例如,会谈、讨论、演讲及见面对话都可以直接地、及时地交流信息、沟通意见。信息发出者在说的过程中积极地思维,进行信息编码,筛选出对方最易理解的词汇和句法,输出信息。而信息接受者在听的过程中同样要集中注意积极地思考,进行信息译码,筛选出最有用的信息加以储存。由"说"和"听"构成的言语交往情境,直接促使双方在心理上产生交互作用。

2. 书面语言

在间接交往中,一般采用书面语言。书面语言不受时空条件的限制,能更为详尽地、丰富地表达叙述者的意见和情感,并可广泛地流传。通知书、信函、公文一般都采用书面语言形式。书面语言不仅能使个人获得他人的知识经验,而且扩大了人们认识世界的范围。在交往活动中,书面语言虽不及口头语言直截了当、简便易行,但它保存时间长,书写时可以充分考虑语词选择的恰当性,字斟句酌,达到更为完美的心理效果,实现口头语言无法完成的沟通。由"写"和"读"构成的言语交往,使交际范围得到进一步的扩展,丰富了人们交往的内容。

当然,口头语言和书面语言并不是彼此孤立的,在大多数情况下,两者共同存在,互为补充。

(二)人际交往的非语言符号系统

语言符号系统是人际交往最主要的工具,但并非唯一工具,非语言符号系统在人际交往中也占有重要地位。非语言符号系统一般有以下几种形式:

1. 视-动符号系统

手势、面部表情、体态变化等都属于这个系统。动态无声的皱眉、微笑、抚摸或静态无声的站立、倚靠、坐态等,以及眼镜、口红、发型等附加物在交往中都能起到一定的作用。心理学家研究指出:仅是人的脸部,就能作出大约 250000 种不同的表情。国外某些学者对视—动符号系统进行了专门的研究,建立了所谓"身势学"。

身势学研究者把人体分成八个部分:整个头部;脸部;颈部;躯干;肩、臂和腕;手和手指;臀部、腿和踝部;脚部动作和走动姿势。他们称这些组成部分为"身势语最小单位描述",把它们结合在一起组成"身势语词素"——身势语言。

1. 好奇 2. 疑惑 3. 不感兴趣 4. 拒绝 5. 观察

6. 自我满足 7. 欢迎 8. 果断 9. 隐秘 10. 探究

11. 专注 12. 暴怒 13. 激动 14. 舒展

15. 奇怪 16. 鬼鬼祟祟 17. 羞怯 18. 思索 19. 做作
支配 怀疑

图 11-1 各种身体姿势及含义

2. 时-空组织系统

准时到达预定的地方会面能表示对对方的尊重、礼貌,使对方感到言而有信,为双方交流创设良好的情境。面对面谈话,有助于产生亲密感。C·霍尔根据对时—空组织系统的研究,创立了人类空间统计学,即"空间心理学"。病房中的病友、火车上的旅伴,由于双方处在一种特殊的时空关系之中,往往会讲述某些关于自身的情况。不少社会心理学家已经开始对产生某些社会心理现象的空间距离问题发生了浓厚的兴趣。

华东师大心理学系杨治良等通过实验研究指出:

不同文化水平者对空间距离的要求是不同的。在女对男的一组实验中,大中专生所需的空间距离平均为98厘米,而高初中生所需的空间距离平均为81厘米;而在男对男的一组实验中,大中专生为110厘米,高初中生为99厘米。

不同社会地位者对空间距离的需求亦不同。这从异性组的实验中可以看出,在女对男的实验中,干部所需空间距离平均为97厘米,而工人平均为82厘米,两者存在显著差异。这是由于当一个人升迁后,往往产生一种自豪心理,久而久之其自尊需要的愿望越来越强烈,与人接触的距离就会大一些,而工人在一个较小的空间中与他人接触,对空间距离的要求相对小一些,因而两者产生差异。

陌生人不论同性间还是异性间的接触,总会有一定的空间距离的需要。经实验测定,男对女的空间距离平均为134厘米,女对女的空间距离平均为84厘米,女对男的空间距离平均为88厘米,男对男的空间距离平均为106厘米。因而在公园里,如果一条长凳的两端已经坐着人,第三个人一般不会再去坐在两人的中间。这种现象就可以用这个实验结果解释。

人对正前方空间距离的需求比对后方所需空间距离大。尽管存在性别、年龄、文化水平等因素,但个体在这一点上是共同的。这是因为人在知觉客观对象时,一方面依靠许多客观条件判断空间位置,同时也通过有机体内部条件判断空间位置。人的两眼,一般相距65毫米,所以在观察立体对象时,两眼是从不同角度来判断空间位置的,左眼看到的对象左边多一点,右眼看到的对象右边多一点,而转动头部朝后看时,视差就会大一些,产生距离错觉。再则人对正面的对象,从心理上来讲容易产生一种压迫感,导致对前方所需空间距离要大一些。这一现象要求在考虑设计生活环境、工作环境以及一些公共设施时,要注意正前方空间距离的大小,避免产生心理上的压迫感。

异性之间对空间距离的要求存在明显的差异。前面说过,男对女的空间距离平均为134厘米,而女对男的空间距离平均为88厘米,两者有十分显著的差异。说明女性与男性接触时,空间距离小,而男性与女性接触时,所需空间距离大。这与性别角色社会化过程是有关的。

个别差异很大。这在异性之间的接触中也是一个较为普遍的现象。从这个差异中,可以看到在相同条件的各组实验中,个体与个体间对空间距离的需求是有差异的。这与家庭住房大小、所在地区人数多少有关。

3. 目光接触系统

在交往中视线接触的作用是巨大而强烈的,往往能给人留下深刻的印象。从传统上说,眼睛被认为是最明确的感情表达方式,不是有人将眼睛比作"心灵的窗户"吗?相爱者深切地注视着对方的眼睛,而仇恨者则怒目而视。长时间的冷眼凝视肯定与侵犯相联系。有一种意见认为,你越是喜欢一个人,你就越容易用眼睛和他接触;而对不喜欢的人用眼睛接触比对一般关系的人还要少。

说谎者的眼睛能让人看出他说谎了吗?P·埃克曼和W·弗里森摄制了一组电影镜头,这组电影镜头描写一个病人如何隐匿他的内在心理活动的:这个病人实际上内心非常焦虑、慌乱并存在幻想,但却竭力表现出镇静、满意的样子。实验者向三组观察人员放映了这部电影。第一组只能看到病人的头部和脸;第二组仅看到病人齐颈部以下和躯干部分;第三组可以看到病人的整个身体。根据第一组观察者的描述,病人是高兴的、善良的、敏感的和诚实的。第二组感到病人内心恐慌、忧虑、小心谨慎、存有戒心。第三组认为病人具有警觉、过敏和脾气易变的性格(1969)。这项研究说明要正确判断一个人内在心理活动,只靠观察面部表情和目光是不够的,必须结合人的躯干部分甚至整个体态。

4. 辅助语言系统

音质、音幅、声调及言语中的停顿、速度快慢、附加的干咳、哭或笑等,都能强化信息的语义分量,具有强调、迷惑、引诱的功能。辅助语言可以表达言语本身所不能表达的意思,在许多场合下需要利用辅助语言表达同一语词的不同意义。例如"谢谢"一词,可以感动地、喃喃地说出,表示真诚的谢意;也可以冷冷地、缓慢地吐出每一个字,表示轻蔑或不耐烦。K·戴维斯通过研究指出:表示气愤的声音特征是声大、音高、节奏不规则、发音清晰而短促;表示爱慕的声音是柔和、低音、共鸣音色、慢速、均衡而微向上升的声调、有规则的节奏和含混的发音。通过注意一些人的说话音调,还可以辨别他是否在说谎,这是辅助语言研究的一个诱人的发现。

P·埃克曼和D·克劳斯等人研究表明,当一个人说谎时,他的语言平均音调(基音)比说真话时要高一些。

上述四种非语言符号系统的形式,在人际交往中起着十分重要的辅助作用,可以加强或减弱口头语言的力量。但非语言符号系统的使用具有较大的不确定性,这与交往情境、交往者的身份和地位及年龄、性别、社会文化背景等因素密切相关,因此在使用中必须与交往的内容、条件、气氛与场合相联系。在现实生活中,语言符号系统和非语言符号系统的交往是交织在一起的,这两方面配合得越好,交往越能取得良好的效果。

(三) 人际交往的网络符号系统

网络符号是网民在网络活动中所使用的、可视听化的、具有特定意义的所有语言、符号和图像形式的总称。虽然网络语言符号作为网民在网络和现实互动之间的中介或纽带,但是在各种不同的语境和互动情景下又有很多种各不相同的存在形式。

1. 语言类

网络语言沟通是指通过具体语境的需要,通过改造、意译、变形、通假、借用、混用甚至生造出一些文字作为沟通的工具。其主要形式有：

（1）网络通假字。这类文字通常是由于输入法的拼音识别问题引起，但是由于运用的长久，也渐渐传播开去，成为网络语言符号中的一种约定俗成的文字。比如大虾应该是"大侠"，意指乐于助人的网络技术高超的人；斑竹应该是"版主"，意指某网站的管理员。

（2）外文趣译。汉语中有相当一部分语言是外来词的音译，比如可口可乐、万事达、沙发等。网络上的外来词汇也相当的多，特别在一些网络计算机的专用名字上相当明显。网民们发挥自己的创造性，趣译一些外文，并传播流行开去，逐渐成为汉语日益重要的一部分。比如YAHOO被译为"雅虎"，该词英文出于《格列佛游记》，原本指低级野兽，后来通指外来无经验的游客，这与很多初为网民的人的自身状态非常接近，这一译法更增加了网民使用这一搜索网站的审美情趣。

（3）引申。网民通过对一些既有词语的引申来建构和创造一些新的用法和意义，体现了网民求新求变的心理。"菜鸟"指网络水平不高的网民；"灌水"指连续的毫无内容和意义的发表或回复帖子；"拍砖"指对发帖者发布的帖子进行攻击或否定等。

（4）混用。即混合了多种语言或者符号组合而成的网络用语，通常被网民用于强调性的表达自己的感受。比如"I 服了 U"就是用于对交流对象的无奈和失望的感受；"你真是个286!"指反应迟钝，思想观念落伍的人；＊@@＊是表示自己的兴奋等。

（5）借用。网民通过借用其他一些似乎与本意毫无关系的词语来表达自己，通常借用带有网民比较强烈的自我塑造和自我印象管理的策略或动机，总体看来，这一类用法年轻女性网民较多。比如酱紫是"这样子"的快速读法；"晕倒，楼主刚从火星归来?"意指对方是个没见过世面的人。

（6）火星文。这是近年来从港台地区开始兴起的一种网络语言符号，其主要是受所谓的"无厘头文化"或者"贱客文化"的影响而在网络上兴起的一种带有时尚流行元素的语言。一些80后、90后的年轻网民很快就吸收了火星文的使用带来的网络交流乐趣和流行元素，很大程度上推动了火星文的兴起。

2. 符号类

符号类系统是指网民用最容易打出来的标点符号、数字符号和字母符号创造的沟通方式，通常用来表达自己的态度、情绪和感受等。由于运用的相对简便易行（与打字相比），组合方式多样，生动有趣等特点，网民们创造了大量的此类网络语言符号。其主要形式有：

（1）字母形式。主要以英文及拼音组成的缩略语。开始这种形式只是网民为了提高意见发表或者网上聊天等的效率而采取的一种应急方式，但是由于相互模仿和传播，逐渐形成较为固定的网上用语了。这类缩略语不同于规范的英文缩略或拼音缩略，只是把一些具有特定含义的词或词组等通过首字母简化起来，以达到快速便捷的将网民的意思表达出来。比如"ORZ"像一个人跪服于地，代表"我服了"，"XD"表示自己用一种很邪恶的眼神看着对方。

（2）数字形式。主要通过抽象的数字经过想象力的排列组合在一起，通常言简意赅的表示一些诙谐活泼,轻松愉快的心情等。比如最常用"5555"是"呜呜呜呜",代表哭泣;"94"代表"就是","520"表示"我爱你"等。

(3) 标点形式。即运用标点符号来表示一些情绪性意义。如连续的感叹号(!!!!!!)与问号(????)表示强烈的语气,即非常惊讶和强烈的追问;而省略号(……)表示"无语(通常遭遇无法回答的问题和尴尬时用或代替不便明说的话等);":)"代表微笑;":("代表发愁;"=="代表不明白等。通常这些符号是由一些键盘上简单的标点符号经过排列组合而成,具有强烈的象形意味。一般主要在网民互动的文本之中,以传达某种意义或情绪。

(4) 多种符号组合形式。除了一些单纯由字母、标点或数字组成的网络语言符号外,还有很多是经过多种符号组合而成,通常多数用于态度和情绪的表达,具有比较强的形象性。比如"b4"意指"鄙视";"w4"代表"无视";"T-T"表示哭泣的脸上双泪长流;":-D"表示非常开心地咧嘴大笑;"*^_^*"代表非常高兴;":-P"吐舌头等。

三、人际沟通的过程

人际交往过程实质上是信息传递和接收的过程,以及由此而产生的一系列相互作用。个人在信息传递过程中是积极主动地活动着的,并且在传递过程中,信息还在不断地被充实和发展。信息接受者按自己的知识经验、需要和兴趣对信息进行处理,有选择地接受信息并作出及时的反馈。

(一) 信息沟通的要素及模式

任何信息传递过程都不外乎是:信息发送者运用符号系统所表示的意义发出信息,信息通过载体或媒介被接受者所接收。信息沟通过程的要素有:(1)信息发送者——亦称信源,它是使传递的信息符号化,然后将符号化的信息发送出去的个体、群体或大众传播工具;(2)信息——传递的具体内容;(3)信道——信息的载体或媒介,如发音器官、电波、报纸等;(4)信息接受者——接受信息、理解符号、作出反应的个体或群体。

在信息传递过程中,信息发送者和信息接受者双方的位置并不是固定不变的,如果沟通过程存在反馈联系,则信息接受者发出反馈信息,由接受者变为发送者,而原来的信息发送者变为信息接受者,产生两者的位置互换。

人际交往的信息沟通过程,可以用如下模式图表示(见图11-2)。

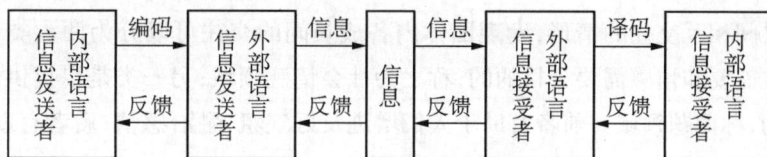

图11-2　人际交往信息沟通模式图

(二) 信息转换过程

在人际交往过程中,信息由发送者发出,通过信道传送给接受者,其间还需要发送者将意义信息转化为符号信息,接受者将符号信息还原为意义信息,只有这样才能完成整个信息传递的过程。因此,信息的转换在信息传递中是不可缺少的中间环节。

信息的转换有两种基本操作:编码和译码。编码即发信者把要传送的意义信息符号化,编制成一定的语言文字或表情、动作。在编码之前,发信者首先要将自己的想法进行解释,充分理解自己的想法,然后才能使之成为可以表达的形式。接信者在接收信息后,首先要进行译码,即将符号化的信息还原为意义信息。在译码后仍然要进行解释,理解其意义,才能成为可接受的信息。在解释过程中,信息传递双方必须具备共同的知识经验,才能理解一致,避免发生歧义或成为无意义的信息。

如果信息接受者只接受发信者的信息,而不发出反馈信息,这种形式的沟通称之为单向沟通,其信息转换过程如图11-3所示。

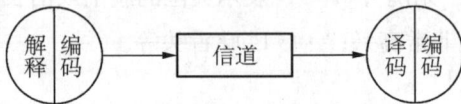

图 11-3　单向信息转换过程

如果接受者接受信息后,又将自己的意见编码通过信道向发送者传送出去,这种形式的沟通称之为双向沟通,其信息转换过程如图11-4所示。

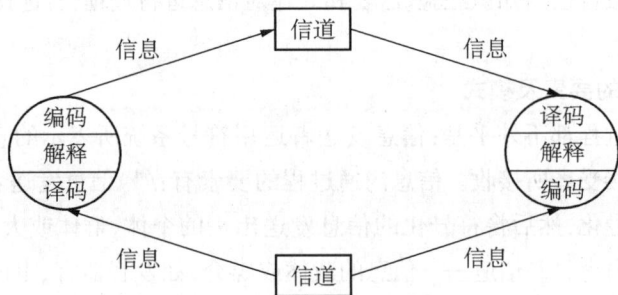

图 11-4　双向信息转换过程

(三) 人际交往相互作用的分析

美国社会心理学家贝尔斯(R. F. Bales)从相互作用的观点出发,对人际交往过程进行了分析。他认为,只有对团体内成员之间相互作用全过程的了解,才能掌握团体内人际关系的实质。他在一定的实验条件下对一个由5人组成的团体进行观察,研究这个团体在讨论问题过程中人与人之间相互交往的情形,发现团体内各成员间的交往可以分为两大类:一类是以满足对方的交往需要和情感需要为目的的,称之为社会情感领域;另一类是以提供信息、问题或指示为目的的,称课题领域。前者有助于人们增进友好气氛、融洽感情;后者有助于人们协调一致以实现团体目标。

据此,贝尔斯把人们相互交往的情形归为两大类12项。这两大类即社会情感领域和课题领域。社会情感领域分为肯定反应和否定反应,包括决定、处理、结合三个部分;课题领域分为提问和回答,包括方向、评价、控制三个部分。12项的具体内容见表11-1。

现代社会心理学(第三版)

表 11-1　相互作用过程的分析

社会情感领域	肯定反应	(1) 表示尊重对方的人格地位,支持、赞扬对方的意见
	A	(2) 解除紧张,表示满意
		(3) 表示同意,接受意见和理解
课题领域	回答	(4) 给予指示,默认他人意见
	B	(5) 指出建议,评价并分析,表示愿望和情感
		(6) 给予信息,介绍情况,给予确认
课题领域	提问	(7) 澄清问题,询问情况,求得确认
	C	(8) 询问意见,求得对方的明确表示
		(9) 要求指示,寻求可能的行动方法
社会情感领域	否定反应	(10) 消极地拒绝意见,不予帮助,表示不同意
	D	(11) 表示出紧张与不满情绪,不予交往,拒绝表示意见
		(12) 表示反对,贬低对方发言者的地位,肯定自己

　　分析上表可知,A 和 D 具有相同的情感交流因素,但方向不同,A 起协调作用,D 起分离作用,越是靠近两极其强度越大。B 和 C 都是发挥不同程度协调作用的活动,B 表示给予回答什么,C 表示提问什么。

　　贝尔斯还记录了团体内各个成员在谈话、讨论或答辩过程中的活动次数,发现团体内每一次交往过程大都包含有上述 12 种活动,不同性质的团体中 12 种活动的分布具有不同的特点。例如在企业组织内协调性活动较多,而在家庭生活中则沟通情感的活动较多。

　　根据相互作用系统分析,可以探求各种交往活动出现的频率,通过描绘人际交往相互作用的剖面图,就可以了解到这个团体及其成员的特性,即通过以各种不同团体为对象的剖面图,或者同一团体各个成员的剖面图之间的比较,了解这个团体和成员的特性。图 11-5 是贝

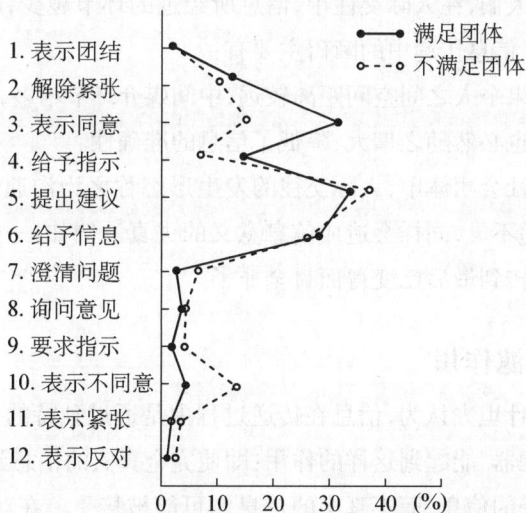

图 11-5　满足团体和不满足团体的剖面比较

尔斯研究的一例,它是一张人际交往需要得到满足的团体和不满足团体相比较的剖面图。需要得到满足即课题得到解决、情感得到交流。交往的相互作用,随着团体大小(团体人数)、竞争气氛强弱或者团体凝聚力高低,剖面图有所不同。随着课题解决的进程、团体内角色分化的情形,剖面图也有所变化。

贝尔斯对人际交往相互作用的分析,指出了人们在交往过程中会产生种种心理活动,这是客观存在的,其分析说明也很细致。但由于团体的性质不同,讨论问题的内容不同,12项活动的分布是不均匀的。此外,贝尔斯的研究是在实验室内进行的,带有很大的人为性,得出的结论比较机械。在特定的社会情境中,某项或某几项活动可能不出现,并且这12项活动缺乏内在的逻辑联系,未阐明划分这些交往活动的统一标准,这是其不足之处。

第三节　影响人际交往的因素

在人际交往中,信息发出者一方通过一定的途径将信息传达到信息接受者一方,接受者在可能的条件下发出反馈信息。这样,从表面上看,一个交往过程似乎已经完成,但实际情况往往不像人们期望的那样容易,不理解、不完全理解甚至误解信息意义的情况时有发生。究其原因,除了发送者一方可能没有明确地表达自己的意思外,还存在着信息传递过程中的障碍、接受者自身的过滤作用以及交往双方产生的社会心理因素差异等问题。因此揭示人际交往过程中的各种障碍因素,对于了解、预测和控制团体活动的效果、团体内的人际关系以及人际纠纷等具有重要意义。

一、信息传递过程中的干扰

信息传递很容易受到"噪音"的干扰,在中间媒介过多的情况下,极易导致信息的失真。G·W·奥尔波特对流言的研究发现,口头传播流言,其内容经过中间人变异后,发生了明显的歪曲。这一研究提示人们,在人际交往中,信息所经过的环节越少,越能保持其意义的完整性和正确性。一般说来,信息传递中的障碍主要有:

空间距离问题。如果个人之间空间距离较远,中间媒介环节增多,在传递信息过程中的信息量损耗和信息失真度也必然随之增大,降低了信息的准确性。

沟通网络问题。在社会团体中,人际交往的发生形态称之为沟通网络。沟通网络过于复杂,则必然导致信息传递不灵,同样会造成信息意义的失真。例如,一个团体组织机构过于庞大,信息通过层层传达,传到最后已变得面目全非了。

二、接受者的过滤作用

苏联心理学家波尔什坦夫认为,信息在传递过程中是通过独特的"信任"和"不信任"的过滤器进行的。这个"过滤器"能起到这样的作用:即使完全真实的信息到达接受者时,也可能被"过滤"掉,变成不可接受的信息,而不真实的信息倒可能被接受。在对大众传播的研究中,有人提出过类似的观点。心理学家进一步指出:信息接受者可以对传送来的信息进行选择,作出判断,接受那些与自己的信念相符合的内容,舍弃与信念相违背的东西。约瑟夫·克拉柏提出了"选择性注意、选择性理解、选择性记忆"的理论。选择性注意是指人们总是注意那些与自己固有观念一致的,或自己需要的、关心的信息;选择性理解是指对于同样的信息,不同的人会产生不同的理解,这与个人的知识经验有关,受自身原有的态度所制约;选择性记忆是指人们容易记住自己感兴趣的事物,遗忘索然无味的内容。

费斯廷格的"认知不协调"理论对此作了进一步解释,认为一个人遇到新的事物或得知新信息时,可能与其原有的知识、经验和行为发生不和谐,而引起心理上的压迫感。为了避免给自己造成心理上的压力,个体会选取那些可以加强自己信念的信息,求得心理上的平衡。

接信者对信息的不接受、不完全接受或产生歪曲,这是由于诸如个人动机、需要、态度等主观因素所造成的。

三、交往双方文化、社会、心理上的差异

交往双方文化、社会、心理上的差异,都是导致交往不能顺利进行的重要原因,这些差异构成了交往中的某些障碍因素。

(一) 文化因素方面的差异

属于文化因素方面的差异,主要有语意障碍、态度障碍和文化程度的障碍。

交往双方语言文字不统一,或对同一词汇有不同理解,其意义就可能被歪曲或误解,断章取义,造成语意的障碍。

交往双方态度不端正,存在种族偏见、地域偏见或歧视对方,各存异心,则造成态度的障碍。

交往双方的受教育程度、文化素质和文明水平差距过大,接受信息者对信息的内在涵义不理解或不接受,从而造成交往的障碍。

(二) 社会因素方面的差异

社会因素方面的差异,主要包括社会地位、社会角色和身份以及年龄、性别等。

社会地位不同会造成交往的障碍。居高位、掌实权的人物如果官僚主义作风严重,下属成员就会敬而远之,便阻塞了上下沟通的渠道。

社会角色的不同也会造成交往的障碍。如果在家庭中父母不是以平等的态度对待子女,而总是喜欢用教训人的口吻与子女说话,那么子女与父母就会产生隔阂,导致家庭中人际交往的障碍。

年龄的差异会导致长辈与晚辈之间沟通的困难。由于社会的不断发展和变迁,造成青年人与老年人在思想观念上存在某些差异,产生所谓"代沟"问题。近几年来,我国社会心理学工作者对"代沟"问题作了研究。结果表明:只要青年人与老年人之间开展广泛的交流活动,经常沟通思想,通过老年人的再社会化,"代沟"问题是可以消除的。

性别的差异也会给男女带来交往上的困难。在我国封建思想的残余尚未彻底肃清的情况下,还存在着"男女授受不亲"的传统偏见,这种交往上的困难尤其突出。这就要求人们打破

性别的束缚,抛弃陈腐的观念,开展正常的男女交往。

解决社会因素方面的障碍,对于消除流言、谣言,形成健康的社会舆论和道德风尚,具有重要意义。

(三) 心理因素的差异

心理因素的差异,主要包括认知、情绪和个性方面的差异。

认知上的差异主要由双方认知失调而引起。交往双方在信息交流中看问题的角度不同,各有自身的思维定势,对同一问题就可能产生不同的解释。

情绪的差异对信息传递影响很大,交往一方如果处在激情状态下或心境不佳时刻,就难以与对方沟通意见,甚至产生对立情绪,歪曲对方信息的意义。在愤怒、苦闷、焦虑、怨恨、悲伤等不良情绪下都可能导致对信息的曲解。

个性方面的差异是交往中最主要的障碍。交往双方气质类同、性格相近、趣味相投,会产生较多共同语言,很容易开展双向的沟通;而脾气各异、兴趣爱好迥然不同的双方,交往就会遇到很多困难。

交往过程中的文化、社会、心理等方面的因素产生的障碍,往往是交织在一起的。文化社会因素的沟通障碍,能加剧心理系统的沟通障碍,而心理系统的沟通障碍,也会反作用于文化社会因素的障碍。因此,解除心理系统的障碍,不是单靠心理疏导就能办到的,需要从多方面入手。加强学习,提高认识,控制情绪,端正态度,彼此信任,对解决心理因素方面的障碍,提高交往效果,是很有必要的。

在各种类型的交往中,难免发生这样或那样的沟通障碍。正确地了解和掌握各种不同性质的沟通障碍,从实际出发,采取切实可行的疏通方法,清理信息渠道,不仅有利于解决个体之间、个体与团体之间以及团体之间的矛盾和纠纷,提高团体活动效果,而且对于形成健康的社会意识形态,净化社会风气都能起到重要作用。

第四节　人 际 关 系

人际关系是社会生活的中心课题,也是人与人之间相互作用的结果。由于人与人之间的相互作用,从而形成了极其复杂的关系网。

一、人际关系概述

(一) 人际关系的定义及其分析

人际关系,是人与人之间心理上的关系,心理上的距离。人际关系反映了个人或团体寻求满足其社会需要的心理状态,因此,人际关系的变化与发展决定于双方社会需要满足的程度。如果双方在相互交往中都获得了各自的社会需要的满足,相互之间才能发生并保持接近的心理关系,表示为友好的情感。相反,如果其中一方对另一方表示不友好、不真诚或发生不利于另一方的行为,就会引起另一方不安,这时,双方的友好关系就中止,或发生疏远关系,或发生敌对的关系。不论是亲密关系、疏远关系,还是敌对关系,都是心理上的距离,统称为人际关系。

不同的人际关系会引起不同的情绪体验。人与人之间心理上的距离越近，则双方都会感到心情舒畅，无所不谈。在一个和睦的家庭里，每个成员之间相互关心，相互体贴，彼此在情感上十分融洽。生活在这样的家庭里，由于人与人心理上距离很小，都能体会到家庭的温暖。若人与人之间发生了矛盾与冲突，心理上的距离很大，彼此都会产生不愉快的情绪体验，如抑郁、孤立、忧伤，从而影响个人的身心健康，严重的还会导致心理失常。

人际关系在个体的情感、愿望、兴趣、需要、评价以及活动动机和目的中表现出来，它体现出个性的一般倾向性，体现出个体想干什么、为什么要干以及对他人、对工作、对自己的态度。

(二) 人际关系的行为模式

一定的人际关系表现出一定的人际行为模式，即一方的行为会引起另一方相应的行为。一般说，一方表示的积极行为会引起另一方相应的积极行为；一方表示的消极行为会引起另一方相应的消极行为，这是人际关系行为模式的规律之一。

1. T·F·李瑞的研究

美国社会心理学家李瑞从几千份人际关系的研究报告中，归纳出以下八类模式：

(1) 由一方发出的管理、指挥、指导、劝告、教育等行为，导致另一方的尊敬、服从等反应。

(2) 由一方发出的帮助、支持、同情等行为，导致另一方的信任、接受等反应。

(3) 由一方发出的同意、合作、友好等行为，导致另一方的协助、温和等反应。

(4) 由一方发出的尊敬、信任、赞扬、求援等行为，导致另一方的劝导、帮助等反应。

(5) 由一方发出的害羞、礼貌、服从等行为，导致另一方的骄傲、控制等反应。

(6) 由一方发出的反抗、怀疑等行为，导致另一方的惩罚或拒绝等反应。

(7) 由一方发出的攻击、惩罚、不友好等行为，导致另一方的敌对、反抗等反应。

(8) 由一方发出的激烈、拒绝、夸大、炫耀等行为，导致另一方不信任或自卑等反应。

人际关系受许多社会因素的制约，单纯的人际关系行为模式很少发生，它总是渗透了许多其他因素。如行为发动者和行为反应者的个人心理特点、角色与地位、价值与权力，尤其是当时的情境对人际行为产生重要影响。人际关系的各种行为也有共同性。这共同性只能理解为形式上的共同，透过各种行为形式上的共同性，可以看到意义及性质上截然不同的内容。

2. W·C·舒兹的研究

美国社会心理学家舒兹认为，每个个体都有人际交往以建立一定的人际关系的需要。他把需要分为三类：人与人之间的"包容"需要，即希望从交往中与他人建立和谐的关系；人与人之间的"控制"需要，即在"权力"的基础上希望对他人作出某种良好的调节作用；人与人之间的"感情"需要，即在"友爱"的基础上与他人建立并维持某种良好关系。

舒兹指出，上述每一类需要都可以转化为动机，产生一定的行为倾向，表现为主动或被动性，于是，就组合成六种人际关系的行为模式，参看表11-2。

行为倾向需要	主 动 性	被 动 性
包容	主动与他人交往	期待他人接纳自己
控制	支配他人	希望他人引导
感情	主动表示友爱	等待他人对自己亲密

3. 霍尼的研究

美国社会心理学家霍尼依据个体对他人的态度将人际关系行为模式分为三类：

谦让型。其特征是"朝向他人"，无论遇到何人，总是想到"他喜欢我吗"。

进取型。其特征是"对抗他人"，无论遇到何人，总是想知道该人力量的大小，或该人对自己有无用处。

分离型。其特征是"疏离他人"，无论遇到何人，总是想保持一定距离，以避免他人对自己的干扰或影响。

二、人际吸引

人际关系的结构受许多心理因素所制约，人际关系的心理因素是复杂的，它既有认知成分，也有情绪和行为的成分，其中情绪的成分即对人的喜爱或不喜爱，表现为人际吸引。相互间的吸引力程度是人际关系的主要特征。不同层次的人际关系反映了人和人之间相互吸引的程度，心理上的距离越近，反映人们相互之间越吸引；心理上距离越疏远，则反映双方越缺乏吸引力。

增进人际吸引的因素主要有：

1. 接近性

空间上的距离越小双方越接近，则往往容易引为知己，尤其在交往的早期阶段更是如此。因为地理上的接近使相互接触的机会更多，相互之间更容易熟悉对方。在中小学生排定座位后，同座的学生多半能成为好友，街坊邻居也是如此。

研究表明，在陌生人交往的早期阶段，接近性是增进人际交往的重要因素之一。费斯廷格以麻省理工学院已婚学生为对象，多次研究他们之间的相互吸引力与彼此居住距离的关系。结果发现，相互交往的多寡与居住距离的远近成反比。他们选择的新朋友，多为隔壁的邻居，正所谓"近水楼台"。另外一些学者在其他大学做过类似的研究，几乎得到同样的结果。

研究表明，这一因素随着时间的推移，其发挥的作用将越来越少，尤其是当双方关系紧张时，空间距离越接近，人际反应更消极。

2. 相似性

在个人特性方面，双方若能意识到彼此的相似性，则容易相互吸引，两者越相似则越能相互吸引，产生亲密感。个人特性指年龄与性别、个人社会背景、态度等。在其他信息缺乏的情况下，同年龄、同性别的人比较容易相互吸引，如老年人喜欢和老年人一起，青年人喜欢和青年人在一起。在教育水平、经济收入、籍贯、职业、社会地位、社会价值、资历等方面相似的人们容易相互吸引。社会心理学家 Cole 等人研究最好朋友时指出，个人所指出的最好朋友都是同等地位的人，一般说他们在教育水平、经济条件、社会价值等方面都很相似，即所谓门当户对。

在相似性因素中，态度是最主要的因素。例如政治主张、宗教信仰、对社会上发生重大事件的看法都比较一致的人，在感情上更为融洽，即所谓志同道合。纽加姆(1961)曾作一实验。实验对象是公开征求住宿志愿者，共 17 人，都是大学生。实验者提供他们免费住宿四个月，交换条件是定期接受谈话和测验。实验步骤是这样的：进入宿舍以前测定他们关于经济、政治、审美、社会福利等方面的态度和价值观以及他们的人格特征。然后将对于上述问题的态度、价值观和人格特征相似和不相似的大学生混合安排在几个寝室里，一起生活四个月。四个月内定期测定他们对上述问题的看法和态度，让这些大学生相互评定室内人员，喜欢谁，不喜欢谁。实验结果表明，在相处的初期，空间距离决定了人们之间的吸引，到了后期其相互吸引发生了变化，彼此间的态度和价值观越是相似的人，相互之间的吸引力越大。

3. 互补性

当双方的需要以及对对方的期望正好成为互补关系时，就会产生强烈的吸引力。例如，独立性较强的人，往往喜欢和依赖性较强的人在一起；脾气急躁的人，往往喜欢和脾气耐心的人相处，从而使双方的关系更为协调，各人的特点正好适合对方的需要，各得其所。

研究表明，互补因素增进人际吸引，往往发生在感情深厚的朋友、特别是在异性朋友或夫妻之间。美国社会心理学家克克霍夫(A. Kerckhoff, 1962)等人研究了已建立恋爱关系的大学生。结果发现，对短期的伴侣来说，推动吸引的动力主要是相似的价值观念，而驱使长期伴侣发展更密切关系的动力主要是需要的互补。由此，克克霍夫等提出择偶的过滤假说，两个不相识的男女要结成终身相托的婚姻伴侣，必须经过几道过滤关卡：(1)时空距离的接近；(2)人身的因素，主要指当事人的社会经济地位、教育水平、信仰等；(3)态度与观念的相似；(4)需要的互补。当然，并非所有婚姻的缔结都必须经过这样一系列过滤。

4. 能力与特长

个人在能力与特长方面如果比较突出，与众不同，其本身就有一种吸引力，使他人对之发生钦佩感并欣赏其才能，愿意与他接近。阿伦森等人(1966)研究表明，一个看起来很有才华的人，如果表现出一点小小的过错，或暴露出一些个人的弱点，反而会使一般人们喜欢接近他。如果一个表现得完美无缺、十全十美的人，倒会使人感到高不可攀，望而却步，自己认为自身太差而不敢与他交往。

研究还表明，有些小缺点而才能卓越的人对两种人缺乏吸引力。一种是能力差而自尊心低的人，他们对能力高超者有崇拜心理，并可能产生晕轮效应，即认为理想人物总是十全十美、白璧无瑕的，不应该有那种可以克服的缺点；另一种是能力强而自尊心也高的人，他们对于才能出众而连一点小缺点也不能克服的人感到失望，认为这种人不值得自己崇拜。

5. 仪表

个人的长相、穿着、仪态、风度等，都会影响人们彼此间的吸引，尤其在第一次见面时，由于第一印象的作用,仪表因素占重要地位。但是社会交往的时间越长,仪表因素的作用越小,吸引力将会从外在的仪表逐渐转入人们内在的道德品质。

许多青年男女"一见钟情"而草率结合,就是被外在的仪表吸引所致。但时间一长,当发现对方某些不尽如人意的短处后,仪表因素就越来越不起作用了。

此外,开朗的性格也是人际吸引的一个因素,一个待人热情的人比冷淡的人更有吸引力。个人如果能对别人表示出的热情作出同样反应的话,也会具有吸引力。

G·W·奥尔波特(1961)研究了一群陌生人首次集会时的人际吸引力。发现个人的内在属性如幽默、涵养、礼貌等因素是主要的吸引力因素;其次是外表的特点如体形、服装等也是吸引力的依据;第三是个人所表现出的特殊行为,如新奇的令人喜爱的动作等,亦能增加吸引力;最后是地位和角色也能引起他人的爱慕与尊敬,从而产生吸引力。

专栏 11-3

证明人际吸引的得失效应——心理学家怎样设计人际关系的实验研究

人与人之间的吸引会随着之后的交往产生变化。社会心理学家阿伦森提出了人际吸引的得失理论,认为人们会喜欢逐渐喜欢自己的人超过一直喜欢自己的人,同样,和一个一直不喜欢我们的人相比,我们会更不喜欢一个对我们尊重逐渐减少的人。阿伦森和达温·林德设计了一个实验证明这个观点。实验设计以巧妙的场景设计解决了这个看似很难操作的假设。下面是实验过程的详细描述:

当被试(一位女大学生)到来的时候,实验者对她表示欢迎并带她走进一间观察室。该观察室通过单向玻璃窗和一套扩音设备与主实验室相联。实验者告诉被试这一段时间安排了两位女同学:其中一位做被试,另一位做实验助理,由于她先到达,因此她可以充当助手。实验者让她稍候,便离开房间。另一位女同学(实验者花钱雇佣的帮手)走进了实验室,实验者让帮手稍坐片刻,并告诉她自己很快就会回来向她说明实验的做法。

随后,他重新回到观察室,开始指导真正的被试(她认为自己是实验者的帮手)。实验者告诉她,她所要做的是帮助自己对另一位学生进行一项言语条件反射实验,也就是说,假如那个学生在谈话中使用了某些词语,他就会对她进行奖赏。他告诉被试这些奖赏会增加那位女生使用这些词语的频率。他继续说明,他的主要兴趣"并不是仅仅为了增加我所奖赏过的那些词语出现的频率,这方面的研究已经做过了。在这项实验中,我们希望搞清楚被试在没有得到奖赏的新情境中(在这种情景中,她与另外一个人谈话,这个人不会因为她说出这些词语而给予她奖赏)是否仍然使用这些词语"。具体而言,实验者向她解释,他会尽力促使另一位女生增加复数名词的使用次数,只要这位女生讲出复数名词,就用"嗯⋯⋯嗯⋯⋯嗯!"给予奖赏。"最关键的问题是:即便你不对她进行奖赏,她是否仍然会说出大量复数名词?"随后,实验者告诉真正的被试,她的任务是:①在另一位女生与实验者进行交谈时,收听并记录她使用复数名词的次数;②与她进行一系列谈话(在谈话中,她使用复数名词将不会得到奖赏),以便实验者可以听到并确定是否会出现泛化。

实验者告诉真正的被试,他们将轮番同那位女生交谈(先是真正的被试,然后是实验者,接下来又是真正的被试),直到她们每个人都同那个女生交谈七次为止。

实验者使被试清楚,一定不能让另一位女生知道实验的目的,以免结果无效。他解释说,为了做到这一点,必须采取一些隐瞒手段。实验者表示,尽管自己对采取隐瞒手段感到非常遗憾,但他仍然不得不告诉"被试"这是一项有关人际吸引的实验。实验者说,他将告诉那位女生同被试进行七次短暂的谈话,在每次谈话之间,她和被试都会接受访谈——那位女生会接受实验者本人的访谈,而被试则会接受呆在另一个房间里的那位帮手的访谈,从访谈中发现她们各自形成了何种印象。实验者告诉被试,这种掩饰性情节会保证他们完成这项语言行为实验,因为已经向那位女生进行了有关他们所采取程序的可信的解释。

在实验者与帮手的七次谈话期间,主要变量被引入其中。在他们进行谈话时,被试呆在观察室,收听他们的谈话并负责统计那位帮手使用复数名词的次数。由于她已经相信帮手认为实验是有关对人印象的,因此实验者向帮手询问她对自己(被试)的感受是很自然的事情。这样,被试便会在接连进行的七次谈话中听到另一位女生对自己的评价。

在84个被试中,只有4个被试对这个过程表示了怀疑。在此,存在了4种实验条件:①肯定——由帮手做出的针对被试的一系列评价都是高度肯定的;②否定——这一系列评价都是高度否定的;③获得——最初几次评价是否定的,但渐渐趋于较为肯定,最终达到肯定条件下的肯定程度;④丧失——最初几次是肯定的,但渐渐趋于较为否定,最终降低到否定条件下的否定程度。实验结果证实了预期的结论,处于获得条件下的被试,比处于肯定条件下的被试对帮手更喜欢。同样,处于丧失条件下的被试,比处于否定条件下的被试对帮手更加讨厌。

三、人际关系的测定

任何一个团体里总有许多小的组合形态以及特殊的活动网,团体中每一个成员都会有选择地与其他成员交往,达到思想感情交流的目的,而不是平均主义地和每个成员交往。由于各个成员的兴趣与爱好各不相同,交往选择的对象也不同。例如,人们在学习文化知识时所选择的交往对象,和旅游时所选择的交往对象是不同的。人们选择交往对象的条件是多方面的,其中如年龄、性别、当时的需要等都是不能不考虑的,但本人对对方的"喜欢"则是一个重要前提。团体中各成员之间的交往多半在"喜欢"的前提之下,结成一些小的团体或非正式团体,在这些团体中发生亲密的交往。

社会心理学家经过研究发现,一个团体的力量大小并非取决于该团体成员数量之多少或财物之多寡,而是取决于团体内人与人心理上的关系如何。团体内部的人际关系以及下属团体的组织与活动对于其总体本身有很大作用,要么是增强作用,要么是破坏作用。如果团体内人与人之间心理上十分融洽、亲密,各个下属团体组织严密,活动开展得好,这样就能支持与帮助它的总体发挥其力量,增强威信,否则就会使它的总体处于四分五裂的状态之中。

由此可见，了解团体内部的心理结构并揭示其内部存在的问题，搞好人际关系的测量，有助于更好地发挥团体的力量。

(一) 社会测量法

莫雷诺(Moreno, 1941)是第一个采用社会测量法以考察团体内部心理结构与心理距离的社会心理学家。莫雷诺社会测量法的根本目的，在于了解团体内人与人之间的心理上的关系。

社会测量法的具体做法，主要是向团体成员提出问题，让其回答。例如，"这个组织里请你提出三个最喜欢的人，按喜欢的程度依次排列"，"你愿意和谁排在一起，首先是谁？其次是谁？第三是谁"。提出的人数可以是一个人、两个人或三个人，最好能限制在三个人以内，无限制的话，整理结果的工作量太大。也可以提出最不喜欢的人，方法同上，但这样做有副作用，在团体内可能由此引起隔阂与矛盾，不宜提倡，只能谨慎采用。

通过社会测量获得具体资料后，要加以整理，并进行统计分析。资料整理有以下两种方式。

1. 人际关系矩阵

这是根据团体总人数(n)而制成的$n \times n$的行列表，表内记入各成员的选择关系，也可以记入排斥关系。最喜欢的给 3 分，其次的给 2 分，第三的给 1 分；同样，最不喜欢的依次给予 -3 分、-2 分、-1 分。一一填入表内之后，就可以从表上数字一目了然地知道该团体内的人际结构与人际关系：谁选谁？谁被他人选上的最多？选择是单向的还是双向的？从中可以看出这一团体的心理气氛如何。也就是说，统计各人的得分，若某人正的分数越多，则反映他在团体内最受人欢迎，若某人负的分数越多，则说明他最不受人欢迎，参看表11-3。

表 11-3　人际关系的矩阵

被选者选者	A	B	C	D	E	F ……
A		3	2	1	−1	−2
B	3		2	1		−2
C	2	1		−2	3	−1
D	2	−1	1		3	−2
E	3	2	−1	1		−3
F	1	−1	2	−2	−3	
分类合计	+11	+6	+7	+3	+6	−10
		−2	−1	−4	−4	
总计	11	4	6	−1	2	−10

上述行列表内数字表明，A被人喜欢的人数最多，F最不受人欢迎。这种矩阵可以根据不同的项目一一列表，最后还可以把各表加以综合，以反映每个人的总的好恶关系。

2. 人际关系图

把彼此之间喜欢和不喜欢的关系用图来表示，称为人际关系图。图中小圆圈内的字母是团体内每一成员的代号；实线与虚线表示相互关系，实线表示友好关系，虚线则相反，箭头表示

现代社会心理学(第三版)

方向,参看图 11-6。

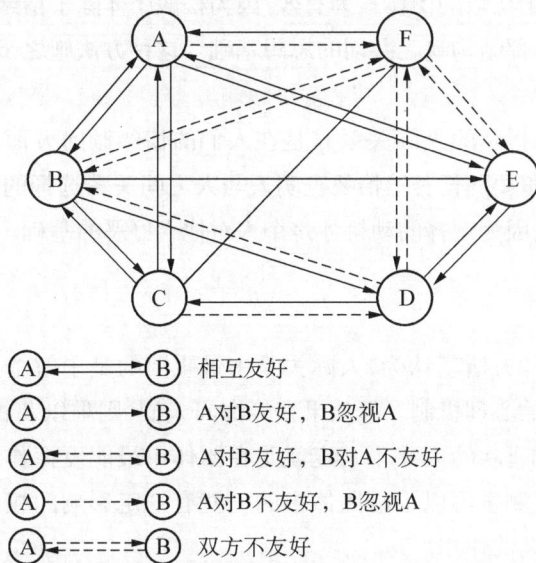

Ⓐ ⟷ Ⓑ	相互友好	
Ⓐ → Ⓑ	A对B友好,B忽视A	
Ⓐ ⟷ Ⓑ	A对B友好,B对A不友好	
Ⓐ ⤍ Ⓑ	A对B不友好,B忽视A	
Ⓐ ⟺ Ⓑ	双方不友好	

图 11-6　人际关系图

　　人际关系图把团体内的人际关系反映得一清二楚,每个成员在团体内占有何等地位也十分明显。即被实线的箭头指向最多的人,就是处于团体中心位置的人。从图中可以看出,A 是最受欢迎的人,F 则最不被人喜欢。

　　如果团体的人数很多,可以画靶形图。绘制靶形图的方法是:把团体内各个成员编上号码,男女性别作好标记,绘制靶形图一张;根据矩阵表,把被其他成员选中人数最多的人置于靶的中心,并依次把其他成员置于靶中心的外围部分,最少被人选中的人置于靶的最外层,参看图 11-7。

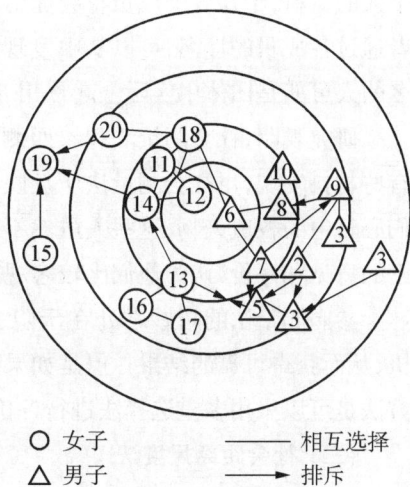

　　靶形图直观地表示,女子 12 号与男子 6 号都是团体中的中心人物,女子 15 号、男子 1 号都是孤立人物,而女子 19 号是被排斥的人物。

　　运用社会测量法,可以了解团体内三个方面的问题:团体中最受欢迎的人;团体中有无下属的无形的小团体,借此可以找出小团体中有影响的人物;了解团体内的人际关系,谁的人缘最好? 谁最孤立? 谁最受排斥?

○ 女子	—— 相互选择
△ 男子	→ 排斥

图 11-7　靶形图

　　社会测量法具有广泛的适用性与普遍性,可以用于工厂、企业、机关、学校等团体,以查明团体内人与人之间心理上的距离。团体领导人在组织与调整人事关系、推荐与选拔人才时,可以参照社会测量结果。当然,测量结果不必公布于众,以免引起不必要的人际纠纷。

　　社会测量法的优点是:可以把团体成员心理上的结合加以数量化,而且通过测量所揭示出的团体内部人与人之间的好感或厌恶感未被本人所意识到。运用社会测量法了解人际关系在时间上十分经济,如果根据平时的观察,虽然也可以弄清楚人们之间的关系,但会花费许多时间。社会测量法对于松散的团体最为有效,因为松散团体除了情绪联系以外,没有其他任何内部结构,或者它的内部结构缺乏共同的思想基础。这种方法施之于组织严密的团体,也有一定的参考价值。

当然,社会测量法所揭示的人际关系只是在人们的情绪倾向方面,但尚不能揭示其选择动机。而社会心理学最重要的任务恰恰要查明人与人之间关系选择的动机,即个人选谁或不选谁是出之于何种目的,因为选择的动机才是个人对他人好恶的基础。这对社会测量法来讲,是无法弄清楚的。

(二) 参照测量法

苏联心理学家彼得罗夫斯基认为,人际关系中最重要的是了解个人选择的动机,动机才是人际关系中进行选择的心理机制。但如果直接询问人们,则难以获得真实可靠的答案。他还认为,团体中最被人们喜欢的人并不一定就是在团体中最能发挥作用的人,于是提出了参照测量法,认为通过参照测量可以了解团体中的一些有一定影响的权威人物,这些权威在团体结构中发挥着相当重要的作用。

参照测量法步骤如下:①研究者要求团体成员进行相互评价。②为每一成员准备一个大信封,将其他成员对该人所作的全部评价集中放入大信封内。③让各成员知道别人是如何对自己作评价的,但又不允许本人看到信封内的全部评价,只让看其中一小部分人对他的评价。如果是一个 30 至 40 人的团体,就允许看三至四人对他的评价,可由每个成员自由选择看哪几个人的材料,于是各个成员将会提出他心目中最有威望的人或认为是最有见解的人。④研究者通过各成员的提名,可以从中发现团体中哪些人最博得大家的信赖与尊重,这些被集中提名的人可能是团体中实际上起作用并处于团体中心位置的人。

研究表明,社会测量法和参照测量法所揭示出来的被人们集中选择的对象是不一致的。有些材料发现,用社会测量法所反映出来的被排斥的人,有时恰是用参照测量法揭示出的人们心目中的权威人物,这些人虽然不被人喜爱,但有独立性、有见解,许多人都想听听他们对自己的意见和评价,认为他们比较客观。

参照测量法的巧妙之处在于隐去了真实目的,人们在不知不觉中反映了自己的真正动机,从而获得可靠的结果。但是如果人数很多,要求个人对每个成员作评价,费时太多,改进的方法是可以采用多重选择法进行评价。

(三) 社会距离尺度法

社会距离尺度法在社会态度一章中已作了介绍,这种方法也可以用来测量人际关系,对每一社会距离尺度可以数量化。具体做法是,请各个成员给团体中每个人评分。例如,对自己最喜欢的人给 5 分,较喜欢的人为 4 分,既不喜欢又不讨厌的人为 3 分,不太喜欢的人为 2 分,最不喜欢的人为 1 分。最后统计每个人所得分数,这分数表示了社会距离,得分越多表示与别人的距离越近,否则就越远。

表 11-4 是成员 F 作出的对他人的社会距离的评分。

表 11 - 4　成员 F 对他人的社会距离总分数表

社会距离得分其他成员	最喜欢	较喜欢	一般	较不喜欢	很不喜欢
	5	4	3	2	1
A		T			
B			T		
C		T			
D					T
E					T
G	T				
H	T				
I		T			
J		T			
K		T			
合计	10	20	3	0	2

$$F 的社会距离平均分数 = (10 + 20 + 3 + 2) \div 10 = 3.5$$

根据上述方式可以算出每一成员对其他成员的社会距离,若加以平均则可以看出该成员的对人关系基本倾向,每个成员的社会距离分数都求出来之后,可以相互比较。

用同样的方法可以由群体内其他成员对某一成员加以打分,得出的平均分数能够反映客观上该成员的社会距离总倾向,也可以比较各个成员的客观的社会距离倾向。

若要比较两个群体的内聚力,不妨把群体各成员的社会距离的平均数作为一个指标,来衡量各个群体内聚力的大小。

这种方法用在人数很多的团体里,由于统计方面的工作量很大,实施起来比较困难。

（四）问卷调查

研究者根据研究的需要,可设计一套问卷,让被调查者回答,问卷可采用选择法、等级法等方式。笔者曾用问卷法调查了两代人关系、婆媳关系、老年夫妻关系等问题,获得了关于人际关系的不少有效信息。

四、人际关系的本土研究

（一）本土研究中的关系概念

在对中国本土社会心理进行的研究中,关系作为一个描述中国社会制度和日常生活行为原则的关键概念被引入社会科学研究。中国人际关系因其特殊的社会文化传统将是研究中国人行为的基础。

本土研究中的"关系"概念有三个主要特点:

第一,与角色规范的伦理紧密联系。关系的角色形式化与关系决定论是"关系"的一大特征。这一点可以从"五伦"的表述中看出来,即君臣有义、父子有亲、夫妻有别、长幼有序、朋友有信。"五伦"规定了五种社会关系,在每种关系中都对应的角色形象和剧本,进入关系中的人要按照角色剧本出演。

第二,亲密、信任与责任。在关系角色化构成的格局中,关系是亲密、信任及责任的依据。越接近的对偶角色中,相互之间的关系越熟悉亲密,越应当信任,越应当相互负有责任。亲缘关系的特性提供了关系与亲密、信任和责任的稳定连带,也限定了亲密、信任和义务的发生总是限定在亲缘关系或者准亲缘关系中。不同的亲密、信任、责任或义务形成了不同的心理距离,而关系正是这些距离的规定。

第三,以自己为中心,通过他人而形成关系的网状结构。关系的形成是以自我为中心,从自己出发,由近而远,渐渐外推。费孝通先生提出"差序格局"的概念来描述人际关系的状态,即亲疏远近的人际格局,好像把一块石头丢在水面上所发生的一圈圈推出去的波纹,由自己延伸开去,一圈一圈,按自己距离的远近来划分亲疏。

(二) 关系的类型

基于文化基础,人们形成了社会关系的分类体统和解释系统。而这些分类系统和解释系统也影响着人们获得带有文化意味的生活体验。中国社会关系的最重要特征是与规范相联系的角色身份关系。最经典的分类是费孝通在"差序格局"概念的基础上形成的"自家人\陌生人"的划分。在费孝通的启发下,社会心理学家也提出一些新的、更为心理学化的分类。

1. 家人、熟人和生人

杨国枢(1993)根据中国人的人际或社会关系的亲疏程度将中国人的关系划分为三大类,分别是家人关系,熟人关系和生人关系。家人关系是指个人与其家人(父母、子女、兄弟、姐妹、丈夫或妻子及其他家人)之间的关系。熟人关系是指个人与其熟人(亲属、朋友、邻居、师生、同事、同学及同乡等)之间的关系。生人关系是指个人与生人(与自己无任何直接或间接的持久性社会关系的人)之间的关系。

在家人关系中,彼此要讲责任,而不那么期待对方作对等的回报。在熟人关系中,相互要讲人情,以双方过去所储存的既有人情为基础,以自己觉得合适的方式与程度,从事进一步的人情往来。因为没有血缘关系,人情的亏空或者赊欠终有限度,自然较会期望对方回报。生人关系实际没有任何实质关系,彼此相遇或者打交道,只能依照当时的实际利害情形而行事。两者之间既无血缘关系,也无人情关系,因此比较会精打细算,斤斤计较,对给与取的平衡和公道相当敏感,对回报的期待也很高。总结来说,家人关系遵从责任原则,对社会交换的预期最低;在熟人关系中,遵从人情原则,社会交换的预期中等;生人关系遵从利害原则,社会交换的预期最高。

2. 情感性关系、混合型关系和工具性关系

黄国光(1988)以情感性—工具性的高低划分出 3 类关系:情感性关系、混合性关系以及工具性关系。情感性关系在交往中遵循需求法则,典型的有家庭关系和亲友关系;工具性关系在交往中遵循公平法则,典型的工具性关系是陌生人关系;混合性关系在交往中遵循"人情法则",典型的混合性关系是熟人关系。由他的关系划分的描述来看,他的分类结果也是"家人"、

"熟人"和"生人"。

3. 既有成分和交往成分

杨中芳(1997)将关系分为两个成分:"既有成分"和"交往成分"。前者指两个人过去交往经验所累积的或正在进行的为社会上大家均认可的交往连带(例如,同乡、同学、同事、莫逆之交)。后者指两人交往在工具交换(以达到交往的目的)与情感交流两个层次的状况。在关系中情感的来源有两个,一个是既有成分中直接涉及的各种关系连带所隐含的、大家共知也共同期待双方共有的;另一个是双方所共有的真正感情。她将关系依其含有人情(应有之情)和感情(真情)的多寡高低分为四类。关系分类结果如表 11 - 5 所示。

表 11 - 5　杨中芳的交往关系分类

既有成分 ＼ 交往成分		感情(真情连带)	
		高	低
人情(义务连带)	高	自己人(亲情、铁哥们)	人情(恩情、交情)
	低	友情	市场交换

4. 自己人和外人

杨宜音根据先赋性与交往性的程度,将关系分为四种典型的类别,即先赋性高且交往性高,比如一般情况下的家人;先赋性高且交往性低,比如一般情况下刚刚建立的婆媳关系;先赋性低且交往性高,比如一般情况下的亲密朋友;先赋性低且交往性低,比如一般情况下的陌生人。这个由先赋性与交往性两个维度建立的分类,名之为"自己人/外人"的分类。

这种划分的意义在于,从"自己人/陌生人"概念背后,看到了"差序格局"边界的形成,外人如何变成自己人,自己人又如何被往外推而形同陌路的过程。这种改变的原因是由于先赋性或交往性的改变。在社会流动性较低时,亲属关系是最重要的社会关系,"家人"是"自己人"的出发点,熟人社会里,最常见的是"自家人"和"陌生人"的分别。当身处由陌生人组成的城市社会中时,可以看到"自己人/外人"划分的新的形态,例如"铁哥们/外人"。

(三) 本土人际关系的模式和维持机制

1. 人缘、人情和人伦

翟学伟提出中国人际关系的基本模式是由人缘、人情和人伦构成的三位一体,它们彼此包含又各有自身的功能。人情是核心,它表现了传统中国以亲亲(家)为基本的心理和行为样式。人伦是这一样式的制度化,它为这一样式提供了一套原则和规范,使人们在社会互动中遵守一定的秩序。而人缘是对这一样式的解释框架,它将人与人的一切关系都设定在一种表示最终的本原而无须进一步探究的总体框架中。情为人际关系提供是什么,伦为人际关系提供怎么做,缘为人际关系提供为什么,从而构成了一个包含价值、心理和规范的系统。在日常生活中,它们作为一个整体而运行。他列表来说明中西人际关系模式的区别,以及西方理论解释中国人际关系的局限性,见表 11 - 6。

表 11-6　中西人际关系模式之比较

	中国(传统)	西方
前提	心相同 心相通	心各异 心相隔
方法	以情感(体验)	以理论(实证)
背景	天命观 家族主义 等级伦常	宗教观 个人主义 正义平等
特征	命中注定(缘) 人情法则(情) 人伦秩序(伦)	上帝赋予(神) 人际定律(理) 社会契约(法)
表现形式	血缘亲情 长久稳定 报大于施 相互依赖 他人取向 等差格局 乐天知命 安分守己 ……	权利义务 短暂波动 施报相等 自我独立 自我取向 团体格局 积极进取 无拘无束 ……

2. 报

"报"这一中国人特有的社会交换的规范和概念,其特别性在于渗透在社会生活的各个方面,被制度化(礼)和情感化,成为一种文化的表达载体和强化机制,成为推进关系发展的重要交往规范。

"报"的中文含义是回复和往还。受到佛教因果报应观念的影响,一般包括三种含义:回报,报复和因果报应。回报主要指对恩惠的感谢和反馈。例如"滴水之恩,涌泉相报"的表述,是要求人们在得到恩惠之后给予回馈。报复主要是指人与人之间受到伤害后的应对和反应。比如"以眼还眼,以牙还牙"这样的说法。因果报应主要是一种业报,强调的是事物之间存在的因果关系。比如"善有善报,恶有恶报"的说法。"报"和一般的社会交换有所不同,它体现为以下一些特性:

往还性。"报"强调的是往还,比如说"礼尚往来,往而不来,非礼也;来而不往,亦非礼也"。如果有来无回,会被人视为忘恩负义的小人行径。

情感性。"报"包含着强烈的爱与恨。报恩充满了感激,而报仇充满了仇恨。例如,"父母之仇,不共戴天"、"一日之师,终身为父"。

增量性。"报"与交换不同在于它的增量。当受人恩惠后,中国文化强调要"领情",即了解这些好处之上附着的人际情感,因此,好处、礼物都不仅仅是好处和礼物,它还饱含着提供者的情分。因此,回报的时候不仅仅是回赠好处和礼物,而且是"还情"。回报的时候要通过增量来体现自己的领情,也即报大于施。

延迟性。"报"与市场交换另一个不同之处是它的可延迟性。如果立即回馈可能表达相反的意思，即不准备长期保持交往。因此，延迟一段时间，说明这段时间内，双方依然有一种潜在的关系，也就是人们常说的"欠情"或者"人情债"。

区别性。"报"还要有差别，要根据"差序格局"来决定应该如何来回报。

角色差异及规范。施与者如果不思回报，就会被人称作仁人君子。而受惠者如果不忘恩德，增量回报，就会被称作是知恩图报的人，相反，就会被视作没良心的"白眼狼"。

"报"作为一种人际交往的规范，保证了社会行为的秩序，强化了社会整合，并且具有劝善的道德教化功能。

3. 礼

《礼记·曲礼》上说："太上显德，其次务施报。礼尚往来，往而不来，非礼也，来而不往，亦非礼也。"，这句话表明礼不但可以表示规范，也兼有馈赠的含义。中国汉字的礼含义丰富，展开叙述主要有以下几点：

第一，礼物是情感表达和流动的载体。礼物像一个盛装情感的容器，表达的是一种亲情和友情。礼是情感的外化，情感的性质也会从礼物的贵重程度，稀有程度来表达。

第二，礼是熟人社会人际互动的推动者。送礼必然涉及礼物的馈赠和接受两方，根据报答的原则，送礼会连接还礼，还礼中包含了增量，对于受礼人来说，又是被送礼，所以就要加倍还礼，于是双方就会进入"施—报"的循环关系中。交往关系中，受礼一方收到的也是一份维系关系的责任，要通过还礼来完成责任。

第三，以礼行为的规范物。礼作为一种社会行为的规范倡导人与人之间的交往，而以礼的方式来交往，往往会增进人情，增加社会的凝聚。所以，礼物是一种以礼行为的规范物，目的是为了促进社会的整合。在送礼这样的日常行为中，人及行为就被社会规范化了，不会送礼，变成了不会做人。

第四，表意性背后的工具性。在各种人际关系当中，我们可以根据关系性质分为"工具性关系"和"表意性关系"两种。工具性关系是一种为了某些试用目的建立的关系，关系不过是一种途径、工具、桥梁；表意性关系则是一种为了表达人与人之间情感而形成的关系，本身并没有功利性的目的。作为载体，礼物既可以成为维系工具性关系的手段，也可以成为维系表意性关系的手段。人们普遍将礼物视为情感的容器的认知定式，不仅会被人偷梁换柱，也会被直接演变为权力的交换。卖官鬻爵、行贿受贿，往往是借送礼的方式进行的。这时的礼物容器里，会有交易的算计，也会包藏祸心。

第五，礼物的货币化。作为物品的"礼"，在现代工商社会渐渐从"物"的外壳脱离出来，以货币的形式出现。货币是作为一般等价物的特殊商品，将礼物的功能扩大了许多，可以贮藏、流通、支付以及直接标志出市场价值。

本章小结

人际交往是指在社会活动中，人们运用语言符号系统或非语言符号系统相互之间交流信息、沟通情感的过程。

根据不同的分类标准，可以将人际交往划分为不同的形式。按照人际交往的组织系统，可以将交往划分为正式交往和非正式交往。按照信息传递有无反馈，可以将交往分为单向交往和双向交往。按照交往是否经过一定的中间环节，可将交往分为直接交往和间接交往。按照信息传递的方式，可以将交往分为口头交往和书面交往。

社会心理学家对人际交往动机展开研究。戈夫曼的自我呈现论认为个体向他人呈现自我，目的是控制他人对待自己的行为。霍曼斯的社会交换论认为社会互动中的社会行为交换行为，以最少的代价获得最多的报酬是社会互动的主要动机。费斯廷格的社会实在论认为，人有向周围人保持一致的认知需要，如果不一致出现，就有需要开展人际交往，消除认知不一致的偏差。格兰诺维特的强关系弱关系理论认为人际关系可以分为强关系和弱关系，强关系提供感情支持，而弱关系提供信息，弱关系理论在求职中有重要作用。

人际交往的实质是信息沟通的过程，所借助的工具是符号系统。符号系统一般可分为语言符号系统和非语言符号系统。随着互联网兴起，网络符号系统也成为流行的人际交往的工具。

美国社会心理学家贝尔斯从相互作用的观点对人际交往过程进行了分析。他在实验条件下对一个5人团体进行观察，发现团体成员的交往可分为社会情感领域和课题领域。

影响人际交往顺利进行的障碍因素有：信息传递过程中受到干扰，信息在传递过程中被接受者过滤，交往双方在文化、社会、心理上存在的差异。

人际关系是人与人之间心理上的关系和心理上的距离。

相互间的吸引力程度是人际关系的主要特征。增进人际吸引的因素主要有：空间上的接近性，个人特性上的相似性，双方需要和期望上的互补性，具有一定的能力和特长和仪表。

对人际关系测量的方法有莫雷诺的社会测量法、彼得罗夫斯基的参照测量法、社会距离尺度法和问卷调查法。

中国人际关系因其特殊的社会文化传统将是研究中国人行为的基础。中国人际关系的特点是：与角色规范的伦理紧密联系，具有亲密、信任与责任，以自己为中心，通过他人而形成关系的网状结构。

对中国人际关系的分类，最经典的分类是费孝通在"差序格局"概念的基础上形成的"自家人\陌生人"的划分。杨国枢根据人际或社会关系的亲疏程度划分为家人关系，熟人关系和生人关系。黄国光以情感性—工具性的高低划分为情感性关系、混合性关系以及工具性关系。杨中芳将关系分解为两个成分："既有成分"和"交往成分"。杨宜音根据先赋性与交往性的程度，分为"自己人/外人"。

翟学伟提出中国人际关系的基本模式是由人缘、人情和人伦构成的三位一体，它们彼此包含又各有自身的功能，构成了一个包含价值、心理和规范的系统。在日常生活中，它们作为一个整体而运行。报和礼是中国社会交往的重要维持机制，体现在社会生活的各个方面。

思考题

1. 试用人际交往的动机理论解释社交网站风靡全球的原因。
2. 尝试在生活中寻找一个和本土研究中"找关系"有关的故事，并解释关系的内涵。

3. 影响人际交往的因素有哪些？日常生活中如何克服这些障碍达到更有效的沟通？

拓展阅读

1. E·阿伦森.社会性动物(第九版).邢占军译,缪小春审校.上海:华东师范大学出版社,2007.

2. 杨宜音、张曙光.社会心理学.北京:首都经贸大学出版社,2008.

3. 翟学伟.人情、面子与权力的再生产.北京:北京大学出版社,2005.

4. 郑傲.网络互动中的网民自我意识研究.中国传媒大学(博士论文),2008.

第十二章 利他与侵犯

个体作为社会的个体而存在,与社会中其他个体相互作用的过程中,建立了各种各样的关系。个体与个体的这种相互作用,有时候是积极的,如捐献财物、救死扶伤、舍己救人等等,甚至不惜牺牲个人的利益换取他人的幸福,这类行为在社会心理学里被称为利他行为。然而人与人之间的关系并不总是如此美好,人与人之间时常发生冲突、动武、打家劫舍、甚至杀人放火,攻击、强暴等事情亦频现新闻。这类有意给他人造成伤害的行为被称为侵犯行为。利他行为让我们感受了人性阳光的一面,而侵犯行为则使我们陷入人性黑暗的深渊。利他行为和侵犯行为是社会心理学研究的重要内容。

第一节 利 他 行 为

一、利他行为概述

(一) 利他行为的定义

利他行为(altruistic behavior)最广泛的定义为提供时间、资源或能量以帮助他人的行为(Franker,1988)。不同的理论流派往往对利他行为持有不同的定义。

1. 社会生物学家对利他行为的解释

社会生物学家认为,一个群体中的成员在遗传上的关系愈密切,则其成员之间的群体联系愈稳定,愈亲密(Wilson,1978),因此利他行为主要涉及群体选择和亲属选择。所谓群体选择,指群体成员有选择地帮助与自己有亲密关系的群体而不顾其他;亲属选择,指个体有选择地帮助自己的亲属而不顾其他。威尔逊在《社会生物学:新的综合》一书中提出人的利他行为是由先天的基因遗传决定的,它是人类本性中的天生部分,是无需学习就会的一种行为,他的观点是基于对动物的考察与实验的结合。社会生物学家还探讨不同生物品种成员之间的利他行为,认为即使接受者与施予者之间并没有密切关系,利他行为仍然可以发生(Trivers,1971)。

2. 心理学家对利他行为的解释

许多心理学家都认为利他行为是一种不期望日后报答而出于自愿的行为(Leeds,1963;Krebs,1970;Berkowitz,1972;Bar-Tal,1976)。不期望报答的利他行为也有两种不同含义。一是利他主义的行为,以助人为行为的目的,即"我为人人"。一是报答性行为,因曾受人帮助而认为自己应该帮助人,即因为"人人为我",所以我要帮助他人。总之,利他行为有四种特性:它是一种出自于自觉自愿的行为;以有益于他人为目的;不期望他人日后的报答;利他者本身有所损失。利他行为的表现方式虽然不同,但有一个共同之处,它们都是为了使别人获得方便与利益,属于亲社会行为。

(二) 利他行为与亲社会行为

与利他行为相似的一个术语是亲社会行为(prosocial behavior)。广义上讲,利他行为也可以称为助人行为、亲社会行为等,但狭义上,亲社会行为是一个包括利他行为和助人行为在内的更广泛的概念。

在社会心理学界,最早使用"亲社会行为"一词的是美国学者威斯伯,他在《社会行为的积极形式考察》一文中,用"亲社会行为"这一概念来代表所有与攻击、欺骗、戕害等人类的否定性行为相对立的行为,如同情、分享、协助、慈善、捐款、自我牺牲等。这些行为的表现各异,具体情境也不同,但却有一个共同的特征:使他人、群体乃至社会获得益处。1984 年版美国《心理学百科辞典》对亲社会行为是这样定义的:亲社会行为由那些对行为者无明显益处,但对接受者有益处的反应组成。

1976 年,社会心理学家巴塔尔提出,亲社会行为应该是一种不期望未来酬赏,出于自觉主动的助人行为。他将亲社会行为分为两种形式,一是利他主义行为,不期待外来酬赏,帮助别人是唯一目的;二是助人行为,虽然也以利他为目的,但其动机不同于利他行为,而是出于一定的功利目的。助人行为可以表现为两种形式,一种是因为曾经得到过的帮助而回报他人,被称为"回报性行为";还有一种是为了补偿自己曾使他人蒙受的损失而助人,被称为"补偿性行为"。

由此看来,只要是客观上有利于他人或整个社会的行为都可以称之为亲社会行为,与之相对的概念是反社会行为,即违反社会道德标准的行为。于是,有一类特殊的侵犯行为,如警察对罪犯进行的打击、教师对儿童的适当的惩罚等,虽然具有潜在伤害性,但是其目的却不是为了伤害,而是具有一定积极意义的合乎社会要求的侵犯,因此被称为亲社会侵犯(prosocial aggression)。可见,亲社会行为的概念比利他行为的概念更广,而利他则是最高意义上的亲社会行为。

专栏 12-1

活着就是爱——特瑞莎修女的一生

即使你是友善的,人们可能还是会说你自私和动机不良,不管怎样,你还是要友善;

你今天做的善事,人们往往明天就会忘记

不管怎样,你还是要做善事;

即使把你最好的东西给了这个世界

也许这些东西永远都不够,不管怎样,把你最好的东西给这个世界;

……

你看,说到底,它是你和上帝之间的事

而决不是你和他人之间的事。

——特瑞莎修女

特瑞莎修女的本名叫艾格尼丝·龚霞·博杰舒,她1910年8月26日出生于奥斯曼帝国科索沃省的斯科普里阿尔巴尼亚裔人的天主教家庭。在家庭的影响下,特瑞莎修女从小就有一颗火热的爱心,她穷其一生都在为贫穷人中的最贫穷、最孤苦的人服务。她不仅给了他们食物、衣服、住所,更重要的是她给了他们纯洁的爱和人的尊严……她感动了世界上不同阶层的人,影响了数以万计普通人的生活和命运。她创建的仁爱传教修女会有四亿多美金的资产,但特瑞莎修女在去世的时候却只有一双凉鞋和三件旧衣服,还有一张耶稣受难像。2009年10月4日,诺贝尔基金会将特瑞莎修女评选为"诺贝尔奖百余年历史上最受尊崇的三位获奖者之一"。

特瑞莎修女在一生中经常提到的"爱,直到成伤"、"爱是没有界限的"、"我们是为爱而活着的",她用自己的一生的付出实现了她的承诺。她给我们留下了永远的爱心和无限的思索。

二、利他行为理论

关于利他行为的理论,主要有进化理论、决策理论、学习理论、社会交换理论和社会规范理论等。诸种理论从不同的侧面解释与分析利他行为产生的原因。

(一)进化理论

科学家很早以前就观察到一些动物物种,如狒狒、海豚、蜜蜂、白蚁等物种,表现出了一些惊奇的亲社会模式。一个典型的例子是母夜莺为了保护它的孩子,会装作翅膀受伤,跌跌撞撞地飞离鸟巢,停在袭击者面前的地方,引诱袭击者的注意以使后代避免危险(Armstrong,1965)。

威尔逊(1975)举出了许多动物行为的实例,认为这些动物行为与人们所讲的利他主义行为有许多共同之处,人类与动物都天生具有利他主义的倾向。威尔逊认为,利他行为倾向是遗传得来的,它是"人类本性",是天生的部分,并在人类生存中起着重要作用。进化理论产生了几个具体的假设,如前文所提及的群体选择和亲属选择。关于人类的研究支持了这些假设。进一步的假设是,母亲通常比父亲更多地给予后代帮助。其原因是由于对待后代的方式和投入不同,雄性一生可以产生大量含有自己基因的精子,不需要对任何一个后代投入太多也可以使自己的基因延续,而雌性所能产生出后代的可能远远小于雄性,所以帮助每一个后代生存以保证自己基因的传递。

专栏 12-2

母亲本能有多大的力量?

2011年7月2日,杭州白金海岸小区一个2岁女幼童误从10楼阳台跌落,眼看即将成为悲剧。刹那间,过路女子吴菊萍冲了过去,徒手抱接了一下女孩儿,手臂瞬间被巨大的冲击力撞成粉碎性骨折。女孩稚嫩的生命得救了。

吴菊萍描述事发的场景。当时她和爱人小陈出门赴同事之约,快走到小区门口时,就听到她婆婆的喊声,顾不上多想,他们拔腿往回赶。赶到出事的楼下,已经有四五个人在下面。隐约听见保安冲着对讲机喊:"10楼……一个孩子。""要掉下来了!掉下来了!"吴菊萍说:"因为阳光非常刺眼,模糊中看到是隔壁家的孩子挂在窗台上。我当时也没细想,心里很急,踢掉高跟鞋,往楼下快速靠近几步。这时,听到楼上一声尖叫,我下意识地双手手臂一张,真是嗖的一下,很快很快,左手臂一阵剧痛,我整个人就倒下去了。我知道,我接住了。我人也晕了过去。"

今年31岁的吴菊萍有一个刚刚7个月大的儿子,还没有断奶。吴菊萍治疗时要服大量药物,医生建议她给孩子断奶。吴菊萍说:"本想再喂一段时间,现在为了治伤不得不为孩子断奶了。""不过我没有后悔,毕竟我接住的是一条生命,现在最大的心愿是获救的孩子能够平平安安。"

吴菊萍的举动感动了很多人。网民称赞吴菊萍为"最美妈妈",她坚持当时救人只是本能,是一个母亲的应该做的事情。

(来源:《京华时报》)

认为助人行为是一种由基因决定的"人性"的观点有很多争议(Batson, 1998)。这种理论如何应用于人类身上仍然是个需要讨论的问题(Caporael & Brewer, 1991)。但是,我们肯定其有积极的一面,它帮助人们积极地认识人类的利他主义行为的问题,因为动物尚能够冒着生命的危险去帮助自己的同类,人类理所当然也应该具有这种天生的利他主义的本能,自私和攻击的生物学倾向可以与助人的生物学倾向同时共存。

(二)决策理论

拉坦内和达利(Latané & Darley, 1970)认为,在任何情境中,给予帮助的决定都包含了复杂的社会认知和理性决策过程,并根据研究结果,建立了一个助人行为的模型,提出个人介入一个突发事件前要经历五个步骤,如图12-1所示:

①对紧急事态的注意——一个潜在的帮助者必须首先意识到正在发生一件非常危急的事,在这个前提下,他才有可能提供帮助;②对紧急事态的判断——大部分潜在的突发事件包含着某种程度的不确定性和模糊性,需要对所面临的事件作出判断,判断其是否为紧急事件;③个人责任程度的决定——把事件判断为紧急事件后,就要判断和决定自己是否有责任采取行为;④介入方式的决定——一经决定介入时,如果不知道该做什么,或者觉得自己没有采取适当行为的能力,也不会提供帮助;⑤利他行为的实行——知道采取什么行动,却不一定去做,因为还要权衡帮助别人的利与弊,如果介入突发事件可能给自己带来某种麻烦,得不偿失,那么也不会选择介入。以上这五个步骤,每一步都是畅通的,实际的介入才可能发生;否则,若其中任何一步受阻,介入过程就会被阻断。

(三)学习理论

学习理论强调学习对于帮助的重要性(Batson, 1998)。人们通过强化来学习帮助他人,

```
┌─────────────────────────────┐   否
│ 第一步：此人注意到此事件了吗？│ ─────────────────┐
└─────────────────────────────┘                   │
              │ 是                                 │
              ▼                                    │
┌─────────────────────────────┐   否              │
│ 第二步：此人是否将该情景解释 │ ─────────────────┤
│ 为需要帮助的情景？           │                   │
└─────────────────────────────┘                   │
              │ 是                                 │
              ▼                                    │
┌─────────────────────────────┐   否              │
│ 第三步：此人是否承担其个人责 │ ─────────────────┤
│ 任？                         │                   │
└─────────────────────────────┘                   │
              │ 是                                 │
              ▼                                    │
┌─────────────────────────────┐   否              │
│ 第四步：此人是否决定了将要采 │ ─────────────────┤
│ 取的行动？                   │                   │
└─────────────────────────────┘                   │
              │ 是                                 │
              ▼                                    │
┌─────────────────────────────┐   否              │
│ 第五步：此人实际上是否采取了 │ ─────────────────┤
│ 行动？                       │                   │
└─────────────────────────────┘                   │
              │ 是                                 │
              ▼                                    ▼
          提供帮助                            不提供帮助
```

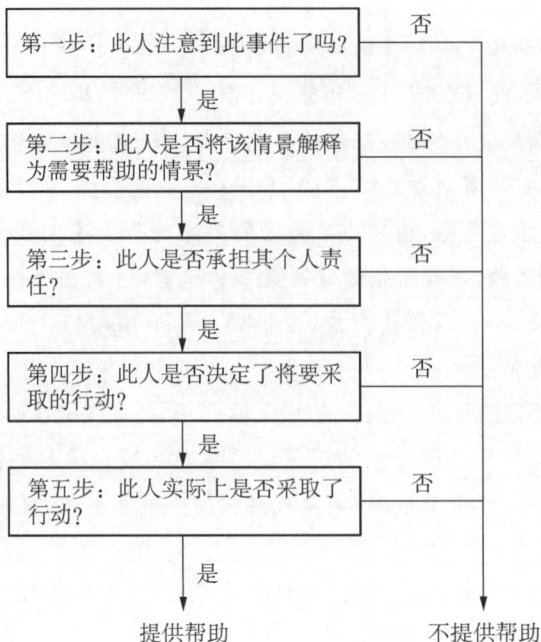

图 12-1　拉坦内和达利的助人模型

人们还通过观察来进行学习。

1. 强化

研究表明，当儿童的亲社会行为得到奖赏时，他们更倾向于帮助他人和与他人分享。有研究发现，4 岁的儿童，如果他们由于慷慨行为而得到泡泡糖奖励时，他们就会更愿意和其他小朋友分享弹珠玩具(Fisher, 1963)。研究表明，某些形式的赞扬比其他形式更有效，比如人格倾向的赞扬比一般性赞扬更有效，可能由于人格倾向赞扬鼓励儿童将自己看作应该给予他人帮助的那类人。

2. 观察学习

亲社会行为的榜样作用也是重要的。例如，一个研究(Sparfkin, Liebert & Poulos, 1975)揭示了一年级儿童中，观看亲社会内容电视节目的儿童显著地比看中性内容电视的儿童更爱帮助他人。一项关于献血者的研究(Rushton & Campbell, 1977)表明，成人也会因观察到助人榜样，而受到影响。成长中，人们学到了一些关于谁应该得到帮助，以及什么时候应该给予帮助的规则，并逐渐内化为价值观和人生准则。

（四）社会交换理论

霍曼斯用社会交换理论来解释人类的全部社会行为。人们之间不仅交换物质性的商品和金钱，而且还交换非物质性的知识、友情、信息、爱、满足等等。在助人行为上，社会交换理论认为施与者和接受者同样受益。对于接受者而言，得到了帮助，而施与者得到的报偿既有外部的，也有内部的。如帮助行为能获得赞誉或友谊，也能提升自我价值感，这些都是外部回报。帮助行为也可以获得减轻内疚感、缓解消极心境等内在酬赏。人们的行为是以收益最大化、而损失最小化为原则的，但是对于花费和收益，人们并非有意识地监控。

(五) 社会规范理论

有的研究者认为,我们帮助别人并不是如社会交换理论所说的那样,是计算了收益和损失的结果,也不完全是基因进化的结果。坎贝尔(Donald Campbell)以及其他一些心理学家通过研究提出了助人行为的社会规范理论。根据坎贝尔的观点,人类社会有选择地逐步演进某些能够增加群体幸福的技巧和信念。由于亲社会行为通常对社会有益,它就成了社会习俗或规范的一部分。一旦这种规范内化,即使没有外来的奖赏,人们也会自觉地遵从这种规范,并从中得到满足。相反,如果违反这种规范就会产生罪恶感和内疚感。有三种社会规范与助人行为特别相关,分别是社会责任、互惠和社会公平。

第一,社会责任规范(norms of social responsibility)指我们有责任帮助那些依赖自己的人。比如父母抚养孩子,教练照顾队员,同事之间应该互相帮助等。

第二,互惠规范(norms of reciprocity)指我们应当帮助那些帮助过自己的人。一些研究表明,人们愿意帮助那些曾经帮助过自己的人(Regan, 1978)。

第三,社会公平规范(norms of social justice)指同等的贡献获得同等的报酬。大量研究已经证明,由于不公平分配而得到较多利益者会试图重新分配报酬以达到公平的结果(Walster & Berscheid, 1978)。

社会责任、互惠和社会公平这三个规范是为亲社会行为提供了文化基础。通过社会化的过程,个体学习到这些规范,并且表现符合这些规范的亲社会行为。

三、影响利他行为的因素

(一) 助人者因素

利他行为存在个体差异。有些人在环境不得提供帮助的情况下也会做出利他行为,而另一些人即使在最适宜的条件下也不会帮助他人。

1. 情绪

社会心理学研究表明,一个人心情愉快的话,往往容易产生利他行为(Isen, 1970)。坏情绪对利他行为的影响更为复杂,研究结果没有达成完全的一致意见(Carlson & Miller, 1987)。如果坏情绪使得人们更多地关注自身和自己的需要,那么就会降低帮助他人的可能性。一个抑郁的年轻人可能完全沉浸在对自身的关注之中,而无法给他人以援手。另一方面,如果我们认为帮助他人会使我们自己感觉好一点,或会减轻我们的坏情绪,我们更可能提供帮助(Cialdini et al., 1987),如感到内疚的人比没有这种感受的,更有可能产生利他行为(Carlsmith, 1969)。

2. 移情

移情在此处的意思是设身处地以别人的立场去体会当事人的心境(当事人的感觉、需要、痛苦等)的心理历程(张春兴,1991),从而产生利他行为。有几个研究已经证明,移情作用可以提高亲社会行为(Batson, 1998),在高移情条件下的被试显著地比低移情条件下的被试更多地志愿提供助人行为。

3. 其他个人因素

心理学研究表明,一些需要较大体力的利他行为,女性不如男性那样主动,其他方面的利他行为无性别差异。许多实验研究个人年龄与其利他行为的关系,但结果颇不一致。一般说,利他行为与年龄成正比,随着年龄的增长,其人际关系也日趋复杂,彼此之间的相互影响也日益增多,更加懂得帮助他人是合乎社会规范的道理。不过,从另一角度来看,年龄的增长不一定使利他行为相应增多。因为年龄越大,心理活动更加复杂,不像小孩子那么单纯。但能否帮助他人,还要结合其他因素。个人性格特征是利他行为发生与否的最重要的个人因素。例如,有强烈赞许需要的个体很容易提供利他行为(Sarow, 1975),但是这仅仅是在有他人在场的情况下才会发生。

(二) 受助者因素

在日常生活中,一些人会比另一些人更容易得到帮助,这是受助者的个人特征发挥的影响。

1. 受人喜欢的人

在社会认知一章节中我们谈到,对一个人的最初印象受到了一些因素的影响,例如生理吸引力和相似性,这些因素同样也会影响利他行为。那些外貌比较有吸引力的人更可能获得帮助(Benson, Karabenick & Lerner, 1976),这在异性之间的影响尤其明显(West & Brown, 1975),然而,这种男性助人的动机可能并不完全是利他的。助人者和需要帮助者之间相似性的程度也很重要。例如,近期的一个研究表明,同性恋的男子比非同性恋的男子更多地给予同性恋男子帮助(Gray, Russell & Blockley, 1991)。

2. 值得帮助的人

一个人是否获得帮助部分依赖于这个人是否值得帮助。例如,纽约地铁里的乘客更可能帮助一个看起来是因为生病而不是因为醉酒而跌倒的人(Piliavin & Rodin, 1969)。几项研究表明,如果我们相信问题的原因是由一个人不能控制的外在因素导致时,我们更可能提供帮助(Meyer & Mulherin, 1980)。

3. 求助的人

利他的决策模型指出,突发事件中,对正在发生什么以及要做什么的不确定性,将会妨碍一个旁观者的亲社会行为。如果一个受害者明确地发出求助信号,就会有效地减少现场的不确定性,因而更容易获得帮助。但是一些年龄、性别、性格、经济地位等因素却会使得受害者不愿意求助,因此他们得到的帮助会少一些。

(三) 情境因素

在某种情境下人们可能愿意提供帮助,但是换了另一种情境,同样的人却不大可能提供帮助。个人的利他行为与情境有关。

1. 他人的在场

假想情况下,危难情境下的旁观者越多,能够提供帮助的人越多,受害者得到帮助的可能性应该就越大。但是社会心理学家拉坦内和达利设计了一系列实验,验证了完全相反的结论,认为正是由于观看事件的旁观者太多而降低了个体提供帮助的意愿。也就是说,如果有许多人看到受害者的痛苦,那么这个受害者得到帮助的可能性减小。

2. 物理环境

物理环境会影响利他行为。坎宇安(Cunningham)1979年对天气的影响进行的研究表明,人们更愿意在阳光灿烂和气温舒适的情况下提供帮助。阿马托(Amato)和莱维(Levine)等分别在澳大利亚和美国城市进行的研究表明,在帮助陌生人方面,城市越小,提供帮助的人越多;人口密度越小,利他行为越多。

3. 时间压力

时间效应的证据来自达利和巴特森(Darley & Batson, 1973)的实验。此研究的一部分是,要求男学生走到另一所建筑物去听一个讲座。其中一些人被告知:时间随意,讲座不会立刻开始的;另一些人则被通知:尽快行动,他们已经迟到了,研究者正在等他们。当被试离开,前往另一个建筑物的途中时,他看到一个衣衫褴褛的人跌倒在门口,不停地呻吟。研究后的访谈中,所有的学生都记得看到过受伤者。但是时间匆忙的学生仅仅有10%给予了帮助;而没有时间压力的学生则有63%给予了帮助,时间压力使得这些学生忽视了受伤者的需要。

4. 社会文化因素

人们的利他行为受当地社会文化的价值观与行为规范所影响。属于同一社会文化的成员一般都具有相同的价值观,并遵循着同样的行为规范。所以不同文化背景的人们,其利他也有区别。斯帝文森(Stevenson, 1991)指出,东方文化强调群体和谐,因而赞扬利他行为,这与西方的个人主义形成鲜明的对比。他举了许多例子以证明自己的观点。

四、紧急情况下的冷漠行为

(一)冷漠行为概述

冷漠行为是指在紧急、危险的情况下,个人明知他人受到生命和财产的威胁而需要得到自己帮助时,却持坐视不救、袖手旁观的态度。譬如,有人失足落在河里挣扎,快要淹死,是否去救他? 工厂突然失火,火势很旺,是否去救火? 看到歹徒抢劫,是否去抓坏人? 如果是对这些紧急事情抱着事不关己的态度,那就是冷漠行为。

1964年3月14日,美国纽约市一名叫珍诺维丝(Kitty Genovese)的年轻姑娘遇刺身亡。整个袭击行为持续了35分钟。在这35分钟里,歹徒先后攻击了3次,刺了数刀。在这期间珍诺维丝大声呼救,公寓周围共有38人目睹了这一袭击事件,但是最终只有一人报了警。警察接到报警后两分钟便赶到了现场,但珍诺维丝当时已经死了,袭击者也不知去向。这就是社会心理学中著名的珍诺维丝暴力案。可以说这是一个悲剧,因为事发的时候如果有人早点报警,珍诺维丝可能就不会死去,歹徒也许得以绳之以法。这类事件在我国也时有发生。2011年10月13日下午5时30分,佛山南海黄岐的广佛五金城里,一名两岁小女孩悦悦,在路上被一辆面包车撞倒和碾轧。之后将近7分钟时间中,还有呼吸的悦悦一直孤零零地躺在路边,18个路人先后经过,但没有一个伸出援手。而其间悦悦又被一辆货车碾轧过去。最终悦悦被第19名路人,一个拾荒的阿姨抱到路边,随后被送往医院急救。2011年10月21日,小悦悦抢救无效离世。旁观者的冷漠引起了网络上的热议,惊呼国人多么冷漠。为什么有众人围观的危难现场却无人对受害者伸手相助呢? 人们为什么在危难的现场却袖手旁观、冷漠无情呢?

(二)冷漠行为的旁观者效应

珍诺维丝暴力案发生之后,达利和拉坦内对这种冷漠行为进行了研究。他们指出,这类冷漠现象是因为发生了"旁观者效应"。所谓旁观者效应是指,因他人在场对人们的救助行为产生了抑制作用。

达利和拉坦内设计了一个实验,创设了一个与真实的突发事件非常相似的情景:让被试通过耳机听见另一个被试癫痫病发作。对于被试来说,很显然这是一个突发事件:另一个"同学"正处于危难之中,需要立即得到救助。

为了从被试那里获得真实、自然的行为反应,隐藏真实的实验目的,达利和拉坦内告诉招募来的大学生被试,他们想了解大学生是如何在激烈的竞争中适应大学生活、城市环境以及他们正面临着什么样的个人问题。他们还告诉被试,为了避免尴尬,所有的被试将单独待在相互隔离的房间里,彼此之间通过内部通讯联络系统进行交谈,每次仅允许一名学生依照次序讲话。实验的自变量是被试相信他们可以通过内部联络系统进行交谈的人数。实验中的被试被分为三组。第一组被试相信他们仅仅能与另外一个人交谈,第二组被试相信可以与另外两个人交谈,第三组被试相信能够与另外五个人交谈。事实上,每个被试都是独自一个人参加实验,实验中通过耳机所听到的其他同学的声音都是录音。

实验开始后,被试听见的第一个说话者是男性,他讲到他的困难主要集中在学习和适应纽约的生活氛围方面,然后他又补充说,自己在压力过大的时候会犯严重的癫痫病。接下来便轮到下一个学生讲话。在第一组中,这个男生谈话之后就轮到被试讲话,而在其他两组中,被试说话之前会听到另外一个或四个人的说话声。每组中的被试讲完之后,又轮到第一个男生讲话。这时候"突发事件"发生了。那个男生的声音开始时很正常,不久癫痫病发作。

实验的因变量是被试帮助危难学生的百分率,以及被试对突发事件的反应时间和提供帮助所用的时间。帮助行为指的是被试离开小房间,通知实验者有学生癫痫发作。研究者给被试4分钟的时间作反应,之后实验结束。

实验结果,第一组被试百分之百地报告了突发事件,第二组被试中只有85%的人报告,而第三组被试中只有60%的人在4分钟之内作了报告。第一组被试平均的反应时间不到1分钟,而第三组被试的平均反应时间却超过了3分钟。其结果表明,若被试认为自己是唯一的知情者,就可能尽力帮助病人;而假如他认为别人也知道此事,那他帮助病人的可能性就小。就是说,知道发病的人越多,去帮助的可能性越小。

根据实验结果,达利和拉坦内发表了《紧急情况下的旁观者干涉:责任分散》。达利指出,危机情况下其他旁观者的在场产生了旁观者效应。旁观者效应是指因他人在场而对人们的救助行为产生了抑制作用。当一个紧急情况发生时,越多人目睹,这些人就越不可能介入提供协助。身为被动的旁观者群体中的一分子,每个人都会假设有其他人可以协助或者将要提供协助,这样一来,相对于单一目击者或者只有另外一位其他旁观者在场的情况,他们受到采取行动的压力就较小。其他人的在场的分散了卷入此事的个人责任感。参与者的人格测试显示,没有一个特殊人格特质和紧急事件发生时旁观者的介入速度、介入可能性之间有显著关系。

（三）旁观者对于紧急事件的注意

责任分散是旁观者不帮忙的一个原因。有些情况下,旁观者本身正在匆忙中,无法有足够的精力关注紧急事件,他们正在按照自己的日程办事,也许并没有注意到需要他们帮助的情境。

达利和巴特森在1973年做了这样一个实验:被试是神学院的学生,他们正在前往布道的路上,准备讲《新约·圣经》中的一个典故:故事讲的是一位犹太人被强盗打劫,受了重伤,躺在耶路撒冷往利哥城的路边,一路上有许多人通过却只有一个人停下来伸出援手。一个好心的撒玛利亚人救了这个犹太人,他因在地上的善行而在天堂里得到了应有的报偿,这则圣训是教导所有人要有帮助他人的美德。这次布道将被录下来作为有效沟通的心理学实验素材。神学院的这些学生,他们被随机分到三个组。第一组为迟到组,出发前,实验室里的人告诉他们迟到了,约定的录像时间已经所剩不多,所以得加快脚步;第二组为按时组;第三组则为早到组。每个学生从两栋楼中间的走廊走过的时候,会碰见一个不停咳嗽和呻吟的萎靡男子。这些神学院的学生有了一个实践他们说教的机会。实验结果是迟到组中,只有10%的人提供了帮助,在按时赶到的人中,有45%的人提供了帮助;大多数人介入的旁观者来自那些早到的学生,有63%的学生像善良的撒玛利亚人一样提供了帮助。

这些迟到组的学生或许是因为把注意力都放在自己关注的事情上,以至于没有注意到这个突发事件;或许他们注意到了这个需要帮助的人,但是由于太匆忙,没有足够时间关注这个情境的严重性。通过这个实验,我们可以看到,做出帮助他人的行为,也需要我们花费一定的时间对情境作出准确评估。

第二节　侵　犯　行　为

一、侵犯行为概述

在现实社会生活中,大至以国家为单位的大规模的战争,小至人际之间的纠纷和暴力,都是侵犯行为。

(一) 侵犯行为的定义

侵犯行为(aggressive behavior)也称为攻击行为,关于侵犯行为的界定有着不同的说法,而较正确的定义应该将行为的意图、动机和行为的后果联系起来。因此,我们把侵犯行为定义为有意伤害他人且不为社会所许可的身体行为或者言语行为。这一定义排除了足球场上的合理冲撞和街道上的车祸,但包括枪杀、打架,或者仅仅是当面侮辱的言语。对侵犯行为的理解包含了以下三个特点,这三个特点必须集中表现在某一个行为上,才能构成侵犯行为:

1. 侵犯行为是有意图的行为

弗里德曼(Friedman, 1981)指出,这一特点对于侵犯行为是很关键的,如果一个人有意识、有目的地去伤害他人,那么这个人的行为就是侵犯行为。

侵犯行为是有动机指使的。如果忽视意图,就会把本来不属于侵犯性行为的举动也看作侵犯性的行为。例如,高尔夫球运动员的球意外地打中一位观众,这运动员确实做了伤害他人的事情,引起该观众巨大的痛苦,但该运动员的行为并非是故意的,不能认为他作了侵犯行为。同样,汽车司机由于失职发生交通事故,也不属于侵犯行为。只有是有动机参与的行为,才是侵犯行为,例如,双方为了各自的私利吵架行凶等。

2. 侵犯行为是外显的行为

侵犯不是感情、动机、态度等内在心理状态,而是外部表现出来的行为。发怒是一种侵犯的愿望,偏见是一种内在的心理结构,它们对侵犯行为发生动机作用,但尚未构成事实。一个人内心有了意图,蓄意谋害他人,如果没有在行为上显示出来,那么这个人的行为不能算是侵犯性的。例如,某人企图把另一个人推到河里,但实际上没有动手,因此,其行为不能算是侵犯行为。社会对于人们表达愤怒的方式有强大的制约力,以至于即使是那些常常感到愤怒的人,也极少会做出攻击行为。

3. 侵犯行为是伤害他人身心健康的行为

侵犯行为总是敌意性的,不仅指伤害他人的身体健康,直接施以暴力,也指伤害他人的心理,造成心理上的痛苦。例如,造谣诽谤、恶言恶语辱骂他人等。有一些行为虽然使对方遭受某些痛苦,但不应被认为是侵犯行为,其行为的根本目的是为了帮助他人。例如,医生给病人动手术,去除腹腔内的异物,虽然手术会使病人流血,有痛苦,但却获得病人的感谢,因为手术之后能使身体康复。

综上所述,侵犯行为的首要特点是,有伤害他人身心健康的意图;其次是,其意图已转化为外显行为;最后是,使他人的身心健康受到损害。

(二) 侵犯行为的分类

侵犯行为根据不同的分类方式可以分为不同的种类:

1. D·O·西尔斯根据侵犯行为是否违反社会规范,把侵犯行为分为反社会侵犯行为、亲社会侵犯行为和被认可的侵犯行为。反社会侵犯是指违反社会道德规范和社会准则、不为社会所认可的侵犯行为。诸如人身攻击、凶杀、打群架等故意伤害他人的犯罪活动显然是违反社会准则的,所以是反社会的。亲社会侵犯行为是为了达到群体的道德标准所能接受的目的,以一种社会认可的方式所采取的侵犯行为。许多侵犯行为实际上是由社会准则允许的,也可以说是为社会服务的。例如,为了治安而执行法令的行动、抓强盗、惩贪污犯等。被社会认可的侵犯行为是介于亲社会侵犯行为和反社会侵犯行为之间的行为,这类侵犯虽然不为社会准则所必需,但又确实没有违反社会准则和道德标准。例如正当防卫和球类比赛中运动员之间的违规的冲撞行为等都属于被认可的侵犯行为。

2. 伯科威茨(Berkowitz)根据侵犯行为的最终目的不同,把侵犯行为分为手段性侵犯和目的性侵犯。手段性侵犯的目的不是为了使对方身心健康受损害,而是把侵犯行为作为达到其他目的的手段。例如,强盗拦路抢劫,其最终目的是为了抢钱财而不是动刀。而目的性侵犯就是为了复仇、教训对方,故意伤害他人,给他人造成痛苦和不快。

3. 按照侵犯行为方式的不同,可以分为言语的侵犯与动作的侵犯。言语侵犯就是使用语言、表情对他人进行侵犯,例如讽刺、诽谤、谩骂等。动作侵犯是使用身体的一些部位如手、脚,以及利用武器对他人的侵犯。

二、侵犯行为的理论

在分析侵犯行为时,社会心理学家主要有三种观点:(1)人类有基于生物本能的攻击性驱力;(2)侵犯是由挫折引发的动机而导致的自然反应;(3)侵犯行为是习得的。

（一）生物学理论

1. 弗洛伊德的死亡本能论

弗洛伊德后期观点修正了他以往的本能学说,提出了一种两极化的本能假设,即代表着对生命的追求、爱、创造的生本能和代表着恨与破坏冲动的死本能。弗洛伊德认为人类的侵犯行为根源于一种自我破坏的冲动,这就是死本能,它和生本能一同构成了人类的两种本能。死本能所蕴涵的能量宣泄若是指向内部指向自身,那就表现为自我折磨、自我摧残,甚至自杀;若是指向外部,那就表现为有意伤害别人,即侵犯行为。

2. 洛伦兹的习性学观点

洛伦兹(K. Z. Lorenz)是继弗洛伊德之后以本能论的观点解释侵犯动机的代表人物。他在其《论侵犯性》一书中强调攻击本能的自发性。他认为侵犯行为是动物的基本本能,其作用在于保持一定的种群数量,保持一定的地盘和食物来源,让最适宜生存的强壮动物活下来,并繁殖后代。洛伦兹在研究一种攻击性很强的热带鱼后发现,在自然环境里,雄鱼并不攻击雌鱼,也不攻击其他种类雄鱼,而只是攻击同类雄鱼。在鱼缸饲养条件下,缸内营养成分是不够的,这时当其同类的雄鱼不在时,这条雄鱼先是攻击不同种类的雄鱼,而这些雄鱼以前是不被它理睬的;当最后只剩雌鱼时,它就进攻并杀死雌鱼。据此,洛伦兹认为,动物存在着内在的攻击需要,侵犯行为是动物天生的本能行为。洛伦兹还用本能论解释人类的侵犯行为,从而认为侵犯行为乃是人类生活中不可避免的。

3. 侵犯的生理基础

人们研究了激素、遗传基因、神经系统、生物化学等因素,认为侵犯行为的产生有其生理基础。

侵犯行为与雄性激素的分泌有关,雄性动物比雌性动物有更强的攻击性。攻击性强的个体体内含有较多的雄性激素。当受到干扰时,雄性激素水平高的个体更多地感到不安与紧张(Dabbs et al. , 1997),他们显得较为冲动、易怒,挫折忍受能力也相对较低(Hanis, 1999)。尽管激素的影响对动物比对人类要大得多,但降低雄性激素水平的药物的确可能削弱有暴力倾向男性的攻击性。

芬兰心理学家赖格斯佩兹(Kirsti M. J. Lagerspetz, 1979)在一组正常白鼠中挑选出攻击性最强和最弱的个体分别饲养,并将攻击性最强的个体间配种繁殖,攻击性最弱的个体间配种繁殖。在此后它们繁殖的 26 代中始终重复这一选择过程,最终他得到了一组凶猛的老鼠和温顺的老鼠,攻击性的强弱出现极端化的趋势。这证明了侵犯行为受到遗传基因的影响。1986 年拉什顿(Rushton)等人对同卵双生子和 27 对异卵双生子与侵犯行为的相关研究得到了类似的结论。

神经系统对侵犯行为也有一定的作用。研究者在动物和人类身上发现了一些与侵犯行为有关的脑区。当激活这些脑区时,敌意程度增加;当这些脑区的活动受到抑制时,敌意程度下降(Moyer, 1976,1983)。另一些对杀人犯和死因的研究证实,脑区异常可能导致攻击行为(Davidson & others, 2000;Lewis, 1998;Pincus, 2001)。神经系统也只是影响侵犯行为的一个因素,它和其他的主、客观因素一起作用于个体引起侵犯行为。

研究还发现,酒精和神经递质5-羟色胺对某些人在面对冲突和挑衅时会不会做出攻击也有重要的影响。

(二) 挫折—侵犯理论

尽管侵犯有其生物学基础,但侵犯行为并不只是由先天机制所控制。人类的侵犯行为尤其受到后天环境的影响。挫折—侵犯理论是最早对攻击行为进行解释的心理学理论之一,该理论重视环境中的挫折对引起侵犯的重要作用。

多拉德和他的同事共同出版了《挫折与侵犯》一书,首次提出了"挫折—侵犯"假说。如图12-2所示。

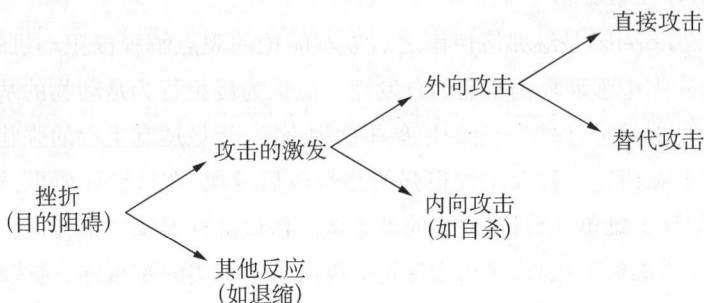

图 12-2 经典挫折—侵犯理论

该理论认为,挫折总是会导致某种形式的攻击行为。这里所谓的挫折是指任何阻碍个体实现目标的外部条件。早期的挫折—侵犯理论认为侵犯行为总是由某种挫折引起的,挫折一定激发侵犯行为或者退缩反应。

由于别人对侵犯行为的反对或者惩罚,人们往往不直接对挫折源进行攻击,攻击驱力可能会被转移,指向其他替代目标,甚至转而指向自己。一则故事很好地诠释了转移:一个被老板羞辱的男人回家后大声斥责他的妻子,妻子只好向儿子咆哮,儿子只能踢狗解气,而狗则把来送信的邮递员咬了一口。

早期的挫折—侵犯理论过于绝对,认为挫折一定会引起侵犯或者退缩。但实际情况并非如此,一些人遇到挫折后往往并不表现出侵犯行为。例如在公共汽车上,一个人被别人踩了一脚,如果他认为那个人是故意的,就很可能引起攻击行为;但如果他把原因解释为人多,就不大可能攻击踩他的人。可见,认知因素在挫折与侵犯之间起很大作用,而早期的挫折—侵犯夸大了两者之间的联系。基于此,伯科威茨对早期的挫折—侵犯理论作了修正,认为挫折并不总是引起侵犯行为,而是由于人们对造成挫折的原因解释不同而有所不同。

剥夺也是一种引起侵犯行为的挫折。由于对剥夺的解释不同而起不同的结果,并非所有的剥夺都是挫折,而只有"相对剥夺"才被知觉为一种挫折从而引起侵犯。"相对剥夺"(relative deprivation)这一术语是学者在研究美国二战士兵满意度时首先使用的(Merton & Kitt, 1950;Stouffer et al., 1949)。美国空军士兵对于自己获得晋升的机会比军警有着更强烈的挫折感,而事实上军警的晋升要比空军士兵缓慢而不可预期得多。实际原因正是由于空军的晋升很快,而大多数的空军人员可能都觉得自己比其他人出色(自我服务偏见),所以应该得到比实际更快的晋升。过高的期望与实际获得之间的落差导致了空军士兵的挫折感。相对剥夺是指个体或群体将自身状况与参照群体进行比较,若认为自己比参照物得到的少,就会有不公平感产生,认为自己本应该得到的东西没有得到,这种剥夺只是相对的,并非是绝对的,因此称为"相对剥夺"。相对剥夺可以解释为什么经济上的进步却可能导致暴力犯罪逐步上升,而暴乱频仍的地区却不一定是最贫困的地区。

(三)社会学习理论

基于本能和挫折的侵犯理论都认为,充满敌意的冲动来自内部生理机制或内在情绪,这些情绪可以将攻击欲望"释放"出来,而社会学习理论认为,侵犯也可以是学习"引导"出来的。

1. 强化

当一个人的侵犯行为受到奖赏,这一行为就可以得到保持并加强;如果侵犯行为受到惩罚,这一行为就会受到减弱和抑制,这就是强化。通过强化,可以使侵犯行为增加或减少。瓦尔特斯(R. H. Walters)做了一项经典研究,证实了通过奖励可以明显增加儿童的侵犯行为。实验者要求参加实验的儿童打一个玩具娃娃,娃娃的肚子上写着"打我",当用拳头打它的时候,它的眼睛和插在纽扣洞上的一朵花会发光。被试儿童共分四组,第一组每次拳击玩具娃娃都得到一个有色玻璃球作为奖励;第二组间断获得同样的奖励;第三组除了让娃娃发光,没有外加奖励;第四组为无任何强化的控制组。两天后,用巧妙的方式引起被试儿童的挫折感,然后安排他们同未参加实验的儿童玩一系列游戏。结果发现,各个奖励组被试的侵犯行为多于控制组,而其中又以间断强化为最高,显著高于其他各组。可见,侵犯行为受到强化的作用。

2. 观察与模仿

社会学习理论的奠基者班杜拉提出,人类的很多行为是通过观察和模仿而习得的,大多数的侵犯行为也是通过这种观察和模仿而形成,不一定要亲身获得奖励或惩罚等强化。这种观察和模仿,班杜拉称之为观察学习或社会学习。

班杜拉设计了很多实验,证明通过观察榜样的行为,儿童就可进行学习。其中一个经典的"充气娃娃"的实验是1961年在美国加州斯坦福幼儿园进行的。他们让儿童与一个成人一起呆在一间屋子里,屋子里有一个高约1.5米的充气娃娃。实验组儿童观看成人对充气娃娃一边拳打脚踢一边谩骂,或使劲摔打,或用木棍抽打等,持续了10分钟的攻击。控制组儿童观看的成人则没有侵犯充气娃娃。然后,每个儿童都被单独留在游戏室20分钟,室内除其他玩具之外,有三个充气娃娃。实验结果发现,实验组儿童模仿了成人的许多侵犯行为,对充气娃娃的侵犯多于控制组。实验结果参见表12-1。这一实验结果证实了班杜拉的假设,即侵犯行为是习得的,不是先天的,而且它与挫折的关系也不大。

表 12 - 1　儿童目睹侵犯行为后的行为表现

实验条件	攻击行为总量(得分)	
	有形的(打)	言语的(骂)
暴力模式(实验组)	12.73	8.18
平静模式(控制组)	1.05	0.35

班杜拉指出,侵犯行为的观察学习并不能在接触侵犯行为后自然而然地发生作用,必须在一定条件下,经过一系列步骤才能发生作用。首先,观察者必须注意到榜样的侵犯行为,了解侵犯行为的特性;其次,观察者必须通过表象或语言符号有效地储存侵犯行为的模式;第三,观察凭藉表象或语言符号再现榜样的侵犯行为,即在内心预演观察到的侵犯行为;第四,一定的诱发刺激是侵犯行为表现的必要条件。

不仅直接观察可以使儿童学习到侵犯行为,通过大众传播媒介的间接学习也可以使儿童受到同样的影响。在班杜拉的一项实验中(1963),分别就现实、电影和卡通片中成人榜样对儿童行为的影响进行了研究,结果发现,这三类成人榜样都同样导致儿童模仿侵犯行为。所以班杜拉认为(1979),日常生活中,我们受到来自家庭、文化和大众媒体攻击性榜样的影响。

在班杜拉的另一项实验中(1965),他先让被试儿童看一部5分钟的电视片,内容是一个孩子用各种侵犯行为惩罚娃娃。看完电影后,研究者将被试分为三组。第一组是奖励组,让被试看到在影片的结尾,进来一个成人,不仅口头赞赏孩子的侵犯行为,而且给予糖果作为实物奖励;第二组为惩罚组,看到在影片结尾,进来的成人惩罚侵犯塑料娃娃的孩子;第三组为控制组,只看前一段电视片。实验的最后一个阶段,是让各组被试分别单独与其他儿童游戏,并通过一定方法造成其挫折,看被试如何解决自己同其他孩子的冲突。结果显示,奖励组儿童实施的侵犯行为最多,控制组其次,惩罚组最少。但这是否意味着看到榜样受奖励的儿童比受惩罚的儿童习得更多的侵犯行为呢?班杜拉等人又作了进一步研究。结果发现,当以提供糖果为奖励,要求儿童尽可能地回想起榜样的行为并模仿时,三组被试学习到的侵犯行为没有表现出差别。这说明,榜样受到奖励还是惩罚,只是影响了儿童模仿的表现,而并没有影响到学习。

三、影响侵犯行为的因素

(一) 厌恶事件

能诱发侵犯行为的原因不仅包括挫折,还有一些令人厌恶的体验,如疼痛或辱骂、令人不适的炎热、受他人侵犯、过度拥挤等。

1. 身体遭受疼痛刺激以及语言的辱骂

个体受到他人对其身体的攻击,感到疼痛而无法逃避时,会引起自己的侵犯行为。遭到病痛的侵袭也是这样,病人由于受到病痛的折磨,痛苦万分,容易发火、骂人、摔东西,甚至伤害自己。伯科威茨(1983,1985)相信,可恶的刺激会引起人们的侵犯行为。不管是讨厌的刺激、还是生理性的疼痛,都会导致人们有故意的侵犯行为的可能性。此外,讨厌的气味如烟味、空气混浊等都与侵犯行为有联系(Ratton & Frey, 1985)。

2. 气温的暂时性变化会影响人们的行为

这方面的研究很多。研究表明,和处于正常温度里回答问卷的学生相比,那些在温度很高的房间里(超过90℉)回答问卷的学生较易感到疲倦,且表现得更有侵犯性,对陌生人更怀有敌意(Griffitt, 1997)。实验结果显示,热刺激是报复性行为的起因(Bell, 1980;Rule, 1987)。在一些城市进行的温度与暴力事件的相关研究也证实了同样的结论(Anderson & Anderson, 1984)。

3. 受他人侵犯

他人的侵犯会导致报复性的反侵犯(Taylou & Pisano, 1971; Ohbuchi & Kanbara, 1985)。受他人侵犯不仅指武力侵犯,而且包括口头的侵犯,如讽刺挖苦、辱骂、诽谤等都会引起人们的侵犯行为。

4. 拥挤

拥挤是一种没有足够空间的主观体验,例如被挤在公共汽车的车厢里、车子被堵在缓慢行驶的快车道上、几个人住在一间小屋里等。有人把动物关在一个过分拥挤的空间里,确实看到了动物的侵犯行为(Calhewn, 1962)。梅耶(Mayer, 1993)指出,关起来的动物如老鼠和生活在城市里的人是完全不可相提并论的,然而在人口高度密集的城市里有着更高的犯罪率和更高的精神病率,则是事实(Fleming, 1987)。即使这些城市未受到高犯罪率的困扰,那里的居民也可能更感到恐惧。

(二) 侵犯线索

与侵犯有联系的线索可能引起侵犯。伯科威茨(1975)指出人们受到挫折之后,心理上产生了一种侵犯行为的"准备状态",这种准备状态是无方向的、未分化的情绪唤起状态,这种情绪唤起状态是凭借环境刺激所提供的线索才能找到方向,从而导致侵犯行为。有研究表明,第三者的挑动、身边的武器以及他人的侵犯行为均可作为线索而引起侵犯。

当人们处于侵犯情绪的准备状态时,如果受到第三者的挑拨,则往往是火上浇油,使侵犯行为一触即发,这第三者的挑拨就成为侵犯行为的线索。即使第三者持中立态度,只要有他人在场,也会作为线索影响人们的侵犯行为。

武器通常与侵犯行为有关,看到武器可能会引起受挫者表现更高水平的侵犯。

伯科威茨还设计实验证实,观看武打电影者比观看中性电影者更易实施侵犯。

(三) 媒体影响

根据社会学习理论,观看榜样可以引发孩子的攻击,并教给他们实施攻击的方法。社会心理学家安德生通过广泛、深入的研究,2000 年 3 月 21 日在美国参议院商业、科学与贸易委员会作证,"处于过多的媒体暴力之中,是当今美国社会暴力事件比率居高不下的主要原因"。观看媒体暴力可能在三方面导致了实际的暴力行为:其一,观看暴力内容造成了唤醒状态,这种唤醒状态容易引发暴力行为;第二,观看暴力使人们降低抑制;最后,媒体中的暴力引起模仿。

影视媒体中充斥着逼真的暴力描写,电子游戏甚至变本加厉为人们提供了亲自模拟暴力行为的机会。自从 1972 年推出第一个电子游戏以来,内容已经由乒乓游戏发展到暴力游戏(Anderson, 2004; Gentile & Anderson, 2003)。金泰尔和安德生(Gentile & Anderson)认为玩暴力游戏有可能比观看暴力电视更容易诱导人们做出侵犯行为。暴力游戏提供给游戏者积极演练暴力的机会,赋予他们暴力人物的身份进行角色扮演,参与暴力活动的全过程,并从有效攻击中获得奖赏而使暴力行为得到强化,这种强化又使他们不断地重复暴力游戏。

（四）个人因素

关于侵犯行为的个人因素的研究集中在性别方面。实验研究表明，男性比女性更易进行身体攻击。个人的认知水平和道德发展水平也是影响侵犯行为的一个因素。

（五）情境因素

在一些特殊情境下，人们的侵犯行为会加强。例如，当人们感到自己混在群体中，不为人所知时，往往会放松自己的行为，易于发生侵犯行为，这就是"去个性化"（deindividuation）。

专栏 12 - 3

路西法效应——去个性化的情境怎样让普通人变成坏人

2004 年 5 月，美军虐待阿布格莱布监狱中的伊拉克战俘事件被揭发。年轻的美国男性和女性，用令人难以置信的方式羞辱囚犯。政府局方说这是由几颗坏苹果造成的，这是一小撮坏士兵。国防部长拉姆斯菲尔德问："谁该为此负责？这些坏掉的一小撮苹果是谁？"

社会心理学家津巴多介入了该事件的研究。他是其中一个士兵奇普·弗莱德里克中士的专家证人，他可以接触了十几份调查报告，可以查看一千多张士兵拍摄的虐囚照片，这些照片反映行为之残忍让人触目惊心。津巴多与他接触，从心理学上分析研究他。津巴多的假设是，在正常情况下，美国士兵是好的苹果，也许是装苹果的桶坏掉了。假设这些苹果是好苹果的话，是什么导致了他们人性发生转变？"

1971 年，津巴多著名的斯坦福监狱实验证明了"如果苹果是好的，但装苹果的桶是坏的话就可以让好苹果变成坏苹果"的假设，并且找出让好苹果变成坏苹果的原因是"好苹果拥有了权力，并且处在去个性化的状态中"。在实验招募中，75 名志愿者参加，通过人格测试和面试，24 名最正常、最健康的志愿者被选中做被试，并被分成警察和犯人。所以，第一天，他们都被确认是好苹果。然后津巴多将他们放在一个坏的环境中：囚犯的名字用数字代替，警卫的装扮代表权力和匿名性。警卫被主试要求羞辱虐待囚犯。该试验中，5 天后，警卫被试就向囚犯被试做出了极具羞辱性的行为。这个实验在第六天因为 5 名犯人被试情绪崩溃而结束了。

好人变成坏人无需药物，只需要社会心理学的过程。津巴多总结自己的研究，提出好人或者普通人滑向邪恶的 7 个社会心理过程：第一，无意迈出第一步。第二，对他人的去人性化（dehumanization）。第三，对自己的去个性化（deindividuation），处在匿名（anonymity）状态。第四，推卸个人责任。第五，盲目崇拜权威。第六，无批判地接受群体规则。第七，袖手旁观，漠不关心，消极容忍恶行。

匿名的力量有多大？战士统一服装可以达到匿名的效果。战士是否统一服装,对他们在战场的攻击表现有怎样的影响? 人类学家约翰·华生整理了23种文化下的相关资料,其中15种文化中,战士统一服装,另8种文化中战士不统一服装。数据结果表明,统一服装的战士比不统一服装的战士有更高程度的杀害屠戮行为。

去个性化和战士的侵犯程度(J. Watson, 1971)

	不统一服装	统一服装	合计
低侵犯程度	7	3	10
高侵犯程度	1	12	13
合计	8	15	23

路西法是光明的意思,在一些经文里,它也意味着"黎明之星"。他是上帝最喜欢的天使。后来他背叛了上帝,上帝将路西法驱逐出天堂,降入地狱,称为撒旦。上帝最喜欢的天使从此变成恶魔。以这个故事为背景,津巴多提出路西法效应,即一个平时看上去的好人或者群体,为什么在某些情境下会变成坏人的,他们又是如何变成了坏人。

四、侵犯行为的控制

侵犯行为是人类社会的一个主要问题,社会需要花费大量的精力来控制反社会侵犯行为。在系统了解了侵犯行为的理论与影响因素之后,如何控制侵犯行为是一个重要的问题。

(一) 宣泄

宣泄即能量的释放,一个人有了强烈的侵犯性情感,如果让他以某种方式把这种情感释放出来,就能达到消除其实际侵犯行为的目的。持本能论和挫折—侵犯论的心理学家比较认同宣泄的作用,而社会学习理论则反对使用这种方法。

阿伦森(Elliot Aronson)提出,释放侵犯性冲动的方法有三种:一是用体育活动来消耗侵犯性能量,如球类比赛、跑步、跳高、拳击等等;二是进行一些没有破坏性的、幻想的侵犯行为,如想象打某一个人,在心里骂某个人或读某个暴力故事等等;三是做一些直接的侵犯行为,如痛斥他人、伤害他人,以及刁难、诽谤等恶劣行为(郑日昌译,1985)。第一、二两种方法有合理之处,它们与第三种方法的主要区别在于,前者是无害的,后者则是有害的。作为控制侵犯行为方法的宣泄,其作用是十分有限的,其作用受到社会学习理论的质疑。

(二) 惩罚

根据强化理论,对于侵犯行为的惩罚在一定程度上能够抑制侵犯行为,即所谓"杀一儆百"。无论是实际上受到了惩罚,还是观察到了对于侵犯行为的惩罚,都能对侵犯行为起到一定的抑制作用。

惩罚的有效性必须注意以下几点:第一,一般来说,惩罚要相对地重些,使侵犯者感到痛苦与压力,以便吸取教训。第二,惩罚要及时,即发现侵犯行为之后尽早予以惩罚,进行及时的负强化。第三,惩罚必须具有针对性,惩罚量的大小与其严重程度要相对称(Baron, 1983)。

但惩罚的运用要慎重,因为惩罚本身也是一种侵犯,它也可能成为人们模仿的榜样,这就是为什么有研究表明生长在暴力家庭环境中的儿童长大后也容易有暴力倾向。

(三) 移情

移情就是对他人感情的移入。恻隐之心人皆有之,一个人对他人的感情移入愈多,他就愈是能把自己作为受害者,从而体验他人痛苦的情绪,这样,就会同情他人,从而抑制自己的侵犯行为。

移情能力可以通过角色扮演来培养。角色扮演就是让个体暂时充当别人的角色,体验别人在一定情境下的心理状态。

(四) 置换

当个体遭受挫折,但由于某种原因又不能对挫折源进行直接还击时,个体就可能以其他方式对另一目标表现出侵犯行为,这种现象被称为置换攻击或替代性攻击。替代的基本规律是,替代者越像受挫源,个体对该对象的侵犯倾向就越强烈。然而替代者越像受挫源,个体就越感到对挫折源的焦虑,因此替代性侵犯大多倾向于指向更弱小和没风险的对象。

(五) 去个性化的避免

去个性化是指个人自身同一性意识下降,自我评价和控制水平降低的现象。个人在去个性化状态下,行为的意识会明显丧失,从而会做出通常不会做的行为。因此,个体要意识到去个性化的危险,特别是在大规模的群体中,要注意保持行为的自我控制。而社会要加强对群体特别是大规模群体的监控和引导,减少因去个性化而导致的侵犯和攻击。

(六) 大众传媒的控制

前述的许多实验已经证明,观看暴力榜样可以诱发侵犯行为,以及造成对暴力行为的模仿。而如今的信息时代,人们大量的信息来源是电视、电影和网络等媒体。因此,大众传媒应有社会责任感,尽量控制提供侵犯榜样,减少大众观察和学习侵犯的机会,把传媒的不良影响降到最低。电子游戏开发商也应多开发积极的、内容健康的"绿色游戏",而不应在血腥、暴力上做文章,寻求感官刺激。

(七) 认知干预

在日常生活中,还可以通过认知干预来矫正攻击行为,让个体学会正确认识事件,帮助他们对侵犯线索进行良性归因。也可以在孩子很小的时候就开始塑造他们的移情能力和合作精神,教会他们自我控制,学会策略性地应付愤怒情绪。

要对侵犯行为进行有效的预防或控制,不是心理学一门学科所能够完成的,还需要文化人类学、生物遗传学、社会学、伦理学等学科的共同支持。

本章小结

利他行为是指提供时间、资源或能量以帮助他人的行为。社会生物学家认为,群体中的成员在遗传上的关系愈密切,他们之间的群体联系愈稳定亲密,因此利他行为主要涉及群体选择和亲属选择。心理学家则认为利他行为是一种不期望日后报答而出于自愿的行为。

亲社会行为是一个包括利他行为和助人行为在内的更广泛的概念。利他行为以帮助别人为唯一目的；助人行为则强调一定的功利目的。

关于解释和分析利他行为的理论，主要有进化理论、决策理论、学习理论、社会交换理论、和社会规范理论等。进化理论认为利他行为是通过遗传得来的，是"人类本性"。拉坦内和达利的决策理论认为任何情境中，给予帮助的决定都包含了复杂的社会认知和理性决策过程，需要经历五个步骤：(1)对紧急事态的注意。(2)对紧急事态的判断。(3)个人责任程度的决定。(4)介入方式的决定。(5)利他行为的实行。学习理论强调人们通过强化和观察学习来帮助他人。社会交换理论认为助人也是交换行为，施与者和接受者同样受益。社会规范理论把亲社会行为看作社会习俗或规范的一部分。人们自觉地遵从这种规范，并从中得到满足；如果违反这种规范就会产生罪恶感和内疚感。有三种社会规范与助人行为相关，分别是社会责任、互惠和社会公平。

冷漠行为是指在紧急、危险的情况下，个人明知他人受到生命和财产的威胁而需要得到自己帮助时，却持坐视不救、袖手旁观的态度。冷漠现象的产生是由于发生了"旁观者效应"。所谓旁观者效应是指因他人在场对人们的救助行为产生了抑制作用。

侵犯行为定义为有意伤害他人且不为社会所许可的身体行为或者言语行为。侵犯行为包含三个特点：有伤害他人身心健康的意图；其意图已转化为外显行为；行为使他人的身心健康受到损害。

侵犯行为可以分为不同的种类：根据侵犯行为是否违反社会规范，可以分为反社会侵犯行为、亲社会侵犯行为和被认可的侵犯行为。根据侵犯行为的最终目的不同，把侵犯行为分为手段性侵犯和目的性侵犯。按照侵犯行为方式的不同，可以分为言语的侵犯与动作的侵犯。

在分析侵犯行为时，社会心理学家主要有三种观点：(1)人类有基于生物本能的攻击性驱力。弗洛伊德的死亡本能论认为人类的侵犯行为根源于一种自我破坏的冲动，这就是死本能。洛伦兹用本能论解释人类的侵犯行为，认为侵犯行为乃是人类生活中不可避免的。人们研究了激素、遗传基因、神经系统、生物化学等因素，认为侵犯行为的产生有其生理基础。(2)侵犯是由挫折引发的动机而导致的自然反应。挫折—侵犯理论认为，挫折会导致某种形式的攻击行为。挫折是指任何阻碍个体实现目标的外部条件。(3)侵犯行为是习得的。社会学习理论认为，侵犯也可以是学习"引导"出来的，也可以通过观察和模仿而形成，不一定要亲身获得奖励或惩罚等强化。

控制侵犯行为的途径有宣泄、惩罚、移情、置换、避免个体去个性化、大众媒体的控制和认知干预。

思考题

1. 总结你之前的助人经验是出于哪些动机。

2. 生活中时常有人向我们求助，在哪些情况下你会拒绝？

拓展阅读

1. E·阿伦森.社会心理学(第五版).北京:中国轻工业出版社,2005.

2. 菲利普·津巴多.路西法效应:好人是如何变成恶魔的.孙佩妏,陈雅馨译.北京:生活·读书·新知三联书店,2010.

第十三章　群　体　心　理

一张合照图是一群在户外的年轻人合影。照片中的他们看上去青春洋溢,阳光灿烂,团结活泼,相亲相爱。但其实在照这张合照之前不久,他们可能并不相识。他们分布在一个城市的不同角落,可能是某学校的学生,也可能是某公司的白领。然后,在一个叫"暴走团"的豆瓣小组上,他们看到这场暴走出游活动的成员招募,于是报名参加,结伴一起出游,留下了这样一张有着令人愉快回忆的照片。因为都喜欢户外,都喜欢暴走,于是通过"南京暴走团"的小组,走到了一起,结成一个群体。

我们很多行动不是单独进行,而是在团体中进行的。研究个体在群体活动中的心理活动,研究群体对个体的影响,是社会心理学的重要课题之一。社会心理学家对群体心理怀有浓厚的兴趣,认为群体是展露个人才能、表现个人特征的领域,是在社会价值、观念和规范影响下形成积极的社会成员的领域。总之,群体在社会关系体系和结构中占有特殊地位。

第一节　群体的定义和分类

群体是个体的共同体。由两个或两个以上的个体按某个特征结合在一起,进行共同活动、相互交往,就形成了群体。个体通过群体活动参加社会生活,成为社会成员。人是社会性动物,个体的一生都在不同的群体中度过,他总是群体中的一员。他不仅是从属于许多群体,而且在不同的群体中占有一定的地位,扮演一定的角色,形成独特的个性。

心理学家麦克格拉斯(McGrath, 1984)根据群体之间人们结合的紧密程度,把社会群体分为以下几个层次:

统计结合(statistical aggregate):常常是根据研究的目的对人的划分,如 65 岁以上的老人、家庭主妇、大学生等。一个统计集合的成员都具备共同的特性,他们可能彼此不认识,也没有产生互动。

观众群(crowd):当人们在身体上很接近,并且对同一情景做反应的时候,我们称之为群众。比如在街上围观他人打架的一群人,在演出结束之后等待门口找明星签名的人等。

组或队(team):一组为了某个特定目标而聚集,且彼此间有互动的人。如工作团体,足球队,高尔夫球俱乐部等。

家庭(family):因血缘、婚姻以及收养关系等而形成,并且共同居住在一起。

正式组织(formal organization):一群人在一起以清楚而有结构的方式工作,以完成任务为目标,如工厂、学校等。

在日常生活中,上述集合都可成为群体,但是社会科学中所研究的群体含义则相对较窄。社会心理学所研究的群体要具有互动性。比如说,在一台电梯里面,一群人即使挤得"亲密无间"也不能称之为群体,但是如果电梯突然发生故障他们一起被困在里面,作为共同的事故当事人,就会有可能在群体中激发互动,表现出某种行为,形成暂时的群体。

专栏 13-1

夏令营实验:群体是怎样形成的

1961年,社会心理学家谢里夫(M. Sherif)进行了一项经典研究,完整地揭示了人们从个体形成群体的全过程。

这一研究邀请了互不相识的12岁男孩参加夏令营。他们来自不同的学校和街区,都来自中产阶级白人家庭。

研究分几个阶段进行。第一个阶段一个星期,参加实验的被试被分为两个独立人群,相互不知道对方的存在。研究分别安排两个人群进行一系列的活动,如一起做饭、修游泳池、玩垒球、一起做绳梯。结果,这一阶段的一起活动和交往,使两个人群分别从原来的聚合状态形成了群体。每个小组发展了自己不成文的规则、非正式的领导者,以及其他一些一个组织化群体所具有的特点。甚至两个小组分别自发地为自己的群体起了名字,一个叫"响尾蛇",一个叫"雄鹰"。至实验第一阶段结束,群体每个成员的角色已经发生明显分化,并且稳定下来。

实验第二阶段安排两个群体相遇,彼此之间开展了一些列诸如橄榄球、垒球以及其他项目的比赛。竞争的结果是两个小组出现了明显的"我们的情感"(we-feeling),"我们"和"他们"的意识发生了明显的分化。群体成员分别将自己的群体看作内群体(in-group),认为自己所属的群体更优越,而将对手看成外群体(out-group),似乎对方的特点都不合自己的愿望。竞争引起了对于对手群体的敌意。第二阶段结束时请被试在两个群体中择友,结果两个群体的成员选择本组成员作为朋友的比例,分别达到92.5%和93.6%。

实验第三阶段是探索如何减轻或消除群间的冲突。实验安排两个小组被试一起进行一系列共同活动,一起用餐,一起看电影短片。然而这样的操作并未有效减轻双方的敌意。有一次两群体还在吃饭时发生了直接冲突。

研究的进一步安排是提供两个群体必须一起协同活动的机会。如一起修野营基地的贮水池,否则大家都会缺水;齐心协力将卡车拖出泥潭等一系列共同活动。结果,两个群体的敌对情绪明显减缓。野营生活结束时再次进行择友测试,结果两个群体的成员选择对方成员作为朋友的比例达到三分之一左右。与第二个阶段的结果形成了明显对照。

显然,谢里夫的实验证明了交往、共同活动和目标一致,是群体形成的基本条件。

群体有不同的分类。根据群体提出的目的、相互联系的机制、影响群体成员的方式、群体成员之间的交往特点、相互作用的性质、亲密和团结的程度等,可以将群体作各种分类。

一、正式群体与非正式群体

按照群体内各成员相互作用的目的和性质,可以把一切群体分为正式群体与非正式群体。此种分类最早为美国心理学家梅耶所提出。

正式群体根据定员编制、章程或其他正式文件而建立。团体成员之间有公事往来,这也是由文件明文规定的,他们之间有从属关系或平行关系,执行任务中的责任有大有小,都有明确分工。学校的班级、工厂的车间与生产班组、部队的组织等,都是正式群体。

正式群体中人们的相互关系,即使在同一个工作细则的指导下也不可能完全相同,因为人们交往时带有各自的性格、气质、能力及风格的特点。公务关系必然会受到私人关系的补充,心理上的接近(同情、友谊、尊敬)使正式群体结为一体,帮助解决提出的问题。在正式群体和公务来往的范围内,也可能存在着否定的情绪态度,如反感、不尊重、蔑视和仇视等。

非正式群体,是在心理动机上的方向一致——同情、观点接近、信念一致、承认权威、个别人威望——的基础上产生的。这种团体没有定员编制,没有条文规定,因此,不必有固定的形式。

社会心理学研究与生活实践表明,在正式群体中总会存在着各种非正式群体,非正式群体在一定程度上会影响正式群体,其影响可能是积极的,也可能是消极的。梅耶的霍桑实验证明,在大规模生产条件下非正式群体的自发产生是不可避免的,而且非正式群体中形成的目标在很大程度上决定着群体成员对劳动、对管理部门的态度,从而影响了成员的劳动生产率。

二、大型群体与小型群体

根据群体成员之间有无直接的、面对面的联系和接触,可把群体分成大型群体与小型群体。

大型群体是指群体成员之间只是以间接方式取得联系的群体,如通过群体的共同目标、通过各层组织机构等使成员建立间接的联系。大型群体还可进一步分为不同形式、不同层次的群体。如可分为国家、民族、阶级、阶层等群体;也可分为社会职业群体,或人口群体、社区群体等;还可以分为观众群体、听众群体。上述大型群体都可以作为社会心理学的专门研究对象。

小型群体是指相对稳定、人数不多,为共同目的而结合起来的、成员直接接触的联合体。它有共同目的,全体成员为此目的作共同努力。小型群体中每个人都相互熟悉,在解决小型群体遇到的问题的过程中相互交往。其规模不能少于两个人,但一般不超过30至40人。家庭、工作小组、班级等都可以看作小型群体。一个人可以同时参加几个小型群体。在那里,每个人可以根据自己的愿望与需要与他人交往,而不作硬性规定。

在人数较多的小群体中,某些人的交往活动比较频繁,交往更加带有密切的性质,有些社会心理学家称之谓小小群体。小小群体人数不多,一般为2至7人。小小群体可能是一个独立的共同体,同时还属于某个小群体。

小型群体是社会心理学家十分感兴趣的研究课题。在群体心理研究史中,许多心理学家如米德、F·H·奥尔波特、勒温、谢里夫、梅耶等人的研究,都是以小型群体的研究为起点的。

三、成员群体和参照群体

按照成员对群体的心理向往程度,可以将群体分为成员群体及参照群体。成员群体是指个体实际所属的群体,参照群体则是个体心中向往的群体,而且该群体的标准,目标,和规范会成为个人行动的指南,个人会把自己的行为与这种群体的标准进行对照,如果不符合这些标准,就改正自己的行为。所以参照群体也可以被称为标准群体或榜样群体。米德说,这种群体的标准和目标会成为个人的"内在中心"。

专栏 13 - 2

参照群体心理研究在营销学中的应用

憧憬自由之丘——中低阶层对上层阶层生活方式的向往

STP 理论是现代营销学的核心理论之一。美国营销学家温德尔·史密斯(Wended Smith)最早在 1956 年提出市场细分(Market Segmentation)的概念,然后,美国营销学家菲利浦·科特勒(Philip Kotler)进一步发展和完善了温德尔·史密斯的理论形成了成熟的 STP 理论,并在商业界得到广泛的应用。STP 理论中的 S、T、P 分别是 segmenting、targeting、positioning 三个英文单词首字母的缩写,即市场细分、目标市场和市场定位的意思。

STP 理论的要点在于选择确定目标消费群体。根据 STP 理论,市场是一个综合体,是多层次、多元化的消费需求集合体,任何企业都无法满足所有的需求,企业应该根据不同需求、购买力等因素把市场分为由相似需求构成的消费群,即若干子市场。这就是市场细分。企业可以根据自身战略和产品情况从子市场中选取有一定规模和发展前景,并且符合公司的目标和能力的细分市场作为公司的目标市场。随后,企业需要将产品定位在目标消费者所偏好的位置上,并通过一系列营销活动向目标消费者传达这一定位信息,让他们注意到品牌,并感知到这就是他们所需要的。

对消费群体进行进行细分的基础是多样化的。最初对市场进行细分的是年龄、性别、收入、教育程度、职业、社会阶层等此类人口统计特征或者国家、地区、气候、地形这样的地理特征。随着社会和经济的发展,仅以这些人口统计特征作为辨别和满足消费者需求的差异已经远远不够。20 世纪 70 年代起也开始运用个性、价值观和生活形态这样的心理人口统计特征去深入理解市场动态和消费者行为差异。

根据这样的理论,如何正确辨别目标消费群体并且抓住目标消费群体的核心需求便是现代企业在复杂多变市场环境中胜出的重要手段。日本管理战略大师大前研一提出"M 型社会"的概念,即指在全球化的趋势下,富有者在数字世界中大赚全世界的钱,财富快速攀升;另一方面,随着资源重新分配,中产阶级因失去竞争力而沦落到中下阶层,整个社会的财富分配,在中间这块,忽然有了很大的缺口,跟"M"的字型一样,整个世界分成了三块,左边的穷人变多,右边的富人也变多,但是中间这块陷了下去。当日本企业深陷这种结构变化中,对未来感到迷茫或者只是消极等待时,大前研一提出"憧憬自由之丘"的营销建议,指出企业业绩增长的重点在于争取市场中最大的中低阶层消费群体。根据塔德的模仿亚定律,中低层阶层具有模仿上层阶层的倾向。在收入和购买力上,这个群体已经跌落在 M 型社会的左边,但是他们内心不愿意失去体面优雅的生活,仍然以上层社会为参照群体,追随他们的生活方式。自由之丘是日本东京市内的高级住宅区,周边聚集了高档奢华的商品和服务。"憧憬自由之丘"的理念,简单说就是为中低阶层消费群体提供价格便宜,但是有感觉到身在自由之丘的商品和服务,那种向往追求但承受不起的自由之丘气氛。

东京自由之丘的一个十字路口,
街道两旁多是高档商品的门店。

(图片来源:http://www.douban.com/photos/686190841/)

四、松散群体、联合群体和集体

苏联心理学家彼得罗夫斯基根据群体发展的水平和群体成员之间联系的密切程度,把群体分为松散群体、联合群体(或合作群体)和集体。松散群体是指个人间的关系不以共同活动的目的、内容、意义和价值为中介的共同体。联合群体(或合作群体)是指通过共同活动而逐渐凝聚成为有结构的组织,建立起成员之间带有各种情绪色彩的人际关系的群体。集体是群体发展的最高阶段,它是个人间的关系以有个人意义和社会价值的群体活动内容为中介的群体。

第二节　群体规范和群体压力

群体规范是群体非常重要的一个特征,它会因为群体种类的不同而表现出内容上的差异,但对群体来说,它的形成机制和作用范围却具有内在的一致性。

一、群体规范的定义

如果要问群体规范是什么，我们可以用一个形象的例子来说明。当一位老人颤巍巍地走上公共汽车，站到一位坐着的年轻人身边时，这位年轻人通常是不由自主地起立，把座位让给老人。是什么促使年轻人这样做呢？很简单，年轻人给老人让座就是一种群体规范，它是直接制约个人行为的某个群体所特有的共同观念。

群体是众多个体以一定方式维系而组成的，群体一旦形成，就需要有一定的行为准则来统一其成员的信念、价值观和行为，以保障群体目标的实现和群体活动的一致性。这种约束群体成员的行为准则，就是群体规范。群体规范从广义讲包括制度、法律、道德、文化、语言、风俗等；从狭义讲包括厂规、公约、守则、纪律等，涉及的内容非常广泛，其中既有明确规定的准则条文，也有自发形成、无明文规定的行为模式。群体规范作为联结社会和个人行为的媒介因素之一，像棱镜一样折射着社会对个人的一切影响，直接引导和限制着个人的态度和行为。

图 13 - 1　市民有序排队等待搭乘地铁

(图片来源：http://wmgz.gov.cn/94338/94432/94436/201009/30/94436_14039462.htm)

群体规范在群体成员的共同活动中一经形成，便具有一种公认的社会力量，它通过不断内化为人们的心理尺度，而在个体社会化的过程中发挥出积极的作用。群体规范赋予个体行为和外界事物以一定的意义，使之明白依据一定的价值标准，应该做什么，不应该做什么，当它真正为个体所采纳和接受，内化为自觉行动的内部观念时，个体社会化进程便实现了一个质的飞跃，从而完成了由生物人向社会人的转变。

二、群体规范的形成

群体规范的形成有其一定的心理机制。人们在共同的生活中，对于外界事物的经验，具有一种将经验格式化、规范化的自然倾向，这种规范化的经验被称为定型，它有助于人们在重新遇到此类事物时尽快作出反应。群体规范就其形成过程来说，显然属于定型。另外，群体规范的形成还受模仿、暗示、从众、服从等因素的影响，是群体成员为着目标的实现而发生相互作用的结果。

美国心理学家谢里夫认为,由于群体中人与人相互作用的结果逐渐形成了成员共同的判断标准或依据原则,从而使各成员的判断趋于稳定,这个过程就是群体规范形成的基本过程。

谢里夫设计了"游动错觉"的实验,用以说明群体规范的形成过程。他让被试单独坐在暗室里,观察在他们面前的一段距离内出现的一个固定光点,光点出现几分钟后就熄灭了,这时让被试判断光点移动的方向。实际上光点并没有动,但在暗室中由于视错觉,人们都觉得光点在移动。这样的实验重复几次后,每个人都建立了个人的反应模式,有人觉得光点向右上方移动,有人觉得向右下方移动,还有人觉得向左下方移动等,各不相同。主试问被试,在他们看来,光点移动了多远。问过几次之后,被试的判断也基本固定了,有人说2英寸,有人说3英寸,等等。然后,被试又重新分组,再做一次实验,这次允许他们听别人的判断,并相互讨论。结果发现,经过几次实验后被试对光点移动方向和移动距离的判断开始向一个新的群体平均数集中。最后,每个被试又单独施测一次,但他们的估计仍是整个群体的估计数。

谢里夫认为,这一结果说明了群体对个人在社会知觉水平上的影响,个人逐渐形成了以团体的眼光来看光点移动的态度。这一实验结果与人类学资料结合起来,说明个人的知觉习惯是对社会文化习惯的适应。从群体规范的角度来看,当一个群体面临模糊不清的事态时,会出现可供了解和把握事态、采取适当方式予以处理的共同判断标准——群体规范,而且各个成员会依据这一规范采取相应的行动。谢里夫的其他实验还表明,在形成群体的初期,成员之间的差异性是明显的,但是随着时间的推移,成员之间的差异性就会逐渐消失,一致性会明显表现出来。谢里夫认为,他所揭示的群体规范的形成过程的研究结果不仅适用于小群体,而且适用于大群体,如组织、城市,乃至整个国家或民族。

三、群体规范的压力

群体规范形成以后,就会对群体成员产生压力,迫使他按照群体目标和准则调节自己的行为。这种压力与权威命令不一样,后者是由上级发出的,具有强制性,而前者作为多数人的一致意见,虽不具有强制性,但个体在心理上感到难以违抗。如果个体一旦偏离群体规范,就会受到群体的惩罚,这种惩罚不仅有明文规定的措施,更令人心理上难以忍受的是群体大多数成员对个人的疏远和孤立。这种无所归属、无所依附的失落感,是群体压力对偏离群体规范个体施加的最直接、最强悍的威胁。因此,群体规范形成的压力,对改变个体行为的作用,有时比权威命令还要大。

(一) 阿希的从众行为研究

美国社会心理学家阿希的线段实验(见第十章)证明了群体压力的存在和个体受群体压力的影响。实验结束后,实验者对不同类型的被试分别作了访谈,请他们回忆自己在实验过程中的思考过程。表现出独立行为的一个被试说:"尽管许多同学与我判断不一,我还是深信自己的判断是正确的。"另一个被试说:"我发现只有我一个人与众不同,但我知道他们是错的,我不愿顺从。"每次表现出从众行为的被试说:"我看到别人怎样讲,自己也就怎样讲,有几次我看出是不对头,但别人都这么说,我就跟着讲了。"其余的被试有的说:"开始我坚持,后来看看大家都讲的与我不一样,我就怀疑自己的眼睛有问题,有点害怕自己看错了,所以也就跟着随大流了。"有的说:"开始我相信自己是对的,后来发现就我一人与别人不同,觉得奇怪,于是以后就随从大家了。"

(二)群体压力的形成过程

阿希的从众行为研究的发现,人们趋向于从众,是因为群体为他们带来了某些信息性的或规范性的压力。莱维特(H. J. Leavitt)分析了群体压力的形成过程,将其分为四个阶段。

第一阶段为辩论阶段。群体成员充分发表自己的意见,并尽量听取别人的意见,经过讨论,意见逐渐区分为两派,一为多数派,一为少数派。这时,少数派已经感受到某种压力,但群体还允许他们据理力争,同时他们也抱有争取大多数的愿望。

第二阶段为劝解说服阶段。多数派劝少数派放弃他们的主张,接受多数派的意见,以利于团体的团结。此时,多数派已由听取意见转为劝解说服,少数派感到越来越大的群体压力,有些人因此而放弃原来的观点,顺从多数人的意见。

第三阶段为攻击阶段。个别少数派仍然坚持己见,不肯妥协,多数人开始攻击其固执己见。此时,个别少数派已感到压力极大,但为了面子只能硬顶。

第四阶段为心理隔离阶段。对于少数不顾多方劝解和攻击,仍然固执己见的人,大家采取断绝沟通的方法,使其陷于孤立。这时个体会感到已被群体抛弃,孤立无援。除非脱离群体,否则将处在一种极为难堪的境地。

(三)群体压力的作用范围

不过,群体规范的压力只有在一定限度内才具有约制作用,如果超出群体多数成员所能承受的程度,这种作用就会消失殆尽。那么如何来把握这个限度呢?杰克逊(J. Jackson)通过对规范特质的研究,曾试图用规范潜在收效模式来表示群体规范的压力及其作用范围。

杰克逊的这个模式由两个基本要素构成:行为和评价。他认为,人们在社会生活中采取的所有行为都反映着某种规范,因此,可以通过群体成员的行为表现来测定群体规范的妥当性;此外,几乎在所有的场合,群体规范都体现在其成员对事物表示赞成与否的态度的评价中,因此,又可以通过评价活动来考察某种群体规范被其成员接受的程度。于是,他把行为和评价作为两个维度,构成了测定群体压力的平面图(图13-2)。

图中表示的是一次小组讨论会的发言情况。横轴是行为维度,表示一个成员的发言次数,共八次;纵轴是评价维度,表示群体成员对某种行为(如发言)的态度,依图中的评价尺度,小组成员对八次发言的评价可能落在从-4到+4的范围内。负值表示小组成员对某人的发言不赞成,意味着他的发言是负收效;正值表示赞成,其发言是正收效;零表示不关心,其发言是中性收效。杰克逊把成员评价程度和行为表现对应起来描绘成一条曲线,叫"潜在收效曲线"。通过这条曲线,可以得出两个结论:(1)它表明,某种群体规范能在多大范围内被其成员所允许。从图13-2中看,在行为维度(a)上,由"4"到"7"的这个范围内的行为方式是被公认为妥

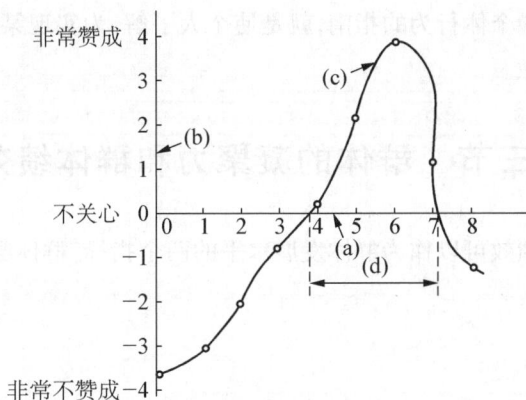

a：行为维度　　b：评价维度　　c：规范潜在收效曲线　　d：行为容许范围

图 13-2　规范潜在收效曲线

当的,即在这一范围里,某种群体规范所具有的压力是为其成员所能接受的。(2)它表明,某种群体规范所具有的压力的强度。在图的纵轴上显示出来的曲线最高点,代表这个群体的理想行为模式,表示群体成员对规范的服从程度最大。曲线在横轴与纵轴相交处的绝对值越大,表明群体规范的压力越大。

四、群体规范的作用

群体规范对群体成员所产生的压力,在一定限度内能促使整个群体为实现群体目标而明确责任分工和统一行动步调。因而群体规范是一种强大的社会力量,其作用具体表现在以下几个方面。

(一) 维系群体的支柱

群体规范是一切社会群体得以维持生存、巩固和发展的支柱。这是因为,群体规范在群体成员的交往中发挥着"法典"或"媒介"的作用。如果缺乏这一交往时可供以编码、解释、译码的"法典",群体成员就无法相互理解和共享所传递的信息、经验和情感,群体活动也就无法进行。因此,群体规范对一切社会群体来说都是不可缺少的。

(二) 统一认识的标尺

原来对某一事物看法不一的个体,一旦结成一个群体,他们就会在判断和认识上逐渐产生一致的意见。此时,群体规范就像是一把标尺,迫使其每个成员都要用它来对照自己的行为。这样,也就为其成员提供了一个认知和评价的标准,从而最终形成共同的认识意向。即使有个别人持不同意见,但由于群体规范的压力和个人的服从性,也势必使他与规范保持一致。不同的群体有不同的规范,因而不同群体的成员对同一行为就会作出不同的评价和理解,从而导致不同的对待态度。群体规范作为统一认识的标尺,只对本群体的成员起作用。

(三) 引导行为的指南

人与动物不同。人具有社会性,其行为要受社会的制约,受一定群体规范的引导。个体在社会中有各种各样的需要和目标。采取什么样的行为来满足这些需要和达到这些目标,必须考虑群体规范为各个个体所划定的活动范围和规定的日常行为方式,否则,就会被视为离经叛道。群体规范作为引导个体行为的指南,就是使个人了解,为实现某种目的,应该做什么和不应该做什么以及怎么做。

第三节 群体的凝聚力和群体绩效

群体凝聚力和群体绩效可以作为群体发展水平的两个指标,群体凝聚力和群体绩效之间也有着紧密的关系。

一、群体凝聚力

任何一种群体,都有一个共同特征,即促使群体成员结合在一起以区别于其他群体成员的一种凝聚力。凝聚力可以作为群体发展水平的指标之一。

(一) 群体凝聚力的定义

群体的凝聚力乃是群体成员发生作用的所有力量的汇合。凝聚力表现在成员的心理感受方面,即为认同感、归属感与力量感。

认同感。凝聚力强烈的群体内,各个成员对一些重大的事件与原则问题,都保持共同的认识与评价。这种认同感往往会相互影响,这种影响是潜移默化的,尤其是当个人对外界情况不明时,个人情绪焦虑不安时,群体其他成员对其影响更大。

归属感。表现群体凝聚力最重要的形式之一就是每个成员在情绪上加入群体,作为群体的一员,具有"我们"和"我们的"这种情感。当群体取得成功或遭到失败时群体成员有共同感受,一部分成员也会为其他成员的成功感到高兴与自豪,从感情上爱护自己所属的群体。通常,一个人同时会属于许多不同的群体——班级集体、兴趣小组、篮球队以及某个社团等。一般说,各个群体之间并无利害冲突。但每一个人都对自己从属于某一个最主要的群体怀有最为强烈的归属感。

力量感。在群体凝聚力强烈的条件下,当一个人表现出符合群体规范和群体期待的行为时,群体就会给予他赞许与鼓励,以支持其行为,从而使他的行为得到进一步强化,使个人信心更足,决心更大。

总起来说,群体凝聚力表现为知、情、意三方面。归属感是给个人以情感上的依据;认同感则对个人的认知给以知识与信息;力量感则给个人以力量,使个人的活动能坚持不懈。

(二) 群体凝聚力产生的条件

一个群体是否具有凝聚力,凝聚力有多大,取决于群体本身以及它所处的情境。兹分述如下。

1. 目标整合

群体是由不同的个体组成的一个整体,整体有整体的目标,个体也有个体的目标,两者的目标如能够统一起来,保持一致,称目标整合。

目标整合原则指两方面:对团体来说,总目标应该包括和满足个体的需要和愿望,使个体目标在团体内得以实现;对团体成员来说,各个个体目标必须与整体目标一致,或趋向于统一,当整体目标和个体目标发生矛盾时,应以整体利益为重,修正个人目标,甚至牺牲个人目标以顾全大局。

在生活中,个人目标和整体目标的关系往往有四种类型:(1)各成员的个人目标完全一致,与整体目标也完全重合;(2)各成员的个人目标与整体目标基本一致,但不完全重合;(3)各成员之间有基本一致的目标,但与整体目标相违反,或很不一致;(4)各成员之间无统一目标。显然,上述第一种类型的群体凝聚力最强,第二种类型的群体次之,第三种、第四种类型的群体最差。

2. 志趣相投

志趣相投是指成员在动机、理想、志向、信念、兴趣、爱好等方面基本一致。而上述心理品质是个性心理结构中的重要组成部分和最活跃的因素,是个人行为的内在动力和个人积极性的源泉。

志趣相投有以下两方面的作用:(1)共同的志趣可以保证成员们有相似的态度,步调一致,协作互助;(2)共同的志趣可以保证成员们获得最大的心理满足,因为成员们的理想、信念、兴趣等心理品质是由奋斗目标联系着的。在一个志趣相投的团体中,人们从事自己喜爱的工作,就能激发并促进其工作热情,增强信心与力量,提高工作效率;同时也有利于成员间的信息沟通,产生较多的共同语言,使成员间的思想观点、意图和活动方式易于理解,从而弥补因沟通不良所造成的障碍。

总之,志趣相投乃是价值观念的一致,使群体成员对于那些对整个群体有意义的事物保持着意见、评价、目标和观点的一致,从而增强了群体的凝聚力。

3. 心理相容

心理相容是指团体中成员与成员、成员和团体、领导和群众、领导人之间的相互吸引,和睦相处,相互尊重,相互信任,相互支持。若是不相容,则表现为相互排斥,相互猜疑,相互攻击,相互歧视。群体成员之间在心理上是否相容,直接影响群体的凝聚力。

4. 互补

一个团体内,每一个成员所扮演的角色不同,完成的工作任务不同,因而,既需要具有不同智力水平的人们,也需要具有不同智力结构的人们共同协作,取长补短,才能增强群体的凝聚力。群体成员在智力、性格、气质、性别和年龄等方面若能互补,则往往会增强群体的凝聚力。

就智力水平而言,有的人聪明些,有的人迟钝些。前者适合担任较复杂而难度高的工作,后者可以担任那些机械而简单的工作。一个团体内这两类性质的工作都有,需要有不同智力水平的人去担当。

就智力结构而言,有的人在听觉方面见长,有的人在视觉方面突出;有的人擅长于美术,有的人则善于辞令;有的人想象力丰富,有的人则逻辑推理严密;有的人能当机立断,有的人则深思熟虑等等。团体内如果有各方面的人才,他们都能在适当的工作岗位上充分发挥作用。

成员的性格、气质是否互补也有影响。往往具有相同性格与气质的人反而合作得不好,而不同性格与气质的人在一起,因需要互补而能使心理气氛和谐。

此外,性别和年龄也需要互补。一个团体内领导班子全由清一色的性别的人来组成,不能说是很理想的。年龄上也是如此。一个团体内领导班子应老、中、青三者结合,相互取长补短,这样就能增强凝聚力。

5. 外界的压力与威胁

当群体处于外界的压力下,或遇到外来的威胁时,群体的凝聚力会提高。迈厄斯(A. Myers, 1962)的研究证实了这一点。迈厄斯组织了几个三人一组的步枪射击组,设置了不同的情境,即让有些组进行彼此竞争,有些组不搞竞争。结果表明,开展组间竞争的组比不竞争的组团结得更紧密,成员之间彼此吸引,相互合作,亲密宽容。

不管是一个小型群体还是一个大型群体,只要外界存在着压力或威胁,都会使成员团结起来相互支援,提高战斗力。一个国家就是一个大群体,当它受到敌人的威胁与侵略时,国内各个阶级就会联合起来一致对敌。从社会心理学角度看,我国在抗日战争时期,由于民族矛盾激化而使阶级矛盾缓和,就是这个道理。

二、群体绩效

群体绩效是群体作为一个生产单位所作出的表现,也是群体发展的重要指标之一。

(一)群体绩效的定义

群体绩效(group performance)指的是通过群体的活动,群体所能达到目标的成就或最终状态,通常会使用群体生产率来表示群体绩效。群体生产率是群体在单位时间内的产出能力,如产品的数量、质量、产品上市时间快慢等。

(二)群体任务类型对群体绩效的影响

在日常生活中,群体担负着一系列的任务,不同的群体承担不同的任务。群体的任务类型会影响群体的绩效。而群体任务具有一些特征,这些特征包括难度、规则度、执行的方法、完成的效标等。其中,具有重要性的特征是任务的可分工性和联合性程序。

1. 单一任务和分工性任务

根据任务的可分工性,可以将群体任务分为单一任务和分工性任务。单一任务是指不能继续细分的任务,它要求所有的成员担负相同的活动。相反,分工性任务是指群体成员完成不同的但相互补充的任务。无论什么样的任务都给群体提出了很多问题,比如成员的能力、动力、工具以及相应的信息。针对分工性任务,群体必须要针对不同成员的能力赋予不同的任务,使工作与其能力相匹配。

分工性任务的要求比单一性任务更为复杂。首先,群体成员要分享信息、具有某些特定的能力和一定的动机。也就是说,群体必须使其成员与工作的要求相匹配,将特定的成员安排到特定的工作岗位上。在医院的手术室里,一个外科手术的成功取决于整个专业团队的技能,外科医生、麻醉师、护士等中的任何一方出现错误,都会导致患者面临巨大的生命危险。群体的绩效不但依赖于最好和最差的成员,也依赖于群体成员之间良好的协调能力。一旦手术室人员不相互配合,即使每一个成员都具有很高的能力,也不能形成合力,使总任务得以顺利完成。

因此,协调对于群体完成分工性任务是极为重要的,并随着任务复杂程度的增加,其重要性也越来越突出。

2. 附加性任务、联合性任务和非联合性任务

群体任务另一个重要的特征就是将成员的贡献整合一起的程序。根据联合性程序又可进一步对单一性任务进行划分,分成三种不同任务形式:附加性任务、联合性任务、非联合性任务。附加性任务是指所有的成员担负相同的任务,群体的绩效是各成员绩效之和。如,几个朋友一起将一辆抛锚在道路上的汽车推到安全地带,每个人都要竭尽全力地推车,群体的绩效以这几个人最终把车推到安全地带为标准。群体的努力是每个人努力的总和,其中关键性的因素是群体成员是否能有效地协调他们的努力。在这个例子中,每一个人在同一时间往相同的方向用力是很重要的因素。在联合性任务中,群体的能力大小取决于群体内部最弱或者能力最差的成员。在四乘一百米接力比赛中,即使每一个队员都有着一定的经验和能力,但是他们在速度和爆发力上仍存在着差异。比赛的成绩,即他们的绩效要决定于跑得最慢的运动员。还有一种任务就是非联合性任务,群体能力的大小取决于群体成员中,能力最强的或最快的成员,那个成员的成就相当于整个群体的成就。比如,在数学竞赛中每个成员都在努力思考问题,但很显然,群体中只要有一个成员想出答案,该群体就在这一问题上获得了胜利。群体中最弱和最慢的成员不会影响整个群体的绩效。

三、群体凝聚力对群体绩效的影响

群体凝聚力对群体绩效具有重要影响。一般来说,凝聚力强的群体比凝聚力弱的群体更有效率,但是凝聚力与群体绩效之间的关系还受群体目标的影响作用。高恩(Gowen, 1986)所做的一项研究充分地说明了劳动群体所设置的个体目标和群体目标对群体绩效的影响。实验表明,设置了明确的个体目标能够提高群体生产率的19%,设置了群体目标能够提高生产率的12%,而个体目标和群体目标的设置结合整整提高了群体生产率的31%。

设置群体目标之所以能够提高群体的生产率水平主要因为:第一,设置目标能够加强成员的工作努力程度。有了明确的目标,成员就有了努力的方向,这能提高他们的工作表现,产生较高的生产率;第二,设置明确的目标能够提高群体对计划的需求,群体计划的设定能够引起较高的生产率,从而提高整个群体生产率;第三,明确的目标能够提高群体成员的合作水平。这能够使得他们进行心灵上的沟通,沟通结果是提高他们的工作热情和积极性。最后,群体目标的设定能够减少群体成员对与群体目标无关任务的关注,能够减少无效消耗,导致生产率的提高。

沙赫特(Schachter)等人在严格控制的条件下检验了群体凝聚力和对群体目标的设定对于生产力的影响作用。结果表明,群体凝聚力与群体工作效率并不总是呈正相关。沙赫特将被试分为五个组,控制了不同的实验情境,一是强凝聚力＋积极诱导;二是强凝聚力＋消极诱导;三是弱凝聚力＋积极诱导;四是弱凝聚力＋消极诱导;五是对照组。凝聚力的强弱是由指导语的控制而产生,积极或消极的诱导是把以群体其他成员的名义写的纸条递给被试,积极诱导要求增加生产,消极诱导则要求减少生产。各组的生产任务是制作棋盘。对照组是在没

有上述两种控制的条件下从事生产劳动。实验分两个阶段进行,第一个阶段共 16 分钟,对四个实验组都不进行诱导,只给以中性纸条;第二个阶段共 16 分钟,每个实验组被试都收到六次诱导。研究结果表明,实验的第一阶段,各组成绩并无差异;而在实验的第二个阶段,凝聚力的强弱与不同的诱导产生了两种明显不同的效应,从而使群体生产率产生明显的差异。积极诱导能提高生产力,尤其是对强凝聚力的组的作用更大,该组成绩最好;而消极诱导则会降低生产率,其反作用也很大,尤其是对弱凝聚力的组,该组成绩最差。这一研究结果显示出强凝聚力更受诱导影响的倾向。如图 13-3 所示。

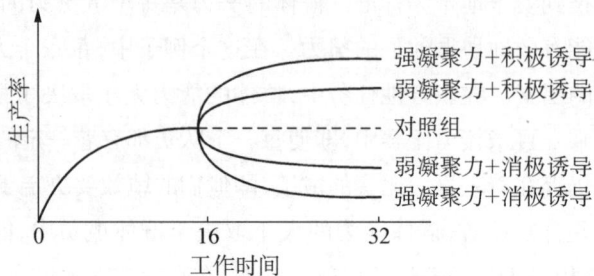

图 13-3　群体凝聚力与生产率关系

上述结果说明,要提高任何一个群体的工作效率,最重要的是要引导群体向正确的方向发展,若方向不正确,群体凝聚力越强,小团体主义倾向越严重,反而会阻碍群体的工作效率。

第四节　群体对个体的影响

群体具有动力的功能,每一成员的心理状况都与其他成员息息相关,也与群体本身的特点密切联系。群体对成员的影响主要表现在以下几个方面。

一、社会助长与社会惰化

所谓社会助长作用,是指许多人一起工作时促进个人活动效率的情况;与之相反的,如果许多人在一起工作时降低了个人活动效率,就是社会惰化作用。

如果大家一起进行活动或一起比赛,其效果比单独活动要好得多,如赛跑、歌咏比赛比个人跑步和歌唱会更好些,这称之为"共同行为者效果"。

有些人在团体条件下的工作不如个人单独时搞得好,有些人越是在人多的情况下其工作效果越好。一位新教师在课前作了许多准备工作,一遍遍地对着镜子试讲,自己感到很满意,语言流畅,表情自如,可是一上讲台,面对全班几十双眼睛,马上感到紧张心慌,手足无措,汗流浃背;老教师上讲台却不然。有不少运动员、演员在许多观众面前的表演非常成功,而且观众越多,情绪越热烈,其效果越好,这称之为"观众效果"。

群体对个人活动发生社会助长作用还是社会惰化作用,决定于以下几个因素。

(一) 活动内容的难易

如果个人所从事的活动是简单的机械操作或手工操作,则有其他成员在场时,会使活动者工作得更加出色;如果所从事的活动是学习并需要进行一系列复杂的判断推理的思维活动,则其他成员的在场将会产生干扰作用。

科特雷尔等人(Cottrell et al., 1967)做了一项实验,让被试在两种不同情况下进行活动,一是单独的一个人,另一是和团体其他成员们一起,内容是学习单词配对表。配对的单词有两类,一类是由同义的单词组成,学习起来很容易,一类是由无任何联系的单词组成,学习起来非常困难。让被试在上述两种情况下都学习这两类配对的单词。研究的结果表明,被试在学习简单的单词配对时,有其他人在场比没有人在场的效果更好;但当学习困难的单词配对时,效果则相反,独自一个学习的成绩优于其他人在场的成绩。

实验者还采用其他内容的活动——走迷津,有简单的迷津与复杂的迷津,让被试在两种不同情况下走简单的与复杂的两种迷津,也获得同样结果。

(二) 竞赛动机的激发

人们都有一种求成动机,希望把自己的才能与潜力发挥出来,这种动机对一个人的活动将会发生巨大的推动作用,求成动机越强烈,其推动的力量也就越大。求成动机在团体情况下作用尤为明显,个人与团体内各成员共同作业时,求成动机表现为竞赛动机,希望自己的作业比其他成员做得更好,这种动力可以激励自己全力以赴,以获取成绩。即使只有两个人在一起工作,不作为竞赛,个人成绩也比在单独情况下要好,因为双方都不甘示弱,都在暗自使劲,而在单独条件下,缺乏较量的对手,劲头自然不足。

个人在团体情况下进行活动,不可避免地会产生被他人评价的意识,这种意识一旦产生,实质上也就产生一种竞赛动机。这种动机作用对个人也有很大的推动力量。可以认为,个人只要和其他成员在一起,总认为对方有评价自己的可能性。即个人总是认为他人会注意自己并对自己作出评价,因此产生了一种希望被他人评价为"好"、"不错"、"有水平"的动机,从而产生助长作用。

科特雷尔曾做过一个实验,让被试分别在三种不同条件下作一项同样的简单工作:单独个人与团体内其他人一起;与团体内被蒙着双眼的其他人一起。实验结果发现:被试与团体内其他人一起活动时,比他单独个人活动效果好;被试和团体内被蒙着双眼的其他人一起活动时,其工作效果和他单独个人一样。从而证实,被他人评价意识的产生激发了竞赛动机,从而发生了社会助长作用。

不过,这一因素还需和活动的性质结合起来。如果活动难度大而复杂,自己虽然怀有被他人评价"好"的动机,但这种动机越强烈,焦虑情绪也越强烈,心理上的干扰作用也越大,从而发生了社会惰化作用。

(三) 外界刺激的干扰

有时候,在团体活动时,还会发生外界刺激的干扰作用。一般来说,他人的在场对个人活动也有不利的一面,即干扰活动者的注意力。被试的注意力由于受到外来刺激的影响而发生了分心,因此对其活动成绩起到惰化作用,尤其是活动的性质越复杂,他人的干扰作用越大。另外,还会发生个人自身机体变化的干扰。因为有人在场观察时,被观察者的汗腺分泌多,呼吸快,肌肉紧张度高,血压升高,心跳加快,这些生理变化都成为干扰的刺激,从而影响了活动的效率。

当然,个人的注意力受不受干扰,还视当时情境而定。在一些重大场合,如参加考试,他人在场并不会发生很大消极作用;如果在准备功课的场合,他人在场则容易受到影响。另外,干扰作用的大小还有个别差异,有些人求胜的情绪特别强,这种情绪本身对自己的注意力也会发生强烈的干扰作用,从而影响了活动成绩。这种情况在考场上、在智力比赛时也是屡见不鲜的,有些人平时的水平较高,一旦参加关键性的考试或重大比赛,看到对手很多,就越发增添了自己的焦虑情绪,从而转移了注意力,影响了自己的成绩。

二、去个性化

群体对个体行为另一个重要影响的例证是去个性化(deindividuation)。它是指个体在一个群体中与大家一起从事某种活动时,对群体的认同淹没了个人身份,使其失去了个性感。去个性化的效果常常使人们摆脱正常的社会规范的约束而表现出极端的行为。

法国社会学家黎朋最早对个体在群体去个性化的现象进行了研究。他发现,激动的群体倾向于有相同的感受和行为,他们的感情和思想都是一个方向,他们的个性消失,形成一种集体心理。他用"社会感染"(social contagion)来形容这种现象。费斯廷格、齐默巴多(Zimbardo)将这种现象定义为"去个性化"。

(一)对去个性化的实验研究

费斯廷格等人在1952年对此进行了研究。他们以23组男大学生为被试,让他们以组为单位进行讨论,讨论内容是让每个人说是憎恨自己的父亲还是憎恨自己的母亲。这是一个敏感的话题,平常大家很少谈论。一部分小组的讨论在明亮的教室里进行,每个成员具有高辨认性;另一部分小组的讨论在昏暗的教室里进行,每个成员还穿上布袋套,只露出鼻孔和眼睛,具有低辨认性。该研究的预期假设是具有低辨认性的被试,即去个性化的被试会更猛烈地抨击自己的父母。实验结果证实了这种预测。

齐默巴多试图研究去个性化在敌视、盗窃等极端行为中的作用。他以女大学生为研究对象,把她们分为四人一组,告诉她们将进行一项关于人类移情的实验,要求她们对隔壁房间的女大学生实施电击。她们可以从单向镜里看到女生被电击的情形。一些小组的被试被安排在昏暗的房间里,身着布袋装,不佩戴名签,具有低辨认性。结果证实,和没有去个性化的被试相比,那些去个性化的被试电击受害者的时间延长了一倍。需要说明的是,电击的实验仪器是仿制的,实验中的受害者并不是真的被电击,她的哭喊挣扎是假装的。

(二)去个性化的原因

去个性化的原因主要有以下几个方面:

1. 匿名性

匿名性是引起去个性化现象的关键。群体身份越隐匿,他们就会越觉得不需要对自我认同与行为负责。

2. 责任分散

齐默巴多认为一个人单独活动,往往会考虑这种活动是否合乎道义,是否会遭到谴责,而个人和群体其他成员共同活动,责任会分散到每个人头上,个体不必承担这一活动所遭致的谴责,因此会更加为所欲为。

3. 自我意识的下降

自我意识下降也是去个性化现象产生的一个原因。迪安纳(Diener, 1980)认为去个性化行为最主要的认知因素是缺乏自我意识,人们的行为通常受到道德意识、价值系统以及所习得的社会规范的控制。但在某些情境中,个体的自我意识会失去这些控制功能。

专栏 13 - 3

对中国人群体行为的思考

从"毫无意义的看客"到"围观改变中国"

鲁迅在日本留学的时候是一名医学院的学生,他的愿望是治病救人,帮助像他父亲一样被庸医所害的人,改善中国人身体上的健康状况。有一次,他看到一组幻灯片,一个中国人给俄军做侦探被日军捕获,正被砍头,一群虽强壮但麻木不仁的中国人正津津有味地围观。身边日本同学欢呼万岁,这样的场景深深刺痛了鲁迅。他意识到精神的麻木比身体的疾病更为可怕,于是弃医从文,开始以笔为手术刀,要切除国民性的劣根。在《呐喊·自序》里,鲁迅说:"凡是愚弱的国民,即使体格如何健全,如何苗壮,也只能做毫无意义的示众的材料和看客,病死多少是不必以为不幸的。"这麻木的"看客"和毫无意义的"围观",便是他以后作品中反复描述的场景和一贯持续的主题。

在《祝福》里,人们争先恐后地赶去听祥林嫂讲述"阿毛被狼吃了"的故事,并不是出于同情,而是为了满足自己的好奇心。在无聊的生活中寻求刺激,而在这些人听厌了之后,又立刻唾弃,对祥林嫂加以又冷又尖的笑,更显示了一种人性的残酷。

在《药》里,小说真正的英雄夏瑜怀着"这大清是我们大家的"信念,英勇地献出了自己的生命。但老百姓却急急忙忙地赶着去"看"他被杀,茶馆的茶客更把他的受害作为闲聊的谈资。先驱的一切崇高的理想和流血牺牲全都成了毫无意义的"表演"。在《药》中,鲁迅曾经这样形容看客的模样:"领颈都伸得很长,仿佛许多鸭,被无形的手捏住了似的,向上提着。"

即使在现在,麻木的看客和无意义的围观依然会发生,时不时,就会有记者重新在社会新闻面前描述起麻木"看客"的神情和无意义的"围观"场景,仿佛鲁迅的灵魂穿越时空,曾经的笔触依然穿透纸背,锤击有力。

2011 年 8 月 23 日,一个女孩在上海一个居民区内想要跳楼自尽。93 岁老人周泽骅冲着楼上喊:"不要跳,不要跳,有什么事情回家和妈妈讲讲,就都解决了。"而老人身后则是漠然的一群"看客"。

在很长时间内,围观和看客都是被中国的思想界文化界批判的现象。然而近年来,随着互联网的兴起,中国人的内在精神和气质借着自由的互联网平台得到施展的时候,"围观"悄然变成了一个具有正面形象和强大力量的行为。2010年1月13日,媒体评论人笑蜀在《南方周末》发表标题为"关注就是力量,围观改变中国"的评论。2010年11月15日,新锐杂志《新周刊》以"围观改变中国"作为封面和专题,色彩鲜艳的红色背景,黄色大字,一扫鲁迅笔下阴郁冷漠的围观场景。

从社会心理学的角度思考这个问题,为什么鲁迅笔下的看客是麻木的,围观是无意义的,而互联网上的看客可以伸张正义和良知,围观是充满力量的呢?消极地看待围观,是因为在当时的社会情境下,围观根本无法改变什么,只能充当看客茶余饭后的谈资。而互联网时代,围观不是一个人,而是很多中国人通过一个平台联系在一起,形成一个庞大的群体,发出自己的声音。单个人的声音很弱,几个人的声音仍然会被淹没,但是亿万人的围观规模让围观者有了气势,有了推动局面发展的力量。从没力量变得可以有力量,也让"围观"的景象从阴郁一点点走向了光明,这便是时代的进步了。

网民为每一次围观产生作用而喜悦,因此又将热情投入到下一次围观,围观没有产生作用也会有消极情绪,但是总体来说,他们是怀抱"围观改变中国"的信念积极投身于网络围观大潮中。他们关注公共事件,参与讨论,表达自己的情绪或者观点。"每次鼠标点击都是一个响亮鼓点,这鼓点从四面八方传来,混成我们这个时代最壮观的交响。"笑蜀以这样的比喻形容"围观"力量。

第五节 群体领导和群体决策

一、领导的概述

领导和领导人是两个既易理解又易混淆的概念。在英语中,它们是分得很清楚的:领导是leadership,而领导人是leader。但在汉语中使用领导、领导人两词时就经常不加区分。领导指的是一种行为,领导人指的是个体。当然,领导与领导人也是有密切联系的,领导是通过领导人进行的。领导人是实现领导行为的主体。

领导是指群体或组织中特定的人在一定的环境条件下,为实现既定目标,而对所在群体或组织和所属成员进行引导和施加影响的行为过程。其中致力于实现这个过程的群体或组织中的特定的人就是领导人。

领导是一个完整的动态的过程,它包括领导人、所属成员和组织环境这三个必不可少的要素。这三个要素之间不断发生着相互作用和相互影响。

领导的本质反映了一种人与人之间的关系。由于人们在群体或组织中各自处于不同的地位,扮演不同的角色,因而也就产生了一定的相互关系。领导人与所属成员是群体或组织中人与人之间相互关系的一种形式。领导就是要通过这种特殊的人与人之间的关系,激发起每一个所属成员的积极性,从而努力实现群体或组织的既定目标。

二、领导方式

领导方式又称领导作风,它是指领导人从事领导活动时所采纳的行为方式和所表现的行为特征。国内外诸多学者对此作了长期的富有成效的研究。

(一) 勒温的研究

勒温是最早研究领导方式的社会心理学家。他又是团体动力学的创始人。勒温十分重视个人行为的动力,认为这种动力是一种内在的动力,它包括人的需要、兴趣、动机等心理因素。人的行为是以内在动力为基础的,外界环境只是人们行为的"导火线",人的行为方式及其向量(强度)决定于人的内部系统的需要的张力和外界的"导火线"的关系。如果内部趋向不迫切,则外界环境的力量再强烈,也起不了作用;相反,如果内部的需要非常强烈,那么即使是非常微弱的外界环境刺激也能引起强烈的反应。总之,在内因与外因的关系上,勒温强调的是内因作用,认为人的动机是个人行为的动力。基于这一观点,勒温提出了团体动力学。团体动力,是指团体内在力量和外界环境作用的相互关系,在这相互关系中,内在力量是团体有效活动的决定因素。团体内在力量由团体领导人、团体规范、价值观、团结、思想沟通等因素构成。勒温用一个专门名词——团体心理气氛来表达这些因素。它包括团体内各成员的相互关系、领导人与所属成员之间的相互关系、团结的程度和领导人的作风等。

勒温以权力定位为基本变量,把领导人在领导过程中表现出来的极端的领导方式分为三种类型:

专制的领导方式——权力定位于领导人个人手中;

民主的领导方式——权力定位于团体;

放任的领导方式——权力定位于团体的每个成员手中。

勒温认为在实际工作情境中,三种极端的领导方式并不常见,大量的领导人采纳的领导方式往往是处于两种极端类型之间的混合型。

勒温和利比特(R. Lippitt)、怀特(R. K. White)等人开展了对比不同领导方式的一系列实验研究。实验对象为 30 名 10 岁男孩。实验将这些孩子分为 6 组,每组 5 人,每天用二三十分钟时间制作石膏工艺品。小组领导人由受过训练的实验合作者担任,分别扮演专制的、民主的和放任的领导人,进行轮组实验。每个小组都要经受三种不同的领导方式的领导人的领导。

专制组领导人:由领导者一个人决定设计工作的一切方针,讲解技术,指定课题,指定小组成员作业时间,亲自进行表扬和批评,领导人和小组成员保持一定的距离,缺乏人情味。

民主组领导人:鼓励组员们讨论并决定有关小组活动的方针,制定达到目标的步骤。领导人提出的各种方式方法仅供参考选择,从不下命令,小组成员可以自由选择课题,能自由组合。领导人的批评与表扬尽量做到客观公正,力求把自己作为小组中的普通一员。

放任组领导人:基本上是放弃领导,对组员的活动不管理、不评价、不参与,只是到了组员主动提出要求时才提供情报、信息,否则就放任自流。

研究者设置了几个指标,对各组进行比较。结果表明,小组成员的行为显著地受到领导作风的影响。放任组的工作做得很少,质量很差,但人际关系较好。民主组的成员能很好地团结起来,高质量地完成工作任务,并对工作发生兴趣,表现出很好的自觉性。当领导人借故离开现场时,他们仍然能继续认真工作,在工作中表现出有创造性的思维活动。专制组虽然也完成了指标,但工作质量不如民主组。当领导人借故离开现场时,成员们马上停止工作不干了,而且还表现出攻击行为和冷漠行为。他们对领导人有很大的依赖性,缺乏独创性。

(二) 布莱克和蒙顿(Blake & Mouton)的研究

布莱克和蒙顿(1984)根据领导人是工作取向还是人情取向而区分出五种领导方式,以管理方格图来表示(见图13-4)。

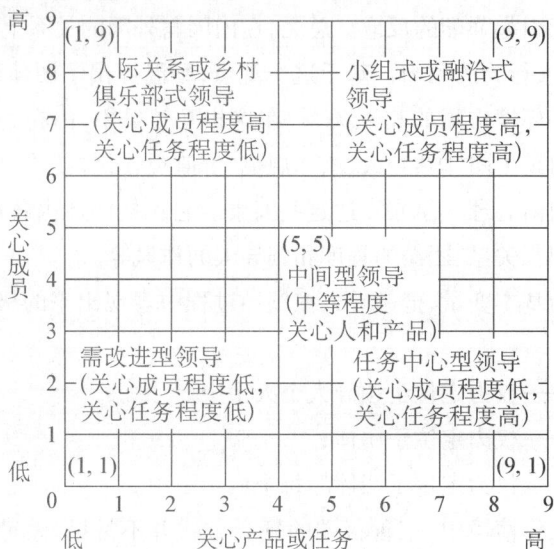

图 13-4　领导方式管理方格图

(采自 Blake & Mouton, 1984)

如图13-4所示,领导方格图尽管可区分出五种领导方式,但它无法告诉领导人使用哪种方式最为有效,因此必须分析领导人的人格特点、环境特点、任务特点、群体特点之后,才能作出选择。每一种领导方式都有它成功使用的领域(Costley, 1987)。

(三) 三隅二不二的研究

日本社会心理学家三隅二不二在20世纪60年代末70年代初,对领导人的两种取向行为进行了大量的研究。三隅将领导行为分为关心生产的工作取向(P)和关心人的人情取向(M)两个维度,这两个维度又各分成高低两种水平:

P 表示领导行为的工作取向高。

p 表示领导行为的工作取向低。

M 表示领导行为的人情取向高。

m表示领导行为的人情取向低。

三隅把上述四项领导行为组合为四种领导类型(如图13-5所示):

PM(工作取向与人情取向均高)。

Pm(工作取向高而人情取向低)。

pM(工作取向低而人情取向高)。

pm(工作取向与人情取向均低)。

关于上述四种领导行为类型的现实性,三隅等人对日本的一些工矿企业进行了多次的现场调查,发现领导行为处于PM类型时,下属成员的生产效率和劳动积极性最高。处于pm类型时,下属成员的生产效率和劳动积极性最低。

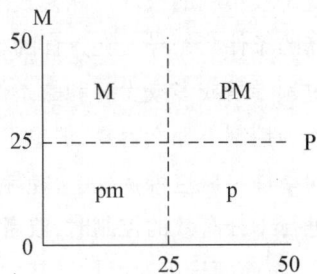

图 13-5 PM领导行为的四种类型

(四) 费德勒(F. Fiedler)的研究

费德勒经过长达十五年的调查研究,提出了一种"有效领导的权变模式",从而第一次把人格测量与情境分类联系起来研究领导方式与领导效率。

费德勒认为:任何形态的领导方式都可能有效,关键是情境如何。有效的领导方式依赖于领导人与所属成员相互影响的方式、情境给予领导人的控制和影响程度的一致性。具体地说,影响领导效果的好坏取决于以下三个决定性因素(或称为决定性条件):①领导人与所属成员的关系:这是指领导人被所属成员接受和欢迎的程度;②任务的结构:这是指领导人所安排的工作任务,其结构完善、规范和明确的程度;③职位的权力:这是指领导人所处地位的固有权力以及取得各方面支持的程度。费德勒用来进行人格测量的工具是LPC问卷(最不受欢迎的共事者问卷)。

费德勒将三个决定性因素组合起来,区分出八种状况,即从领导人与所属成员关系好、任务结构化、职位权力强的状况直到领导人与所属成员关系差、任务非结构化、职位权力弱的状况,总共八种。

费德勒用十五年时间进行了50次以上的现场研究和实验研究,积累了大量的数据,在此基础上,提出了如图13-6所示的"有效领导的权变模式"(1978)。

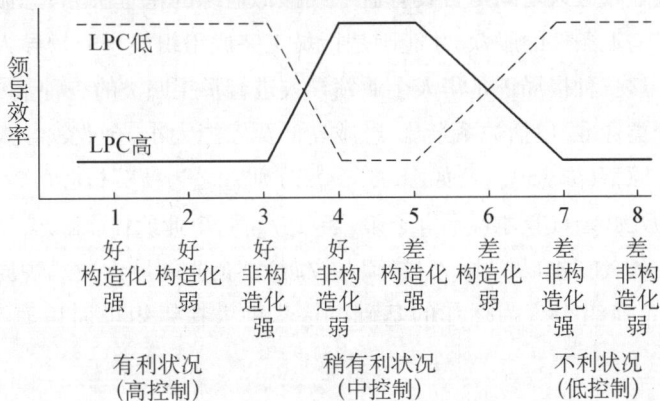

图 13-6 有效领导的权变模式

对一个领导人来说,三个决定性因素都具备是领导最有利的条件;三个条件都不具备,那就是最不利的条件。从模式图(图13-6)上看:左侧三种状况对领导是有利条件(领导控制力高的条件),领导人在这样的状况下容易控制群体,容易对下属成员造成影响。中间两种状况对领导是或多或少有利的条件(领导的控制力是中等程度的条件),在这种状况下,领导人对群体的控制不那么容易,但也不那么困难。最后右侧两种状况对领导是不利条件(领导控制力低的条件),在这种状况下,领导人对群体的控制是困难的。一般来说,领导人对群体及其成员能进行十分有效的控制时,或者控制很困难时,工作动机型(LPC低)的领导人其领导行为比较有效;而领导人对群体及其成员只能有一定程度的控制时,关系动机型(LPC高)的领导人其领导行为比较有效。

费德勒的有效领导的权变模式有一个重要而实际的贡献,那就是它使领导人或未来的领导人在试图达到其目标时,敏感地觉察情境性因素的重要性。这一模式还告诉我们两点:一是有时领导人必须不顾属员的期望、偏好,断然实行工作动机型及专权式领导。这时,领导人必须刚强、独断地决策和下命令,并强制属员服从。二是有时领导人必须不顾自己是否愿意,而实施参与式和关系动机型领导,敦请属员参与决策,同时,领导人也参与属员的讨论,给予他们决策的权力。领导人面临的任务是了解自己所处的情境,这需要技巧和经验才可解决。

(五) 郑伯埙的研究

台湾心理学家郑伯埙担当企业顾问几十年,长期与企业领导人(或企业家)相处。在深入了解企业领导人的经营理念,观察参与其经营活动后提出这样的观点:在华人组织中,企业领导人均具有举足轻重的地位,牵一发而动全身。企业领导人对组织成员的差序格局与社会归类历程,形成了不同的组织成员类别原型,并导出极为特殊的自己人意识和信任格局,从而影响了华人企业内部的组织行为。

郑伯埙认为,华人企业领导人通常兼具家长、企业所有人以及主要经营者三种角色;他不但是企业的讯息中心、资源分配者,而且须负企业之成败责任,因此,对企业经营有举足轻重的影响力。他从社会认知的角度切入,掌握了企业领导人对员工归类的差等本质,提出华人企业领导人对员工的归类本质应是差序格局的,内容至少涉及了关系、忠诚和才能三个面向。关系所指的是员工与企业领导人之间是否具有血缘或拟似血缘的伦理关系;忠诚是指员工对企业领导人的赤诚效忠与无条件的服众;才能则是指员工完成组织或企业领导人所指示之目标的胜任能力与动机。这三种格局正是华人企业领导人进行员工归类的三种基本元素。

依照这三种分类标准,包括关系亲疏、忠诚高低及才能大小,企业领导人可以将企业组织的成员归类为八种原型(prototype)(如图13-7),分别称之为精英核心(亲/忠/才)、事业辅佐(亲/忠/庸)、恃才傲物(亲/逆/才)、不肖子弟(亲/逆/庸)、事业伙伴(疏/忠/才)、耳目眼线(疏/忠/庸)、防范对象(疏/逆/才)及边际人员(疏/逆/庸)。企业领导人与八种原型员工间的互动法则,即构成华人企业组织行为运作的基础。这八种人在组织里面扮演不同的角色,如图13-8。

	关系格局	忠诚格局	才能格局
经营核心	+	+	+
业务辅佐	+	+	−
恃才傲物	+	−	+
不肖子弟	+	−	−
事业伙伴	−	+	+
耳目眼线	−	+	−
防范对象	−	−	+
边缘人员	−	−	−

图 13 - 7　华人企业员工的八种原型

(图片来源:http://blog.vsharing.com/xin_yingxiao/A1090021.html)

类型 A 是整个组织的灵魂,位高权重,是主要的决策核心。

类型 B 虽然胜任能力差,但因与老板的关系密切,是老板费心照顾的对象,也是吃闲饭,做轻松机密工作的员工,例如担任做内账,稽核,送红包等轻松而不愿曝光的职务。

类型 C 虽与企业领导人关系密切,才能也高,但并不听话,因此与企业领导人时有冲突,甚至偶尔会遭到冷板凳,但有时亦能"解冻"而有所发挥。此类员工应是引发企业领导人趋避冲突的重要人物。

类型 D 可称之为不肖子弟,理由是除了关系密切以外,其余两项标准的忠诚与才能均不佳,企业领导人如果让此类员工任职于企业内的重要职位,将付出惨痛的代价。因此,只能给与间差,加以照顾;或干脆提供资金或必要资源,请其离职他就。

类型 E 是组织内的重臣,是主要的经营人才。虽然与老板不具亲密关系,但因办事能力强,又能效忠老板,故会被老板倚重为左右手,并担负起重大的责任,成为组织内的重臣。然而类型 E 的角色和类型 A 与类型 B 不同,由于欠缺血缘或拟似血缘关系,类型 E 通常无法打入组织的核心而成为公司最主要的经营者。

类型 F 是组织内的监控人物,是企业领导人的耳目与细胞;由于对企业领导人的完全忠贞不二,而能取信于企业领导人;但因为办事能力不好,以至于只能扮演类似皂吏的角色。当然,对企业领导人而言,此种人的存在亦有其价值,例如,可以帮助类型 G,使类型 G 不敢结党营私;或帮助企业领导人搜集各类部属之生活起居与工作方面的讯息,使老板能够成为组织内讯息之核心,而不致受其他人蒙蔽。

类型 G 是老板最放心不下的人物,虽然能力与办事绩效甚佳,但因关系疏远,又不愿意效忠老板,因此,老板必须事事提防,以免整个业务被带走,或重要的机密外泄。当然,如果老板有办法收服或有恩于他,促使其感恩图报,则将成为得力助手。

类型 H 是组织内的边际人员,把组织当作一个暂时停留的场所。事实上,也由于其胜任能力不佳,与老板关系疏远,又不能表现出对老板的忠诚,因此,只是组织内的临时雇佣人员,

```
                                          ┌── 胜任能力强-类别A：经营核心
                                          │                    ↑
                              ┌─忠诚度高──┤          *栽培，轮调，历练
                              │           │
                              │           │          *老化，落伍
                              │           │                    ↓
                              │           └── 胜任能力弱-类别B：业务辅佐
                   ┌─关系亲密─┤
                   │          │  *认同，听话
                   │          │
                   │          │  *不认同，不听话
                   │          │
                   │          │           ┌── 胜任能力强-类别C：恃才傲物
                   │          │           │                    ↑
                   │          └─忠诚度低──┤          *自修，训练
                   │                      │
                   │                      │          *老化，落伍
                   │                      │                    ↓
                   │                      └── 胜任能力弱-类别D：不肖子弟
       *建立关系   │
       *经营关系   │
  组织成员─────────┤
                   │  *解除关系
                   │  *淡化关系
                   │
                   │                      ┌── 胜任能力强-类别E：事业伙伴
                   │                      │                    ↑
                   │          ┌─忠诚度高──┤          *自修，训练
                   │          │           │
                   │          │           │          *老化，落伍
                   │          │           │                    ↓
                   │          │           └── 胜任能力弱-类别F：耳目眼线
                   └─关系疏远─┤  *认同，听话
                              │
                              │  *不认同，不听话
                              │
                              │           ┌── 胜任能力强-类别G：防范对象
                              │           │                    ↑
                              └─忠诚度低──┤          *自修，训练
                                          │
                                          │          *老化，落伍
                                          │                    ↓
                                          └── 胜任能力弱-类别H：防范人员
```

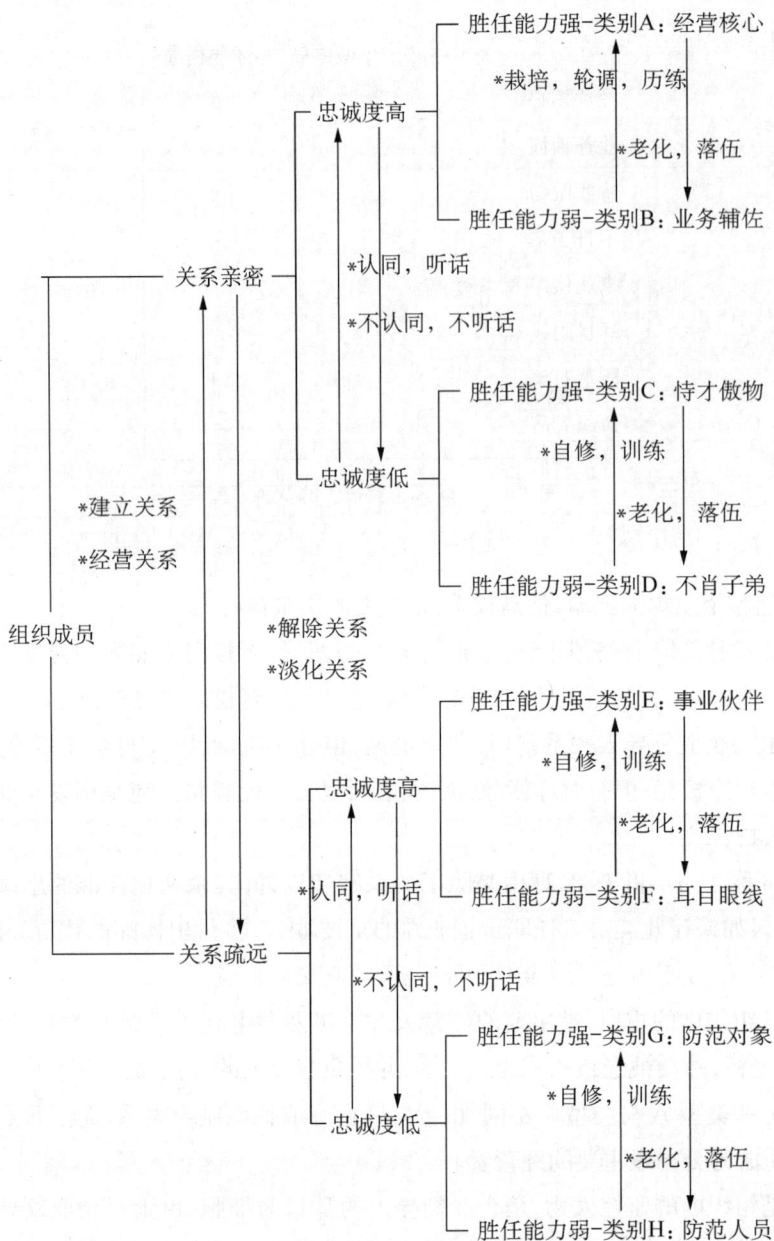

图 13-8　组织成员的归类历程与类别原型

级职也不高，一旦组织必须裁员时，这些人都会首当其冲。

郑伯埙的研究对本土企业组织的实际经营中具有独特的指导意义。中国社会和西方社会在文化上的差异，对中国组织行为和领导心理的研究提出了本土化的要求，要在把握西方已有研究成果和领导理念的前提下，在我国社会文化背景中探讨领导和管理问题，为领导实践提供理论和方法的指南。郑伯埙的研究在领导心理的研究中提出了颇具洞察力的本土化理论建构。

三、群体决策

决策是人们寻求并且实现某种优化的预定目标的活动。决策是现代领导的主要功能,也是领导者的基本功能。领导离不开决策。

决策,可以由个人来实现,也可以由群体来实现。由个人实现的决策称之为个人决策,由群体实现的决策称之为群体决策。群体决策有优于个人决策的地方。例如,群体决策人数多,彼此之间的相互提示和促发促进了信息交流,成员还能够检查对方意见的不足。再如,群体决策可以使成员的意见得到表达,有助于成员自尊心理的满足。另外,群体决策有可能让执行决策的人员参与决策,有助于提高对决策的理解、接受和执行。

当然,群体决策也不是一定会作出好的决策,事实上群体决策也会出现群体思维和群体极化这样的负面现象。

(一) 群体思维

群体思维(group think)也叫小群体意识,是群体的一种特定思维方式,指为了维护群体表面上的一致,阻碍了对问题的所有可能的解决办法和行动方案作出实事求是和准确的评价,从而导致决策错误的现象。

群体思维是由美国心理学家杰尼斯(Irving Janis)于 1982 年发现的。他通过研究美国政府在珍珠港事件、越南战争时的决策资料发现,在处理这些事件的群体决策中,政府都犯了群体思维的错误。他认为群体往往会在作出决策时不考虑成员对此决策的怀疑,而且处于群体中的个体往往出于遵从群体规范的原因,不会提出自己的不同看法。在群体凝聚力较高并伴有其他的条件,如有影响力的领导者、复杂的或困难的任务、有时间压力的紧急事件等,群体思维现象更容易产生。

群体思维主要有以下一些特点:

(1) 群体成员把任何与他们假设不一致的意见合理化。无论事实与他们的基本假设之间存在多大的冲突,群体成员都会按照可以继续巩固自己假设的方式行为。

(2) 对于那些对群体的共同观点有怀疑的人,群体成员会对他们施加直接压力。

(3) 那些持有怀疑态度或不同看法的人,往往通过保持沉默,甚至降低自己看法的重要性,来尽量避免与群体观点的不一致。

(4) 存在一种无异议错觉,如果某个人不说话,大家往往认为他默认了这一看法。换句话说,缺席者也会被视作赞成者。

以上这些特点在许多政府政策和大型决策中随处可见。1986 年 1 月 28 日,挑战者号航天飞机在发射后 72 秒后爆炸,七位宇航员,包括一名平民中学教师也在一团橘红色火球中丧生。尽管挑战者号在之前一次发射中与灾难擦肩而过,尽管这次发射遭到了激烈的反对,而且那些知识渊博的工程师对联结火箭助推剂的 O 型密封圈存在的缺陷提出了警告,但是他们仍然作出继续发射的决定。他们对自己决策非常自信,因为美国宇航局已经有 55 次成功发射的先例。反对者迫于压力,保持沉默,于是出现了一致通过的假象。

杰尼斯认为,群体思维比较容易发生在由强有力的领导带领的团体和凝聚力极高的群体中。群体凝聚力使得团队成员对外界的意见保持沉默,领导经常会提出某些问题的解决方案,并且极力主张推行。群体成员不会提出异议,一方面是他们害怕被团体拒绝,另一方面则是他们不想因此打击群体的士气。在这些分析的基础上,杰尼斯进一步提出了群体思维产生的先决条件,包括五个方面:决策群体是高凝聚力群体;群体与外界的影响隔离;群体的领导是指导式的;没有一个有效的程序保证群体对所有选择从正反两方面加以考虑;外界压力太大,要找出一个比领导者所偏好的选择更好的解决方式的机会很小。正是因为这些因素,使得群体成员强烈地希望群体内部保持一致性,而不管是否有群体思维的产生。

群体思维的后果令人担忧,因为其后果往往是有害的,它对于群体决策的不良影响主要有:对行为的其他可能原因调查不完全,使人们不再关注问题的真正原因;对群体目标调查不完全,一部分人的利益代替了群体的目标;对所偏好的方案的危险性缺乏检查,认为它已很完美,不需要深入分析;对已经否决的可能选择未加以重新评估,它里面所包含的合理因素也被抛弃了;未详细探讨有关信息,一部分人所提供的信息不受重视;处理信息时有选择性的偏差;个体因为与处于控制地位的大部分群体成员的观点不一致,而出现从众、退缩或掩盖自己真实的观点和情感。

(二) 群体极化

讨论或决定同样一个问题,个人在群体场合和个别场合下,往往会作出不同的反应。当单独征求个别人意见时,人们的建议可能保守些;当在小组内征求人们的意见时,人们的建议可能会带有冒险性。

美国社会心理学家斯托纳(Sroner, 1961)通过"选择困境问卷",提出十二种假设的情境,比较被试在团体条件下和在单独条件下所提的建议。以下举出其中的一种情境的问卷,加以分析。

具体情境是这样的:某人是一位电子工程师,已婚且有一个孩子。五年前大学毕业后一直在一家大型电子公司任职,工作固定,收入中等,将来退休之后有一大笔退休金,但在退休之前工资不可能大幅度地增加。后来他知道有一家小型电子公司正在招聘,工资很高,但工作不稳定。研究者提出小公司有以下六种赚钱的可能性供被试参考,通过工程师的选择,总结这位工程师在小公司有哪一种赚钱的可能性时会去任职。这六种赚钱的可能性是:①小公司确能赚钱的概率是 1/10;②小公司确能赚钱的概率是 3/10;③小公司确能赚钱的概率是 5/10;④小公司确能赚钱的概率是 7/10;⑤小公司确能赚钱的概率是 9/10;⑥不管赚钱的概率多大,都不应该去小公司任职。要求被试先提出单独的建议,然后把被试分成小组进行集体讨论,共同提出建议,最后由研究者把被试在两种情况下提出的建议进行比较,发现被试在团体条件下所提的建议比单独建议更富有冒险性。这一现象即冒险性转移(risky shift)。

许多在美国、加拿大和欧洲进行的研究都重复了这一结果,但在一小部分项目中也同样存在着趋向更为保守的决定(Wallach, Kogan & Bem, 1962)。事实上,群体讨论不是必然地产生更冒险的决定,而是导致更极端的决定。这种现象称为群体极化(group polarization)(Moscovici & Zavalloni, 1969;Myers & Lamm, 1976)。也就是说,如果群体成员普遍地对一个两难问题作出冒险的回答,那么群体讨论将导致成员作出更为冒险的极端选择;如果群体成员普遍地持保守的看法,那么群体讨论将导致成员作出更为保守的极端选择。

产生群体极化的原因可以概括为两种途径,即信息影响途径(information influence process)和社会比较途径(social comparison process)。信息影响途径是在群体讨论过程中,了解了新的信息和听到了新的说服性的意义时产生的。社会比较途径是在群体讨论中,了解了群体的一致意见时产生的。实验表明,信息影响途径和社会比较途径都有助于群体极化(Isenberg, 1986)。

群体极化具有双重的意义。从积极的一面来看,群体极化能促进群体意见一致、群体内聚力和群体行为。从消极的一面来看,它能使错误的判断和决定更趋激化。群体极化似乎很容易在一个具有强烈群体意识的群体中产生(Mackie, 1986),也许是因为在这样的群体中,其成员对群体意见常作出比实际情况更一致和极端的错误决定(Lippa, 1990)。

(三) 群体决策技术

1. 头脑风暴

头脑风暴法(brainstorming)是目前较为常用的一种群体决策技术,最早是由一个广告经理奥斯本于1957年提出的。这是一种克服互动群体中产生的妨碍创造性方案形成的从众压力,使个人敞开思想、畅所欲言的决策方法。在这个过程中,鼓励人们提出各种备选方案,杜绝任何对这些观念的批评意见。

在一场典型的头脑风暴讨论中,6—12人围坐,群体领导用清楚明了的语言讲明问题,然后在较长的一段时间内大家自由发言,尽可能想出各种解决问题的办法。在这段时间里,任何人不得对各种方案提出批评意见,小组记录人们提出的所有办法,以备之后进行讨论和分析。无论这种想法是引人深思的,还是稀奇古怪的,都不许任何人作出评价。而且,它鼓励员工进行"与众不同"的思考。

头脑风暴法受到广泛的认同和运用,当然,头脑风暴法也存在着一定的问题,有时,其有效性反而还不如个体单独决策。如在奥斯本最初的研究中,参与者被随机分配为5人一组,或者单独成组。在这两个条件下的被试都要求在12分钟内解决5个问题。参与者被要求尽可能多而且创造性地提供解决办法。结果发现,由5人构成的群体所提出的新解决办法比由5个单独成组的被试所提出的解决问题办法的集合体要少。布朗和鲍罗斯(Brown & Paulus, 1960)认为在群体中,尽管要求个体无批判性地聆听他人的观点,但是关注自己在群体中的表现会抑制创造性思维;大多数个体倾向于提出相类似的观点;同时,表现较差的群体成员的存在会通过设定一个较低的群体生产力水平标准而降低其他成员的绩效水平。因此,对于头脑风暴法这一群体决策方法,既要了解它的优势,同时还要尽量避免它所存在的不足之处,保证群体决策的效果的最优化。

2. 名义小组技术

名义小组技术(nominal group technique)指的是,在决策过程中对群体成员的讨论或者人际沟通进行了限定,这就是"名义"一词的来历。与召开传统会议一样,群体成员都要出席会议,但成员首先进行个体决策。具体来说,领导者提出问题以后,采取以下几个步骤进行活动:

(1) 把成员组合成群体,但在进行群体讨论之前,每个成员写下自己对于解决问题的想法和观点。

(2) 这个安静阶段结束后,每个群体成员都要为群体贡献自己的想法或观点。成员们一个接一个地表达自己的观点,直到所有想法都记录在案。在所有的观点全被记下来之前,不允许人们进行讨论。

(3) 现在群体开始讨论每种想法,对它们进行澄清和评价。

(4) 然后,群体成员独自对这些观点想法排序,最终的决策是那个选择人数最多、位列第一的排法。

头脑风暴技术主要是提出想法与观念的过程,名义小组技术能够进一步提供更为现实的解决方案。名义小组能让群体成员正式参与决策的过程,结合了头脑风暴的优点,解放了个体思维,却抑制群体思维的发生。

本章小结

社会心理学关注群体的心理。群体是个体的共同体。由两个或两个以上的个体按某个特征结合在一起,进行共同活动、相互交往,就形成了群体。

根据群体之间人们结合的紧密程度,可以把群体划分为以下几个层次:统计结合,观众群,组或队,家庭,正式组织。在社会科学的研究中,更关注有互动关系的群体。

群体有不同的分类。按照群体成员相互作用的目的和性质,可以把群体分为正式群体与非正式群体;根据群体成员之间有无直接的、面对面的联系和接触,可把群体分成大型群体与小型群体;按照成员对群体的心理向往程度,可以将群体分为成员群体及参照群体;根据群体发展的水平和群体成员之间联系的密切程度,把群体分为松散群体、联合群体和集体。

群体规范是约束群体成员的行为准则。群体规范会对群体成员产生压力,迫使其按照群体目标和准则调节自己的行为。阿希对从众行为的研究,证实了群体压力的存在和个体受群体压力的影响。

群体的凝聚力乃是群体成员发生作用的所有力量的汇合。凝聚力表现在成员的心理感受方面即为认同感、归属感与力量感。

群体绩效指的是通过群体的活动,群体所能达到目标的成就或最终状态,通常会使用群体生产率来表示群体绩效。

群体凝聚力对群体绩效具有重要影响。一般来说,凝聚力强的群体比凝聚力弱的群体更有效率,但是凝聚力与群体绩效之间的关系还受群体目标的影响作用。要提高一个群体的工作效率,重要的是要引导群体向正确的方向发展。

群体对个体活动的影响有社会助长、社会惰化和去个性化。去个性化的效果常常使人们摆脱正常的社会规范的约束而表现出极端的行为。

领导是指群体或组织中特定的人在一定的环境条件下,为实现既定目标,而对所在群体或组织和所属成员进行引导和施加影响的行为过程。

领导方式又称领导作风,它是指领导人从事领导活动时所采纳的行为方式和所表现的行为特征。勒温把领导方式分为专制型、民主型和放任型。布莱克和蒙顿,以及三隅二不二根据工作取向和人情取向两个维度区分领导方式。费德勒提出了一种"有效领导的权变模式",把人格测量与情境分类联系起来研究领导方式与领导效率。台湾社会心理学家郑伯埙提出家长式领导是华人组织领导的普遍形式,企业领导人以差序格局从关系、忠诚和才能三个方面对员工归类。

决策是领导的基本功能。群体决策也不是一定会作出好的决策,群体决策也会出现群体思维和群体极化这样的负面现象。通过头脑风暴、名义小组讨论之类的群体决策技术,可以克服群体思维和群体极化现象。

拓展阅读

1. 大前研一. M 型社会:中产阶级消失的危机与商机. 刘锦秀、汪裕真译. 北京:中信出版社,2007.

2. 侯玉波. 社会心理学(第 2 版). 北京:北京大学出版社,2007.

3. 科特勒、凯勒. 营销管理(第 13 版). 王永贵等译. 上海:格致出版社,上海人民出版社,2009.

4. 李原. 中国社会心理学评论(第三辑). 北京:社会科学文献出版社,2006.

5. 吴垠. 关于中国消费者分群范式(China-Vals)的研究. 南开管理评论,2005(2).

6. 笑蜀. 围观改变中国. 南方周末. 2010.1.3.

7. 郑伯埙. 差序格局与华人组织行为. 本土心理学研究,1995.

8. 周晓虹. 现代社会心理学:社会学,心理学和文化人类学的综合探索. 南京:江苏人民出版社,1991.

9. 周晓虹. 现代社会心理学名著菁华. 北京:社会科学文献出版,2007.

第十三章 群体心理

第十四章　大众心理的连锁反应

2011 年上半年,我国微博用户数量从 6331 万增至 1.95 亿,半年增幅高达 208.9%。微博在网民中的普及率从 13.8% 增至 40.2%。从 2010 年底至今,手机微博在网民中的使用率比例从 15.5% 上升到 34%。

作为一种全新的媒体,微博的即时性和互动性最为人津津乐道。一条微博信息会出现"滚雪球"式转发,一传十,十传百,可以在几分钟甚至几秒钟之内获得成千上万次的阅读,这是传统媒体难以比拟的。它可以掀起流行热潮、引导舆论、传播流言。它本身就是一种流行工具,为世界带来了一个"人人都能发声,人人都可能被关注的时代"。

人们在社会交往中,自觉或不自觉地传递着各种各样的信息,这些信息交互作用,对人们的心理和行为产生一定的连锁反应。随着新媒体的发展,信息传递速度的逐步加快,这种连锁反应也会急速成周期性的影响。其表现形态主要有流行、暗示、舆论、流言等。

第一节　流　　行

一、流行概述

流行亦称时尚、风尚,平时讲的"热"、"时髦"、"时狂"等都是流行的不同表现形式。

(一) 流行的定义

流行是指社会上许多人都去追求某种生活方式,使这种生活方式在较短时期内到处可见,从而导致彼此之间连锁感染的现象。流行是一种群众性的社会心理现象,被形象地比喻为"一窝蜂"现象。流行既体现在人们的物质生活(如衣、食、住、行等)方面,也体现在人们的精神生活(如文化、娱乐活动等)方面。许多社会生活内容都存在着流行,如服装、建筑、汽车、发型、饰品、居室设计、休闲方式等等。从人们的追求中可以看到当时的社会风气或社会风尚,所以它总是带有时代的特点、时代的风貌。

专栏 14 - 1

流行歌词所反映的大众心理

一、20 世纪 90 年代初—"光辉岁月"—平等

钟声响起归家的讯号/在他生命里仿佛带点唏嘘/黑色肌肤给他的意义/是一生奉献肤色斗争中/年月把拥有变做失去/疲倦的双眼带着期望/今天只有残留的躯壳迎接光辉

的岁月……

这首歌是献给南非前总统曼德拉，一个值得所有人尊敬、为反对种族歧视事业不懈奋斗的人。那时的多少情歌都化作虚无，唯独它长存到今天。唯有经典，才能永存。每一个人心里都有一份对全人类的爱，不分肤色界限；每一个有思想的人都明白，人与人之间是平等的。这首歌真正反映了大众情感的共通点，所以才得以流行。

二、20世纪90年代中—"同桌的你"—真唯美

明天你是否会想起/昨天你写的日记/明天你是否还惦记/曾经爱哭的你/老师们都已想不起/猜不出问题的你/我也是偶然翻相片/才想起同桌的你……

这首"同桌的你"反映的是一种很单纯的爱恋，甚至说不上爱恋，是每个人都要经历的一个感情阶段，也是最为美丽的一个感情阶段；往往十分唯美又略带苦涩，但这份苦涩随着年月渐渐逝去，又化为回忆的一种宝贵所在。正因为这段感情的纯真唯美，大众对这段感情的追忆、回味，才促成了这首歌的流行。

三、21世纪初—"小情歌"—80后的纯爱

你知道/就算大雨让这座城市颠倒/我会给你怀抱/受不了看见你背影来到/写下我度秒如年难捱的离骚/就算整个世界被寂寞绑票/我也不会奔跑/逃不了最后谁也都苍老/写下我时间和琴声交错的城堡……

只属于学生时期的作品，一样纯纯的爱恋，只是仿佛少了一份朦胧，仿佛是真真切切的爱，真真切切的痛，年轻人看这段感情，与经历历练后的感触是不同的。之所以这首歌不仅被80后喜爱着，更多被90后喜欢，是因为这首歌所描写的无与伦比的故事感动了每一个人，没了以前的那份朦胧，自然也没了那种朦胧的错过美，但不代表我们的回忆便不美丽，我们有自己经历的独特的美丽。

经典、有内涵的歌曲有很多，每一首歌的灵魂都撩拨着大众的心弦，每个时代有每个时代独特的印记，只要我们细细品味歌词，我们会发现歌词下蕴含的时代的气息。

流行因表现程度和持续时间的不同，可以分为时髦和时狂两种。

时髦是流行的基本表现。它在一定时间内受人赞许，而且经常发生变化。它也包含了对某些被认为有待于改进的行为规范的叛逆。因此，人们对时髦的追求乃是偏离传统行为而倾向于当前新颖入时的生活方式。如今都市人都以拥有一款苹果产品iphone,ipad或是ipod为时髦。

时狂是流行的狂热表现，是热情追求某些生活方式而缺乏理智的倾向。17世纪在荷兰曾发生过郁金香时狂，许多荷兰人，不论穷人或富人都不事生产，而以高价买卖郁金香为荣。当人们认识到郁金香并无特殊价值时，便开始竞相抛售。在计算机和互联网发达的今天，许多人热衷于网络游戏，也几乎达到狂热的程度。又如，时下许多青少年对歌星、影星、球星等的迷恋同样也是达到了狂热的程度。

（二）流行的特点

人们追求的衣饰、音乐、美术、娱乐、建筑、语言等，都有一些共同的特征。

新奇性。这是所有流行项目的最显著的特征。但新奇性不在于流行项目本身是否新奇，而主要取决于当时人们的认识。如烫发，在 20 世纪 80 年代被人们视为新奇，流行起来，其实它早已存在，并不新，只是与当时的发式相比具有新奇性。

爆发性。流行一般表现为突然迅速的扩展与蔓延。如急速大热的网络流行体。

短时性。流行着的东西可以在短时间内消失。参与制定《2010 年中国语言生活状况报告》的中国传媒大学有声媒体语言分中心教授侯敏指出，近年来，新词出现更替频繁，消亡也快，2007 年出现的新词，约 40% 已经消亡，这其中消亡速度最快的为各种表示事件的新词，如"躲猫猫"等。

周期性。流行的变化具有周期性。今天作为时髦的事物，几个月之后也许变成陈旧的东西；今天是陈旧的事物若干时间以后往往又被看作是新式的。美国学者克鲁伯（A. L. Crumb）曾研究过妇女时装的变迁，发现 1844 年至 1919 年这段时间里，时装的变化大约每 5 年至 25 年出现一个循环。

两极性。流行项目的变化总是从一个极端到另一个极端。就服装而言，长到极端必回到短，短到极端必回到长；大到极端必回到小，小到极端必回到大；宽到极端必回到紧，紧到极端必回到宽。从"喇叭裤"到"健美裤"，就是一个实例。

常态性。人们追求某种生活方式呈"常态曲线"。追求新奇、时髦事物的，开始总是少数人，大多数人是随从的（也有一部分人从不追求新奇、时髦）。当大多数人加入流行行列时，少数人又去创导新的流行项目了。社会上某些有地位的人往往处于流行的领导地位。如果一种风尚发生在权威身上，则流传速度更快。《韩非子》上曾有一则记载：齐桓公喜欢穿紫颜色的衣服，故而使得全国的老百姓也都仿效穿紫色衣服。桓公对此十分担心，对管仲讲："我们喜欢穿紫色衣服，紫色很贵，老百姓都这样做，怎么办？"管仲向桓公献策道："你若要阻止这种风气，首先是自己不穿，还要告诉左右大臣说，自己不喜欢紫色衣服，你以后凡是看到穿紫色衣服的，必须讲'吾嫌紫色臭'。"齐桓公愿意试试看，于是一天之内左右大臣都不穿紫色衣服，一个月之内国内的老百姓也都不穿紫色衣服，一年之内他所统治的地区内也无人穿紫色衣服。

一般说来，流行只要不违反社会规范，可以允许人们自由地去选择，如女青年穿吊带衫、超短裙等，完全可以由人们任意选择，社会并不禁止。但不良的流行必须予以禁止。

（三）流行的意义

在人们的周围，存在着各种各样的模式。但流行一旦发生，便只对多种模式中的一种盖上切合时宜的印记，促使人们采用它，追随它。可见，流行起到了给人们的行动以统一性，给社会以某种秩序的作用。流行既有革新的一面，引导人们摆脱现状；又有保守的一面，引导许多人发生共同反应，从而使社会的统一性重新得到加强。从长远的眼光看，流行具有维护社会秩序的作用：人们追求流行，可以满足于一时性的欲望，消除不满，释放能量。流行过程一般不涉及社会本质的问题，它对社会可以起到稳定、巩固的作用。

流行对社会生活发生一定的影响。它虽然只是一种社会风尚，"风行一时"，不如社会风俗传统那样历史悠久,那样稳固,但广为流行的东西往往会被固定下来转化为社会传统。当年孙中山倡导革命的同时,自己穿上新颖的服装——中山装,从此就流行全国,至今,中山装仍是一种传统的服装。

流行也没有伦理道德那样的威力,但它盛行时,对伦理道德可以起着巩固或破坏的作用。美观、大方、文明的服装可以反映出人们高尚的情操和健康的心理状态,反之,则有悖于伦理道德的行为规范。流行虽然不如法律手段那样具有强制性,但一些有益的流行,可以起到法律所无法起的作用。健康的文娱活动、文明的生活方式,它们的社会意义是不能靠法律手段或行政命令来推行而获得的。当它们流行起来时,将会成为一股势不可挡的潮流,具有极大的吸引力,从而导致人们更加热爱现实生活,促进社会的和谐。当然,不健康的流行必然会冲击法律,对社会起破坏作用。

二、流行的社会因素

流行的形成有种种社会原因,其中又以社会文化、大众传媒、经济基础为主。

(一) 流行受社会文化所制约

在封建社会形态中,人们的地位、身份、职业大都是世袭的、固定的,而且等级森严,人们的服装、衣饰、房屋、娱乐等都有严格的规定,若有违背,轻者被人讥笑,重者受到惩罚,故流行不易形成。

现代社会对于新的技术、新的设想抱宽容态度,予以奖励与尊重,流行较容易形成;而在世袭的、固定的传统社会中,旧的秩序与思维模式禁锢着人们的头脑,人们思想保守,大都不去追求新奇的事物。

流行最容易形成于两种社会形态交错的场合。当社会存在着阶层,而且阶层间流动的可能性很大时,流行容易形成。人们总是希望借助于某种流行项目,使自己和其他人区别开来。在阶层流动成为可能的条件下,人们更会设法使自己接受上层社会流行的生活方式,产生认同感。

(二) 流行依靠大众传播工具的宣传

在现代社会中,若没有宣传工具对流行的推动,这种流行只能活跃在极为有限的范围之内;流行借助于电视、报刊、互联网等宣传工具的力量,可以很快地扩展到广阔的范围。流行还和商业网络相呼应,这对于提高流行的周转率起很大作用。许多现代的流行项目,往往是由生产者预先有计划地创造、人为地进行普及的。因此,宣传机构、展览会、销售网等生产者所能够利用的信息和流通网络愈发达,则愈能加速流行的普及。

(三) 流行要有经济基础

流行的实现必须以一定的经济条件为基础。如服装、乐器、手机、照相机、计算机的更新,须有具体的物质的东西去替代,没有一定的经济基础,就无法追求流行。一定的物质条件为人们追求流行提供了基础。

另外,流行必须给社会带来有益的作用,才能得到人们的支持。如果流行的东西给社会带来不利,则会受到人们的抵制,有的即使一时流行起来,也会在很短时间内消失。

综上所述,从地域上看,都市的流行必然先于农村,中心城市的流行必然先于边远城市。繁华都市的范围愈大,人口愈多,工商业愈发达,宣传工具功能愈强,人们的思想也愈趋开放,流行的变换也就愈迅速。反之,在农村,在边远城市中,生活较保守,风俗传统的力量较大,外界输入信息较少,流行的变换也较少,那些早被大城市淘汰的过时货,往往在小城镇里还要流行一阵子。

三、流行的心理因素

流行并不具有社会的强制力,它与风俗不同,违反风俗往往会遭到社会的反对,而不追随流行并不会遭到人们的指责。人们追求流行是基于心理上的种种需要。

(一) 从众与模仿

对于大多数人来说,被人视为乖僻、孤独是不能忍受的。于是,人们就要努力去适应周围环境,以保持心理上的平衡。可供选择的最简便而又可靠的方法,便是模仿社会上流行的东西,如周围人们的服装、发式、行为、言语等,以适应环境。人们在追求与模仿流行事物时,心理上会产生一种安全感:既然这么多人这样做,一定是合乎时宜的,一定是正确的,自己与他们一样,也不会错。所以,流行项目便成了引导人们如何行动的模特儿。

社会上许多人竞相模仿某种新奇事物时,就逐渐形成一种社会风尚——流行。模仿乃是再现他人的一定外部特征和行为方式、姿态、动作和行动,这些特征、行为方式、姿态的特点还同时具有一定的合理的情绪倾向性。

人们对流行项目的模仿不是通过社会或团体的命令而发生的,被人们模仿的对象具有一种榜样的作用。模仿有时因社会的一般号召,使模仿者自觉地发生与榜样相似的行为,有时是出自模仿者对榜样的无意识的仿效。不过,无论是自觉地或无意识地仿效,都不是通过外界的命令而强制发生的。人们模仿流行项目时,往往会改变其原形。《后汉书》中说“城中好高髻,四方高一尺;城中好广眉,四方且半额;城中好大袖,四方全匹帛”就是这个道理。

人们为什么会发生模仿行为呢？在20世纪初,以塔尔德(Jean Gabriel Tarde)和麦独孤(William McDougall)为代表的一些社会学家和心理学家把模仿看作为一种先天倾向。塔尔德用模仿来说明流行这一社会心理现象。他说,一个人创始,九十九个人学样。风俗是对过去事物的模仿,时尚就是对现在事物的模仿。麦独孤认为,人类有一种天然的冲动去照样做其他人的行为。行为派则强调模仿是由于社会榜样的影响,可以通过学习榜样的行为而发生。

(二) 求新欲望

社会生活的内容若缺乏变化则会变得陈旧,人们的精神面貌也就会缺乏生气。人们企图打破这种趋向的动机与流行的追求有着密切关系。人有一种基本欲望,即想要从自己周围环境中寻求新刺激的欲望,来满足自己的好奇心。而流行之所以能够存在,正是本身具有新奇性的缘故。

人们的求新欲望与流行的新奇性、短暂性有关。人们即使生活上自由自在,精神生活与物质生活十分满足,但若长期处于没有任何变化的社会情境中,总会逐渐感到厌倦,甚至不堪忍受,终究会产生摆脱陈旧生活模式的欲望。流行创造了新的生活方式,用不断变化的新的面目满足人们的求新欲望。

（三）自我防御与自我显示

有些人感到自己社会地位不高，承受着种种束缚，希望改变现状，避免受到心理上的伤害与压抑。他们往往认为追求某种流行可以实现自我防御与自我显示。于是，他们或者是为了发泄自己被压抑的感情而追求流行，或者是为了克服自己的劣等感而采用华丽的流行项目。例如，经济条件不宽裕的青年，他们结婚时特别讲排场、摆阔气；学习成绩不好的学生，总想用些流行的新奇词汇，以求消除自己的劣等感。这些都是为了自我防御。

有些人往往喜欢"标新立异"。他们有意无意地向他人表现和主张自己与众不同，以此来显示自己的地位与个性，表明自己的嗜好与欲望。他们追求流行是为了显示自我。

（四）流行的个别差异

人们是否追求流行，在流行的哪个阶段追求得最积极，表现出很大的个别差异，一般有五种类型。

先驱者。他们一般都是属于财力雄厚、富有冒险精神、有勇气、经常希望尝试新的构想的人。在生活中他们有时会被认为是"怪人"。

早期采用者。他们是有见解的、有眼力的人，也往往是为周围人所信赖而起着舆论指导者作用的人。这种人能够成功地预见新事物的发展趋势，果断地去采用新的构想。

前期追随者。这些人很少自己带头前进，对于新的构想比较慎重，但却能相当积极地追随流行。

后期追随者。他们对于新的构想抱十分慎重的态度，直至占压倒多数的人都采用时，才决心加以采用。

落伍者。这些人对于新的构想经常保持戒备，倾向于旧传统，对于人们追随流行的倾向十分不满，并看不惯。他们和先驱者一样，在很多场合下都比较孤立。

社会心理学家还发现，流行有年龄与性别的差异，一般讲，女性比男性追求流行，青年比老年追求流行。在性格上，脾气容易变化的人，喜欢华丽的人，对流行特别敏感。此外，虚荣心、好奇心、好胜心强的人都比较追求流行。

专栏 14-2

"被时代"

2010 年，大学生网友"酱里合酱"曾在天涯论坛发帖《应届毕业生怒问：谁替我签的就业协议书？注水的就业率！》，戏谑而犀利地说："我就业啦，就业啦，太兴奋了，而且是在不明真相的情况下被就业的！""被就业"一出，矛头直指大学就业率造假和注水问题，网民皆哗然，社会各界亦表示强烈关注，国家人力资源和社会保障部、教育部迅速作出回应，称对于个别弄虚作假的情况绝不会放任。

由此可见，当代网络媒体对民众言语空间的拓展作用不可忽视。然而，更值得注意的是新鲜热辣、夺人耳目的"被就业"一词一经问世，便如同口号般强力引领了整个事件的蔓延。"被就业"甚至衍生出"被自杀"、"被代表"、"被增长"、"被捐款"、"被和谐"等"被××"家族,形象表现出了弱势群体面对强权的被动状态和公众对个人权利的积极诉求。网友戏称中国从此走进"被时代"。

实际上,"被就业"只是当代大学校园流行语大军中的一分子。大学校园流行语作为高校独特的文化产物和语言景观,真切而鲜活地反映了国家发展轨迹和社会生活变化,虽然其无法囊括社会生活的全部精髓,但时代精神的趋势和社会民生的走向都无不在流行语中留下印记。

(资料来源:新华网)

第二节 暗　示

暗示这种社会心理现象在生活中是十分普遍的。一个人在社会上无时无刻不在接受别人的暗示,也无时无刻不在暗示他人,从而使得人与人之间发生了相互影响与相互作用。

一、暗示概述

(一)暗示的定义

暗示,乃是在无对抗条件下,用某种间接的方法对人们的心理和行为产生影响,从而使人们按照一定的方式去行动或接受一定的意见、思想。

暗示是一种被主观意愿肯定了的假说。它不一定有根据,但由于主观上已经肯定了它的存在,就会促使其心理尽量趋向于主观假说。一个人生了病,一时查不出病因,自己怀疑是患上了癌症。这时,如果有位医生说他是患癌症,这个病人是会相信的。暗示可以通过语言的形式进行,也可以通过其他方式进行。市场上做买卖的人,常常向顾客介绍他的商品如何价廉物美,这就是语言的暗示;有些做买卖的商贩,为了推销他的商品,故意让其同伙们拥挤在他的摊头,似乎"生意兴隆",过路人不知有诈,误以为他的商品价廉物美,于是挤进去抢购,这就是行为的暗示;有些商店出售廉价物品时,往往冠以"出口转内销"之名来招徕顾客,因为在人们的印象中,出口的东西质量好,出口转内销又会减价,于是竞相抢买,这就是信誉的暗示。

(二)暗示的作用

暗示对人们的心理与行为发生着很大的影响。

美国心理学家谢里夫曾对暗示的作用做过一个实验。他要求大学生对两段作品作出评价,告诉学生说,第一段作品是英国大文豪狄更斯(C. J. H. Dickens)写的,第二段作品是一个普通作家写的。其实这两段作品都是狄更斯所写。受了暗示的大学生却对两段作品作了十分悬殊的评价:第一段作品获得了宽厚而又崇敬的赞扬,第二段作品却得到了苛刻而严厉的挑剔。两段作品出自同一作者,只不过受到的暗示不同,就得到了大为不同的评价。这一实验表明了暗示的作用是很大的。

现代社会心理学(第三版)

南京大学陈秀萍(1986)的暗示实验,同样证明暗示有很大的心理作用。实验对象是干部进修班学员,实验材料是一张青年人的照片,实验者把干部进修班的学员分为两组,然后将两组人分别安置在两个地方。主试拿着这张青年人的照片,对一组学员说:"这是一名'三进宫'的罪犯,请大家根据照片上的形象描写这个人的性格。"拿着同一张照片,主试对另一组学员说:"这是一个年轻的、在德国获得博士学位的副教授,请大家根据照片上的形象描写这个人的性格。"结果发现,虽然是同一张照片,但由于主试的暗示不同,大家对照片中人的性格描写也不同。当然,在受暗示的程度上,每个学员是有差别的,不过这仅仅是程度上的差别,并没有人将"副教授"说成"罪犯",把"罪犯"说成"副教授"。有趣的是,大家从同一双眼睛、同一个前额、同一个嘴巴中看到了不同的性格,参阅表 14-1。

表 14-1　对同一照片不同暗示的结果

	"副教授"	"罪犯"
眼睛	从他那专注凝神的眼睛里,不难发现他是一个在专业知识及个人爱好的领域十分有造诣的人。大有不达目的不罢休、"不到长城非好汉"的执着风格。 他那炯炯有神的眼神中含有一种坚定不移的信念和一往无前的精神。 此人眼神体现着这个人比较爱思索,爱科学、好钻研,刚强,认真,责任心较强。	目光直而且有些呆,好像对眼前的一切无好感,眼光有鄙视和怀疑的成分。 眼神中含有迷惘而又自甘堕落、不顾一切的思想情绪。 从他的眼神中可以看出他选择的是一条自我毁灭的道路,追求的是"今朝有酒今朝醉"的醉生梦死的生活。 从眼光看,两眼呆滞,内心世界空虚,对前途感到渺茫。
前额	他那宽宽的前额说明,他善于思考,聪颖敏捷。	他那被黑发压低了的前额让人感到他缺乏远大的志向。
嘴唇	他那紧闭的嘴唇告诉人们,他不善交际。	那紧闭的双唇告诉人们:这是一个胆大、心狠、暴烈而又固执、自以为是的人。

暗示不仅对人们的心理与行为发生影响,还会引起人们的生理变化。

在实验室内,反复给被试喝大量糖水,经过检验,可以发现其血糖增高,出现糖尿并尿量增多等生理变化。后来,不给糖水,实验者用语言来暗示,结果同样会发生上述生理变化。这一实验表明,语言暗示可以代替实物,给人脑以兴奋的刺激,虽然被试未喝糖水,但人脑仍然参与了体内糖的代谢活动。人们常讲的"望梅止渴",也就是由于语言的参与而发生暗示作用,产生一定的生理变化——分泌唾液。

暗示得愈含蓄,则其效果愈好。要使人们的心理活动受到影响,能按照一定的方向去行动,最好尽量少用命令的形式去提出要求。若能用巧妙的方式去引导,能获得更好的效果。例如,有些孩子有偏食的习惯,不肯吃青菜,父母不宜用命令的方式,叫他非吃不可,应该自己先大口大口地吃青菜,并且说:"这青菜烧得真好吃。"还可以对孩子讲青菜的营养价值高。在这种情境下,孩子多半也会随着吃青菜了。从效果看,用含蓄的语言或设置具体情境要优于命令式要求,因为人们都有一种自尊心,都愿意保持自己的独立性,不愿意受到别人的干涉与控制。

二、暗示方式

从暗示的性质看，可以分为他人暗示、自我暗示两类。

（一）他人暗示

暗示信息来自他人，称为他人暗示。权威的暗示是他人暗示的特殊情况。我国谚语讲："人微言轻，人贵言重"，说的是人的地位不高、名声不响，则说话没有威望，不能引起别人的重视；如果声望高的、有地位的权威说话，就容易博得人们的相信。前者不易发生暗示作用，后者的暗示作用就大。

他人暗示又可以有直接暗示与间接暗示两种。

凡是将事物的意义直接提供于对方，使人们迅速而无怀疑地加以接受的，称为直接暗示，亦称提示。曾有一位化学教师向学生出示一玻璃瓶，并告诉学生说该瓶内装有一种恶臭的气体，会很快散发开来。老师把瓶塞打开，请闻到恶臭气味的学生立即举手。接着老师就打开瓶塞，十五秒钟之后，前排多数学生已举手，一分钟后，全班四分之三学生举手。实际上瓶内并无恶臭气体，只是一个空水瓶而已。这就是直接暗示的作用。由于化学教师把"瓶内装有恶臭"的信息直接提供给学生，使学生信以为真。

凡是将事物的意义间接地提供给人们，使其迅速而无怀疑地予以接受的，称为间接暗示。间接暗示往往不把事物的意义讲清楚，或不表示自己的动机，使人们在言语之外，从事物本身了解其意义。间接暗示的效果大于直接暗示。据说，美国某市立图书馆工作人员发现一些青年喜欢阅读低级趣味的小说，十分担忧，于是设法在这些小说封面和背面加一标签，介绍说，此类书籍尚有某书某书等。其实，他介绍的书籍都是健康的小说，不久就发现这些青年都去阅读此类健康小说了。后来他又设法再去介绍内容更优的小说。两年后，青年的阅读兴趣果然变得更加健康起来。另有一例采用的间接暗示更为巧妙。有一商店顾客欠债很多，碍于情面，店主无法收债。于是店主在本市报纸上登一广告，题为"如何收清积欠"。一时引起人们的兴趣，纷纷评论，从而使欠债的顾客都主动去付清欠账。

（二）自我暗示

暗示信息来自本人，称为自我暗示。自我暗示对自身可以发生积极作用，也可以发生消极作用。一个人的自信心其实就是自我暗示。当一个人面临一项挑战性的新任务时，如果能看到自己的力量，并且有足够的勇气来承担这一任务，那么他定能很好地完成任务。如果缺乏自信心，则工作往往搞不好。

自我暗示对个人的心理和生理有着重要的影响。在严重的消极自我暗示下，一个人可以变得突然耳聋眼瞎，但其视力与听力的丧失并不是因为视神经与听神经受损，而仅仅是大脑中分管视觉与听觉的有关区域的功能受到扰乱，使相应的功能失调。神经细胞丧失了正常的工作能力，不能正常地摄取外界信息，当然也就不能对外界信息作出反应了。

据说古时有位妇女曾误食一虫，于是自感身体不适而生病，多次求医都毫无效果。后来有个医生让她服药以吐泻，并告诉病人虫已泻出，当病人听说体内的虫已排出，她的病马上就痊愈了。上述事例说明，这位妇女前后两个阶段的身体状况都是自我暗示的结果。

生活中往往有一种"疑神疑鬼"的自我暗示。俄国作家契诃夫曾写过一篇有名的作品《一个小公务员之死》。小说描写了一个小公务员坐在将军后面看戏，不慎打了一个喷嚏，他自以为闯下了一场大祸，得罪了将军，很想向将军道歉，但又怕将军讨厌。最后，这个小公务员终于自认不能获得将军的原谅而闷闷死去。姑且不论这个作品的社会意义，从社会心理学角度看，这正是自我暗示的表现。

专栏 14－3

无中生有的来源

心理暗示是社会普遍存在的一种心理现象，从以下三个著名的实验，可以清楚地看出心理暗示的作用。

1. 气味辨别实验：受试对象是 100 名男子和 100 名女子。实验时，首先让每个人闻烧酒、薄荷和鹿蹄草的气味，然后拿出 10 瓶没有任何气味的蒸馏水，谎称其中有 3 瓶分别具有上述物质的气味，并让所有受试者分辨。结果有 48 名女子和 37 名男子声称他们完全嗅出来了；另一部分声称患有感冒，不能完全确定是哪种气味；只有 6 人表示没有嗅出任何气味。

2. 帽子实验：受试对象是儿童。实验时，先由一个人对儿童讲话，讲完离去。然后由主持实验的人问儿童："刚才讲话的人哪只手里拿着帽子？"在受试的 27 名儿童中共有 24 名回答是左手或右手。其实，刚才那个讲话的人手里根本没有拿帽子。

3. 皮肤实验：在受试者的皮肤上贴一片湿纸，并声称这是一种具有特殊功效的纸，能使皮肤局部发热，要求受试者用心感受那块皮肤的温度变化。十几分钟过去之后，将湿纸取下，受试者被贴处的皮肤果然变红，摸上去还发热。其实，那只是一张普通的湿纸，是心理暗示的作用使皮肤发生了变化。

"无中生有"成为上面三个实验的共同结果。暗示的综合作用，即实验者对受试者的外在暗示、受试者的自我暗示以及受试者之间互相心理影响的团体暗示，是产生"无中生有"结果的原因。正确地运用心理暗示将会得到意想不到的结果。

(资料来源：http://blog.sina.com.cn/s/blog_542e35190100qrqw.html)

三、影响暗示效果的因素

暗示效果的大小既受客观因素影响，又受主观因素影响。

（一）受暗示者的年龄与性别

年幼的儿童容易受暗示，因为他们知识少，经验少，缺乏思考力，故容易轻信他人。如同专栏 14－4 中的"帽子实验"，越是富有暗示性的问题，儿童越容易接受暗示。从另一方面看，年龄越小则可能越不会被暗示。因为年龄小，知识经验少，切身感受亦少，因而无法接受暗示，暗示效果无从产生。我们曾做过暗示实验，发现年龄越大，暗示镇痛效果越好，尤其是老年人，他们在生活中对于酸、胀、麻、重等本能感觉有体会,暗示镇痛效果就大些;年轻人(包括少年)却无此体会,故不能发生暗示作用。

暗示的效果表现出性别差异。美国学者布朗(W. Brown)曾研究过暗示的性别差异,发现女子比男子更易接受暗示。许多社会心理学家指出,由于女子富有感情,当情绪高涨时最容易受外界影响,较易受暗示。另外,女子受教育不同于男子,往往对男子表示顺从,较易受暗示。美国社会心理学家罗斯(E. A. Ross)指出,若女子在社会上受同样的待遇,参加同样的社会活动,具有同样的社会地位,则暗示效果的性别差异就会小得多。

(二)当时的情境

人们是否接受暗示,往往与当时的情境有关。F·H·奥尔波特指出,人们往往屈服于多数人的意志。"当群众站起时,我们亦自然站起;当群众拍手时,我们亦随之拍手;群众表示反对时,我们亦常不持异议。"

社会心理学家穆尔(H. T. Moor)曾做过一项暗示实验,内容是关于学生的语言及道德行为的判断。第一轮实验,主试对学生不作任何暗示。第二轮实验的内容与第一轮实验相同,只是告诉学生说,多数人都已作出某种判断。然后对照两个实验的结果,他发现:学生中改变自己原来的意见而符合多数人意见的人数与坚持自己原来意见的人数比例为 5:1。

(三)暗示刺激的特点

暗示效果大小与暗示者出示的刺激特点有关。

一种刺激经过多次反复,更易发生效果。有些商业广告往往连续刊登,甚至终年不停,其他如标语、座右铭等,若能经常出示,总会发生暗示作用。刺激的反复持久若能从多方面发出,则其暗示效果更大。有些商业广告不仅反复刊登,而且同时刊登在几种报刊上,甚至同时登载在几个城市的报刊上,则暗示效果尤佳。总之,任何暗示刺激,其表现的范围愈广,区域愈大,分量愈多,且又不断反复,其暗示效果必然愈大。

暗示刺激的特殊性或新奇性都较易产生暗示作用。人们对于环境中的事物,总是注意其特殊的或新奇的方面,容易接受其暗示。早期社会心理学家 B·薛第士曾做一实验,向学生出示六个正方形,令他们任意选择其中一个正方形。照理,六个正方形都有被选中的机会,但由于第三个正方形位置特殊而被选中的机会就特别多,这表明正方形的特殊位置具有暗示作用。

(四)暗示者的影响力

人们在社会生活中相互发生影响,但有人影响力很大,有人则很小。罗斯指出,凡是最有影响力的人,就是最有力量的人。罗斯指出九种影响力与所属的九种阶层和阶级,后有学者又补充一种,共十种影响力,参看表 14-2。

表 14-2 暗示者的影响力

影响力	数量	年龄	体格	神圣	思想	地位	金钱	灵感	学问	门第
所属阶层	群众	老者	壮士	教士	哲学家	官员	资本家	先知先觉	专家学者	贵族

上述十种情况都具有影响力,暗示作用也大。生活中确有这样的情况,比如同样一句话,出于有社会地位的官员,比普通人更有效果。

（五）受暗示者的心理状态

受暗示者的心理状态不同,暗示效果亦不同。人们在疲倦时易受暗示,而精神振作时则不然;人们对于毫无经验的事物易受暗示,而对于具有充分认识的事物则不然;人们对于嗜好的事物或习惯的行为易受暗示,反之则不然;意志坚强者或感情冷漠者均不易受暗示。

人格的倾向性也与受暗示的效果有关系。从独立自主的倾向来看,一种人缺乏主见,随波逐流,他们容易接受暗示者的影响;另一种人独立性很强,他们往往具有反暗示性,反对顺从,反对压服,特别是当知道(意识到或猜到)他人企图施以暗示影响的时候,更不会接受暗示,所以暗示者施加的影响就不起作用。

四、暗示的意义

暗示这一社会心理现象在社会生活的许多领域内都有重要意义。

（一）暗示在医学领域中的意义

医生临床实践经验证明,有许多病人尽管自诉本人有种种不适的主观感受,但并无器质性疾病,生理上一点毛病也没有,只是其神经功能失调,表现为食欲不振、失眠心悸、头昏眼花等症状。有经验的医生采用暗示疗法,让病人吃些维生素药物,注射些葡萄糖液,果然治好了病人的"病"。在第一次世界大战中,前线的士兵们流行着一种因炸弹的爆炸震惊而得的心理恐惧症——"弹震病",患者四肢严重瘫痪。当时英国的心理学家麦独孤参加了战时诊疗,他凭借自己的威望,成功地进行了多次暗示治疗,使战士得以康复,这就是医学上的暗示疗法。

医生对病人最易发生暗示作用。病人即使患了不治之症,如果医生安慰病人,关心病人,再加上悉心治疗,就会增添病人的自信心,病人与医生密切配合,就能取得圆满效果。日本电视剧《血疑》中幸子的父亲大岛茂是个医生,看到女儿生了白血病,一边千方百计地为她治病,一边鼓励她要像一个正常人那样生活,要有所追求,有所希望。父亲的积极暗示,使幸子鼓起了生活的勇气,在她活着的时候,像一个正常人那样充满着青春的活力。

（二）暗示在体育运动领域中的意义

在体育竞赛中,在知己知彼的前提下,运动员最重要的是树立必胜的信念,克服一切不利因素,实现积极的自我暗示,稳定自己的情绪,才能更好地发挥出自己的技术水平。比赛时,运动员总是怀有程度不等的紧张情绪,这时,周围人们的一句话、一个眼神、一个动作,都能对他发生暗示作用。若领队、教练以和蔼可亲并充满信心的态度对运动员加以支持、激励、赞扬,就能对运动员起积极的暗示作用;若运动员与领队、教练的关系素来十分融洽,相互信赖,也能促使运动员产生积极的自我暗示,使他的技术得以充分发挥。双方组织的拉拉队对自己运动员的鼓励,实质上也起着暗示作用。

（三）暗示在教育领域中的意义

近年来,国外许多学者都纷纷研究"暗示教学法"。暗示教学法的三条原则是:(1)保持愉快、轻松、集中的心理松弛状态的原则;(2)有意识与无意识统一的原则;(3)暗示手段相互作用的原则。上述原则的生理学理论基础在于,人的大脑两半球是其心理的主要器官,左半球优势脑是掌管逻辑、理性和分析思维的,右半球优势脑是负责直觉、创造力和想象的。它们并非彼此孤立地发生作用,而是和神经系统其他部分共同协同活动的。暗示教学法就是并用大脑左右两半球的优势作用,共同实现着反映现实的功能和调节各种复杂活动的作用。教师的语言富有暗示作用。在晓之以理、动之以情、导之以行、持之以恒的整个教育过程中都有暗示,所谓"循循善诱",就包含了暗示作用。

此外,暗示在商业领域内也有很重要的意义。有些商人为了推销商品,不惜重金聘请名演员、名运动员为他们做广告。这些广告宣传对人们发生了暗示作用,人们就会自愿去购买他们的商品,产生了所谓"名牌效应"。

暗示心理在文艺创作,在人际交往,在司法审判与证词等方面,都有一定的意义。

综上所述,暗示在社会生活中既有积极意义,也有消极作用。从消极方面看,可以对个体产生不良影响;从积极方面看,可以对个体产生有益作用。它可以应用于医疗、商业、体育、教育等各个领域。但是,接受暗示毕竟不是一种根据事实作出判断的品质,接受暗示在很多情况下是一种盲从的表现,它往往是与缺乏知识、缺少经验联系在一起的,也与性格上缺少独立性、不善于独立思考有关。因此,不断丰富知识、提高水平、磨炼意志、培养独立思考的习惯,可以降低接受他人暗示的程度。

专栏 14－4

暗示的研究

德国学者施密根最早研究暗示现象。他于 1892 年发表《暗示心理学》一书。1903年,俄国心理学家别赫捷列夫(B. Bekhterev)发表《暗示及其在社会生活中的意义》,首先提出"社会暗示"一词。法国社会学家塔德研究了暗示在违法行为的发生和传播中的作用。勒邦则从社会心理学的角度利用暗示对精神病学进行了研究。美国社会心理学家罗斯在上述研究的基础上企图以"暗示—模仿"这一心理过程来解释社会生活中人们相互影响的心理现象。这些研究对弗洛伊德产生了一定影响,在他的医疗实践和精神分析学说中,暗示占有重要地位。

(资料来源:http://baike.baidu.com/view/67200.htm)

第三节 舆 论

舆论也是大众社会中的一种普遍存在的心理现象,对个人或团体发生一定的影响。什么是舆论? 它有何特点? 它怎样形成又有什么作用? 这些都是人们颇感兴趣的问题。

一、舆论概述

(一) 舆论的定义

舆论是公众的意见与看法,是社会全体成员或大多数人的共同信念,也可以说是信息沟通后的一种共鸣。

个人在社会中遇到一些社会现象,必然会产生不同的主观反应。这些反应并未取得统一,但经过彼此间相互作用之后,逐渐加以汇集,使个人原先的主观反应经过群众无形的压力而改变,最后形成一种相同看法,这也是一种群众性的社会心理现象。社会舆论形成之后,就成为一种群众性的意见,对社会发生更大的影响,从而产生连锁性反应。

"舆论"一词在我国早已有之。"舆"的本义是车厢或轿子,赶车抬轿的下层人称之为"舆人"。"论"是议论、意见。舆论即众人之论,也就是公众的意见。舆论属于社会心理及社会意识形态范畴,涉及的方面很广,国外许多学者对舆论的性质提出了多种定义。为了加深对舆论概念的理解,兹将这些定义介绍于下。

社会心理学家 F·H·奥尔波特在其所著的《社会心理学》一书中指出:"舆论一词常指全体或大多数人的共同信念或情操。""舆论仅是个人意见的集合。"舆论乃是"社会上普遍的见解"。这就是说,他把舆论理解为社会上普遍的、一致的看法与意见。

政治学家普莱士(J. Bryce)指出,"舆论一词是指有关影响于社会事项的意见的集合。这是一切不同见解、信仰、想象、成见与渴望等的综合体。这是将混杂、松懈、无定形而日日变动的错综复杂的现象,经过了综合与澄清的过程,最后产生出某种见解"。"这类见解为多数民众所支持而产生力量。""这种被赞成或反对的某项主张,因此成为领导的力量。"这就是说,他把舆论理解为比其他意见更为强有力的,足以压倒其他意见的一种力量。

社会学家派克(R. E. Peck)等人指出:"舆论不是公众全体或大多数人的意见,也不是特殊个人的意见,而是代表公众全体一般倾向的综合意见。""舆论必须包含公开讨论。任何事情一旦到达公开讨论时期,就有舆论表现。"

我国社会学家孙本文概括上述学者的观点,指出他们在舆论定义上的共同点:①舆论若是社会上许多人共同的意见,则具有社会力量,可以制约个人行为。②舆论既是共同的意见,则必有一致的看法,但此种一致的看法是由不同意见最后演变而来,它是各种意见的综合体。社会上发生某一事故时,人们总会纷纷发表各自意见,最后形成一种比较共同一致的意见。③舆论有时是一种合理的判断,有时则纯粹为感情的表现。这须视具体情境而定。有的情境可以引起人们冷静的思考、充分的讨论,以形成一致意见;有的情境可以引起人们感情的冲动,因而形成共同看法。④舆论是属于全体的意见、多数人的意见或少数人的意见,主要根据这种意见本身的力量。有力量的意见即使是少数人所主张的,也可以成为舆论,人们既有从众的心理倾向,亦有众从的心理倾向。一般舆论的形成,开始往往来自少数人意见,经互相讨论,然后得到多数人的赞同,所以某种意见只要经过社会上有力量、有影响的少数人的号召,无形中就会成为社会上的主要意见。

（二）舆论的特征

从以上定义的分析中,可以得出舆论的几个特征。

为多数人赞成与支持。舆论作为一种公众的意见,当然是为多数人赞成与支持的。若社会上某种意见,即使有人大力宣传与提倡,但未能取得人们的赞成与支持,那么这种意见并不能称之为舆论。例如,社会对于当前住房问题、教育问题等看法,为许多人所赞成。即使不是人人表态,也是内心默契的,故可以说是代表社会的舆论。

舆论总是有关社会的安宁与幸福的问题。舆论总是针对社会上出现的某些特殊现象,这些特殊现象违反社会固有的风俗传统和伦理道德,有悖于社会已有规范,不利于社会的安宁与幸福,于是人们会作出种种议论。例如,我国一些地方出现了个别小辈虐待老人的情况,引起人们的关注,纷纷提出老年人的社会保障问题,形成一种关心老年人的舆论。

本身含有合理性。由于舆论的形成是经过一个时期的酝酿与讨论,逐渐使人们看到其合理的部分,于是采纳它、赞同它、支持它。

是有效的。能否使某种意见成为舆论,最主要的是在于它的有效性,即这种意见能否发生社会影响。某种意见能推动或阻碍社会上的某种行为,这种意见就是舆论。

一般不是政府的意见。政府的意见往往以政府的公告、宣言、政策等形式出现,舆论则是广大民众的呼声。开明的政府所提出的公告、宣言、政策等往往是充分研究社会上流行的舆论之后提出的,提出之后也密切关注社会对它们的舆论。作为反馈信息,以便必要时及时修改。

(三) 舆论的多元化

舆论不可能完全一致,而是多元化的,因为舆论总是代表着社会群体成员的共同利益。由于社会群体的多样性与复杂性,人们对于所发生的某种事态不可能有一致的舆论,往往是"公说公有理,婆说婆有理",形成不同舆论。例如,关于两代人之间的差距,老一代有老一代的舆论,年轻一代则有年轻一代的舆论。

在阶级社会里,舆论的一致与统一几乎是不可能的,不同阶级所持的立场、观点与方法不同,根本利益不同,他们对于社会上发生的事态明显地会形成不同的舆论,从某种意义上说,舆论的正确性与合理性是相对的,并非绝对的。

专栏 14－5

网络舆论——民意的"自由市场"?

网络舆论,特指网民以博客、微博、跟帖、留言、论坛帖文等方式,对公共事务、社会热点、网络话题等表达的意见,即"网民意见",不包括网上新闻报道、专业交流等信息。随着互联网用户的迅猛增长和互联网技术的快速发展,此类舆论的社会影响日益扩大,其独特的表现形式和传播态势值得密切关注。

经初步考察分析,我们认为目前我国网络舆论呈现出以下主要特点:

1. 非主流性——浏览者多,参与者少;

2. 负面性——批评的多,肯定的少;

3. 非理性——情绪宣泄多,理性思考少;

4. 从众性——"马太效应","先入为主"、"先声夺人"是舆论传播的一般规律,网络舆论尤其如此;

5. 扩散性——"雪球效应"，这是指当一个事件和话题产生后，舆论会如同滚雪球般不断衍生、聚合、裂变、扩散，其传播的速度、波及的广度及影响的力度几乎呈几何级数增长；

6. 逆反性——挑战"权威"；

7. 有组织性——"意见领袖"与"网络推手"；

8. 虚拟性——与现实生活的反差。

中国的互联网可能是世界上最热闹、最嘈杂、最舆论化的网络。西方国家网络应用的前三名排序为电子商务、即时通信、信息，而我国则是信息、游戏、电子商务，这反映了西方国家网民和中国网民对于网络的不同需求。西方国家网民主要把网络作为实用工具，而我国网民则将网络视为重要的舆论平台。在我国，网络已日益成为舆论生成的策源地、舆论传播的集散地、舆论交锋的主阵地。与此同时，我国网络舆论越来越暴露出"燃点低"、"噪音大"、可信度差等负面特点。

网络舆论并不能代表社会主流声音，但又是不容忽视的社会情绪"晴雨表"。对网络舆论需要作客观、细致的分析和评估，既要重视，把它作为体察社会情绪的"晴雨表"，又不能盲目地把网上声音当成社会主流舆情，不应该被网络舆论牵着鼻子走。认真分析网络舆情，积极应对网络舆论，化消极因素为积极因素，对于密切党群关系、满足合理诉求、疏解不良情绪、构建和谐社会，具有重要意义。我们在高度重视网络舆论的同时，必须具体分析、区别对待，提倡什么、反对什么，要旗帜鲜明。对网上正面舆论，应积极肯定、大力倡导；对诚恳建言献策的，应认真倾听、支持鼓励；对有理有据的批评意见，要认真听取、虚心接受、适当回应；对于歪曲事实、传播谣言、恶意攻击的，要及时澄清、有力回击；对网上涉嫌违法、侵权、侮辱、谩骂、造谣、诽谤等不文明的言论，应当封堵、删除，坚决反对网络舆论向偏激、极端、畸形的方向发展。

二、舆论的形成

舆论的形成是一个过程，它由主观因素与客观因素所制约。

(一) 舆论形成的过程

形成舆论的整个过程可以相对地划分为三个阶段。

问题的起因。舆论总是起因于社会发生的特殊事故或超越社会规范的特殊行为，这些特殊事故或特殊行为引起了人们的关注，成为人们注意的中心，作为一个社会问题被提出来。这是舆论形成的最初阶段。例如，近年来报纸连续报道了高级官员腐败落马的消息，从而引起社会上许多人的关心，于是舆论将我国高级官员的腐败问题作为一个社会问题提出来。

引起社会议论。可以说越是引起人们注意的问题，与人们切身利害关系越密切。如对我国中年知识分子健康问题，最最关心的乃是知识界，尤其是知识界的中年人，他们议论最多，而其他阶层则很少关心，也较少发议论。又如，房价问题，由于它牵动社会上千家万户的居住生活,差不多人人都会发表议论。这是舆论形成的一个重要阶段。

意见的归纳。在议论纷纷之中,凡是符合人们心愿的意见,会逐渐成为一种主流,为社会上层少数人所采纳,并加以宣传、扩散,使之家喻户晓,最终成为舆论。

(二)舆论形成的主客观因素

舆论为什么容易被人们接受与传播呢?首先是舆论代表了群众的倾向性意见和综合观点,它本身具有许多客观的合理因素,除此之外,还有其心理上的原因。

群众在主观上早就有了心理感受与心理准备,只不过还不很清楚,不很明确。这种心理倾向遇到了舆论信息,个人原先的心理状态就被唤醒而转变为个人意见。

群众的激烈情绪是无法压抑的。他们一旦接受了舆论,就很快会把它加以扩散,以致舆论的形式与传播带有浓厚的情绪色彩。

当个人生活受到挫折与困难不能解决时,最容易接受某种舆论。例如,关于下岗人员待遇低的舆论,最易接受的当然是广大的下岗人员。可见,个人对舆论的接受、扩散与传播,同个人的需要与愿望有关。当舆论和个人的需要、愿望相接近时,舆论传播的速度与广度就可增强,如果两者有距离或矛盾很大时,个人对舆论就会置之不理,不作反应。

三、舆论的作用

舆论是公众的意见,它是一种巨大的精神力量,平时讲的"人心所向"、"众望所归"等就是一种无形的动力,而"众怒难犯"等则是一种精神压力。古人讲,"得民心者存,失民心者亡","得道者多助,失道者寡助"。这里讲的"民心"、"道",实质就是公众的意见,即舆论。

(一)舆论起着一种评论的作用

舆论对个人、对社会团体乃至政府,都能起到一定的制约与监督作用。

舆论可以制约个人的行为。有时候,团体内成员之间为了某个问题发生矛盾与冲突,其他人对此会作出评论,于是,理屈的一方会停止争吵,作出让步。有时,一个行为失检的人在集体舆论下会有所收敛。公共场合下的矛盾与冲突,在人们一致舆论下也会较快解决。个人在社会中总是会发生从众行为。舆论既然是代表大多数人的意见,就可以产生一种社会控制力量,使它对每人具有一种压力作用,约束每个人的言论和行动。所以,正确的、健康的舆论能够团结群众、鼓舞群众,阻止不道德的言论和行为的发生。

舆论对群体有相当大的影响。舆论多半是反映着群众的意见和要求,群体领导人如果忽视了舆论,会使群众产生反感及冷漠的心理。正确舆论可以战胜不健康的舆论,打击社会上的歪风邪气,使正气抬头。在某些群体中,如果在正气未抬头、邪气上升的气氛下,也可能有一些不健康的舆论,如"当先进为了出风头","结婚不请酒是小气"等。作为一个群体,必须针锋相对地制造正确舆论,以抵消那些不健康的舆论。衡量一个群体好不好,可以看群体内形成的是哪一类舆论。

(二)舆论起着一种指导作用

一些社会心理学家通过研究后指出,在购买物品和欣赏电影、音乐时,舆论起着重要的作用。介绍某一商品或某一电影的人,称为舆论指导者,通过舆论指导者的宣传,就更具有说服力。因为舆论指导者总是某方面的专家,熟悉他所介绍的对象,并且和社会上各个阶层的人们有着广泛的接触。

(三)舆论起着一种鼓动作用

进步舆论往往可以成为革命运动的先导,只有舆论先行,才能发生伟大的革命运动。没有18世纪资产阶级启蒙思想作为舆论准备,就不可能出现资产阶级民主革命。正因为舆论具有上述作用,舆论阵地必须由我们国家的党政机关直接控制,利用电台、报刊等宣传机构作舆论宣传,使宣传内容反映群众的呼声,传达党和政府的希望和要求。

舆论不是一成不变的,它随着社会的发展而不断地变化着。作为群体的领导人必须经常研究当前的舆论,并给群众以正确的指导。

专栏 14－6

舆论学的研究

对舆论的研究越来越引起人们的重视。19世纪末,德国开始出版舆论学著作。进入20世纪,舆论问题成为一些学者研究的对象,1922年,美国政论家李普曼(Walter Lippmann)出版了《舆论学》一书。民意测验的方法已被广泛应用,民意测验机构遍及世界主要国家和地区,美国盖洛普民意测验机构具有世界影响。资本主义国家的民意测验机构,既是商业性的,又是政治性的。民意测验的问卷设计和抽样调查方法,在某种程度上可以反映民意,但带有一定的倾向性,或为商业作广告,或为政治人物的竞选作宣传。

(资料来源:http://baike.baidu.com/view/83472.htm)

第四节　流　言

流言是一种极为普遍的社会心理现象,所发生的连锁反应极为迅速。

一、流言概述

(一)流言的定义

流言是提不出任何信得过的确切的依据,而在人们之间相互传播的一种特定的消息。"流言"一词,最早见于《尚书·金滕》中,"武王既丧,管叔及其群弟,乃流言于国,曰公将不利于孺子。"后经蔡沈作了注解:"流言,无根之言,如水之流自彼而至此。"可见,流言是一种无根据的假消息。

谣言和流言有些不同,谣言是恶意的攻击,是谣言制造者故意捏造、散布的假消息。两者的区别在于动机不同。其共同点是,它们都缺乏明确而可靠的事实根据,但都能广为传播。

(二)流言内容的变化

G·W·奥尔波特等人进行了这方面的实验,他发现口头传播流言后,其内容会发生明显的歪曲。生活中经常可以遇到这种情况,某件事一传十、十传百,越来越走样,最后弄得面目全非。在传播过程中,流言内容发生变化的特点如下:

一般性。流言内容越传越变得简略与扼要,遗漏掉许多具体的细节,流失了许多信息,越到后来越使人感到内容很一般化。

强调性。听到流言的人,由于对其中有些内容比较容易引起注意和兴趣,留下了较为深刻的印象,经他再次传播时,就会强调其印象深刻的部分。

同化性。流言的接受者以自己已有的知识经验、需要态度等主观因素来理解流言的内容,凡是他认为合乎逻辑的部分就接受下来,同时凭自己的想象对它进一步加工(添油加醋)之后再广为传播。

选择性。流言的传播并不是平均地、广泛地传给社会上的每一个人,它只流传给那些和传播者有密切关系的人,并要求保密,"不要告诉别人"。流言也多半传播在一个群体之内,因为群体成员对当前的某些问题是共同关心与注意的。

变速性。流言传播的速度往往是开始缓慢,然后不断地加快,当达到了高潮,将近饱和状态——人人皆知时,又变得缓慢起来,整个传播过程呈S形。

失真性。流言经由口头传播后,其内容会发生明显的歪曲,越传越失真,最后面目全非。口头传播的信息,即使原先不是流言,而是真实的内容,也会发生歪曲、失真现象,特别是几经口头传播。

故事性。传播流言的人,为了便于向别人转述,把传给他的信息的某些情节重新安排,从而增加了故事性。

(三) 流言的类型

愿望流言:反映人们的某种要求、期望、未实现的梦想以及未满足的需求。愿望流言是凭常识就能推测到这些流言将会有目的地、故意地传播给宣传对象。

恐怖流言:反映出人们内心的恐怖情绪。常见于社会紧张时期(自然灾害、战争、政变等)以及人们对某些事物产生明显的恐怖和悲观绝望的时候。

攻击流言:与恐怖流言相似,均产生于社会紧张时期,通常起因于群体之间的矛盾,其作用在于制造分裂。

二、流言产生与传播的主客观因素

流言的产生与传播总有其特殊背景,与社会个人、群体的某些特点有关。

(一) 社会情境

流言总是发生在和人们生活有重大关系的问题上,G·W·奥尔波特指出流言的发生与流传有三个条件:①在缺乏可靠信息的情况下,最易产生与传播流言。人们越是弄不清真实的情况,流言就越是容易传播。②在不安和忧虑的情况下,会促使流言产生和传播。例如,某种货物价格上涨之后,人们就会产生不安与忧虑,担心其他物品也要涨价,于是关于物价上涨的各种流言,就开始产生和传播了。③在社会处于危机状态下,如战争年代、地震、灾荒时,人们容易产生恐怖感与紧张感,流言也容易传播。

此外,处在一定社会情境中的个人,若突然被置于显要地位时,也容易发生关于他的流言。一般讲,关于个人的流言,往往是针对处在比较重要的社会地位上的人。当然,社会地位的高低是相对的,某人在农村中很有地位,一旦到了大城市可能默默无闻;在本城市很有名气,但在全国则无足轻重。当某人在一定范围内突然有了地位,就有可能成为这范围内的众矢之的,流言四起。

一般地讲,流言都是言过其实,好意的内容少,而攻击性的内容多,即使是好意的流言,因为是无稽之谈,也不可信。

(二)流言形成的心理原因

流言的形成,主要是人们在认识上的偏差所致。人们平时观察事物、记忆事物,往往不够细致,总会有所遗漏、颠倒,甚至张冠李戴;在与他人交往过程中,也可能对对方的某些含糊言词,凭自己的经验来理解,自圆其说,致使外界信息失真、失实、遗漏。再加上受自己愿望、恐惧、忧虑、怨愤等情绪作用,所以当他把自己耳闻目睹的事件转告他人时,就有可能不知不觉地对信息进行了歪曲。于是无根据的流言也就随之而起。值得强调的是,人们输送出虚假的信息,并非蓄意混淆视听,主要是认识上的或思想方法上的偏差。

(三)流言传播的动机分析

传播的流言往往是言过其实,耸人听闻的,以致以讹传讹,误人不浅。传播流言时,人们往往会依照社会上流传已久的传说、神话等加以附会,使本来极为普通的事情变为耸人听闻的故事。

有的流言往往是人们根据民间的愿望、恐惧、怨恨而加以附会的结果。由于人们的一些愿望未被满足,人们的恐惧未能消除,人们的怨恨未能发泄,因此人们在传播流言时往往会加以附会,企图达到心理上的平衡。有的流言是人们根据事实的因果关系作主观猜测的结果。人们总是认为凡事有因必有果,有果必有因,往往自以为是,简单地把并非属因果关系的事物硬加联系,并加以"合理化",以致混淆了事实的真相。

三、流言传播的影响

流言一经发生,传播极为迅猛,一传十,十传百,口耳相传,面目全非,越来越离奇、荒诞,成为一种精神上的传染,故流言对个人对社会都会发生消极影响。

流言对个人心理、行为的影响,是作为一种社会情境对个人发生直接的刺激作用。流言形成并广为传播之后,就会成为一种社会心理环境。人们处于这种社会心理环境之中,就会自然而然地受到影响。每当听到流言,特别是被许多人相互传递的流言,往往会信以为真。《战国策》曾记载一则故事,有一个和曾参同姓名者杀了人,有人去告诉曾参的母亲说曾参杀了人,曾母不信;过会儿,又有人去给她讲曾参杀人,曾母还是不信,第三次来人讲曾参杀人,曾母却相信了。这则故事说明,由于周围屡次发出相同的消息,在这一情境中的人们往往会听信流言。

流言对社会、对群体的影响不容忽视。因为在群体中人与人之间相互接触,使流言不断变化,进一步增强了它的力量。若有关于社会安宁幸福的流言被散发时,往往会引起人们的恐慌,产生强烈的情绪反应。

其实,流言是完全可以制止的,因为它缺乏事实的根据。社会有关部门通过调查访问,向人们提供确切的消息，就可以彻底制止流言的流传。此外，每个社会成员只要有冷静的头脑、明智的态度，就可以正确判断出流言，并劝说他人不要参与流言的传播。

抢盐风波

2011年3月15日，因为日本核电站泄漏事故，有谣言称日本核辐射会污染海水导致以后生产的盐都无法食用，而且吃含碘的食用盐可防核辐射，一时间引起一些市民疯狂抢购食盐，一些不法经销商乘机哄抬价格，牟取暴利，群众反映强烈。

由于听信碘盐可以防核辐射的谣言，我国内地多个城市及香港、澳门和台湾地区出现了抢购食盐的风潮。尽管国家发改委、各地政府和盐业局紧急辟谣和保证货源充足，专家也称吃盐防辐射不靠谱，但仍有不少百姓继续盲目抢购。

此次抢盐事件于16日晚上最先从较靠海的浙江、江苏、福建、上海、广东等省份传开，之后蔓延到其他地区，甚至连距离日本福岛第一核电站有3200公里的重庆以及成都也闹起了"盐荒"。

抢盐者不仅是中老年妇女，许多年轻人也加入抢购的行列。据北京天客隆超市的销售人员说："出现抢盐现象的第一天，库存就全部卖光。有不少年轻人整箱购买，近2000袋的食盐一上午就抢光了。一些抢不到盐的人转而抢购泡菜盐以及酱油、紫菜和海带等含碘物品。"由于中国目前的食盐全为加碘盐，其中含有碘酸钾，不少市民担心日本核电站爆炸对人体有影响，认为多买些食盐可以在关键时刻用来防辐射。另有市民担心海水被放射性物质污染，没法再提炼盐，而食盐一旦库存不足会引起涨价。"抢盐"风潮由此而生。

（资料来源：http://finance.sina.com.cn/roll/20110324/00019582763.shtml）

本章小结

流行是指社会上新近出现的或某权威性人物倡导的事物、观念、行为方式等被人们接受、采用，进而迅速推广以致消失的过程。

流行因表现程度和持续时间的不同，可以分为时髦和时狂两种。流行的特点：新奇性；爆发性；短时性；周期性；两极性；常态性。流行的社会因素：受社会文化所制约；依靠大众传播工具的宣传；要有经济基础。流行的心理因素：从众与模仿；求新欲望；自我防御与自我显示；个别差异。

暗示，乃是在无对抗条件下，用某种间接的方法对人们的心理和行为产生影响，从而使人们按照一定的方式去行动或接受一定的意见、思想。它是一种被主观意愿肯定了的假说，可以通过语言、行为、信誉等的形式进行。

从暗示的性质来看，可以分为他人暗示和自我暗示两类。其中他人暗示又可以分为直接暗示与间接暗示;自我暗示对自身可以发生积极的作用,也可以发生消极的作用。影响暗示效果的因素:受暗示者的年龄与性别;当时的情境;暗示刺激的特点;暗示者的影响力;受暗示者的心理状态。

舆论是公众的意见与看法,是社会全体成员或大多数人的共同信念,也可以说是信息沟通后的一种共鸣。舆论的特征:为多数人赞成与支持;总是有关社会的安宁与幸福的问题;本身含有合理性;是有效的;一般不是政府的意见。舆论形成过程:问题的起因;引起社会议论;意见的归纳。舆论的作用:评论;指导;鼓动。

流言是提不出任何信得过的确切的依据,而在人们之间相互传播的一种特定的消息。在传播过程中流言内容发生变化的特点:一般性;强调性;同化性;选择性;变速性;失真性;故事性。

思 考 题

1. 联系自己的实际,说说你是怎样看待新媒体的流行及其舆论作用的。

2. 借鉴自我暗示的相关研究,试着在日常生活应用积极的自我暗示,并将每天的情况记录下来。

拓展阅读

1. E·阿伦森.社会性动物(第九版).邢占军译,缪小春审校.上海:华东师范大学出版社,2007.

2. 奥尔波特等.谣言心理学.刘水平、梁兴元、黄鹂译.沈阳:辽宁教育出版社,2003.

3. 戴维·迈尔斯.社会心理学(第8版).侯玉波等译.北京:人民邮电出版社,2006.

4. 古斯塔夫·黎朋.乌合之众:大众心理研究.冯克利译.北京:中央编译出版社,2004.

主要参考文献

中文文献

[1] 蔡华俭,周颖,史青海.内隐联想测验及其在性别刻板印象研究中的应用[J].社会心理研究,2001,11(4).

[2] 蔡华俭.内隐自尊效应及内隐自尊与外显自尊的关系[J].心理学报,2003,35(6).

[3] 蔡建红.中国人印象形成中核心品质研究方法初探[J].江西师范大学学报,1999,32(1).

[4] Chen, S. A.、杨治良等."攻击性行为"社会认知的实验研究[J].心理学报,1996,(2).

[5] 戴春林、杨治良、吴明证.内隐攻击性的实验研究[J].心理科学,2005,28(1).

[6] 方文.转型心理学:以群体资格为中心[J].中国社会科学,2008,(4).

[7] 费孝通.乡土中国[M].生活·读书·新知三联书店,1985.

[8] 何友晖.孝道与杀子[J].方法,1999,(3).

[9] 胡寄南.胡寄南心理论文选(增补本)[M].上海:学林出版社,1985.

[10] 胡先晋.黄光国.中国人的面子观:中国人的权力游戏[M].台北:巨流图书公司,1988.

[11] 瞿海源、杨国枢.变迁中的台湾社会[J].1989.

[12] 李季.媒体文化:青少年社会化的第一影响源[J].2000.

[13] 李晓文.学生价值取向特征与生存状态关系研究[J].华东师范大学学报(教育科学版),2003,(8).

[14] 陆洛.人我关系之界定——"折中自我"的现身[J].本土心理学研究,2003.

[15] 钱铭怡,夏国华.青少年人格与父母养育方式的相关研究[J].中国心理卫生杂志,1996,10(2).

[16] 石秀印,刘卫平.中国社会心理学十年回顾与展望[J].社会学研究,1989.

[17] 史静寰.现代西方女性主义的教育理论与实践[J].山西师大学报(社会科学版),2000,(8).

[18] 孙本文.社会心理学[M].北京:商务印书馆,1946.

[19] 吴江霖.社会心理学[M].广州:广东高等教育出版社,2004.

[20] 吴明证,梁宁建,许静,杨宇然.内隐社会态度的矛盾现象研究[J].心理科学,2004,27(2).

[21] 杨国枢,余安邦.中国人的社会取向:社会互动的观点[J].《中国人的心理与社会行为——理念及方法篇》,台北:巨流图书公司,1993.

[22] 杨雄.网络对我国青年的影响评价[J].青年研究,2000,(4).

[23] 杨宜音.关系化还是类别化:中国人"我们"概念形成的社会心理机制探讨[J].中国社会科学,2008,(4).

[24] 杨宜音.社会心理学[M].北京:首都经济贸易大学出版社,2008.

[25] 杨治良,刘素珍,钟毅平,高桦,唐永明.内隐社会认知的初步实验研究[J].心理学报,1997,29(1).

[26] 杨中芳.人际关系与人际情感的构念化[J].本土心理学研究,1999,(12).

[27] 杨中芳.试谈大陆社会心理学研究的发展方向[J].社会学研究,1987,(4).

[28] 姚本先,涂元玲.小学语文教科书中人物的心理学研究[J].心理科学,2003,(1).

[29] 叶茂林.材料性质与内隐攻击性启动效应的实验研究[J].心理科学,2004,24(4).

[30] 余安邦,杨国枢.社会取向成就动机与自我取向动机:概念分析与实证研究[J].中央研究院民族学研究所集刊,1987,(64).

[31] 翟学伟.中国人际关系的特质——本土的概念及其模式[J].社会学研究,1993,(4).

[32] 张侃.我国心理学的现状与发展对策[J].心理与行为研究,2003,1(2).

现代社会心理学(第三版)

[33] 张莹瑞,佐斌.社会认同理论及其发展[J].心理科学进展,2006,14(3).

[34] 赵志裕,温静,谭俭邦.社会认同的基本心理历程——香港回归中国的研究范例[J].社会学研究,2005,(5).

[35] 郑涌,黄希庭.自我概念的结构:大学生"我是谁"反应的内容分析[D].西南师范大学心理学系:西南师范大学学报,1997.

[36] 周晓虹.认同理论:社会学与心理学的分析路径[J].社会科学,2008,(4).

英文文献

[1] Abraham, T. Toward a Self-evaluation Maintenance Model of Social Behavior [J]. *Advances in Experimental Social Psychology*, 1988(21).

[2] Abrams, D. & M. A. Hogg. Comments on The Motivational Status of Self-esteem in Social Identity and Intergroup Discrimination [J]. *European Journal of Social Psychology*, 1988,18(4).

[3] Allen, S. W. & L. R. Brooks. Specializing in the Operation of An Explicit Rule [J]. *Journal of Experimental Psychology: General*, 1991(120).

[4] Allport, G. W. & U. Harvard. Pattern and Growth in Personality [M]. Oxford, England: Reinhart & Winston, 1961.

[5] Allport, F. H. Social Psychology [M]. Boston, Mass: Houghton Mifflin, 1924.

[6] Allport, G. W. The Historical Background of Modern Social Psychology [J]. *Handbook of Social Psychology*, 1954(1).

[7] Amato, P. R. Urban-rural Differences in Helping: Behavior in Australia and the United States [J]. *The Journal of Social Psychology*, 1981,114(2).

[8] Ames. & Carole. & A. Jennifer. Achievement Goals in the Classroom: Students' Learning Strategies and Motivation Processes. [J]. *Journal of Educational Psychology* 80. 3(1988):260.

[9] Anderson, C. A. An Update on the Effects of Playing Violent Video Games [J]. *Journal of Adolescence*, 2004,27(1).

[10] Asch, S. Forming Impression of Personality [J]. *Journal of Abnormal and Social Psychology*, 1946(41).

[11] Baldwin, J. M. Social and Ethical Interpretations in Mental Development: A Study in Social Psychology [M]. The Macmillan Company, 1897.

[12] Baldwin, M. W. & S. E. Carrell. & D. F. Lopez. Priming Relationship Schemas: My Advisor and the Pope are Watching Me From the Back of My Mind [J]. *Journal of Experimental Social Psychology*, 1990(5).

[13] Baldwin, M. W. Relational Schemas and the Processing of Social Information [J]. *Psychological Bulletin*, 1992,112(3).

[14] Banaji, M. R. & A. G. Greenwald. Implicit Gender Stereotyping in Judgments of Fame [J]. *Journal of Personality and Social Psychology*, 1995(68).

[15] Bandura, A. & C. Pastorelli. & C. Barbaranelli. & G. V. Caprara. Self-efficacy Pathways to Childhood Depression [J]. *Journal of Personality and Social Psychology*, 1999(2).

[16] Bandura, A. Aggression: A Social Learning Analysis [M]. Prentice-Hall, 1973.

[17] Bandura, A. Analysis of Modeling Processes [J]. *School Psychology Digest*, 1975.

[18] Bandura, A. Influence of Models' Reinforcement Contingencies on the Acquisition of Imitative Responses [J]. *Journal of Personality and Social Psychology*, 1965,1(6).

[19] Bandura, A. *Self-efficacy: The exercise of Control* [M]. New York, NY, US: W H Freeman/Times Books/Henry Holt & Co,1997.

[20] Baron, R. A. The control of Human Aggression: An Optimistic Perspective [J]. *Journal of*

Social and Clinical Psychology, 1983,1(2).

[21] Batson, C. D. & D. Kobrynowicz. & J. L. Dinnerstein. & H. C. Kampf. & A. D. Wilson. In a Very Different Voice: Unmasking Moral Hypocrisy [J]. *Journal of Personality and Social Psychology*, 1997(72).

[22] Batson, C. D. & E. R. Thompson. & Seuferling. G. & H. Whitney. & J. A. Strongman. Moral hypocrisy: Appearing Moral to Oneself Without Being So [J]. *Journal of Personality and Social Psychology*, 1999,77(3).

[23] Baumeister, R. F. The self [M]. *The Handbook of Social Psychology*, 1998, 4th ed.

[24] Baumerister, R. F. & J. D. Campbell. & J. I. Krueger. & K. D. Vohs. Does High Self-esteem Cause Better Performance, Interpersonal Success, Happiness, or Healthier Lifestyles? [J] *Psychological Science in the Public Interest*, 2003(4).

[25] Baumrind, D. Current Patterns of Parental Authority [J]. *Developmental Psychology*, 1971,4 (1p2).

[26] Benson, P. L. & S. A. Karabenick. & Lerner. R. M. Pretty Pleases: The Effects of Physical Attractiveness, Race, and Sex on Receiving Help [J]. *Journal of Experimental Social Psychology*, 1976,12(5): 409 – 415.

[27] Berzonsky, M. D. Identity Style Conceptualization and Measurement [J]. *Journal of Adolescent Research*, 1989,4(3).

[28] Bhatthcharya. & K. M. R. Salil. & J. R. S. Patchala. & A. P. Sen. Anxiogenic Activity of Intraventricularly Administered Bradykinin in Rats [J]. *Journal of Psychopharmacology*, 1995 (4).

[29] Blaine & Bruce. Self-esteem and Self-serving Biases in Reactions to Positive and Negative Events: An Integrative Review [J]. *Self-esteem: The Puzzle of Low Self-regard* [M]. *Plenum Press*, 1993.

[30] Blake, R. R. & J. S. Mouton. The Managerial Grid III: The Key to Leadership Excellence (3rd Ed.) [M]. Houston: Gulf Publishing Company, 1985.

[31] Bochner, S. & B. Hesketh. Power Distance, Individualism/Collectivism, and Job-Related Attitudes in a Culturally Diverse Work Group [J]. *Cross-Cultural Psychology*, 1994,25(2).

[32] Branden, K. Does Negotiation of Meaning Promote Reading Comprehension? A Study of Multilingual Primary School Classes [J]. *Reading Research Quarterly*, 2000(5).

[33] Brewer, M. B. The Social Self: On Being the Same And Different At the Same Time [J]. *Personality and Social Psychology Bulletin*, 1991,17(5).

[34] Brown, J. D. & U. W. Seattle. The self [M]. New York, NY, US: McGraw-Hill, 1998.

[35] Brown, R. & R. Herrnstein. Moral Reasoning and Conduct [J]. *Psychological Monographs*, 1975(70).

[36] Bushman, B. J. & R. F. Baumeister. Threatened Egotism, Narcissism, Self-esteem, and Direct and Displaced Aggression: Does Self-love or Self-hate Lead to Violence [J]? *Journal of Personality and Social Psychology*, 1998(1).

[37] Cacioppo, J. T. , & R. E. Petty. Social Psychological Procedures for Cognitive Response Assessment: The Thought-listing Technique [J]. *Cognitive Assessment*, 1981.

[38] Caillé, J. P. & S. Gagné. Resistance Electrique de la paroi d'une Microelectrode [J]. *Canadian Journal of Physiology and Pharmacology*, 1971,49(9).

[39] Caporael, L. R. & M. B. Brewer. Reviving Evolutionary Psychology: Biology Meets Society [J]. *Journal of Social Issues*, 1991,47(3).

[40] Carlsmith, J. M. & A. E. Gross. Some Effects of Guilt on Compliance [J]. *Journal of*

Personality and Social Psychology, 1969,11(3).

[41] Carlsmith, J. M. & A. E. Gross. Some Effects of Guilt on Compliance [J]. *Journal of Personality and social psychology*, 1969,11(3):232.

[42] Carlson, M. & N. Miller. Explanation of the Relation Between Negative Mood and Helping [J]. *Psychological Bulletin*, 1987,102(1).

[43] Carver, C. S. & M. F. Scheier. A Control-theory Model of Normal Behavior, and Implications For Problems in Self-management [J]. *Advances in Cognitive-behavioral Research and Therapy*, 1983 (2).

[44] Carver, C. S. & M. F. Scheier. Control theory: A Useful Conceptual Framework for Personality-Social, Clinical, and Health Psychology [J]. *Psychological Bulletin*, 1982(1).

[45] Cast, A. D. & P. J. Burke. A Theory of Self-esteem [J]. *Social Forces*, 2002(3).

[46] Chaiken, S. Heuristic Versus Systematic Information Processing and The Use of Source Versus Message Cues in Persuasion [J]. *Journal of Personality and Social Psychology*, 1980,39(5).

[47] Chiu, L. H. A Cross-cultural Comparison of Cognitive Styles in Chinese and American children [J]. *International Journal of Psychology*, 1972(7).

[48] Cialdini, R. B. & J. E. Vincent. & S. K. Lewis. et al. Reciprocal Concessions Procedure for Inducing Compliance: The Door-in-the-face Technique [J]. *Journal of Personality and Social Psychology*, 1975,31(2).

[49] Cialdini, R. B. & M. Schaller. & D. Houlihan. et al. Empathy-based helping: Is It Selflessly or Selfishly Motivated? [J]. *Journal of Personality and Social Psychology*, 1987,52(4).

[50] Coie, J. D. & J. B. Kupersmidt. A Behavioral Analysis of Emerging Social Status in Boys' Groups [J]. *Child Development*, 1983.

[51] Cooper, H.. Teacher Expectation Effects. In L. Bickman (Ed.) [J]. *Applied Social Psychology Annual*, 1983(4).

[52] Cooper, J. M. Plato's Theory of Human Motivation [J]. *History of Philosophy Quarterly*, 1984, 1(1).

[53] Corsaro, W. A. Interpretive Reproduction in Children's Role Play [J]. *Childhood*, 1993,1(2).

[54] Crandall, C. S. & A. A. Eshleman. Justification-suppression model of The Expression and Experience of Prejudice [J]. *Psychological Bulletin*, 2003,129(3).

[55] Crocker, J. & L. E. Park. The Costly Pursuit of Self-esteem [J]. *Psychological Bulletin*, 2004 (3).

[56] Crocker, J. & R. K. Luhtanen. & M. L. Cooper. & Bouvrette & Alexandra. Contingencies of Self-Worth in College Students: Theory and Measurement [J]. *Journal of Personality and Social Psychology*, 2003(5).

[57] Crocker, J. The Costs of Seeking Self-esteem [J]. *Journal of Social Issues*, 2002(3).

[58] Crossley, M. L. Introducing Narrative Psychology: Self, Trauma, and the Construction of Meaning [M]. Philadelphia, PA: Open University Press, 2000.

[59] Dabbs, J. M. & M. F. Hargrove. Age, Testosterone, and Behavior Among Female Prison Inmates [J]. *Psychosomatic Medicine*, 1997,59(5).

[60] Darley, J. M. & B. Latane. When Will People Help in a Crisis? [M]. Communications Research Machines, 1970.

[61] De Houwer, J. & P. Eelen. An Affective Variant of the Simon Paradigm [J]. *Cognition & Emotion*, 1998,12(1).

[62] De Houwer, J. The Extrinsic Affective Simon Task [J]. *Experimental Psychology*, 2003,50(2).

[63] Deci, E. L. & R. M. Ryan. The Support of Autonomy and the Control of Behavior [J]. *Journal*

主要参考文献

of Personality and Social Psychology, 1987(6).

［64］Diener, E. & M. Wallbom. Effects of Self-awareness on Anti Normative Behavior ［J］. *Journal of Research in Personality*, 1976,10(1).

［65］Dovidio, J. F. & S. L. Gaertner. & Isen, A. M. & R. Lowrance. Group Representations and Intergroup Bias: Positive Affect, Similarity, and Group size ［J］. *Personality and Social Psychology Bulletin*, 1995,21(8).

［66］Dovidio, J. F., Kawakami, K., Johnson, C., Johnson, B., & A. Howard. On the Nature of Prejudice: Automatic and Controlled Processes ［J］. *Journal of Experimental Social Psychology*, 1997,33(5).

［67］Draine, S. C. & A. G. Greenwald. Replicable Unconscious Semantic Priming ［J］. *Journal of Experimental Psychology: General*, 1998,127(3).

［68］Durkheim, E. The Division of Labor in Society ［M］. Simon and Schuster, 1997.

［69］Eccleston, C. P. & B. N. Major. Attributions to Discrimination and Self-esteem: The Role of Group Identification and Appraisals ［J］. *Group Processes & Intergroup Relations*, 2006,9(2).

［70］Eisenberger, N. I. & M. D. Lieberman. & K. D. Williams. Does Rejection Hurt? An fMRI Study of Social Exclusion ［J］. *Science*, 2003,302(5643).

［71］Ekman, P. & W. V. Friesen. Nonverbal Leakage and Clues to Deception ［J］. *Psychiatry*, 1969 (32).

［72］Ellwood, C. A. Sociology and Its Psychological Aspects ［M］. D. Appleton, 1921.

［73］Farnham S. D. From Implicit Self-esteem to in-group Favoritism ［J］. *Dissertation Abstracts International: Section B: The Sciences and Engineering*, 1999,60(4-B).

［74］Fazio, R. H., & J. R. Jackson. & B. C. Dunton. & C. J. Williams. Variability in Automatic Activation as an Unobtrusive Measure of Racial Attitudes: A Bona Fide Pipeline? ［J］. *Journal of Personality and Social Psychology*, 1995(69).

［75］Festinger, L. & J. M. Carlsmith. Cognitive Consequences of Forced Compliance ［J］. *The Journal of Abnormal and Social Psychology*, 1959,58(2).

［76］Festinger, L. A theory of Cognitive Dissonance ［M］. Stanford University Press, 1962.

［77］Festinger, L. A theory of Social Comparison Process ［J］. *Human Relations*, 1954(7).

［78］Festinger, L. Some Consequences of De-individuation in a Group ［J］. *Journal of Abnormal and Social Psychology*, 1952, 47(2).

［79］Fishbein, M. & I. Ajzen. Belief, Attitude, Intention and Behavior: An Introduction to Theory and Research ［M］. 1975.

［80］Freud, S. Group Psychology and the Analysis of the Ego ［M］. WW Norton & Company, 1975.

［81］Gaertner, S. L. & J. Mann. & A. Murrell. & J. F. Dovidio. Reducing Intergroup Bias: The Benefits of Re-categorization ［J］. *Journal of Personality and Social Psychology*, 1989,57(2).

［82］Gavin, L. A. & W. Furman. Age Differences in Adolescents' Perceptions of their Peer Groups ［J］. *Developmental Psychology*, 1989,25(5).

［83］Gergen, K. J. The Saturated Self: Dilemmas of Identity in Contemporary Life ［M］. Basic Books, 1992.

［84］Gergen, K. J. Toward a Postmodern Psychology ［J］. *The Humanistic Psychologist*, 1990,18(1).

［85］Goffman, E. Behavior in Public Place ［J］. *Glencoe: the Free Press*, New York, 1963.

［86］Graf, P. & D. Schacter. Implicit and Explicit Memory for New Associations in Normal and Amnesic Subjects ［J］. *Journal of Experimental Psychology: Learning, Memory and Cognition*, 1985(11).

［87］Granovetter, M. Getting a Job: A Study of Contacts and Careers ［M］. Chicago: University of

Chicago Press, 1995.

[88] Granovetter, M. S. The Strength of Weak Ties [J]. *American Journal of Sociology*, 1973.

[89] Greenberg, J. & T. Pyszczynski. & S. Solomon. et al. Evidence for Terror Management Theory II: The Effects of Mortality Salience on Reactions to Those Who Threaten or Bolster the Cultural Worldview [J]. *Journal of Personality and Social Psychology*, 1990,58(2).

[90] Greenberg, J. & T. Pyszczynski. & S. Solomon. Public Self and Private Self [M]. Springer Verlag,1986.

[91] Greenwald, A. G. & B. A. Nosek. & M. R. Banaji. Understanding and Using the Implicit Association Test: I. an Improved Scoring Algorithm [J]. *Journal of Personality and Social Psychology*, 2003,85(2).

[92] Greenwald, A. G. & D. E. McGhee. & J. L. Schwartz. Measuring Individual Differences in Implicit Cognition: the Implicit Association Test [J]. *Journal of Personality and Social Psychology*, 1998,74(6).

[93] Greenwald, A. G. & M. R. Banaji. Implicit Social Cognition: Attitudes, Self-esteem, and Stereotypes [J]. *Psychological Review*, 1995,102(1).

[94] Greenwald, A. G. & S. D. Farnham. Using the Implicit Association Test to Measure Self-esteem and Self-concept [J]. *Journal of Personality and Social Psychology*, 2000(79).

[95] Greenwald, A. G. et al. A Unified Theory of Implicit Attitudes, Stereotypes, Self-esteem, and Self-Concept [J]. *Psychological Review*, 2002,109(1).

[96] Greenwald, A. G. Psychology Attends to its Self [J]. *Psyccriques*, 1980(12).

[97] Gustave, L. B. The Crowd: A Study of the Popular Mind [M]. Whitefish: Kessinger Publishing, 2003.

[98] Hall, E. T. A System for the Notation of Proxemic Behavior1 [J]. *American Anthropologist*, 1963,65(5).

[99] Haney, C. & P. Zimbardo. The Past and Future of US Prison Policy: Twenty-five Years After the Stanford Prison Experiment [J]. *American Psychologist*, 1998,53(7).

[100] Hanmilton, D. L. & M. P. Zanna. Context Effects in Impression Formation: Changes in Connotative meaning [J]. *Journal of Personality and Social Psychology*, 1974(29)

[101] Harbin, T. J. & B. W. Keith. The Effects of Age and Prestimulus Duration upon Reflex Inhibition [J]. *Psychophysiology*, 1983,20(6).

[102] Harlow, H. F. Learning and Satiation of Response in Intrinsically Motivated Complex Puzzle Performance by Monkeys [J]. *Journal of Comparative and Physiological Psychology*, 1950,43 (4).

[103] Harris J R. Where is the Child's Environment? a Group Socialization Theory of Development [J]. *Psychological Review*, 1995,102(3).

[104] Harris, M. J. & R. Rosenthal. Mediation of Interpersonal Expectancy Effects: 31 Meta-analyses [J]. *Psychological Bulletin*, 1985 (97).

[105] Heatherton & T. F. Vohs. & D. Kathleen. Interpersonal Evaluations Following Threats to Self: Role of Self-esteem [J]. *Journal of Personality and Social Psychology*, 2000(4).

[106] Heine, S. J. & D. R. Lehman. & H. R. K. Markus. & Shinobu. Is There a Universal Need for Positive Self-regard [J] *Pyschological Review*, 1999(4).

[107] Hess, R. D. C. & M. Chih-mei. & M. Teresa. Cultural Variations in Family Beliefs about Children's Performance in Mathematics: Comparisons Among People's Republic of China, Chinese-American, and Caucasian-American families [J]. *Journal of Educational Psychology*, 1987(2).

[108] Higgins, E. T. &. W. S. Rholes. &. C. R. Jones. Category Accessibility and Impression Formation [J]. *Journal of Experimental Social Psychology*, 1997(13).

[109] Hoffman, M. L. Moral development [J]. *Carmichael's Manual of Child Psychology*, 1970(2).

[110] Hogan, R. Theoretical Egocentrism and the Problem of Compliance [J]. *American Psychologist*, 1975,30(5).

[111] Hogg, M. A. &. D. Abrams. &. S. Otten. et al. The Social Identity Perspective Intergroup Relations, Self-conception, and Small Groups [J]. *Small Group Research*, 2004,35(3).

[112] Hollander, E. P. Principles and Methods of Social Psychology [M]. New York: Oxford University Press, 1967.

[113] Holmes, T. H. &. R. H. Rahe. The Social Readjustment Rating Scale [J]. *Journal of psychosomatic Research*, 1967,11(2).

[114] Homans, G. C. Social Behavior as Exchange [J]. *American Journal of Sociology*, 1958.

[115] Inzlicht, M. &. L. McKay. &. J. Aronson. Stigma as Ego Depletion How Being the Target of Prejudice Affects Self-Control [J]. *Psychological Science*, 2006,17(3).

[116] Janis, I. L. &. D. Kaye. &. P. Kirschner. Facilitating Effects of "Eating-while-reading" On Responsiveness to Persuasive Communications [J]. Journal of Personality and Social Psychology, 1965,1(2):181.

[117] Janis, I. L. Groupthink: Psychological Studies of Policy Decisions and Fiascoes [M]. Boston: Houghton Mifflin, 1982.

[118] Jasper, J. M. &. J. D. Poulsen. Recruiting Strangers and Friends: Moral Shocks and Social Networks in Animal Rights and Anti-nuclear Protests [J]. *Social Problems*, 1995.

[119] Jones, E. E., &. V. A. Harris. The Attribution of Attitudes [J]. *Journal of Experimental Social Psychology*, 1967,3(1).

[120] Jones, J. M. Prejudice and Racism [M]. Reading, MA: Addison-Wesley, 1972.

[121] Jourard, S. M. &. Remy, R. M. Perceived Parental Attitudes, the Self, and Security [J]. *Journal of Consulting Psychology*, 1955(5).

[122] Jung, C. G. &. H. G. Baynes. &. R. F. C. Hull. Psychological Types [M]. London, UK: Routledge, 1991.

[123] Jung, C. G. &. H. G. Baynes. &. R. F. C. Hull. Psychological Types [M]. London, UK: Routledge, 1991. Kalliopuska, Mirja. "Relation between Children's and Parents' Empathy." [J]. *Psychological Reports* 54. 1(1984).

[124] Jussim L. Social Perception and Social Reality: A Reflection-construction Model [J]. *Psychological Review*, 1991,98(1).

[125] Jussim, L. "Self-fulfilling Prophecies: A Theoretical and Integrative Review." [J]. *Psychological Review* 93. 4(1986).

[126] Kelman, H. C. Processes of opinion change [J]. *Public Opinion Quarterly*, 1961,25(1).

[127] Kerckhoff, A. C. &. Davis. K. E. Value Consensus and need Complementarity in Mate Selection [J]. *American Sociological Review*, 1962.

[128] Kernis, M. H. Optimal Self-Esteem and Authenticity: Separating Fantasy from Reality: Reply [J]. *Psychological Inquiry*, 2003(1).

[129] Kernis. M. H. Toward a Conceptualization of Optimal Self-Esteem [J]. *Psychological Inquiry*, 2003(1).

[130] Kerpelman, J. L. &. J. F. Pittman. The Instability of Possible Selves: Identity Processes Within Late Adolescents' Close Peer Relationships [J]. *Journal of Adolescence*, 2001,24(4).

[131] Kitayama, S. &. H. Takagi. &. H. Matsumoto. Causal Attribution of Success and Failure:

Cultural Psychology of Japanese Selves [J]. *Japanese Psychological Review*, 1995(38).

[132] Kitayama, S. & S. Duffy. & T. Kawamura. & J. T. Larsen. Perceiving an Object and Its Context in Different Cultures A Cultural Look at new Look [J]. *Psychological Science*, 2003,14 (3).

[133] Kohlberg, L. Stage and Sequence: The Cognitive-developmental Approach to Socialization [M]. New York: Rand McNally, 1969.

[134] Kohlberg, L. Stages of Moral Development [J]. *Moral Education*, 1971.

[135] Kohlberg, L. The Development of Children's Orientations Toward a Moral Order [J]. *Human Development*, 1963,6.

[136] Koocher, G. P. Swimming, Competence, and Personality Change [J]. *Journal of Personality and Social Psychology*, 1971(3).

[137] Kovel, J. The Radical Spirit: Essays on Psychoanalysis and Society [M]. Free Association Books, 1988.

[138] Kuhn, M. H. & T. S. McPartland. An Empirical Investigation of Self-Attitudes [J]. *American Sociological Review*, 1954,19(1).

[139] Kurzban, R. & M. R. Leary. Evolutionary Origins of Stigmatization: the Functions of Social Exclusion [J]. *Psychological Bulletin*, 2001,127(2).

[140] Langer, E. J. & J. Rodin. The Effects of Choice and Enhanced Personal Responsibility for the aged: A Field Experiment in an Institutional Setting [J]. *Journal of Personality and Social Psychology*, 1976(2).

[141] Latane, B. & J. Rodin. A Lady in Distress: Inhibiting Effects of Friends and Strangers on Bystander Intervention [J]. *Journal of Experimental Social Psychology*, 1969,5(2).

[142] Lazarus, M. & H. Steinthal. Einleitende Gedanken der Völkerpsychologie [Introductory Remarks on Folk Psychology] [J]. *Zeitschrift für Völkerpsychologie und Sprachwissenschaft*, 1860,7.

[143] Le Bon, G. Psychologie des foules (1895) [J]. *Paris, Presses Universitaires de France*, *réédition de*, 1995.

[144] Lepper, M. R. & D. Greene. & R. E. Nisbett. Undermining Children's Intrinsic Interest with Extrinsic Reward: A Test of the "Overjustification" Hypothesis [J]. *Journal of Personality and Social Psychology*, 1973,28(1).

[145] Lewin, K. Field Theory in Social Science: Selected Theoretical Papers [M]. London: Tavistock, 1952.

[146] Lewin, K. Forces Behind Food Habits and Methods of Change [J]. *Bulletin of the National Research Council*, 1943,108.

[147] Lewin, K. Resolving Social Conflicts and Field Theory in Social Science [M]. American Psychological Association, 1997.

[148] Lewis, M. Origins of Self-knowledge and Individual Differences in Early Self-recognition [J]. *Psychological Perspectives on the self*, 1986.

[149] Lieblich, A. & R. T. Mashiach. & T. Zilbe. Narrative Research: Reading, Analysis, and Interpretation [M]. Thousand Oaks, California: SAGE Pubilications, 1998.

[150] Link, B. G. & J. C. Phelan. Conceptualizing Stigma [J]. *Annual review of Sociology*, 2001.

[151] Lochins, A. S. Experimental Attempts to Minimize the Impact of First Impressions. In Hovland C. I., et al. (Eds), the Order of Presentation in Persuasion [M]. New Haven: Yale University Press, 1957.

[152] Lockwood & Penelope. Could it Happen to You? Predicting the Impact of Downward

主要参考文献

Comparisons on the Self [J]. *Journal of Personality and Social Psychology*, 2002(3).

[153] Lockwood, P. & Z. Kunda. Outstanding Role Models: Do They Inspire or Demoralize US [J]? *Psychological Perspectives on Self and Identity*, 2000(4).

[154] Lorenz, K. On Aggression [M]. New York: Harcourt, Brace and World. 1966

[155] Maccoby, E. E. & J. A. Martin. Socialization in the Context of the Family: Parent-child interaction [J]. *Handbook of Child Psychology*, 1983(4).

[156] Maccoby, E. E. Social Development: Psychological Growth and the Parent-child Relationship [M]. New York: Harcourt Brace Jovanovich, 1980.

[157] MacLeod, C. M. Half a Century of Research on the Stroop Effect: An Integrative Review [J]. *Psychological Bulletin*, 1991(109).

[158] Maddux & E. James. & M. U. F. George. Why the Little Blue Engine Could: Self-Efficacy and the Real Power of Positive Thinking [J]. *Psyccritiques*, 1998(9).

[159] Maier, S. F. & M. E. Seligman. Learned Helplesness: Theory and Evidence [J]. *Journal of Experimental Psychology: General*, 1976(1).

[160] Major, B. & L. T. O'Brien. The Social Psychology of Stigma [J]. *Annu. Rev. Psychol.*, 2005 (56).

[161] Major. B. & S. Spencer. & T. Schmader. et al. Coping with Negative Stereotypes About Intellectual Performance: The Role of Psychological Disengagement [J]. *Personality and Social Psychology Bulletin*, 1998,24(1).

[162] Malinowski, B. Myth in Primitive Psychology [M]. New York: WW Norton, 1926.

[163] Marcia, J. E. Identity in Adolescence [J]. *Handbook of Adolescent Psychology*, 1980(9).

[164] Markus, H. R. & K. Shinobu. Emotions in Social Psychology: Essential Readings [M]. New York, NY, US:Psychology Press, 2001.

[165] Marsh, H. W. Self-serving effect (bias?) in Academic Attributions: Its Relation to Academic Achievement and Self-concept [J]. *Journal of Educational Psychological Association*, 1986(3).

[166] Mcclelland, D. C. Motivational Patterns in Southeast Asia with Special Reference to the Chinese Case1 [J]. *Journal of Social Issues*, 1963,19(1).

[167] Mcdougall. W. An Introduction to Social Psychology [M]. London: Methuen, 1908.

[168] McGowan, R. W. & S. J. McGowan. & A. Omifade. Cultural Effects: Affects Following Ruminations on Success and Failure in sports [J]. *Perceptual and Motor Skills*, 1997(3).

[169] Mead, G. H. Mind, Self, and Society: From the Standpoint of a Social Behaviorist [M]. London: University of Chicago Press, 1934.

[170] Mead, M. Sex and Temperament: in Three Primitive Societies [M]. HarperCollins, 2001.

[171] Merton, R. K. & A. S. Kitt. Contributions to the Theory of Reference Group Behavior [J]. *Continuities in Social Research*, 1950.

[172] Meyer, J. P. & A. Mulherin. From Attribution to Helping: An Analysis of the Mediating Effects of Affect and Expectancy [J]. *Journal of Personality and Social Psychology*, 1980,39(2):201.

[173] Miller, N. & M. B. Brewer. Groups in Contact: The Psychology of Desegregation [J]. *Academic Pr*, 1984.

[174] Mischel, W. Processes in Delay of Gratification [J]. *Advances In Experimental Social Psychology*, 1974(7).

[175] Morris, M. & R. E. Nisbett. & K. Peng. Causal Understanding Across Domains and Cultures. In D. Sperber, D. Premack, & A. J. Premack (Eds.), Causal Cognition: A Multidisciplinary Debate [M]. Oxford, England: Oxford University Press, 1995.

[176] Morris, M. W. & K. Peng. Culture and Cause: American and Chinese Attributions for Social and

Physical Events [J]. *Journal of Personality and Social Psychology*, 1994(67).

[177] Moskowitz, G. B., Gollwitzer, P. M., Wasel, W., & B. Schaal. Preconscious control of Stereotype Activation Through Chronic Egalitarian Goals [J]. Journal of Personality and Social Psychology, 1999,77:167 – 184

[178] Mruk, C. Self-esteem: Research, Theory, and Practice (2nd ed.) [M]. Springer Publishing Co, 1999.

[179] Neely, J. H. Semantic Priming Effects in Visual Word Recognition: A Selective Review of Current Findings and Theories. In D. Besner, & G. W. Humphreys (Eds.), Basic Processes in Reading [M]. Hillsdale, NJ: Lawrence Erlbaum Associates, 1991.

[180] Newman. & M. Barbara. & R. Philip. "Group identity and Alienation: Giving the we its due." [J]. *Journal of Youth and Adolescence* 30.5,(2001).

[181] Nisbett, R. E. & C. Caputo. & P. Legant. & J. Marecek. Behavior as Seen by the Actor and as Seen by the Observer [J]. *Journal of Personality and Social Psychology*, 1973,27(2).

[182] Ohman A. & Lundqvist. D. & F. Esteves. The Face in the Crowd Revisited: A threat advantage with Schematic Stimuli [J]. *Journal of Personality and Social Psychology*, 2001(80).

[183] Osgood, C. E. & L. Anderson. Certain Relations among Experienced Contingencies, Associative Structure, and Contingencies in Encoded Messages [J]. *The American Journal of Psychology*, 1957,70(3).

[184] Pallak, S. R. & E. Murroni. & J. Koch. Communicator Attractiveness and Expertise, Emotional versus Rational Appeals, and Persuasion: A Heuristic Versus Systematic Processing Interpretation [J]. *Social Cognition*, 1983,2(2).

[185] Palmonari, A. & M. L. Pombeni. & E. Kirchler. Peergroups and Evolution of the Self-system in Adolescence [J]. *European Journal of Psychology of Education*, 1989,4(1).

[186] Parsons T. The Structure of Social Action [M]. New York: Free Press, 1949.

[187] Paul, S. & B. Fischhoff. & S. Lichtenstein. Cognitive Processes and Societal Risk Taking [J]. *Cognition and Social Behavior*, 1976(8).

[188] Peng, K. & R. E. Nisbett. Culture, Dialectics, and Reasoning about Contradiction [J]. *American Psychologist*, 1999(54).

[189] Peplau, L. A. Impact of Fear of Success and Sex-role Attitudes on Women's Competitive Achievement [J]. *Journal of Personality and Social Psychology*, 1976,34(4).

[190] Petty, R. E. & J. T. Cacioppo. & D. Schumann. Central and Peripheral Routes to Advertising Effectiveness: The Moderating Role of Involvement [J]. *Journal of Consumer Research*, 1983,10 (2).

[191] Petty, R. E. & J. T. Cacioppo. Communication and Persuasion: Central and Peripheral Routes to Attitude Change [M], New York: Springer-Verlag, 1986.

[192] Petty, R. E. & J. T. Cacioppo. Effects of Issue Involvement on Attitudes in an Advertising Context [J]. *Proceedings of the Division*, 1980(23).

[193] Piliavin, I. M. & J. Rodin. & J. A. Piliavin. Good Samaritanism: an Underground Phenomenon? [J]. *Journal of Personality and Social Psychology*, 1969,13(4).

[194] Pombeni, M. L. & E. Kirchler. & A. Palmonari. Identification with Peers as a Strategy to Muddle through the Troubles of the Adolescent Years [J]. *Journal of Adolescence*, 1990,13(4).

[195] Postman, N. The Disappearance of Childhood Delacorte Press [J]. *New York*, 1982.

[196] Rosenberg, E. L. & P. Ekman. Conceptual and Methodological Issues in the Judgment of Facial Expression of Emotions [J]. *Motivation and Emotion*, 1995,19(2).

[197] Rosenberg, S. & C. Nelson. & P. S Vivekananthan. A Multidimensional Approach to the

Structure of Personality Impressions [J]. *Journal of Personality and Social Psychology*, 1968,9 (4).

[198] Rosenthal, R. & L. Jacobson. Pygmalion in the Classroom. [M] New York: Holt, Rinehart & Winston, 1968

[199] Rushton, J. P. & A. C. Campbell. Modeling, Vicarious Reinforcement and Extraversion on Blood Donating in Adults: Immediate and Long-term Effects [J]. *European Journal of Social Psychology*, 1977,7(3).

[200] Schachter, S. The Psychology of Affiliation: Experimental Studies of the Sources of Gregariousness (Vol. 1) [M]. Stanford University Press, 1959.

[201] Scheier, M. F. & C. S. Carver. Effects of Optimism on Psychological and Physical Well-being: Theoretical Overview and Empirical Update [J]. *Cognitive Therapy and Research*, 1992(16).

[202] Schimel. J. & J. Amdt. & T. Pyszczynski. & J. Greenberg. Being Accepted for Who We Are: Evidence that Social Validation of the Intrinsic Self Reduces General Defensiveness [J]. *Journal of Personality and Social Psychology*, 2001(1).

[203] Sears, R. R. & E. E. Maccoby. & H. T. Levin. Patterns of Child Rearing: A Report on Ways of Bringing Up Children [M]. Row Peterson, 1957.

[204] Sechrist, G. B. & C. Stangor. Perceived Consensus Influences Intergroup Behavior and Stereotype Accessibility [J]. *Journal of Personality and Social Psychology*, 2001(80).

[205] Sherif, M. & O. J. Harvey. & B. J. White. & W. R. Hood. et al. Intergroup Conflict and Cooperation: The Robbers Cave Experiment [M]. Norman, OK: University Book Exchange, 1961.

[206] Sherif, M. An Experimental Approach to the Study of Attitudes [J]. *Sociometry*, 1937,1(1/2).

[207] Shweder, R. A. & E. Turiel. & N. C. Much. 12 The Moral Intuitions of the Child [J]. *Social Cognitive Development: Frontiers and Possible Futures*, 1981(1).

[208] Silvera, D. H. N. & P. Tor. & A. Judith. A Norwegian Translation of the Self-liking and Competence scale [J]. *Scandinavian Journal of Psychology*, 2001(5).

[209] Skinner, B. F. About Behaviourism [M]. Random House Digital, Inc. , 1976.

[210] Small, A. W. & G. E. Vincent. An Introduction to the Study of Society [M]. American Book Company, 1894.

[211] Smith, M. B. & J. S. Bruner. & R. W. White. Opinions and Personality [J]. 1956.

[212] Snyder, M. L. & W. G. Stephan. & D. Rosenfield. Egotism and Attribution [J]. *Journal of Personality and Social Psychology*, 1976(33).

[213] Solomon, S. & J. Greenberg. & T. Pyszczynski. A Terror Management Theory of Social Behavior: The Psychological Functions of Self-esteem and Cultural Worldviews [J]. *Advances in Experimental Social Psychology*, 1991,24(93).

[214] Steven, J. H. & Kristen, R. Interjudge Agreement, Self-Enhancement, and Liking: Cross-Cultural Divergences [J]. *Pers Soc Psychol Bull May*, 2002(28).

[215] Tafarodi, R. W. & W. B. Swann. Two-dimensional Self-esteem: Theory and Measurement [J]. *Personality and Individual Differences*, 2001(5).

[216] Tajfel, H. & J. C. Turner. The Social Identity Theory of Intergroup Behaviour. u: Worchel S. i Austin WG (ur.) Psychology of Intergroup Relations [J]. *Chicago: Nelson Hall*, 1986.

[217] Tajfel, H. & M. G. Billig. & R. P. Bundy. et al. Social Categorization and Intergroup Behaviour [J]. *European Journal of Social Psychology*, 1971,1(2).

[218] Tajfel, H. Social Psychology of Intergroup Relations [J]. *Annual Review of Psychology*, 1982, 33(1).

[219] Taylor, S. E. & J. Crocker. Schematic Bases of Social Information Processing [J]. *Social Cognition: the Ontario Symposium*, 1981(1).

[220] Taylor, S. E. & L. B. Pham. & I. D. Rivkin. & D. A. Armor. Harnessing the Imagination: Mental Simulation, Self-regulation, and Coping [J]. *American Psychollgist*, 1998(4).

[221] Taylor, S. E. & S. T. Fiske. & N. L. Etcoff. & A. J. Ruderman. Categorical and Contextual Bases of Person Memory and Stereotyping [J]. *Journal of Personality and Social Psychology*, 1978(7).

[222] Thorndike, E. L. The Psychology of Learning [M]. Teachers College, Columbia University, 1913.

[223] Tresemer, D. Fear of Success: Popular but Unproven [J]. *Psychology Today*, 1974,7(10).

[224] Triandis, H. C. Individualism & Collectivism [M]. Boulder, US: Westview Press, 1995.

[225] Trivers, R. L. The Evolution of Reciprocal Altruism [J]. *Quarterly Review of Biology*, 1971.

[226] Vaughn, B. E. & C. B. Kopp. The Emergence and Consolidation of Self-control From Eighteen to Thirty Months of Age: Normative Trends and Individual Differences [J]. *Child development*, 1984(3).

[227] Vitz, P. C. Affect as a Function of Stimulus Variation [J]. *Journal of Experimental Psychology*, 1966,71(1).

[228] Vygotsky, L. S. & A. Luria. & A. Leontiev. et al. The Function and Fate of Egocentric Speech [C]. *Proceedings of the IX International Congress of Psychology*. 1929.

[229] Walster, E. & E. Aronson. & D. Abrahams. On Increasing the Persuasiveness of a Low Prestige Communicator [J]. *Journal of Experimental Social Psychology*, 1966,2(4).

[230] Watson, J. R. I. Investigation Into Deindividuation using a Cross-cultural Survey Technique [J]. *Journal of Personality and Social Psychology*, 1973,25(3).

[231] Weiner, B. Achievement Motivation and Attribution theory [M]. General Learning Press, 1974.

[232] West, S. G. & B. T. Jan. Physical Attractiveness, the Severity of the Emergency and Helping: A Field Experiment and Interpersonal Simulation [J]. *Journal of Experimental Social Psychology*, 1975,11(6).

[233] Weyant, J. M. Applied Social Psychology [M]. Oxford University Press, 1986.

[234] Wheeler, L. & S. Jerry. & M. Rene. Social Comparison: Why, With Whom, and With What Effect [J]? *Current Directions in Psychological Science*, 2000(5).

[235] Wicker, A. W. Attitudes versus Actions: The Relationship of Verbal and Overt Behavioral Responses to Attitude Objects [J]. *Journal of Social Issues*, 1969,25(4):.

[236] Wills, T. A. Downward Comparison Principles in Social Psychology [J]. *Psychological Bulletin*, 1981(2).

[237] Wilson, E. O. What is Sociobiology? [J]. *Society*, 1978,15(6).

[238] Wilson, T. D. & P. W. Linville. Improving the Performance of College Freshmen with Attributional Techniques [J]. *Journal of Personality and Social Psychology*, 1985,49(1).

[239] Wilson, T. D. & S. Lindsey. & T. Y. Schooler. A Model of Dual Attitudes [J]. *Psychological Review*, 2000,107(1).

[240] Zuckerman, M. & L. Wheeler. To Dispel Fantasies about the Fantasy-based Measure of Fear of Success [J], *Psychological Bulletin*, 1975,82(6).

主要参考文献